FEAR: An Alternative History of the World

恐怖とパニックの人類史

ロバート・ペッカム　林 久実 訳

ROBERT PECKHAM

東京堂出版

序文

私が香港で本書を書き始めた頃、中国政府は安全保障の名の下に厳しい自由の取り締まりを進めていた。催涙ガスやゴム弾、放水銃では何か月かかっても反対意見を抑圧することはできなかったが、パンデミック（世界的流行）が抗議運動対策の究極の武器であることがわかったのだ。香港の行政長官キャリー・ラム（林《りん》鄭《てい》月《げつ》娥《が》）は、その武器を容赦なく用いて反対派を鎮圧した。私が香港大学の教授職を辞めた二〇二一年の夏には、友人たちは当局に執拗に追われ、通信社は次々閉鎖され、反対派の指導者たちは拘束されていた。二、三年ほど前には楽観的な考えであふれていた都市を、恐怖が闊歩《かっぽ》していた。(1)

二〇一九年の抗議運動の最盛期には、民主派の落書きが香港の至る所に現れた。歩道や地下道はポスターや、色とりどりの付箋メモや、人目を引くポップ・アートの画像で埋めつくされていた。さまざまなメッセージがあった中で、私が最も心を動かされた一つは「恐怖からの自由」で、香港理工大学近くのバス待合所の窓ガラスに落書きされたものだった。香港理工大学といえば、機動隊が学生たちを包囲し、高等教育はいかなる政治的影響からも自由であるという幻想を打ち砕いた場所だ。そんな暴力が吹き荒れた現場のすぐそばに「恐怖からの自由」という、フランクリン・デラノ・ルーズベルト大統領が一九四一年に掲げ、のちに国連の世界人権宣言の前文にも加えられた信条が存在していた。名前もわからない抗議者によって、七八年後に蘇っていたのだ。

『恐怖からの自由』は、一九四三年に『サタデー・イブニング・ポスト』誌に掲載された、アメリカの画

香港理工大学近くのバス待合所の落書き、2019年11月23日

家ノーマン・ロックウェルの絵画のタイトルでもある。それは、ルーズベルトの掲げた四つの「人間の基本的自由」という原則——言論の自由・信仰の自由・欠乏からの自由・恐怖からの自由——を表した絵画シリーズの一つだ。同絵画には、ベッドで眠っている二人の子どもの姿があり、その傍らで子どもを案じる母親がベッドに身を乗り出して布団を直し、眼鏡と折りたたんだ新聞を手にした父親がその様子を見つめている。家庭生活の至上の喜びを表した昔ながらの一シーンだが、父親は明らかに物思いに沈んでおり、家族の頭上には影が迫っていて、床に放り出された人形も不吉な感じがする。新聞の見出しに「爆撃による死亡者」と「恐怖が襲った」と書かれているのが辛うじて読み取れる。

ロックウェルの『恐怖からの自由』は、ピューリッツァー賞を受賞した詩人で作家のスティーヴン・ヴィンセント・ベネーのエッセーとともに掲載された。「わが国が始まって以来、人々はただあの自由を求めてここに集まってきた。すべての不正義な法律の根本にある恐怖からの自由、一人の人間が他の人間にふるう、あらゆる専制的な力の根本にある恐怖からの自由を求めて」と、ベネーは書いている。[2] 同絵画は、この一家族に具現化された価値観を再確認する一方で、行動を呼びかけてもいる。平和な暮らしを守るために協力しなければ、暴力に破壊されてしまうと、アメリカ国民に呼びかけているのだ。[3]

恐怖はいつ、どのようにして、なぜ専制政治と鎖でつながれ、自由に反して呼び起こされるようになったのだろうか。自由を支持するために投入されることさえあるというのに。この疑問に答えるには、恐怖が力の道具として、つまり、権力を行使する手段として、また権力に挑戦する手段として、都合よく利用された長い歴史を解明する必要がある。

また、把握しにくいことで有名な「力」という言葉を、どのように特徴づけるかということも大きな問題だ。なにしろ、力はあらゆる場所にあって、常に形を変えるからだ――ブルース・リーなら、水のようだと言ったかもしれない。われわれなら、行動する能力や才能、法的・政治的権限、他者に対して有する支配力や影響力、精神力や道徳力と定義できるだろう。もちろん、腕力という力もある。[4] 本書では、このようにそれぞれ異なってはいるが、重なり合う部分もある力という概念の多くの面を、宗教制度、国家、機械、思想との関連で考察する。恐怖は力の本質と作用を再考するためのレンズになる。それはちょうど力を研究することで恐怖に関する新しい視点が得られるのと同じである。

私が主張したいのは、恐怖と力と自由との関係に関するわれわれの思い込みの多くが、あまりにも単純で、全く間違っていることすらあるという点だ。恐怖は常に自由を阻害するわけではなく、自由に付随するもの、言い換えれば、自由に力を与えるのに不可欠な側面である場合もある。たとえバス待合所に落書きされた、切羽詰まった訴えのようにみえても、恐怖には創造的な潜在能力がある。恐怖は世界を変えるために利用され、新しい可能性を作り出すことができる。もっとも、恐怖はそれ以外の可能性は排除してしまうけれども。

このあとの章で、自然災害、感染症の世界的流行、革命、科学技術、金融恐慌、戦争、独裁政治といった、さまざまな歴史上の現象と関連する恐怖について考察していく。本書は、宗教改革以前のヨーロッパから二一世紀の中国まで時代を追い、黒死病から現代のエコ・パニックまでを対象にする。そして、いかにして恐怖がある領域から別の領域へと飛び火し、そして政治、社会、科学技術のシステムに広がっていくかを明らかにしていく。この「液状の恐怖」は拘束されることがない。それこそ、恐怖が自由と同じくとらえどころのない特性を持っている証しである(5)。

だが、本書はただ歴史的な恐怖を寄せ集めた、いわゆる「恐怖の大全集」ではない。私の関心は、恐怖が過去の個人と社会にとってどんな意味を持っていたかという点だけでなく、過去の出来事が、今のわれわれが恐怖やその効用と考えるものを、いかに形づくってきたかという点にもある。もっと実際的なレベルで言うと、恐怖が徴用されて力に奉仕してきた歴史を意識していれば、将来、われわれが恐怖に利用されないですむかもしれないということだ。何も陳腐な格言を持ち出して、過去を忘れた者は同じことを繰り返す運命にあるなどと言いたいわけではない。歴史は恐怖についての誤った考えに対する、強力な対処法になりうると言いたいのだ。

とはいえ、歴史が恐怖の中心になることもある。しかも、それは独裁政治に限ったことではない。世界中の民主主義的な社会でも、人種、ジェンダー、セクシュアリティー、階級、文化についての悪意に満ちた論争で、歴史は中心となってきた。恐怖は、歴史を道徳的観点からみる分裂した政治に内在している。そういう政治においては、歴史は伝統的な価値観を激賞する手段、あるいは、償いがすんでいない不正義を国が清算する根拠のいずれかの観点でとらえられる。しかし、どちらの観点も、和解や真の変化をもたらす可能性は全くない。なぜなら、前者の場合、人々は古き良き時代の勝利や変革や進歩的な自由を懐かしむだけであり、後者の場合には、悪事の数々を容赦なく並べ立てるだけだからだ。論争の絶えない過去と、どうしようもない未来に挟まれて身動きがとれないのだから、希望が脆《もろ》く感じられることに何の不思議があるだろう。

では、歴史の中の恐怖はどうだろう。王朝の勃興と衰退。宗教の成立と改革と分裂。近代国家の誕生。富の獲得と市場の崩壊。作られては壊される世界。それらはすべて、いや、ある程度は、恐怖と恐怖から派生したパニックが原因である。だが、たいていの歴史書の索引を調べても、「恐怖」は見つからないだろう。映画の背景雑音のように、恐怖は時代の空気の一部なのだ。また、偶然に起きる何か、現実の生活のほとんど聞き取れないサウンドトラックともいえる。

今日の恐怖の広がりを考えると、過去の恐怖が軽んじられ、大きな出来事の添え物扱いにされることが多いのはどうも釈然としない。その原因はひょっとすると、恐怖が判別しにくいせい、つまり、生活に浸透しすぎているため、それ自体を一つの対象として取り出せないせいかもしれない。詩人のルイーズ・グリュック［一九四三〜二〇二三年、アメリカの詩人、エッセイストで二〇二〇年にノーベル文学賞を受賞］の言葉を借りると、「パニックは存在の同義語である」。まさにそのとおりだ(6)。恐怖は常に存在しているが、つかみどころがない。そういうところが、恐怖をとても厄介だが抗しがたいものにしている。自分でも完全に理解できているわけではない感情の作用から、どう逃げればよいというのだ。

ただ一方で、歴史家は過去を振り返るとき、現代の恐怖を過去の時代に投影する傾向がある。オランダの偉大な歴史家ヨハン・ホイジンガは、第一次世界大戦直後に出版した主著［一九一九年に出版された『中世の秋』］の中で、恐怖を中世後期の特徴と考えた。「生活はあまりにも暴力的で雑多であったから、血とバラの混ざった臭いがしていた」と記している。この言葉はおそらく、一四世紀と一五世紀について物語っているのと同じくらい、第一次世界大戦で荒廃した一九一九年のヨーロッパに垂れ込めていた恐怖について多くのことを物語っているだろう。[7]

同じく、ドイツの医師ユストゥス・ヘッカーが、一四世紀に流行したペストの恐怖について詳説した著書『黒死病』を発表した一八三二年には、壊滅的なコレラのパンデミックがヨーロッパを席捲《せっけん》していた。何千人もの死者が出て、厳しい検疫措置がとられ、民衆の暴動が起きたが、一方で医師たちが国の役人たちと結託して、意図的に貧者を殺害しているという噂が飛び交っていた。ヘッカーの言葉どおり、「自然の声は恐怖と戦慄によって沈黙させられた」のである。[8]

私が本書の執筆を始めたのは、最近の世界情勢に一刻の猶予もならないという思いに駆られたからだが、本書のそもそもの始まりは、バックパックでパキスタンを旅した一九八〇年代後半の学生時代までさかのぼる。正確に言うと、一九八八年一月二二日、車に乗せてもらってパキスタンのペシャワールから、別名バシャ・カーン［「首長の王」の意味］として知られるアブドゥル・ガファル・カーンの葬儀に出席するため、彼の死を悼む何千人ものパシュトゥーン人と一緒に、国境を越えてアフガニスタンへ入ったときだ。現代のインドとパキスタンの建設者である、ガンディー、ネルー［インド初代首相］、ジンナー［独立パキスタンの初代総督］とともに、平和主義者のカーンは、インド独立をかけた反植民地闘争の重要人物だった。しかし、インドの分割に反対し、一九四七年の北部辺境州のパキスタンへの編入に頑強に反対したため、政治的に脇に押しやられた。一時期投獄もされたが、その後はペシャワールで自宅監禁生活を送った。亡くなるとき、カーンが最後に願ったのが、一九六〇年代と一九七〇年代に自主亡命していたジャララバードの自宅の敷地に埋葬されることだった。

私と旅仲間は明け方に出発し、カイバル峠を走り抜けてジャララバードに向かった。途中、ソ連軍の検問所、戦車、トラックに搭載されたロケット・ランチャーのそばを通りすぎた。ソヴィエト・アフガン戦争の最中だったが、ムジャーヒディーン――当時、アメリカ合衆国の支援を受けていた、反ソヴィエトのイスラム原理主義ゲリラ兵集団――も、ソヴィエトも双方とも、バシャ・カーンの埋葬のために一時停戦を宣言していたのだった。

ジャララバードに着くと、カーンの屋敷から歩いて五分ほどの距離にある、混雑した駐車場に車を停めた。傍らにはおんぼろのバスが一列に並んでいた。その頃には、数千人の哀悼者がいくつかの質素な建物のまわりに集まっていた。その中には、アフガニスタンの大統領や、インドの副首相の姿もあった。調子の悪いメガホンを通じてコーランが朗誦されていた。

ドーン。二一発の礼砲が始まったちょうどそのときだった。不意に、駐車場の方角から大きな爆発音がして、人々はぎょっとした。三〇秒ほどだろうか、落ち着かない雰囲気の中で儀式は続いた。だが、そのとき、またもや爆発が起きた。今度は前よりももっと大きな音だったので、人々は一斉に逃げ出した。ジャララバードは攻撃を受けている。

さっきまで、恭《うやうや》しく悲しみで結びついていた人々が、今やばらばらになっていた。みなが蹴ったり、肘で押しのけたりしながら、逃げようと必死だった。駐車場に停まっていたバスのうち五台が爆破され、少なくとも八名が亡くなり、飛んできた破片のせいで、それよりもっと多くの怪我人が出ていた。私たちの車の向かい側に停まっていたワゴン車や車は、めちゃめちゃに壊れていた。みなが呆然として、どうやって家に帰ろうかと考えていた。泣きじゃくっている者がいる。喧嘩が発生し、銃を突きつけ合っている者もいた。(9)

ペシャワールへの帰り道、幹線道路を走る私たちの車を、立ち往生した哀悼者たちが手をふって止めようとした。戦闘服や白のサルワール・カミーズを着て、長い顎ひげを生やしたアフガニスタン人たちが、道端にしゃがみ込んでいる。私たちは止まらなかった。運転手が悪態をついた。車の背後で、刺激臭のする大麻樹脂でハイになった警備員が、ＡＫ－47をいらいらした様子でいじっている。パニックは、私たちを人間らしくもすれば、残酷にもした。

この恐怖の記憶は、一つの悟りを得た経験として私の心に残っていた。生命の危険を感じたまさにその瞬間、生命が可能性に満ちていることに不意に気づいたのだ。一七世紀の医学概論『憂鬱の解剖学』の著者ロバート・バートンは、恐怖と悲しみが互いの「原因であり症状でもある」ことを理解していた。それに対してC・S・ルイス〔一八九八～一九六三年、『ナルニア国物語』の著者として有名〕は、恐怖を「あの同じ胃のあたりのそわそわする感じ、あの同じ不安な気持ち、あの欠伸《あくび》」と書いている[10]。振り返ってみると、恐怖と悲しみは道徳的な教訓をもたらす手段で、死を意識したわれわれにどう生きるべきかを教えてくれているように思える。

本書で明らかにするように、恐怖の経験は、恐怖の作用の仕方を説明する試みと密接に関係していることが多い。ジャララバードで私が体験した試練も例外ではなく、恐怖とは何か、恐怖が引き起こすパニックとは何かを理解する研究に私を導いた。どうして私は逃れたいという衝動に駆られ、暴力行為に関与してしまったのだろう。あの日、わが身を守ることに必死で、私たち群衆の誰一人、自分以外の人間性に全く気づかなかったのは、どうしてだったのか。私たちはメディアの報道や映画から知らず知らずに収集・吸収してきた、事前に暗号化されたパニックの筋書きに従っていたのだろうか。そもそも、あのパニックは「本物」だったのか。バシャ・カーンの葬儀に集まっていた私たちは――カーンの信奉者の「赤シャツ」運動員たちも、アフガニスタンの役人たちも、ジャーナリスト、訪問中の高官、ソ連軍、野次馬も――誰もが、逃げようとしていたあの爆発事件の一部だった。

ペシャワールへ戻ってから、旅仲間らと自らの経験について徹底的に議論し合ったが、あのパニックが私たち全員に同じような影響を与えていたのは明らかだった。私たちの自己認識を強めると同時に弱めていたのである。全体的な混乱の中で、私たちは強い孤立感を経験し、恐怖という脅威が、われ先に逃げ出す群衆の匿名性とは違う個人としての自己意識を高めた。にもかかわらず、パニックは私たちの自己意識を弱めて、恐怖からの集団逃走に引き込みもした[11]。

パニックといえば、エリアス・カネッティが著書『群衆と権力』の中で、満員の劇場での火事を使って、パニックが群衆にどのように作用するかを説明していることが知られている（ちなみに同書ははじめ一九六〇年にドイツ語で刊行されたのだが、より広く知られるようになったのはカネッティが一九八一年にノーベル文学賞を受賞したあとだった）[12]。伝染病と並んで、火はパニックの広がりをたとえるのによく用いられる。火と同じく、パニックも「荒れ狂う」と言うが、これは恐怖と火をともに怒りと結びつける印象的な隠喩である。劇場内の一人ひとりは、共通の恐怖によって結ばれているが、そろって行動できる空間はない。つい先ほどまで、上演を楽しむことで一つに結びついていた観衆が、突如、暴力的に分裂する。

カネッティは書いている。「一度に各出口を通り抜けることができるのは一人か二人だけだから、逃走のエネルギーは必死で他人を押しのけようとするエネルギーに変わる」。これがパニックのパラドックスだ。つまり、集団を崩壊させる働きをするのは、ほかでもない一種の集団的恐怖だということだ。パニックに陥った群衆の中では、誰もが自力で身を守るしかない――「各人が自分の通り抜けねばならないドアを見る。そして、自分だけが群衆の中で他のすべての人間から画然と切り離されているのを知る」[13]。また、フランスの政治家で政治哲学者のアレクシ・ド・トクヴィルは、近代の恐怖に関して飛び抜けて鋭い評論を行った人物で、恐怖が人にどのように作用するかを次のように述べている。「機械的圧力が非常に硬い肉体の集まりに作用するときのように、圧力が続いている間、肉体は嫌でも互いにくっつき合っているしかないが、圧力が弱まると、途端にばらばらになる」[14]。文化評論家スーザン・ソンタグの言葉を借りれば、「恐怖は人を結びつける。そしてまた、人を散り散りにする」[15]。

カネッティはこうも述べている。「群衆と格闘している個人にとって、群衆がどれほど強力に火の性質を帯びていることか観察するのは、奇妙なものである。彼が押しのける人々は、彼にとって燃えている物体のようなものだ。彼らの接触は敵対的であり、そのうえ、彼の身体のあらゆる部分に及ぶ。そのせいで彼は恐ろしくなる」。ジャララバードでバシャ・カーンの埋葬地から逃げ出したときの私たちは、個人としても集団としても、「火の持つ一般的な敵意に染まって」燃えていた[16]。

私たちのパニックの原因は、想像によるもの、つまり、爆弾の爆発音から推測される死の恐怖だった。神経生物学的に解釈するならば、推定される脅威に対して、生まれつき備わっている危機対応システムが作動し、脳の「思考」を司《つかさど》る分野の出番を省いたということになるのかもしれない。この解釈によれば、パニックは神経細胞の働きの結果だったことになる。

それとも、原始的本能が片鱗を垣間見せたということだったのだろうか。二〇世紀初期のスコットランドの心理学者ウィリアム・マクドゥーガルも、同時代の多くの人々と同じく、パニックは人間の野蛮な過去の遺物だと考えていた。「パニックとは、集団的精神生活の最も未熟かつ単純な例である」と書いている[17]。人の基本的衝動は文明によって抑えられてきたかもしれないが、完全に消されてしまったわけではない――この考えは驚くほど長く生き続けている。これと同類の考え方は、恐怖を近代啓蒙主義につながる人類の進歩の過程の第一段階とみなす歴史書によく見られる。これは、人類の進歩の過程を、多くの場合、子どもが大人へ成熟していくように変形していく過程とみなす考え方だ。人類社会が進化するにつれ、原初の恐怖は理性的な生活の端に追いやられている。だが、それでも時折、突然爆発して、われわれのとどまるところを知らぬ発達を邪魔し続けている、と。

こうした恐怖に関するいずれの説でも、パニックは人間の進歩の夢を打ち砕く、生得の反射作用が起こす大変動ということになる。これは、オランダの霊長類学者フランス・ドゥ・ヴァールが「ベニヤ説」と呼ぶ、文明は人間が動物的な自己に押しつける文化の一層にすぎないという考え方である。要するに、われわれは道徳性を作って、自らの根本的な動物としての性質に蓋をしているということだ。しかし、たとえば、爆弾の爆発のような、暴力的な変革が一つ起こるだけで、たちまち仮面が剝がれて内なるサルが露《あらわ》になる。(18) パニックは下のほうに潜んでいて、今にも人間の上辺の上品さという薄い膜に穴を開けかねない。われわれがより高邁な目標を持って生きていても、一度常識を超えるような恐ろしい暴力的な出来事が起これば、何もかもが水泡に帰してしまう。

ただ、私や旅仲間の経験はそういうものではなかったし、私がその経験をどう記憶しているかは重要ではない。重要なのは、あのパニックは特定の時と場所の産物、すなわち、一九八八年一月二二日、金曜日の午後のジャララバードの産物だったということだ。あの特異な時と場所には、壮大な歴史が隠れていた。私をバシャ・カーンと、インドのナショナリズムと、イギリスの植民地主義と、帝国の地政学と、植民地独立後の闘争と結びつける壮大な歴史が。その歴史は、それから一三年後に、ジョージ・W・ブッシュの「対テロ戦争」という苦い結果をもたらすことになった。アメリカのかつての味方ムジャーヒディーンが、新たな敵、ブッシュのいわゆる極悪非道な「悪の枢軸」の一つに変貌したからである。(19) バシャ・カーンの葬儀の日のパニックは、束の間ではあったが重大な出来事で、いま挙げた歴史すべてを含んでいた。あのパニックは生き物に似ていたが、実際の生き物以上のものだった——台本はあったが即興で実行され、歴史に深く根差していると同時に、まだ展開していない長い未来をはらんでいたのである。

また、あの日のパニックは政治的打算の一部であり、あの大混乱も計画されたものだった。問題の爆発事件のあと、アフガニスタンの役人たちは、アメリカの資金援助を受けたムジャーヒディーンの犯行と決めつけたが、ムジャーヒディーンは関与を否定した。一方、パキスタン政府筋は、ムジャーヒディーンの肩を持って、バシャ・カーンの葬儀の参列者の安全を保証していた自国の信用を落とそうとした、アフガニスタン警察の工作員の仕業だと非難した。[20] どちらの側の犯行だったにせよ、あの爆発事件はパニックを引き起こして、いかなる政治的和解の可能性も阻止するためのものだった。結果的に相互不安の空気が永続し、派閥抗争の暴力が盛んになって、バシャ・カーンの葬儀という小さな舞台と、新しく出現した世界規模の戦争という舞台とを結びつける役目をはたした。

私は本書で二つのことを主張する。一つ目の主張は、さまざまな種類の恐怖を作り出すことによって、さまざまな政治体制が可能になるということだ。それはちょうど、思いがけない反恐怖が、そうした政治体制の円滑な活動を中断させ、ときには粉砕することもあるものの、圧力を加えて進化させることが多いのと同じだ。こう考えると、恐怖は権力の道具や敵であるばかりか、変化を起こさせる力を持つ反応剤ともいえる。権力は科学技術に似て、決して着実に蓄積されていくものではないが、一つの権力体制の構成要素が再び結合して新しいシステムを作り出す。「封建的」王権と呼ばれるようになったものの要素は、再び結合して絶対主義を作り、その絶対主義の構成要素が今度は、近代国家の基本要素を作り出した。「科学技術は自分を基に自分を作り出していると言ってもよい」と、経済学者のW・ブライアン・アーサーは述べている。同じことは、権力にもいえる。なぜなら、権力も既存の構成要素を再吸収して「自力で上昇していく」、つまり、自分を基に自分を作り出しているからだ。この類推に従えば、恐怖はこの「再結合の進化」を可能にする触媒ということになる。[21]

恐怖の歴史をたどることは、権力、自由、平等主義、市場資本主義の本質に関する思い込みについて考え直す一助になる。これまで、われわれは恐怖が民主主義体制とは対極にあると考えるように教えられてきた。恐怖に依存する独裁体制、すなわち、統制色の濃い国家が恐怖を用いて国民を抑圧するのと違って、民主主義体制はわれわれの生活が強圧的に侵害されないように保護してくれると聞いてきた。本書の二つ目の主張はこれである——現代の自由は、政治から恐怖を排除することによって勝ち得たものだと思い込むのは誤りだということだ。それどころか、現代の自由の向上ばかりか、その自由の土台となっている経済秩序の台頭においても、国が後押しする恐怖が重要な役割をはたしてきたのである。ではこれから、それを見ていくことにしよう。

『恐怖とパニックの人類史』——目次

【編集付記】
・本文中、現在では差別的ととられるような表現がいくつかありますが、歴史的事例の紹介であり著者に差別の意図はないことから、そのまま掲載しています。
・原書にてイタリック体となっている部分は鍵括弧で括ったり、傍点を振って示しました。
・翻訳者による注釈は［　］で示しました。

（東京堂出版編集部）

「恐怖のあるところに希望などあるのだろうか」

セルバンテス

『ドン・キホーテ』(1605年)

「ようやく、わたしたちは恐怖なしに生きている」

アイ・チン

「夢のような春を迎えて」(1979年)

アレクサンダーに

プロローグ――恐怖とは

ワシントンDCの南東部に位置するマーシャルホール・ハイツ地区では、住人たちが常に銃犯罪の脅威と隣り合わせに暮らしている。二〇二一年のある記事で、『ワシントン・ポスト』紙は、同地区では「恐怖が日常生活の一部になっている」と報じている。[1]

香港では、二〇二〇年六月に反政府抗議活動を抑えるために、国家安全維持法が導入された。その法律によって、どういう行為が禁止の対象に該当するのか明確に示されないまま、「転覆行為」や「外国勢力との結託」といった罪が定められ、逮捕されると終身刑に問われる可能性すら出てきた。「相手の心に恐怖を引き起こすことができれば、相手をコントロールする方法としてこれほど安上がりで、これほど効果的なものはない」と、BBCに語ったのは、『アップル・デイリー』紙の創業者で民主化運動の活動家のジミー・ライ（黎《れい》智《ち》英《えい》）だが、彼はその後、投獄されている。「びくびくしながら生きることは、自由を失うよりもつらいことだ」と述べた、中国の美術家で活動家のアイ・ウェイウェイは、現在ポルトガルに自主亡命している。[2]

香港で市民活動家の取り締まりが進む頃、ウクライナではロシアのT－64戦車とSU－27戦闘機の爆撃が続いていた。「私は今キーウにいる。とても恐ろしい状況だ」と、世界に訴えたウクライナ人のある女性ジャーナリストは、爆撃と鳴り響くサイレンの音で目を覚ましたのだった。「恐怖が腹の中でうごめいているようだった。誰かに――プーチン大統領その人かもしれない――心臓をつかまれて、ぎゅっと握られているような感じだった」と彼女は記している。[3]「われわれは、いかなるものや人も恐れない」と、強気のウクライナ大統領ヴォロディミル・ゼレンスキーが、敵に包囲された首都キーウの地下シェルターからビデオで記者会見を行って宣言したときも、国の至る所で残虐な侵略行為が続いていた。

また二〇二〇年、新型コロナウイルスが急速に蔓延し、同年三月に世界保健機関（ＷＨＯ）が新型コロナウイルス感染症を「パンデミック（世界的大流行）とみなせる」と発表したのを受け、それ以降世界中がコロナフォビア、つまり、新型コロナウイルス感染症（Covid-19）の恐怖症に陥った。[4]だが、銃犯罪や、独裁的な統治や、戦争や、ウイルス性疾患だけが恐怖を生むわけではない。テロ、サイバー攻撃、政治の陰謀、移民、経済の破綻、気候変動など、原因はほかにもたくさんある。二〇二二年に行われたアメリカ合衆国のある調査では、アメリカ人が恐怖を感じるもののランキングに、政府関係者の腐敗、最愛の人間が死んだり病に倒れたりすること、ロシアからの核攻撃、アメリカが世界大戦に巻き込まれること、金融と経済の崩壊、環境汚染、細菌戦争が上位に入っていた。[5]

哲学者ブライアン・マッスミが書いているように、「もともと存在しなかったが今ではあたりまえになってしまった恐怖や、空気のような恐怖、どうしても消せない雰囲気的な強い恐怖」が、「人を当惑させる情緒的なバックグラウンド・ミュージック」と化して至る所に存在していることは、現代の「トレードマーク」として覚えておくべきだ。[6]全く新しい科学技術によって、とりわけインターネットが出現し常時使用が可能になったことによって、離れた場所で生じた恐怖がかつてないスピードで世界中に伝達されるようになった。二〇〇一年のアメリカ同時多発テロ事件や、二〇〇八年の金融危機、新型コロナウイルスの世界的流行を経験したあと、われわれはこれまでよりも恐怖を強く感じるようになっている。[7]

もちろん、われわれの感じる恐怖には、いわゆる「確率の無視」に起因するものがあることも忘れてはならないだろう。確率の無視とは、潜在的な危険がわれわれの中に過度な感情反応を引き起こし、その結果、その危険が起きる確率は低いのか、それとも、高いのか区別できなくなって、それが起こりそうもないという事実を見過ごしてしまうことをいう。また、行動経済学で、意思決定と危険について説明するために発展した「損失回避」論によると、われわれには利益を得ることよりも、損失を避けることを優先する傾向がある、つまり、物事が良い方向へ進むのを望むよりも、むしろ、物事が悪くなるのを恐れる傾向のほうが強い(8)。

確かに、恐怖の中には信憑性の高い脅威から生じるものもあるが、大げさで現実離れしているように思えるものもある。そして、恐怖がどんどん増幅しつつあるように感じられる地域と、二一世紀初頭は人間にとっておそらく史上最も安全な時代であると実感できる地域とでは、恐怖に対する感じ方に天と地ほどの違いがあることも事実である。平均寿命が上昇し、極度の貧困や戦争が著しく減少したと実感できる地域がある一方で、いまだに甚だしい不平等や暴力が続いている地域もたくさんある(9)。二〇二二年の世界銀行の発表では、世界的に貧困の減少率に伸びは見られず、極貧ライン以下の生活を送っている人々の数は七億人を上回っていて、しかも、その大多数がサハラ砂漠以南の地域に住んでいるという(10)。内戦で破壊されたシリアの都市ホムスやアレッポや、ウクライナの港湾都市マリウポリから見れば、世界はそれほど明るい場所には見えない。それをいうなら、アメリカで最も死亡率の高い都市のランキングで常に上位に入っている、デトロイトとセントルイスとメンフィスの住民から見ても、同じである。

本書では、恐怖は力を手に入れるための手段になること、さらに、恐怖をかき立てるのは、政治家、宗教運動、メディア機関、テクノロジー企業、大手製薬会社、金融機関など、そうすることで利益を得る側の人間であることを論じていく(11)。だが、それに加えて、利益のために恐怖をかき立てることを非難するのもまた、一つの政治的な策略であることを忘れてはならない。その一例が、二〇一六年に行われたイギリスの欧州連合離脱、いわゆる「ブレグジット」の是非を問う国民投票である。当時、離脱による悪影響ばかりを強調する「恐怖プロジェクト」を行っているとして、離脱賛成派は離脱反対派を非難していた。また、利益のために恐怖を利用してきた長い歴史は、重大な二次的疑問を提起する。自らの利益のために恐怖をいいように利用するこのサイクルからいかに抜け出すかという疑問だ。そして、もう一つは、もし本当に抜け出すことができたとして、そのとき公共福祉を目指す団体やその活動は、どうなってしまうのかという疑問である。なぜなら、そういう団体や活動はわれわれの行動に影響を及ぼすための武器として、恐怖を戦略的に使用しているからだ。われわれが自分たちの抱える諸問題と真剣に向き合うために、恐怖は必要ではないのか。

恐怖は支配のための手段として役に立つかもしれないが、その多様な特質のせいで扱いが難しい。本書の後半で、一九世紀から二〇世紀初頭の科学技術と金融恐慌を論じるところでわかるとおり、当時の評論家の多くが、パニックに陥りやすい気質と恐怖の二つを、産業化が進む社会に固有の様相だと理解していた。産業化が進むことで、新しい自由が生まれ、それが新しいリスクを生んでいたからだ。

では、まず、いまわれわれが論じている、この「恐怖」（fear）とは何であるか、から考えてみよう。そもそも、この言葉がカバーする経験の範囲は驚くほど広い。人の感情の状態を表す言葉であり、また、複雑な心理的過程と生理的過程を簡潔に表現する言葉としても使われている。集団としての経験も個人としての経験もまとめて包み込む、広い網のようなものだ。fear に関する語彙は、似ているけれども厳密には同じではない意味を持つ、さまざまな言葉に枝分かれしている。anxiety・angst・terror・dread・horror・panic・hysteria など、いろいろありすぎて、どれが何を意味しているか、わからなくなってしまうほどだ。

アリストテレスが、恐怖を「これから先に起きる破壊や苦痛をもたらす災厄を頭に描くことから生じる、苦痛や心の動揺」と定義したことは有名だが、そのアリストテレスとそっくりの考えを、一八九〇年代の終わり頃に発表したのが、グランビル・スタンレー・ホールだ。[12] アメリカ心理学会の初代会長を務めた心理学者で、「恐怖とは、痛みを予期することである」と述べて、恐怖の種類を分類することに取り組んだ。七四八人の被験者に質問紙を送って得た回答をもとに研究を行ったが、心理学の研究にこのような大規模な質問紙法を用いたのはホールが初めてだった。その結果、人々は驚くほど多くのものに恐怖を感じているのがわかった。少し例を挙げると、風・雷・隕石・暗闇・火・水・孤独・銃・泥・自動車・イヌ・ネコ・ヘビ・クモ・昆虫・血を見ること・知らない人・病気・死・幽霊・魔女・罪などが恐怖の対象だった。

ただ、ホールは恐怖を取り除くことを目指したわけではない。なぜなら、恐怖は人間の進歩に必要だと考えていたからだ。「数多の知的関心の源《みなもと》の中で、最強の知的関心の源が恐怖である」と述べている。ホールが目指したのは、恐怖はどこから生じるのか、恐怖にはどんな機能があるのかを解明することだった。ただ困ったことに、恐怖の種類があまりにたくさんありすぎて、どこから着手したものかわからなかった。[13]

恐怖を簡明に定義すると、われわれを生き続けさせておくために必要な神経作用、となるかもしれない。また、恐怖を表す言葉そのものが、自衛本能を暗示しているように思われる。たとえば、英語の terror という名詞の古い語根は、tremble という語のものと同じだが、horror と anxiety の二つは、「怒りで毛が逆立つ」、「こわばらせる」、あるいは「窒息させる」という意味を持つラテン語の動詞に由来していて、予期される脅威に対する生理反応を示唆しているのだ。恐怖は、克服するか、征服するか、または抵抗するべきものと一般には考えられているけれども、実は生き残るためのメカニズムであって、われわれを危害から守っている。[14] ただ、このメカニズムの本質については、まだ結論が出ていない。

感情は人間の生得の精神状態であり、それを表現するために人間は自分のレパートリーの中の顔の表情や仕草を用いるが、それには本能的なものと習得したものがある。この考えを社会に浸透させたのは、チャールズ・ダーウィンだった。[15] 同時代の神経科学者たちは、どちらかというとこの考えに賛成で、脳にある二つのアーモンド（扁桃）形をした、その名も扁桃体という領域の細胞の束が、危険察知系統の中枢の役割を担っていることを突き止めた。扁桃体の神経細胞の集まりは、脅威を示す外的刺激を解読して、発汗・心拍数の上昇・息切れなどの生理的反応や、闘争・逃走反応をはじめとするさまざまな反射行動を引き起こす。

しかし、ここ数年ダーウィンのこの考えには異議が唱えられ、現在では、恐怖はこのように一部の部位が引き起こすものとは限定できないと主張する科学者も現れている。確かに、われわれが「fear」と呼ぶものは、特定の神経回路の一部によって引き起こされるものではないかもしれない。けれど、脳のさまざまな機能に恐怖が現れることはほぼ間違いない。また、扁桃体は危険を記憶するうえで大事な役割をはたしているようにみえるが、扁桃体が損傷を受けても恐怖の感情が起こる可能性があるという証拠も示されている。[16]

そうなると結局、恐怖が作られる仕組み、いや、それをいうなら、恐怖の正体に関して、現在一致した科学的見解はないということになる。だが、実は早くも一八八四年に、恐怖は外的脅威に対する無意識の反応だという想定に異議を唱えた人物がいた。哲学者で心理学者のウィリアム・ジェームズだ。クマに出くわすと、怖いから逃げると考えるのが普通だが、ジェームズは逆の仮説を立てた。逃げるから怖くなる、つまり、逃げるという行動のあとでなければ、われわれは自らの主観的反応をfearだと認識しないと考えたのだ。「要するに、身体的な変化は刺激的な事実を知覚したあとに直接的に起きるものであり、身体的な変化が起きると同時にわれわれが同じような変化を感じることが情動（emotion）である」というのが、彼の主張だった。[17]

これに対して、ニューヨーク大学のエモーショナル・ブレイン・インスティチュート（情動と脳の研究所）の神経科学者ジョセフ・ルドゥーは、刺激的な事実から引き起こされる感情が情動［恐怖や不安］などであるという点では同じ考えだが、ジェームズと違って、身体反応は重要ではないと主張する。[18] 外部刺激によって引き起こされる防衛反応の表出と、恐怖とは分けて考えるべきだというのだ。恐怖と防衛反応はともに原因となる刺激が同じであるため、一緒に生じることが多いが、脳内での作用は違っている。「私に言わせれば、恐怖や不安やその他の情動は、昔から人々が考えていたとおりのもの、つまり、意識的な感情のことだ」と、彼は述べる。言い換えれば、恐怖は「情動的な意識」に属していて、すべての情動がそうであるように、認知的構成概念、すなわち、われわれの感じ方を左右するだけでなく、意識に基づく意思決定と行動調節の新しい過程を可能にする、状況のメンタルモデルなのだ。[19]

では、恐怖と、それ以外の情動を表す言葉とは、どのように区別すればいいのだろうか。「fear」と「anxiety」とを切り離して理解することはできないけれども、研究の結果、ルドゥーは「その情動が、これから先に起きるか起きないかわからない不確かな脅威ではなく、客観的な現在の脅威によって引き起こされる場合には、異なる脳のメカニズムが働く」と結論している。[20] この考えは臨床医学にも大きく影響してくる。ルドゥーの考えでいけば、主観的な恐怖と、恐怖と関連のある客観的な反応との違いが理解できていないことが、動物で効果を確かめて開発されてきたこれまでの精神疾患の治療薬がうまくいかない原因ということになる。[21]

「恐怖」という言葉が意味することにばかり気を取られていると、恐怖の歴史について考えるつもりが、意味論の海で溺死という羽目にもなりかねない。このあたりで、オーストリア生まれの哲学者ルートヴィヒ・ウィトゲンシュタインの意味論的「家族的類似性」説を思い返すべきかもしれない。ウィトゲンシュタインによれば、言葉は外部の物体や考えの本質をとらえてはいないが、類似した意味を持つ他の語とネットワークを作って存在するものである。その観点からすると、「恐怖」という言葉は、不安・恐慌・驚愕・パニック・ヒステリー・パラノイアなど、強い類似性を持つ多くの言葉からなる家族の一員ということになる。[22] 感情・行動・考え・道具としての恐怖の力は、まさにその陰気さ、曖昧さ、永続性にあるということかもしれない。

神経生物学的な議論を強調しすぎると、今度は、歴史的に感情がどのように定義されてきたかという問題と、感情が経験・理解される仕組みにどのような違いがあるかという問題とを軽視することになる。われわれに生来備わっている、差し迫った脅威を察知して反応する能力は、大脳皮質で生じる恐怖と関連しているが、全く別のものである。ちなみに、大脳皮質は、人間の脳の中で高次認知機能と連関している部位である。感情が経験・理解される仕組みに関していうと、恐怖はカテゴリー化の過程で整理され、この過程では昔の経験が集められて比較される。潜在的な脅威を判定するために、われわれは保管している過去の経験を利用するわけだ。恐怖は過去に遭遇した経験によって形づくられていて、われわれは家柄、育ち、特定のコミュニティーへの帰属をとおして、具体的に恐怖を経験するように社会的に準備されているのである。

こうして恐怖に社会的な側面と文化的な側面があるとわかれば、恐怖を意識的に忘れたり、われわれの反応を調節したりできるのではないかと考えるのは当然といえる。「恐怖は教育によって身につけられるし、希望すれば、教育によって捨て去ることもできる」と、一九二七年に、アメリカの精神分析医カール・メニンガーは述べている[23]。メニンガーの考え方でいくと、恐怖は個人的で、部族的で、順応性のあるものである。核となる生物学的な脅威察知・反応機能とは対照的に、恐怖は不確定で、後天的なものである。また、恐怖は社会の組織・統制の仕方を決めるうえでも重要なので、時代や文化によっても表れ方は全く異なる。だからこそ、恐怖の本質をつかむためには、恐怖にはどういう歴史があり、どういう地域的背景の中で生じるかを理解する必要があるのだ。

このように、文化的現象と神経科学的な現象の混合物として恐怖を研究していくと、多くの場合、恐怖が不確実性に対する反応であることがわかってくる。ルドゥーが説得力のある言葉で明確に述べているように、不安とは「未来を想像できる能力と引き換えに、われわれが支払う代償」なのだ。事実、恐怖と不安はわれわれを両方向に引っ張っている。[24] つまり、過去を利用して、将来起こるかもしれないことを警告しようとしているのである。

不確実性への恐怖をとらえ、恐怖と表裏一体をなす希望を操作することは、古くから政治権力を操るための原則であった。一六〇五年に、イギリスの哲学者で政治家のフランシス・ベーコン卿は、国内で敵対する派閥を抑えるために、「有力な感情である恐怖と希望」を互いに競わせることで得られる政治的利益を並べ立てている。[25] ベーコンと同時代の学者で聖職者のロバート・バートンは、攻囲戦の隠喩を用いて、恐怖と希望を、悪魔の「目的と褒美と罰を伴う、城を破壊するための大砲と主要な兵器」と印象的に表現している。[26]

だが、恐怖は必ずしも政界のエリートが上から下へ広げていくものとは限らない。カリスマ的で独裁的な傾向のある指導者とその一派に煽《あお》られた、一般大衆の不安から生まれた恐怖が、下から上へ広がっていくこともある。現在、政治的な恐怖には二つの流れがある。混乱をもたらすポピュリズムの影響を懸念する流れが一つ、もう一つはメディアや国家機関に不信感を持つポピュリスト運動の流れだ。後者には、ドナルド・トランプの「Make America Great Again」（アメリカ合衆国を再び偉大な国にする）のスローガンに代表されるアメリカ共和党支持者の一派や、ハンガリーのオルバーン・ヴィクトル首相の市民同盟［右派ポピュリズムの与党、フィデスのこと］がある。「国民を投票所に向かわせるのは、怒りと恐怖だ」と、トランプ政権の元首席戦略官スティーブン・バノンは語っている。[27]

とはいえ、恐怖は必ずしも独裁的であるわけでも、専制的であるわけでもない。社会を一つにまとめ、権力を抑止する働きをする点では、むしろ有益といえるかもしれない。また、自由にとって不可欠である可能性もある。デンマークの哲学者で神学者のセーレン・キルケゴールは、一八四四年に出版した自著『不安の概念』の中で、一人の人間が自由に選択する能力は、身のすくむような不安や、恐怖さえ引き起こしかねないと述べた。断崖のてっぺんに立って、はるか下の地面を覗き込んでいると想像してほしい。われわれは「大きく口をあけた奈落の底」に落ちるかもしれないと思うだけで、怖くて尻込みをする。けれども、その一方で、やろうと思えばやれるというたったそれだけの理由から、崖から身を投げたいという恐ろしい衝動に駆られもするのである。われわれが持っている選択の自由そのものが、恐ろしい可能性を、すなわち、精神を押しつぶす「自由の眩暈《めまい》」を生んでいる、とキルケゴールは示唆している。結局、恐怖と自由は不可分で、対立し合うものではないということになる。(28)

同時に、われわれが生きている政治体制、宗教制度、社会制度は——民主主義体制か全体主義体制か、世俗的国家か神聖国家か、自由を認める国か認めない国かといったことには関係なく——恐怖を集め、恐怖を目的のための手段として利用し、恐怖を無力化しようと奮闘した末に行きついた結果である。一八世紀末のイギリスの奴隷制度廃止論者たちは、奴隷制度を終わらせるための手段として、奴隷制度の恐怖を誇張して宣伝した。中世のキリスト教会も、絶対君主国も、植民地国家も、自由民主国家も、みな恐怖の力を認識し、自らの目標に合わせて恐怖を採り入れるための戦略を作り上げた。多くの面で、近世世界は恐怖によって作られていたのだ。

本書では約七〇〇年に及ぶ恐怖の歴史をたどっていく。始まりは、西ヨーロッパで恐怖を独占していたカトリック教会が、壊滅的な伝染病など度重なる大災厄に脅かされた、一四世紀である。一七世紀には、政治闘争や宗教紛争を脱して、すでにヨーロッパ諸国が誕生していた。間もなく各国は南北アメリカ、アジア、アフリカに帝国を建て始め、それとともに西洋の恐怖に対する考え方と恐怖の操作法が世界中に輸出されていった。けれど、この恐怖の輸出は決して一方向のものではなかった。なぜなら、非西洋的な社会に曝《さら》されたことで、西洋もまた、文化が人間の「激しい感情」を形づくることをあらためて認識するとともに、自国の恐怖を相対的に考察するための枠組みを手に入れたからだ。

近代化の過程は、新しい形で力と恐怖を広げた。一九世紀には、すでに官僚体制が社会を大きく変容させていた。新興の知的職業階級が力を誇示し始め、社会の都市化と産業化が進むとともに、力は分散していった。工場では労働者が、市場の予測のつかない変動と、需要と供給の法則に左右されるようになっていた。自由に意見を述べる中産階級に加えて、金融家と産業資本家とが富と影響力を増加させたので、政治の中心にいる特権階級は彼らと手を組まざるを得なくなった。同時に、「一般大衆」が台頭して、彼らが国に反対の声を上げるのではないかという懸念が膨らみ、やがて大きな力となって特権階級と中産階級を脅かした。国民と国家、個人と大衆、国家の建設と世界化という対立し合う力と、それらが生み出した恐怖が絡み合って、どのような緊張が生まれたかを本書は探っていく。特に、一九世紀後半から二〇世紀に行われた恐怖の資本化は、本書の後半の焦点である。

現在、いまだに中央集権国家は基礎となる国家機関を作って、国の経済活動と社会を管理し続けているが、企業は新しい科学技術を開発し、国境を越えて利用者たちが地球規模でつながる共同体を作っている。新しい科学技術がこのように集中すれば、数多の可能性と脆弱性が生まれるので、国家当局はますます難しい対応を迫られる。特に、国が恐怖の管理をするのは難しくなるだろう。

本書では、恐怖が力の基であることを論じていくつもりだ。同時にまた、恐怖を操作しようとする試みから生じた予期せぬ事態についても追っていくことになる。その予期せぬ事態とは次の四つだ――一つの恐怖を消すと、その穴を埋めるように別の恐怖が必ず生まれること。恐怖が専制的に使われるのを止めようとして、結果的にさらに大きな恐怖を生んでしまうこと。政治や社会の変化の口実として恐怖が使われること。そして、人の希望につけ込むビジネスが恐怖を売りつけていることだ。いまや成長著しい、いわゆる「ハッピー・ビジネス」に恐怖は不可欠である。なぜなら、幸せを売りつけるために、買わなければ惨めな状態が永遠に続くぞと遠まわしに脅しているからだ。「人を救うためのどんな発明品にも、どんな学問の進歩にも、必ずその背後には、動機の一つとして、恐ろしい何かを避けたいとか、恐ろしい何かから逃げたいという願望が隠れている」と、マーティン・ルーサー・キングもかつて述べている。[29]

歴史学者や哲学者や政治学者は、恐怖をテーマにして筆をとるとき、恐怖をまるで文化的現象か政治的現象かのように扱う傾向がある。そればかりか、まるで文化は政治と切り離すことができるかのように、政治は文化を形づくっている実社会とかけ離れたものであるかのように扱ってきた。[30] しかも、一般国民の感情の辛辣な性質ばかりが強調されて、恐怖は無知によって増大し、不平等と差別を永続させる有害な力とみなされてきた。詩人で文化評論家のベル・フックス〔アフリカ系アメリカ人の女性。フェミニストとしても有名〕もこう言っている――「恐怖とは、支配の構造を支えている第一の力である」[31]。

一九四〇年代に、アメリカの歴史家アーサー・シュレジンジャー・ジュニアは、恐怖が民主主義のプロセスを無力にしていると警告した。工業技術と科学に支えられて進んできた工業化と無秩序な資本主義は、「調節という恐ろしい問題」をもたらしたが、この問題には不安を抱く市民を全体主義へ走らせる恐れがあった。彼が言うように、「恐れと欠乏」は民主主義を蝕《むしば》み、共産主義が根づくのに絶好の状況を作ったのだ。[32]

ドイツ系ユダヤ人の精神分析学者で哲学者のエーリッヒ・フロムは、ナチスが政権を掌握したあと一九三四年にアメリカ合衆国へ逃げてきた人物だった。その彼がこう主張している――民主主義は人々を自由にしたかもしれないが、それが作り上げた社会に住む一人ひとりの人間は、「無力感や孤独感や不安感や心細さを感じている」。このように人を疎外する自由から逃走するために、人は独裁主義の支配に進んで服従する。民主主義は、ナチスのイデオロギーが成長できる社会と心理の状況を作り出していた。[33]

第二次世界大戦の間とその直後の、ソヴィエト連邦でスターリンの抑圧が激化していた時期に、恐怖と自由の問題に取り組んでいたのは、シュレジンジャーやフロムだけではなかった。二人以外にこの問題と取り組んだ人物の中では、一九四九年に『一九八四年』を発表したジョージ・オーウェルと、一九五一年に『全体主義の起源』を発表したハンナ・アーレントが有名である。手法は異なるが、彼らは政治的恐怖の本質、全体主義の恐ろしさ、それらの不安が自由主義体制にもたらす脅威の本質という問題に取り組んだ。

一九二五年にマハトマ・ガンディーは、「愛に基づく力は、罪への恐怖から生まれる力より千倍も効果的で千倍も長く続く」と述べた。[34] 確かに、ガンディーやマーティン・ルーサー・キングのような民主的な指導者は、自分たちの大義を広めるために愛を奨励したかもしれない。しかし、二〇世紀後半以降は、もっとネガティブな政治的な感情が強調されるようになっている。一九九〇年代に、ソヴィエト連邦の崩壊、アフガニスタン内戦の始まり、ボスニアやルワンダでの大虐殺などがあったあと、カナダの作家で政治家のマイケル・イグナティエフはこう警告を発している。「二〇世紀には、人間の普遍性という概念は、希望よりも恐怖を、人間の善をなす能力を信じる楽観主義よりも悪をなす能力への恐れを、歴史を作る者としての人間像よりも同じ仲間に牙を向ける狼としての人間像を基礎にしている」。[35]

アメリカの政治学者コーリー・ロビンは、「アメリカ同時多発テロ事件後に多くの作家たちがしたように、自分たちを団結させる倫理的原則や政治的原則が自らに欠けていると確信したわれわれが、恐れるという経験を楽しむのは、われわれを孤立した一人ひとりの人間から団結した国民に変えることができるものが、恐怖しかないからだ」と述べている。ロビンによれば、このような恐怖の政治は、正義と平等といった民主主義制度の基礎となっている普遍的価値に対するわれわれの信念を揺るがせ、最後には民主主義制度に対する信頼ばかりか、その正当性まで弱めてしまう。このように恐怖に屈することは、知らないうちに、恐怖を拡大させる利己的な勢力を喜ばせることになる。それが、「恐怖は倫理や政治の議論の基礎ではないし、また基礎になるはずがない」もう一つの理由である、とロビンは結論している。(36)

しかし、みんながみんな恐怖についてこのような考え方を持っているわけではない。別の考え方では、恐怖はわれわれに権利が侵害される可能性に注意を払わせ、抑圧しようとする国の生来の傾向を警戒させるものである。(37)また、われわれの自由に対する最大の脅威は内側から生じ、しかも自由を守るために実行された途方もない方策から生じることが多い。たとえば、大恐慌が続いていた一九三三年三月に、フランクリン・ルーズベルトが行った大統領就任演説は、「われわれが恐れねばならないものはただ一つ、恐れそのものである」の言葉で有名だが、その中で大統領は連邦議会に「危機に対処するために唯一残っている武器」を要求すると宣言した。その武器とは、「外敵に侵入されたとき大統領に与えられる権限と同程度の、強力で広範な緊急事態に対処するための行政権」であった。(38)もちろん、ルーズベルト大統領が、危機と戦うために大胆なニューディール政策を採ったことは後世に伝えられるべきだ。だが、ここで問題なのは、たとえ進歩的な改革者であっても、危険な例外的状況［一般には国家の非常事態］を正当化するために、恐怖を使うことがあるという点だ。(39)

こうしてみると、恐怖の使用や乱用をめぐるさまざまな議論は、自由とは何か、自由は歴史的にどのように理解されてきたかという問いに対する考え方の違いを反映している。現代のわれわれが持っている自由の概念は一九世紀の間に形づくられたもので、始まりは「新たに選挙権を得た一般大衆が、国家権力を利用して富の再分配を行うのではないかという恐怖」に対する、エリートの反革命的な反応だったといわれている。自由は、民主政治が極端な方向へ進む危険への予防措置として、また、一般大衆の力がもたらす経済的脅威を避けるための手段として支持された。[40] ところで、話は変わるが、自由を希求する心は文化に関係なく、生まれながらに人間に備わっているものだろうか。自由とは、自分の人生に干渉してくる他人から解放されるという意味の自由なのか、それとも、自分で自分の運命を決められるという意味の自由なのか。自由とは「外圧が存在しないということなのか、それとも、何かが存在するのか――だとしたら、何が存在するのか[41]」。自由は否定的なものか、それとも肯定的なものなのか。つまり、罰を受ける脅威から逃れるという意味で自由なのか、それとも、自分の思いどおりにできるという意味の自由なのか。[42] 他者の意志に左右されている場合、干渉される可能性が常にあるのだから、われわれは本当に自由なのだろうか。[43]

こうした議論が特に盛んになってきたのはこの一〇年のことだが、議論自体は昔からある。一九世紀になって、教育が普及し、産業界が民主的になるにつれ、自由と平等と恐怖との間の複雑な関係に、多くの評論家が気づき始めた。アレクシ・ド・トクヴィルは、一八三〇年代のはじめにアメリカの政治制度を研究し、「偉大な民主主義の革命」に対して自分が感じた恐怖と希望について著している。その不朽の著書『アメリカの民主主義』の第二巻では、民主主義が生み出す民主主義の根幹を揺るがすような矛盾点に光があてられている。民主的な国家の国民たちは、「無政府状態という恐怖が頭から離れず、その恐怖に絶えず怯えていて、少しでも混乱の兆しがみえれば、いつでも喜んで自由を捨てる」と、彼は考えているのである。この自由と平等と恐怖をめぐる問題はどこまでいっても堂々めぐりだ。自由から平等が生まれ、平等から恐怖が生まれ、その恐怖が自由を脅かすのだ。

キルケゴールが「自由の眩暈」と言ったように、トクヴィルは、国民は無法状態になる可能性に絶えず怯えていて、「自分の自由意志を恐れ、自分自身を恐れる」と言っている。だが、同時に、恐怖には独裁支配に対する非常に重要な防御の役割をはたす可能性があることも指摘している。「したがって、われわれに必要なのは、気力をそいで弱らせるような柔《やわ》で無益な恐怖ではなく、われわれを用心深くさせ、かつまた、積極的に戦える気持ちにさせてくれる、将来への有益な恐怖である」というのが、トクヴィルの結論である(44)。

恐怖と自由主義をめぐる二つの対立した主張の問題は、それらがゼロ・サム・ゲームであること、つまり、恐怖を求めるか、求めないかのどちらかである点にある。しかし、どうして自由と正義の原理を固持することが、恐怖の持つ肯定的な特質を認めないことになるのだろうか。恐怖の肯定的な特質は、単に現状維持を支持するために役立つだけでなく、好ましい変化が生まれる方向で、権威に挑戦する可能性も有しているというのに。私に言わせてもらえるならば、恐怖の歴史は多くの学説が信じさせたがっている以上に、希望にあふれている。

さらに、政治的な恐怖の議論の大半は、人を混乱させ対立させる恐怖の特質を強調し、政治的権利と政治的自由の成立に恐怖が不可欠であったという点を見落としている。確かに自由とは、潜在的な脅威から自由になることを意味しているかもしれない。だが、私に言わせれば、失うことの恐怖は、社会正義の追求を断固として推し進める希望と切っても切り離せないものだ。一七世紀の哲学者バールーフ・デ・スピノザの主張を思い起こせばよいだろう——「どんな希望にも必ず恐怖が混じっているし、どんな恐怖にも必ず希望が混じっている(45)」。

「力を失うことへの恐怖は、力をふるっている者を堕落させ、また、力がもたらす惨禍への恐怖は、その惨禍を受ける者を堕落させる」と、ミャンマーの政治家アウン・サン・スー・チーはかつて述べている。「恐怖によって条件づけられた国民が、その『気力を失わせるような悪影響』から自由になることは容易ではない」が、知らぬ間に恐怖がメディア化される時代を迎えて、気力を失わせるような悪影響から自由になることの重要性はこれまで以上に高くなっている(46)。力の制度を再建するうえでも、自由とその可能性を理解するうえでも、恐怖のはたす役割は大きい。恐怖の歴史をよく理解することが、その役割を考え直すための第一歩になるかもしれない。

第1章

中世の大疫病

飢餓

●

ペスト

●

集団ヒステリー現象

現代人とその祖先が数千年にわたって恐怖を感じ続けてきたことはほぼ間違いない。多分、われわれの感情が示す反応の起源は進化の過程の遠い過去にあるのだろう。そして、現代のわれわれがヘビやクモや暗闇などに対して持っている恐怖症の多くは、狩猟採集生活を送っていた祖先が直面した危険に対して示していた反応が、今もわれわれの神経回路に組み込まれたままになっているということなのだろう。進化生物学者のゴードン・オリアンズが示唆するとおり、われわれは過去の生息環境と捕食動物の亡霊に今も悩まされている。つまり、「典型的な恐怖や恐怖症の対象が、現代社会で脅威になることはほとんどない。にもかかわらず、恐れられている対象へのわれわれの恐怖と忌避は続いている」のである。(1)

ダーウィンは、すべての人間はいわゆる共通の「感情の言語」、すなわち、感情を表す共通の表情と言動を持っていると考え、研究の結果、「人間が恐怖を表現するやり方は、太古の昔から今までほとんど変わっていない」と推論した。(2) アメリカの心理学者ポール・エクマンも同様に、人間の感情は普遍的で、人間は怒り・嫌悪・嬉しさ・悲しさ・驚き・恐れと関連する顔の表情を認識するように生まれつきプログラムされていると考えている。もっとも、感情体験は個人によって違うし、文化によって異なると主張する科学者も少なくない。(3)

旧石器時代のわれわれの祖先が洞窟内部の壁に刻んだ壁画の中にも、恐怖は存在しているかもしれない。たとえば、端のほうで臆病そうに尻込みしている棒のような人間に対して、それを圧倒する大きさで描かれた動物の壁画や、不気味な「半人半獣」の岩絵がそうだ。二〇一七年から一八年にかけて、インドネシアのスラウェシ島で発見された、少なくとも四万三九〇〇年前にさかのぼる岩絵には、半分が人間で、あと半分はくちばしと、豚のように突き出た鼻と、尻尾を持つ生き物――「半人半獣」が描かれていた。松明《たいまつ》や獣脂の灯がちらちら揺らめく光の下でその絵を眺めたら、なおさら恐ろしく見えたに違いない。(4)

今から約一万二〇〇〇年前の新石器時代に、ホモ・サピエンスが植物の栽培や動物の家畜化を始めて、村や町に定住し出した頃には、肉食獣に襲われる脅威はそれ以外の恐怖、すなわち、暴政、共同体内の暴力、干ばつ、作物の枯死、飢饉、疾病に取って代わられていた。とすれば、ジャレド・ダイアモンドが悲観的に述べているように、農業革命は「人類史上、最悪の間違い」だったのかもしれない。(5)

イギリスの考古学者イアン・ホッダーの監督の下で、トルコ中南部のチャタル・ヒュユクにある九〇〇〇年前の新石器時代の集落が発掘され、住居の壁を飾る恐ろしい生き物たちの絵がいくつも見つかっている。人間の脚らしきものがあるハゲワシが、首のない人の形をしたものに飛びかかっている絵もその一つだが、そういった絵には野性の恐怖を飼いならす方法としての役割があったと、ホッダーはみている。(6) こうした新しい社会では恐怖と信仰が絡み合って、急速に階層化が進む社会と政治の秩序と、新たな労働分担に依存した経済制度とを守る働きをしていた。

最古の文字がメソポタミアに登場したのは、紀元前三四〇〇年頃のことだった。楔形《くさびがた》文字、つまり、楔形の記号を粘土板やそのほかの遺物に刻んだ最初の記録は、行政や経理の目的で使われたリスト類であった。だが、おそらく紀元前二〇〇〇年紀以降にまとめられたバビロニアの『ギルガメシュ叙事詩』には、ユーフラテス川付近にあったシュメールの強大な都市国家ウルクの市民たちを悩ませている、多種多様な恐怖が語られている。死の恐怖、死後に暮らす真っ暗な冥界への恐怖。文明の向こうの未開の地への恐怖と、恐ろしいサソリ人間がうろつくこの世の果てへの恐怖。そして、ウルクの神話的支配者である傍若無人な若きギルガメシュの暴虐な振る舞いに対する恐怖である。

一九四〇年代に、ドイツの哲学者カール・ヤスパースが唱えた「枢軸時代」説は物議をかもしたが、それによると、紀元前一〇〇〇年紀にユーラシア大陸の至る所で新しい宗教と哲学の体系が独立して誕生し、新たな文明の「枢軸」ができた。[7] ヤスパースが挙げた孔子の『論語』、『ウパニシャッド』〔紀元前七世紀にさかのぼる古代インドで著された哲学書の総称〕、『バガヴァッド・ギーター』〔ヒンドゥー教の聖典〕、ブッダの教え、ヘブライの預言者たち、ギリシャの哲学者たちは、みな内省と自己修養の大切さを強調していた。祈り、瞑想、討論と併せて、書き言葉が社会的かつ精神的な道具として重要になった。[8] これらの新しく作られた道具は、人間の世界の理解の仕方を一斉に変えただけでなく、最終的に人間の行動様式を形づくり、恐怖を含む感情と思考を管理する新しい力も生み出した。

古代のギリシャ・ローマでは、恐怖に政治的な使い道があったことは間違いない。その証拠に、古代ギリシャ人は恐怖を意味するさまざまな言葉を持っていた。その一つが「二」を意味する語根に由来する *deos* という言葉で、人は「心が二つある」状態のとき恐怖が生まれることを暗示している。もう一つの *phobos* という言葉は、「走る」という動詞と語源的につながっている。[9] 紀元前五世紀に、トゥキュディデス〔『ペロポネソス戦史』で有名な古代ギリシャの歴史家。紀元前四六〇～三九五年〕は著書の中で、ペロポネソス戦争〔紀元前四三一～四〇四年〕の原因は強大になっていくアテネの力に対するスパルタの恐怖、つまり *phobos* にあったと述べている。[10] 一方、*ekplexis* という言葉は、腰が抜けるほどの驚きと恐怖を意味していた。そして最後の一つ、「パニック」、すなわち *phobos panikos* という言葉は、半分が人間で半分がヤギの神、パンと関連がある。パンはアルカディアの森や山に住む神で、その叫び声を聞くと誰でも、訳のわからない突然の恐怖、パニックに襲われると言われていた。[11]

紀元前四世紀から紀元三世紀にかけての初期の中国帝国では、神々への恐怖からさまざまな慣習が作られ、それらが社会的関係や地位や階級を支配していた。神に背いた行為を行えば天罰が与えられるかもしれないという恐怖が、一種の社会統制の役割と、人が現世で野心や欲望を暴走させて社会の安定を乱さないためのブレーキの役割をはたした。反抗的な国民だろうが、容認されている以上の権力をふるいたいという誘惑にかられた統治者だろうが、天罰を恐れる気持ちは変わらなかった。[12]

では、ここで一つはっきりさせておこう。ここまで見てきたとおり、一四世紀の西ヨーロッパで、突然、人の心に恐怖を感じやすい新たな傾向と、恐怖に利用価値があるという意識が芽生えたわけではないのだ。では、どうして一四世紀に恐怖の本質が変化したのだろう。簡単に答えると、一連の壊滅的な被害をもたらす災禍によって、西ヨーロッパに社会と政治の大変革が起こったからだ。その大変革は一世紀半後に恐怖のグローバル化をもたらすことになる。飢饉と疫病のダブルパンチに揺らいだカトリック教会は、その結束が試された挙句、宗教と政治の血で血を洗う争いの中で分裂した。戦争で荒廃したヨーロッパで磨き上げられた恐怖という政治手段は、南北アメリカ、アジア、アフリカを征服するために活用された。こうした西洋の恐怖の輸出が、近代世界の形成に中心的役割をはたしたのである。

先に述べた大変革がどういうものであるかを知るための手がかりをくれるのは、ピーテル・ブリューゲル（父）の絵画『死の勝利』である。一五六〇年代初期に完成した同絵画には、骸骨の軍団が生者を虐殺したり、地獄に通じているらしい落とし戸へ生者を導き、その中へ送り込んだりしている様子が描かれている。前景では、死神が骸骨のように痩せた雌馬に乗って大鎌を振るっている。遠景には、草木もなく暴力の痕が残る地獄のような風景がはるか水平線まで広がっていて、絞首刑にかけられて枯れ木にぶら下がっている犠牲者や、車輪刑にかけられた犠牲者の姿も見える。あちこちで火が燃えて煙を吹き上げ、その煙が流れていく先には海岸線があって、難破船がごろごろしている。

特筆すべきは、ブリューゲルの描き出す感情世界がなんと強烈で真正であるかということだ。絵画の中の男女の血も凍るような叫び声が聞こえるし、逃げ出したいという必死な気持ちも感じられる。この作品のパニックは本能的なもので突然襲ってくる。それは耐えがたい苦痛や死への恐怖だけでなく、来たるべき神の

ピーテル・ブリューゲル（父）、『死の勝利』（1562-63年）

裁きへの恐怖に対しても自然に生じる反応である。群衆の情景は多数の短い場面からなっており、一つひとつの場面で焦点になっているのは個人の恐怖だ。しかも、権力を失う王の恐怖から、わが子を失う親の恐怖までさまざまである。実質的に、ブリューゲルは一六世紀の恐怖を解剖して、分裂しかけている世界の恐怖を分解してわれわれに見せてくれているのだ。死という「偉大な平等主義者」は、ごみを漁る犬のレベルまで王を落としている。同絵画は人間の誤謬性と、神の審判の恐しさを示すと同時に、集団暴力に対する切迫した当時の考え方も物語っている。

一五六〇年代、ブリューゲルの祖国、ネーデルラント［今のオランダ・ベルギー・ルクセンブルクを含む地域、「低地地方」とも呼ばれる］には、恐怖が常に存在していた。スペイン国王フェリペ二世が、父であるハプスブルグ家出身の神聖ローマ帝国皇帝カール五世からネーデルラントを受け継いでから、プロテスタントの臣民を弾圧したからだ。苛烈な異端審問に対する反発は一五六八年から始まる独立に向けた本格的な戦争へと発展し、一六四八年にスペインがしぶしぶネーデルラント連邦共和国を承認するまで八〇年も続いたのだった。当時の人々が自分たちの家を守るために大量に武器を買い占めていたと、アントワープ出身の職人ゴデヴァルト・ファン・ヘヒトは記録している。一五六五年から一五七四年までの九年間に書かれた彼の日記は、「恐怖（fear）」という言葉であふれかえっている。[13] この段階でわれわれが見るのは、いわば二つの欠かせない恐怖――神への恐怖と、自由と信仰を抑圧されたことに伴う恐怖――である。それに加えて、一六世紀のヨーロッパを席捲した、疫病と飢饉という身の毛もよだつような恐怖がある。

ブリューゲルの描いた地獄絵図に示された大混乱がどれほどのものであったか測るためには、これとは別の、もっと前の時代の世界を描いた絵画と比較してみる必要がある。ここでは、『ベリー公のいとも豪華なる時禱書《じとう》』として知られている、豪華な挿絵と装飾が施された上質皮紙の時禱書と比べてみよう。この装飾写本は、一四一二年頃フランス王〔ジャン二世〕の息子のベリー公のために、ランブール兄弟（パウル、ヘルマン、ジャン）の三人が製作を開始したと考えられている。非常に多くの細密画が描かれた、全部で二〇六葉のこの時禱書は、一日の定められた祈りの時間を軸にまとめられた信仰の手引書である。手書きの文章は、福音書〔マタイ・マルコ・ルカ・ヨハネの四福音書〕からの引用と、聖母マリアへ捧げる祈りの言葉、聖歌、典礼日を表した暦である。冒頭に「各月の労働」として知られている一年を一二の場面で表した農事暦があって、季節の変化と関連した行事や作業が描かれている。そこには農地を耕す農夫らや、中世の宮殿や壮麗な室内を背景に日々を送っている貴族たちの姿が見える。こうした日常生活の場面の上にアーチ状に描かれた天は、鮮やかなブルーのラピスラズリで塗られ、星座の一二宮が金色で表されている。

混沌としたブリューゲルの『死の勝利』とは対照的に、こちらは非常に秩序のある、ただ一つの普遍的な時間に固定された階層的な世界である。神によって定められたこの宇宙には、目立った恐怖やパニックは一つもない。一〇月の絵を例にとってみよう。弓と矢を持った案山子《かかし》と、後景にそびえ立つ宮殿の存在しか、遍在する武力の脅威によって社会の結合が保たれていることを暗示するものはない。ここにあるのは、神を頂点にして王、貴族、騎士、自由民、不自由農《ヴィレン》（領主または荘園に付属した小作人）、農奴《サーフ》へと下がっていくピラミッド状の理想的な社会制度だ。それは忠誠の誓いと、物品による奉仕と引き換えに与えられる諸権利と、相互義務とが絡み合った複雑な組織体系である。

美術批評家エルヴィン・パノフスキーが示唆したように、『ベリー公のいとも豪華なる時禱書』の豪華な挿絵は、「老いた社会の支配階級」が「それに反抗して立ち上がってきた若い力」との競争に脅かされていた時代に、社会的区別をあらためて主張しようとした企ての一つなのかもしれない。[14] しかし、一四一二年から一五六二年までの間に、ベリー公の時禱書の理想化された風景が、ブリューゲルの絵画に生々しく描かれた恐怖とパニックの凄惨な光景へと変わってしまうような何かが起こったことは明らかだ。恐怖とパニックは突然発明されたわけではない。一六世紀の半ばまでに、にわかに日常生活で目につくようになっていただけのことだ。

宗教改革とキリスト教世界の分裂が、恐怖に対する解釈を変え、恐怖が新たな信仰の制度と今までにない形の中央集権国家の基礎として利用できることを教え込んだ。だが、そうした大変革の原因と影響に目を向ける前に、災厄に襲われる前の時代に時間を巻き戻そう。その世界で恐怖はどんな存在だったのだろう。

一二世紀から一四世紀初期までのゴシック様式の大聖堂は、中世の風景の中心を占めていた。大聖堂はただ信仰を表明するだけのものではなく、富と創意と自信を象徴するものだった。一三世紀の数ある革命的な新技術には、機械時計と、ガラス製造の新手法と、製紙技術の普及がある（もっとも、製紙技術がアラブ世界から南ヨーロッパに導入されたのは一二世紀のことだったが）。通商や製造業の発達とともに銀行業が盛んになり、イタリアの諸都市は国際金融の中心地となった。また、ケンブリッジ大学［一二〇九年創立、イギリス］、コインブラ大学［一二九〇年創立、ポルトガル最古の大学］、モンペリエ大学［一二八九年創立、フランス］、パドヴァ大学［一二二二年創立、イタリアで二番目に古い大学］、サラマンカ大学［一二一八年創立、スペイン最古の大学］、シエナ大学［一二四〇年創立、イタリア］、バリャドリッド大学［一二四一年創立、スペイン］といった多くの優れた大学が創立され、知識の中心地として繁栄した。それもすべて経済発展のおかげだった。人口が増加するにつれて、木材を手に入れるための森林伐採や採鉱といった天然資源の採取や、農地確保のための大規模な土地の開墾が盛んに行われるようになった。歴史家の中には、農業技術の飛躍的進歩にはそれまでの農業を一変させる効果があり、生産力の大幅な上昇をもたらしたことを指して「農業革命」という者もいる。その農業技術の飛躍的進歩の一つに、鉄の刃をつけた重量有輪犂《ゆうりんすき》の導入がある。これによって労働力の節約と、北ヨーロッパの肥沃な土壌の開墾とが可能になった。北ヨーロッパの土壌は肥沃ではあるが、重くて硬い粘土土壌のため、それまで耕しにくかったのだ。[15]

けれど、農業革命が繁栄をもたらしても恐怖がなくなることはなかったし、恐怖がこの世の特徴であることも変わらなかった。人々は、飢饉、病気、戦争、サタンとその手先ども、神の怒り、この世の終わりの日、地獄に落ちることを恐れていた。[16] 恐怖は、装飾写本の余白に書き込まれた悪魔たちのように日常の隅々に潜んでいた。一四世紀に編集された『ホーンビーのネヴィルの時禱書』として知られている信仰の本には、堕天使が地獄へ落ちていく、割れた蹄《ひづめ》のある角の生えた生きものの姿で表されている。描かれたどの悪魔もギリシャ神話の牧羊神パンの動物的特徴をそなえているのは、パンがいわゆる中世［西暦五〇〇年から一五〇〇年までの間］にどんどん悪魔化されていったせいである。割れた蹄や尾や角という姿形だけではなく、パンが持っている激しい欲求と抑えられない性的欲望と音楽への情熱とが悪魔の印とされたのである。パンと同じく、悪魔は人間を唆《そそのか》して罪を犯させ、人間を本性から遠ざけ、異常に興奮した行動を起こさせる――要するに、パニックを起こさせる。[17]

恐怖は未知のものとつながっていた。だから、怪物は世界の暗い辺境の地に集まる傾向があった。たとえば『騎士トンダルの幻視』という一二世紀に人気のあった物語では、騎士が天使に導かれて地獄から天国へと旅をする間に、いろいろなおぞましい怪物に遭遇する。このテキストの唯一現存する装飾写本は、カリフォルニアのJ・ポール・ゲッティー美術館に収蔵されているが、それには罪人たちが拷問にかけられ、炎の噴き出る地獄の口の中で悶《もだ》え苦しんでいる様が描かれている。その地獄の口を少し開いた状態にしているのは、二人の悪魔のような巨人だ。

しかし、地獄めぐりの旅で最も有名なものといえば、何といっても一三二〇年に完成した『神曲』である。

目が覚めると暗い森の中で迷っていた詩人ダンテは、前方に日に照らされた山を見つけて安堵する。だが、恐ろしさが和らいだのも束の間、じきに行く手を豹《ひょう》と獅子と凶暴な雌狼に塞がれて、「嘆きの涙にくれながら」暗闇へ引き返すしかなくなる。こうして地獄下りが始まるのだが、それは恐怖の旅であり、その恐怖をとおしてダンテは残っていた自己満足を打ち砕かれ、同時に神の全知を再確認することになる。(18)

だが、恐怖は単なる文学の主題ではないし、こうした魔性の怪物たちが必ずしも寓話的に抽象概念を擬人化したものであるとは限らない。悪魔の手先は現実の世界にあふれていて、鳥の鳴き声で連絡を取り合ったり、解読できる者に自分たちの存在を示す恐ろしい証拠を残したりしていると考えられていた。一三世紀のシトー会のある大修道院長は、人々は周囲を埃《ほこり》の微細な粒のように空中を漂う、目に見えない悪魔の群れに取り巻かれていると主張している。(19)

教会の教義と儀式は、この恐怖を育み導いて、信仰の動機として受け入れる一方で、死後の世界と贖罪《しょくざい》の望みとを保証して信者を絶望させないようにした。神学者トマス・アクィナスは、一二六六年から一二七三年にかけて、影響力のある書物『神学大全』を著し、その中で恐怖の対象・原因・影響について考察している。まず、恐怖は必ず邪悪なのかと問い、恐怖は「人間にとって自然なもの」であり、人間であることの基本的な状態であるから、本質的に良いも悪いもないと答えている。さらに、聖アウグスティヌスを引用して、「人間は愛しているものを失うことを恐れる。ゆえに、恐怖は愛から生まれている」と述べている。よって、神を恐れることが神を愛することの必須条件であり、恐れがないということは悪徳とみなすべきである。要するに、「神は恐れることができる存在であり、恐れるべき存在である」、とアクィナスは考えている。(20)

恐怖にはほかにも利点があった。罪人を神の恩寵に目覚めさせたり、悪に傾きそうになるのを抑止する働きをしたりすることもあったのである。(21) 一二二八年から一二四九年までパリ司教を務めた、神学者オーヴェルニュのギョームは、論文『道徳について』の中で信仰・恐怖・希望・博愛・敬虔《けいけん》・熱情・清貧・謙虚・忍耐の九つの美徳について考察した。論文の中で九つの美徳は擬人化され、それぞれの価値を読者に説いて聞かせる機会を与えられている。ほかの美徳たちと同じく、女性として描かれた恐怖は「私は人の心の門番兼管理人です」と宣言している。恐怖は人を刺激し、保護し、苦しめる。つまり、恐怖とは「気まぐれで、空虚で、不純で、危険な考えという鳥」を寄せつけないための案山子であり、「肉欲や煩悩という傷」を治す香りのよい軟膏《なんこう》であり、また、心を鬼にして、鞭《むち》の代わりに地獄を使って神の子たちを教え鍛える学校教師であった。[22]

　このように教会は恐怖を用いて精神的な影響力を高めていったが、その教会の精神的な影響力を支えていたのは物質的な力だった。そして、一二世紀末に、教会は恐怖を利益と交換することを、すなわち贖宥状《しょくゆうじょう》「免罪符ともいう」を金で贖《あがな》わせて（買わせて）、罪を全部または一部許してやるという方法を思いついた。財力さえあれば、罪を償うために煉獄《れんごく》「小罪を犯した人間の魂が浄化のために一定期間置かれる場」で過ごす時間を減らすことができるというわけだ。しかし一方で、教会は自分たちと意見の異なる者たちを排除するためにも、恐怖や威嚇や完全な暴力を用いた。南フランスのカタリ派やヴァルド派といった、正統派教義に異議を唱えるキリスト教の宗派は、サタンと組んでいる異端者の烙印を押されて残虐に鎮圧された。「人間の人生は絶えざる恐怖である」と述べたのは、中世の教皇の中で最強の教皇インノケンティウス三世だが、彼こそ二〇年に及ぶカタリ派撲滅の軍事行動作戦の主導者であり、また、不幸な結果に終わった第四回十字軍の提唱者である。一二〇二年に、イスラム教徒の支配下にあったエルサレムの奪還を目指して始まった第四回十字軍は、東西教会の最終的分裂を招く結果に終わったのだった。[23]

そんなときに、二つの大きな災厄のうちの最初の災厄が襲った。一三一五年から一三二二年にかけてヨーロッパ大陸を飢饉が襲い、北ヨーロッパの都市部の人口の一〇パーセントが死に、地域によってはそれ以上の死者を出したのだ。[24] 飢えに追い打ちをかけるように病が襲ったため、人々はパニックになった。ある証言者によると、「餓死した乞食の死体が道に散乱して」いて、死体の腐敗臭は耐えがたいものだったという。[25] 同時代の記録には、人々が見つけられる食べ物を何でもため込み、草の根や木の実を集め、野草や樹皮まで食べたことが事細かに書かれている。もっとセンセーショナルな記録では、馬や犬をむさぼり、死んだ家畜の死骸や鳥の糞を常食としたと伝えている。年代記作者たちは幼児殺しやカニバリズムの事例証拠を挙げている。囚人たちは獄の中で仲間の囚人を食べ、親と子が互いに食い合ったとされている。絞首台から罪人の死体が奪われ、死骸が墓地から掘り起こされた。不平等が拡大し、強奪、強盗、暴行、殺人などの犯罪が爆発的に増加した。[26]

この時期の信仰芸術の主題として、死や罪や贖罪が大きな位置を占めているのは当然かもしれない。ピサ大聖堂そばのカンポ・サント墓地回廊にあるフレスコ画『死の勝利』が描かれたのは、一三三〇年代と考えられている。この巨大な壁画は、蓋が開いた三つの棺の中の腐敗が進んだ死体の上で、ヘビたちがのたくっている場面をはじめとした、背筋も凍るような多くの場面からなっており、恐怖がその中心にあるのは明らかである。このフレスコ画は、どんな災難があろうと最後までやりぬかねばならないという社会の回復力を暗示してはいるが、死に圧倒された社会の姿も描いている。静かな小さい森に集まって音楽を奏でている高貴な女性たち目がけて、恐ろしい白髪の魔女が大鎌を持って飛んでいく姿も見える。おそらくこの壁画は飢饉の衝撃に揺らぐ社会を表しているのだろうが、確かなのは、西ヨーロッパの広い地域で飢饉が社会的緊張を悪化させ、社会の新たな弱点をさらけ出したということだ。その結果が明らかになるのは、一〇年後にもう一つの災厄ペストが襲ったときだった。

一三四六年の後半には、東方で破滅的な悪疫が起きているという知らせがすでにキリスト教世界に届き始めていた。地震、嵐、雹《ひょう》、火と硫黄が悪疫の前触れだとか、毒を持った獣――ヘビ、サソリ、「悪疫を発生させる虫」――が空から落ちてきたとか言われていた。[27] 北イタリアのピアチェンツァ出身の公証人ガブリエール・デ・ムッシスの記録によると、黒海に面したジェノヴァの植民都市カッファ［クリミア半島東側の現在のフェオドシヤ］を包囲攻撃したモンゴル人が、疫病で死んだ仲間の死体を投石機で城壁を越えて投げ入れて、カッファのジェノヴァ人に疫病を伝染させたという。一三四七年一〇月、そのジェノヴァ人の乗った一二艘のガレー船がシチリア島のメッシーナに着いたとき、クリミア半島から彼らとともに疫病がメッシーナに上陸したのだった。[28]

リスやネズミなどの齧歯《げっし》類がこのペストの蔓延に関係していたことを示す直接証拠はほとんどないが、船倉に蓄えられた穀物を食べたネズミ――ペスト菌を媒介するノミの宿主――か、あるいはジェノヴァ人が交易のために運んできたノミのついた布や毛皮、なめす前の皮の束から感染が広がったと長い間考えられてきた。これまで、歴史家の中には一四世紀に流行したペストと、一九世紀末に世界的に流行したネズミが媒介するペストには疫学的に著しい相違点があると指摘する声もあった。しかし、ロンドンのイースト・スミスフィールド墓地の一四世紀の墓穴から見つかったペスト菌のＤＮＡの比較調査など、最近の科学調査によって、一四世紀に流行したペストはペスト菌 *Yersinia pestis* による腺ペストであることが確認されている。[29] ペストは一三世紀のモンゴル人の侵略とともにユーラシア中央部に広がり、新たに生まれたペスト菌の貯蔵庫からのスピルオーバー感染が一四世紀の大流行を生んだ可能性が高い。[30]

シチリアの年代記作者ミケーレ・ダ・ピアッツァは、この疫病はまさに死の病で、罹患者や罹患者の持ち物にちょっと触れただけで病に罹《かか》り、誰も死を免れることができなかったと記している。メッシーナの住人たちは田舎に逃げ出し、感染の輪をさらに拡大させた。[31]「この悪疫は人を震え上がらせてから殺した」と記したのは、アラブ人の歴史家イブン・アル・ワルディーだ。彼は、一三四八年にペストが中東に到達して一気にパニックが広がるのと、故郷の都市アレッポが壊滅するのをじかに目撃した証人である。[32]詩人ペトラルカは、疫病が「全世界を踏みつけて滅ぼした」と嘆き、「至る所に悲しみが見え、どちらを向いても恐怖が見える」と記した。「住居が空になり、都市が打ち捨てられ」、野や畑に遺棄された死体がそのまま横たわっている時代に生きることがどういうものか、後世の人々ははたして理解できるだろうか。ペトラルカはまた、自分の愛する人々の運命を案じていた。「愛しい兄弟、まだ生きているなら手紙を送って、一刻も早く私をこの恐怖から解放してくれ」と、フランドルの友人ローデヴァイク・ハイリゲンに宛てて書いている。ペトラルカの後援者だったジョヴァンニ・コロンナ枢機卿はペストの犠牲となったが、弟でカルトゥジオ会修道士のゲラルドは、自分がいたフランス南部の修道院でただ一人生き残った。[33]

　ペストの記述はいくつもあるが、最も有名なものといえば、一三四九年頃書き始められ一三五三年に完成した、ジョバンニ・ボッカッチョの短編小説集『デカメロン』(『十日物語』)の冒頭部分である。三四歳で独身のボッカッチョが、金融や法律の仕事を辞めてフィレンツェで暮らしていた一三四八年、疫病が町を襲った。『デカメロン』には、数か月の間に一〇万人が命を落としたとあるが、あながち的外れの数字ではないかもしれない。ほかにもこんな記述がある――この疫病は、「ちょうど乾いたものや、油が染みたものを火のすぐそばに置くと飛び火するように、ほんのちょっと接触しただけで病人から健康な人に感染する」。疫病の犠牲者は、起きたときは「すこぶる健康そうで、家族や仲間や友人たちと朝の食事をとっていたのに、その夕方にはあの世で先祖たちと食事の席についていた」――犠牲者の中には、ボッカッチョの父と継母も

いた。(34)

こうした記述はどれも慎重に扱う必要があるし、中には端《はな》から疑ってかかる必要があるものもある。たとえば、シエナの年代記作者アーニョロ・ディ・トゥーラは、人々はこれがこの世の終わりだと思ったと書き、自らの手で五人の愛児を葬ったとも書いている。けれども、その言葉を額面どおりに受け取っていいだろうか。(35)こうした記録を比較してみると、全く同じような記述が多いように思える。ボッカッチョのペストの描写は、トゥキュディデスの「アテネの疫病」に負うところが多いうえに、『デカメロン』ではペストが作品全体に文学上の枠組みをはめる役目をしている。ペトラルカの書簡も、悲哀に満ちてはいるけれども、決してあふれ出た心情を自然に綴ったものではなく、共和制ローマ末期の哲学者キケロ［紀元前一〇六～四三年］の書簡を模範にして入念に作り上げた文学作品である。先行の文学作品を模範にしている点で、その恐怖やパニックがどこまで真正であったかという疑問が生じる。社会の崩壊や集団ヒステリーの描写は誇張されているのではないか。なんといっても、ペストの情報を伝える年代記作者は、災厄の前触れとして天からヒキガエルが降ってきたとわれわれに信じさせようとした張本人である場合が多いのだから。

一三四八年のボローニャの遺言状を調査したところ、社会的絆はまだまだ強靱《きょうじん》で、信頼も一朝にしてなくなったわけではなかったことがわかったという。ペストが猖獗《しょうけつ》を極めていた時期でさえ、家族や友人や近隣の住人たちは病の犠牲者の遺言状の立会い人になっていたのだ(36)［当時、正式な遺言状作成のためには七人の男性の証人が必要だった］。だが、その記録はどこまで信頼できるだろうか。歴史家サミュエル・コーンは、遺言状を残した人の数は一三四八年にペストで死んだ人間の五パーセントにすぎないと指摘している。残り九五パーセントの人たちはどうなったのだろう。臨終が早すぎて死を迎える準備ができなかったのだろうか。(37)だからといって、この世界的規模で流行した疫病が与えた被害の大きさを軽く考えるのは間違っている気がする。同時代の人間が「大疫病」とか「大いなる死」と表現し、後世には「黒死病」として知られるようになったこの災厄は、たった三年間にヨーロッパの半分を死滅させたかもしれないのだ。

一三八〇年代になってから、ペスト流行時のことを回想してフィレンツェの年代記を書いたバルダッサーレ・ボナイウティは、死人が大きな共同埋葬用の穴に投げ込まれた様子をこう記述している。何百もの死体を投げ入れて幾段にも積み重ね、一段ごとに薄く土をかぶせていったので、それは「ちょうどパスタとチーズの層を重ねてラザニアを作るよう」だった[38]。控えめに見積もっても、一三四七年から一三五一年までの四年間に、二五〇〇万人が命を落としていた。だが、死者数はもっと多かったかもしれないし、もしかしたらその倍はあったかもしれない。西地中海沿岸のある地域では、人口の六〇パーセントか、あるいはそれ以上が死亡した可能性もある。そうなると、人口が元のレベルまで回復するには、ゆうに一世紀を超える時間が必要になるだろう[39]。

この頃イベリア半島では、このペストに関する最古のものとして有名な医学冊子が書かれている。一三四八年四月、ペストがカタルーニャ西部のリェイダの町に到達する数週間前に、当地の医師ヤクメ・ダグラモントによって書かれたものだ。その中で、ペストの恐怖の破壊的な特質はどんどん迫ってくる火事が引き起こす非常な恐怖にたとえられている――「日々の経験からわかるように、一軒の家が燃え出せば近隣に住む者はみな怖くなるし、燃えている家に近ければ近いほどその恐怖も大きくなる」。ダグラモントがこの小冊子を書いた目的は、迫りくる伝染病が引き起こす「疑惑と恐怖」をいくらかでも和らげることだった[40]。

ペストの影響とペストに対する反応は、ヨーロッパ、北アフリカ、中東、中央アジアの各地でそれぞれ大きく異なっていた。だが、死亡率のあまりの高さが政治や経済や人の精神に大きな衝撃を与え、その結果、西ヨーロッパを決定的に変えてしまうことになった。「その恐怖は、どうすべきか誰にもわからないほどのものだった」と、ある年代記作者は伝えている。(41) 恐怖は従来の宗教的しきたりに縛られることなく、大きな破壊力を爆発させ、生活のあらゆる面に影響を及ぼした。フランスの歴史家ジャン・ドリュモー〔一九二三〜二〇二〇年。カトリック教会の歴史を専門とする〕によると、ほかにも心理的ショックとなるものはあったが、その中でも特にペストは「病的な幻想」を生み出し、それがヨーロッパ全体で不安感が高まる一因となった。そして、その不安感は一八世紀まで続くことになる。そのような悲観的な物の見方をして罪悪感と恥辱で頭がいっぱいになっていれば、危険は至る所に潜んでいるように見えたはずだ、と。(42)

歴史家の中にはペストの長期的影響を疑問視する声も一部にあるが、その世界的流行の最初の波がヨーロッパに「感情の荒々しく容認されない発露」を引き起こしたという点ではおおかた意見が一致している。(43) 何よりもまず、致死的な疫病への恐怖は、疫病の蔓延した都市や町から人々を逃亡させた。とりわけイタリア中央部や北部のような都市化の進んだ地域ではそうだった。人々を家から離れさせないために、罰金を課したり、市門を監視させたりした市当局もあったが、それでも多くの市民が逃亡を試みた。トゥキュディデスの『ペロポネソス戦史』に出てくるアテネの大疫病〔紀元前四三〇年〕の描写を忠実に真似て、ボッカッチョは「法の尊い権威に対する敬意は、神の法であろうと、人の法であろうと」なくなってしまったと述べている。死んだ隣人の埋葬に手を貸そうとする市民がいても、それは慈愛の心からの行為ではなく、自分たちが疫病に伝染するのを恐れたからだった。『デカメロン』では、七人の若い女性と三人の若い男性が、ペストが流行し法も権威を失ったフィレンツェを逃れ、田舎で二週間を過ごすことになる。絶えずつきまとう死骸の腐臭はいうまでもなく、死と破壊のあまりの惨状が「生き残っていた人たちの心の中にありとあらゆる恐怖と幻想を生んだ」。ボッカッチョによれば、貧者はそれほど幸運ではなかった。助けもなく放置されて「人というより動物のように」死んでいったという[44]。

このペストの原因が謎であることと、特徴的な「横根《よこね》」、すなわち腺ペストにつきもののリンパ腺の炎症による腫物とが人々の恐怖を増大させた。何がこの疫病の原因なのか。誰にもわからなかった。フランス国王フィリップ六世に提出するためにパリ大学医学部が準備した報告書では、世界的規模で流行しているこの疫病は占星術的影響が原因だとされていた。つまり、天体の位置の関係で発生した有毒な蒸気が原因だと考えられたのだ。その有毒な瘴気《しょうき》を避けるため、悪臭を放つ沼地や淀んだ水のある場所には近づかないようにと、同報告書は忠告している。また、空気を浄化するために沈香《じんこう》で燻蒸《くんじょう》することも勧めており、買えるだけの財力があるなら、燻蒸に琥珀の樹脂や麝香《じゃこう》を用いるように勧めてもいる[45]。

ペストに対する人々の反応もさまざまで、パニックに襲われて逃げ出す者もいれば、自主的に隔離する道を選んで自宅に閉じこもった者もいた。しかし、それとは逆に、礼儀や慎みを鼻で笑い、「現世の喜び」を大いに楽しむ者もいた。自分勝手に快楽を追い求めて節度を失うのが、このペストが起こしたパニックの一つの特徴だったようだ[46]。

とはいえ、ペストに対する反応としてのパニックは、もっと攻撃的な形をとることもあった。ペストの世界的流行に襲われる前、シエナは九人の有力商人貴族によって統治される共和国として繁栄していた。ところがペストの流行中およびその終息後、当局は、疫病による人口の大激減や暴力事件の増加といった経済的・社会的影響の解決に苦労した。ほかの多くの都市と同じく、新しい法律を導入して秩序の回復を試みたが、そのときにはもう手遅れだった。緊張が高まる状況の中、ついに一三五五年、反乱によって政府は倒れた。ペストが政権交代の直接原因ではなかったかもしれないが、それが起こりやすい状況を作り出していたのは間違いない[47]。

フランスのマルセイユでも、同じように党派間の憎しみが高まった。社会の緊張は解消されるどころか、激しい裁判沙汰によってかえって高まり、非合法的な報復が横行するようになった。(48)社会が予測できない不安定な状態にあって混乱していたことを示すもう一つの現象は、城の建築が重視されたことだ。それは、手に負えない小作人や、さすらう貧者や、この機に乗じて乱暴を働こうとする傭兵たちが体制に盾突く世界では防衛の必要があるという証《あか》しだった。(49)

ペストによって生じた恐怖はまた、ユダヤ人、イスラム教徒、乞食、ハンセン病患者、外国人といった少数派に対する固定観念を恒久化させた。彼らは伝染を広めた邪悪な犯人として攻撃対象にされたのである。一方で、当局は「局地的な脅威」を十分に利用した。局地的な脅威を普遍的な脅威に変え、計画的に利用できる不安の基礎を作った。(50)少数派集団に罪をかぶせるのは、力を正当化する一つの手段であった。支配階級の人間は魂が救済されないことを恐れて死後にもミサを行ってもらうため、カトリック教会に多額の遺贈をしたかもしれない。だが、恐怖を利用して統治を行ったこともまた事実である。(51)

一三四八年、スペイン北部とフランス南部で、ユダヤ人が井戸に毒物を入れてキリスト教徒を皆殺しにしようとしているという噂が広がり出した。その噂が引き金となって、カタルーニャとラングドックの一部で反ユダヤ主義の暴動が起こり、ユダヤ人が虐殺された。(52)ユダヤ人の迫害がどういう形をとるかは、地方の要因が影響していた。アラゴン連合王国のイベリア半島の領域では、ユダヤ人差別の長い歴史があって、それでなくても受難週［復活祭前の一週間］にはユダヤ人の家や店や所有物への投石行為が起きていたが、ペストの恐怖がその暴力を激化させた。(53)サヴォワ公領［現フランスのサヴォワ県とオート＝サヴォワ県にあたる］では、ユダヤ人たちが拷問によって無理に自白させられたうえ、正式に裁判にかけられた。また、ストラスブールでは、一三四九年の聖バレンタインの祭日に、二〇〇〇人のユダヤ人が衆人環視の中で焼殺された。当市の市長をはじめとしてユダヤ人でない人間

の中にもなんとか虐殺を止めようとした者はいたが、それ以外の者は率先して大虐殺に加わった。(54)

これまで多くの歴史家たちは、こうした反ユダヤ主義の集団ヒステリー現象は一般民衆から上の階級へ広がっていったと主張してきた。ペストによる大量死のショックと、金貸しというユダヤ人の役割に対する反感とが引き金となって、農民を中心に自発的に起きた現象だ、と。イタリアの歴史家カルロ・ギンズブルグの言葉を借りれば、ユダヤ人の陰謀に対する強迫観念が「大衆の精神に厚い堆積層」を作っていたのだ。(55) しかし、一部の歴史家が指摘する証拠は、それとは逆のことを示している。つまり、大虐殺を引き起こしたのはむしろエリート集団のメンバーだったということだ。(56) ストラスブールでユダヤ人大虐殺に手を貸した当地の司教は、ユダヤ人の債権者に膨大な借金があった。したがって、ユダヤ人に不当な罪を負わせて彼らに暴力を加えるように煽《あお》ることは、自分の得になったのである。(57) 教皇クレメンス六世自身は、既得権者がそうした残虐行為をたきつけていると認識していて、教会がユダヤ人の保護を認めるという勅令を二度にわたって発布した。キリスト教徒の中には「自分の利益を追い求め、あるいは欲に目がくらんでユダヤ人を抹殺しようとする者がいる。なぜならユダヤ人に多額の金を借りているからだ」と、教皇ははっきり述べている。(58)

ペストに対する一般大衆の反応は、世俗権威と宗教権威に対して異議を唱え、その土台を揺るがせた。けれど、パニックに陥ったのは一般大衆だけではなかった。支配者層は人口激減による労働力不足に恐怖を感じていた。小作農や自作農や職人は賃金交渉で強い立場に立つようになり、新たに社会的な野心を見せ始めた。一三五四年のフランスの労働法にあるように、小作農は「いつでも好きなときに働き、残りの時間は酒場で賭け事をしたり気晴らしをしたりして過ごしていた」。こういう庶民の厚かましい行為に対する反動として、また、税収の激減に対処する方策として、ヨーロッパの多くの地域で統治者たちは税金を上げ、それとともに賃金の抑制や、物価の凍結や、移動の自由の制限といった緊急措置を導入した。(59)

ペストの影響を受けて、地方の政治や経済や社会に対してさまざまな不満が爆発し、一三五〇年代半ばから一三八〇年代にかけてヨーロッパ各地で一般大衆の暴動が急増した。一三五八年にはフランス北部でジャックリーの乱が、一三七八年にはフィレンツェでチョンピの乱が、一三八一年にはイギリスでワット・タイラーの乱が起きた[60]。異議を唱える声と異端の運動とは、新しい形で権威に敢然と立ち向かった。中でも最も有名なのは、「鞭打ち苦行」団という過激な一派で、彼らは北部および中央ヨーロッパを練り歩き、公開の場で熱狂的に自らを鞭打つという苦行を行った[61]。

破壊的な恐怖と、その恐怖が引き起こす反社会的なパニックに対抗するため、カトリック教会は二つの主要な手法を採用した。一つは、反対意見の弾圧だった。ペストの恐怖は支配者層に試練を与えたが、同時に世俗と宗教の権力者に再び力を主張するチャンスも与えた。教会が選んだもう一つの手法は、崩壊を防ぐ手立てとして、また魂の救済への道として、教義を精力的に宣伝することだった。大災厄に打ちのめされた人々は政治や宗教の影響を受けやすくなっていたので、パニックが利用できた。たとえば、ペストの恐怖は魂の再生へ向けることができた。この視点からみると、多くのペスト美術のメッセージは、死に重点を置きながら、蔓延している恐怖の反映としてだけでなく、恐怖を新たな形の信仰へ転換させる手段の一つとしても理解するべきだ。恐怖は根気強く育むべきものだった。

恐怖を賞賛するやり方にはさまざまな形があった。『死の舞踏』（ダンス・マカーブル）は、命のはかなさの暗示であった。このモチーフの最も有名で最も古い記録は、一四二〇年代に作製されたパリの聖イノサン聖堂［罪なき聖嬰児聖堂］の墓地の壁画だが、残念ながら一七世紀に破壊されてしまったので今日では壁画を写した木版画と、壁画の下に書かれていた詩句でしか知ることはできない。『死の舞踏』という踊る骸骨たちのおぞましい図像は、死の恐怖と神の裁きをとおして信仰を教え込む手段だった。死の恐怖と神の裁きを思い知らせることは、死体記念碑の目的でもあった。死体記念碑とは、「トランジ」（*transi*「死にゆく、通り過ぎる」という意味のラテン語に由来する）とも呼ばれる彫刻墓像のことで、死者を横臥した骸骨やさまざまな腐敗状態にある死骸で表現したものだ。そのように生々しく死を描写することで、現世での生のはかなさと死後に罪人を待ち受ける恐ろしい罰とを見る者に思い出させて従順を教え込んだのだ。

しかし、長い目で見れば、恐怖を操作する策略は結局うまくいかなかった。一五世紀をとおして派閥主義が隆盛を極め、カトリック教会は秩序を保つのに苦労した。古くから存在していた緊張はさらに高まった。一三〇二年の有名な教皇勅書〔ウナム・サンクタム（唯一聖なる）〕で、教皇ボニファティウス八世は宗教世界と世俗世界における教皇の至上権を宣言したが、それに対してすぐに、フランスの聖職者に課税する権利を守りたいフランス王フィリップ四世が異議を唱えた。そこから権力闘争が起こり、一三〇九年から一三七七年までの六八年間、教皇はローマからアヴィニョンに移される結果になった。世にいう「教皇のバビロンの捕囚」〔「アヴィニョンの捕囚」ともいう〕である。ところが、やっとローマに戻った翌年の一三七八年から一四一七年まで、今度は二人の教皇が立って、忠誠を誓う枢機卿団や聖庁をローマとアヴィニョンにそれぞれ設けたので、教皇位は分裂してしまった。この事態は、現在、西方大離散、あるいは教会大分裂、大シスマと呼ばれている。一四一四年から一四一八年にかけて開かれたコンスタンツ公会議において、新教皇にマルティヌス五世が選出され、ようやく分裂は解消されたが、教皇権の衰退はどうしようもなかった。

一〇〇〇年間、カトリック教会は思うままに恐怖を独占し、信仰を広めるために恐怖を利用してきた。宗教的な絵画や文学では煉獄や地獄の恐ろしさが強調された。恐怖は信心の動機となり、日常生活を形づくる神聖な儀式と教義とに組み込まれていた。けれども、一三四七年から一三五一年にかけてペストがもたらした社会的・心理的・政治的・経済的な多くのショックが、カトリック教会の支配力を緩める一因となった。

ここにきて、それまで教会がうまく利用していた恐怖は誰でも簡単に手に入れられるようになり、競合する勢力、中でも急進的な宗教改革運動と中央集権化が進む国家が、それぞれの目的のために恐怖を利用し始めた。

第2章

恐怖の新時代

宗教改革の混乱

●

異端の弾圧

●

魔女狩り

一六世紀になって、宗教と政治に大変動が起こり、ヨーロッパ北部、中部でカトリック教会の権威に異議が唱えられると、恐怖も変容していった。ドイツ北部、北欧、ネーデルラント、イングランドといった地域では、カトリック教会が打倒され、国家に忠誠を誓うプロテスタント〔ルター派およびカルヴァン派を含む改革派の総称〕の共同体が生まれた。一五二〇年に、宗教改革の中心人物マルティン・ルターは、カトリック教会が世俗権威の管轄権を主張するのは間違いであると主張して、神聖ローマ帝国のドイツ諸侯に領内の教会改革を行う運動を支持するよう訴えた。神聖ローマ帝国とは、最高君主すなわち宗主である神聖ローマ皇帝〔ドイツ王のこと〕によって統括された、主にドイツ語圏の領邦国家の緩い連合体のことである。[1]そういう領邦国家の支配者たちにとって、教会改革を擁護することは明らかにメリットがあった。カトリック教会をだしにして自分たちの影響力と富を増すことができたうえに、臣民たちに服従を教え込むこともできたからだ。[2]

国家が宗教制度を監督するようになったのは、プロテスタント地域だけではない。それ以外のスペイン、フランス、東ヨーロッパの一部地域では、カトリック信仰の徹底がしばしば強制的に行われた。プロテスタントの脅威を撃退するために、カトリック教会は地元の領主の介入に頼らざるを得なかった。その結果、それらの地域でも宗教は国家権力の一つの側面となっていった。そして、カトリック教会が一般民衆に信仰を広げるためにそれまで作り上げてきた手段は、恐怖も含めて、政治機構にどんどん吸収されていった。

とはいえ、恐怖もまた違う方向に進んでいた。ルターは世俗的支配者に宗教改革を訴えたかもしれないが、彼が真に改革を求めたのは信者と神の個人的な関係だった。ルターによれば、一人ひとりの人間は世俗と宗教の二つの王国の臣民だった。つまり、外面は世俗の命令に、内面は霊の命令に従わねばならないのだ。[3]「聖書のみによって」(*sola scriptura*)の原理によれば、聖書こそが全く誤りのない権威の源であって、しきたり、教会会議、神学者、教皇によって伝えられてきた、あやふやな教えよりずっと望ましい。たとえば、煉獄《れんごく》の存在を信じることが贖宥状《しょくゆうじょう》販売の鍵であったが、聖書の中に煉獄の存在を明示した記述はない。罪に対する罰からの赦免は金で買うことはできず、罪からの救済は努力によってしか得られない。そして、瞑想が極めて重要な精神修養の一つとされ、そのためには「聖書の言葉を何度も声に出して読み、また何度も文字で読んで比較すること、つまり、聖書の言葉をひたすら熱心に注意と思索とともに何度も読み返すこと」が必要だ、と。(4)

宗教改革の時代、恐怖は、広く宣伝されると同時に個別化され、さらに統治の道具と解放のための力という曖昧な役割も担わされていた。本章では、これらの観点から恐怖について詳しく検討していくが、まずは政治哲学の書物と文学作品が恐怖という経験をどのように扱っているか――恐怖が社会でどのような位置に置かれていたか、信仰と権力とどういう関係にあったか――から見ていくことにしよう。

忘れられていることが多いが、ルネサンスと呼ばれる一四世紀末以降に起きた西洋の美術と文化の爆発は、政治的混乱と極度の暴力のさなかに起こった。(5)ルネサンスが中世から近代社会への急進的な変革期であるという概念を確立したのは、一九世紀のスイスの偉大な歴史家ヤーコプ・ブルクハルトだ。彼が強調したのは、彼のいわゆる「無制限な利己主義の最悪の特徴」から生まれた、この時期の恐怖に満ちた「疑いの精神」と、「凶暴な傾向」とであった。(6)ブリューゲル(父)の黙示録さながらの想像図『死の勝利』は、この大荒れの時代についての一つの見方を示すものだ。この時代についての見方を示すもう一つのものは、シュヴァーベン公国の都市アウクスブルクで一五五〇年頃に作製された装飾写本『奇跡の書』である。同書では、聖書の天変地異説が、戦争の恐怖や、破滅的な洪水、イナゴの大群、人を貪《むさぼ》り食う怪物によってもたらされる破壊と一つになっている。(7)

一四八〇年代はじめに、レオナルド・ダ・ヴィンチは、パトロンであるミラノの支配者ルドヴィーコ・スフォルツァに宛てた書簡の中で、開発中の独創的な「兵器」について詳しく説明している。彼が開発していた兵器――巨大投石機、運搬できる攻城砲、大砲、焼夷弾、戦車――は、「敵に大きな恐怖」を引き起こすためのものだった。[8] 火薬がアジアからヨーロッパに入ってきたのは一三世紀だったが、一五世紀には大砲の使用によって戦争の性質は一変していた。ペスト後新たに広まっていた、ルネサンスの基本精神「人文主義《ヒューマニズム》」が、いくら人間の価値と市民道徳を擁護し、古代ギリシャ・ローマ時代の文化からインスピレーションを受けていたといっても、所詮はその程度のものだったということだ。「恐怖はほかの何よりも早く生じる。ちょうど勇気が生命を危険にさらすように、恐怖は生命を守る」と、ダ・ヴィンチは筆記帳に走り書きを残している。[9]

実際、一四世紀末から一五世紀はじめにペストの荒廃の中から現れた国家は、君主とその臣民との間の契約による新しい種類の政治体制の上に成り立っていたが、その契約の前提として、人間の本性には暴力が内在し、必然的にその暴力を抑制するための新しい規律的な方策が必要であるという考えがあった。フランス出身の宗教改革指導者ジャン・カルヴァンとその一派に関するある研究によると、ネーデルラントやブランデンブルク＝プロイセン［ホーエンツォレルン家によるブランデンブルク選帝侯領とプロイセン公国の同君連合に対する、歴史学上の呼称］といった地域で、宗教改革によって「教会規律の革命」が起こり、その「教会規律の革命」がやがて世界のひな形として働くことになっていったという。つまり、宗教規律の促進に起源を持つ、支配と社会統制の新しい基礎構造が前述の地域で発展したというのだ。歴史社会学者フィリップ・ゴルスキーは、「蒸気が近代経済にしたことを、教会規律は近代政治に行った」と述べている。[10] そして、この新しい政治契約の中心にあったのが「恐怖」だった。

一五一六年、ネーデルラント出身の哲学者・神学者・学者のデジデリウス・エラスムスは、戦争の残虐さを非難し、恐怖にまさる愛の価値を強調した。「暴君は恐れられようと努めるが、王は愛されようと努める」と書いている。[11] だが、同時代人の多くは逆の考え方をしていた。エラスムスの三年前に、すでに恐怖の政治的利点を雄弁に説いていたのが、ニッコロ・マキァヴェッリだ。フィレンツェ共和国の第二書記官長として重要な外交使節団を指揮し、市民軍の創設も行った人物だった。しかし一五一二年、追放されていたメディチ家が一八年ぶりにフィレンツェに戻って再び支配権を握ると、前政権とのつながりから好ましからざる人物とされ、解任されてしまう。その数か月後には、新政権の転覆計画に関与したとされて投獄され、自白を迫られて拷問された。ちなみに彼が受けた拷問は、囚人の両手を後ろ手に縛り、ロープを手首に縛りつけて滑車で吊り上げるという、悪名高い「吊るし刑」(*strappado*) だ。[12] そうしたさまざまな苦難を経験したあと、フィレンツェ郊外のサンタンドレア・イン・ペルクッシーナに所有する家に隠遁して書き上げたのが『君主論』である。権力に関するこの論文は、フィレンツェの新しい支配者ロレンツォ・ディ・ピエロ・デ・メディチに謹呈されており、メディチ家の機嫌を取ってちゃっかり取り入ろうとしたに違いない。

フィレンツェの政治的な危機から、マキァヴェッリは、政治組織には腐敗する傾向と、次第に老化していく傾向とがあるらしいと気づき、それを食い止めるにはどうすべきかを考えるようになっていたのだ。その結果生まれた『君主論』は、政治の入門書、あるいは、新しく君主になった者への手引き書として書かれており、成功する指導者は謀反を予想して国内の敵対する勢力に対抗するために、国民に恐怖を教え込む必要があると説いている。「人間というものは一般に、恩知らずで、移り気で、嘘つきで、平気で欺いたり騙したりするし、危険があれば避けて通り、利益を得ることには貪欲である」、とマキァヴェッリは述べている。「恐れられるよりも、愛されるほうがいいだろうか、それともその逆だろうか。両方であることができないなら、愛されるよりも恐れられるほうがはるかにいい」と自問自答している。[13] マキァヴェッリによると、恐怖と暴力の脅威しか社会をまとめておくことはできない。そうすることが利益になるなら、君主が「信義に反したり、慈悲に背いたり、人間味に欠けたり、宗教に背いた行為をすることは、全く理にかなっている」[14]。この論述の新しいところは、恐怖というものを人間性に関する皮肉な思い込みを反映した政治手段というよりも、力を手に入れ保持するための道具として堂々と普及促進している点である。

マキァヴェッリの『君主論』以外にも、一六世紀にヨーロッパ各地で進行中だった恐怖を統制するための戦いを扱った書物はいくつもあった。エラスムスが恐怖の暴君的な用い方について意見を述べたのと同じ年、彼の親友で哲学者・法律家であり、のちにイングランドの大法官になるトマス・モア卿は『ユートピア』を発表した。架空の島の共和国ユートピアを舞台にして、同時代の政治制度を批評し、宗教の派閥主義や内乱や社会の不平等がいかに危険かを明らかにしている。多くの点で、モアのユートピアは極めて進歩的な社会だ。もっとも、「すべてのつらくて汚い仕事」は奴隷にやらせているし、規律を保つため国家が市民を四六時中監視してはいるけれど[15]。この国は代表民主制の国で、君主は選挙で選ばれ、私有財産もお金もなく、病人は公立病院で治療が受けられる。けれども、この虚構の共和国でも恐怖は重要な役割をはたしている。ユートピアの市民には信教の自由はあるが、神の裁きに対する恐怖は避けられないものと考えられている。だから、無神論者は何も恐れるものがないので、公職に就くことができない。モアの言葉によると、「刑事訴追しか怖いものがなく、死後に何一つ希望がない人間なら、私的な利益を手に入れるためにいつでも自国の法律を逃れたり破ったりしようとするに違いない」からだ[16]。

ユートピアの社会秩序は、正しい種類の恐怖が、正しい種類の恐怖心のなさとバランスがとれているかどうかにかかっているのがわかる。信教の恐怖は動機づけになる良いものとみなされているが、飢餓や基本的な肉体的欲求に対する恐怖は、社会を不安定にするので容認できないとされている。しかし、モアが『ユートピア』を執筆していた時期、現実にはヨーロッパ各地で精神的恐怖と物質的恐怖は危険なくらい大きくなっていて、その微妙な均衡は崩れていた。近代的パニックのディストピア的な世界が誕生し、それとともに、対抗手段として新しい種類の国家を建設して、パニックを封じ込めようとする動きも起こっていたのだった。

さまざまなタイプの恐怖の使用・悪用に関する新たな考え方が生まれたのは、キリスト教世界の統一が危機に瀕《ひん》したまさにそのときだった。ヨーロッパ中でカトリック教会の権威が、反対者や宗教改革の提唱者から攻撃されていた。一五一七年に、ルターは『九五か条の論題』を書いた。教皇権に対する抗議を書き連ねた、そのたった一枚のリストが引き金となって神学論争が巻き起こり、時を置かずカトリック教会からの分離を求める急進的な運動へと変容していった。ルターの挙げたカトリック教会への不満の一つが、贖宥状の販売だった。贖宥状は一五世紀半ばには印刷した用紙として発行されており、白地小切手に似た約束手形で、余白に購入者の名前と購入した日付を書き込むようになっていた。一四七六年以降、カトリック教会が行ってきたこの独創的な金儲けの策略では、死んだ家族のために購入することまで可能になっていた。

間もなく、スイスを拠点とするカルヴァンやツヴィングリの一派など同じプロテスタントのほかの派閥も、贖宥状以外の要望を突きつけ始めた。(17)「福音がわれわれを破壊的な戦争へ巻き込むのではないかと、私は恐れ悲しんでいる」と、エラスムスは一五二九年に書いている。その一年後には、「言葉とパンフレットによる長い戦争が、じきに矛槍《ほこやり》と大砲によって戦われるだろう」と予想している。(18)

だが、実はその頃すでに暴力は発生していた。たとえば、一五二四年夏に起きたドイツ農民戦争がそうだ。ドイツ西部と南部の農民たちが、カトリック教会に挑戦するプロテスタントの運動に力を得て、説教師トマス・ミュンツァーの指導の下で蜂起したが敗北し、一〇万人もの農民が虐殺された。一五二五年にはミュンツァー自身も捕縛され、拷問を受けたあと処刑されている。また、『ユートピア』の出版から二〇年あまりの間に、トマス・モアのパトロンであったヘンリー八世はカトリック教会と断絶し、新たに樹立した英国国教会の首長となって権力を強化していた。敬虔なカトリック教徒だったモアは反逆罪に問われて、一五三五年七月に斬首された。そして、教皇パウルス三世〔パウロ三世ともいう〕が、異端の罪に問われた者を裁判にかけるという小勅書を出して、一五四二年にローマ異端審問所（正式名は「ローマと万国の異端審問のための最高にして神聖な省」）を創設したのは、プロテスタントの異端信仰が広がるのを防ぐためにほかならなかった。

カトリック教会によって信仰的に統一されていたヨーロッパが、驚くべきスピードで崩壊した原因の一つは、西洋世界の情報伝達を一変させつつあった新技術だった。カトリック教会の恐怖の管理に多大な影響を及ぼしたその新技術とは、一四四〇年代にヨハネス・グーテンベルクによって発明された活版印刷である。活字を用いる印刷法はかなり早い時期に中国で発明されていたが、一四五〇年代にグーテンベルクによって出版された聖書のラテン語訳が、西洋で最初の「大量生産による」出版物で、ここから印刷の新時代が幕を開けるのである。手書き原稿の普及は一七世紀に入っても続くが、印刷技術がいかに重要かを実証したのはルターだった。攻撃と自己アピールの手段として、また、神の裁きへの恐怖を教え込む手段として、活版印刷を大いに活用したのである。ルターは神の裁きへの恐怖こそ信仰の基礎だと考えていたので、一五二九年の『小教理問答書』――平信徒や子どもの教化のために書かれた教理の説明書――で次のように明言している。「私たちは、何ものにもまして神を恐れ、愛し、信頼すべきです(19)」。

そう明言したルター自身も、実は死の恐怖に苦しんでいた。聖職者になったのも、一五〇五年七月に死ぬほど怖い思いをした体験のせいだった。激しい雷雨に襲われてこの試練を無事乗り切ることができた暁《あかつき》には、修道士になると神に誓ったのである。ルターによれば、恐怖がないことは傲慢につながる。また、神を奴隷のように恐れるのではなく、子のように恐れることこそ神の恩寵を受けるための必須条件であり、神を恐れる心は子が親を恐れる心に似ている。なぜなら、どちらの場合もその恐怖には愛が混じっており、崇敬に近いものであるからだ。[20]しかし、ルターはカトリック教会が臆面もなく恐怖を悪用していることを激しく非難した。特に激しく非難したのは、ドミニコ会托鉢修道士ヨハネス・テッツェルの贖宥状を売りつける恥知らずなやり方だった。彼は煉獄で慈悲を求めて泣き叫んでいる死んだ両親の姿を思い起こさせて、会衆を脅し贖宥状を売りつけていたのだ。[21]このやり方のひどいところは、恐怖につけ込んで金儲けをしている点と、悔い改めによる罪の赦免と、罪に対する単なる罰の免除との区別を曖昧にしてしまった点だった。

ルターは贖宥状販売などを非難し、自分の考えを広めるために印刷文化を活用した。パンフレットはわりと安価なうえに短時間で印刷することができたので、以前よりはるかに多くの読者や聴衆に情報を届けることができる手段であった。ルターの戦略の一つは、教皇を風刺の槍玉に挙げて罵倒することだった。風刺には恐怖を消して権威を落とす力があったからだ。風刺文につきものの生き生きした風刺画の多くは、ルターの友人の芸術家ルーカス・クラーナハ（父）の手によるものだった。ドイツの民衆文化から、なじみ深く、おどけた、そして、しばしば下品な要素を利用して描かれている。たとえば、ローマは売春宿、枢機卿たちは悪魔の尻から出てくる姿で描かれ、反キリストに想像された教皇は豚にまたがり、湯気を立てている糞の山を手にした姿で描かれている。ルターは一般民衆の偏見を利用して、カトリック教会がユダヤ人と結託していると非難したが、そこには、二〇世紀になってヒトラーとナチ政権にインスピレーションを与えることになる、不穏な反ユダヤ主義が垣間見える。[22]

確かにルターの急進的な神学理論は、主観的体験と堕落したカトリック教会からの解放を促進したが、原罪を重視していたことも忘れてはならない。罪と罰からの救済は、神の恩寵のみによって可能であるという彼の教理は、「信仰のみによる義認」として知られている。ルターの友人で、ドイツの学者で宗教改革運動家のフィリップ・メラヒトンは、「信仰のみによる義認」を一五三〇年の著書『アウクスブルク信仰告白』の第四条でこう表現している――「人は自分の功績、業《わざ》、あるいは告解によって、神の前に義とせられることはできない」、ただ神の恩寵によってのみ義とせられるのである。言い換えれば、霊的な自由は神の権威に降伏することとワンセットだということだ。のちの世でエーリヒ・フロムは次のように論じて議論を呼ぶことになる。この根本的な曖昧さの遺産が、つまり、ルターとカルヴァンの神学理論で権威からの自由と同時に権威への服従にも重点が置かれている点が、西ヨーロッパで二人の神学が発展させた民主主義体制の特徴であり、二〇世紀に権威（独裁）主義が台頭する理由を説明する助けになる、と。[23]

宗教紛争が引き起こした熱気、新しい正統的信仰への支持、神の怒りへの恐怖、この三つは民衆の暴動や暴力ばかりか、反対者を悪魔化する動きも活発にした。デマを飛ばして世間を騒がせるのはこの時代の特徴の一つで、それによって迫害を受けたのは少数派集団、特にユダヤ人やイスラム教徒だった。信仰と異端の脅威とは、悪魔の陰謀を根絶する努力と並んで、誘惑に対する警戒を必要とする霊的な戦いと解釈されていた。魔女狩りは実際には地方のパニックという形で現れたが、神学上の概念では大規模な恐怖、すなわち、異教と不服従とによってもたらされるキリスト教世界にとっての実存的脅威であった。

一六世紀から一七世紀にかけて、魔女の恐怖の中心地域は中央ヨーロッパのドイツ語圏地域だったかもしれない。だが、魔女の恐怖自体は汎ヨーロッパ的な現象で、「社会と政治の混乱の青黒い症状」であった。[24] 南ドイツの諸国家は、恐怖の裏面が激しい怒りだったことを示す好例である。その激しい怒りとは、異なる政治と宗教のアイデンティティー間で行われた激しい宗派闘争のことだ。この地域は、宗教改革の勢力と、反宗教改革、すなわち、プロテスタントの脅威に反撃するカトリック教会の改革運動の勢力との闘争が最も激しかったところで、魔女狩りはその戦いの有害な副産物だった［南ドイツのヴェルツブルクやバンベルクで摘発された魔女の多くは男性で、しばしば法廷記録に「ルター派」と記されている］。

スコットランド、とりわけ低地地方では、信心深いカルヴァン主義の教会が多数を占めていた。そこでも魔女への恐怖はパニックを引き起こしたが、そのパニックで中心的役割をはたしたのは、悪魔学者を自称するジェームズ六世［のちのイングランド王ジェームズ一世］だった。一五九七年に、魔女の存在を証明し、魔女を迫害することの正当性を主張するための論文『悪魔学』まで出版している。[25] そして、ヨーロッパから遠く離れた新世界のマサチューセッツの植民地でも、魔術に対する恐怖から、悪魔の術で人や家畜を殺したり病気にしたりした罪で人々が告発され、裁判［セイラム魔女裁判、一六九二年］にかけられた。[26] また、民間の祈禱治療師や占い師など、お告げや占いの力を持っていると思われる人たちが、何世紀もの間、ヨーロッパの田舎を放浪して占いなどの商売をしてきた。そういった商売は一九世紀になってもなくなることはなかったが、暴力的な宗派間の戦いの結果、キリスト教社会に対する脅威として次第に非難されるようになっていった。[27]

以前からカトリック教会はしばしば魔術の危険を弾劾してきた。教皇インノケンティウス八世は一四八四年に教皇教書を発して、異端審問所の権限を拡大し、「悪魔や、男の夢魔や、女の夢魔」と結託して「最も忌まわしい所業」を犯した者を罰することができるようにした。[28] この教書から数年後に、ドミニコ会士の異端審問官ハインリヒ・クラーマーが書いた論文『マレウス・マレフィカルム』、すなわち『魔女への鉄槌』［一四八六年に出版］によって、魔女を認定・捕縛・拷問・裁判・処刑する方法が示された。それまで大規模な魔女の迫害を行ってこなかったカトリック教会が、ここから魔女狩りの集団ヒステリーを起こし、暴力による負の連鎖を始める。その暴力の連鎖を煽ったのも印刷機だった。クラーマーが評判の悪い異端審問官だったのかもしれないが、言われているのとは違って、『マレウス・マレフィカルム』が盛んに用いられたという証拠はほとんどない。ただ、一四八六年に初めて出版されてから二世紀の間に幾度も刊行を重ねて、聖書を別にすれば最も多く売れた書物だったと言われている。(29)

プロテスタントもまた魔女狩りに加わっていた。ルターは民間の迷信や呪術を有害だと非難し、はっきりと魔女の処刑を認めている。スイスのジュネーブでは、カルヴァンが一五四五年に「新たな恐怖政治」を導入して、同市の判事に「魔女の種族を絶滅するよう」に迫っている。(30)魔女裁判は宗教的緊張の最も高い地域で最も大きな成果を上げた。とはいうものの、それはほとんど見せかけにすぎなかった。なぜなら、そもそもそうした地域で魔女狩りが起きたのは、社会的・経済的混乱が原因だったからだ。魔女裁判によって、その社会的・経済的混乱は解決されるどころか、いっそう悪化しただけだった。宗教対立の新たな風土で、各宗派の指導者たちは、一般民衆の恐怖につけ込み、自分たちの影響力を広げ、新たな信者を獲得するために魔女を捜索・捕縛・殲滅する腕前を誇示したのである。(31)

一方で、魔女の恐怖は、近代国家台頭の鍵となる国家機能の中央集権化とも関係していた。魔女を裁判にかけて公開処刑することは、政治がこれまで立ち入る権限がなかった教会の領域に力を拡大したことを意味していたし、競い合う各宗派の脅威に対して国家権力を強化する一つの手段にもなった。(32)だからといって、魔女狩りや魔女裁判の恐怖の大きさや、そうした恐怖が政治と関連し政治に誘導されていた程度を強調しすぎないことが重要だ。実際に魔女によるパニックは散発的にしか起きていなかったし、起きること自体が珍しく、起きても短期間で終息した。一度も起きていない地域が大半だった。本当にパニックが起きても、原因となった一般民衆の恐怖は魔女以外の懸念から来ている場合がほとんどだった。激しい宗教対立と政治対立が、戦争によって生じた社会の大混乱と相まって、異端の恐怖が巣くう疑念に満ちた環境を作り出したの

である。(33)

異端の恐怖が巣くう世界は、深く根づいた慣習や伝統が、自然界についての新しい解釈とぶつかり始めた世界でもあった。だが、基本的な宗教の教えに疑問の声が上がっていたとはいえ、現代なら魔術と呼ばれるものと、宗教と呼ばれるものと、科学と呼ばれるものとの境界は、依然として流動的だった。ケプラー［一五七一～一六三〇年、惑星の運動に関する「ケプラーの法則」を発見］、コペルニクス［一四七三～一五四三年、地動説を唱える］、ガリレオ［一五六四～一六四二年、コペルニクスの地動説を観測によって実証］は、新しいモデルを用いて惑星運動を説明し、一般的だった天動説、つまり、地球を中心にして太陽や惑星がそのまわりを回っているという説を覆そうとしていた。昔からの考え方との決裂は決して突然に起きたのではなかった。けれど、このような新しい考え方が生じたのは教会が秩序を打ち立て、危機に瀕した正統的信仰を再び主張しようと躍起になっているときだった。結局、ガリレオは一六三三年に二度目の異端審問で、「強く異端の疑いあり」として有罪判決を受けている。(34) 恐怖と暴力は、深遠な構造変化が起こりつつある徴候、いや、近代を生み出す陣痛だったといえるかもしれない。

たびたび禁止命令が出されたにもかかわらず、ラテン語でなく自国語で書かれたパンフレットや書物が古典時代の作品の翻訳をはじめとしてどんどん普及し、信仰・文化・経験の共有に根ざした新しい共同体の確立を助けた。(35) すでに見たように、ルターとカルヴァンは霊的な瞑想を奨励し、聖書の精読をとおした自省に重きを置いた。そのため恐怖はその新しい内省の重要な特徴の一つになった。一五二〇年代のドイツ農民戦争の頃に、再洗礼派のあるドイツ人は言っている。人間の「恐怖の心」は、真の「神の恐怖」とは全く違う。なぜなら、真の「神の恐怖」は、「万事につけ、自分自身と神に不安な気持ちで問いかけ、また、自分自身と神を吟味する」ことになるからだ、と。ちなみに再洗礼派とは、世俗権威も宗教権威も認めず、一〇分の一税を払うことも、神の名にかけて宣誓することも拒否した過激なキリスト教の一派だった。[36]

こうした新しい霊的な自己修養のテクニックは印刷機によって広められた。この時期になって、ようやく実用的で道徳的な指導を与える専門書が出回り始めたのだ。強い感情は人間性にとって本質的なものだが、それを律することは自己認識に必要不可欠とみなされ、治療的な訓練の範疇に入れられることが多かった。支配者層のほうも、恐怖を制御し操作することがいかに重要であるか、それが権力にとっていかに不可欠であるか認識していた。[37]

行儀作法や礼儀正しさを身につけることを助言する書物は、別に新奇なものではなかった。だが、そういう書物は宗教紛争と戦争の時代になって新たな読者を獲得した。激しい感情を律して、礼儀正しい振る舞いを推奨することには政治的意味があったのだ。一五三〇年にエラスムスが出版した良い礼儀に関する子ども向けの手引書は、数えきれないほど増刷され、多くの国で翻訳された。その中にこんな忠告がある――「人の外観は秩序のとれた精神から生まれるものだが、きちんと教えられなければ、高潔で教養のある人物でも、社会的品位に欠けていることはある」。人前では許されないことがある。たとえば、手で鼻をかんだり、手で口を覆わずにあくびをしたり、肩を丸めたり、所かまわず指をなめる、または、小便するといった行為は人前では決して行ってはいけない。エラスムスは教育に「恐れや恐怖」を用いることを非難しているが、一方で生徒にやる気を出させる手段として、恥という脅威を利用することがいかに重要であるか強調している。[38]

マキァヴェッリは支配者の権威に関心を寄せ、トマス・モアは政治にまつわる哲学の問題に取り組んだ。だが、一六世紀が進み、書物やパンフレットが告白文という分野を開拓し出すと、個人の経験に関心が向けられるようになった。その関心の変化は美術でも明らかで、ブリューゲルのような芸術家たちは日常生活の経験に細やかな観察の目を向け始めた。

この新しい告白形式を利用した最も有名な作品といえば、間違いなく、フランスの哲学者ミシェル・ド・モンテーニュが書いた随想（エセー）をまとめた三冊、その名も『随想録（エセー）』である。一五八〇年と一五八八年に刊行されたときにはベストセラーになった。その中でモンテーニュは、苦痛や物忘れから教育に至るまで、あらゆることに触れていて、特に恐怖については大きく取り上げている。「恐怖について」という題名の随筆には、「私が最も恐れるもの、それは恐怖である。恐怖はその激しさの点で他のどんな出来事にも勝る」からだ、と書かれている。モンテーニュにとって、さまざまな大きさの恐怖が、個人の恐怖から軍隊や都市や国を自滅に追い込むような集団の「パニックの恐怖」まで連続して存在しているのだ(39)。

『随想録』が書かれた背景には、モンテーニュの住んでいた南西フランスで起こった激しい宗教紛争があった。一五六二年に、カトリック教徒とプロテスタント［カルヴァン派］がトゥールーズで激突し、数千人の死者が出た。それから間もなく、フランスは全面的な内乱状態になる。ジャン・ドリュモーが言うように、その当時ヨーロッパが直面していた脅威を考えると、人に自省する機会がそれほどあったとはとても思えない。しかし、逆に言えば、ドリュモーのいわゆる被包囲心理は、「激しい罪の意識と、前例のない規模の自己反省の促進と、新しい倫理的良心の発揚とを伴っていた」ともいえる。「恐怖の大きな塊（「個々に別の名前を持つ」複数の恐怖へと分岐するが）の下で、包囲された町の住民のような心理にある一人ひとりが、自らのうちに新たな敵と新しい恐怖を見出した。その新しい恐怖とは、自らへの恐怖だった(40)」。

モンテーニュの哲学探究の成否は、この自らへの恐怖を手なずける方法を見つけられるかどうかにかかっていた。なぜなら、読者に語っているとおり、この恐怖には人間をコントロールし、人間を自分自身から離れさせる力があるからだ。しかし、もしその恐怖のエネルギーをうまく利用して転換することができれば、人間はもっと充実した生き方ができるようになるかもしれない。モンテーニュは自身の生活を非常に正直に語って、気さくな人物という印象を与えたので、読者は容易に彼と自分を重ね合わせることができた。たとえば、モンテーニュは、腎臓結石で苦しんだ経験について率直に語っている。結石が体外に排出されるまでの間、どれほど痛い思いをしたか、そして、その経験から次の発作に襲われるまでの生活をどれほど真剣に過ごせるようになったことか。彼にとって痛みからの突然の解放は、人生のはかなさと、死が常に存在することをあらためて思い出させるものだった。打ち解けた優しいその語り口は、日常生活に寄せる強い関心と相まって、読者にも自身の経験を振り返ってみようという気を起こさせた。「苦しむのではないかと恐怖する者は、すでにその恐怖で苦しんでいる。恐怖の苦痛で引き延ばさなくても、苦痛を感じる時間はたっぷりあるというのに」と、モンテーニュは「経験について」という随筆の中で述べている[41]。

このようなモンテーニュの考え方に大きな影響を与えたのは、紀元一世紀の劇作家・政治家でストア学派の哲学者セネカだった。セネカが目指したのは、読者が自らの恐怖に対処することを可能にする実用的な哲学だった。われわれの人生は、恐ろしい記憶と予測不能の未来への恐れとの間に浮いていて、「過ぎたことと、これから起こることの双方から、等しく痛めつけられている」と、セネカは主張する。「恐怖と希望は著しく異なっているけれど、囚人と、囚人と手錠でつながっている護送役のように、足並みを合わせて行進する」。大事なのは、恐怖や期待から解放されて、今を十分に生きることだ、と[42]。

モンテーニュ以外にも、同じように恐怖に興味を示した近代の作家たちは何人もいた。ロバート・バートン［一五七七～一六四〇年］もその一人だ。一六二一年に初めて出版された著書、知る人ぞ知る奇書『憂鬱《ゆううつ》の解剖』は、憂鬱症に苦しむ人向けの、百科事典的に自己解決のための参考文献を集めた手引書であった。今日、憂鬱症といえば鬱病を指す旧式な用語ぐらいにしか思われないが、一六世紀から一七世紀にかけては、この病気の主症状と主原因は活力を奪うほどの恐怖だと信じられていた。憂鬱症という言葉は、「黒胆汁」を意味するギリシャ語に由来しており、黒胆汁とは四体液、すなわち「humors」（ユーモア）の一つだった。当時は、黒胆汁・血液・粘液・黄胆汁の四つの体液が、人間の体と心の健康に作用すると考えられていたのである。憂鬱症は黒胆汁の過多が原因で起こり、「心の動揺」つまり「絶えざる心の苦しみ」という症状を引き起こした。(43)

バートンは、自身を「大雑把で、平凡な、教養のない書き手」と評しているが、『憂鬱の解剖』には、古代ギリシャ・ローマ時代の古典作品から、当時最新の医学文献に至るまで、ありとあらゆる学識が百科事典的に網羅されている。それほど幅広い知識を集めているにもかかわらず、バートンが言うには、同書はもともと自分の気分を落ち込ませないための予防手段として思いついたものだった。内容は「全身に治療的な効果を発揮するのを助ける」ことを意図したという。(44)

バートンは、恐怖は危険が目の前に迫っていると予想することから引き起こされるが、思い込みによる脅威からも生じることがあると主張する。そして、空想の恐怖が身体に有害な作用を及ぼした悲喜劇の例をたくさん挙げている。たとえば、あるイタリア人のパン職人は、自分の身体がバターでできていると思い込み、溶けるのが怖くて何があっても竈《かまど》のそばに近づこうとしないし、決して日なたに出ようとしない。また、時にはいきすぎた空想が死を招くこともあると、バートンは警告する。自分の会った相手がペストに感染していると信じ込み、全く根拠がないのに恐怖に陥ってショック死する男もいれば、暗闇の中で川に架かった幅の狭い厚板をせっかく上手に渡りきったのに、あとになって自分がどれほど危ない状況にいたかを悟って、恐怖のあまり死んでしまう男もいる。(45)

モンテーニュと同じくバートンもまた、恐怖を個人的なトラウマから社会全体を襲う非常な恐怖に至るまでの連続体としてとらえている。その一つの例として挙げているのが、一五〇四年一二月にボローニャを襲った破壊的な地震だ。この地震を経験した一人に、人文主義者のフィリッポ・ベロアルドがいた。ベロアルドによれば、町が揺れ出したとき、「人々は世界の終わりが来たと信じ」、自分の使用人のフルコ・アルジェラヌスなど住民の一部は、「あまりに激しい恐怖に襲われたせいで」気がふれてしまったという。集団的な恐怖は、次第に進行して最後は自殺に至る個人のトラウマと接点を持っていると、バートンは述べている。

憂鬱症の諸原因は、身体だけでなく心にもあり、環境要因によって悪化する。この時代は憂鬱な時代だと、バートンはわれわれに注意する。『憂鬱の解剖』を書いた背景には、「こうした嵐のような時代がもたらす、戦争、疫病、火事、洪水、窃盗、殺人、大虐殺、隕石、彗星、亡霊、前兆、幻影、フランスやドイツ、トルコ、ペルシャ、ポーランドなどの包囲された都市、占領された町、毎日のように行われる兵士の召集と戦争の準備などの噂」の洪水があった。(46)

一七世紀の哲学と医学の論文は、恐怖を分析して、読者に恐怖に対する最善の対処法を教えようとした。しかし、中にはフィクションの創作によって恐怖の本質と、恐怖と力の関係とに迫ろうとする作家もいた。シェイクスピアの『マクベス』がその良い例である。一六〇六年、イングランド国王ジェームズ一世の御前で初演されたこの劇は、国王が書いた例の『悪魔学』の影響を受けていたかもしれないが、力が持つ人を堕落させる作用と、破壊的・致命的・刺激的な力としての恐怖の曖昧な役割とを探る作品になっている。文学者アリソン・ホブグッドによれば、「『マクベス』は、恐怖についての劇であると同時に、恐怖にとりつかれた人間についての劇である。そして、恐怖が病と死を生じさせる過程を、語りと演技で見せるものである」という。(47)

劇の幕が開くと、スコットランドの荒涼とした荒地に三人の魔女が現れる。その三人の魔女が、武勲の誉れ高い将軍マクベスにおまえは王になるだろうと予言をして、その心に残忍な欲望を目覚めさせる。野心の強い妻にけしかけられ、マクベスは恐怖を克服し、ダンカン王を弑逆《しいぎゃく》して王座に就く。だが、じきに新たな疑念に苛《さいな》まれ、過度の不安と恐怖の中で次第に暴威をふるうようになっていく。暴力はエスカレートし、ついにスコットランドは内乱に陥る。

当作品で印象的なのは、暴力へとつながる恐怖の破滅的な影響力と、邪悪な幻想に従って行動しようとするマクベスの衝動を抑制する倫理的な力としての恐怖と、この二つの間の緊張をシェイクスピアが正確に指摘している点である。マクベスが後者の種類の恐怖を経験している限り、人間性をなくすことはない。けれど、劇のクライマックスには倫理的な恐怖を感じる能力をすっかり失い、完全なパラノイアに陥る。その時点のマクベスの心は、バートンが憂鬱症の症状だと言っていた精神状態とよく似た状態、まさに「同じ泉から湧き出て、疑いが恐怖と悲しみのすぐあとに続いてやってくる」状態だった[48]。そして、「私を律するのはこの胸で、私の心は私の中にある。疑念におののき、恐怖に震えることは絶対にない」と、マクベスは最終幕［第五幕第三場］で言い放つ[49]。その瞬間、劇を見ていたわれわれは悟るのだ。恐怖を感じないと決心した瞬間、マクベスは倫理の宇宙を飛び出してしまった、二度と戻ってこない、と。

シェイクスピアが『マクベス』を執筆していた頃、スペインの小説家・劇作家・詩人のミゲル・デ・セルバンテスは、恐怖の心理を掘り下げる小説、『ドン・キホーテ』の前編を出版したばかりだった。同書は、スペイン中央部の平野の村ラ・マンチャ出身の貧乏な郷士ドン・キホーテの英雄的行為を記したものだが、郷士が抱く騎士道の理想は、残酷な現実主義と理不尽な暴力がはびこる、恐怖が当たり前の世界には合わないのである。

プロローグでセルバンテスは、この小説は読者に「偽りのない簡単な話」を提供すると述べている。だが、それは至難の業である。異端審問の時代のスペインは、素直に思ったことを述べるには危険な場所だったからだ。一四九二年に、イザベル一世とフェルナンド五世［一四七九年にカスティーリャの王女イザベルとアラゴンの王子フェルナンドが結婚、両国が合同してスペイン王国となった］によって、ユダヤ人が国外へ追放された。同年には、新世界の征服も始まる［一四九二年、イザベル一世の援助を受けたコロンブスがアメリカ大陸に到達］。金や銀が南北アメリカ大陸からどんどん運び込まれ、美術や文学が花開いた。しかし、ドン・キホーテがふざけて「黄金時代」と呼んだこの時代は、暴力と制度化された恐怖の時代であった[50]。すでに見たように、一五六〇年代以降、フェリペ二世はネーデルラントでプロテスタントの臣民を弾圧していた。地中海でオスマン帝国の脅威が高まると、かつてイベリア半島に居住していたイスラム教徒の末裔たちは、誰であれ疑いの目で見られるようになった。そして、一六〇九年から一六一四年にかけて民族洗浄の政策が正式に採択されると、モリスコと呼ばれた、カトリックに改宗したイスラム教徒たちは国外に追放された。

『ドン・キホーテ』はただのドタバタ喜劇どころか、恐怖と喪失の物語である。しかも、それにはセルバンテス自身の過去の経験が盛り込まれていた。彼は一五七一年に、ギリシャ沖で行われたレパントの海戦でオスマン軍と戦い、被弾して左腕が不自由になっていた。バルバリア海賊［北アフリカの地中海沿岸地域を基地とした海賊。オスマン海賊とも呼ばれる］に捕まって、アルジェで五年間の捕虜生活も経験している。教会から破門されたり、税金横領の罪で投獄されたりしたこともあった。

異端審問に対する風刺のつもりで書かれたのだろうが、同小説に、偏見に凝り固まった司祭が燃やすべき不愉快な書物がないか、ドン・キホーテの書斎を捜し回るシーンがある[51]。観念的な思い込みで目が見えなくなっているキャラクターは、頭のおかしい騎士だけではない。この強欲な社会では誰も彼もが、自分の恐怖という偏狭な色眼鏡でこの世を見ているのだ。平原に羊の群れが二組いるのを見たドン・キホーテは、敵対する軍隊が合戦のために整列しているところだと思い込む。従士のサンチョ・パンサが、あれは軍隊ではなく羊だと言っても、ドン・キホーテは次のように答える――おまえは恐怖のせいで「ちゃんと見たり聞いたりできなくなっているのだ。無理もない。恐怖にはいろいろな作用があるが、その一つは、五感を曇らせて、物事を本当の姿以外のものに見せることだから」[52]。

一六世紀末から一七世紀末にかけて、恐怖は今までにない形で経験・分析されていた。人間の「激情」や「感情」は本質的に政治的なものだと解釈されたのである。一六〇五年にフランシス・ベーコンが指摘したように、感情は理性によって抑制しなければならない感覚だった。ベーコンと同時代人の、イギリスの作家トーマス・ライトも同様に、激情の扱いにくい属性を強調した。残念ながら激情は理性を簡単に動揺させることができる。それは、まさに反逆者たちが主君の権威に対抗するかのごとく、あるいは、張り合う派閥が国家の活動を混乱させるかのごとくである、と。また、バートンも、恐怖がいかに暴威をふるって治安を乱そうとするか指摘している。これらの指摘は、宗教改革後の時代がいかに混迷していたかを証明する争いのメタファーだった。「emotion」という言葉は、フランスから翻訳を通して一七世紀初頭に英語に入ってきたが、興奮した精神状態や強い感情を暗示するだけでなく、政治的扇動や市民の暴動も引き続き意味していた。フランス人の司祭で哲学者のジャン＝フランソワ・スノーが著した、激情の使用法に関する書物の英語訳が一六四九年に出版されたとき、その翻訳本の口絵には、足かせをされて理性の審判の場に呼び出され哀願する人物として恐怖と希望を含むさまざまな激情の征服された姿が、描かれていた[53]。

一方、宗教紛争、戦争、飢饉、疾病が生み出した「パニックの恐怖」は、力を固めていく過程にある国家が、政治目的に活用できる新しいチャンスを作り出していた。現代のヨーロッパの国々の先祖といえる、こうした原国民国家の誕生に貢献したものの一つが、印刷文化だった。書物やパンフレットや新聞は、標準化された自国語を広めることによって、新たな集団的アイデンティティーの確立に大きく貢献した。その新しい集団的アイデンティティーが、今度は地域の違いを乗り越えて、同じ国の国民という意識を芽生えさせた。[54]

印刷文化はまた、個人の研究と知識の共有とを容易にして、新しい自我意識の構築にも役立った。聖書と直接関わることに重点が置かれたことで、教会の権威に頼らず、個人が責任を持つことが奨励された。一人ひとりが他人の抱える恐怖について読んで知り、共感することが可能になった。それはつまり、個人的な恐怖が増幅され、集団的な恐怖が個人の問題としてとらえられるようになったということである。[55]

けれども、確かに書物やパンフレットは読者の関心を、恐怖を抑える方法に向けさせる働きをしたが、偽情報や争いや異端を広めるのにも力を貸した。カルヴァンは、この先悪い書籍が出版されて「混乱した森」ができることを激しく非難したし、スイスの医師で書誌学者のコンラート・ゲスナーは、一五四五年に「多数の有害な書物」について嘆いている。[56] 一七世紀の終わりには、情報量のあまりの多さに戸惑いを覚える読者も現れた。[57] 一六八〇年に、哲学者で数学者のゴットフリート・ライプニッツは、「書物がこの恐ろしい量で増え続ける」としたら、「無秩序に打ち勝つのはほぼ不可能になるだろう」と警告している。[58]

このように情報と力との関係は危なっかしいものだったが、危なっかしいのはそれだけではなかった。個人と集団との関係も、国家と国民との関係も、国民国家と主権国家との関係も、非常に不安定だった。そんなときに登場して、それらの不安定な関係をすべて解決すると宣言し、有益な恐怖を培養することで、混乱状態にある世界に秩序を取り戻すと約束したのが、一七世紀と一八世紀のヨーロッパの絶対君主たちだった。

第3章

力の劇場

絶対君主による恐怖の管理体制

宗教改革と反宗教改革――すなわちプロテスタントの脅威に対するカトリック教会の反撃――この二つによる暴力は、統治者が国家権力を強め、法の及ぶ範囲を拡大することを正当化する理由になった。一六一八年に始まって中央ヨーロッパの人口を激減させた三十年戦争の期間やそのあとは、なおさらそうだった。神聖ローマ帝国内のカトリック領邦は一六〇九年に手を組んで、カトリック同盟（リガ）として知られる軍事同盟を結んでいた。そのカトリック同盟の軍隊によって、一六三一年五月にプロテスタントの都市マクデブルクが無残に破壊され、およそ八〇〇万人の市民が戦争と飢餓と病気で命を落とした。(1) この「マクデブルクの惨劇」は、戦争の恐ろしさの象徴として長く名を留めることになった。「神よ、われらに慈悲を垂れたまえ。これほど恐ろしく残酷な光景は、何百年もの間、誰一人目にしたことがない。あまりにもひどすぎる」と、その凄惨な暴力の目撃者は書き残している。(2) 一六三三年に、『戦争の惨禍と不幸』と題する、一八枚の小さな銅版画の連作が発表された。フランスの芸術家ジャック・カロによる、この戦争の野蛮さを見事にとらえた作品で、拷問、強姦《ごうかん》、陰惨な公開処刑の場面が描かれている。そこには兵士たちがうろつき回って略奪を働き、農家や女子修道院を荒らし、村を焼いている姿が見える。

この大混乱を何とかする方法の一つが、別種の恐怖を、つまり、絶対君主と、絶対君主が体現する国家制度の恐怖とを育てることだった。一五七〇年代のフランス宗教戦争の激動期に、法学者で政治哲学者のジャン・ボダン［一五三〇～九六年］は、秩序を回復させるには強い君主を戴くことが重要だと主張した。著書の『国家論六篇』によると、主権とは国家の「絶対にして永久の力」であり、その主権は統治者に与えられていて、統治者の権威は、恐怖と愛情との釣り合いをとる複雑な操作の上に成り立っている。王は神のみに責任を負い、王国の法と秩序を守るため、非常に大きな恐怖によって敵を鎮め、また、恐怖を用いて国内の臣民の服従を確かなものにする。しかし、この有益な恐怖は慎重に調整しなければならない。恐怖が多すぎれば憎悪をかき立てる可能性があるし、少なすぎると反抗されるかもしれないからだ。ボダンによれば、君主と暴君の違いは、前者が臣民の恐怖と並んで愛情を育むのに対し、後者は恐怖のみに頼っている点だという。その結果、君主は平和と安全を享受し、暴君の支配には絶えず不従順の脅威が伴うのだ、と。しかしまた、ボダンは愛と恐怖には密接な関係があるとも述べている。なぜなら、誰かを愛するとは、その人の機嫌をそこねるのではないかとびくびくしながら生きることでもあるからだ。(3)

ボダンのあとに絶対王政を支持したのは、ルイ一四世に宮廷説教師として仕え、皇太子の師傅《しふ》も務めた、神学者で司教のジャック＝ベニーニュ・ボシュエ［一六二七〜一七〇四年］だ。死後出版された『聖書の言葉より導き出せる政治論』（一七〇九年）の中で王権神授説の教義を発展させ、すべての力は神に由来し、国王は神の摂理によって統治すると主張した。この教義によると、恐怖は、放縦《ほうしょう》で傲慢になりやすい人間の生まれながらの性向に対抗するうえで有効な政治的道具である。また、王は敵には激しい恐怖を、自国の臣民には恐怖を呼び起こすべきであるが、恐怖を与えることは正義と愛とに全く矛盾しない。「国民は君主を恐れなければならない。だが、君主が国民を恐れる場合には、すべてが失われる」とボシュエは書いている。最終的に統治者は絶対的な力を与えられているが、その力を恣意的に行使することはできず、「神から与えられたものとして、恐れを持ちつつ慎重に」公益のためにだけ行使できる、と断言している。(4)

恐怖と主権とに関する議論に、おそらく最も有名で、最も影響力の大きい貢献をしたのは、一六五一年に出版された政治論文『リヴァイアサン』ではなかろうか。これを書いたイギリスの哲学者トマス・ホッブズは、本人も認めているとおり、まさに恐怖に満ちた時代に生まれていた。一五八八年四月、スペインのフェリペ二世がイングランドの侵略とカトリック信仰の復活のために大艦隊の準備を進めているというニュースを聞いて、ホッブズの母はショックのあまり予定より早く産気づいたのだった。そのとき生まれたのが、「自分と、双子の兄弟の恐怖」だったと、ホッブズは後年よく冗談を言った。(5) できすぎた話かもしれないが、恐怖は彼の主な哲学的関心の一つとなった。

ホッブズに言わせれば、世界には説明のつかないことが多いため、人間はわからないものへの「絶え間ない恐怖」に、中でも死の恐怖に陥りやすい。宗教は、その恐怖に易々とつけ込んで、「人々を服従させておくため」の方策として利用し、現状維持を図っている。ホッブズ自身も、この絶え間ない恐怖の犠牲者となった。一六六六年に、その著作が無神論を広めていると告発され、なんとロンドンで起きた大疫病〔一六六五～一六六六年、歴史上最後の腺ペストの大流行〕と大火の原因の一つかもしれないと、庶民院で糾弾されたのである。同時代の好古家・伝記作家のジョン・オーブリーの記録には、数名の司教が「この御老体の紳士を〝異端者〟として火あぶりにする提案を出した」ので、ホッブズは有罪になるような証拠を探されることを恐れて、著作や原稿の一部を処分したとある。(6)

人間の本性を特徴づけているのは、本能的な欲望と、嫌悪と、何より、やむことのない権力欲だと、ホッブズは主張した。すべての人間は能力において生まれながらに平等であり、そのせいで皮肉なことに、自分が優位に立とうと果てしない闘争を続けている状態、すなわち、「万人の万人に対する闘争の状態」にある。だが、確かに恐怖は疑惑と不信を生じさせる危険なもので、疑惑と不信はさらに深い恨みや不和を引き起こすかもしれないが、恐怖にはちゃんと使い道がある。第一に、恐怖は好奇心や知識の探究と密接に関連した強い感情だ。「未来への不安が、人を物事の原因追及へと向かわせる。なぜなら、物事の原因を知れば、その分上手に現在を自分たちに最も有利な方向へ運ぶことができるからだ」(7)。第二に、恐怖は人間を刺激して自己の利益のために行動させる。未来に不幸が起きるのではないかという恐怖があるからこそ、人は予防策をとるのだ。「就寝するとき、人は家のドアに鍵をかけ、旅に出るときには追いはぎを恐れて武装する。国は隣国への恐れから砦を築いて国境を守り、都市を城壁で守る」というのがホッブズの弁である。将来に対する用心と思慮分別は恐怖から生まれる。だから、恐怖は安全保障の基本的な要件の一つだと解釈できる。(8)

こうした見方はホッブズより年の若い同時代人、イギリスの哲学者・医師のジョン・ロックに影響を与えることになった。ロックの自由主義的な思想は、一六八〇年代イングランドのさらなる政治的混乱を背景に構築されたものだが、今度はヴォルテールやルソーといった後世の思想家に影響を与えることになる。宗教的寛容を支持する論説（『寛容論』）や、市民と市民政府との社会的契約を重要視する考え（社会契約説）といったロックの政治哲学と、知識に関する説（知識論）とを暗黙のうちに結びつけているのが恐怖である。子どもの教育における勇気と恐怖とに関する随筆の中で、ロックは「恐怖は激情であるが、正しく抑えることができれば役に立つ」と考察している。また、恐怖を克服する勇気が有害になる場合もあるという。なぜなら「恐怖は、われわれが勤勉であるための監視者として、また、邪悪の接近に対して警戒を怠らせないための監視者としてわれわれに与えられている」からだ。必要なのはバランスなのだ、とロックは主張する。すなわち、「われわれを眠らせず、注意と勤勉と活力とを喚起させるだけの恐怖は必要だが、理性の冷静な使用を妨げるほどの恐怖も、理性の命じることを実行するのを邪魔するほどの恐怖も必要ではない」ということなのだ。(9)

話をホッブズに戻そう。彼のすべての主張の中で最も影響力が大きかったのは、国王とその臣民との関係における恐怖の役割に関する主張だった。彼によれば、人間は利己的でいつも自分の利益を図ってばかりいるので、人間の自然状態の特徴は対立である。最も有名な論述の一つにおいて、この反社会的な自然状態を「継続的な恐怖と暴力的な死の危険」と呼び、また、そのような自然状態においては、人生は「孤独で、貧しく、卑劣で、残酷で、短くなる」と述べている。ホッブズは人間を本質的に邪悪だと思っているとよく言われるが、それは違う。人間が邪悪というより、人間の自己防衛を確実にする特質が、まさに競争を引き起こし、究極的に協力を阻止する方向に働く特質であると考えているのだ。そこで、不和を最小限に抑えて、平和を確かなものとする唯一の方法は、各個人が自分の自由の一部を放棄し、「彼ら全員を服従させる」ことのできる強力な統治者に権威を与える社会契約を結ぶことである。言い換えれば、「すべての人間を畏怖させ、共通の利益に彼らの行動を向けさせる、共通の権力」を作ることなのだ。地域内の対立の恐怖は、君主のより大きな恐怖で釣り合いをとる必要がある。「君主に対する臣民の義務は、君主がその力によって彼らを守ることができる限り続くが、できなくなれば終わる」と、ホッブズは断言した。そして、この新しい統治体につけた名前が、聖書に出てくる海に住む巨大な怪獣にちなんだ「リヴァイアサン」だった。[10]

ホッブズの著書『リヴァイアサン』の初版の象徴的な口絵には、王冠を戴き、俗界と聖界の権威の象徴である剣と牧杖《ぼくじょう》とを手にした、巨大な人物が描かれている。巨人の両腕と胴は、何百もの小さな人間でできていて、人間たちはみな巨人の顔のほうを向いている。巨人像の上には、聖書の『ヨブ記』の一節〔四一章三三節〕、「地の上にはこれと並ぶものなし」のラテン語訳が掲げられている。恐怖を封じ込めることができるのは恐怖しかない。恐怖が戦争を起こしても、平和のための道具の役割をはたせるのもまた、恐怖である。なぜなら、「恐怖は、人を差し迫った苦境に追い込む元凶であると同時に、人が苦境から脱出できる唯一の可能性の基礎でもあるからだ[11]」。

こうした『リヴァイアサン』の主張に反映されている、一七世紀半ば当時の重要な考え方は、その前の数十年にわたる宗教対立と政治的混乱からもたらされたものだった。[12] 一六四二年以降、王党派と議会派とが戦ったイングランド内戦〔清教徒革命〕では、宗教的寛容の問題と、法の公平さと、王と議会とが行使する相対的な力をめぐる議論とが焦点になっていた。一六四〇年、国がずるずると戦争へ向かう中、王党派を支持していたホッブズは議会に目をつけられるのを恐れて、パリに逃亡し一一年間亡命生活を送った。一六四九年一月二七日、チャールズ一世が国家に対する反逆の罪で有罪の判決を受け、数日後にホワイトホール宮殿のバンケティング・ハウス前で公開処刑された。そのとき、チャールズ一世は「恐怖で震えていると思われないように、厚手のシャツを二枚着込んでいた」という。(13) こうして議会制共和国が誕生したが、すぐにオリバー・クロムウェルの下で独裁的な護国卿政府に変わった。そのとき、ホッブズの唱えた説は、単なる応接間で取沙汰される流行《はや》りの話題ではなく、政治と恐怖と政治的秩序とをめぐる哲学的議論に重要な貢献をすることになった。

一七世紀中頃には、ヨーロッパの多くの国の君主たちがはっきりと恐怖の所有権を主張し、恐怖の管理体制を築き上げて自らの政治的計算の中心に据えていた。フランスでは、一六四三年から一七一五年まで続いたルイ一四世の長い治世の間に、恐怖は王の周囲に不可侵性というオーラを作り上げる働きをしただけでなく、フランス国家の活動の中核になっていた。それは完全な暴力と軍事侵略の恐怖というわけではなく、計算されたフィアモンガリング［危険が迫っているという誇張された噂を利用して恐怖心を引き起こす情報操作の一種］であり、実行するには情報入手と、小さいが機能的な官僚組織が不可欠であった。また、それは儀式によって作り上げられた恐怖で、王の尊厳の精巧な演出を土台にして新しい制度過程、つまり、ヴェルサイユ宮殿に華麗に具現化された権力の中央集権化によって動かされていた。

ヴェルサイユ宮殿は、観光バスや団体旅行者で大賑わいの現代でさえ、その壮麗さに感激せずにはいられない。巨大な建物や庭園は権威と威信を伝えるために設計され、国王の統治という理想と、より広い地政学的ヴィジョンを表していた。宮殿は、「太陽王」として知られる統治者にふさわしい大建造物だった。(14) 廷臣たちが宮殿の素晴らしい庭園をそぞろ歩いて、その創意あふれるデザインに感嘆しているとき、フランスの軍隊はせっせと要塞を築いて、拡大を続ける領土を強化・防衛していた[15]。

ヴェルサイユ宮殿は権力を具現したもので、恐怖と畏怖を作り出すように考案されていた。訪れた要人たちは次々と中庭を通り、いくつもの階段を上ったあと、護衛がずらりと並ぶ控えの間をさらにいくつも通り抜けて、ようやく「アポロの間」にたどり着くことができた。そこが王座の間で、ルイ一四世は左右に一つずつ松明形《たいまつ》の巨大な銀の燭台を置き、その間にある高座の上で銀の玉座に腰かけている[16]。外国の大使の多くがやっと王の御前に来たとき、すっかり疲れ切ってぶるぶる震えていたのも、不思議ではなかった。

ヴェルサイユ宮殿での立ち居振る舞いは、複雑な礼儀作法によって管理されていたが、それこそが恐怖の巧みな操作によって作動する管理手段の一つだった。サン・シモン公爵〔一六七五～一七五五年、『回想録』〕が言ったように、「宮廷も、王の専制政治を維持するためのもう一つの仕掛けだった」。そして、「王の外観に触発された畏怖は、王がどこにいようと、その存在だけで必ず沈黙と、ある程度の恐怖とをもたらすようなものだった[17]」。

のちの世にヴェルサイユ宮殿は、ほかの独裁政治国家が造る建築物の原型になった。アルベルト・シュペーアがアドルフ・ヒトラーのためにベルリンに記念碑的な新総統官邸を設計したとき、霊感を受けたのがヴェルサイユ宮殿だった。訪問者たちは正面の通路を通って中央の中庭に入り、二つの新古典主義の彫像が両脇に置かれた屋外の階段を上っていくと、建物内部の宴会場に出る。さらに五メートルも高さがある両開きのドアを抜けると、そこは舞踏室と、丸天井の大広間と、「鏡の間」を模した大理石の回廊とになっている。ヒトラーはこの設計計画に大満足で、長い距離を歩かせて、各国の要人たちに「大ゲルマン帝国の力と重要さ」を思い知らせてやれると言ったという[18]。

そもそもルイ一四世が首都パリから宮廷を動かす決断をした理由は、パリの不穏さに対する恐怖が一つと、もう一つは、一六四八年に母［ルイ一三世妃アンヌ・ドートリッシュ］の摂政政治に反対するクーデターが起こり、それに続いて内乱［フロンドの乱］が五年間も続いた、子ども時代の記憶であった。ルイ一四世は回想録の中で、子ども時代の戦争の経験が抱かせたかもしれない「恐怖、憎悪、報復」について一切触れていない。だが、何も言わないほうが、かえって多くのことを語るものだ。[19]

パリ南西約二〇キロメートルに位置する新宮殿は、王が貴族に目を光らせていられるように、ルーヴルに替わる政府の所在地として計画された。宮廷に一歩足を踏み入れると、貴族はたちまち複雑な儀式に巻き込まれる。それらの儀式は彼らを永久に不安な状態に置いておくために考案されたものだった。高い地位をもらうために王に陳情することはできたものの、王本人に近づく機会が制限されていたため、結局、王に操られることになった。日に二回、早朝と夕方に王が着替えや洗面などを行うとき、廷臣たちは競い合って目通りしようとしたが、これなどは儀式による王の支配を示す最たるものだった。

王の権利を中央集権化する方法には、服従する心を育て行動を規制する新たな規律の道具が求められ、フランスの歴史学者ロベール・ミュッシャンブレが「規制された社会」と呼ぶものが始まった。[20] 行動規範や、高度に儀式化された宮廷での礼儀作法が生まれたのが、職業軍人の訓練法として軍事教練が生まれたのと同じ時期だったのは、決して偶然ではなかった。当時の人たちはよく、宮廷のことを、王を中心に時計のような正確さで配列された整備の行き届いた機械にたとえていた。[21]

ヴェルサイユの一見派手派手しい宮廷の娯楽の数々には、重大な政治的意図が隠されていた。バレエや演劇の上演は、権力という重大な問題から気をそらすものなどではなく、君主制の秩序を宣伝する手段だった。ルイ一四世自身がそれを認めていて、「朕《ちん》の治める臣民たちは、物事の真の本質というものがわからず、外観で判断する傾向がある」と書いている。[22] この言葉には、マキァヴェッリが外見の重要性について君主に与えた助言に通じる部分がある。「誰もが人の見せかけの姿に目を向けて、その人の本当の姿に気づく者はほとんどない。庶民が感銘を受けるのは、いつでも見栄えと勝利だ」と、マキァヴェッリは指摘していたのだった。(23)

大舞踏会や華麗なダンスは、王が自分の偉大さを誇示するチャンスだった。一六五三年、一四歳でルイ一四世は太陽神アポロの役で『夜のバレエ』という舞台に立った。いくつも太陽を飾りつけた金色の舞台衣装と、炎の形の冠をつけて燦然《さんぜん》と輝く王は、混沌から秩序を取り戻す朝日だった。(24) 宮廷では衣服にさえ政治的な意味があり、序列に関する厳しい規則によって、誰が、いつ、何を身につけられるか定められていた。(25) 宮廷の式典と日々の儀礼的行為には恐怖が満ちていた。食べ方・話し方・歩き方・踊り方に関する指示が廷臣たちを従順にさせた。振る舞いの規則に違反したら、特権や栄誉を剝奪されるかもしれないという脅威が常に存在していたからだ。一六六一年に設立された王立舞踏アカデミーは、新しい踊りの規則が守られるように監督する役目を負っていた。指導員はバレエを教えるための免許状の取得を求められ、アカデミーが定めた基準から少しでも逸脱すると、重い罰金を課せられた。検閲同然に、新しい踊りはすべてアカデミー会員から成る委員会の吟味を受けてからでなければ教えることも、舞台で披露することもできなかった。(26)

細心の注意が払われたのは、バレエだけでない。宮廷にいる人々の家柄や身分についてもそうだった。一六六一年に、王は「権限なく貴族を名乗っている者」、つまり、「真の貴族の名誉を害する」偽の貴族を摘発すると発表し、爵位の証拠を確認する係が任命された。このやり方は、家柄を調査される者たちに相当の恐怖を与えた。家系の申し立てが証明できなかった場合、あるいは、間違っている証拠が見つかった場合、貴族としての権利は剝奪され、有罪が確定すると「平民」に落とされて宮廷から追放された。(27) これもすべて、王の権力を行使する方法の一つとして恐怖を利用するシステムの一部であった。

貴族たちがヴェルサイユへおびき寄せられる一方、官吏たちは地方へ派遣された。一六六五年以降、ルイ一四世の首席顧問で財務長官でもあるジャン・バティスト・コルベールの指揮の下、地方監察官たちが王の権威を国中に広げるのに重要な役割をはたした。地方監察官は王の寛大さのおかげで今の地位を得ているので、王への忠誠が期待できたのだ。ルイ一四世は国家制度の頂点にいた。もっとも、ルイ一四世は、彼が言ったとされる、あの有名な「朕は国家なり」という言葉を実際に言ったことは一度もない。ボシュエが、「国家のすべてが彼に体現されている」とルイ一四世について書いているだけだ。[28]

一六四八年、王立絵画彫刻アカデミーがシャルル・ル・ブランの主導の下で創設された。それ以外の王立アカデミーも、ルイ一四世の後援によって次々に創設され、音楽や建築や諸科学を後援する賢明な君主という英雄的な固定観念の強化に役立った。一六六三年に、アカデミー・フランセーズの委員会の一つとして設立された碑文・文芸アカデミーは、メダイユ〔大メダル〕の銘刻のデザインと、王を賛美する芸術作品への助言とを行う任を負った。[29]一六八五年に始まった、いわゆる「彫像キャンペーン」では、フランス中の公共の公園に王の騎馬像を建てる計画が立てられた。[30]メダイユや彫像も大量に造られた。今日、オークション・ハウスや、オンラインの骨董品のマーケット・サイトにルイ一四世関連の記念品が絶え間なく出品されているように思えるのはそのためだ。

国王を広く宣伝することは、書籍やパンフレット、新聞に扇動的で国王を誹謗中傷するような内容がないか取り締まることと連動していた。そうした情報の取り締まりを監督したのは、コルベールと、警視総監ガブリエル・ニコラ・デ・ラ・レニの二人だった。[31]検閲は国民の服従を確かなものにするのに役立ったが、それは同時に国家転覆に対する根強い恐怖が存在している証拠でもあった。一六八五年の王令の規定により、印刷物は事前に当局の承認を受けなければ出版できなくなった。一六九四年には、パリのヴィクトワール広場にある王の銅像を風刺的に描写した戯画の印刷に関わった者たちが処刑されている。その戯画では、ルイ一四世が全能の君主として手かせ足かせをはめられた奴隷に栄光を称えられている姿ではなく、王自身が奴隷となって愛人や王妃にへつらう姿で描かれていた。[32]

しかしながら、ルイ一四世の絶対主義は、単なる宮廷儀式と宣伝活動にとどまらなかった。専制的な力を行使する可能性を必然的に伴うものでもあった。[33]やがて、権威の集中と並行して、宗教の独立性に対する弾圧が始まった。絶対的な権力が「国内の平定、国外の攻撃」という政策を実現するには、君主制の中央集権化が必要だったのだ。[34]そして、国内の民を抑圧し、国外の民を怯えさせるために、「恐怖」が利用された。

一六八一年に王が招集したフランス聖職者会議で「フランス聖職者宣言」が承認されると、フランス・カトリック教会は実質的に王の支配下に入った。同時に、王の国内での権力を強化・拡大する方針の一環として、あらゆる種類の宗教的異端が抑圧された。ヤンセニスムは、オランダ人神学者コルネリウス・ヤンセンにちなんで名づけられたカトリック改革運動で、信奉者には有力な貴族や知識人が多くいた。しかし、一六六一年以降ヤンセニスムは糾弾されて、一七一〇年には運動の拠点だったポール・ロワイヤル修道院も取り壊されてしまった。

けれど、とりわけ暴力の標的になったのは、フランスに多くいたカルヴァン派のプロテスタント、ユグノーだった。一五九八年にルイ一四世の祖父アンリ四世が発布したナントの王令によって、プロテスタントは宗教の自由と市民としての自由が与えられていた。だが、一六八五年、ルイ一四世はプロテスタントに寛容なナントの王令を正式に取り消した［フォンテーヌブロー王令の発布］。すると、「恐怖」（terror）を表す新しい言葉が浸透し始めた。「根絶」（extermination）という言葉が、ある地域の全住民をひとまとめに虐殺することを表すのに用いられ、また「難民」（refugee）という言葉が、恐怖から逃げる人々のことを指して初めて使われたのもこ

の頃だった。(35)

プロテスタントへの迫害は、移住、職業、教育、礼拝に対する制限から始まった。異教徒間の結婚は禁じられ、プロテスタント教会も破壊された。じきに暴力はエスカレートする。最も悪名高いやり方の一つが、気の荒い竜騎兵をプロテスタントの家に宿泊させることだった。しかも、竜騎兵には、住人たちに嫌がらせをして困らせてよいという許可が与えられていた。

恐ろしい迫害の当事者の体験談が、ヨーロッパのプロテスタント勢力圏にショックと激しい憤りを引き起こした。ユグノーであるジャン・ミゴールがポワトゥーで自らが経験した迫害について書き記したものだ。そこからは迫りくる暴力の嵐と、混乱した社会の激しい恐怖が伝わってくる。恐怖とパニックが支配し、隣人同士が互いに密告し合って共同体が崩壊していくさまを、ミゴールは克明に記している。法と秩序が崩壊したため、自警団が町を巡回するが、家々は荒らされ、家族は財産を奪われて田舎に逃げる。(36) ルイ一四世によるユグノーの弾圧は、一七〇二年に始まるカミザールの乱につながっていく。この反乱の際、南フランスのセヴェンヌ地方とヴォナージュ地方で数百人のプロテスタントの住民たちが組織的な恐怖を与える作戦の標的にされたという。(37)

ルイ一四世が自身の権威を高めようとしたのは、フランス国内だけではなかった。ナントの王令が取り消されたのと同じ年に、のちの世で「黒人法典《コード・ノワール》」として知られる国王令が出された。それは西インド諸島のフランス植民地における、奴隷労働を規制する六〇の条項のことだ。それによると、奴隷を拷問することは禁じられ、解放された奴隷は「自由民が享受しているのと同じ権利と特典と免責」を享受することができたが、奴隷はローマ・カトリック教に改宗することが義務づけられていた。規律を確実に守らせるため、罰則措置も設けられていた。たとえば、逃亡した奴隷には王家の紋章フルール・ド・リスの焼き印が押され、また、主人が適当と判断すればいつでも奴隷を鞭あるいは折檻用の革ひもで打ち据えることができた。奴隷は主人の人的財産だったので、結婚するには主人の許可を得なければならなかったし、結婚して子どもが生まれると、その子どもは母親奴隷の主人の所有物になった。[38]

そしてまた、ルイ一四世は他国に戦争を仕掛けていた。中でも大きな敵は、ハプスブルク家だった。一六六七年から一七一三年にかけて四つの大きな軍事行動を行っているが、その当時のフランスの常備軍はヨーロッパで最大だった。残忍な戦術が採用され、一六七二年のオランダ［ネーデルラント共和国］に対して行った軍事行動において、フランス軍は「暴力と恐怖による支配を実行した」[39]。表向き、王は現地の住民を恐怖に陥れる行動を非難したけれども、残忍な戦術が広く用いられたため、ヨーロッパ各地で反フランス感情が高まった。[40]ハプスブルク帝国のドイツ語圏諸国では、パンフレット出版者らがルイ一四世による軍事征服と宗教弾圧の恐怖を煽《あお》り、ルイ一四世が「普遍的な君主国」を築きつつあるという不安をかき立てたので、驚くほどまとまった反フランス同盟が誕生することになった。[41] ゴットフリート・ライプニッツ［ドイツの哲学者・数学者。「単子論」を提唱。微分積分をニュートンと同時期に考え出した］はルイ一四世の領土拡大の野心を容赦なく非難し、ルイ一四世を「火と剣」で支配する不愉快な暴君だと評した。[42] この王はマキァヴェッリのごとき策謀家で、アッティラ［五世紀のフン族の王。東西ローマ帝国を悩ませた］のごとく無慈悲で、悪名高きローマ皇帝ネロのごとく堕落している、と。[43] 多くの書籍やパンフレットも、ルイ一四世がヨーロッパ諸国に対して行った「極悪非道な残虐行為の数々」を罵《ののし》り、さらに、王が古くからの自由を抑圧しフランス国民を「キリスト教徒の君主の下で暮らす民が誰も知らないような過酷な目」にあわせていると非難した。[44]

一六九〇年代初頭、大司教で神学者のフランソワ・フェヌロンは専制的な王への厳しい非難を含んだ匿名の書簡をルイ一四世に送った。「フランス全土が人気《ひとけ》もなく、食料もない、大きな病院にすぎなくなってしまった」と彼は書いている。王は、彼の機嫌を損ねないように真実を述べるのを恐れる堕落した大臣たちの言うことばかり聞いている。そして、聖職者を虐《しいた》げ、やるいわれのない戦争を行って、ヨーロッパを二〇年にわたって破壊し続けてきた。そのうえ、その暴力にかかるすべての費用を賄《まかな》うために、国中から金を搾り取った。かつて王を愛していた国民たちは、今や彼を軽蔑し、「暴動が至る所で起きている」状態になってしまった、と。(45)

フェヌロンが表した政治の世界は、さまざまな種類の恐怖で動かされていた。おべっかつかいの大臣たちが抱く王の機嫌を損ねることへの恐怖、王の暴政が生み出す恐怖、そして、王自身が持っている真実に向き合うことへの恐怖。「恐れられることと、もっとひどい屈従を強いるため臣民たちを威嚇することしか頭にない王は、人類にとって禍《わざわい》である」と、のちにフェヌロンはベストセラーになった著書『テレマックの冒険』（一六九九年）に書いている。「そういう王は望みどおり恐れられるが、憎まれ、嫌われる。それだけでなく、臣民が王を恐れる以上に、臣民を恐れねばならなくなるのだ(46)」。

一七一五年のルイ一四世の死から数十年の間に、絶対王政に対する批判は高まっていった。一七四八年に、シャルル・ルイ・ド・スゴンダ、またの名をシャルル・ド・モンテスキューという政治学者が、独裁制を共和制・君主制と区別し、独裁制はただ一人の指導者が自分の要求や気まぐれのままに「規則も法律もないまま」統治する政治制度であると定義した。独裁政治の中心を占める原則は美徳や名誉ではなく、恐怖である。恐怖には人を無気力にさせる効果があり、市民の勇気を打ちのめし、「ほんのわずかな野心さえ」失わせてしまう(47)。市民道徳を守り、暴君が権力を独占するのを防ぐためには、警戒を常に怠らないことはもちろん、司法・立法・行政の三つの機能を分立することが非常に大切であると、モンテスキューは主張した。

そしてまた、表面上は王の権力が効率的に統制して見えていたルイ一四世の宮廷も、実際には争いや陰謀で分裂していた。「あれほどの恐怖や畏怖を呼び起こしたルイ一四世でさえ、完全に宮廷を掌握していたわけではなかった」と、現代の伝記作家は述べている。(48) 一六七〇年代に起こった、いわゆる「毒薬事件」では、ヴェルサイユで体調を崩す廷臣たちが現れたことがきっかけとなり、悪魔崇拝儀礼や毒殺が絡んだ計画の存在が明らかになったのだった。犯人とされた人々が逮捕され拷問、処刑されたあとも、王は危険にさらされていると思われた。事を重く見たパリの警視総監ラ・レニによって、捜査のための委員会が作られた。その結果、王の愛妾［モンテスパン夫人］が関与していたことがわかり、宮廷は混乱状態に陥った。こうしたスキャンダルから、王の権力の脆弱さが露呈した。

権力はまたパラノイアを生んだ。「恐怖そのもの以外に、恐ろしいものは何もない」とフランシス・ベーコンは一六二三年に述べていた。『帝国について』という題名の随筆で、恐怖の狡猾《こうかつ》な性質がいかに統治者の心を毒するかについて書いている。「望むことはほとんどないのに、恐れることが山ほどあるというのは、惨めな精神状態である。だが、王の場合はそれが普通なのだ」。華々しい威光に包まれながらも孤立を深める王は、どこを見ても「危険と不安」が見えるようになっていく、と。(49)

王の恐怖もまた、権力と同様に、簡単に国家を不安定にする力として作用する可能性があった。権力の中央集権化によって、ルイ一四世は自分の信頼する仲間以外、誰が政治的な陰謀をめぐらし、不満を膨らませているかわからないと恐怖を感じても仕方ない状況に陥っていたのだ。王が国家を象徴している以上、国家の不手際はすべて王のせいにされ、恐怖はたちまち反感に変わりかねなかった。ルイ一四世を標的とした陰謀も全部が全部思い過ごしというわけではなかった。その治世には抗議行動や反乱がいくつも起こっており、恐怖とそれに対抗する恐怖とが社会を不安定にしていた。これが七〇年後であったら、パニックが革命の触媒になって重大な結果をもたらしたことだろう[50]。

ルイ一四世が王の権力をある種の芝居がかった見世物にしている限り、何を見せるか、どのように演出するかを監督する人物が確実に権威を持つようにしておくことができた[51]。けれど、社会と技術の変貌によって「権力の興行」を独占しておくのは次第に難しくなっていった。識字率が極めて高い商工業階級のブルジョワジーが影響力を高めてきたことに加えて、誹謗中傷のパンフレットやチラシ、雑誌、新聞、書籍の印刷量も増加し普及拡大したために、情報の取り締まりは以前よりもはるかに困難になり、社会の公的領域と私的領域の境目の監視も難しくなったのだ[52]。

ルイ一四世の死から約八〇年後の一七九二年に、イギリス人作家メアリ・ウルストンクラフト［女性解放運動の先駆者。メアリー・シェリーの母。『女性の権利の擁護』］はパリにやってきて、フランス革命のいや増す恐怖を目の当たりにした。あるとき、現代ではコンコルド広場として知られている当時の革命広場を通りかかった彼女は、ギロチン台の下の血を吸った地面を見て衝撃を受ける。それから、暴力がこれほど急激な高まりをみせたのはなぜか理解しようと努めた結果、フランス国民の「性格」のせいだという答えに行きついた。彼らの性格が「長年の根深い専制政治によって堕落して」しまったせいだと考えたのだ。革命の恐怖は旧体制に先例があると、ウルストンクラフトは示唆しているのである[53]。

フランスの政治的文化の一つの側面としてウルストンクラフトが挙げたのは、劇場を好む傾向だった。彼女によれば、ルイ一四世の宮廷の「劇場的な娯楽」は、もっと古い時代の「馬上槍試合や武勲を好む中世の趣味」から生じたものだった。ヴェルサイユから、その劇場的な政治は国の津々浦々に広がっていき、ついには国そのものが「大きな劇場」化してしまった。さらに、服従させられている事実から市民の目をそらすために、戦争が「劇場の出し物」として使われた[54]。一七八九年のフランス革命以後、上と下の立場は逆転したが、権力を掌握するための戦術は驚くほど変わらなかった。国王と宮廷ではなく、今度は革命の扇動政治家たちと国民公会とが、複雑な見せしめ裁判と公開処刑を取り仕切った。裁判にかけられ処刑された人間の一人、ルイ一四世の孫のルイ一六世は、反逆罪で有罪判決を受け、一七九三年一月二一日、革命広場でギロチンにかけられた。それはウルストンクラフトがパリに着いてから一か月後のことだった。しかし、ルイ一六世の屈辱的な死という見世物が示したのは、絶対的な恐怖の終わりではなく、それが続いていくということだった。

第4章

パニックの植民地化

先住民を襲った
暴力・飢饉・疫病

一五世紀半ばのあるとき、マキァヴェッリが『君主論』を書き上げる五〇年ほど前のこと、ペルー南部の休火山、アンパト山の山頂付近を一人の少女が死に向かって歩かされていた。一九九五年、そこで少女の凍った亡骸《なきがら》がほかの三人の子どもの亡骸とともに発見された。アンデス山脈の空気が薄く乾燥していたおかげで、驚くほど保存状態が良かった。考古学者たちの推量では、近くの火山が噴火した際に山の精霊アプスを鎮めるため、少女は生贄《いけにえ》として捧げられた可能性があるということだった[1]。「氷の乙女」、またはファニータと呼ばれるようなったこの少女は、死に向かって歩かされている間、どんなことを考えていたのだろうか。ペルーの作家マリオ・バルガス・リョサ［二〇一〇年ノーベル文学賞受賞］が問うたように、「最後の瞬間にファニータは、恐怖を、パニックを感じたのだろうか[2]」。

ファニータの発見から数年間に、ほかにも生贄にされた子どもたちの遺体が発見され、「カパックコチャ」と呼びならわされている、子どもを犠牲に捧げるインカの儀式がごく普通に行われていたことが次第に明らかになってきた。一九九六年に、同じくペルーで一〇代の少女の亡骸が発見されて、サリタというニックネームがつけられた。一九九九年には、今度はチリとの国境に近いアルゼンチンのユーヤイヤコ山［ジュージャイジャコ山ともいう］の山頂で、もう一体の保存状態が良好な少女の亡骸が発見された。発掘を行った調査グループのリーダーの一人、アンドルー・ウィルソンによると、「恐怖を示す外的徴候は一つも」確認されなかったが、少女の髪の毛の生化学分析からコカの葉とアルコールを与えられていたことが判明したという。同じ場所で発見されたほかの子どもたちと一緒に、手つかずの捧げ物のそばに座っていたことからも、少女が抵抗しなかったことがわかる。

ウィルソンと調査グループの考古学者たちは、このように手の込んだ儀式的殺人を人や物を運ぶのが厄介な場所でわざわざ行ったのは、恐怖を与えるためだったと結論した。「カパックコチャで捧げられた子どもたちを高い山頂に置くことには、二つのレベルでの効果があった。（一つ目は）高度な信仰制度のレベルの効果で、神々の存在には疑問の余地がないことを示すことができたこと。二つ目は、もっと原始的なレベルの効果で、恐怖に敬意が加われば、統治のうえで最も有効な道具になるというマキァヴェッリの洞察を上手に実践できたことだ」と書いている。(3) この「社会統制説」によると、人身供犠《じんしんくぎ》と暴力的な宗教儀式とは社会のヒエラルキーを強固にし、政治的権威を合法化するうえで重要な役割をはたしていたということになる。進化生物学者や進化心理学者は、歴史的に見て、人身供犠と暴力的な宗教儀式は従順な住民を威圧する手段として機能してきたと主張し、この説を認めている。(4)

インカが栄えていたのと同じ頃、北アメリカにはアステカ族、正しくはメシカ族という、中央メキシコでナワトル語を話す有力な先住民がいた。そのメシカ族と同じく、一人のインカ族のエリートが、力の弱いライバルたちを征服したり奴隷にしたりして巨大な帝国を作り上げた。おそらく一〇万人ほどの少数派インカ人たちが一〇〇〇万人あまりの住民を支配し、対抗者たちを恐怖で支配下に置いていたのだろうと考えられている。(5) 供犠と、儀式的な暴力の誇示とは、ちょうどその二つがマヤ族［メキシコ南部から中央アメリカ北部に居住したアメリカ先住民］やメシカ族の支配の特徴であったように、インカの支配の特徴だった。ここまで見てくると、確かに恐怖を政治道具として使用することを西洋の発明とみなすわけにはいかなくなる。けれど、海外における帝国建設の重要な側面として恐怖を利用したのは、間違いなくヨーロッパ人だった。それと同時に、ヨーロッパ人は、自分たちが植民地にした「未開の」社会には「行きすぎた暴力」という特徴があると主張し、その特徴を強調することによって自分たちの残虐な征服を正当化していった。(6)

クリストファー・コロンブスは、一四九二年から一五〇四年の間に四回の航海を行い、カリブ地域、中央アメリカ、南アメリカの民族と接触した最初のヨーロッパ人である。そのあとすぐ、スペインとポルトガルが南北アメリカを征服した。手に入れた領土はローマ教皇の裁定によって、カーポ・ヴェルデ諸島［ヴェルデ岬諸島ともいう］から西の領土を両国で分け合うことになった。スペインとポルトガルの新世界征服に関する詳しい報告書には、ヨーロッパ人の功績と、現地人の野蛮な慣習とを対比させる傾向があり、カパックコチャのような恐ろしい現地の慣習を持ち出して植民地化を正当化するのに利用している。たとえば、スペインのコンキスタドール［スペイン語で「征服者」。特に一六世紀はじめに南北アメリカ大陸を征服したスペイン人］エルナン・コルテスの伝記作家によると、メシカ族の社会を奪取する機は熟していたという。なぜなら、「メシカ族の帝国中に不信が満ちていて、恐怖の支配を打ち破る絶好の機会が訪れるのをただ待っている」状態だったからだ。実際は、メシカ族にはちゃんと組織化された宗教があったのだが、「彼らの神々は陰鬱《いんうつ》なうえに残忍で、恐怖心から崇拝の対象になっている」にすぎず、彼らは「忌むべき迷信にがんじがらめにされ、永久に堕落した状態のまま」生活していた、と書いている。(7)

フランドル出身の画家ヤン・ファン・デル・ストラートが一五八〇年代に描いた素描『アメリカの寓意』では、フィレンツェ出身の探検家でアメリカに自分の名前を与えた人物、アメリゴ・ヴェスプッチが立ち姿で描かれ、彼の前にはアメリカの現地人の女性が横になって身体を半分起こした体勢で描かれている。この女性がアメリカの寓意なのだが、腰布とアンクレットと羽根のついた縁なし帽以外は何も身につけていない。遠景では、人を食らう現地人が三人、人の脚を焚き火であぶっている。前景には、こん棒が木の幹に立てかけられている。ヴェスプッチは十字架とアストロラーベ［古代ギリシャおよび中世アラビアの天体観測儀］を手にしているが、鎧を着て、袖なし外套《がいとう》の襞《ひだ》の間から剣を半分のぞかせているので、これから血の雨が降ることを予想しているのがわかる。新世界の不思議な事物への驚嘆に匹敵するほど、新世界に隠れている危険への不安は大きい。しかし一方で、軍艦の一団に守られ、神と科学とを味方につけたヴェスプッチが、未来のいかなる戦いにおいても勝利を収めることは明白である。

暴力と恐怖は植民地計画にとって不可欠なものだった。だが、その二つの役割は、単に先住民を服従させ、彼らの国を征服することだけではなかった。たとえば、初期の北アメリカ植民地では、現地の「野蛮人ども」に対して恐怖や憎しみを共有し合うことが、ヨーロッパの異なる地域からやってきて、言葉も違えば宗教も違う入植者たちを一つにまとめるうえで重要な要素になっていた。歴史学者のピーター・シルバーが主張しているように、この共通の脅威に対する恐怖が寛容の原則を発展させる一助となり、その後一七七六年のアメリカ合衆国の独立の中心教義となっていったのだから、皮肉なものである。(8)

ヨーロッパ人の報告書が、現地人を粗野で好戦的とお決まりのように表現しているのは珍しいことではない。けれど、すべての年代記がそこまで偏見に満ちていたわけではない。一五五二年に、ドミニコ会士バルトロメ・デ・ラス・カサスが発表した『インディアスの破壊についての簡潔な報告』は、南北アメリカにおけるスペイン支配を厳しく告発したものだった。ラス・カサスによると、恐怖を頻繁に道具に用いたのは征服者たちのほうで、「国中に非常な恐怖を増殖させ拡大させる」手立ての一つとして、先住民たちを大虐殺したという。征服者がもたらした非常な恐怖が引き金となって、先住民たちが暴動や反乱を起こすと、今度はそれを口実にしてもっとひどい抑圧が行われた。(9)

しかし、侵略者の西洋人たちが恐れられたのは、その残虐さと兵器のせいばかりではなかった。彼らが持ち込んだ疾病も恐れられた原因だった。調査によって、征服後の中央アメリカと南アメリカの先住民の人口は、八〇パーセントもしくは九〇パーセントも減少したことが指摘されている。これほど人口が激減した要因はいくつかあるが、主な原因は新しい病気が持ち込まれたことだった。入植者による社会の破壊や免疫の欠如といった環境的諸条件のせいで、天然痘、はしか、マラリア、黄熱病など外国から持ち込まれた感染症に、先住民たちはとりわけ感染しやすくなっていた。[10] モトリニーアと呼びならわされているフランシスコ会の宣教師トリビオ・デ・ベナベンデは、一五四一年に完成した『ヌエバ・エスパーニャ布教史』の初めに、メシカ族を襲った、飢饉や天然痘の大流行をはじめとする「一〇の恐ろしい疫病」について聖書的な比喩を記している。「インディアスたちは疫病の治療法を知らなかったので、南京虫のように山をなして死んでいった。多くの地域で一家全員が死に絶えることが多く起こったので、死者の数が多すぎて埋葬が追いつかず、家を壊して死者を埋めて墓のかわりにした」とある。[11]

一五二一年、ちょうどメシカ族の文明がスペイン人の破壊にあっていたとき、ポルトガル人の探検家フェルディナンド・マゼランは、太平洋を横断して、その西端に位置する群島の一つに上陸していた。数年後、その群島はアストゥリアス公フェリペ、のちのスペイン王フェリペ二世に敬意を表して、フィリピンと名づけられることになる。フェリペ二世といえば、ネーデルラントでプロテスタントを弾圧した例の君主だ。

一六世紀半ばから中南米でスペイン人による銀の抽出が始まり、それによって世界経済は変化した。メキシコ、ペルー、ボリビアで先住民を奴隷として働かせて採掘した銀は、アカプルコからガレオン船という武装船団に積まれて太平洋を約一万五〇〇〇キロ横断し、フィリピンのマニラへ運ばれる。マニラで今度は運んできた銀を使って、絹、磁器製品、象牙、漆器、ヒスイ、綿、香辛料といった中国、日本、インド、東南アジアの高級品が購入される。このガレオン貿易が、初めてヨーロッパ、南北アメリカ、アジア、アフリカを結ぶ動的流れを作り出した。[12]

ヨーロッパとアジア、南北アメリカとをつなぐ大規模な貿易網があったのだから、現在、メキシコシティとフィリピン共和国のマニラが世界最初の国際都市だと主張するのは当然である。一八世紀初頭には、マニラはすでに多くの人の集まる海運業の拠点になっていた。貿易シーズンには、中国のジャンク船やヨーロッパの船が極東から入港し、インド、セイロン、スマトラ、モルッカ諸島〔香料諸島として西洋や中国で古くから有名だった〕から交易商人がやってきた。しかし、マニラの繁栄の裏で、世界の制海権の大転換によって早くもスペイン植民地の経済の脆弱性が目立ち始めていた。(13)イギリスはすでにカルカッタに地域本部を持つ株式会社、東インド会社を通じてインド半島を支配しており、このとき早くも東方の新しい市場に進出を開始していた。同時期に、南北アメリカのスペイン領で独立運動が起きてガレオン貿易は中断され、結局、一八一五年には完全に廃止される。

こうした変化はフィリピンの経済に大きな衝撃を与えることとなり、植民地統治への不満に火がついて、スペイン人と、フィリピン人と、かなりの人数の中国人の共同体間で緊張が高まった。このような状況の下で一八二〇年にマニラで激しいパニックが起きる。引き金となったのはコレラの発生だった。当時、コレラの原因はまだ不明だった。細菌起原であること、汚染された水や食物を通じて病原菌に感染することが明らかになったのは、それから数十年後のことである。一八一七年にガンジス川デルタ地帯のベンガルで発生したのが、アジアコレラの最初のパンデミックの始まりだった。コレラは交易ルートに沿って中東まで広がり、さらに東進して中国や日本まで到達した。一八二〇年九月末には、とうとうマニラに到達し、港を完全に停止させた。(14)病人は世話されないまま放置され、死体を山積みにした荷馬車が街中を行き交い、パコ地区では住民たちが地面を掘って新たな共同墓地を作った。二週間で一万五〇〇〇人のフィリピン人が亡くなったと報告されているが、おそらく最終的な死者数はそれよりはるかに多いだろう。フランスの船医シャルル・ブノワは、このコレラ流行を生き延びて、長くスペイン人の下で働き、のちにカルロス・ルイスと名乗るようになった人物だが、彼は当時のマニラを「戦慄と悲惨さの劇場」と呼んでいる。(15)

当局はコレラの蔓延に対処するため、マニラを二分して流れるパシグ川の水を使用しないよう住民たちに呼びかけた。はじめの頃、住民たちは家に閉じこもって香りのよいハーブをたいたり、家の中に酢をまいたりして過ごしていた[16]。ブランデーとキナノキの樹皮［マラリアの特効薬であるキニーネが含まれる］で作る振り出し薬には解熱効果があることが知られていたので、露天で売られていたに違いない。だが、この振り薬の作用は「この薬が予防するはずの病気の一〇〇〇倍も有害」だったと、どの記録にも書かれている[17]。ともかく、こうした手段が一般大衆の恐怖を鎮めるのにほとんど効果がなかったのは明らかで、パニックが広がり始めた。フランスの医師・起業家のポール・ド・ラ・ジロニエールは、マニラでコレラの危機に巻き込まれ、「伝染病によって生じた恐怖の次に、すぐさま激しい怒りと絶望が続いた」と書き残している[18]。

伝染病が蔓延したのは外国人に責任があるとされて、町は険悪な空気になった。パシグ川に空の樽がいくつか浮いているのが見つかり、川の水に毒を入れるのに使われたものだという噂が流れた。さらに、フランス人水兵の腐乱死体が見つかるとさまざまな憶測が乱れ飛び、現地人たちを皆殺しにしてフィリピン諸島の支配権を握る計画のために、故意にその死体が投げ込まれたと言う者まで現れた[19]。外国人の中には救済活動に手を貸している者もおり、フィリピンに最近来たばかりのフランス人船医ヴィクトール・ゴドフロアもその一人だった。一〇月九日の朝、サンタ・クルス地区の自分の下宿近くの通りを歩いていたヴィクトールは、二、三人のフィリピン人に罵声を浴びせられた。たちまち大勢の現地人に取り囲まれ、おまえが診ていたコレラ患者はコレラで死んだのではない、おまえが殺害したのだろう、と責め立てられた。ジロニエールによると、ヴィクトールは顔を殴られ、地面に組み伏せられたという。彼が所持していた阿片チンキの小瓶が見つかり、それを毒に違いないと思った現地人が犬に飲ませてみると、その場でばたんと倒れて死んでしまったと伝えられている。これがヴィクトールの非道の証拠となった。やはり自分たちの思ったとおりだったと信じた群衆は、ほかのヨーロッパ人を探しにその場を去り、ヴィクトールは置き去りにされて死んだ[20]。

この時点になって、ようやく総督は治安維持のために下士官一人と一部隊の兵士を送った。だが、大混乱の中で、包囲された外国人たちは、守りに来てくれた兵士たちを襲撃者と思い込み、彼らめがけて発砲する始末だった。フィリピン人たちは建物に突入すると、中にいた者を虐殺した。虐殺された中には、ヴィクトール・ゴドフロアの弟もいた。二二歳のフェリックス・フランソワ・ゴドフロアは、パリの国立自然史博物館から新しい標本を入手するために派遣された、三人の若い博物学者の一人だった。彼の部屋で戸棚の中に珍しい品が保管されているのが見つかった。ウミガメの甲羅、ポリネシア原住民の武器類、動物や人間の頭蓋骨、オウムの剝製、イグアナの剝製、サルの剝製、「アルコールの中で保存された数種のヘビ」などの品だ。そのアルコール漬けのヘビが、魔術が行われていた証拠とみなされた。ヘビから毒液をとり、パシグ川に流してコレラを発生させたと考えられたのだ[21]。わら紙に包んだ黒い粉の包みが、それを裏づける証拠として提示された[22]。

襲撃の知らせは、緊張が高まっていた外国人社会に瞬く間に広がった。パニックは激化し、武装したフィリピン人の無頼漢が街をうろつき回った。港に近いビノンド地区に、数千人の群衆が槍や短剣やこん棒を手に集まった。若いスコットランド人デヴィッド・ニコルは、ベンガルからマニラにやってきた東インド会社の大型船メローペ号の船長だった。路地に追いつめられ、何とか逃げようとしたが、すぐに暴徒たちに追いつかれ、背中を刺された。ほかの外国人たちも彼とともに虐殺された。

虐殺に関する報告書は、混乱していて矛盾していることが多いが、パニックは常に一続きのスナップ写真のように生々しく記述されている。まるで、食堂や下宿部屋、裏庭、茶店、牢獄で行われた、命懸けのかくれんぼの写真を見せられているようだ。主人公はベッドの下に隠れたり、窓から飛び降りたりしている。東インド会社の船エドワード・ストレットル号の船長ウォリントンと船長ボルストンは、パールシー教徒［インドのペルシャ系ゾロアスター教の一派］の商人の家に駆け込み、下水道を通って逃げている。ドイツ人の経営する宿屋が荒らされ、そこに宿泊していた四人のフランス人のうち、一人は窓から飛んで隣の家の庭に下り、闇に乗じて逃げ出したが、あとの三人はずたずたに切り裂かれた[23]。

けれど、最も大きな被害を被ったのは中国人だった。犠牲者の数は、報告書によって大きなばらつきがあるものの、二日間に、約三〇人のヨーロッパ人が殺害され、彼らと共謀したという理由でおよそ八〇人の中国人が殺害されている。大虐殺のはじめから終わりまで、スペイン人がそれを止めるための行動に出ることはほとんどなかった。フィリピン総督マリアノ・フェルナンデス・デ・フォルゲラスは、規律に厳しい人物として評判だったにもかかわらず、軍隊を出動させることもなく黙って見ているだけだった。当局が何もしないのは、少なくとも外国人観察者の目には、スペインが故意にコレラのパニックを煽り立てているように思えた。もちろん、総督がぐずぐずしていたのは武力介入して反乱が起きるのを恐れたためだと考える度量の広い者もいたが。当時、マニラでロシア領事を務めていたアイルランド系アメリカ人のピーター・ドーベルは、この暴力行為を誘引したのは妬《ねた》みだと明らかに考えていた。「当地に暮らして二、三か月すると、すべてのよそ者に対して、特にこの国に居住するか、この国で大きな事業を立ち上げるつもりの人間に対して、非常に大きな嫉妬と羨望があることに気づいた」と書いている[24]。

暴力が下火になってきた一〇月末になって、ようやくフォルゲラス総督は取り締まりに乗り出し、彼のいわゆる「全体的な狂乱」の影響を受けて法を破ったことに対して地元民たちを叱責した。民衆たちは「ある悪い人物たちに誤った道に先導されて、怒りに我を忘れた」というのが、彼の弁だった。外国人たちが水に毒を入れたというのは根も葉もない噂であり、襲撃されたのは「友人であり兄弟であるばかりか、まさにフィリピンが繁栄していくために欠かせない人物ばかりだった」と断言した。それから遅まきながら現地人たちに、暴力行為の責任者を引き渡すこと、盗んだものを返すこと、殺人を犯した者を告発することを求めたのだった。(25)

マニラで起きたパニックの原因は何であったのか。当時もいくつかの原因が挙げられたが、その中でも一番に挙げられたのは、コレラだった。すなわち、未知のものに対する恐怖、いや、もっと厳密に言えば、苦悶に満ちた死を思い浮かべる恐怖だ。フィリピン人たちが妄信に呑み込まれたとき、恐怖が思うまま暴れることを許したというのだ。また、民衆の無知につけ込んだ悪意を持った人間がいたという意見もあった。集団の怒りが危険なのは、悪質な政治目的のために、ほかの人間たちに利用される恐れがあったからだ。マニラで大虐殺が起きたのと同じ年に、革命の波がヨーロッパの既成の秩序を揺るがせた。そこでも民衆は脅威とみなされたが、文化的な相違点が表面化する異国の地以上に、民衆が脅威とみなされる場所はなかった。

同時代の報告書はどれも、パニックの発生を予想させるような兆候を見つけるのに熱心であるように思える。マニラ湾に停泊中の船から、ヨーロッパ人は小型望遠鏡で海岸線をくまなく見回し、集まってくる群衆のシルエットに大惨事を読み取ろうとしている。現地の言葉、タガログ語がわからないので、現地人の身振り手振りと顔の表情からしか、その心的状態を読み取ることができないのだ。英国軍艦ドーントレス号の船長ジョン・キャンベルは、「上陸する前でさえも、すでに何か恐ろしい禍《わざわい》が荒廃を伴って進行していたことも、川や港での商業活動に停滞が生じていたのもわかった」と書いている。(26)ヨーロッパ人目撃者の報告が強調するのは、噂とそれに対抗する噂とがはたした役割だが、そうした噂が生じたのは情報の流れが中断していたせいだった。大虐殺が行われていた期間中、スペイン当局との意思疎通経路は、歴史的な対立関係によって妨げられていた。フォルゲラス総督と面談しても益がなかったのは、宗教と政治が原因でスペインと面談相手の国が不仲だったからだ。先住民のフィリピン人との遭遇は誤解を生み出し、その誤解は言葉と文化の壁によってさらに深くなってしまった。ちょうどフェリックス・フランソワ・ゴドフロアの博物学の収集物が、魔術を行った動かぬ証拠と誤って思い込まれたように。この点で、マニラで起きたパニックは、文化が互いに誤解し合うといかに悲劇的な結果をもたらすかという事例研究となっている。パニックはコミュニケーション断絶の原因であると同時に、結果でもあった。

相手を類型化し固定観念にあてはめることが、両方向に働いた。フィリピン人は外国人をまとめて毒殺者とみなしたが、ヨーロッパ人のほうもフィリピン人を十把一絡げにしていた。しかし、双方にとってパニックは全部が全部悪いというわけではなかった。確かにパニックは現地人を外国人と対立させたかもしれないが、外国人を——フランス人、アメリカ人、イギリス人、ドイツ人、デンマーク人、ロシア人を団結させる働きもした。アメリカ先住民に対する恐怖が初期のアメリカ植民地入植者を団結させる力として働いたのとほぼ同じように、パニックは「彼ら」と「われわれ」を区別したのだ。マニラの大虐殺に関する同時代の欧米の報告書には、必ず犠牲になったヨーロッパ人のリストがあるが、それは残虐行為を働いた名前のない加害者の先住民に対して、犠牲者の名前を暗黙裡に引き立たせている。まるで計り知れない暗黒と闇の世界に対抗するため、ヨーロッパが招集されているかのようだ。しかし、名前のリストを作らずにはいられないヨーロッパ人の衝動が示しているのは、自信ではなく、むしろ十分に理解されていない世界で活動することの不安なのかもしれない。ヨーロッパ人が、先住民のパニックの原因を「いわゆる未開人の恐ろしい絶望感の噴出」に帰したとしても、先住民に対するそのような非難の言葉には大きなパニックが感じられた。[27] 疫病を毒薬と魔術のせいにしたフィリピン人と同様に、彼らもこの疫病の原因が何か、どのように感染が広がるか、ほとんど何もわかっていなかったのだ。

また、大虐殺の報告書では、パニックに襲われたマニラの民衆と、彼らがいなくなってがらんとしたマニラの町とが対比されている。人気のないがらんとした町は、一九世紀には伝染病のパニックになじみ深いイメージになっていた。その一世紀前、すなわち一八世紀にダニエル・デフォーが発表した、ロンドンのペスト禍のパニックの記録の中では、空っぽになった街の様子が詳しく述べられている。押し合いへし合いする徒歩の人々や荷馬車や二輪馬車が、拡大するペスト感染から大急ぎで逃げようとする光景。また、それとは反対に、ロンドンの街が不自然に本来の状態へ返っていく光景も描かれている——「レドンホール街、ビショップスゲート街、コーンヒルといった、ロンドン市内の大きな街や、株式取引所にさえ、あちこちに草が生えていた」[28]。大勢の人々と人気のない街、熱狂的な活動と静止といった、いくつもの対比を中心にパニックは構成されている。そうした対比が、一八二〇年代には近代のパニックの定型の特徴となっていた。

マニラで起きたパニックの経緯を再現するのにここまで用いてきた歴史的資料は、スペイン語、フランス語、英語で書かれたもので、フィリピン人の言語、タガログ語で書かれたものではない。もしタガログ語で書かれた資料があれば、事件を逆の面から見ることができるだろうに。ヨーロッパ人が書いた資料では、ヨーロッパ人は自分で考える力を持った成熟した人間として描かれ、フィリピン人暴徒は偏狭な大衆として描かれている。そして、パニックは理性ではなく感情によって動かされた、暴力的な大衆の特質である。しかし、時折、記録の中に異彩を放つ個人が現れることがある。たとえば、ジロニエールを命がけで助けた茶店の親切な店主、ヤン・ポーがそうだ。また、武器を持ったフィリピン人たちに取り巻かれたジロニエールを、あわやというときに割って入って救ってくれたのは、一人のフィリピン人兵士だった。兵士が暴徒の注意をそらしてくれた隙にジロニエールは逃げ出すことができたのだ。とはいえ、圧倒的多数の現地人が正体不明である。ここで、一九世紀が進むにつれて一般的になっていく、パニックになった群衆についての重要な前提が登場する。パニックは、群本能、つまり個人が群衆に加わると一つになって行動する傾向を示しているということだ。それと同時に、無気力な現地人の暴徒は、冷静な西洋人の傍観者に個性を与える役割もしている。言い換えれば、パニックは理性的で公平な世界観の裏面かもしれないが、パニックも理性的で公平な世界観も、もう一方がなくては存在できないのである。

多くの報告書で、現地人の不法侵入は社会的・政治的境界を無視する危険性の象徴となっている。暴徒がヨーロッパ人の家のドアを押し破って侵入するとき、社会秩序がひっくり返る。パニックは破壊的などというものではない、革命的なものなのだ。この認識の根底には、報告書ではほのめかされているだけだが、人を動揺させるもう一つの考えがある。すなわち、もし暴れ回っている群衆たちの言い分が正しくて、本当に疫病を蔓延させたのが外国人たちの仕業だったとしたらどうなるか、ということだ。もし虐殺が現地人たちの盲目的なパニックの結果ではなくて、当然の報いを与える行為だとしたらどうなるだろう。コレラがメローペ号に乗ってマニラに運ばれてきていたとしたら。西洋人の報告書の書き手たちが暗に認めていたとおり、彼らのフィリピン諸島での短期滞在が、侵略に反対する運動を引き起こした要因の一つだったことになる。虐殺を招いたのは自業自得だったのかもしれない。

一八二〇年のパニックは、さまざまなスケールで存在していた。ペストの流行は、拡大する帝国ネットワークと、絶えず変化する地理的・政治的要因との結果であると同時に、非常に特殊な条件の下で起こるものだったからだ。マニラでの虐殺事件から数年後、ジロニエールの友人の一人で探検家のガブリエル・ラフォンは、ほかの多くの意見に賛意を示して、こう結論した。マニラのコレラはそれまで眠っていた疑念に火をつけて燃え上がらせた火花にすぎず、その疑念は経済的・政治的ストレス要因によって生じたものであった。

パニックの引き金になったのは、コレラではなく、コレラの発生を可能にした状況のほうだった、と。[29]
コレラの蔓延と大虐殺のニュースは、すぐにマニラからヨーロッパ、アメリカ合衆国、中国へと伝わった。マニラのパニックは、より大きく世界的に普及するべき情報の一つとみなされ、ただちにニュース記事に変えられて、コレラが通ってきたのと同じ世界的な経路を介して伝えられた。スコットランドのアンガス州、キリミュアの教区教会の壁に一つの記念銘板がある。「デヴィッド・ニコル船長、メルロープ・オブ・カルカッタ号の今は亡き指揮官、一八二〇年一〇月九日、マニラで大虐殺にあい死亡、享年二五歳」に捧げられたものだ。[30]目撃者の話は暴力の緊急性を強調するが、マニラを襲ったパニックは今や、引き延ばされた一時性とでも言うべき違う時間に存在しているように思える。なぜなら、思い出や、歴史、風聞、昔の記録として今なお続いているからだ。

アメリカ人がスペイン人を破り、フィリピン人の民族主義者たちに残忍な軍事行動を仕掛けてフィリピンを併合してから数年経った一九〇八年に、当時起きていた事態を説明するために、一八二〇年の大虐殺が再び呼び起こされた。アメリカ人が井戸や川に毒薬を投げ入れて、フィリピン人たちを皆殺しにしようとしているという噂が飛び交い、パニックに陥った現地人たちが相次いでアメリカ兵を襲撃していたのだ。フィリピンのアメリカ植民地政府の内務長官、ディーン・コナント・ウースターは、「かくして、これほど長き時を経たあとで、歴史は繰り返す」と書いた。そして、一八二〇年のフォルゲラス総督の声明を引用して、外国人の陰謀という噂を、暗示にかかりやすい大衆を騙すために広められた「作り話」と呼んだ。[31]

ラフォンは、植民地のパニックに関するわれわれの議論に関係する疑問をほかにも挙げている。一八二〇年の大虐殺の暴力性と残虐性とは、フィリピン人の潜在的な熱狂しやすさが文化的に現れたものだったのか、それとも、そうした暴力性は普遍的な現象なのか。もしかして、大惨事の影響には、非合理的な恐怖を煽る傾向があるのだろうか。ラフォンは、暴力は現地人の生まれ持った野蛮性の表れではないと確信している。「現代文明の中心」であるアメリカやパリでさえ、一八三〇年代初頭には二度目のコレラ大流行が起こって、社会秩序がいかに危ういものか暴露していたではないか、と彼は言う。その頃にはすでに「コレラのパニック」という言葉がありきたりなものになっていて、コレラの影響を受けない場所などどこにもなかった。[32]

確かにパニックはどこにでも存在する。だが、それはどこに現れても同じであるという意味ではない。一九世紀にはヨーロッパの影響力が世界中に広がっていたので、人種的・文化的な見方が強く、パニックが普遍的なものだという考えは比較手法に取って代わられた。つまり、恐怖にもほかのものより優れているものがあるということだ。マニラの大虐殺で殺された博物学者、フェリックス・フランソワ・ゴドフロアが、アジアに派遣されたのは、驚異の部屋［一五世紀から一八世紀にヨーロッパで開かれていた珍品・奇品博物陳列室のこと。ここではパリの国立自然史博物館を指す］を飾るために科学的な標本を収集するためだった。一九世紀半ばには、科学の関心は動物や植物と並んで、さまざまな人間の行動の研究に向いていた。人を統治するには、人がどのように行動するか知る必要があったのだ。「パニックが東洋の人々に及ぼす作用は、酒がヨーロッパの大衆に及ぼす作用と似ている」と、インド高等文官ウィリアム・ウィルソン・ハンターは一八八二年に述べている。[33]先住民のパニックの管理と、管理の基盤となる急進的な科学とは、植民地統治の重要な側面となっていった。

欧米の植民地主義と帝国の歴史は暴力の歴史であるが、それはまた多くの点で、いかにして相互の無理解から相互の恐怖が生まれ、その相互の恐怖が暴力を正当化し強化する働きをするかの物語でもある。パニックは、異なる文化を持つ世界が衝突する状況がもたらす結果であった。植民地政府は、先住民の反乱を常に恐れていたから、すぐにパニックを起こした。しかも、彼らがパニックを起こすと、必ず副次的な連鎖反応が起きて、世界中に影響を及ぼす可能性があった。

第5章

自由の専制

革命期の恐怖政治

●

暴力の激化

一八二〇年のマニラの大パニックで暴力が爆発した一件には、一七八九年のフランス革命から始まった地政学上の大変動という、もう一つの文脈がある。一七九二年四月、革命鎮圧のために侵攻されるのを予期して、フランスはオーストリアに宣戦布告した。するとすぐさまプロシアがオーストリアを支持して参戦。間もなくイギリス、ロシア、スペイン、ポルトガルも引き入れられ、戦いはヨーロッパの枠を超えて拡大した。フランスでは恐怖政治に続いて議会の反乱が起こり、さらにそのあと、ナポレオン・ボナパルトが権力を握る。フランス革命戦争で武功をあげた将軍ナポレオンは、一七九九年にフランス共和国の第一統領となり、五年後には自ら戴冠して皇帝になった。ナポレオン戦争［一七九六年から一八一五年にナポレオンによって起こされた、一連の戦争］と、ナポレオンの一八一五年の最終的な敗北の結果、イギリスがさらに力を拡大していくことになる。

このような出来事の展開とともに、「fear」「panic」「horror」「terror」といった言葉は、以前からの意味はそのままにして、新たに言外の意味を獲得していった。これまで見てきたように、一七世紀には政治思想家たちは「恐怖（terror）」を国王の統治の特性であるとともに、美徳や正義と両立するものとして称賛していた。ブルボン朝のすべての王の中で、ルイ一四世はこの恐怖と最も結びつきのある王だった。[1] しかし、フランス革命の期間中からそのあとにかけて、terror は新しい意味で使われるようになっていく。「Reign of Terror」、あるいは単に、「the Terror」すなわち「恐怖政治」という言葉が、フランスの革命政府が大量の逮捕と処刑とを実行した、一七九三年九月から一七九四年七月までの期間のことを表すようになったのだ。それは、「恐怖を日程に載せよ」［恐怖を日常的なものにせよ、という意味］という過激な強制命令に要約される、国家暴力を集中的に行う政策が行われた期間だった。[2] terror という言葉は、この時点で計画的な暴力の一形式と、それを実行する政権の両方を意味していた。そこからさらに、権威の崩壊を意味するだけでなく、自由・平等・友愛という、そもそもフランス革命にインスピレーションを与えた高潔な政治目標の否定まで意味するようになっていったのである。[3]

一八世紀のもっと早い時期には、terror には全然違う付帯的意味があった。一七五一年から刊行が始まった、全二八巻にも及ぶドゥニ・ディドロの『百科全書』では、terror は他人の苦痛についての意識を高める感情と定義され、その意味では思いやりや同情や、悲劇と密接に関連している感情なのだ。[4] また、自然の恐ろしいほどの広大さを前にして、方向感覚を失ったり、畏怖の念を抱いたりすることを意味する概念、「崇高《サブライム》」(sublime) ともつながっていた。[5] 外界の危険を見ることで生まれる極度の恐怖の一つの形として、「恐怖」(terror) は見る者に、人間には統制できない世界の中で、いかに自分の力が限られたものかを、自分がいかに弱い存在かを気づかせる働きをした。アイルランド生まれのイギリス人で政治思想家・政治家のエドマンド・バークは、一七五七年に発表した随筆『崇高と美の観念の起源』で、「恐怖ほど、行動したり論理的に判断したりする力を精神から効果的に奪い取る感情はない」と強く主張した。また同時に、恐怖が崇高であるのは、「危険かもしれないものは何であれ、取るに足りないもの、あるいはくだらないものとみなすことはできない」からだ、と述べている。[6]

「崇高」をこのように解釈すると、快楽と苦痛との境界線は曖昧になる。バークは恐怖によるショック反応を「驚愕《きょうがく》」と呼び、「崇高の最高度の影響」と定義して、それが絵画や書物によって引き起こされるとき無関心を打ち破り、精神を広げることができると考えた。だから、バークの考える恐怖と、『百科全書』でディドロが考える恐怖とは大して違わない。そうはいっても、危険や苦痛は少し離れて経験する分には心地よいものかもしれないが、近寄りすぎると話は全く別だ。近づきすぎると「危険も苦痛も全く楽しくなく、ただ恐ろしいばかりである」とバークは書いている。[7]

「崇高」がもたらす効果としての恐怖は、人間が頭で想像できても目には見えないものから力を得ている。

だからこそ、「人間の強い感情、それも主に恐怖の強い感情を」利用する専制政治は、統治者を「一般民衆の目からできるだけ遠ざけておく」のであり、また、歴史を通して宗教は信者に恐怖を植えつけるため、「思慮深き不明瞭さ・難解さ」を利用してきたのだ、というのがバークの弁である。(8) しかし、「崇高」の恐怖と、フランス革命の専制政治の代名詞ともいうべき恐怖とには、天と地の開きがあった。なぜなら、フランス革命の専制政治は自己破壊的な人間の特質「強欲・敵意・遺恨・恐怖」の自由にさせてしまったからだ。(9)

一七八九年のフランス革命に至るまでの出来事においても、また、一七九三年に政治の根本方針として恐怖を採用するうえでも、恐怖が非常に重要であったことは間違いない。当初から、複雑な政治の駆け引きから不確実さや混乱が生じ、それらを噂やパニックが増幅していた。一七八九年四月、パリで不満を募らせた労働者たちが暴動を起こした。同じ年の夏の終わり、農村地帯で食糧危機が深刻化する中で、農民たちが作物の収穫準備を始めた頃に強盗団が作物を奪って回っているとか、それは国民を飢えさせて服従させるために政府の大臣が画策した邪悪な陰謀だという噂が広まったのだ。(10)

こうした不安の高まりを背景に、ヴェルサイユで三部会が開かれた［一六一四年以来、約一七〇年ぶりに召集された］。三部会はフランスの国会であるが、すぐに再編成されて国民議会となる。一七八九年六月に国民議会は憲法制定を誓った［いわゆる「テニスコートの誓い」］が、多くの議員が国王に対抗したことで逆襲を受けるのではないかと不安や恐怖を覚えた。その不安や恐怖は、パニックに陥った群衆がヴェルサイユに押しかけたことで一層高まり、さらにその翌月、ルイ一六世が国民に人気のあった財務総監ジャック・ネッケルを罷免したことで、もはや決定的に思える状態になった。(11) 首都とその周辺に軍隊を置いて、ルイ一六世がすでに高まっていた緊張を激化させた結果、ついにパリの群衆はバスティーユ監獄——長きにわたって国王の専制政治の象徴であった要塞兼監獄——に攻め寄せた。

一七八九年八月、国民議会は法令を次々に可決して、実質的にフランスの「封建」制度を解体した。三年後の一七九二年九月には、国民議会に代わって新しく組織された国民公会が正式に君主制を廃止して共和国を樹立する。さらに翌年、ルイ一六世は反逆罪で裁判にかけられ、有罪となって処刑された。しかし一方で、国民公会自体も、激化する党派間の争い、食糧不足、反乱、戦争、地方であいつぐ暴動に振り回されていた。緊急措置として公安委員会が作られ、新憲法（一七九三年憲法）だけでなく、一七八九年に保障された国民の権利も停止された。ここから恐怖政治が始まり、独裁政権の指導者マクシミリアン・ロベスピエールが権力の座から引きずり降ろされる一七九四年七月まで続くことになる。フランスが、絶対王政から立憲君主制と共和制を経て準独裁制へと猛スピードで駆け抜ける間、恐怖とパニックはどの段階においてもその中心にあった[12]。


恐怖政治の期間中、自由と平等の名の下で強権が秩序を守るために用いられる道具となっていた。新しい法律が導入されて司法制度が合理化された。その新しい法律、「疑わしい者たちに関する法律」によって、革命に裏切り行為を働いた疑いがあれば、誰でも逮捕して裁判にかけることが可能になった。革命裁判所は告発された人間に意味のある答弁を行う機会を認めなかったので、起訴されるということは死刑判決を受けたに等しかった。ジャコバン派の指導者らが「一般に認められている敵よりも、互いを――派内に潜む敵のほうをもっと恐れる」ようになると、恐怖は内側へと向かっていった[13]。

国民公会の議員で、急進的な革命家グループ、ジャコバン派のメンバーの一人、カミーユ・デムーランは、次のような文章を書いて、かつての友人ロベスピエールに訴えた。「歴史と哲学の教えを思い出せ。愛は恐怖よりも強く、ずっと長く続くのだ」[14]。表現の自由を認めなければ、フランス共和国は自分たちが取って代わった専制的な君主国と何ら変わらない。民主主義は「自制心を欠いて」しまい、寛容は「心の奥底まで思いやりを凍りつかせる、恐怖という冷酷な毒」に取って代わられてしまった、と熱のこもった政権非難を行って訴えた[15]。

強権の手段の一つとしての恐怖は、肉体的な威嚇だけではなかった。検閲や、革命に従わない一般民衆の意見に対する弾圧にまで及び、実行にあたっては暴力の脅威が用いられた。非難の文章を書いてから数日後、デムーランは逮捕され、反革命の陰謀を企てた罪で裁判にかけられ処刑された。

恐怖と疑惑の空気が、スパイや反革命計画といった噂をかき立てた。噂は長い間、宮廷生活の特徴の一つだった。ヴェルサイユにおける権力の策謀の一部ともいえるもので、噂話一つで宮廷人が出世するか、はたまた破滅するか決まることすらあった。しかし、この時期にはもはや、噂は「回廊の隅や貴族の私室で声をひそめて話すものではなく、公然と言いふらすものになっていた」[16]。怪しい敵の同盟が暗躍していて、密かに無法者を集めて軍隊を作り、建国間もない共和国を攻撃しようとしているという噂もあった。こうした脅威の噂の多くは、革命闘争の緊急性を再確認するため、あるいは、今よりももっと厳しい介入措置をとることを正当化する手段とするために急進派の指導者がでっち上げたり、誇張したりしたものだった。政治指導部の間に恐怖が広がるにつれて、人々はギロチンを免れるために互いを非難し合った[17]。市民たちが政治犯罪を働いた罪で糾弾され、革命裁判所によって何千人もが断頭台に送られた。裁判を待ちながら牢獄で死んだ者はそれよりもっと多かったし、フランス西部で王党派の反乱が鎮圧されたときには、二〇万人もの人間が殺害された［一七九三年三月、ヴァンデ地方で起きた、王党派貴族を指導者にして戦った農民たちの反乱］。

専制政治が理性を専制という目的に添えることができたおかげで成功したとすれば、自由を求める戦いにおいて、恐怖を使用できない理由はない、とロベスピエールは書いている。一七九四年二月の国民公会で行った演説の中で、恐怖は民主主義的な目的のための手段であると主張し、恐怖の使用を緊急時の司法の一つの形として正当化した。「恐怖とは、迅速にして厳しく揺るぎない正義にほかならない」と述べている。恐怖は美徳なのだ、と(18)。

フランス革命を扱った歴史書の中で、ロベスピエールは、絵に描いたような悪役で恐怖政治の立役者として描かれるか、あるいは、腰抜けの同志たちに失脚させられた清廉潔白な革新主義者の熱血漢として描かれるか、そのいずれかである。彼の書き残した文章や演説には、恐れ入るような詭弁が見られる。たとえば、演説の中で民主主義の原則と恐怖とは幸福に共存できると主張しているのがそれだ。また、生と死の問題を哲学的な判じもののように扱うやり方にも、釈然としないものがある。

たとえばこんな場面を想像してほしい。落ち着きなく議員たちが、国民公会のベンチにぎゅうぎゅうに詰めて座らされている。誰もが不安げな目で仲間の議員たちをちらちら見ながら、頭の中はこれから起ころうとしていることでいっぱいだ。時は一七九四年三月三一日。数時間前に、デムーランと革命の指導者ジョルジュ・ダントンは早朝に憲兵たちに踏み込まれて、ベッドから引きずり出され連行されていた。室内に満ちた恐怖は手で触れられそうなほどだ。この中の誰が、でっち上げた疑惑で法廷に引き出されてもおかしくない。そこへロベスピエールが登場する。議員たちが怯えているのに気づいているが、恐怖を和らげてやることはない。それどころか、恐怖自体を裏切りの一つの形として槍玉に挙げる。「この瞬間に震えている者は誰であれ有罪である。潔白ならば民衆の厳しい目にさらされることを決して恐れないものだ(19)」。つまり、恐怖を前にして恐れる人間は、恐れるという事実自体により有罪であると、ロベスピエールは言っているのだ。ある面では、これは潜在的な犠牲者を、本人が告発されるのではないかと恐れている偽りの罪で有罪にするのだから、不誠実なやり口である。けれど、別の面から見ると、ロベスピエールの前にいる議員たちに、いま味わっている恐怖に自分たちが関与していることをはっきりと思い出させたに違いない。革命なくして、革命はあり得ないのだ、と。(20)

「危険など全く気にならない。私の命は母国のものであり、私の心には恐怖などない。たとえ死ぬとしても、非難もなく、不名誉もなく死んでいくだろう」と、一七九四年三月にロベスピエールは宣言した。(21)しかし、その四か月後、公安委員会を牛耳っていたジャコバン派のほかのメンバーとともに権力の座を追われる。パリ市庁舎に潜んでいたロベスピエールが、愛国者に自分の大義の下に蜂起するよう呼びかける声明文に署名している最中に、国民公会が派遣した憲兵隊がなだれ込んできた。ある話によると、そのとき一発の銃弾が彼の顎を撃ち抜いたという。が、自殺を図って失敗した可能性のほうが高そうだ。一緒に潜伏していた仲間が逃亡を試みる中、彼は渡された小型の拳銃で撃ちそこなったのだろう。(22)

惨めな最期になった。逮捕の翌日の夕方、短い裁判のあと、ロベスピエールは仲間とともに荷馬車に乗せられ、ギロチンが準備された革命広場に連れていかれた。顎の傷には外科医が包帯を巻いて応急処置が施されていた。いよいよギロチンにかけられる番になったとき、死刑執行人に乱暴に包帯をむしり取られた。砕けた顎をつなぎ合わせていた包帯がはがされた瞬間、ロベスピエールは凄まじい苦痛の悲鳴を上げた。その悲鳴は発せられたあともしばらく残響していた。

当初、フランス革命はイギリスの急進的な政治家や進歩主義者に熱狂的に迎えられた。その中には、ウェールズ生まれの長老教会派牧師で改革者のリチャード・プライスのように、フランス革命をイギリス人が真似るべき模範と考える人物もいた。(23)一七八九年一一月に行った説教と、また、のちに出版される『祖国愛について』の中で、プライスは反フランス感情を、普遍の自由を犠牲にして既得権利を拡大する一種の視野の狭い国家主義だと評した。今こそ、「この反フランス感情を修正・浄化するべき時であり、普遍の自由を公正で理にかなった行動原則とするべき時である」と書いた。自分の主張を徹底させるため、フランス国民議会への祝辞に自らの説教を添えて送り、「恣意的な権力に対する自由と正義の勝利」を祝した。(24)

バークのような保守的な思想家には、プライスの主張は嫌悪すべきものだった。フランス革命が作り上げたのは違法な形の政治であり、それは君主制や議会のような認められた政治制度を回避して、束縛されない不安定な感情を発散しているだけのものだ。バークは無政府状態を警告し、さらに、イギリスが「不正と暴力が成功したことを賞賛するあまり、不合理で、無節操で、人を追放し、物を不法に奪い、略奪し、残忍で、血塗られた、専制的な民主制の行きすぎ」を真似することになりかねないという現実的な危険性も警告した。(25)フランス革命は、「禍《わざわい》のもとであり恐怖」であって、一七九六年に発表された『国王弑逆の総裁政府との講和』の第四書簡では、「専制政治の手下である、テロリストと呼ばれるいわゆる地獄の犬」の「節操のない権力」について論じている。これはテロリストという言葉が英語で初めて使用された例ではないが、初期の使用例であることは間違いない。(26)

一七九二年九月に、パリで何百人もの囚人が民衆に虐殺されたときには、進歩主義者やかつてフランス革命を支持した者さえ、自由と友愛に対する熱意から始まった政治運動が、どうしてこれほど急速に堕《お》ちて恐怖と化してしまったのかと首をかしげ始めた。一七八九年八月、国民議会は一七条からなる『人間及び市民の権利の宣言』を承認し、すべての「人間は生まれながらにして自由かつ平等の権利を持っている」と謳っていた。その宣言に表された自然権の原則が、恐怖を支えるために引っくり返されたのだ。政府の仕事はもはや市民の不可譲の権利を守り支持することではなく、権利に反した罪人を罰することになっていた。(27)

大部分の識者の意見は、その暴力を動かしていたのは恐怖だということで一致していた。バークのかつての友人トマス・ペイン〔『コモン・センス』でアメリカ独立戦争を正当化。フランス革命期に国民公会の議員にもなっている〕は、バークの主張に激しく反論し、革命の恐怖は、恐怖の中で成長してきた国民にとって当然の反応だと論じた。ペインは読者に旧体制（アンシャン・レジューム）の下でどれほど野蛮な刑罰が科されたかを思いだせと言った。野蛮な刑罰の典型ともいえるのが、一七五七年の家事使用人ロベール＝フランソワ・ダミアンの処刑だ。ルイ一五世暗殺未遂の罪で、見物人の前に引き出された彼は、その目の前で生きながら八つ裂きの刑にされたのだった。こうした「残酷な見世物」は「恐怖で人を統治する」策略の一つであり、国民の「優しさを破壊する」のを目的としていた。国民たちはこのような「恐怖の奴隷状態」に置かれて残忍に扱われてきたのだから、「練習しろと命令されてきた恐怖というお手本を、自分たちの番が来て」実践したところで何の不思議があるだろうか、と。(28)

革命期の恐怖、不安、パニックと、それらが政治に占める位置とに関する議論をもっとよく理解するには、それらを大きな文脈において考えてみる必要がある。一八世紀には、政治理論、哲学から美術、文学に至るまでさまざまな分野で、感情の理解の仕方に変化が起きていた。一部の人に言わせれば、感情は理性と相反するものではなかった。それどころか、人間の言語能力と論理的思考能力とは感情から発達したものだった。スコットランドの哲学者デイヴィッド・ヒュームが一七三九年に述べた言葉を借りれば、「理性は情念（感情）の奴隷であり、また、あくまで奴隷であるべきであって、理性は情念に仕えて従う以外の仕事を要求することとは決してできない」のだった。(29)

一七六三年、フランスの医師で植物学者のフランソワ・ボワシエ・ド・ソヴァージュは、症状に基づいた疾病の新しい分類法を発表した。「倒錯した欲望と嫌悪」という分類の中に、「汎恐怖症」という病気があったが、これは悪夢といわれのない恐怖とを引き起こし、それによって痙攣《けいれん》や癲癇《てんかん》に発展する可能性があった。しかし、この場合の恐怖は症状であり、その大本の病気には識別できる原因があるので、治療が可能だし、完治する場合もある。つまり、情動行動は正しい臨床的介入によって修正することが可能だということだ(30)。

ボワシエ・ド・ソヴァージュの医学書が出る前年、スイス生まれの哲学者ジャン＝ジャック・ルソーは革新的な教育論『エミール』の中で、今までと全く違う恐怖に関する理論を提示した。ルソーはホッブズやロックとは対照的に、人間は生来善良であるが、社会によって徐々に堕落させられているのだと主張した(31)。自然状態では、人間は死を意識しないので死を恐れることもない。だが、成長するにつれ、そうすることで得をする連中に死を恐れるように教えられ、教えられる過程で自由と善良を求める能力とを失っていく。エミールの心を堕落させて「死に方を忘れさせる」のは、「処方薬を持った医者であり、教訓を持った哲学者であり、熱心な励ましの言葉を持った司祭である」と書いている。医学はわれわれの病を治すというより、むしろ「われわれに病の恐怖を刻み込む」というのだ(32)。

こうした恐怖に関する哲学的・科学的論争は、社会的関係に進行していた重大な変革と同時に起こっていた(33)。『エミール』で、ルソーは「ブルジョワ階級」という言葉を用いて、公益よりも自己の利益と恐怖に動かされる新しい階級の人間を貶《おとし》めている。ブルジョワ階級は「常に自分の好みと義務との間を漂っている」、疎外され、矛盾した、空虚な個人を指す言葉だった。この言葉をこのように用いた最初の人物は、ルソーでほぼ間違いない。搾取するブルジョワ階級を非難するのちのカール・マルクスに先んじていた(34)。一七九〇年にバークもまた、フランス革命は「高貴な古い地主階級と新しい有産階級との間の闘争」だと認めており、おそらくフランスで起こっている「あらゆる革命の中で最も重要なもの」は、「情操と作法と道徳観における革命」であると述べている(35)。

＊
＊
＊

一七世紀から一八世紀初期にかけて、ルイ一四世は恐怖を道具に用い、あからさまな強制と、検閲と、複雑な倫理規定による宮廷での行動規制とによって、権力を確固たるものにしていた。しかし、治世の終わりには、印刷文化の著しい発達と、次第に自己主張を強める都市の商工業者階級とが、王に権力が集中する絶対王政に対抗し始めた。カフェ、個人のサロン、フリーメイソンの支部、文芸協会、読書クラブが、門戸を開いて誰でも受け入れる、活気にあふれた活動の場となった。そこではさまざまな社会階級が交流できたし、女性が重要な役割をはたしてもいた(36)。そうした空間は合わせて一つの新しい「市民的公共圏」となり、さまざまな考えが議論され、社会問題の解決策が提案されることもあった、とドイツの社会思想家ユルゲン・ハーバーマス［二〇〇四年京都賞受賞］は主張している。とはいえ、サロンが政治エリートの砦であることに変わりはなかった。サロンが生き残って繁栄できたのは、宮廷と新しい社会的世界との間で曖昧な立場にあったからにほかならない(37)。

しかし、これまで述べたような新しい変化はどれも、人間性への新たな楽観主義と、「情操」と「嗜好」と「情念」とが、道徳的判断において重要であるという信念とを反映し、またそれらを発展させる一助ともなっていた。小説、詩、戯曲、オペラは、新しい市民を対象にして、この感情的傾向を強化した(38)。肖像画でも、モデルになる人が無表情で座っている必要はなくなり、笑顔が流行するようになった。これには歯科衛生の進歩が一役買っていることは間違いない(39)。

この新たな人間主義《ヒューマニズム》の良い例がルソーの著作集であり、それらは道徳と自然に湧いてくる感情との関連を重視している。一七五五年に発表された『人間不平等起源論』で、ルソーが強調していたのは、思いやり、すなわち、個人の持つ「同胞が死んだり病んだりするのを見ることに対して覚える自然な嫌悪感」の重要性だった。[40]このテーマは『エミール』の中でも再び取り上げられ、他者の窮状に対する憐れみの情は、社交性を養うのに欠かせないものとされている。「人間を社交的にするのは人間の弱さだ」、「同情が快いのは、苦しんでいる人の立場に自分を置いて、しかも自分はその人ほど苦しんでいないという喜びを感じられるからだ」というルソーの言葉は有名である。[41]

共感が喧伝され、人間の苦しみは普遍的だという認識が深まるにつれ、共感は人権擁護を支持するうえでの基盤となった。しかし一方で、社会的関係が希薄化するに従い、僧侶・貴族・平民という三つの「身分」にうまく分割されて定まっていた王国の政治的秩序が、現実に合わなくなってきた。そこで共同体のもう一つのモデルとなったのが家族だった。家族という共同体の中なら、社会的区分は家族愛によって克服できるからだ。[42]国王擁護者は次第に、国王と臣民との関係を、寛大な父親と子どもとの関係として概念的に説明するようになっていく。愛国心を「政治原理とではなく、感情、すなわち、フランス人の自分たちの王への愛情と」結びつけたのである。[43]その父親とは、もはや家族を恐怖で支配する厳しい家長ではなく、愛情によって家族を従わせる慈悲深い人物であった。[44]

しかしながら、このように家族を礼賛することと、国王の権威を一種の家父長的な愛情として喧伝することによって、新たに不安定な状況が生まれた。一方では、国王と臣民との距離は縮まった。[45]だが、もう一方で、市民が王族の感情世界に近づけるようになったおかげで、王族が持っていたこの世のものとは思えないオーラが消え、彼らもまた誤りを犯しやすい人間として見られるようになったのだ。もっとはっきり言えば、宮廷という世界が一般大衆の詮索を受けやすくなるにつれ、いまだ隠されたままになっている、王族のいわゆ

る私的空間への疑惑が膨らんでいったのである。(46)

国王と臣民との一線をどこに引くべきかという問題が大いに議論を呼んだ。一七八三年、画家のエリザベート＝ルイーズ・ヴィジェ＝ルブランは、ルイ一六世の王妃マリー・アントワネットが、モスリンのシュミーズ・ドレス［当時流行のファッション。ウエストを絞らずに肩からゆったり垂れて腰の位置でぴったりしているようなドレス］を着ている肖像画を描いた。ヴィジェ＝ルブランの王立絵画彫刻アカデミーのサロン（展覧会）への初出展作品としてその肖像画が発表されると、たちまち物議を醸《かも》した。王妃が下着姿に見えるばかりか、権威を表す装具が欠けていたからだ。つまり、王族の肖像画にしては、あまりにも人間的で不体裁に描かれた絵であるということだ。この非難に応えて、ヴィジェ＝ルブランはやむなく、豪華な絹のドレスを纏《まと》い、髪も丁寧に整えた、もっと王妃らしい肖像画と取り換えた。肖像画のこの二つのスタイルが示すのは、開放的すぎると同時に閉鎖的すぎる、人目につきすぎると同時に人目を気にしすぎる、君主制の曖昧さ――言い換えれば、十分に恐れられても愛されてもいない、君主制の姿である。(47)

革命の何年も前から、君主制を批判する者たちは、君主制をけなすためにこの曖昧さを利用していた。パリのカフェや居酒屋では、王室が、淫らな「*libelles*」、すなわち「リベレ」と呼ばれる、滑稽詩や風刺文を載せた小型の政治中傷パンフレットの標的にされた。ルイ一六世がおおげさな象徴的表現を使って痛烈に批判され、肖像画には彼を「偽物」とか「まやかしもの」と書いた説明文が添えられていた。パンフレットの調子は低俗で、猥褻《わいせつ》でさえあったし、下品な言葉づかいであることも多かった。だが、イデオロギーは違えども、王権を小馬鹿にしたパンフレットも、流行りの王族の肖像画も、反感か憎悪か愛情かはともかく、基本的な人間感情を引き出していた。この意味では、急進派のしかめっ面も、アリストクラート（貴族）の微笑みも、同じ一つの感情世界に属していた。

リベレはまた、王室の性的嗜好も攻撃の的にした。反王室感情が表面化してきたのは一七四〇年代後半からだったが、その頃パリでは幼い子どもが行方不明になっているという噂が流れ、それが引き金になってパニックが起きていた。淫らな性行為に耽っていると、とかく悪名の高かったルイ一五世がこの誘拐計画に関係しているという噂があった。ほかにも、子どもたちが誘拐されたのは王がその血を飲むためだという噂や、子どもたちの血を抜きとって王のハンセン病を治す薬に使っているからだという噂まであった。(48)

ルイ一六世とマリー・アントワネットが結婚を成就させるのに七年かかったということは周知の事実だった。政治的中傷パンフレットで、ルイ一六世は不能と書きたてられて嘲《あざけ》りの対象とされ、オーストリア生まれの王妃は憎しみの対象となり、飽くことのない性欲を持つ淫乱女として描かれた。ヴェルサイユ宮殿の敷地内に所有する、新古典主義建築のプチ・トリアノン宮殿を舞台に、マリー・アントワネットは夜な夜な乱交パーティーを催して、自慰やソドミーや近親相姦といったおぞましい行為に耽っていると噂されていた。(49)政治哲学者モンテスキューがかつて示唆したように、強い性欲というのは、ハーレムの女たちや後宮《こうきゅう》のことが頭から離れない東洋の暴君の特徴であった。(50)王妃は君主制を体現しているから、彼女の反道徳的な振る舞いは君主制が暴政であり不法であることの象徴となった。猥褻な風刺という方法を用いて、急進派は半宗教的な君主の神秘性を傷つけると同時に、王妃にこれがおまえの正体だと突きつけたのだ。一七九三年一〇月、ついにその王妃が処刑された。王妃の処刑はさまざまな意味で、旧体制の屈辱を象徴していた。たとえば、長い間、画家ジャック=ルイ・ダヴィッドの作と考えられていた断頭台に連行されていくマリー・アントワネットのスケッチがある。そこにはマリー・アントワネットが質素な白い衣服を着て、乱れた髪を粗末な帽子に押し込み、両手を後ろ手に縛られた、顎の垂れた老け込んだ寡婦として描かれている。(51)

革命家たちは、私的領域と公的領域との間で大きくなっていく曖昧さに飛びついたが、その曖昧さは共和国にとっても難問になっていった。恐怖をどこまで押し進めるべきか。法の権威はどこで終わりにするべきか。個人の欲望と新しい政治形態の責務とは、どのように一致できるのか。(52)

イギリスでは、恐怖政治のニュースによってフランス革命に対する共感が嫌悪に変わった。イギリスの風刺画家ジェームズ・ギルレイが一七九二年に発表した版画では、肉屋に作り変えた家の中で、労働者階級の革命主義者の大家族が夕食のテーブルについている。彼らが貪《むさぼ》り食っているのは人間の心臓や、切断された腕や、切り落とされた首からほじくり出した目玉である。丸ぽちゃの子どもたちは、床に置いたバケツからべちゃべちゃした内臓を手づかみで口に押し込んでいる。その祖母は、子どもを串刺しにして火で焼いており、木の吊り棚には予備の食糧として人体の一部が山のように積まれている。

バークは時機を逸することなく、革命主義者は「貪欲」で「残忍」このうえなく、しかも「礼儀が全くなっていない」と激しく非難した。(53)ベストセラーとなった一七九〇年の著書『フランス革命についての省察』は、イギリスのエリート層を自己満足から醒《さ》まさせることを目的として書かれたもので、リチャード・プライスのようなフランス革命を賛美する連中が思いどおりにした場合、前途にどんな危険が待ち受けるかを警告している。しかし、でき上がったのは手のつけようのないメロドラマだった。たとえば、一七八九年一〇月に起きたヴェルサイユ宮殿襲撃についての記述を例にとると、こんな具合だ――「残虐な悪党や暗殺者どもの一団」が、王の寝室になだれ込むと、銃剣で寝台を突き刺す。その間に、「裸同然の」王妃が逃げ出す。そのあと、暴徒たちは国王一家を連れて宮殿を出るが、そのとき宮殿は「血であふれ、虐殺によって汚されて、ばらばらになった手足や切断された死体が散らばっている」状態である。(54)

この記述では、拷問、凌辱《りょうじょく》、カニバリズムという行為を行うのが、わめきたてる暴徒たちの邪悪な目的だったとほのめかされている。道徳的・政治的崩壊は、一種の肉体の崩壊として想像されている。フランスは「恐怖の製造所」であって、国民議会のメンバーは、「年老いた父親をばらばらに切り刻んで、魔法使いの鍋に入れ、毒草やでたらめな呪文の力で父親の体が再生し、新たな人生を始めることを期待している」頭のおかしい子どものようだ、とバークは述べている。[55]

けれども、フランス革命後の時代の恐怖を最も的確にとらえている芸術家といえば、フランシスコ・ゴヤことフランシス・ホセ・デ・ゴヤ・イ・ルシエンテスだろう。一八一九年から一八二三年までの一時期、マドリッド郊外にある自宅（「聾の家」という）の壁という壁に、「*Pinturas Negras*」、すなわち『黒い絵』として知られる一四点の壁画を描いた。そのうちの食堂を飾っていた一つの壁画は、幻覚のような光景の中で、巨大なサトゥルヌス、またの名をクロノスというギリシャ神話のティタン族の一人が、わが子のすでに頭部のない身体を両手でがっしりとつかみ、血まみれの肉を貪り食っている姿を描いたものだ。この絵画は、フランスの弁護士で革命家のピエール・ヴェルニョ［ジロンド派左派でロベスピエールと対立］が、一七九三年に処刑される前に言い放った言葉――革命がサトゥルヌスのようにわが子を貪り食っている――をそのまま表現している。[56]

ゴヤの晩年の作品の多くには、ナポレオンの一八〇八年のスペイン侵攻によって引き起こされた暴力の影響が色濃く表れている。イギリスとポルトガルも、スペインと手を組みフランスに対抗した。激しい軍事行動は六年間続くことになった。最終的にフランスの敗北で決着したものの、この戦争によってスペインは分裂し、経済は崩壊した。スペイン王フェルナンド七世は、幽閉されていたフランスから帰国して復位すると、憲法を廃止して、自由主義的な改革者を弾圧し、異端審問を再導入した。フランス革命後のこうした動乱に応えて、ゴヤが腐食銅板法《エッチング》を用いて制作したのが、『戦争の惨禍』として知られる八二枚の連作版画だった。『黒い絵』と同じく、『戦争の惨禍』も気の弱い人間向きの作品ではない。十字架を握りながら絞首刑にされる

フランシスコ・ホセ・デ・ゴヤ・イ・ルシエンテス、『わが子を喰らうサトゥルヌス』（1820-23年）

聖職者、暴力をふるわれ凌辱される女性たち、射殺されたり刺殺されたりした捕虜たち。市民の一人の胴体と切断された手足が一本の木にぶら下がっている。(57)

『戦争の惨禍』より前に制作されたゴヤの連作形式の銅版画集『気まぐれ』〔『ロス・カプリチョス』ともいう。一七九九年に発売、二日でゴヤ自身が発売中止にした〕の中で、最も有名な作品の一つに『理性の眠りは怪物を生む』がある。ゴヤ自身が机にうつぶせになって眠っている間に、コウモリやフクロウ、オオヤマネコ、悪魔じみた黒猫などの動物が暗闇から姿を現す様子が描かれている。ゴヤの作品には夢と悪夢を描いたものが多いが、『気まぐれ』も当初の構想では「夢」を描いた二八枚の素描集になるはずだった。『理性の眠りは怪物を生む』は、元々その素描集の扉絵に予定されていた作品であった。(58) 一般的にこの画題は、啓蒙主義の合理性を肯定するものと考えられている――理性が眠りにつくやいなや、迷信がはびこる。だが、スペイン語の sueno は、「眠り」も「夢」もどちらも意味する言葉なので、画題の意味ががらりと変わる可能性もある。「すべての理性の底流には、狂乱と堕落がある」と、二〇世紀のフランスの哲学者ジル・ドゥルーズも言っている。(59)

一七九二年以降、特に一七九三年から一七九四年にかけて、フランス革命の暴力は激化した。それを目のあたりにして、理性も限界までいけば残忍なほど理不尽になることがあると思った者もいた。この思いはずっと残っていた。第二次世界大戦直後、ドイツの知識人マックス・ホルクハイマーとテオドール・アドルノは、ホロコーストの恐怖の原因を明らかにしようとして似たような結論に達した。啓蒙主義は恐怖を消し去ったはずだったが、それどころか実際は、「完全に啓蒙された世界」は「勝ち誇った惨禍で満ちていた」、それが二人の結論だった。一八世紀に起きた社会の合理化は、無慈悲な統治の新しいモデルを作り上げた。その無慈悲な統治はフランス革命に始まり、二〇世紀のファシズムで頂点を迎えた。理性は科学と科学技術を土台に、人間性を奪い取る力と化し、自由を守ると公言していたにもかかわらずその自由を破壊したのだった。[60]

しかし、バークを含め多くの者は、フランス革命は人を疎外する合理性が生み出した結果ではなく「異常で気まぐれな感情」が合法的な政治プロセスを逆用した結果生じたものだと考えた。[61] 一九世紀から二〇世紀の終わりまで、感情が公的領域に占める位置に関するそうした議論において、フランス革命は中心にあった。

第二次世界大戦直後に、さまざまな革命の歴史について考察を行ったハンナ・アーレントは、感情を否認して冷酷な官僚的合理性に頼る政治を警戒した。しかし一方で、フランス革命において感情がはたした破壊的な役割を強調し、歴史書は一八世紀後半の合理（理性）主義を重視する傾向が強く、「初期の頃の情熱、感情、魂への懇願がどれほど強力であったかを見落としているか、あるいは過小評価している可能性が高い」と述べている。[62] そして、フランス革命期の共感と憐みを重視する傾向が、集団的に憐みの対象とみなされた「人民」の上に堅固な政治制度を築くという課題を二の次にしてしまった原因であると主張する。対照的に、理性には思いやりを弱める利己的な傾向がある。ここでアーレントは、無私を美徳として強調したルソーの影響を指摘する。[63] けれども、抽象的にひとまとめにされた「人民」を感情的に守るために無私、つまり自己を無にすることこそ、まさにアーレントが恐怖を引き起こす元凶ととらえていたものだった。なぜなら、自己を無にすることは「現実に対して、感情たっぷりの無神経」を生むからだった。革命は常に川や滝の流れとして概念化して説明されるが、その流れの中では、個人はもはや自らの運命の支配権を失い、次々と起こる出来事をただ見物しているだけの存在になる。そして、そのように自己の感情を昇華させることが、恐怖の生まれる空間を生じさせる。「フランス革命の時代から革命家たちは無限の感情を持ち続けて、その結果、彼らを概して全体の現実に対して、とりわけ人間の現実に対して、奇妙なくらい無感覚にしたのだ」と、アーレントは述べている。[64]

フランス革命から数十年にわたって、政治的暴力の恐怖はヨーロッパ各地にパニックを引き起こした。多くの主流派の識者の目には、世界が崩壊の危機に瀕しているように映った。一七九三年一一月にフランスとフランスに敵対するヨーロッパ諸国との戦争が勃発して以来、イギリスではフランス軍が国内あるいはアイルランドに侵攻してくるのではないかという恐怖が広がった。一七九六年にバークは、「殺戮《さつりく》されたフランスの君主制の墓の中から、巨大で、恐ろしく、形のはっきりしない亡霊が起き上がった」と記している。「夜と地獄から生じた『革命のハルピュイア［ギリシャ神話の女怪。人間の女の顔をした鳥の姿で表される］』は、近隣の一つひとつの国で、カッコウのように不義の卵を産んでは温め、雛《ひな》をかえしている」と警告している。(65)

こうした不安に満ちた雰囲気の中で、噂とパニックがもたらす脅威にあらためて注目が集まり、その結果、情報を統制することと、激すると何をしでかすかわからない民衆を管理することの必要性が重視されるようになった。ナポレオン戦争のあとイギリスは経済不況に陥り、それが政治危機を引き起こした。一八一二年、時の首相スペンサー・パーシヴァルが庶民院のロビーで射殺された。一八一六年一二月には、イースト・ロンドンのスパ・フィールズに集まった急進派たちの集会が暴動に発展。さらに翌月には、国民に嫌われていた摂政王太子［のちのジョージ四世］がイギリス議会開会式に出席したあと、大型四輪馬車に乗っていたところを襲われた。こうしたことから、「猿ぐつわ法」として有名な緊急措置が導入されて、「扇動的集会」の抑圧が行われ、さらに恣意的な逮捕や勾留を防ぐことを目的とした人身保護条例も一時停止される事態となった。一八一九年に、マンチェスターのセント・ピーター広場で、選挙法改正を求めて集まった約六万人の民衆の中に騎馬隊が突入して、少なくとも一四人が死亡し、七〇〇人近くが負傷した。この事件は、四年前にイギリス軍がナポレオン一世に勝利したワーテルロー（英語読みでウォータールー）の戦いをもじって、「ピータールーの虐殺」と皮肉を込めて呼ばれるようになった。また、一八三〇年代から一八四〇年代にかけては、チャーティズム（チャーティスト運動）として知られる、選挙制度の改革を求める労働者階級の運動が盛んな時期だった。そのためイギリスのあちこちで暴動が起こり、革命が起きるのではないかという恐怖も生まれた。

ヨーロッパ各地でも、革命の脅威に対する危機感から、改革が抑圧されて、圧制的な法律が可決され、それと並行して取り締まりを強化するために、警察組織に予算が緊急に投入された。反革命的恐怖は、非民主主義だという非難を生みもしたが、私有財産の保護と、「平和のうちに命と財産を享受する」という市民の不可譲の権利の保護とに基づく自由の新しい考え方も生んだ。(66)

一七八九年から数十年にわたって、ヨーロッパの統治者たちは「恐怖の幻影」に怯え続けた。(67) ロシアではロマノフ家が皇帝の専制支配に固執していた。一八二五年一二月のクーデター失敗のあと、ニコライ一世は反対派の無力化と、警察国家の建設に取り掛かった。一八三九年にロシアを訪れたあるフランス人が書き残している。「この帝国はとてつもなく広いが、牢獄でしかない。この牢獄の鍵を握っているのは皇帝だ」(68)。

ドイツ人の詩人ハインリッヒ・ハイネは、一八四二年にパリから送った手紙の中で、フランスのブルジョワジーが「本能的に恐れているのは、共産主義」と、崩壊した君主制の瓦礫《がれき》から現れるかもしれない「暴徒の侵入」だと書いている。プロレタリア階級の反乱を恐れるあまり、中産階級は躊躇なく憲法で定められた自由を溝《どぶ》に捨てるだろうとも示唆している。(69) 実際、一八四八年に革命の嵐がヨーロッパ全土を吹き抜けたときには、過去の暴力の記憶が蘇った。脅威が収まったあともなお、フランス革命が、一般大衆の不満がどれほど簡単に手に負えない状況に陥るものか、民主主義がどれほど残忍になれるものかを示すお手本であることに変わりはなかった。都市の貧困から生まれた今にも爆発しそうな憤りは社会的対立という恐怖を高め、恐怖という亡霊は工業化が進みつつある世界に生き続けた。

第6章

奴隷のマトリックス

恐怖が支配する
奴隷船・植民地

革命期のフランスで恐怖政治が始まる六年前、イギリスでは別の種類の恐怖に対する懸念が高まっていた。一七八七年、英国国教会の聖職者トマス・クラークソンは、力を尽くして奴隷貿易廃止協会を設立させ、一八〇八年には、『イギリス議会による、アフリカ奴隷貿易廃止の興隆・進展・成果の歴史』を書き上げている。それは、ウィリアム・ウィルバーフォース〔イギリスの政治家。小ピットと共同して奴隷貿易廃止運動に尽力〕が先頭に立って進めていた奴隷制廃止運動を支援するために、自ら行った情報収集活動の結果を基にした書物だった。

奴隷制度の歴史は数千年前にさかのぼるが、一六世紀以降、新世界に帝国を拡大したポルトガルとスペインが大西洋をまたぐ奴隷貿易システムを構築し始めると、奴隷にされた人々はヨーロッパ人所有者の人的財産になっていった。じきにポルトガルとスペインに続いて、オランダ、イギリス、フランス、デンマークといった帝国列強を目指す国々も奴隷貿易に加わった。その結果、一五〇〇年頃から一八七五年までの間に一二五〇万人を超えるアフリカ人が売買された。そのうち六〇〇万人近くがポルトガルの船によって運ばれ、三〇〇万人をはるかに上回るアフリカ人がイギリスの奴隷商人によって運ばれた。推計一八〇万人が船で運ばれる途中に死亡し、生き延びた者はオークションで売られ、奴隷労働力としてこき使われた。しかし一方で、奴隷制度は砂糖、タバコ、綿花、コーヒー、コメ、カカオなどの商品作物の生産を支える安い労働力を提供し、南北アメリカ大陸各地の植民地経済システムの重要な一面となった。

奴隷の数は、この人身売買の恐るべき規模を表している。けれども、歴史家マーカス・レディカーが示唆しているように、「台帳や、年鑑や、賃借対照表や、グラフや、表を通して見なければならない歴史には、どこか非人間的なところがある」(1)。統計の中に人間の声が没してしまうだけではなく、こうした数字の記録文書自体が、人間を資本に変えた採取経済システムの産物にほかならないからだ(2)。

クラークソンをはじめとする奴隷制度廃止論者は、白人の奴隷貿易業者と奴隷所有者がアフリカ人を支配下に置くための方策として、計画的に恐怖を使用している点に注目した。つまり、アフリカ人たちが最初に囚われの身となったときから奴隷船に乗せられて過酷な試練にあい、プランテーションで生活するようになるまで、恐怖によって支配されている点である。(3)「それをどう表現したらいいのでしょう。これから連れていかれる未知の土地を思い、何もかもまだ見たことのないものだらけの中で苦痛しか見出せないことを思って、奴隷たちがどれほどの恐怖を感じていることか、それを適切に表現する言葉など見つかるはずがありません」と、クラークソンは述べている。(4) 一七八八年には、奴隷貿易に関わった経験がある外科医のアレクサンダー・ファルコンブリッジが、奴隷たちの受けているひどい扱いは、「どんな人間の心にも、最も激しい恐怖の感情を引き起こすに違いない」と書いている。奴隷たちが監禁された船倉は、空気もなく、蒸し暑く、血と粘液がこびりついて、まるで「屠殺場《とさつじょう》のようだった」「これほどひどい、いや、不快きわまる状況を思い描くことは、人間の想像力にはできない」、と。(5)

一八〇七年の奴隷貿易禁止法の制定によって、イギリスが大西洋奴隷貿易を廃止したあとも、何隻もの密輸船がイギリス海軍の西アフリカ小艦隊によって捕らえられて、奴隷貿易の恐怖の数々が明るみに出た。(6) 一八三七年一一月、ハバナを拠点とするポルトガルのスクーナー船、アロガント号がキューバ沖で拿捕《だほ》された。同船に乗っていた奴隷たちは、「病気と衰弱により、見るも恐ろしい状態」で発見された。多くの奴隷の太腿は手首ほどの太さしかない有様だった。乗組員は殺人、拷問、強姦《ごうかん》、人肉嗜食《じんにくししょく》の罪で起訴された。(7)

その数年後、今度はスペインの沿岸貿易船ジーザス・マリア号が捕らえられ、二三三人の生き残ったアフリカ人が乗っているのが見つかった。奴隷たちは、「極度のやつれと衰弱の状態」にあったが、自分たちが受けた恐ろしい虐待について語った。ハバナのイギリス領事デヴィッド・ターンブルは、次のようにバハマ総督フランシス・コックバーンに書き送っている。「閣下、恥ずかしながら、私にはこのように恐ろしい犯罪の数々を記載する勇気がありません」。コックバーンは奴隷から得た虐待の証言を、陸軍・植民地大臣ジョン・ラッセル卿に送った。そして、証言に添付した手紙の中でこう述べている。「この文書はおぞましいものです。このような筆舌に尽くしがたい残虐行為が一隻の奴隷船で起こっていたことが証明された以上、同様の行為がすべての奴隷船で行われていると考えて差し支えないでしょう[8]」。

クラークソンは、奴隷貿易において恐怖がいかに人間関係を歪めているか、すでに指摘していた。奴隷貿易業者は日常的に暴力を使用して、奴隷を「全般に劣悪で悲惨な状態に」置いていたが、一方で「自分が自然権を侵害する罪を犯していることも、また、被害を受けた人間にはあらゆる復讐の機会を求める傾向があることも」十分理解していた。理解していたからこそ恐怖が生まれ、ますます抑圧的な手段をとるように駆り立てられていった[9]。言い換えれば、捕らえた奴隷を恐怖に陥れているという罪の意識から、恐怖が生じていたのである。もっとも、捕らえた側の恐怖など、捕らえられた側の恐怖の大きさとはまるで比べものにはならなかったけれど。

暴力は経費削減に不可欠だっただけではない。奴隷船内の管理の道具としても重要な役割をはたしていた。奴隷貿易業者が奴隷を船の船倉に監禁したのは、一つには数では自分たちが負けており、権威が脆弱《ぜいじゃく》であることがわかっていたからだ。威嚇と徹底した威圧とは、奴隷貿易業者が権力を強固にするために使用できる道具だった[10]。反乱が起きる危険性が常につきまとっていたので、奴隷船の乗組員は奴隷の不服従や、反乱を扇動する行為や、あからさまな抵抗を恐れていた[11]。聖職者で奴隷制度廃止論者のジョン・ニュートン［一七七二年に賛美歌として『アメージング・グレイス』を作詞した人物として有名］は、「どんな年でも必ず、奴隷たちの反乱が起きた話を一回または数回は耳にする」と書き残している[12]。奴隷船の乗組員たちは、奴隷たちが故郷に生えている薬草、いや、ひょっとしたら黒魔術を使って自分たちを毒殺する気ではないかと怯えながら日々を送っていた。実際ニュートンは、一七五一年に奴隷船デューク・オブ・アーガイル号の船長を務めてアンティグアを目指して航海していたとき、奴隷たちが「甲板の飲料水用の大樽に毒を入れる」計画を立てていることがわかって、どれほど乗組員が恐怖を覚えたことか、と書いている。(13) こうした脅威が乗組員の不安感を煽《あお》り、しばしば衝動的な奴隷への報復につながった。

しかし一方で、奴隷船で働く船員たちも船長に運命を握られていた。(14) ブリストルからギニア湾へ航海し、そのあと西インド諸島へ航海したイギリスの外科医ジェームズ・アーノルドは、三度の別々の航海で奴隷と船員がいかにひどい扱いを受けていたかを証言した。懲罰は厳しく、船員たちは鞭で打たれて、「一般的な生活必需品を」取り上げられることも多く、晴雨にかかわらず甲板で寝ることを余儀なくされていた。一度の航海で一一人の乗組員がアフリカで船から脱走し、四人が航海中に死亡し、残りは「ひどい扱いを受けていた」(15)。クラークソンはアーノルドを説得して三度目のカメルーン行きの航海中に日記をつけさせ、それを一七八九年に行われた奴隷貿易に関するイギリス議会の調査に証拠として提出させた。(16) アーノルドは、アフリカ現地人に恣意的な暴力がふるわれたことはもとより、船長が乗組員に示した「非人道的な残虐さ」についても証言した。そして、「ルビー号の乗組員が船長の手でどのような仕打ちを経験したか、一人の人間が正確に書き表すことはほぼ不可能です」と結論している。(17)

奴隷制度廃止論者自身も、道徳的説得の手段として恐怖を用い、奴隷制度の残虐行為を再三にわたって強調した。ジョン・ニュートンは、「残酷な鞭打ち」と「耐えがたい苦痛」を与える「つまみねじによる拷問」［両手の親指をねじで締め上げる拷問］を非難した。ウィルバーフォースは、アフリカ人の人身売買によって、広い大陸の沿岸が端から端まで危険と強奪と恐怖の光景に変わってしまったことを指摘した。(18) また、奴隷船のあとを追ってくる貪欲なサメの描写が、人間を食い尽くすシステムの極悪非道さの象徴になった。(19) その極悪非道さが露《あら》わになったのは、一七八一年一一月にジャマイカ沖で起きた事件が大きく話題になったせいだった。その事件の発端は、奴隷船ゾング号が、航行の判断ミスで針路をそれてしまい、気づけば飲み水が不足していたことだった――と、少なくとも、のちに船長のルーク・コリングウッドは主張している。奴隷と乗組員が次々と病気に罹《かか》って死に始めたので、コリングウッドは船員たちに命じて、一二二人の奴隷を手足に枷《かせ》をはめたまま海に投げ捨てさせたのだった[20]。イギリスに帰還するとすぐに、ゾング号の船主たちは「海上の事故」が原因で奴隷が失われた場合、損失を補償するという保険契約に基づき、奴隷一人あたり三〇ポンドの保険金を請求した。しかし、保険会社は支払いを拒否し、船主が裁判所に訴えて裁判になったため、事件は世間に知れ渡った。その結果、奴隷制の非人間性に対する関心が高まり、奴隷制度廃止論者の運動に勢いを与える一助となったのだった[21]。

一八三六年にクラークソンの奴隷貿易の歴史に関する著作が再発行されたとき、画家のJ・M・ターナーもそれを読んだ一人だった。そして、一八四〇年に、ゾング号事件からインスピレーションを受けて、最も有名な作品の一つを描いている。その『奴隷船（死者と重病患者を海に投げ込む奴隷商人――暴風雨の襲来）』で、ターナーは、奴隷制の恐怖をどう表現すべきかわからないというクラークソンの悩みに全力で挑んでいる。内容を説明する長い副題からわかるように、この作品はゾング号事件の、いやそれ以上に、奴隷制そのものの言葉では言い尽くせない恐怖を表している。まさに地獄のようなヴィジョンの絵で、暴風雨は神の裁きを表現している。遠景には荒海で縦揺れするゾング号。前景には手足を鎖でつながれた人の姿が波間に見え、捕食性の魚や、うるさい鳴き声を上げて空を旋回しながら魚の食べ残しを待っているカモメの間からは、幽霊のような人の体が揺らめいているのも見える[22]。

奴隷を詰め込みすぎた奴隷船の恐ろしいイメージは、「軍隊と、移動する監獄と、工場とが奇妙に力強く組み合わさったもの」として想像された。そのイメージは、奴隷制度廃止論者が一般大衆の心を動かすために作り出したものだった。[23] 最も有名なイメージの一つは、奴隷船ブルックス号の構造図である。ブルックス号は、一七八一年にリバプールから出航して、奴隷を西アフリカからジャマイカまで運んでいた。同船の図像は一七八八年一二月に奴隷貿易廃止協会プリマス支部によって発行され、クウェイカー教徒［一七世紀半ばにイギリスで誕生したプロテスタントの一派。フレンズ会またはフレンズ派ともいう］の出版・書籍業者で奴隷貿易廃止運動の活動家、ジェームズ・フィリップスによって広く流布した。[24] クラークソンは、「この図像を一目見れば誰でも、たちまち心に恐怖が刻まれるように思えたので、これが広く流布した結果、傷ついたアフリカ人を救うという目的に役立った」と述べている。[25]

航海中に死ぬアフリカ人が多かったため、奴隷貿易商はその損失を埋め合わせるために奴隷船に詰め込みすぎるのが常だった。一七八八年の奴隷貿易法［ドルベン法と呼ばれる］によって、奴隷船の大きさに応じて運べる奴隷の数に制限が設けられたため、ブルックス号が法律上運ぶのを許された奴隷の数は四五四人だった。しかし、どうやら一度の航海で七四〇人の奴隷が輸送されていたらしい。船倉の空間は非常に狭くて身動きがとれないし、呼吸をするのさえ難しいこともあった。天気が悪いときは、通気用の格子窓は防水布で覆われた。ある報告によると、奴隷たちは「体の側面を下にして、胸と背中を互いにぴったりくっつけ合い、『スプーンのような格好で』横になっていた」という。[26] ニュートンは、奴隷たちは「互いにぴったりくっついて、棚に並んだ書物のように」ぎっしり詰まっていたと表現している。[27]

件《くだん》の構造図は、ブルックス号の平面図と断面図で、奴隷たちが何列もぎっしり詰め込まれているのが描き込まれている。それはまさに、奴隷制度の残虐さを伝えるショッキングなイメージだ。しかし、広く人間性に訴えるイメージではあるけれども、この構造図を見ている白人と、実際に詰め込まれて残虐な仕打ちを受ける黒人との間にはやはり隔たりがあり、奴隷の経験を想像することが本当に可能なのだろうかという問題が生じてくる。[28] なんといっても、「奴隷」という言葉そのものが、奴隷にされた者を前もって定められた社会的役割に置き、そのアフリカ人を反社会的な侵害の惨めな犠牲者にしている。奴隷の一人称の体験談さえ、恐怖の一般的なひな型に従っている。奴隷の体験談の「目を見張るような」苦しみの光景は、奴隷制度廃止論者のメッセージを宣伝し、大都市の読者層の感受性を刺激することを目的としたものだったのだ。[29]

俗に「三角貿易」と言われる奴隷貿易では、アフリカ人の奴隷がアフリカから西インド諸島に連れていかれるときの大西洋航路を中間航路と呼ぶ。その中間航路に関して、最も有名で最も早い時期に書かれた体験談の著者は、オラウダ・イクイアーノだった。彼の体験談が予約購読を募って集めた資金によってロンドンで出版されたのは、一七八九年のことだった。イクイアーノはイボランド、今日のナイジェリア東南部の出身で、子どものときに姉とともに拉致されて地元の奴隷商人によって売られ、一七五四年に奴隷船でまずバルバドスに、それからさらにバージニアへ連れていかれた。彼の話はいくつかの点で信憑性に疑問があるものの、歴史家たちはおおむね真実であると認めている。[30] イクイアーノは、奴隷船の船倉で奴隷たちが鞭打たれ鎖でつながれている「ほとんど想像を絶する恐怖の光景」を記述している。最初、彼にはヨーロッパ人が人食い人種のように見えたが、白人の世界に慣れ親しむにつれて恐怖は薄れていった。「すぐに私はどんな恐怖も感じなくなった。その点では、少なくともほとんどイギリス人になった」。最初の頃の恐怖は、自分を捕まえた人間たちの言葉と慣習がわかるようになると消えた、と記している。[31]

イクイアーノの体験談のような文章は、どうしても奴隷制度廃止論者に代わって意見を述べているように読めてしまう。なぜなら、こうした体験談には、当事者ではなく、道徳的な怒りを感じている傍観者の視点から奴隷制度を見る傾向が強いからだ。[32] ジョン・ニュートンは、自分が奴隷貿易に反対するのは、奴隷のひどい扱いに対する嫌悪もあるが、それと同じくらい「奴隷制度がわが国の国民に与える影響」に対する不安のせいでもあると述べている。また、クラークソンにとって、「恐怖」という言葉は奴隷自身の経験ではなく、白人の観察者が経験する嫌悪感を伝える簡略表現になっている。奴隷にされた者の苦しみというより、むしろ罰せられるべき者への道徳的結果を懸念している場合が多い。要するに、イクイアーノが読者に懇願しているように、「とはいえ、あなたがたが行動を改めて、所有している奴隷を人間として扱えば、恐怖の原因はすべて消えてなくなるだろう」ということだ。イクイアーノのような奴隷の体験談には、白人の読者に向けての道徳的なメッセージがある――恐怖は費用効率が高いだけではなく、贖罪《しょくざい》にもなる。[33]

ニュートンは自著の中で、自分がかつて「今、考えただけで心が恐怖で震える商売に積極的に関わっていた」ことを告白した。「たび重なる困窮と苦難」のためにアフリカに行く羽目になり、「実際にそう呼ばれることはなかったけれど、私自身が囚われ人に、奴隷になり、人間の惨めさのどん底まで落ちてしまった[34]」。奴隷貿易という商売は、白人を黒人奴隷に変えてしまう。だから、黒人奴隷になりはてた白人を解放することもまた、奴隷制度廃止論者は目指していたわけだ。

この種の奴隷制度廃止論者の小冊子やパンフレットは、高まり始めていた感受性文学の一つだった。感受性文学とは、読者に「傍観者の同情」を引き起こすことにより、読者の美徳を養うことを目指していた。先にフランス革命を論じたときに見たとおり、一八世紀は、苦痛と苦しみがだんだん嫌悪すべきものとみなされるようになった時代だった。にもかかわらず、苦痛と苦しみは非難されながらも、執拗に論じられた。その執拗さが、嫌悪と魅惑の間の道徳的な境界線がいかに曖昧なものであったかを示唆していた。[35]

そうなると、奴隷の身から自由の身への進歩、恐怖から恐怖のない生活への進歩を称える厳正な物語に「奴隷」を組み入れることには問題が出てくる。祖国から引き離された奴隷たちは、奴隷制度廃止論者の考える筋書きよりもはるかに複雑な空間に身を置いていたからだ。一方では、アフリカ人をひとまとめにして扱う管理体制によって、捕らわれた者たちの間に共同体意識が生まれていた。ぎゅうぎゅう詰めの船倉で、彼らは新たな絆を育んでいたのだ。マーカス・レディカーが述べているように、奴隷たちは「『架空』ではあるがリアルな血縁関係を築くことによって、アフリカで拉致されたときに奪われたものの代わりになるものを手に入れていた」[36]。もう一方で、文化批評家ポール・ギルロイが主張したように、奴隷船での監禁に集約される過酷な疎外が、奴隷に「二重意識」をもたらしていた。ギルロイは奴隷船を「動的な要素」と呼び、「それがつなぐ固定した場所と場所の間を移動する空間を表すものだった」と述べている[37]。とにかく、肝心なのは生き延びるために捕らわれた人間は嫌でも異なる社会を進んでいくしかなかったということ、そして、そうやって進んでいく中で「奴隷制度」と「奴隷制度廃止」という制度上の歴史に、安易に自分たちの人生を閉じ込めようとする試みに、さまざまな形で抗《あらが》っていたということだ。

恐怖は中間航路だけではなく、南北アメリカ大陸のプランテーションでも続いた。プランテーションでは、奴隷にされたアフリカ人を脅かして従順にさせるために、「計算された残虐性と恐怖の管理体制」が敷かれていた[38]。奴隷所有者が日常的に残酷であったことは、残された日記に克明に記されている。ウィリアム・バード二世の日記もその一つだ。彼はウェストオーバー・プランテーションの所有者で測量技師でもあった人物で、プランテーションの主になる前にはミドルテンプル法学院で法律を学んでいた。バージニア州リッチモンドの町を築いた人物とも考えられている。バージニア州にあったプランテーションを相続したのは、一七〇五年のことだ。バードは奴隷に暴力をふるったことを恐ろしいくらい無頓着に記録している。たとえば、一七〇九年六月一〇日の日記にはこう書かれている——「夕方、農園を歩いて回る。逃亡の罪でユージーンを鞭で打ち、ハミを嚙ませる。祈る。身体の調子も良く、頭も冴えて、気分も良好。全能の神に感謝」[39]。

悪事の証拠になるような日記を残したもう一人の奴隷所有者は、リンカンシャー出身で、一七五〇年にジャマイカに定住したトーマス・シスルウッドだ。一七八六年に死んだときには二〇〇〇ポンドを超える価値の財産（当時は相当な金額だった）を蓄え、三四人の奴隷を所有していた。自分のために働いてくれている人間にどのような罰を与えたか、何のためらいもなく細部に至るまで克明に記述している。「ダービーの薬」という、胸の悪くなるような罰を考案していたこともわかっている。それは、一人の奴隷に「もう一人の奴隷の口の中に排便をさせてから、その口を針金で縛って開かないようにする」というものだった。また、よく奴隷たちの全身に糖蜜を塗りつけて、足をはさむ晒し台《ストックス》につないで一晩屋外に放置し、虫の餌食にしていた。白人の奴隷所有者のご多分にもれず、シスルウッドも性的搾取者で、一三八人の女性と合計で三八五二回の性行為を行ったことが日記に記録されている。暴力は奴隷所有者の業務の中心だった。(40)

一八三九年には、アメリカ合衆国に奴隷身分の男性、女性、子どもは約二七〇万人いたことが、ある調査によってわかっている。その調査は、奴隷制度廃止論者セオドア・ドワイト・ウェルドが、妻のアンジェリーナ・グリムケとその姉〔セーラ・グリムケ、女権運動の先駆者〕と協力して行ったものだ。新聞の切り抜きや、手紙からの抜粋、定期刊行物、書籍を集めて、「奴隷制度の忌まわしい点の数々」を暴露した。南部のある聖職者の証言に関する編集上の注釈は、「それが身の毛もよだつ残酷な制度であることを証明するものがほかに何もないとしても、奴隷が生きているかぎり酷使される唯一の動機が恐怖であるという事実だけで、人間を苦しめる大きな原因という烙印を奴隷制度に押すには十分だろう」とある。(41)

時代が下がると、黒人の体験談は、アメリカ南部のプランテーションでの生活がどれほど暴力的であるかを強調するものになる。おそらく最も有名なものは、一八四五年に出版された、フレデリック・ダグラスの最初の自伝〔『数奇なる奴隷の半生――フレデリック・ダグラス自伝』〕だろう。(42)一八三八年九月に、メリーランドでの奴隷生活から逃亡したあと、積極的に発言する奴隷制度廃止運動家で社会改革主義者となった人物だ。ダグラスは述べている。奴隷は暴力的な所有者を恐れ、「肉屋」と呼ばれる奴隷商人にいつ売られるかと不安に思いながら生活しているが、それと同じように奴隷所有者のほうも自分の奴隷に対して不安を感じ続けている。だから、奴隷所有者は休日になると「反乱を起こす気を起こさせない」手段として、奴隷をへべれけに酔わせるのだ、と。ダグラスに言わせれば、休日を酔っ払って過ごさせることは、「奴隷にされた人間の反抗精神を奪い去るための管理人、いや安全弁」の役目をはたしていた(43)。

反乱に対する恐怖が奴隷所有者の社会を支配していたため、白人の所有者が根も葉もない憶測に過剰反応して、完全なパニックに発展してしまうこともあった(44)。もちろん、実際に奴隷の反乱は起きていた。その一つに、一七三九年にサウス・カロライナ州で起きたストーノの反乱［ケイトーの暴動ともいう］がある。二三人の白人入植者と、五〇人にのぼる奴隷が殺害された。また、一七六〇年にジャマイカで起きたタッキーの反乱には、約一〇〇〇人の奴隷が加わっていた(45)。一七九一年のハイチ革命では、トゥサン・ルヴェルチュールの指揮の下、解放奴隷たちが西インド諸島のエスパニョーラ島のサン＝ドマングでフランスの植民地支配に対して反乱を起こし、見事に一八〇四年にハイチ共和国として独立を宣言する。一八三一年、バージニア州サウサンプトン郡で起こったナット・ターナーの反乱では、五〇人以上の白人入植者が殺害された。一八三一年後半から一八三二年前半にかけて起きたジャマイカ奴隷大反乱では、約六万人の奴隷がバプテスト教会の説教師サミュエル・シャープの指揮の下、奴隷所有者に対して立ち上がった。

一方、逃亡奴隷ハリエット・ジェイコブズは、ナット・ターナーの反乱に対する報復として、奴隷所有者が行った恐怖の作戦行動を記述している。「反乱のニュースは私たちの町を大混乱に陥れた」。黒人の家は家捜しされ、酒に酔った白人の民兵がうろつき回った。「至る所で、男も女も子どもも足もとに血だまりができるまで鞭で打たれた」と書いている。さらに、「五〇〇回も鞭打たれた者もいたし、両手両足を縛られ、拷問用の櫂《かい》状の板で痛めつけられて、肌にひどい水ぶくれができた者もいた」。略奪者が家々を荒らし回り、「悪魔の軍団のように、なすすべのない人々を怖がらせ苦しめている」間、女性たちは森や沼に身を隠していたという。(46)

このような恐怖の使用には予期せぬ効果があり、奴隷所有者のパラノイアを大きくしてしまった。陰謀の噂が飛び交ったことが、さまざまな恐怖が交差していたことを表していた。奴隷所有者は奴隷の反乱を恐れ、奴隷は虐待されることを恐れ、役人は治安が保たれないことを恐れていたのである。(47) 規則を導入して脱走奴隷には対処できたが、密かな抵抗ははるかに対処しにくかった。(48) 奴隷売買の船の上と同じく、奴隷所有者たちは毒や魔術はもちろん、放火される危険性を非常に恐れた。といっても、プランテーションの生活に差し迫っていたのは、主として暴力的な反乱の脅威だった。厳しい法律が導入され、さらに奴隷所有者が奴隷労働者を恐怖で圧倒できるような監視と懲罰の手段も導入された。悪事を働いた奴隷を罰するだけではなく、反乱が起きる前に鎮圧してしまうのが狙いだった。「学者たちも気づくようになってきたが、白人の暴力と黒人のトラウマででき上がっている世界というのは、実際には恐怖によって作られ、恐怖によって維持されている世界だった」と、歴史家のジェイソン・シャープル［フロリダ・アトランティック大学准教授］も書いている。(49)

しかし、恐怖は生来のものどころか、偏見と同様に、学ぶことができるものだった。ダグラスが、奴隷主の弟のボルティモアの家に初めて働きにいったとき、新しい女主人は思いやりの見本のような人で、熱心に読み書きを教えてくれた。だが、女主人の態度は夫の指導によって急速に変わっていった。奴隷に読み方を教えることは「危険だ」と、夫から再三再四言い聞かされたのだ。この経験を振り返って、ダグラスはこう結論している。「彼女が私をまるで野獣であるかのように扱うことができるようになるには、少なくとも無責任な権力をふるう練習をする必要があった」[50]。初期の奴隷制度廃止論者の文章には、恐怖は知識とともに消えるとか、奴隷が白人社会を知れば知るほど恐れは小さくなっていくといった考えが示唆されていることが多い。しかし、ダグラスに言わせれば真実は全く逆で、奴隷として扱われないことがどういうものか知ってしまったせいで、苦しむことに慣れている奴隷よりもかえって大きな不安を経験するのだ[51]。

ダグラスの体験談は、問題を次々と乗り越え、最後は自由の身になって終わるという点では奴隷制度廃止論者の物語のフォーマットと一致している。けれど、奴隷制度廃止論者が自分の体験談を勝手に利用するやり方に、ダグラスは次第に苛立ちを募らせるようになっていく。そして晩年には、平和主義的な考えから、暴力的な反抗を支持する考えに変わる。一八四五年の自伝の楽観主義的な調子は、一〇年後の『わが隷属、わが自由』では困惑した非難の調子に変わり、一八八一年に出版された『フレデリック・ダグラス、わが人生と時代』では、さらに挑戦的なスタイルになっている[52]。アメリカ黒人文学研究者のウィリアム・アンドルーズが述べているように、「奴隷制度廃止運動において、ダグラスの自己表現が制限された最大の原因は、彼の個人としての最初の自意識が未発達だったからではなく、奴隷制度廃止論者が彼を個人にならせることができなかったせいである」[53]。ダグラスは、ある奴隷制度廃止論者に「事実をくれ。哲学はこちらが引き受ける」と言われたと述べている[54]。奴隷制度廃止論者は奴隷を受動的な被害者という固定観念にあてはめ、そうしておいて自分たちが代弁者になってやると主張しているのだ。

このように奴隷制度廃止運動においてさえ、奴隷は居場所を奪われていた。けれど、居場所を奪われた奴隷の置かれた状況を最も強烈に表すイメージといえば、何といっても、ハリエット・ジェイコブズが奴隷所有者に見つからないように七年間、身を隠すことを余儀なくされた屋根裏の狭い空間の描写だろう。彼女はそこを「小さな独房」あるいは「暗い巣穴」と呼んでいる。どちらの表現も中間航路の奴隷船の船倉を彷彿《ほうふつ》とさせ、同時に、奴隷に手かせ足かせをはめる社会的・知的制約を象徴している。[55]ダグラスの言葉を借りれば、奴隷制度は奴隷を「精神の暗闇に」置きざりにしている。[56]

『わが隷属、わが自由』に付録として加えるために書いた、元の奴隷所有者トマス・オールド宛ての手紙の中で、ダグラスは「南部だけでなく北部にも、個人的で不可欠な権利よりも、単に慣習でしかない権利のほうを重視する人間はいる」と述べている。いくら権利や自由を喧伝しようと、偏見は生き続け、不平等を生み続けることにダグラスは気づいていた。しかも、その不平等の元凶は古くからある頭の中の世界観であるから、それを禁止する法律を作るのは難しいこともわかっている。「昔から続いている偏見ほど、理性の力に動かされにくい、言い換えれば、世の中と権力とから離れない悪徳はない」と、『カラー・ライン（皮膚の色の境界線）』という随筆に書いている。その随筆の中で、偏見を「道徳的疾患」にたとえ、「その疾患は自らが存在するのに必要な状況を作り出し、それと矛盾するものをすべて拒否することによって強くなる」と述べている。ダグラスに言わせれば、人種差別主義者は、どんな証拠がその存在を否定しようとも、幽霊の存在を信じ、どこを見ても幽霊が見える人間と似ている。[57]

恐怖の持つこの精神的特徴こそ、民主主義的プロセスを弱体化させ、自由を危険にさらすのである。偏見に挑戦する最も効果的な方法は、奴隷が経験する恐怖がどういうものか、わがことのように白人の読者に理解させることだと、ダグラスは暗示している。オールドに宛てた手紙に次のように書いている。

質問していいですか。もし私が暗い夜に冷酷な悪者の一団と一緒に、あなたの優雅な住まいの敷地内に侵入して、あなたの可愛いお嬢さんのアマンダの身柄を捕まえて、家族や友人など、青春時代の最愛の人たちから引き離して私の奴隷にし、強制的に働かせて、彼女の稼いだ賃金を奪い、台帳に財産として彼女の名前を記入するとしたら、あなたは私のことをどう思いますか。[58]

ダグラスの第一の戦略は、白人読者を恥じ入らせることで、その道徳的良心に訴えることだ。立場が入れ替わったらどうなるか理解させる段階で、恐怖が働いている。しかし、次第にダグラスの態度は硬化していき、一八五四年の随筆『人さらいを殺害するのは正しく賢明なことか』では、特定の状況では武力による抵抗は正当と認められると主張している。「奴隷所有者の道徳感覚に訴える必要がないばかりか、われわれには彼らの恐怖に訴える必要性と権利がある」と言い切っている。[59]

確かにダグラスの言うとおりだった。奴隷制度は法律的には廃止されたけれども、現実にも象徴的にもその支配は続いていた。そして、今日もまだ支配は続いている。歴史家のトーマス・ホルトが行った、奴隷制度廃止後のジャマイカの調査からわかるように、自由主義的な市場経済システムは、植民地経済の要求と、元奴隷の自分なりの生活スタイルを選ぶ自由との間に衝突を引き起こしていた。自由主義システムは、解放奴隷が参加してくれることを前提としていたが、解放されたジャマイカ人は大規模なプランテーションで正規雇用されるよりも、小規模の耕作地で不定期に働くことを望んだのだ。彼らが産業労働を受け入れたがらなかったことがヴィクトリア朝中期の人種に関する思い込みを助長し、奴隷から解放された黒人に政治的権利を与えないことを正当化する理由に使われた。[60]

奴隷制度の歴史を、搾取と奴隷制度廃止の物語で片づけるのは簡単だ。だが、それでは奴隷制度には終わりがないという事実を否定することになる。多くの場所で奴隷制度が廃止されると、別の形の隷従が取って代わり、解放奴隷は労働者を酷使する産業施設で使い捨てにされる賃金労働者となっていった。そして、今もなお人身売買は存在し、奴隷制度が残した構造的な不平等は現代社会を形づくり続けている。

一九八〇年代に、ブラジルの写真家セバスチャン・サルガドは、ブラジル北部のパラー州にあるセラ・ペラーダ金鉱を撮った二八枚の連作写真を発表した。(61)地元の川で金が発見され、一九八〇年に鉱山が開かれると、それこそ山のように金鉱探しが殺到した。金鉱の周囲に発達した辺境の町セラ・ペラーダは、暴力と金鉱労働者相手の売春とがはびこる治安の悪い場所だった。しかし繁栄は長く続かず、一九八六年には鉱山は放棄され、露天掘りの穴は水があふれんばかりにたまった湖と化していた。

セラ・ペラーダは衛生状態が悪く、肝炎や結核やマラリアの発生も珍しくなかった。事故も頻発していたし、試掘権をめぐる争いが暴力に発展することも少なくなかった。だが、この場所を悩ます問題はほかにもあった。近くの河川に排出された鉱山の廃水に、金を抽出する過程で使用した水銀などが含まれていたため、環境破壊による被害が起きていたのだ。

サルガドの写真には、鉱石の入った袋を担いだ一人ひとりの労働者を写したものや、袋を担いだ数千人の労働者がアリのように絶壁を上って運んでいく姿をパノラマでとらえたものがある。セラ・ペラーダとは、「剝ぎ取られた山」を意味するポルトガル語だ。なるほど、森林は切り倒され、川は汚染されたうえに流れを変えられ、山は爆破されて、まるで地球自体が地質を骨まで剝ぎ取られてしまったようだ。人間の搾取と、資源の採取による被害とが一つになった姿だ。

サルガドの写真を見ていると、過酷な反復作業の唸るような音や、手足のきしむ音や、岩を槌《つち》で打つ音が聞こえてくる気がする。これは地獄だ。これほど大勢が肉体労働をしている目も眩《くら》むほどの光景は、大勢の奴隷が苦労して独裁的な統治者の巨大な墓を建造していたはるか昔を彷彿とさせる。美術評論家のパーヴァティー・ネアがサルガドの写真について述べているとおり、「無数の男たちは、共通の絶望的な貧しさのせいでみな同じに見えるうえに、身体じゅうを覆っている泥ともほとんど区別がつかなくなっている。人間はただ使用されるだけのものに成りはて、価値もなければ、名前も区別もない」[62]。

ブラジルでようやく正式に奴隷制が廃止されたのは一八八八年のことである。なんと、それまでの三五〇年間に、推計四八〇万人のアフリカ人奴隷が連れてこられていた。しかも、その半分近くが船で大西洋を横断して運ばれてきたのだった[63]。サルバドールの港は奴隷貿易の拠点の一つで、最初は砂糖のプランテーション産業に、その後、鉱山業を含むほかの部門にも奴隷労働力を供給した。一七世紀後半にブラジル南東部のミナス・ジェライス州で金が発見され、一七三〇年代にはダイヤモンドの採取が行われていた[64]。フランスの植物学者オーギュスタン・ド・サンティレールは、一八一六年から一八二二年にかけてこの地域を旅行して、鉱山で働く奴隷の過酷な生活について次のように述べている。

奴隷たちは、ダイヤモンドを選り分ける時期にはずっと水の中に立っていなければならない。冷たくて十分に火が通っていない、ひどい食べ物ばかり食べさせられているので、腸管に問題が生じやすく、身体が動かなくなるような病気に罹りやすい。それだけではなく、落ちてきた岩に潰されたり、崩れてきた土砂の下敷きになったりする危険性も大いにある。奴隷たちの仕事は心身ともに疲れる過酷なものだ。監督官に常に見張られているので、一秒たりとも休憩することはできない[65]。

奴隷貿易の中心に恐怖があったが、奴隷制度は資本主義の世界的な台頭とも密接に結びついていた。ヨーロッパの諸帝国が、世界から野蛮な奴隷制度をなくすという文明化の使命を掲げたことが、皮肉にも一九世紀後半に帝国の拡大を正当化するための重要な口実になった。しかし、そもそも、世界規模の奴隷制度を打

セバスチャン・サルガド、『金鉱、ブラジル』。『セラ・ペラーダ』シリーズの1枚（1986年）

ち立てた張本人は、ヨーロッパの諸帝国だったのだ(66)。

一八六七年、カール・マルクスは大西洋奴隷貿易と産業社会の発展とを結びつけて、「賃金労働者というヨーロッパの隠された奴隷制度には、その土台として新世界の絶対的な奴隷制度が必要だった」と主張した(67)。ずっとあとの時代に、イギリス帝国にとって禍《わざわい》の前兆であった第二次世界大戦中、マルクスと似た主張を詳述したのが、歴史家のエリック・ウィリアムズだった。一九六二年にトリニダード・トバゴが独立した際に初代首相に就任した人物である。一九四四年に発表された先駆的な著書『資本主義と奴隷制』の中で、彼はアフリカ人奴隷貿易に先行して、白人の年季契約奉公人が労働力としてしばしば新世界に強制的に移動させられていたことを明らかにした。「白人の年季契約労働制度は、黒人奴隷制度が構築される歴史的土台だった」と述べたうえで、奴隷制度は「人種差別から生まれたのではない。もっと正確に言えば、人種差別は奴隷制度から生まれた」もので、不正な経済制度を正当化するための手段だった、と断言した(68)。さらにウィリアムズは、中心となる二つの論点を挙げた。一つ目の論点は、奴隷貿易が一七世紀から一八世紀にかけて行われたのは、南北アメリカ大陸にあるプランテーションの需要を満たす安い労働力をいかに調達するかという問題を解決するためだったということ。二つ目の論点は、奴隷制度によって蓄えられた富が、一九世紀のイギリスの産業発展を誘発するのに不可欠な資本を作り上げたことである(69)。

しかし、いったん新しい製造業経済が始まってしまうと、奴隷制度の重要性は低下した。商業資本主義と独占は、産業資本主義と「自由貿易」に取って代わられたのだ。この時点で、つまり、特に奴隷貿易の経済的価値が早くも著しく下落した一七八〇年代以降、奴隷制度廃止論者が発言力を増し始めたのだった。トリニダード島で学校に通っていた頃、ウィリアムズは、ウィルバーフォースのようなイギリスの人道主義者を敬いなさい、奴隷制度を終わらせる運動をしてくれた人物だから、と教えられた。けれど、奴隷制度廃止論者は決して公平無私な立会人などではないし、奴隷貿易廃止の第一の功労者でもないことがわかってきた。「大規模な大衆運動、その中でも奴隷制度反対の大衆運動は最大のものの一つだが、それにさえ、新たな利害関係の発生・発展と、古い利害関係の廃止の必要性との奇妙な結びつきが見られる」(70)と。

イギリス帝国全域で、奴隷制度反対運動は帝国の啓蒙の要《かなめ》と考えられていた。奴隷制度廃止のレトリックが働き、一八三三年に成立したイギリスの奴隷制度廃止法の下で、解放された奴隷を年季奉公人として労働させることを禁止する法律もできた。にもかかわらず、植民地経済は安価な労働力への依存を高めていた。奴隷と厳密に解釈すれば自由な労働者とを区別する境界線は曖昧だった。この擬似奴隷制を支えていたのが「クーリー（苦力）」貿易だ。クーリーは非熟練契約労働者に対する軽蔑語で、中国やインドから来た年季契約労働者のことである。数十万人の中国人やタミール族（インドやスリランカに住む種族）の労働者がプランテーション経済の需要に応えるため、東南アジアや、西インド諸島や、インド洋を横断してアフリカへも運ばれた。クーリーにとって、オランダ領東インドのスマトラ島、あるいはフランス領インドシナにある広大なゴムのプランテーションでの生活は生き地獄といえるだろう。一八六〇年代に、セントラル・パシフィック鉄道建設［アメリカ大陸横断鉄道の太平洋側から東へ向かう分の鉄道建設。一八六三年以降サクラメントからオレゴンに向かう三〇〇マイルの難工事を中国人労働者が担当した］のために働いた多くの中国人にとっても、それは同じだった。彼らは厳密に言えば「自由」だったが、確実に服従させるために力ずくの戦術を用いる市場システムに絡め取られていた。

奴隷貿易が公式に終わったあと、一九世紀後半に赤道アフリカで行われた植民地搾取は度を越えていた。ベルギー国王レオポルド二世が個人的に私領として支配していたコンゴでは、一八八五年から一九〇八年までの間に一一〇〇万人ものアフリカ人が死んだ。ゴムのプランテーションで強制的に働かされ、民兵組織に残忍なやり方で労働政策を押しつけられた結果だった(71)［天然ゴムや象牙の採取を命じ、割当を果たせなかった者の手首を罰として切断した］。これが、ジョゼフ・

コンラッド［ポーランド生まれのイギリス人作家］が『闇の奥』（一八九九年）で劇的に描いた「涙の国」である。『闇の奥』は、コンゴ川をさかのぼって、レオポルド二世の血に染まった恐ろしい領地の奥地へ向かう旅について語っている。[72] 奥地では一人の気の狂った白人が暴君のように現地人を支配し、周囲のジャングルには「悲しげな恐怖と完全な絶望の震えるような長い叫び」がこだましているのだ。[73]

そこから一〇〇年時間を進めると、サルガドの写真が伝えるのは、サルガドが植民地独立後も奴隷制度の恐ろしい余波が続いていることを教えてくれる。今度はサルガドが植民地独立後も奴隷制度の恐ろしい余波が続いているということだけではない。苦痛と暴力と恐怖と世界規模の経済秩序と、その四つには問題をはらんだ関係があるということも教えてくれる。奴隷状態は一種の構造的な操作へと変貌している。

この産業奴隷制度の遺産から解放されることはできるのだろうか。サルガドの写真が示唆するように、安価な労働力に依存している生産過程とサプライチェーンは、依然として驚くべき不公平を生み続けている。もしかしたら、奴隷制度は完全に自由市場資本主義の一部となっていて、取り除くことはできないのかもしれない。少なくともシステム全体が崩壊しないかぎりは無理かもしれない。[74]

二〇一四年から二〇一六年にかけて、西アフリカで流行したエボラ出血熱は、世界の多くの地域に恐怖を引き起こした。この恐ろしい病気に関するニュース報道やソーシャル・メディアの記事によって、東アジア・ヨーロッパ、アメリカでパニックが起きた。このエピデミックの影響をとりわけ大きく受けたのは、リベリア共和国の首都モンロビアの極貧地区で、中でも人口密集地域のウェスト・ポイントは特にひどかった。二〇一四年八月に、感染拡大を抑えるため外出禁止令と隔離策が施行されると、市民が暴動を起こし、いきりたった群衆に治安部隊が発砲する事態となった。[75]

リベリアは、一九世紀前半にアメリカで解放されたアフリカ人奴隷が、アメリカ植民協会の庇護の下に建国した国である。アメリカ植民協会は、奴隷所有者と奴隷制度廃止論者とが連合した団体で、解放奴隷の植民を後押しする理由はそれぞれ違っており、相反していることも多かった。ただ、黒人解放奴隷がもたらす脅威を考えれば、彼らを何とかするしかない、というのが植民を後押しする重要な理由である点は一致していた。しかし、入植当初から、再定住する元奴隷と、彼らに土地を強奪された先住民社会との間には確執があった。(76)

アメリカ人作家アラン・ハフマンの小説に登場する、ミシシッピ州の裕福な綿花プランテーションの所有者アイザック・ロスは実在の人物で、一八三六年に亡くなったとき、自分のプランテーションを売却して、その売却代金の一部を所有している奴隷たちがリベリア移住のための費用に充てるよう遺言書に書いていた。時間のかかる法廷での争いのあと、ロスの元奴隷たちは西アフリカに移住し、広大なプランテーションを作って、その地域を「ミシシッピ・アフリカ」と呼んだ。(77) 解放奴隷の子孫はリベリアでは少数派であったが、先住民労働力を搾取して莫大な富を蓄えた。そうやって、国の指導権を握り続けたが、一九八〇年にその支配も終わりを告げる。ウィリアム・トルバート大統領がクーデターによって倒されて、リベリア軍の指導者サミュエル・ドウが権力の座に就いたのだ。(78)

クーデターが起きる前、リベリアはひどく不平等な社会だった。天然資源は私腹を肥やすエリート層に吸い上げられ、一般のリベリア人たちは貧しいまま怒りをため込んでいた。トルバート大統領を倒したのは、まさにその不公平に対する怒りだった。しかし、間もなく本格的に内戦が勃発し、敵対する党派が雌雄を決する戦いを続けるうち、無政府状態に陥る。一九九〇年に、ドウ大統領は、リベリア国民愛国戦線と呼ばれる別の反乱軍の指導者、チャールズ・テイラーに殺害された。大統領になって六年後、今度はテイラーが退任させられ、国際刑事裁判所で裁判にかけられて、二〇一二年にテロ、殺人、強姦、性奴隷、奴隷労働の罪で有罪になった(79)。

リベリアの二一世紀の歴史をひもとくことは、奴隷制度が残した複雑な影響と、奴隷制度に浸透していた恐怖を解明することでもある。ヨーロッパ人に奴隷とされたアフリカ人が、奴隷制度廃止論者によって解放されて西アフリカに帰還する。だが、結局、自分たちが逃げてきた奴隷世界の虐待のシステムを作り直しただけだった(80)。プランテーションのシステムのいくつもの要素が一つに合わさって、恐怖を中心に置いた隷属の状態を新たに作り出したのだ。

第7章

群衆に埋没して

都市犯罪

●

集団暴走

●

「恐怖症」の増加

一九世紀に猛然と進んだ工業化は世界を一変させ、富をつかむ新たなチャンスを作り出したが、同時に新たな恐怖も生み出した。その恐怖の大半は、都市の貧困層がもたらす社会秩序への脅威を中心としていた。そうした恐怖は、建築や都市計画ばかりか、広く統治組織にも影響を与え始め、その影響の範囲は新しい法律の立案から警察の戦術や監視方法にまで及んだのだった。

奴隷制度と年季契約労働が近代産業の隆盛に必要不可欠であったとすれば、農村から大量に移り住んだ労働者もまた、成長著しい鉱山や工場の需要を満たすために不可欠だった。一八五一年にイギリスで行われた国勢調査で、イギリス史上初めて国の人口の大部分が都市に居住していることが明らかになった。[1]「わが国の製造業と通商の急激な発達が、非常に多くの人々を集めている」と、当時マンチェスターの労働階級の窮状に関する論文の中で、ある識者も述べている。[2]工業の発展と都市化は国の発展を大いに誇示する指標となったが、大量の人口流入とそれに伴う住宅や住民サービスへの負担は、都市の環境に対する懸念——伝染病や、犯罪の増加、そして、激しやすいうえにパニックに陥りやすい大衆の目に余る暴力に対する恐怖への懸念——を高めた。

近代の都市生活は政治的・社会的・心理的な不安定さを生み出し、その不安定さが今度はフランス革命以来ヨーロッパにつきまとっていた、過激な暴徒に対するブルジョワジー（中産階級）のステレオタイプな恐怖を煽《あお》り立てた。議会で選挙法改正が議論されていた一八六七年［第二回選挙法改正のこと。これにより都市労働者上層も選挙権が与えられた］に、イギリスのジャーナリストで自由党の政治家でもあるジョン・モーリーが述べたように、将来「民主主義」になる可能性が出てきたことに多くの人が恐怖を覚えた。[3]

こうした恐怖をさまざまなグループが活用しようとした。保守派と産業資本家は、もっと多くの法律を作って、より厳しい刑罰を科すことで反社会的な行為を抑えようとし、社会改革主義者は、同じ恐怖をもっと急進的な政策を進めるための手段に利用しようとした。一方で、急速に官僚化が進んだ国家は、拡大する知的職業階級《プロフェッション》（専門職）を支持した。彼らプロフェッションが、都市労働者の増加によって各自治体が新たに直面した難題のさまざまな側面に対応し、重要な役割を担い始めたからである。

都市の社会問題は、急成長してきたメディアの関心の的にもなっていた。製紙用パルプの機械生産と蒸気印刷機という新しい技術が、今までにない通信技術（特に電信とのちの電話および無線通信）と相まって、瞬時にニュースを送る技術を急激に進歩させた。「恐怖」を記事の目玉にすることで新聞は売上を大いに伸ばしたが、間もなく新聞自体が非難の的になった。新聞が、首絞め強盗や暴徒やおなじみの乱暴者、つまり都市の通りのどこにでもいる「ごろつき」を派手に報道して、恐怖やパニックを増殖させている元凶であると非難されたのである。政治家や社会問題を担当するプロフェッションらは、派手なニュース記事が暴力に走る傾向のある下層階級に及ぼす有害な影響を激しく非難した。[4] 殺人事件やそのほかの社会悪の身の毛もよだつ描写が、道徳的・心理的・身体的なあらゆるレベルで、それを読む多くの一般大衆に悪影響を与えている、と。

一九世紀中頃には、都市の「大衆」に関するさまざまな恐怖が表面化していた。[5] 大衆は、いつ何時その「恐ろしい力」を解き放つかもしれない不吉な「眠れる巨人」としてイメージされていた。眠りから目覚める可能性があると考えるだけで恐ろしかった。貧困層の大衆が持つ「落ち着きのない無秩序なエネルギーは、減殺されなければ、社会構造を結合している特性をすべて破壊してしまうかもしれない」からだ。[6]

ルソーは一七六三年に、「都市は人類の堕落の淵だ」と述べている。人口過密は身体を虚弱にし、「魂の堕落」につながると結論した。[7] 哲学者で政治経済学者のジョン・スチュアート・ミル〔イギリスの哲学者・社会思想家・経済学者。『経済学原理』

『自由論』」が述べているように、一八五〇年代には、特徴的な声は群衆の喧騒に呑み込まれていた(8)。以前は、個人は「それ自体が一つの力」だったが、現在では個人は「群衆の中に埋没している」(9)。都市の産業労働者という大衆の変わりやすい塊《かたまり》の内部に組み入れられると、個人はたちまち移り気な感情の揺れに屈した。一九世紀の終わりに、フランスの社会学者エミール・デュルケームが「アノミー」という言葉を用いて、病的な不安と絶望を生み出す社会的疎外の状況を説明している。近代社会で自殺率が急上昇したのは、道徳的混乱と、個人が周囲で起きている社会の変化から取り残されているように感じるところから生じる虚しさと、その二つが少なくとも原因の一部だとデュルケームは考えたのだ(10)。

ブルジョワジーのイメージの中で、大衆は労働者階級の闘争性、ストライキ、暴動、暴力、アルコール依存症、伝染病、犯罪と結びついていった。大衆は無知で偏見が強く、気まぐれで、要するに危険な存在とみなされた。「mass」（大衆）という言葉は、「こねたパン生地」を意味するラテン語の「*massa*」に由来する。パン生地と同じく大衆も簡単に操ることができるが、一旦いきり立つとなだめるのが難しい。

だがもっと気がかりなのは、大衆がいつか権力の座に就くかもしれないという予想だった。古代ギリシャの頃には、プラトンもアリストテレスもともに「衆愚政治」の影響を懸念していたし、トゥキュディデスは大衆の気まぐれをなだめるために、カリスマ的な指導者がいかに重要であるかを訴えていた。ちなみに、トゥキュディデスの考えるカリスマ的な指導者は、アテナイの将軍で政治家であったペリクレス［紀元前四九五頃～四二九年、アテネの民主政を完成し、アテネの全盛期を指導した］だった。イギリス人のパンフレット作者でジャーナリストのウィリアム・コベットは、「強者が弱者を抑圧すること」を厳しく非難したけれども、アメリカ合衆国の独立にはより大きな危険を感じていた。一八〇五年に、民主政治は「少数者に対する多数者の専制」であって、「多数者の専制では、すべての行為が人民の名によって行われる」と書いている(11)。エドマンド・バークは、フランス革命を念頭に置いて同じように、「群衆の専制政治は、一つの専制政治を何倍にも膨れ上がらせたものにすぎない」と述べて、「無分別で節操のない群衆」による支配のほうが、一人の暴君の支配よりも抑圧の度合いははるかにひどくなると示唆している(12)。

意見が対立することが珍しくなかった一九世紀の識者たちだが、その多くがそろって近代の工業化がもたらした矛盾する影響を指摘したのは、近代の工業化がさまざまな恐怖を生み出していたからだった。皮肉なことに、個人は名もない大衆に埋没して個性を失っていくと同時に、どんどん孤立を深めていった。そして、社会がこれまで以上に不均一で無秩序になるにつれて、個人は互いに見分けがつかなくなっていく。個人は、人を複製部品や機能的に同等の物に変えてしまう均質化システムの犠牲者になった(13)。

アレクシス・ド・トクヴィルはアメリカ合衆国の民主主義の活力を支持したが、大衆が夢遊状態のまま隷属に陥る脅威があることにも気づいていた。社会が崩壊しかけているように思える中、市民は一斉に孤立を深め、そのせいで外からの政治的圧力に無防備になる。ここでトクヴィルは「*massa*」の隠喩を用いて、いかに個人が「こねられて」類似化していくかを説明した。自由意志が無くなると、専制政治が人々を威嚇して、ついには「政府の指導に従う、臆病でよく働く動物の群れにすぎない」存在にしてしまうかもしれない、と述べている(14)。

ジョン・スチュアート・ミルは、選挙権をより多くの人間に与えることには賛成だったが、「多数者の専制」については繰り返し警鐘を鳴らし、多数派の考えを押しつけるのは自由な思考や個人の自由に対する脅威だと指摘した。また、リバタリアン［完全自由主義、自由至上主義。他者の身体や、正当に所有された物質的・私的財産を侵害しない限り、各人の望むすべての行動は基本的に自由であるという考え］的な考え方の持ち主でありながら、「天才」の影響が減れば反抗的な群衆を抑えられなくなるかもしれないと案じてもいた。力が「だんだん個人から、個人の小さな集団へ、大衆へと」移り、結果的に「大衆の重要性は大きくなるばかりであるのに、個人の重要性はますます小さくなっている」と述べている。[15] 通信と商業の発達は画一化された教育と相まってプラス効果を生んでいるが、一方で「人間の全般的な類似」を促進している。「個性」が破壊され、人生は「一つの統一された型」にまとめられてしまっている。[16]

しかし、誰もが同じになってきたのは、みなが同じものを読んだり聞いたりし、「同じものを希望や恐怖の的にしている」からだった。しかも、どこかの暴君が企《たくら》んでそうなったのではなく、それはむしろミルが工業化社会に本質的なものと考えるプロセスであった。「社会そのものが専制君主である場合、社会が専制を行う手段は、公務担当者の手による行為とは限らない。社会は自分で自分の命令を実行できるし、現に実行している」と、ミルは述べている。またこうも主張している。国民が個性をつぶす制度の中で生活しているせいで「数千年にわたって」停滞したままの中国に、イギリスが似てくる日も近いかもしれない、と。[17]

ミルよりずっと露骨に大衆を非難した者もいた。「暴徒、大衆、下層民はいつまでも見下げはてたままだろう」と、ギュスターヴ・フローベール〔一八二一～八〇年、『ボヴァリー夫人』『感情教育』など〕が書いたのは、一八七一年、革命派政府〔パリ＝コミューン〕がパリを掌握した年のことだ。[18] その数年後に出版された、フランス革命の解説書〔『近代フランスの起源』〕の中で、歴史家イポリット・テーヌは、集団暴力を起こすよう簡単に扇動される群衆の移り気な性格を嘆いている。[19] さらに二〇年後、ニーチェ〔一八四四～一九〇〇年、ドイツの哲学者。実存哲学の先駆者。『ツァラトゥストラはかく語りき』など〕は歯に衣着せずに、彼のいわゆる「最も価値のない、最も愚かな者による専制政治」を非難し、「高等な人間による大衆に対する宣戦布告」を主張した。[20] ジークムント・フロイトまでが、精神についての記述の中に手に負えない群衆に対する中傷を混ぜている。「精神は、われわれが生命を維持する手段として貴重な道具であるが、決して静かに収まっているまとまりではない。どちらかというと、楽しみと破壊を熱望する大衆を、賢明で優れた階級が無理やり押さえつけなければならない、現代の状態に比較できる」[21]。

大衆はあくまで工業都市の産物だった。一八四〇年代中期に、政治思想家・革命的社会主義者で実業家でもあったフリードリヒ・エンゲルスは、工業化が生み出した「巨大な集中」の状況について説明している。著書『イギリスにおける労働者階級の状態』は、ロンドンの大通りのごった返している様子を喚起させるところから始まっている。人で混み合っているにもかかわらず、大通りは寂しい場所で、歩行者は互いに目もくれず通りすぎていく。「残酷な無関心、各自が私的な利益しか考えない冷淡な孤立状態は、そうした個人が限られた空間内に密集すればするほど、いっそう不快で厭わしく感じられる」と述べている[22]。

また、「不安、強い嫌悪、恐怖――これらは大都市の群衆を初めて目にした者の心に生じる感情である」と、文芸批評家ヴァルター・ベンヤミン［一八九二～一九四〇年］は、エドガー・アラン・ポーの短編小説『群衆の人』に対する解説の中で述べている[23]。一八四〇年に発表された『群衆の人』は、約二〇〇万人の人口を擁する当時世界最大の都市ロンドンを舞台にしている。物語の語り手は一人の名前のない男で、喫茶店に座って、曇った窓ガラス越しに絶えず動き回っている大衆を眺めている。「人の頭の無秩序な海」を構成している、社会のさまざまな種類の人間に注目しつつ、「周囲にびっしり人が集まっている」というのに、なんと個人が都市の中で孤立していることかと考えてもいる。夜の帳《とばり》が下りると、語り手は群衆の中の一人の老人に注意を引きつけられる。好奇心をそそられ、その見知らぬ老人の正体をつきとめようと霧の街を追跡するが、結局、無駄であった[24]。

ポーと同じく、エンゲルスが焦点を当てているのも、群衆の社会的・心理的側面、都市の貧困化が生み出す社会の不気味な解体である。彼が結論しているとおり、「人間がモナド（単子）へ分解され、それぞれ別々の原理を持つ原子の世界と化すことが、極限まで押し進められている」[25]。工業大都市は形の定まらない群衆としてイメージされると同時に、新しい形の分離と階級化――貧しい人々が暮らすスラム街（貧民窟）、包囲されて自主隔離している家々――ともつながっている。新しい形の分離と階級化は人を孤立させる条件であって、カール・マルクスが考えたように労働者を人間性から遠ざけることになった[26]。

エンゲルスによると、イングランドの工業都市の貧困にあえぐ労働者階級は、「道徳的荒廃の渦」の中で、飢えと病気と死の恐怖に絶えずさらされて暮らしていた。マンチェスターの旧市域は「地上の地獄」だった――「こんな住居で居心地よく、くつろいだ気分でいられるのは、人間らしさをすべて奪われ、退化して、道徳的にも肉体的にも獣まで落ちた、肉体的に堕落した種族しかない」。スラム街の共同住宅は、崩れかけた煉瓦《れんが》造り、窓ガラスがないこと、悪臭を放つごみの山、煙突から噴き出す煙霧が特徴だった。物質的な崩壊は社会の崩壊を表しているので、都市の「狂った構造全体」がよく「まだ分解せずにいるものだ」と、エンゲルスは驚いている[27]。このエンゲルスの言葉は、改革主義者のパンフレットや小冊子の抜粋といっても通るだろう。違うのは、エンゲルスにとってスラム街の状況は、資本主義がかつての勢いを失った証拠だということだ。エンゲルスが呼び起こした恐ろしいイメージの数々は、結局、恐怖と憤りと怒りとを政治的行為に発展させるための手段であった。

「恐怖」は、ブリュッセルでエンゲルスがカール・マルクスと共同執筆した『共産党宣言』でも重要な側面である。これが刊行された一八四八年は、ヨーロッパ各地で暴力的な反体制抗議運動がいくつも起こっていた年だった。そういうときに共産主義の亡霊という脅威を召喚することは、それなりに役に立った。『共産党宣言』は記憶に残る一文から始まる――「ヨーロッパに幽霊が出る――共産主義という幽霊である」。この一文で、同書は一挙に怪談めいたものへと変わり、革命を「はっきりした形のない幽霊」としたバークのイメージを真似ながら、それを破壊し、工業化したヨーロッパの運命をめぐる権力闘争をゴシック・ホラーの見世物の一つに仕立て上げている。(28)

地方自治当局や政府にとって、農村から都市への人口移動と都市の過密化、エンゲルスが記述した類《たぐい》の不潔さと貧困は、これまでとは異なる種類の難題とチャンスをもたらした。スラム街は伝染病と犯罪を蔓延させるので対処する必要があった。しかし、それと同じく気がかりな問題は、反体制的なイデオロギーを説いて回る活動家に、スラム街の住人がいとも簡単に扇動される恐れがあることだった。

環境面において工業化がもたらした特有の問題の一つが、貧困層と富裕層とが近接していることだった。ある識者は、「社会のさまざまな階級の人々が、互いに依存し合っている。彼らの利害関係は複雑に絡み合って分解することができない」と書いている。特に気がかりなのは、「最下層で最も道徳心の薄い貧民が密集して住んでいる居住地の大きな塊が、ほぼすべての大都市で、金持ちや上品な人々の住居を取り囲み、すっぽり呑み込んでしまいそうになっている」ことだった。(29)

一八八九年に、社会改革運動家チャールズ・ブースは、首都ロンドンの社会経済的な階級を街区ごとに「最下層民、不品行で犯罪者に準じる者」を表す黒色や、「上流中産階級と上流階級」を表す黄色など、いくつかの色に塗り分けた地図を発表した。俗に「貧困地図」と呼ばれるこの調査結果をまとめた『ロンドン民衆の生活と労働』は、ロンドンの貧困の規模を明らかにしただけではない。ロンドンの社会と経済の現実がモザイク模様のように複雑であることを浮き彫りにした。イースト・エンドは、貧困と犯罪の中心地としてニュース記事や大衆文学の関心の的になっていたが、現実には富者と貧者がくっつき合って暮らしていた。

厄介なことに、この富裕層と貧困層の近接性が一九世紀中期以降、犯罪によるパニックを引き起こした。

特にロンドンでは、一八五六年と一八六二年の首絞め強盗のパニックは大きかった。「garrotting」(首絞め強盗)と呼ばれた街頭での暴力を報じる新聞や雑誌の記事が、中産階級を動揺させ、治安への関心を高めた(街頭での暴力的な強盗を表すには、現在なら「mugging」という言葉を使うだろう)。一八五六年、大言を吐く性質《たち》の首相パーマストン卿は、大英帝国の力が及ぶ範囲を考えれば、今や「どんなに身分の低い英国国民でも」「地球のどんなに遠方の地域にも」安全に旅行できると豪語した。しかしながら、『タイムズ』紙が反論したように、ロンドンの住人には「熱帯地域や極圏の治安」などどうでもよかった。それよりも、「絞め殺されたり、身ぐるみ剝がされたり、たとえ殺されなくても半殺しになるまで蹴られたり、殴られたりすることなく」首都ロンドンの大通りを歩けることのほうがずっと大事だった。首絞め強盗は増加している。だから何らかの手を打たなければ一般大衆の不安は抑えられないパニックへと発展してしまうだろう(30)。

もっとはっきり言えば、街頭での暴力の恐ろしい報道のせいでパニックはすでに起こりかけていた。一八六二年七月のある夕方、自由党議員ジェームズ・ピルキントンが庶民院からの帰宅中にペルメル街で襲われる事件が起こり、囚人の流刑の復活を熱望する声が上がったのである。囚人の流刑は一八五〇年代に中止されていたのだが、ここにきてあらためて適当な遠距離にある流刑植民地が必要だという議論が起こった。南大西洋のフォークランド諸島に首絞め強盗どもを送りだしてはどうか、と(31)。差し当たっては、警察の反応の鈍さを考えれば、都市居住者は自分の身は自分で守るしかなかった。ある論説の言葉によれば、「長い夜が近づきつつある(今)、われわれは拳銃を買うしかないだろう」(32)。新聞の扇情主義がヒステリックな世論の高まりを生み出し、今度はそのヒステリックさを風刺雑誌『パンチ』が誌面で戯画化する。中世の甲冑や尖った金属のついた首輪を身につけたロンドン市民たちや、自分の影に追われて逃げ回ったり木々の影法師に怯えたりしている歩行者の漫画が描かれた。

一八五三年の懲役法は、仮出獄のできる執行猶予システムによって囚人が釈放されるようになっていると、多くの社説で酷評された。この新聞報道に触発されたパニックが起きた結果、議会は急きょ法案を成立させた。一八六四年の懲役法と一八六五年の監獄法は、はるかに厳しい制度になっており、手かせ足かせと鎖の使用が認められ、有罪判決を受けた者には刑罰として重労働が申し渡された。一八六三年の「the Security from Violence Act」、通称「首絞め強盗法」は、刑務所の囚人を鞭打つことを容認していた。この法律は、一九四八年まで残った(33)。

首絞め強盗をめぐるパニック騒ぎから二〇年後、一八八八年から一八九〇年にかけてロンドンのイースト・エンドで起きた、五人の女性が殺害され遺体を切り刻まれるショッキングな事件の新聞報道が、首都にまた別のパニックを引き起こした。「切り裂きジャック」は何者かという噂が街中を駆けめぐった。事件の数年前には、『ペルメル・ガゼット』紙〔一八六五年創刊のロンドンの高級夕刊紙〕上で、道徳性が欠如している人間を表すために「サイコパス（精神病質者）」という新語が作られていた。「サイコパスには、自分の身体と利益以外、尊重すべきものは何もない」と、同紙は断言していたのだった(34)。

切り裂きジャックが誰であれ、五件の殺人は明らかに「野蛮人」の仕業だった。ロンドンのスラム街は危険な都市のジャングルで、ジャーナリスト・探検家のヘンリー・モートン・スタンリーが言い表した「暗黒大陸アフリカ」と似ていなくもなかった——「太陽光線が決して差し込むことのない」場所で、「熱い沼地の蒸気が充満した、暗くじめじめした空気の中で、発育が妨げられて身体が縮み、獣のようになって人肉を食らう人間が、潜んで、生きて、死んでいく」場所。また、メソジスト派の説教者で救世軍の創立者でもあるブース大将も同じく確信していた。「似たようなものをわれわれの玄関先に見ることはないだろうか。われわれの大聖堂や宮殿の目と鼻の先に、スタンリーが赤道地方の大森林に生息しているのを確認したものと、よく似た恐怖を発見することはないだろうか」[35]。

切り裂きジャックが引き起こしたパニックは、より大きな政治的な不安に呑み込まれていった。切り裂きジャックの凶行が始まる前年には、トラファルガー広場で政府に反対する抗議者と警察とが暴力的に衝突していた［「血の日曜日」事件といわれる］。抗議者の多くは失業中の港湾労働者だったが、その中に「不穏分子」がいることを恐れた政府は、トラファルガー広場で集会を行うことを一切禁止していた。警察を支援するために軍隊が呼ばれ、血なまぐさい衝突が起こって、数百人の抗議者が逮捕された[36]。

こうした出来事から、群衆は生来無法な性質を持っており、いかがわしい新聞や、何か魂胆のある悪質な組織に焚きつけられると、いつ何時怒れる暴徒に変わるかもしれないという思い込みが強まった。何か魂胆のある悪質な組織の一つと見られたのが、社会民主連盟だった。ロンドン警視庁の警視総監チャールズ・ウォーレンに言わせると、同団体は「より貧しい階級の人間に、裕福な連中の財産を自由に取るよう」にそそのかしていた[37]。一八八七年一一月にトラファルガー広場で起きた例の衝突事件に関する『タイムズ』紙の報道によると、「わめきたてる乱暴者たち」は、低俗で扇情的なタブロイド判の新聞の連中と首謀者とに煽られて「イギリスの日曜日を血のカーニバル」に変えてしまったのだった[38]。

群衆は暴徒に変わる危険に加えて、ほかにも危険をはらんでいた。致命的な病気を発生させ蔓延させる危険があったのだ。特に一八三〇年代以降は、ヨーロッパで大流行したコレラを発生させる危険が高かった。犯罪と社会不安と病気という三つの絡み合った問題に対処するため、当局は大規模な公共事業に資金を注ぎ始めた。暗くて狭い路地や、壊れかけた建物だらけの過密地域を取り壊して開けた空間を作り、光や空気を通し、人が楽に行き来できて治安維持もしやすくするためだった。

こうした近代化のプロセスを示す良い例が、一八五〇年代以降に、ナポレオン三世［ナポレオン一世の甥、第二帝政の皇帝］が行ったパリの再開発だった。ジョルジュ＝ウージェーヌ・オスマン〔一八五三年、セーヌ県知事になる〕の監督の下、フランスの首都の再開発が進められ、広い大通り、公園、広場、鉄道の駅、公共建築物、新しい中央市場、近代的な下水道システムが造られた(39)。回想録の中でオスマンは、古い都市の「臓物を抜き取った」と語っているが、その臓物である「ほとんど通行不可能な迷路」のような狭い街路が、パリを「暴動とバリケード」が多い都市にしていたのだ(40)。都市の貧困層は住む場所を追われたが、排除されたわけではなかった。詩人シャルル・ボードレールはこうした変化を目の当たりにして、新しい大通りの交通の耳を聾《ろう》するような音や、にぎやかな店やカフェの窓に押しつけられた、元いた場所から追いたてられた労働者階級の人々の顔を記述している。進歩は不平等を深刻化し、群衆の暮らしは新しい疎外を生み出した(41)。

一九世紀後半に都市の群衆に関して考察した最も有名な識者の一人が、ギュスターヴ・ル・ボンである。一八九五年に刊行された著書『群衆心理』は、たちまちベストセラーになった。同書は、単に新しい群衆の心理を説明するだけでなく、立法者や政治家のために群衆の扱い方に関する「実用的な応用法」を載せたマニュアルとしても活用することが意図されていた(42)。フランス語から各国語へ翻訳され、読者にはチャーチル、ヒトラー、レーニン、ムッソリーニ、ムスタファ・ケマル・アタテュルク〔一八八一～一九三八年、トルコ初代大統領。現代トルコの建国の父と呼ばれる〕、フランクリン・ルーズベルトなど、同書から得た知識を実際に活用して重大な結果を生んだカリスマ的指導者たちがいた。

「群衆の思想、感情、感動、信念は、細菌のそれと同じくらい強力な感染力を持っている」と、ル・ボンは書いている。彼の群衆の定義は包括的だ。陪審裁判で「各陪審員が個人であれば否決すると思われるような評決を下す」のは、彼の言う群衆の特性を示しているし、議会、あるいは「一般的利益に関する事柄に関する決定を下す」ために集まったいかなる団体もそうだという。こうした議会が到達した決断は、「愚か者が集まって出した決定より目立って優れているわけではない」と、ル・ボンは述べている。[43]

ル・ボンの挙げた群衆の典型すべてに共通するのは、各個人は集団の一部になると自己意識と個人的責任とを失うという考えである。それは化学反応に似た作用で、異なる元素が「化合して新しい物質ができると、その新しい物質はそれを構成するのに用いられた元素とは異なる特性を持つ」のである。感情は群衆に病原菌のように拡散する、つまり、感情は催眠術のように作用して、人々は躊躇《ちゅうちょ》なく支配的な観念を受け入れ、「個人は集団の利益のために、自己の個人的な利益を進んで犠牲にしてしまうほどだ」という。[44]

このル・ボンの考えと、フランスの神経学者ジャン＝マルタン・シャルコーの「外傷性ヒステリー」の概念にはいくらか似ている部分がある。シャルコーが外傷性ヒステリーと診断した患者は、大部分がパリのサルペリエール精神病院で治療を受けた女性だった。一八九二年にシャルコーが述べているように、ヒステリーとは、「普通の意味での病気というよりも、むしろ奇妙な形に構成された感情と反応の様式であり、その重要な要素は恐怖で、ヒステリー症状の爆発に作用する場合が多い」。ヒステリーを誘発するのは外的要因（シャルコーは「扇動工作員」にたとえている）だが、神経的な遺伝形質のある人間のほうが罹りやすい。[45]

ル・ボンにとって、群衆の精神的感染力は扇動工作員と似た働きをし、個人だけではなく、集団レベルにおいても、パニックに陥りやすい素質を発揮するものだった。どんな群衆も「動揺しやすく衝動的」であるが、各民族の生来の特質が行動の仕方に影響する。ラテン系の群衆とアングロ・サクソン系の群衆とでは行動に著しい差がある、とル・ボンは言う。一八七〇年に、いわゆるエムス電報事件［スペイン王位継承問題でフランス大使がバート・エムスにいたプロイセン国王ヴィルヘルム一世を訪れたことをめぐり、ビスマルクが電報の内容を改ざんして国内外に公表］で、フランス大使がプロイセン国王に非礼を働いたと公表されたことに対してフランス人が過度に感情的に反応し、その結果、普仏戦争が起こった。対照的に、イギリス人は、一八八五年に（スーダンの）ハルツームにいたゴードン少将を救出するために行ったナイル遠征で深刻な敗北を経験したにもかかわらず、「わずかな動揺しか」みせなかった[46]［ゴードン少将は一八八一年にアフリカでマフディーの反乱が起きたときハルツームで敗死。彼を救えなかった批判が強く、時のグラッドストン内閣は総辞職に追い込まれた］。

群衆の行動は無意識下のプロセスの現れである。ル・ボンはそれを「波」にたとえて、「大洋の表面上に現れたものにすぎず、大洋のずっと奥底にどんな混乱があるのか、誰も知らない」と言った。そして、一九世紀末の細菌学が病気の原因となる微小因子の特定に専心していたように、社会科学者の役割は、心と体に作用する潜在意識下の力を明らかにすることだった[47]。

群衆は歴史上常に存在してきたが、今日の群衆の力には新しい何かがある。ル・ボンは言っている。「今まさに突入しようとしている時代は、実に『群衆の時代』というべきだろう」。そして、「群衆の無意識な行動を個人の意識的な活動の代用とすることが、現代の主要特性の一つである[48]」。現代の都市は、根源的な行動を復活させる環境を作っている。同様に、現代世界の特徴の一つであるパニックも、本能が理性を支配する初期の人間の発達段階を想起させる、と。

ル・ボンによれば、群衆が表すのは、文明を支えている宗教上・政治上・社会上の信念が、致命的に弱体化しつつある時代の混乱ぶりであった。恐怖が支配するのは、古い時代と新しい時代の間の混沌としたこの空白期間だ。群衆は文明の危機の徴候であると同時に、促進剤でもある。「文明の骨組みが腐ったとき、それを崩壊させるのはいつも群衆なのだ[49]」。

悲観的に考えていたのは、ル・ボンだけではなかった。世紀の変わり目には、ほかにも多くの人間が、群衆がパニックに陥りやすい傾向があることに注目し、一人が他の人間を真似ると、感染力の強い連鎖反応が集団全体を呑み込むことに気づいていた[50]。また、群衆は原子の集まりに似ているので、その分子構造は化学分析が可能だ、と考える者もいた[51]。二〇世紀初期には、議論の焦点は、集団的行動を形づくっている社会的相互作用とは何かということに移っていた。一九二一年に、アメリカの社会学者ロバート・パークとアーネスト・バージェスは、「群衆は行動するとき、暴徒となる」と書いた。「パニック状態の人間たちの目的は似ているけれども、共通の目的は一つもない」。この点で、「パニックと集団暴走は、『崩壊する』社会である」(52)。

「崩壊」が世紀の変わり目のキーワードの一つだったとすると、もう一つのキーワードは「退化」だった。「退化」とは社会生物学の理論の一つで、社会が進化できるとしたら同じように退行することもあるはずという考えを前提にしていた。要するに、以前よりも楽な環境に適応した生物は、遺伝によって受け継いできた特性を失ったのではないか、ということだ。イギリスの動物学者エドウィン・レイ・ランケスター卿が一八八〇年に述べているように、「退化は、生物が変化と複雑さとがより少ない生活状況に適応していく、構造の段階的変化の一つと定義できるかもしれない(53)」。

実際、退化が工業化によって誘発されることを示す有力な証拠があるように思えた。一八九九年に、イギリスがボーア諸共和国［一七世紀に南アフリカに入植したオランダ系白人の子孫が作った、オレンジ自由国とトランスヴァール共和国のこと］と戦争を始めると［ボーア戦争］、軍隊は戦争遂行努力のために新兵の徴募《ちょうぼ》に取りかかった。入隊前に若い男性は身体検査を受けねばならなかったが、その結果は困惑するものだった。検査を受けた者の多くが、さまざまな肉体的欠陥や健康問題を抱えており、兵役に適していないことがすぐに明らかになったのである。少将のジョン・フレデリック・モーリス卿は、イギリス男性が退化した原因に、都市の発達と、「交通手段と日用品を分配する手段の莫大な増加」のおかげで可能になった新しい消費パターンの二つを挙げ、それらのせいで虫歯や偏平足や、何より「発育不全で貧血症の人間の見本」ができ上がったのだと断言した。「徴兵検査を受けた人間の五人に二人しか」兵役に就くことができない有様では、イギリスは「単なる募兵計画だけでは対処できない国の危機」に直面してい

る。衰退した総労働力が国の安全保障にもたらす脅威を認めることは愛国者の義務である、とモーリス卿は言い切った。(54)

体力衰退に関する委員会が正式に設立され、専門的な参考人を招集して証拠を集めた。一九〇四年に出た調査報告書では、多くの対策の中から、子どもの定期的な健康診断、母親向けの赤ん坊の育て方に関する手引書の発行、栄養不良の児童に対応する学校給食の制度、定期的に「身体計測」調査を行い「学校や工場にいる子どもと若者の測定結果」を記録することの四つが推奨された。(55) 福祉改革の実行が国民の信任を得て、一九〇六年の選挙では自由党が地滑り的勝利を収めた。

退化への恐怖は出版物の世界にも広がっていた。イギリスの作家H・G・ウエルズは、著作の中で退化を重要なテーマにすることとなった。進化が行き当たりばったりのものであるのなら、どうして人類の進歩と存続が必然であると言えるのだろう。一八九一年に発表された「動物学的退化」という記事で、人類の発展は止めようがないと主張する人間を批判している。(56)『人類の絶滅――ある推論』という別の随筆では、こう問いかけている。サーベルタイガーが絶滅したなら、どうして人類が同じ道をたどらないと確信を持って言い切れるのか。「今このときでさえ、おそらく、次の恐怖が身をかがめて跳びかかるときを待っているだろう。そして、人類が滅亡する日も近いかもしれない(57)」。

都市生活は住民を弱体化させていると思われ、さまざまな種類の恐怖症は急増する心身の不調の徴候と解釈された。医師たちは、神経過敏が増加する原因を人間が不自然になっていく集団環境に埋没して過度な刺激を受けることにある、と考えた。一八六九年、アメリカの神経学者ジョージ・ミラー・ビアードは、消化不良、頭痛、麻痺、痛風、生理不順などの症状を伴うさまざまな心身の不調を示す患者を指す言葉として、「neurasthenia」、つまり「神経衰弱症」という言葉を提唱した。(58)

それから一〇年後、イギリスの精神科医ヘンリー・モーズリーが、著書の『精神病理学』の改訂版で、彼のいわゆる「メランコリック・パニック」の特徴を詳しく説明した。これが精神医学で「パニック」という用語が使用された最初に違いない[59]。「鬱《うつ》病患者（メランコリック）の中には、自分でも何が怖いのかわからないままパニック的な恐怖の状態に陥って、あらゆる種類の印象に過度の感受性を示す者がいる」と結論した。モーズリーによると、鬱病患者は「すさまじいエネルギーの放出」に圧倒される。そしてメランコリック・パニックの発作に襲われている間に、「事前に計画したわけでも、熟考したわけでも、明確な動機があるわけでもなく、そのときにはほとんど意識もない状態で」殺人を犯したり、自殺を図ったりするという[60]。

ジークムント・フロイトは、神経病理学者としての教育を受けていたので、はじめは「不安」の生理学的過程に注目したが、すぐに「恐怖」を心理学的に理解することに研究を切りかえた。そのほうが「人間の精神の在り方全体に、多くの光を当てる」ことができる、というのがその理由だった。一八九五年に、「不安神経症」の概念を打ち立て、主な症状として不安を伴う症候群と、ビアードが「神経衰弱」という用語でひとまとめにしていた雑多な異常とを区別した。フロイトは、この種の不安神経症は性的欲求が阻止された結果だと示唆した。「不安は、蓄積された緊張の変容から生じる」と言い、続けてこうも述べた。「不安があるところには、必ずその人が恐れる何かがあるに違いない」。「性的興奮」、すなわち、リビドーの（本能的な）衝動は、妨げられると健康を害する。つまり、フロイトのたとえを使って言うなら、ちょうどワインが酢に変わるように、リビドーも悪くなってしまうのだ。のちにリビドーの阻害という考え方は、無意識の抑圧というさらに体系的な理論へと発展し、それとともに、無意識の抑圧から生じる強迫神経症の治療のために精神分析療法を提案することになっていくのである[61]。

フロイトは、社会通念との関連としてではあったものの、不安は個人の心理のどこで生まれるのかについて誰よりも関心を持っていた。のちに、実際に精神分析的手法を集団行動の研究に適用し、ル・ボンの「集団心理」の概念を批評する一方で[62]、個人の心理が集団のほかのメンバーたちとの関連で形づくられることは認めた。また、一九世紀の終わりには、精神《プシケ》に作用する、より広い環境と工業技術の影響に大きな関心を寄せる人々も現れていた。一九〇三年に発表された『大都市と精神生活』と題した随筆の中で、ドイツの社会学者ゲオルク・ジンメルは、都市生活が引き起こす「目まぐるしく変化し、緊密に圧縮された対照的な神経の刺激」に、都市生活者は耐えることを余儀なくされていると述べた[63]。常に刺激にさらされることによって「精神生活の感覚の土台」が再形成され、人々は世界に対して敏感に反応しなくなるが、それは刺激の容赦ない攻撃から身を守るための防御壁を建てるためだ、と[64]。拡大する都市の物的変貌は、新たな恐怖症——大勢の人で混み合う密閉した空間に対する恐怖症と、開けた人気のない場所に対する恐怖症——も作り出していた。この時代が「恐怖症の『ベル・エポック』［フランス語で「美しき時代」、「古き良き時代」の意味。一九世紀末から二〇世紀初頭、第一次世界大戦の前ぐらいまでの時期を指す］」と呼ばれてきたのは、ある意味無理もないことだった[65]。

一八八九年に、ウィーン出身の建築家カミロ・ジッテが「広場恐怖症《アゴラフォビア》」(*agoraphobia*)という新しい病を特定し、その病を「広い大通り」のがらんとした空間と関連づけた。一七世紀以降、ヨーロッパの諸都市は広い大通りや並木道の敷設によって変貌してきた。パリのシャンゼリゼ大通りや、ベルリンのウンター・デン・リンデン［ベルリンの大通りの一つ。「菩提樹の下」という意味］、ハンブルクのエスプラネード［中心部にある全長三〇〇メートルの通り］などがそうだ。古い町の窮屈で曲がりくねった道とは全く対照的に、この新しい都市にはパニック反応が起きるくらい圧倒的な開放感があった。「現代の巨大な広場に立つと、その大きく開けた空虚さと、耐えがたい憂愁のせいで、こじんまりした古い町の住人は今流行《はや》りの広場恐怖症の発作に襲われる」とジッテは書いている。「あまりにも大きすぎる広場は、周囲の建造物に大変有害な影響を与える[66]」。

一九世紀に行われたウィーンの大変貌の目玉、リンクシュトラーセは「古い市街地とその周辺地区を隔てる一本の太い環状道路」に面して建つ、「広大な公共建築と私的住居群」である。[67] ジッテは、その均質性とよそよそしい均衡とに批判的だった。不規則な街路や不規則な形の広場がある中世都市の中心部には、有機的空間とヒューマン・スケールがあるが、それとは対照的に、近代都市の碁盤目状の画一性は個性を押しつぶす、というのである。ジッテや一部の人間にとって、「オープン・プランの」都市は、人を不満な気持ちにさせる現代性の一つを具現するもの、すなわち、「無情な実用本位の合理主義」によって個人を疎遠にするものだった。[68]

しかし実は、「広場恐怖症」はジッテが作った用語ではない。一八七一年に、ドイツの精神科医カール・オットー・ヴェストファールが、通りを歩いているときや広場を横切っているとき、乗合馬車に乗ったり劇場に行こうとしたりしているときに、重度の不安を経験した患者をそう呼んだのが最初だった。[69] それから数年後に、フランスの精神科医アンリ・ルグラン・デュ・ソールが、彼のいわゆる「場所の恐怖」について詳しく述べている。デュ・ソールが言う「場所の恐怖」とは、「特殊な神経病理学的な状態で、その特徴は、特定の場所に近づくと突然、激しい心身の苦痛や、激しい不安感、純粋な恐怖にまで襲われること」だった。数ある症状には、震えや動悸、強迫的むせび泣き、過度の発汗、稀に起きる完全麻痺《まひ》がある。デュ・ソールが「広場恐怖症」よりも「場所の恐怖」という用語を選んだのは、前者だと公共の場所に限って現れる恐怖のようにとらえられると考えたからだ。しかし実際には、どんな種類の場所に出たときでも突然発症する可能性があることが臨床的観察から明らかになっていた。道路を横断中の人が突然、まるで灼熱地獄の上に浮かんでいるような、あるいは、ナイアガラの滝の上で綱渡りをしているような、極度の恐怖に襲われることがあった。デュ・ソールの患者の一人の、三人の子どもがいる四三歳の母親の場合は、アルプス山脈を訪れて以来、身体が衰弱するほどの激しい「場所の恐怖」に苦しみ続けていた。今ではシャンゼリゼ大通りを歩けば必ず眩暈《めまい》に襲われ、倒れてしまわないか心配する始末だった。その母親は開けた場所に対する恐怖に対抗するため、自宅のアパルトマンを家具や絵画や、小さな彫像や古い絨毯《じゅうたん》でいっぱいにしていた。[70]

一八七九年、英国医師会の年次総会で行われた発表で、イギリス系フランス人の医師ベンジャミン・ボールが「閉ざされた空間に対する病的恐怖を伴う精神状態」を表すのに、「閉所恐怖症《クローストロフォビア》」(claustrophobia)という用語を用いた。もっとも、この用語を作ったのは、ボールも認めているとおりイタリアの精神科医で神経学者のアンドレア・ヴェルガだった。ヴェルガは「閉所恐怖症」だけでなく、自身も苦しんだ「高所恐怖症《アクロフォビア》」(acrophobia)という用語や、ほかにも汚物に対する恐怖を示す「汚物恐怖症《ルポフォビア》」(rupophobia)という用語を作っている。[71]ボールは自分の患者の若い将校を、閉所恐怖症の臨床例として挙げている。その将校は、「ドアをすべて閉め切った部屋に独りきりでいることに気づくと、決まって抑えられない恐怖感」に襲われたという。ボールは、閉所恐怖症とは「メランコリーの鬱状態、あるいは、躁《そう》病の激しい興奮状態」であり、「明確かつ特異な形の狂気の結果と」みなすべきだと結論した。予後が良くないことも注意している。[72]

一九世紀の終わりまでに、広場恐怖症は蔓延していた。広場恐怖症的な症状を持つ「神経の」異常に苦しんだと思われる人物の中には、マルセル・プルーストやエドヴァルド・ムンクがいる。一八九八年に、医学雑誌『ランセット』に典型的な症例として、事故にあうかもしれないという恐怖のせいで自宅から出られない三三歳の男性の例が報告されている。[73]それは、医師のジョン・ヘッドリー・ニールが自らの広場恐怖症の経験を極めて率直に報告したものだ。彼が初めてその発作に襲われたのはエディンバラでの医学生時代、徒歩で大学に向かっているときだった。けれど、眩暈がして気が遠くなる混乱した感覚は、いつ、どこで襲ってくるかわからなかった。家族と教会の礼拝に出席しているときや、レスター病院の屋上から景色を楽しもうと梯子を登っている最中に襲ってくることさえあった。この恐怖症に対処するには、道徳的な決意と、集中力と、仲間との付き合いや愉快な会話に加えて、「過度の精神的緊張と暴飲暴食とを避け、食事に気を遣い、消化を助けるものや、強壮剤を使うこと」が役立つかもしれない。開けた場所に対処するには、「その場に二輪馬車があるか、杖か雨傘を手にしているだけでも自信が持てる」と、アドバイスしていた[74]。

フランスの心理学者テオデュール＝アルマン・リボーは、著書『感情の心理学』の序文に、「感情の状態に関する心理学は、いまだ混乱し遅れた状態にある」と書いた。新しい科学研究とはいえ、「人間の生命で感情と情念がはたす役割」は依然、研究が非常に遅れていると述べている。一九世紀末の心理学をまとめた最も説得力のある書物である同書において、リボーは次のように断じている――この分野は、感情は精神状態の一部だとする考えと、感情は生物学的もしくは生理学的プロセスに固有のものだとする考えに二分している[75]。リボーが同書を執筆していた一八九六年は、ル・ボンの群衆に関する研究書が英語で刊行されたのと同じ年だった[76]。その頃には、恐怖はすべて症候群に作り変えられようとしていた。

恐怖症を類別する流行は混乱した考えを生み、どうしてそういう症状が起きるのかを考えることより、症状に名前をつけることが重視されるようになった。そして、恐怖症のリストがどんどん伸びていった。「どんな恐怖の病的な発現にも、すぐさまギリシャ語の名称、あるいは、ギリシャ語とされる名称がつけられる。おかげで「針恐怖症《エイクモフォビア》」（aïcmophobia）［正しくは「尖鋭恐怖症」（aichmophobia）］や「海洋恐怖症《ベロネフォビア》」（belenophobia）［正しくはbelonephobia］、「海洋恐怖症《タラソフォビア》」（thalassophobia）に「河川恐怖症《ポタモフォビア》」（potamophobia）、はたまた「鉄道恐怖症《サイドロドロモフォビア》」（siderodromophobia）や「数字の一三恐怖症《トリスカイデカフォビア》」（triskaidekaphobia）というものまである」と、リボーは記している[77]。医師のマックス・ノルダウも、「モノマニア（偏執狂）」が一見際限なく発見されていることに批判的だった。モノマニアのリストは「意のままに長くされ、ギリシャ語辞書に載っているほぼすべての語根で装飾できるかもしれない。

だが、そんなものは言語学的医学のお遊びにすぎない」と主張した。そんなことよりもっと重要なのは、「恐怖症」や「マニア」のこうした「多様な発現」の根底にある原因であり、その原因は「退化した人間の大袈裟な感情の表出」にあると、ノルダウは考えていた(78)。

二〇世紀が進むにつれ、都市が恐怖症を増加させる場所だという考えは、より楽観的な見解の前に影が薄くなっていった。都市生活はより便利でより面白いだけではなく、経済や環境の面でもずっと理にかなっていた。だが、一九六〇年代後半から一九七〇年代になって、工業化が停滞し失業率が上がると、恐怖という因子が戻ってきた。アメリカ合衆国では暴動が相次ぎ、社会的・人種的な不和と、都市の経済的・社会的・人種的構造の脆弱さが際立ってきた。都市に対する悲観的な見方が優勢になりだし、その見方には二〇世紀への変わり目の頃を彷彿《ほうふつ》とさせる社会の退化に関する不安が表れていた。この時点で都市は、犯罪、依存症、ホームレス、汚染、感染症といった問題に苦しむ恐ろしい場所として想起されるようになっていた。エンゲルスの時代から一世紀以上経って、彼と同じように多くの人間が、都市の「狂った構造全体」がよくまだバラバラになっていないものだと首をかしげていた。

都市が生活するのに危険な場所だというマスメディアの記事を裏づけるのにも、科学が利用された。都市環境が精神病を誘発する可能性のある因子であると示された。都市で育った人間は、地方出身の人間よりも精神疾患に罹りやすく、統合失調症の危険性は地方出身者の二倍を上回っていると示唆する証拠もあった(79)。都市生活はどうも脳の仕組みに作用するようだった。脳機能イメージングを用いたある研究では、都会育ちの人間は、ストレスに対処する神経系のプロセスに、精神病を引き起こすようなダメージを受けることが示唆された(80)。

またもや都市は根本的に不健康で不安定な場所として見られるようになった。都市の社会的・環境的・生物学的な脅威に対して、新しい監視技術と防御的な都市計画が導入された。その良い例が、閉回路テレビシステム〔ビデオ監視ともいう。監視カメラなどのこと〕、公共の場からの撤退、ゲーテッド・コミュニティー〔安全を確保し資産価値を保つために周囲をゲートとフェンスで囲った住宅地。一九九〇年代に入ってからアメリカの大都市やその近郊に増えた〕の発達である。「安全に対する強迫観念」が恐怖と政治不信とに火をつけた。とりわけ「要塞アメリカ」では「安全に対する強迫観念」が強く、犯罪率が低下しても銃の所有率は上昇し続けた[81]。

その一方で、郊外もまた脅威にさらされていた。二〇世紀末には、犯罪と無秩序に対して高まる恐怖への対抗手段として、家庭用防犯装置とともに地域の自警活動が導入された。一種の被害者意識の文化が生まれたのだが、それは一般的な恐怖を強めて凝り固まった社会的・人種的な偏見を持続させただけではない。特権的なコミュニティーの力をさらに強め、社会の分裂を大きくし、新しい都市計画が回避するはずだった脅威まで出現させてしまった[82]。

第8章

機械から出た悪魔

人間性を奪う技術主義社会

●

感電死

●

「映画恐怖症」

状況の悪化する大都市と興奮しやすい大衆だけが、一九世紀のパニックの原因だったわけではない。工業や科学技術に関しても新しい「恐怖」がたくさん生まれていた。一八五一年五月、ヴィクトリア女王陛下の御臨席を賜り、ハイド・パークで万国産業製品大博覧会（第一回ロンドン万国博覧会）が開幕した。『タイムズ』紙が表現したように、それは「世界中の有用技術の勝利の祭典」だった。[1] この産業の華やかなショーの開催地となったのは、建築家ジョセフ・パクストン卿の手によって鉄とガラスで造られた、クリスタル・パレス（水晶宮）だった。クリスタル・パレスはそれ自体が技術の粋を集めた展示の目玉であり、驚異の工業製品――コルト社の拳銃やグッドイヤー社の硬質ゴム製品から、水圧プレス、ポンプ、蒸気機関、自動ミュール紡績機に至るまで――を展示するのにふさわしい場所だった。しかし、このように工業技術を熱烈に支持し、高らかに進歩を絶賛する一方で、一九世紀は工業技術に対して悲観的な見方をする時代でもあった。それは多くの点で、現代のわれわれのテクノロジーに対する見方と酷似している。われわれの生活を一変させる人工知能（ＡＩ）、ロボット工学、バイオテクノロジーの進歩は、期待と同時に脅威でもある。[2] それと同じく、一九世紀には蒸気動力と電気と生産機械化が、経済・社会・政治に引き起こした多大な変化が、期待とともに脅威だったのだ。

　産業革命が進むにつれ明らかになってきたのは、技術手法や製造工程から新しい法律・慣習・制度にまで及ぶ一つの社会工学的なシステムが、機械・鉱山・道路・工場・都市によって作り出されたことだった。[3] 機械的革新の利点が明白であるなら、その欠点もまた明白で、悪い事態になったときはなおさらそうだった。当時の政府の報告書や新聞記事には、工場労働者がどれほど恐ろしい傷害を負ったか列挙されている。指や手や腕が大きくてかさばる機器に挟まれて潰されたり、紡績工場の女性労働者が梳綿機《そめんき》のローラーに髪の毛を巻き込まれて頭皮が剝がれたりする事故が頻繁に起きていた。一八三二年に発表された、イングランドのある紡績工場での生活を綴った体験談には、「恐怖の光景」が描かれている。働いていた一〇歳の女の子のエプロンがシャフトに引っかかって、その子は機械に吸い込まれた。骨が砕けシャフトの枠や床に血が飛び散ったという。(4)それ以外にも、機械のやかましい音に絶え間なくさらされるせいで耳が聞こえなくなったり、粉塵を吸い込んで肺障害を患ったりと、繊維工場には職業上の危険がいくつもあった。ボイラーの破裂事故が起きると労働者の遺体は醜く傷つき、誰か見分けがつかなくなることも多かった。(5)

鉄道は近代の象徴である一方で、死の機械となる場合もあった。(6)ボイラーが破裂し、車軸が壊れ、信号が故障した。衝突や脱線や社会基盤の不備が原因で死亡事故が起きるのも珍しくなかった。橋が崩落して機関車が落ちることもあれば、土堤が崩れて転げ落ちたり、機関車が車止めをオーバーランしたりすることもあった。事故は多くが人的過誤によるものだったが、工業力が生み出した残念な副産物であるかのように論議されることもあった。(7)

身体と全く同様に、精神も壊れる可能性があった。列車は「鉄道脊椎《せきつい》症」、「驚愕神経症」、「ヒステリー性神経症」、「外傷性神経症」などさまざまな名前で表される多彩な症状と関連していた。(8)鉄道旅行による心的外傷の身体的・心理的な側面は、「鉄道事故の激しい衝撃にさらされた」乗客が、脊髄と神経系に負った損傷に関する多くの医学的研究の中にまとめられている。(9)

とりわけ、鉄道事故は技術革新のユートピアという夢に潜む悪夢の典型だった。一八九〇年に発表された、ゾラの小説『獣人』(*La Bête humaine*)は、最後に運転士のいない列車が兵士を満載したまま大惨事に向かって夜を疾走していくところで終わっている。そのあと脱線事故が起きて、金属でずたずたに切り裂かれた死体の山が築かれるだろうということは誰にでも想像がつく。間違いなく、戦場で兵士たちを待ち受ける大量殺戮《さつりく》に匹敵する惨状となるだろう。同小説の時代設定は、普仏戦争中の一八七〇年から七一年の間である。

パリ、モンパルナス駅脱線事故(1895年10月)

この戦争では、プロシア軍が近代技術の力によってフランス軍を粉砕した。ゾラの列車は、言ってみれば軍と民をうまく嚙み合わせたより大きな産業複合体の一部なのだ。

一八九三年にシカゴで開催された、コロンブスによる南北アメリカ大陸「発見」四〇〇周年を記念する世界コロンビア博覧会（シカゴ万国博覧会）では、世界最大の大砲がクルップ銃展示会場の目玉だった。進歩の聖堂ともいえる同博覧会は、世界初の動く歩道、別名「トラベレイター」や、自動食洗機・蛍光灯の原型、最新式エレベーター、ファスナーなどの新しい発明品の話題でもちきりだった。(10) 来場者は電話で音楽を聴くことができたし、シカゴ市サウスサイドのミシガン湖畔にあるジャクソン公園には、巨大なフェリス・ホイール――これを建設した技師のジョージ・ワシントン・ゲイル・フェリスにちなんでそう名づけられた巨大な観覧車――がそびえ立ち、「人間の力が物理的な力を従属させたこと」を象徴していた。(11) 同博覧会は二七〇〇万人を超える来場者を集めた。来場することが「おそらく現時点で、世界一エネルギッシュで進取の気性に富み、向上心にあふれた人間」であることの証明だった。(12)

しかし、この進歩には負の側面があった。イングルウッドの博覧会会場から少しばかり西に行った場所で、三三歳のハーマン・ウェブスター・マジェットがシカゴへ殺到する観光客の要求に忙しく応えていた。万国博覧会ホテルと銘打った、彼が所有する三階建ての建物の二階と三階は、迷路のように客室が配置され、若い女性に賃貸しされていた。一階部分には、マジェット自身が経営する薬局をはじめとした店舗が入っていた。ヘンリー・ハワード・ホームズという偽名で通っていたマジェットは、実は詐欺師で重婚者だった。そして、あとで判明したことだが、連続殺人鬼でもあった。

一八九五年七月にマジェットが逮捕されたあと、同ホテルを家宅捜索した警察は、建物に殺人を行うための設備が備えつけられていたことを発見した。新聞や雑誌は建物の平面図と称するものを発表したが、それには死体を下ろすためのエレベーターと並んで「死のシャフト」や「窒息部屋」が記されていた。さらに、扇情的な記事は、ホテルの部屋は防音装置が施され、のぞき穴がつけられていたとか、跳ね上げ戸を開くと密閉された地下室に通じていたとか、偽の壁で迷路のような廊下が隠されていたとか、窓のない部屋が即席のガス室に使われていたなどと、盛んに報じた。マジェット（ホームズ）はミシガン大学で医学を勉強していた。そのせいか、地下室で解剖台や酸の入った大樽、ガソリンタンク、生石灰、数々の医療器具が警察によって発見されたらしい(13)。その中に「弾力性決定機」があったと、のちに主張する者も現れた。それは革ひものついた台で、人間の身体がどこまで伸びるか調べるためにマジェットが考案したという話だった(14)。ありふれた外観とは裏腹に、実は同ホテルには「最も進んだ国内の技術の数々が結集されていた」のである。マジェットはのちに二七件の殺人を自白したが、犠牲者の正確な数は今もってわかっていない。一八九六年五月に絞首刑に処せられたが、首つり縄を前にしても恐怖を感じている様子は一切見せなかったようだ。遺体はコンクリート詰めにされて、ペンシルベニア州エイドンにあるホーリー・クロス墓地の墓標のない墓に埋葬された(15)。

一八九三年五月一日、アメリカ合衆国大統領グロバー・クリーブランドは電気のボタンを押して機械館の大きなコーリス・エンジン［コーリス蒸気エンジン。バルブの仕掛けにより蒸気が節約できた蒸気機関］に点火し、シカゴ万国博覧会に生命を吹き込んだ。同博覧会の「明るく輝く無数の電灯」に電気を供給したのと同じ電線が、マジェットの殺人の最新設備にも電気を供給していた(16)。マジェットも来場したこの万国博覧会は、有益な進歩のために工業技術が利用される輝かしい未来図を示していた。だが、彼の「殺人の城」では、工業技術は全く違う目的のために利用されていた。ニューヨークのある新聞の言葉を借りれば、シカゴの建物の一つが「紛れもない殺人工場」に変えられていたのだった。[17] 殺人の犠牲者を始末するために炉が設置されていたが、それは「スイッチを押して原油を噴射すると、蒸気で霧化して、一分足らずで炉全体が無色の炎でいっぱいになり、鉄も溶けてしまうほどの高温になる仕組みになっていた」。そうマジェット自身が供述書に書いている。[18]

そうこうする間にも、イングルウッドには不快な臭いが漂っていた。ちょうど真北のニュー・シティーにある、ユニオン・ストックヤード［一八六五年に建設された巨大な食肉加工地区］から流れてくる臭いだった。そこでは実に大規模な食肉処理の機械化が行われていたのである。約四〇〇キロメートルの鉄道線路を通って、毎日、羊はもちろん牛と豚がそれぞれ一万頭搬入され、そのすべてが「まさに死の川」となって、シュートと呼ばれる通路を押し合いへし合い進んでいく。建物の外側には、極上ハムと高級ベーコン、精選ビーフ、極上ソーセージの素晴らしさを宣伝する看板が並んでいた。建物内では、レバー操作で動物は鎖に吊り下げられ、動物の悲鳴が建物中に反響していた。

このユニオン・ストックヤードを舞台にしたのが、アプトン・シンクレアの一九〇五年の小説『ジャングル』で、シカゴの食肉加工業の労働状況がつぶさに描かれている。実地調査に基づいた、「読めば背筋がぞっとする物語」である。主人公は「屠畜場《キリング・ベッド》」と呼ばれる生産ラインで働く作業員だ。そこで働く作業員たちは、「驚嘆すべき機械」の速さと力で仕事をこなしている。登場人物の一人が言うように、このシステムでは何一つ無駄にせず「悲鳴以外、豚のすべてを利用する」。作業員がさんざん歩き回り、唾を吐いたりしている床の上に落ちた肉もかまわずかき集めて巨大なミキサーに投げ入れ、ソーセージにしてしまう。その過程で、うっかりネズミの死骸も落ちた肉と一緒にミキサーに放り込まれる。肥料工場では、ときおり作業員が蓋のない大桶に転落することがあるが、骨以外はすべて溶けてダラム社の純正リーフ・ラードになる。[19]「それは見られることも、気づかれることもなく、闇から闇へと葬り去られる。地下牢で行われる恐るべき犯罪に似ている」と、小説の語り手は述べている。[20]

『ジャングル』の雑誌連載が始まる前年の一九〇四年の夏、現実の卸売り牛肉産業で食肉加工の労働者たちがストライキを起こし、家畜置き場で暴動が起きて労働者が発砲されたり殴られたりする事件があった。[21]『ジャングル』が発表されてショッキングな労働条件に再び関心が集まると、マスコミ報道が活発になって、一般大衆に憤りとパニックが広がった。時のアメリカ大統領セオドア・ルーズヴェルトも改革に乗り出さずにはいられなくなり、一九〇六年に食肉検査法が制定された。この法律によって、不純物の混ざった肉や畜産物を食品として販売することが禁止された。[22]

一八六〇年代後半以降、シカゴの食肉加工産業では工業化された食肉解体ラインが発達していた。のちにこれから着想を得て組立ライン方式を開発したのが、デトロイトの自動車会社フォード・モーターだった。「組み立てラインのアイデアは、シカゴの食肉加工業者が牛肉を解体するのに使っているオーバーヘッド・トロリーから自然に浮かんできた」と、ヘンリー・フォードは自伝の中で回想している。[23]一九二六年には「大量生産とは、力・正確さ・経済性・システム・持続性・スピードという原則に基づいた製造計画に取り組むことである」と述べている。[24]フォーディズム（フォード主義）として知られるようになるこの生産手法や経営思想は、標準化と効率という、アメリカの機械技術者フレデリック・ウィンズロー・テイラーの著作で奨励された考え方を基礎にしていた。テイラーは一九一一年に発表した学術論文『科学的管理の原則』で、「こうしたより迅速な作業は、方法の標準化を徹底し、最適な道具と最善の労働条件の採用を徹底し、協力を徹底することでしか保証されない」と述べている。[25]

しかし、機械と触れ合うことが多くなるにつれ、人間はだんだん人間でなくなっていくと恐れる者もいた。そして、もし機械が知能や感覚まで身につけて、人間が廃《すた》れてしまったらどうなるだろう。こうした恐怖は、工業技術の未来への過度の期待に相殺《そうさい》され、また、その期待のせいで強まることもあった。工業技術に対する楽観的な見方は、人類に対する暗い見方とワンセットだった。工業化社会は、自らが依存してきた精巧な工業技術に征服されつつあった。

早くも一八二九年には、スコットランド出身の歴史家・哲学者のトーマス・カーライルが、一九世紀を「機械的な時代」と断定していた。「現世のすべての目的のために、また現世を超えた若干の目的のために、われわれは機械を持ち、機械の助けを借りている」と記している。社会に与える衝撃がどのようなものになるかに思いをめぐらせ、この機械化が「われわれの存在のあり方全体を変えてしまう」だろう、それも良い方向に変えるのではない、と推量した。「人間は手だけではなく、頭も心も機械的になっている」と嘆いている。[26]

一八四四年には、カール・マルクスが、工業化社会においては労働者は商品となりはてて、自分の作った物からも、同じ人間からも疎外されてきたと主張した。「人間世界の価値の切り下げは、物の世界の価値の上昇に正比例する」と述べている。[27] 一八六七年に発表された代表作『資本論』の第一巻では、人間が機械に不満を抱くのには長い歴史があったことを読者に思い出させている。一七世紀には、労働者たちがリボン織機、つまり「リボンやレースの縁飾りを編む」機械に対して暴動を起こした、とマルクスは言う。一七五八年にイギリスに初めて水力による剪毛機《せんもうき》が導入されたときは、機械化の結果、解雇されて誇りを傷つけられた労働者たちが機械に火をつけた。[28] 農業労働者や技工労働者が工場労働に変わるにしたがって、職を奪われる恐怖は急速に増大していった。機械が力を増せば増すほど、労働者は力を失っていく。自動機械が熟練労働者の生計を脅かしているという確信が引き金となって一九世紀初期のラッダイト運動(機械打ち壊し運動)が起き、織物工らがイングランド中部や北部で機械を破壊したのである、と。

もちろん、機械化を擁護する人間もいた。スコットランドの医者アンドリュー・ユアは、自動工場システムを「文明の偉大な代行者」と称賛した。一八三五年に刊行した著書『製造業に関する基本原理』の中では、機械的製造業を社会秩序の模範として擁護している。すなわち、機械的製造業を「多くの機械的器官と知的器官からなる巨大な自動装置であり、一つの共通目標の生産のために絶え間なく協調して働いていて、それらのすべてが一つの自己制御的な動力に従属している」ととらえているのである。[29] ユアは機械化を機械的協調といううっとりするような理想像としてとらえているが、マルクスが指摘したように、彼の言う機械的協調は人間と機械との関係に対する矛盾した解釈の間で混乱を来たしている。ユアは機械を管理する労働者の姿を思い描く一方で、「自動機械」が支配する立場に立つ日が来るだろうと示唆もしているのだ。[30]

では、機械がそれほど素晴らしいなら、人間など全くなくてもいいのではないか。マルクスは、工場では人間が疎外されて意識のない歯車の歯に落とされると警告した。そして、「中央の自動装置から伝達機構をとおして動かされる組織化された機械システムは、機械による生産の最も発達した形態である。ここには個々の機械の代わりに、その身体が工場全体を満たす機械の怪物がいる」と断言している。[31]

この機械の怪物こそ、不気味に生物化した機械と、自動人形に変えられた人間とが合体して巨大化したものから現れる「機械から出た悪魔」(*diabolus ex machina*)であった。悪魔的な力はさておき、この機械の怪物には意識があったのだろうか。一部の人間には確かに意識があるように思えた、いや、少なくとも人間と機械との境界線は危険なほど曖昧になっているように思われた。一八七二年に発表された、サミュエル・バトラーの風刺小説『エレホン』では、語り手が、知能を持ち自己再生できる機械の台頭によって人類がさらされる危機について考察している。「この数百年間に機械がどれだけ並外れた進歩をとげたかを思い返し、次に、それと比べて動物界と植物界の進歩がいかに遅々たるものであるかを考えてみよ」。また、「とはいえ、蒸気機関にある種の意識がないと誰に言えようか。意識はどこで始まり、どこで終わるのだろうか。誰にその境界線がわかるのか。どんな境界線であれ、誰かにわかるものなのか」とも述べている。[32]

機械の進歩は、それが人間にとってどういう意味を持つかという問題を生じさせたことは間違いないが、同時に機械の利用のされ方に関して倫理的な問題があることも明らかにした。たとえば、すでにこのとき、電気は人を殺害する目的で使用されていた。ちょうどハーマン・ウェブスター・マジェットがシカゴにある自分のホテルの地下室で犠牲者を焼却処分していた一八九〇年代には、死者を効率的かつ衛生的に処理する方法として、火葬が普及しつつあった。[33] その一方で、感電死による処刑がその利点から評価され始めていた。一八九〇年、ニューヨークのオーバーン刑務所で、ウィリアム・ケムラーが初めて電気椅子で処刑された。トーマス・エジソンは電気椅子による死刑は苦痛をあまり与えない人道的なものだと主張していたが、ケムラーの処刑に立ち会った人々の報告によると、電極をつけたケムラーの頭は焦げて出血し、処刑室は肉の焦げるひどい臭いでいっぱいになったという。電気椅子による処刑を支持する団体が宣伝していたのとは違い、「瞬時に命が消滅する」のとはほど遠い結果に終わった。[34]「斧を使えばもっとうまくやれただろう」と、ある立会人は皮肉を言った。それはケムラーが妻を手斧で殺害したことを辛辣にあてこすった言葉だった。[35]

電気による死を表す言葉を作るとしたら、どういうものがいいと思うかと問われて、エジソンが思いついたのは、「ampermort」「dynamort」「electromort」という言葉だった。[36] この三つのうちのどれでも、ムンクの『叫び』の効果的な副題になったことだろう。一八九三年に描かれた同絵画は、今日、ありとあらゆる現代の恐怖を象徴する存在になっている。幻影のような人物が両手で恐怖に襲われた顔を包んでいる。両目を満月のように真ん丸に見開き、口を大きく開けて実存的な叫びを上げている。その叫びは、彼の内面の何か曖昧模糊としたものから発せられているようだ。表現主義的様式［二〇世紀初頭にドイツを中心に起こった芸術運動。画家の内面の表現を重視し誇張した形態、強烈な色彩の鋭い対照、題材の主観的・象徴的な扱い方など」が特徴の色彩の曲線は、耳をつんざくような音の波で、その波が身体と風景を溶かし、絶え間ない圧倒的な叫びへと変えていく。高まる電磁波、脈動する電流に苦しめられる宇宙、壮大なショック療法の一例だ。

一八九〇年代には、電気療法の新時代が始まっていた。開拓したのは、フランス人の「電気生理学者」のジャック＝アルセーヌ・ダルソンバールと、セルビア系アメリカ人の電気技師ニコラ・テスラだった。高周波の交流電流を人体に用いて、癌《がん》、便秘、失禁、不眠症、「病的な性的障害」だけでなく、てんかん、ヒステリーから片頭痛、耳鳴りまで、何でも治療した。(37) ムンク自身も、精神科的症状を治療するために非痙攣《けいれん》性電気療法を受けていた。(38)

ムンクが『叫び』のインスピレーションを受けたのは、ノルウェーからパリに留学した一八八九年までさかのぼる。ムンクがパリにいた頃、ちょうど同市はフランス革命一〇〇周年を記念した万国博覧会を開催中で、「原始的なもの」や「異国風なもの」の展示と並んで、まばゆいばかりの光を用いた展示や、ライトアップした噴水、ギュスターヴ・エッフェルが手がけた高さ三〇〇メートルの錬鉄製の塔に代表される超近代的なものも見ることができた。「何もかもが光り、きらめき、輝いていて、いつまでも目を楽しませてくれる」と、ある入場者はうっとりと感嘆の声を上げている。(39)

もしかしたら、ムンクは当時トロカデロ宮殿にあった民族学博物館に行って、ペルーのチャチャポヤス文明の戦士のミイラを見たのかもしれない。(40) ムンクの有名な絵画の中心人物と、ミイラの表情には確かに似ているところがある。ムンクにインスピレーションを与えたもう一つのものは、「白熱電球」だったかもしれない。白熱電球はエジソンのそのほかの発明品と一緒に展示されて、パリ万国博覧会の目玉の一つになっていた。(41) エジソンの電灯の形と、ムンクの絵の電気ショックを受けたように叫んでいる人物の白く光る頭の形

エドヴァルド・ムンク、『叫び』(1893年)

とには、確かに著しい類似点がある。戦士のミイラと白熱電球、この二つのインスピレーションを混ぜ合わせれば息を呑むような甦《よみがえ》りが起こる——死体が衝撃を受けて暗闇の底から復活し、息をしようと苦しそうにあえぎ出すのだ。

ずいぶん昔から、電気には死人を生き返らせる力があると言われてきた。メアリー・シェリーの『フランケンシュタイン』では、命のない怪物に「生命の火花」が注入される。「死体を甦らせることはできるかもしれない。ガルヴァーニ電気［一八世紀のイタリアの医師ルイージ・ガルヴァーニが、生物内で電気が発生し、またその作用によって生体の筋肉組織が収縮・痙攣することを発見。彼はこれが有機体に生命を与えるものだと信じた］は、その可能性を示していると言えるのではないか」[42]と、シェリーは同小説の一八三一年版の前書きに記している。彼女が言及しているのは、イタリア人医師ルイージ・ガルヴァーニが行ったセンセーショナルな実験のことで、その実験は死人を生き返らせることができると暗示するものだった。電気ショックを受けると、動物の死骸や処刑されたばかりの囚人の遺体は目が開いたり、顔をゆがめたりして、生き返ったように見えたのだ。[43]

けれど、一九世紀末に大規模に電気が使用されるようになると、それより前の時代に人々が抱いていた電気に対する希望や恐怖の性質は一変してしまった。電気には物を変容させる力があるという主張が大きくなればなるほど、電気にまつわる恐怖も大きくなっていった。一八九五年の記事で、アメリカの電気技師トマス・コマフォード・マーティンは、力の分配を可能にしたテスラの「素晴らしい発明の数々」を称賛した。電気が可能にした大変革はどれも目を見張るものだったが、テスラがオシレーター（発振器）を開発して初めて、科学技術は「すべての大陸に広がる、抵抗できない訓練された力」に、すなわち「想像もつかなかったようなチャンスを与える」力に変換できるようになったのである。[44]

電気は、距離を征服し迷信を駆逐する手段になった。通信技術分野における革新的なアイデアが、人間の移動や通信のやり方を一変させつつあった。ムンクが『叫び』を描いたのと同じ一八九三年に、テスラは強力な機械によって、間もなく「地球の静電状態」を妨害できるようになるだろうと宣言した。つまり、彼が別のところで言った言葉を借りるなら、「われわれの機械をじかに自然の機械に接続すること」が可能になるだろう、と宣言したのだ。電気によって、ナイアガラの滝のエネルギーも、光や熱や力として利用・分配できるだろう、と。[45] しかし、こうした科学と科学技術の抑制のない発達、それによって自然に与えかねない影響、この二つに不安を覚えた人間は少なくなかった。ムンクも少しの間工学を勉強したあと、中退して美術の道に進んだ人物だっただけに、日記にテスラたちの発明に対する複雑な思いを記している。ある謎めいた記述には、「電線を指揮し――片手に機械を持っている」恐ろしい存在が記録されている。キリストは「原始の光の火花」、熱を発し「大気の疎密波を振動」させる電気ショックだとも書いている。[46]

新聞はこぞって電気の素晴らしさを称賛したが、その一方で電灯や蓄電池が都市の住人にもたらす危険についても頻繁に報道していた。感電による事故死の記事が多かった。特に危なかったのは、街路を横切って張り渡されたアーク灯のもつれた電線だったが、電気で動く奇妙な機械によって再形成されつつあった大衆文化に存在する危険もまた、大きな脅威だったことは言うまでもない。人工照明のおかげで、生活のテンポが速くなり、一日の労働時間が延長されていた。それらすべてが人間の神経組織にストレスを与え、疲労や早期老化を引き起こし、極端な場合は死を招くこともあった。健康面・安全面の懸念はさておくとしても、電気はさまざまな不安や恐怖をかき立てた――誤った使い方をして危険に陥るかもしれないという不安、私企業が電気を促進するのは何か秘めた動機があるからではないかという不安、電気の使用によって予想もしなかった影響が出てくるのではないかという不安、そして、人を疎外し魂を破壊する電気の特性に対する恐怖だった。

エジソンは、自身の電気に関するすべての発明の中で、蓄音機ほど「文明世界からこれほど大きくて熱い注目を集めた」ものはなかったと述べた。歴史上初めて、捕まえにくい音を捕らえることが可能になったからだ。[47] しかし、すぐに科学技術に懐疑的な人間たちから、盗聴や諜報活動に加えて、プライバシーや知的所有権を憂慮する声が上がった。[48] そうした不安を和らげるために、一九〇八年のベルリン会議でベルヌ条約が改正され、保護される文学的および美術的著作物に、写真と映画と録音物が加えられた。

『ニューヨーク・タイムズ』紙はエジソンの発明品を激しく非難し、「エジソン氏は発明品を作りすぎである」と断じた。同氏は「電気中毒に罹っている」だけでなく、その発明品はほぼ例外なく、「最も有害な性質の物」である。蓄音機が「迷惑な企て」であるなら、それ以上にひどい発明品は、いわゆる「エアロフォン（aerophone）」、音を増幅させる装置である。なぜなら、この装置は最終的に「完全な社会の解体」を招くかもしれないからだ。[49] また、『ロンドン・フィガロ』誌は、ほんの少し皮肉を込めて、「男性も女性も文明から逃げ出し、無数のエアロフォンの轟音《ごうおん》から逃れて静かな森に逃げ込むだろう」と書いた。[50]

しかしながら、一九世紀後半の最も革新的な科学技術は、電信だったと言ってよい。一八四四年に初めて電信メッセージをワシントンDCからボルティモアへ送ったのは、サミュエル・モールスだった。彼が開発したモールス符号は、テキスト文字を標準化したシークエンスとして符号化する手段である。この科学技術が電話と無線通信の基礎となり、この二つの技術は恐怖とパニックの性質を一変させた。流言や誤報がこれまでよりずっと簡単に広がるようになったからだった。

一八七〇年代には、電信ケーブルが世界中に張りめぐらされていた。そして、歴史上初めて、メッセージが人間の足よりも速く伝えられるようになった。「コミュニケーション」という言葉が「情報の伝達」という現代の意味を獲得したのは、このときである。[51] 情報の伝達において時間と距離とが問題でなくなったおかげで、計画を立てて危機を軽減する余裕が生まれた。当局が遠方で生じた脅威をほとんど瞬時に知ることが可能になり、脅威に備えるための貴重な時間が生まれた。

だが、電信にも弊害はあった。新聞は今や電信による情報収集に頼りきりになり、かえって「甚大な被害」を引き起こした。ニュースのスピードがとにかく「速すぎて、真実かどうか見極める時間がなかった」ので「甚大な被害」を引き起こした。(52)また、電信は社会を乱す力としても作用した。一九〇六年の『パンチ』誌に、一組の男女が公園に並んで腰を下ろして、どちらも電信機をじっと眺めている風刺漫画が載った。「この二人はコミュニケーションを取り合っているのではない。女性は別の男性から逢引の誘いを受け取り、男性は競馬か何かの結果を受け取っている」と、説明書きには書かれている。(53)

さらに、電信には反体制的活動に対して脆弱であるという恐怖もあった。ネットワークが破壊されたり、通信が傍受されたりする可能性があったのだ。アメリカ南北戦争の期間中［一八六一年四月一二日〜六五年四月九日］、いくつかの州では私的な電報の内容を暴露した者は刑罰に処せられた。通信傍受を禁止する最初の法律がカリフォルニア州で導入されたのは、一八六二年にパシフィック・テレグラフ・カンパニーが建設する電信線が西海岸まで到達［これにより初の大陸横断電信網が完成した］したあとのことだった。その新法のもとで最初に有罪になったのは、企業の電信を傍受して株式買人に情報を売っていた株式仲買人だった。(54)

大英帝国内に同様の法律が導入されたのは、植民地当局が電信の引き起こす問題に不安を感じ始めた頃だった。当初、ヨーロッパの帝国列強の植民地では、科学技術はパニックに陥りやすい現地人たちを管理するのに役立ちそうな道具に思われた。ところが間もなく、それは甘い考えだったことが明らかになる。反植民地勢力が電信を送って活動計画を立てたり、プロパガンダを広げたりし始めたのだ。(55)それに加えて、情報過多という問題もあった。容赦なく流入してくるデータから重要な情報だけをどうやって選び出せばいいのか。

一般大衆に情報を与えすぎるのは、情報をほとんど与えないのと同じく危険なことかもしれなかった。

電信に対する不信がもたらす問題の多くは、のちに電話に関して生じた問題を先取りしていた。電話も、感電死の可能性を考えると安全ではないと思われていた。また、「神経の」病気を、特に女性の電話交換手に引き起こすと信じられていたし、「常にシステムの騒音」と、頻繁に起こる通話の中断によって、使用者の聴覚が損なわれる恐れもあった。電話という科学技術が、左耳の聞こえない人間の集団を出現させるかもしれないと本気で懸念されていた。[56] おまけに、「先に電話を使用した人物の息から」水滴が滴り落ちて、受話器と送話口には病原菌がうようよしていた。[57] 一九三三年になっても、まだ人々が電話に対して恐怖を抱いていることを、作家で漫画家のクラレンス・デイは笑いものにしている。「電話は人間らしくないし、ポンと弾けたり、破裂したりする」うえ、「人々は激しい雷雨のときに電話のそばに立っていたら、稲妻に直撃されるのではないかと恐れている」と述べている。[58]

視覚もまた、神経画像やエックス線や映画などの新しい光学技術によって一変しつつあった。疾走している馬を写真に撮ることや、体液や軟部組織を透かして見ることが今や可能になった。また、顕微鏡写真の技術は、動的だが今まで目に見えなかった世界をこれまで以上に詳細にとらえだしていた。こうした科学技術の大躍進は、現実とは一層をはぎ取ってもまた次の層が現れ、それが際限なく続いていくのかもしれないということを示唆していた。もしそれが真実なら、後退し続ける無限の宇宙をまとめることなど、はたしてできるのだろうか。科学と科学技術によって複雑な世界がどんどん明らかになっていけばいくほど、整理しなければならない不確定要素が多くなり、それだけ混乱が生まれる余地も大きくなっていった。

病気の蔓延《まんえん》に微生物が一役買っているのがわかったことで、家庭に潜む危険に対する意識が高まり、その結果、「細菌パニック」が起こった。日常生活の品々は、死に至る恐ろしい感染症を媒介する可能性があるとみなされるようになった。その侵略的なミクロの世界に対処するため、新しい細菌防止技術や手順が開発された。富裕層は自宅に給排水設備と白い陶磁器製の水洗トイレとを取りつけた。窓は虫が入らないようにしっかり固定され、冷蔵庫とともに滑らかで清潔に保ちやすい台所用の電気器具が据えつけられた。ヴィクトリア時代の厚手のカーテンや掛け布といった室内装飾用品は人気を失い、埃《ほこり》を引きずるロングドレスは着用しないように勧められた。顎鬚《あごひげ》も生やさないほうがいいと言われた。レストラン、ホテル、公共交通機関、映画館は、いずれも衛生の必要性に基づいて模様替えが行われた。ウエーターはきれいに鬚をそるよう義務づけられ、各テーブルには白いテーブルクロスが敷かれた。細菌パニックは、製造業者に抗菌性家庭用品という拡大市場を与えてくれた。一九二〇年代にアメリカのデュポン社が開発したセロハンをはじめ、防腐塗料、衛生的なごみバケツ、家庭用洗剤に至るまで、あらゆるものが市場に出た[59]。

映画もまた、興奮とともに懸念を引き起こした、もう一つの画期的な科学技術だった[60]。一八九〇年代に、ルイ・リュミエールとオーギュスト・リュミエールの兄弟が、エジソンの開発した「キネトスコープ」を参考にして映画撮影用カメラの原型「シネマトグラフ」(*cinématographe*)を考案した。二人が一八九五年に海沿いの町ラ・シオタで撮影した『列車の到着』という短編映画は、初期の公開上映会でパニックを起こしたと言われている。蒸気機関車が今にも劇場に突っ込んでくると思い込み、観客が恐怖のあまり劇場から逃げ出したという[61]。そのパニックの話は、ただの映画の宣伝行為にすぎなかった可能性はあるけれど、一八九六年にロシアのニジニ・ノヴゴロドの市《いち》で同映画を観た、作家マクシム・ゴーリキーは次のように書いている――列車が「観客のほうへまっすぐ疾走してくる――気をつけろ! まるで列車が観客の座っている暗闇の中へ飛び込んできて、観客をずたずたに切り裂かれた肉体と叩き割られた骨の詰まった破れた麻袋に変え、このホールと建物を破壊して粉塵と壊れた破片に変えてしまいそうだ[62]」。

しかし、一八九七年、映画は現実の集団パニック事件に巻き込まれてしまった。その事件によって多くの人命が奪われ、その責任の一端は映画撮影術にあるとされた。五月四日の午後、年に一度のバザール・ド・ラ・シャリテが開催されていた、富裕層の多いパリ八区の会場が火災で崩壊したのだ。この慈善の募金活動の催しが開かれていた大きな建物には、一〇〇〇人を超す富裕な来場者が集まっていた。この日の目玉は、リュミエール兄弟の製作した映画の上映だったが、その上映中に惨事が起こった。投影機から火が出て、厚手の垂れ幕や掛け布などに燃え移り、あっという間に建物中に広がったのだ。天井が崩れ落ち、瓦礫《がれき》が頭上に落ちてくると、パニックが起こり、来場者は出口に殺到した。ところが、この建物のドアはすべて狭い入口ホールに通じていたため、出口で渋滞が起きてしまったのである。消防士たちはなすすべもなく、来場者たちが焼け死んでいくのを見つめていた。この火災で一二六名が命を落とし、ほかにも多くの人が重傷を負った。(63)

この悲劇のあと、催しに関係したさまざまな人間が過失の罪で裁判にかけられた。(64)けれど、この悲劇は新しい科学技術が持つ道徳的な危険性に関して、広範な論争が行われる引き金にもなった。ノートルダム大聖堂で行われた犠牲者の追悼式で、ドミニコ会修道士オリヴィエ神父が行った説教は議論を呼んだ。この火災は、フランスが虚栄心に駆られて現代的なものを追求するあまり、キリスト教の遺産を放棄したことに対する神が与えた天罰——神父の言葉を借りれば「恐ろしい教訓」——であると主張したからだ。悲劇を招いた映画上映に言及して、「生命の幻想を与えるものが、死という恐ろしい現実を生み出した」とも述べた。(65)

人を堕落させる映画の作用を恐れているのは、オリヴィエ神父だけではなかった。二〇世紀初頭には、映画は永遠の生命のふりをしている死、言い換えれば、ゴーリキーが「影の王国」と呼んだ、ぼんやりとした領域と感じている人間は少なくなかった。(66)バザール・ド・ラ・シャリテの火災から一〇年後、「映画恐怖症」

(*cinéphobie*／*cinémaphobie*)という言葉が映画という新しい科学技術を恐れる人間を表すのに用いられるようになっていた。映画が危険なのは、影響を受けやすい観客をそそのかすことができたからだった。だから、プロパガンダの手段とみなされたのも不思議ではない。そのうえ、映画は真実と虚構との境界線を、道徳と不道徳の境界線を曖昧にして、社会秩序に反する行動を促進するものでもあった。映画には中毒性があって不健全だという証拠もあった。それによると、映画は過度な興奮を引き起こし、新しい形の視覚障害を生じさせた。その視覚障害に「映画眼炎」(*cinématophtalmie*)という名称がつけられたのは一九〇九年のことだった。(67)

社会空間としても、映画は反体制的な行動を促進すると考えられた。「薄暗闇に隠れて、すぐに悪い交際が始まり、悪い習慣が教えられる」と、アメリカの犯罪学者ウィリアム・ヒーリーは一九一五年に書いている。(68)二〇世紀初頭のこうした映画恐怖症に、技術の発達がいかに新たな社会的関係を規定したか、また、現代のテクノロジー世界の出現にどれほど恐怖が重要であったかを見ることができる。

第9章

大暴落

投機的バブル

●

恐慌

●

金融危機

一九世紀に群衆と近代的工業技術が恐怖の対象になると、この二つはパニックを導くものとしてもみなされるようになった。[1] しかし、一九世紀が進むにつれ、今度は投機的バブルの崩壊や金融危機が、噂や不確実性やリスクに対するパニック反応の結果としてどんどん理解されるようになっていく。パニックとパニックに誘発された暴落は、ギュスターヴ・ル・ボンたちが明らかにした例の群衆心理そのままに、群衆の感染力を発揮させた。パニックとそれによる暴落は、新しい世界的な相互連絡性が諸刃の剣であることの証《あか》しでもあった。なぜなら、世界的に相互連絡が進むことは莫大な富を生みはするが、新たな不確実性も作り出していたからだ。今や、遠く離れた土地で生じた金融システム上の小さな不安が、アメリカ人作家トーマス・ローソンが「パニックの大竜巻」と呼んだものに発展する可能性があった。それは、国家権威の限界と国際的資本の影響力の拡大を浮き彫りにしていた。[2] 一九〇〇年に政治地理学者ハルフォード・マッキンダー卿が述べたように、世界は互いに依存するようになっていた。すなわち、「われわれは今や閉じた回路——すべての部分において完全でバランスのとれた機械だ。一つに触れただけで、すべてに影響を及ぼすことができる」。[3]

一八四一年に、著書『狂気とバブル——なぜ人は集団になると愚行に走るのか』［原題の意味は「常軌を逸した集団妄想」］の中で、スコットランド出身のジャーナリスト・編集者・詩人のチャールズ・マッケイは、「国家的妄想」に発展して、個人が集団で非理性的な行動に走る「道徳的流行病」を分類している。「気づけば社会全体が突如、一つの対象に精神を集中させ、それを追い求めているうちに狂乱状態に陥っている」、そして「金銭がしばしば民衆の妄想の原因になってきた。節度のある国民が突如として救いようのないギャンブラーになって、たった一枚の紙きれの価値にほとんど命を賭ける」というのが、マッケイの弁である。[4] ここに、市場行動における集団的「ヒステリー」「熱狂」「狂気」のパラダイムを同定する一つの理論が詳説されている。

マッケイの著書が出てから四年後、イギリスで投機熱が起きて鉄道株価が急騰した。しかし、二倍に値上がったあと、一気に暴落してしまう。明らかに価格が上がりすぎていたので、イングランド銀行が介入して、それまでの史上稀にみる低さだった金利を引き上げたのが原因だった。[5] 市場の狂乱に油を注いだのは、一つには、鉄道に既得権を持つ政治家が、何百という新しい鉄道会社の設立を認可するよう国会に働きかけたことがある。さらに鉄道株は儲かると吹聴した新聞広告などの抜け目のないマーケティングが、投資の初心者たちをターゲットにしたのである。[6] バブルが弾けたとき、鉄道株に投資していた何千もの人々が出資金を失った。そういう状況ではおそらく当然といえるだろうが、金融不安・破産・悪徳相場師という三つの恐怖が、ヴィクトリア時代の小説の特徴になっている。市場が暴落し事業が傾いて財産が失われたり、詐欺《さぎ》が明るみに出た登場人物が自殺したりする。その典型例がチャールズ・ディケンズの『リトル・ドリット』に登場する、邪悪なマードル氏だ。大銀行家を装って行っていた出資金詐欺がだめになって、小型のポケットナイフで喉を掻き切るのである。[7]

一八四〇年代の鉄道熱では、信用貸しの拡大と株式市場の発展によって投機が激化し大きく株価が乱高下したが、投機によってパニックが起きるのはこれが初めてではなかった。マッケイも述べているとおり、大衆の投機熱の初期の例は、一六三〇年代にオランダ［当時はネーデルラント連邦共和国］社会を揺るがしたものだった。富裕な新興中産階級の間で珍しい新種のチューリップが大人気になり、そこから熱狂的な投機熱が起こった。チューリップの球根の値段は異常なくらい高騰したあと、パニックを起こした投資家が過熱した市場から手を引いたため急落したのだった。のちの世の研究者の説明によれば、そのときに起きた暴落には多数の要因が、つまり、オランダの市場システムの発展、社会の変化、心理、世界の相互連絡性が絡んでいたという。オランダのチューリップ・バブルに関する情報には故意に誇張されたものが多く、破産した中産階級の市民が運河に身投げをしたという話を今でもよく耳にするが、それを裏づける証拠はほとんどない。にもかかわらず、「チューリップ熱《マニア》」は依然として「愚かさと強欲と狂気の物語」として、熱狂的な投機の危険性と「擬制資本」の誘惑とを示す初期の例として、今もなお引き合いに出される(8)。

一七世紀、オランダは金融革命の中心であった。そのため、パニックは市場システムに固有の特性と解釈されていた。一六〇二年にオランダ東インド会社が、歴史上初めて一般市民に譲渡可能な株式を発行する会社、つまり世界初の株式会社になった(9)。一六八八年には、セファルディ系ユダヤ人［一四五二年にイベリア半島から追放されたユダヤ人］で、アムステルダムの新しい株式取引所でダイヤモンドの取引を行っていたジョセフ・ペンソ・デ・ラ・ベガが近代の証券取引の手段に関する説明書を出版し、株式の売買選択権（オプション）や価格操作について解説した。その著書『大混乱』または『混乱の中の混乱』は、哲学者と商人と株主の対話形式で書かれており、哲学的な余談が散りばめられている。かなり堅苦しい読み物ではあるが、投機家を目指す者のために一般的なやり方や、よくある落とし穴が説明されている。題名からわかるとおり、混乱とパニックは作者の物語る株式取引の世界の特徴だが、同書はいかにして感染しやすい不安や恐怖が市場に生じるかについても洞察している。ペンソ・デ・ラ・ベガは、突然の市場の暴落について次のように述べている――「そのとき生じたパニックと説明しがたいショックは、全世界が崩れ落ち、大地が水没し、空が落ちてくると思えるくらいのものだった(10)」。市場は、新しい社交が生まれるきっかけにはなったかもしれないが、本質的に不安定なものであって、非情な競争と熾烈な国民同士のライバル関係を促進した(11)。

初期の市場の狂気を示す別の事例は、一七二〇年に起きた南海泡沫事件《なんかいほうまつじけん》である。一八世紀には、オランダに代わってロンドンが金融と保険の中心地として重要性を増し、国際的な海運業の需要を満たすようになっていた。株式会社は、投資家に自社の株式を買ってもらって資本金を得ることで商売を急速に成長させることができた。一六九四年、勅許状によってイングランド銀行が設立される。民間の投資家から資金を集めて、政府の対フランス戦争を支えるためだった。一方、王立取引所の周囲には株式発行市場と商品市場が発達し、コーヒー・ハウスは商人たちが集まって株の取引をする場所としてにぎわった。株価と商品相場が記載された大判紙『取引所の経過』が週二回発行されていた。

南海会社は一七一一年に設立された株式会社で、奴隷貿易を含む、スペイン領中南米植民地（南海）との貿易独占権を持っていた。そうした独占権が与えられた背景には、莫大な国の負債を返済するため、イギリス政府主導で行われた国債を株式に交換する計画があった。広告キャンペーンを行って、大きな利益への期待と、投資金は国が後ろ盾になってくれるという安心感とを宣伝し、投資家に同社の株式の購入を勧めた。南海会社の株価は一七二〇年の一月から七月にかけて著しく急騰した。だが、その後、奴隷貿易が期待していたほど利益を上げていないことが判明し、一気に暴落する。投資家たちに債務不履行の不安が高まり、みな先を争って投資した資金を取り戻そうとしたので（ある同時代の人物は、投機家たちが集まるエクスチェンジ通りで見られた「群衆の激しい混乱ぶり」を書き留めている）、国家は破産の危機に瀕した。[12] 奇しくも同じ頃、フランス領西インド諸島と北米の植民地の貿易独占権を持っていたミシシッピ会社が破綻し、それに端を発してフランスでも市場崩壊が起こっていた。イギリスとフランスの市場崩壊は、国際的な金融危機へと発展し、パニックが起こった。また、スケープゴートを求める者が、アムステルダムでユダヤ人に対して暴動を起こした。[13]

この頃から「パニック」という言葉が、緊急介入を必要とする金融状況に対する反応を表すために日常的に使用され始めた。南海会社で働いていたスコットランドの経済学者アダム・アンダーソンは、不安に駆られた投資家に広がるパニックについて語っている。[14] 一七三四年、ダニエル・デフォーは次のように書いている――「この件でもう人が非難されることはない。誰もが南海会社に魅入られていたのだ」。彼は以前、金目当ての「株式取引所仲買人」のことを、株を買い占めては利益を求めてすぐに売り払い「国の信用」を危うくしている連中だ、と非難していた。だが、南海泡沫事件の間、国は「魔法をかけられ」、「国民全体に広がった恐ろしい熱狂」のせいで危うく滅びかけたのだと、事件から一〇年以上経ったときには述懐している。[15] 一七二〇年の大暴落の前に南海会社のある重役が言ったように、ほんの少し風が吹いたり、パニックの恐怖が起きたりするだけで、信用など「あっという間に崩壊してしまう」ものだった。[16]

一八世紀中期以降、ジャーナリストも商人も銀行家も経済学者も政府役人も、パニックとパニックを進行させる不安を阻止する方法の発見を願って、この二つの本質の解明に協調して取り組み始めた。一七五〇年代に、王立造幣局の政府顧問ジョセフ・ハリス［一七四八年に造幣局の試金官（assay master）になっている］は、経済が安定するかどうかは通貨の完全性に対する国民の信頼にかかっていると指摘した。もし通貨の完全性に対する信頼が揺らげば、「はてしない混乱と不信とパニック」が起きるだろう。同様に、政府が国の負債を帳消しにする手段として通貨政策を利用すれば、「全体のパニック」が起こって、国家の財政に対する国民の信頼が崩れ、ひいては国家の権威に対する信頼が地に落ちる結果になりかねない。しかも、いったん起こってしまった信頼の崩壊という事態を元に戻すことはほぼ不可能だ、と。[17] 一七九〇年代後半からイギリス、ヨーロッパ、南北アメリカで相次いだ市場の大変動を受けて、「パニック」（panic）という言葉は、「クライシス」（crisis）という、もともと病気の進行の重篤な状態を意味する医学用語だった言葉と深く結びつくようになった。「パニック」（「恐慌」「パニック」）と「クライシス」（「重大局面」「危機」）と「クラッシュ」（crash「衝突」「破壊」）――この三つの言葉の意味が重なり始め、入れ替えて用いられることも多くなってきた。

この頃には重商主義、すなわち、補助金を与えて輸出を優先させ、重い関税をかけて輸入を抑える経済政策は人気がなくなっていた。デヴィッド・リカード［一七七二～一八二三年、『経済学および課税の原理』］とアダム・スミス［一七二三～九〇年、「経済学の父」と呼ばれる。『国富論』］といった市場理論家たちは、市場資本主義の自由放任主義《レッセフェール》を声高に提唱した。しかし、自由市場資本主義につきものとなった市場の「自由」は、実際には、さまざまな干渉主義政策の手段に依存していた。共有地の没収、つまり「囲い込み」もそうした手段の一つで、「囲い込み」によって農村地帯の人口は賃金労働を求めて町や大都市へ移動するしかなくなったのだった。[18]

　イギリスの政治経済学者リカードは、一八一五年のワーテルローの戦いの結果を予測して投機を行い一財産を築いており、市場行動の分析家としても飛び抜けて鋭い目を持っていた。[19] 彼が取り上げている金融危機の一つに、一七九六年に起きたものがある。その年、フランスが侵略してくるかもしれないという不安と、イギリスとアメリカの金融市場の低迷とがたまたま重なってパニックが起こり、金融恐慌を招く結果になった。イングランド銀行の投資家たちが銀行券を金に交換し出したため、銀行の支払い準備（正貨準備）が著しく減少した。支払い不能になることを恐れた取締役たちは、一七九七年二月に国会が大急ぎで成立させた銀行支払い制限条例に基づいて、兌換《だかん》［紙幣または銀行券を正貨と引き換えること］を停止した。

　リカードは金融危機が起きた原因を分析した結果、銀行の公債は必然的に支払い準備金を上回るものであるから、銀行にはこうした事態に対する防衛手段は何もないと結論した。ひとたび金融パニックが始まれば、投資家に払い戻せるだけの金貨や地金を持っている銀行など世界のどこにもないだろう。イングランド銀行が戦争遂行努力［一七九六～一八一五年までの対仏戦争、いわゆるナポレオン戦争］のために、政府に莫大な貸しつけを行って無理をしすぎたのは確かだが、それがこの金融危機を起こした理由ではない。リカードに言わせれば、「この種のパニック状況が金融危機を引き起こした」のだ。つまり、パニックは危険に対する心理反応かつ行動（習性的）反応だったということだ。「この件では、イングランド銀行と政府のどちらにも落ち度はなかった。社会の中の気の小さい人間たちの根拠のない恐れの伝染こそ、イングランド銀行の取りつけを生じさせた原因だった」と主張している。[20]しかし、確かにパニックはいろいろな問題を生じさせる力を持っていたが、冷静な投機家にはチャンスを与えてくれるものでもあった。なんといっても、リカード自身が市場のパニックを巧みに利用して株価を操作し、財産を築いた張本人だったのだから。

スコットランド出身の道徳哲学者・経済学者のアダム・スミスは、リカードの少し前の時代の人物で、恐怖を政治的に利用することを「ほとんどすべての場合において、政府の卑劣な手段」だと言った。同時に、恐怖が社会と政府の政策とを極めて多面的に形づくっていることにも注目した。農夫は穀物の「自由な輸入を恐れる必要は何もない」と主張し、新しい商慣習に対する「一般人の恐怖」を批判した。値段が安いときに穀物を買い、あとで利潤を上乗せして転売する「価格を吊り上げるための買い占め（engrossing）」や、ある地域で買いつけて、他の地域でもっと高い値段で売る「市場支配の目的による買い占め（forestalling）」といった、新しい商慣習に対する恐怖は、「魔術に対する一般人の恐怖や疑念」と似ていると述べている。[21]だが、労働者を行儀良くさせているのは、仕事を失うことへの恐怖であるとも主張している。「不幸に対する恐怖」が、無謀な投機の抑制にとって役に立つことはほとんどないけれど、それでも相互利益を生むための基礎になることはある。ちょうど商人と王が、自分たちの富と力を脅かす貴族を恐れる点で利害が一致していることに気づくようなものだ。[22]

パニックに関しては、スミスは「意外性」が鍵だと信じていた。人間は自分の知らないものを恐れるが、予測できる結果に対しては急に極端な行動に走ることはまずない。[23]金融不安は市場の予測不能の性質を明確に表しているし、そしてまた、パニックで噂がはたす役割も浮き彫りにしている。悪材料の噂がほんの少し囁《ささや》かれただけで株価は大きく変動し、パニック売りが起きることがあるのだ。金融不安が起きるメカニズムの中で重要なのは、信頼という概念である。なぜなら、パニックは金融商品と金融機関への信頼が致命的に損なわれた場合に起きるものだからだ。

一九世紀には、スミスのような理論的文献と並行して、投資の初心者に市場の乗り切り方を指南する目的で書かれた一般向けの書物がどんどん出版された。そうした手引書の根底には、市場の仕組みに関する知識が増えれば、その分将来、市場が下降しても対処できる能力がついてパニックが起こりにくくなるだろうという思い込みがあった。イギリスの統計学の先駆者ウィリアム・ファーが表現したように、「知識はパニックを駆逐するだろう」というわけだ(24)。

イギリスの作家ハリエット・マーティノーは、一八二五年の大きな恐慌のあとに、九巻に及ぶ『経済学例解』を発表して、読者に自由市場の仕組みを説明しようとした。彼女の主張によれば、混乱と暴落は株式市場の特質の一部であるから、投資家が避けがたい浮き沈みを強い決意で受け入れさえすれば、結末は幸福なものになりうるという。そして、個人的な恐怖やパニックに対処するためのより一般的な方法に基づいて、市場のパニックへの対処法を考えた。自伝に書いているとおり、マーティノー自身がパニックの発作に襲われやすく、恐怖を手なずけて何とかパニックを抑えることができるようになった人物だったからだ。「階段の下り口でパニックに襲われると、絶対に下には降りられないと思った。また、中庭を通って庭園に行くときには、必ずあえぎながら飛ぶように走って通りすぎた。うしろを振り向くのも怖かった。きっと野獣が追ってきているからだ(25)」。

マーティノーの素朴な市場理論には、多くの支持者がいた。ヴィクトリア女王や詩人のサミュエル・テイラー・コールリッジ〔一七七二～一八三四年、イギリス・ロマン主義の先駆者。『老水夫の歌』『クヴラ・カーン』など〕、また政治家では保守党のロバート・ピール卿

〔一七八八～一八五〇年、首相を二回務める。一八四六年穀物法を廃止〕や、自由党の庶民院議員リチャード・コブデン〔一八〇四～六五年、自由放任主義者で自由貿易を主張。穀物法の廃止に貢献〕と、幅広い層の支持者を集めていたのである。だが、一見マーティノーは市場の混乱の乗り切り方を伝授しているだけに見えるが、実は、危機に先手をとって対処する必要性を強調している。そこからも投資家が直面していた脅威がいかに大きいものだったかがうかがえる。(26)

　マーティノーから四〇年後に発表された、銀行家アーサー・クランプの株式市場の落とし穴に対する手引書も、同じく投資の初心者向けに書かれたものだった。クランプは著書『株式投機の理論』のはじめに、本書の狙いは「株式投機に手を出そうと考えている人物に、夢がかなうことはあり得ないという現実を教えることにある」と述べている。(27)投機は大多数の人間に失望と損失と破滅をもたらすだろう。『ニューヨーク・タイムズ』紙が同書の書評で述べているように、クランプは「株式取引所で広く行われている慣習と、長い目で見れば外部の投資家が確実に損をするという事実とを、極めて率直かつ綿密に説明」していた。(28)もちろん、初心者が「株式市場を巧みに通り抜けて、確実に利益にたどり着ける」手引書を利用すれば話は別だが、という意味だ。クランプによると、市場行動は、「一般大衆の気分」や「気象の影響」といった連関した多くの要因に左右される。季節や気候変動も投機の心理に大きく影響するので、家に気圧計を吊り下げ、天気予報に注意を払うよう助言している。(29)

　クランプは投機を力試しの一つと考えろと言う。たとえば、沼地を船で行く冒険のようなものだ。沼地の下には「不用心な旅行者の死骸が潜んで」いる。困惑するほどちぐはぐな比喩を使ってこうも主張する――外科医の冷静さと、トラの断固たる決断力を発揮できる人間しか生き残ることはできないだろう。株式市場に出没するのは、たるみきった精神を持ち、「迷子のウサギのように」簡単に怖気づく人間だ。そうした意志の弱い投機家は――

最初は牡牛のように強気だったかと思うと、次には熊のように弱気になって、いつも市場をそわそわ出たり入ったりしている。大きな恐慌のあとには、大きな肉片にたかっていたハエが、肉屋の店員に邪険に追い払われて姿を消すようにいなくなる。ただ大きく違うのは、ハエが必ず何かを得ているのに、投機家は必ず金を落としていくところだ。[30]

マーティノーとクランプの金融パニックの対処の仕方に対する考え方の違いは、世界規模の金融市場の仕組みに関する考え方の違いを反映していた。金融パニックの対処法は自由自在に変更できる社会的発明なのか。それとも、金融パニックは固有の法に従う自然現象で、人間の介入はどうひいき目に見ても無益で、悪くすると危険ではないのか。市場の混乱は構造的なものか、それとも周期的なものなのか。

ある見方によれば、予測のつかない市場の変動は自然作用の一段階であった。市場の暴落は、周期的に好不況が循環する必然の結果だった。[31] 市場のパニックを一種の病気、つまり不振にあえぐ経済の症状と診断する分析家もいた。一七二一年に南海泡沫事件を記念して製作された、風刺に富んだトランプの札には、「国をだめにする南海伝染病の治療」法を相談する三人の医師が描かれている。投機的バブルが、ここでは治療が必要な病気とみなされているわけだ。[32] マッケイも同じようにバブルを、市場の「正常な」健康状態が損なわれている「熱狂・熱《マニア》」(mania)と「狂気《マッドネス》」(madness)の例ととらえていた。また、一八六六年に起きた、ロンドンの銀行オーバーエンド・ガーニー・アンド・カンパニーの破綻に端を発した恐慌の余波に触れた著書の中で、『エコノミスト』誌の編集長ウォルター・バジョットは、金融パニックは根底にある病理の痙攣《けいれん》性の発作だと主張した。その病理は「神経痛の一種で、専門家によると決してその病は飢えさせてはいけない」。「最悪の病弊に対する最善の治療法」は、最後の貸し手として、中央銀行――この場合はイングランド銀行――が介入することだ、と助言している(33)。

一八七〇年代には、金融危機を感染症になぞらえるのが一般的になっており、投機は「周期的な熱病」であるという考えも当たり前になっていた(34)。別の金融パニックが一九〇七年に起きたとき、アメリカのオハイオ州の前知事マイロン・T・ヘリックが、金融システムは「感染しやすい状態にあるから、パニックの病原菌に簡単に感染してしまうのかもしれない」と述べている(35)。

金融危機を感染症になぞらえることは、金融危機の波及という現代理論でも続いている。二〇世紀末に、世界規模で新たに出現した感染症、特にＨＩＶ／エイズ、エボラ出血熱、鳥インフルエンザに対する恐怖は、金融恐慌に対する考え方に影響を与え、市場のパニックの蔓延を説明するのにも利用された。経済学者やエコノミストは、疫学的モデルを活用して「感染」を追った。彼らの主張によれば、恐怖は病気のように広がって、予測しがたい余波を作り出す。二〇〇八年の世界的な金融危機［いわゆる「リーマン・ショック」］は、アメリカ合衆国の不動産バブルが弾けたことが引き金となって起こったが、その余波について、経済学者のヌリエル・ルービニ［一九五八年生、ニューヨーク大学教授］と、歴史家のスティーブン・ミーム［一九六八年生、ジョージア大学教授］は次のように書いている――「歴史は金融危機がパンデミックと非常によく似ていることを裏づけている。すなわち、病気の発生に始まり、発生したと思ったら、次の瞬間には四方八方に広がっていく(36)」。

金融パニックは、信頼と責任ある管理という問題を提起し、私益と公益との間の緊張関係を暴露した。一八三七年にアメリカ合衆国で起きた金融危機をきっかけに、アメリカの経済学者でエイブラハム・リンカーンのアドバイザーだったヘンリー・チャールズ・ケアリーは、世界貿易に関する自身の見解を改めることになった[37]。甘い金融政策と無秩序な融資から、変動する綿価格と土地投機に至るまで、さまざまな要因から生じた金融危機が大規模な不況の引き金になった[38]。この現実を前にして、ケアリーは自由貿易資本主義に対して批判的になった。自由貿易資本主義は、一方に集中を生み、もう一方に不平等な為替を生んで金融パニックを生み出すと考えたのだ[39]。さらに、金融の危機やパニックは自然発生するもので、「伝染病の襲来と同じく」打つ手がほとんどないという考え方を真っ向から非難した[40]。危機や恐慌を防ぐ答えは、政府が国内市場を関税で保護することだと主張したのである。

一九世紀末には、金融・財政危機によって生じる「パニック的な恐怖」は、政府にとって大きな懸念となっていた。しかし一方で、国家の規制か「自由市場」かという議論は、政治的左派と右派の考え方の違いと同一視されるようになっていた。経済パニックに対する反応が、異なる政治姿勢を明るみに出した。それをよく表しているのが、一八七三年に起きたアメリカの銀行破綻に応えて発表された風刺漫画である。『ハーパーズ・ウィークリー』誌［一八五七年創刊の週刊誌］に出た、トーマス・ナスト［「アメリカ風刺漫画の父」と言われる］の挿絵では、銀行破綻が産業同士の激しい衝突事故として描かれている。巨大な爆発で、蒸気機関車や無蓋貨車や畜牛が空中に放り投げられ、黒い雲がウォール街を包み込んでいる。遠景にぬっとそそり立つ、ウォール街の象徴ともいえるトリニティー教会［ウォール街の入口にある教会。一六九七年建立］は、まるで取り残された灯台か、旧世界から差し込む道徳の光のようだ。この市場の大爆発を引き起こした投機家たちは、ニューヨーク証券取引所の爆破を夢見る無政府主義者たちと大して変わりはない。双方とも、大混乱を利用して利益を得ようと目論んでいる。巻き添え被害があろうがなかろうがおかまいなしだ。

画家でイラストレーターのフランク・ベリューが描いた別の風刺漫画は、ニューヨークの『デイリー・グラフィック』紙［一八七三年創刊、アメリカ初の日刊挿絵新聞］の表紙で発表されたもので、パニックが巨大な保健衛生官として滑稽に描かれている。それは非常に醜い毛むくじゃらのキング・コング型の人物で、ウォール街から生ごみを掃き出している。片足は新しく完成したドレクセル・ビルディングのドアの前に置かれている。[41] 遠景には二本の電信柱と絡み合った電線が見えており、興奮した投機家たちが通りに群れ集まっているのも見える。この風刺漫画には、金融破綻とそれを引き起こしたパニックには浄化する力があるという考えが隠されている。金融パニックはいつでも容赦ない惨事であるとは限らない。それどころか、不具合を取り除き、システムが過熱した場合には再調整する、自然の再起動装置の働きをすることもある。つまり、効率を高めるべく市場プロセスを合理化するのに利用できるのである。

自身も株式市場に手を出していたカール・マルクスにとって、金融危機は来たるべき革命の徴候であった。一八五六年には、もうじき大きな市場の暴落が来ると確信していた。その大きな暴落で、ヨーロッパの産業は停止し、地主・有産階級は破滅するだろう、と。『ニューヨーク・デイリー・トリビューン』紙「一八四一～一九二四年まで発行されていた日刊新聞」に寄せた記事の中で、マルクスはフランス政府に莫大な金額を貸していた銀行、クレディ・モビリエの投機的活動に注目していた。「ヨーロッパにおいて今期の投機を特徴づけているのは、遍在する激しさである。現在の熱狂の代表たるクレディ・モビリエの主要原則は、特定の分野に投機するな、投機に投機せよ、そして詐欺を普及させよ、である」[42]、と。

市場の混乱は昔から利益を得るために利用されてきた。オリバー・ストーン監督の映画『ウォール街』の架空の悪役ゴードン・ゲッコーの謳《うた》い文句を借りれば、「強欲は善である」が、パニックもまた善である。市場価格の下落が続いている状態、つまり、弱気市場は株式を安く買い取れるので「パニックによる利益」を得るチャンスだと考える投資家もいる。[43] 市場の暴落もまた、ビジネスを独占するためのチャンスを企業に与えてくれる場合があるし、国家には権威を拡大し、異論の多い暴落後の政策に対する同意を得るチャンスになるかもしれない。これは、カナダの作家・活動家のナオミ・クラインが、「惨事便乗型資本主義」［惨事状況において行われる権力の行使、政治・経済システムのラディカルな再編成、そしてその結果として拡大・固定されていく格差構造のこと］と呼ぶものの重要な要素である。(44)

パニックは個人的な利益のために利用できるという発想は、一九世紀末から二〇世紀初期にかけての小説で繰り返されている。文学史学者デヴィッド・ジマーマンが主張してきたように、アメリカの小説家の多くが株式市場の下落と金融パニックというテーマを探求し始めたのは、一つには一八九〇年代の景気後退と、その後の好景気への反応であった。株式市場の好不調に対する心理面を説明するために、作家らは「群衆心理、心霊調査、感情移入という新概念、陰謀論」といった新しい理論を活用した。(45)

一九〇七年に発刊された、トーマス・ローソンの小説『一三日の金曜日』の主人公は、若い金融ブローカーで、砂糖相場が暴落したせいで財産を失くしてしまった（そもそも、その財産は市場のパニックにつけ込んで手に入れたものだったが）。実は、その暴落は時の権力者に私腹を肥やさせるために仕組まれたものだった。そこで復讐のために、若いブローカーは逆に暴落を起こすことを企て、計略を決行する日に一三日の金曜日を選んだ。その暴落によりウォール街は危うく壊滅しかけ、多くの人間に苦しみをもたらすが、主人公は失った財産をほぼ取り戻し、さらにかなりの利益も手に入れる。(46)

アプトン・シンクレアの一九〇八年の小説『両替商』も、意図的に誘発されたパニックを扱った物語だ。ここでは、大きな力を持つ資本家たちがライバルを破滅させるために、株式市場を故意に破壊する陰謀を企てる。パニックは、陰謀に加わっている一人が仲間に囁《ささや》くように、有効な歯止めになるのだ。別の登場人物は、「奴らは自分たちが何をしでかそうとしているか気がついていないのか。ニューヨークがかつて経験したことがないような恐慌が起きるんだぞ！　ニューヨークの銀行という銀行が倒れるんだ！」と述べている。「この金融パニックは止められたが、国の経済は瓦礫《がれき》と化した」と、物語の語り手があとのほうで読者に語っている。[47]

次に紹介する文学作品は、金融崩壊によって生じるパニックに注目してはいるが、市場の仕組みについて説得力のある表現をするのに苦労している。一九〇三年の小説『ピット――シカゴ物語』〔三部作「小麦の叙事詩」の第二作目で、第一作目は『オクトパス――カリフォルニア物語』〕で著者のフランク・ノリスは、市場を大混乱を引き起こす力とみなしている。市場はサイクロン（温帯低気圧）のような無慈悲な自然現象として描かれたり、あるいはまた、行く手を阻む者を貪り食う邪悪な生き物として描かれたりしている。同小説の主人公カーティス・ジャドウィンは、シカゴ商品取引所の立会場で小麦株の売り買いをしており、どんどん貪欲で権力志向になっていく。しかし、無謀な投機をした結果、とうとう相場は暴落し、投資者たちに苦しみをもたらす。

同小説に出てくる取引所の立会場は、嵐の目であり、原初の沼地であり、怪物のねぐらでもある。物語の語り手によると――「その中には、大きな渦が、水がごうごうと雷のような音を立てて回転しながら流れ込む穴があって、シカゴの命の流れを吸い込んでいる。何か途方もなく大きい排出腔か、巨大な下水管の中へ吸い込むように、命の流れを吸い込み、次の瞬間、吐き出して、高く噴き上げる。だが、結局、戻りの渦で再び命の流れを捕らえると、新たに吸い込むのだ」[48]。このように市場を表現して、サスペンスが最高潮に達したとき、恐怖の対象でありパニックの引き金であるものがついに正体を現す。だが、結局、期待外れに終わってしまう。ノリスの描く取引所の立会場は、ただおなじみの大袈裟な言葉で表現されるだけだ――怪物、大渦巻、混乱、機械。投機とパニックはとらえどころがない。なぜなら、核がないからだ。核がないからこそ、基本的に把握しにくく危険なのだ。結局、われわれには空虚感しか残らない。

ノリスが同小説を執筆していた時期、社会主義の台頭と労働組合の確立に刺激されて、市場に対する批判はより声高で執拗になっていた。アメリカ合衆国の「革新主義（進歩主義）の時代」、つまり、活動家が労働者の権利・婦人参政権・経済改革という大義に取り組んだ一八九〇年代から一九二〇年代にかけての時期に、アメリカの経済学者ソースタイン・ヴェブレンは、営利のための生産と、「有閑階級」の「顕示的消費」という二つの概念を激しく批判した(49)。

金融危機はまた、資本家や投機家に対する一般大衆の反感を生み、金融システムに利害関係を持つ人物がさまざまな方面から攻撃を受けるようになった。うまい汁を吸うエリート層は、利権に敏《さと》い政治家と共謀していると考えられて、貧困を悪化させ、世界的資本の利益のために国益を犠牲にしていると、激しい非難を受けた。反資本主義者の中には、金融システムを倒すために武器をとることも辞さないという者もいた。財界のリーダーや政治家、国家の指導者を狙った無政府主義者たちの暴力行為が、一八八〇年代から一段と増えた。一八六〇年代にアルフレッド・ノーベルが発明したダイナマイトが、軍事と工業に利用されただけではなく、テロ行為の推進力にもなっていた。数ある暗殺事件には、一八八一年にサンクトペテルブルクでロシア皇帝アレクサンドル二世が爆殺された事件、一八九四年にリヨンでフランス大統領サディ・カルノーが刺殺された事件、一八九八年にジュネーブでオーストリア皇后エリーザベトが刺殺された事件、一九〇一年にアメリカ合衆国のニューヨーク州バッファローで大統領ウィリアム・マッキンリーが銃撃されて死亡した事件などがある。証券取引所も攻撃の標的となった。一八八六年に、若いブルターニュ人のシャルル・ガロが、パリ証券取引所の立会場を見下ろせる一般観覧者用の回廊から青酸の入った瓶を投げ落とす事件があった。投げ落としたあとガロは拳銃を発砲し、「無政府主義万歳!」と叫んだ(50)。

金融恐慌の歴史で、一九二九年一〇月に起きたニューヨーク株式市場の大暴落は、決定的瞬間として飛び抜けている。二〇〇八年の金融恐慌も世界中に大打撃を与えたが、それでもなお一九二九年の大暴落が、金融パニックとはどのようなものであるかを決定づけたものであることは変わらない——不整脈の心電図モニターさながらに、上がったかと思うと一気に急落する市場、騒乱状態の証券取引所の立会場、株の熱狂的な売り。そして、もっとひどい場合は、打ちのめされて建物の最上階の窓から身を投げる投機家。

一九二九年の大暴落のあとに起きたパニックは、集団の経験であると同時に、個別の経験でもあった。ロワー・マンハッタンのビルの谷間に殺到する群衆と彼らの陰気な顔つき、あるいはネクタイは曲がり、両手で頭を抱えて、両脚をぶざまに開いて、煉瓦壁にもたれている一人ぼっちのトレーダーの姿だった。パニックは、目が回りそうなほど高い建物が立ち並ぶ近代都市全体に広がった。まるで都市が垂直に伸びれば伸びるほど、投身自殺の可能性が大きくなっていくようだった。

俳優のウィル・ロジャースは、一九二九年一〇月二四日の「暗黒の木曜日」にニューヨークからこう書き送った——「ウォール街があそこまで落ち込むと、列に並ばなければ窓から飛び下りることもできない有様だ。投機家たちはイースト・リバーで死体置き場にするための土地を売っている」[51]。「暗黒の木曜日」から数週間後、カウンティー・トラストという銀行の社長で、四八歳のジェームズ・J・リオーダンが自宅の寝室で拳銃自殺しているのが発見されたが、共同経営者らはその日の株式市場の取引が終わるまで発表を控えることにした。自殺のニュースによって同銀行の取りつけが起きるのを恐れたのだ[52]。

メリアン・C・クーパーとアーネスト・B・シュードサックの二人が監督した映画『キング・コング』が公開されたのは、一九三三年のことだった。この間違いなく史上最高の空想アドベンチャー映画は、一九二九年の大恐慌後の最悪の時期に公開された。ヒロインのアン・ダロウは失業中の女優で、そのアンを演じたフェイ・レイもひとえに時勢が厳しくて「苦境に立たされていた」から、映画撮影をオーケーしたのだった。マンハッタンの婦人国内伝道協会の表にパンを求める人々の列ができている様子が映されたあと、主人公の映画監督カール・デナム（演じるのはロバート・アームストロング）が、腹をすかせて露天からリンゴを一個盗んだのを責められていたダロウと出くわす。その後、南太平洋の孤島にやってきた映画撮影隊は、時間が止まっている土地を見つける。そこには巨大なゴリラと、そのゴリラをなだめるために人間を生贄《いけにえ》にしている恐ろしい部族がいた。ゴリラは捕獲され見世物としてニューヨークに連れてこられるが、逃げ出して——そのあとは知ってのとおりである。映画のクライマックスで建物を壊し回るゴリラは、片手にダロウを握ったまま、その当時建てられて間もなかったエンパイア・ステート・ビル［一九三一年に竣工］にぶら下がり、下の通りにはパニックに陥った群衆がいる。キング・コングがしているのは、市場がすでにやったこと、すなわち、ニューヨークを壊すことである。さほど頭をひねらなくても、この大きな類人猿が大暴落そのものの醜悪な投影であることがわかる。

　ウォール街の大暴落は、一九二〇年代の好景気の終わりを告げるものとみなされることが多い。好景気に沸いた一九二〇年代を象徴するものといえば、F・スコット・フィッツジェラルドの一九二五年の小説『グレート・ギャツビー』の中で、同名のアンチヒーロー、ジェイ・ギャツビーが開く豪華なパーティーだ。「彼の青みがかった庭園では、男と女が蛾のように、囁きやシャンパンや星々の間を行ったり来たりしていた」と、同小説の語り手ニック・キャラウェイは語る。ひらひらと飛び回る蛾、流れ星、弾ける泡——この三つによって命のはかなさを悲しげに呼び起こし、崩壊の始まりが暗示される。さらに、この悲劇の予感は、過去の恐慌に端を発していることがわかる。キャラウェイに財産を相続したのかどうか訊かれたギャツビーは、嘘をついて、相続はしたが「でも、大きな恐慌でおおかたなくしてしまったんだ——戦争の恐慌で」と答える。(53)戦争の恐慌とは、一九〇八年にH・G・ウエルズが予測していたパニックのことで、彼は戦争が起これば「脆い構造の信用」など消えてなくなり、「誰一人はっきりと理解していない経済の相互依存関係の中で」暮ら

している何百万人もの人間が引きずり倒されるだろうと書いていたのだった。(54)

「暗黒の月曜日」と呼ばれる一九二九年一〇月二八日、株価は一三パーセント近く下がって、数十億ドルの投資金が消えた。続いて翌日〔「暗黒の火曜日」。「悲劇の火曜日」とも言われる〕には株価がさらに一二パーセント近く下がった。そして一九三二年七月には、アメリカ合衆国の株式市場は八九パーセントを超える価値を失っていた。ロンドンの『タイムズ』紙は、「暗黒の木曜日」〔一九二九年一〇月二四日、世界恐慌の始まりとなった木曜日のこと〕の株価の急落を「清算のナイアガラ」と呼んだ。「第一次世界大戦が勃発したときでさえ、これほどの量の取引は決して行われなかった」と宣言している。J・P・モルガン・アンド・カンパニーのパートナーであるトーマス・ラモントは、パニックを起こしている投資家たちを安心させるため、証券取引所で「若干の狼狽売りがあった」が、問題は「根本的なものではなく、市場特有の一過性のもの」だと新聞で断言した。(55)

大暴落が起きる数日前、コロンビア特別区銀行協会で演説をしていたイェール大学の経済学教授アーヴィング・フィッシャーは、ラモントと同じく誤った楽観的な考えの代表となった。この大暴落を「よくある一般の投機熱」と軽く見ていたのだ。(56) 先の演説の中では、株価の下落を「マージンで投機しようとする一部の過激派の揺さぶり」で生じた危険要因だと一蹴し、株価は「恒久的に続く高原状態《プラトー》に達した」と自らの予測を強調していた。(57)「株価の一時的な後退はあるかもしれないが、暴落のような性質のものでは決してない」とも述べていた。(58)

しかし、現実に、株式市場の暴落が引き金となって証券取引所が閉鎖に追い込まれる総崩れの事態になったことは言うまでもない。「こうして当面の間、一九〇七年の危機以来ウォール街の歴史で最も劇的な週が終わる」と、『エコノミスト』誌は報じた。好景気が続いている間、ニューヨークは「世界の資産を引き寄せる場所」だったが、大暴落のあと、同誌は「アメリカの生命の支流のいくつかは、暴落の影響を逃れるかもしれない」と予測した[59]。

アメリカ政府は、大暴落と大暴落を引き起こした投機熱とに関する調査を行ったが、大恐慌についてはそれほど解明することはできなかった。それでも一九三〇年代初頭には、「ウォール街の大暴落が、そのあとに起こった世界規模の恐慌の大きな原因となったことは間違いない」というのが世間一般の見解となっていた[60]。だが、何がいけなかったのだろう。一九三五年三月にマンハッタンのインペリアル・シアターで初演された、アーチボルド・マクリーシュの詩劇『パニック』の主役、「アメリカ金融界の大物」マクガファティは言っている――「どうしてだろう。どうしてこうなってしまったのか。誰の仕業なんだ」。J・P・モルガンをモデルにした銀行家マクガファティは、金融恐慌の真っただ中、なんとか破綻せずに操業を続け、国が打撃を受けて「パニックの割れ目からするりと」落ちてしまわぬように努力している。しかし、彼の周囲では次々と企業の差し押さえや、工場の閉鎖や、銀行の債務不履行が起きていた。同詩劇の宣伝文にあるように、場面は「死に物狂いで旧体制を立て直そうとしている、狼狽し混乱した資本家たちのグループと外部の人々との間を行ったり来たりする。そして、まるでギリシャ悲劇のコロスのように、外の通りから人々の声が聞こえてくる」。「みんなが恐れている――だが、何を恐れているのだ」と、同詩劇の銀行家たちは声をそろえて問う。

マクリーシュは、金融危機の根本的原因が、センセーショナルなマスメディアにかき立てられた強欲やパニックだけではなく、群衆も銀行家も等しく包み込まれている破壊的な宿命論にもあることを暗示している。強欲やパニックをかき立てる活動の多くは、「通りで、タイムズ・スクエア型のニュース放送の電子掲示板の前で」起こっている。だが、破壊的な宿命論に群衆も銀行家も等しく呑み込まれていく中で、結局、同業者の信頼を失ったマクガファティは失墜する。金融危機とは、効力を失い崩壊寸前の経済システムに代わる妥当なシステムを構想することに、あらゆる面で失敗している証しであると、マクリーシュは示唆している。『フォーチュン』誌の創刊者ヘンリー・ルースに宛てた手紙の中で彼が述べているように、一九二九年以後、アメリカの財界の指導者たちは「びくびくしてためらい、戸惑っているばかりで、役に立たない。連中の唯一の願いはその座に留まっていること、そして最大の恐怖はその座から滑り落ちることだ」[61]。

一九三三年にグラス・スティーガル法（銀行法）が制定され、商業銀行業務と投資銀行業務とが分離されて、預金者の預金が危険な投資に回されることはなくなった。すると、その道の専門家たちは、市場行動における心理の役割を強調し始めた。一九二九年一一月には、恐慌らしきものがあまりに規模が大きいことにあわてたアーヴィング・フィッシャーは、予測を誤った弁解をするために、株式市場の暴落は「パニックの心理」のなせる業《わざ》だと主張し始めた。「群衆心理のせいだ。市場の暴落の主因は心理で、投資家の心理が落ち込んだせいで、市場も落ち込んだのだ」と断言した。要するに、恐慌は市場予測の大家の冷静な判断も追いつかない、自己実現的な勢いを生み出したというわけだ[62]。

一九二九年の大暴落は、市場パニックという一つの図像を形成するのに一役買った。その図像は今日も、テレビ評論家の発言から、結果的に起きた株の急落の新聞記事まで、ずっと変わっていない。また、その図像は今も残るパニック心理という概念を、永続・強化させる働きもした。一九三〇年一二月に、『イブニング・ワールド』紙は、多くの人が「根拠のない噂や悪意に満ちたゴシップに、あまりに熱心に耳を傾ける」せいで信頼が揺らぎ、「全般的に不信感の蔓延する雰囲気」が生じている事実を嘆いている。「漠然とした恐怖の犠牲者は、街でも市場でも、社会にとっての脅威となっている。彼らは群衆心理を煽ってパニックの心を生み出す」と述べている[63]。二一世紀になると、異なる「恐怖指数」を使用して、オプション価格の乱高下が見守られ、強欲は株価を上げ恐怖は株価を下げるという前提に基づいて、株式市場のセンチメントが測られている。しかし一方で、少なくとも一部の分析家の間では、パニックはいまだに一九二九年の大暴落とそれに続く大恐慌を引き起こしたのと同様の、「群衆心理」もしくは「群衆行動」の表出とみなされている。ただ、違うのは、高度にデジタル化が進んだ現代世界では、恐慌による被害の及ぶ範囲と規模が桁違いに広がったことだ。

第10章

塹壕の中の恐怖

第一次世界大戦
●
砲弾ショック
●
兵士の犠牲

世紀の変わり目［一八九〇～一九一〇年までの間のこと］に存在していた恐怖を——高まる大衆の力、人間性を奪い取る機械類、機械的な殺人、変動の激しい相場を——すべて融合させたらどうなるか、想像できるだろうか。それらの恐怖をすべて融合させたもの、それが第一次世界大戦、すなわち、工業化された殺戮《さつりく》をもたらした「帝国列強と外交の徹底的な破壊」であった。(1)新しい種類の戦争だったが、すでに予想されていた戦争でもあった。同大戦が勃発する六年前、H・G・ウエルズが、将来「欧化した文明がいわば粉々に吹っ飛ぶ」ことを予見していたのだった。(2)

第一次世界大戦以前の戦争で、列車・蒸気船・電信という工業兵器が戦略上いかに重要であるかは明らかになっていた。写真もまた近代戦争の中心となる新技術だった。戦術的な監視・偵察用に配備するほかに、宣伝活動の面でも重要な価値があり、一般大衆の意識形成にも利用できた。クリミア戦争中［一八五三～五六年、ロシアが南下政策を積極化させオスマン帝国に宣戦したことに対し、イギリスとフランスおよびサルデーニャがオスマン帝国を支援して起こった列強間の戦争。ロシアが敗北しパリ条約で講和］の一八五五年に、イギリスの写真家ロジャー・フェントンが撮った『死の陰の谷』という写真は、近代戦争の新しい風景をとらえた有名な一枚である。それは戦争の存在というより、むしろ圧倒的な不在を写し出すことで、戦争の無益さを強烈に訴えている写真だ。砲弾の散らばる起伏の激しい丘陵を、人気のない一本の道が横切ってどこまでも続いている風景を写している。フェントンが妻に宛てた手紙に書いているように、「死の谷と呼ばれる谷に来てみると、その光景は全く想像を超えていた。谷の底をずっと向こうまで、小川のように丸弾や銃弾が落ちていて、それらを踏まなければ歩けなかった」(3)。

一部で示唆されているように、『死の陰の谷』の風景は作り物だったのかもしれないが、それでも強く心に訴えかけてくる写真であることに変わりはない。見えるのは、負傷者や死者のむごたらしい姿ではなく、岩や石とほとんど見分けのつかない大量の戦争の道具が散らばっている風景だけ。まるで戦争が人類を木っ端みじんに吹き飛ばして、沈黙と石と散らばった弾薬しか残っていないかのようだ。いわば、近代戦争が作り出した無人地帯が写し出されている。ガブリエル・シュヴァリエの明らかな自伝小説『恐怖』（Fear）で、一九歳の主人公が一九一五年に北部フランスで負傷したあとに言ったように、この世界大戦は神を殺してしまった、だから「天には、砲弾と人間がこしらえたそのほかの殺人装置以外、何一つ」残っていないのだ。[4]

第一次世界大戦は、ヨーロッパ、アジア、アフリカが戦いの場となった。しかも飛行機、戦車、自動兵器、毒ガス、潜水艦が使用された激しい戦闘だったから、経験、軍事戦術、物資補給の課題、医療状況というさまざまなレベルで恐怖の定義を書き換え、さらに審美的な面でも兵士たちに多大な苦しみを与えた。とはいえ、二〇〇〇万人の負傷者と一〇〇〇万人を超す戦死者という驚くべき規模の恐怖から、前線で独りぼっちになった戦闘員や、毒ガスにやられて自分の吐いた血にむせる兵士の恐怖に至るまで、こんなにも大きさに幅のある戦争の経験を、一体どうすれば正確に説明することができるというのか。[5]恐怖の意味が拡大すると同時に、人の内面に注意が向けられるようになっていった。第一次世界大戦を契機に、抑圧された恐怖の治療に向けた新しい医療、すなわち、精神分析が発展していくことになったのである。

一九一五年はじめに、ヨーロッパで大量殺戮による犠牲者が増え続ける状況を見て、『サイエンティフィック・アメリカン』誌〔一八四五年創刊、アメリカの通俗化学雑誌〕は、「歴史が教える教訓」という特別シリーズを掲載し、アメリカ合衆国が「天からの雷電のごとき」戦い方をする近代戦争に対して全く準備ができていないことを嘆いている。大戦開始から七か月後には、アメリカ人が恐れを抱いて当然の状況となっていたのだ。[6]第一次世界大戦の工業規模は、それ以前の戦争とは比べものにならなかった。一九一六年七月のソンムの戦い〔北フランスのソンムでドイツ軍に対して行われたイギリス・フランス連合軍の総攻撃。初めて戦車が導入された〕の初日に、二万人近くのイギリス兵が死亡し、三万人を超える負傷者が出た。戦いが終わった一一月一八日までに、死傷者数は約一三〇万人に上っていた。

これほど大規模の集団暴力を理解することは可能だっただろうか。不可能だと多くの人間が思った。フェントンの写真が示唆するように、近代戦争の恐怖は遠回しに思い起こさねばならないものだった。作家のジョン・バージャーは、第一次世界大戦が終わって八年後に誕生しているが、歩兵として四年間従軍していた父親は、当時の経験を一度も語らなかったと記している。ただ、「時折、軍用方位磁石、拳銃、数枚の塹壕の地図、何通かの手紙とリスト、機関銃の弾が数発、手榴弾の引輪といった記念の品をいじったり、見入ったりしていた」という[7]。戦争の記憶は物を介して呼び起こされ、戦争の経験はバッジやメダル、除隊証明書、葉書きの裏に走り書きされた短いメモによって明らかにされた。

第一次世界大戦を扱った小説では、収納箱から取り出した手紙や日記を通して物語が語られることが多い。問題の出来事が終わったあとでなければ、抑圧された恐怖がどれほど大きかったか認めることはできないし、いざ認めるとなっても、古いがらくたを介して遠回しにしか認められない。エーリッヒ・マリア・レマルクの小説『西部戦線異状なし』に登場する、二〇歳の語り手パウル・ボイメルが述べているとおり、「戦線の恐怖が深く胸に沈み込むのは、われわれが戦線に背を向けたときなのだ」[8]。ギリシャの小説家ストラティス・ミリヴィリスも、一九一七年にマケドニア戦線〔一九一五年一〇月に、ドイツの攻撃に対してセルビアを支援する連合国によって形成された戦線〕で戦った人物だ。そんな彼の小説『墓の中の生』も、「記念の品の山」の中にあった古い軍用衣装箱から取り出された日記という形をとった小説である[9]。その出来事があまりに大きすぎて理解するのが難しいため、何があったのか、断片からつなぎ合わせていかねばならないのだ。

戦争画家ポール・ナッシュもこれと同じ考えを妻に宛てた手紙の中で示していて、前線の光景は「全く言語に絶する」と述べている[10]。ナッシュがその手紙を妻に送ったのと同じ年の一九一七年に、アメリカの映画監督D・W・グリフィスは、イギリスの最高司令部から、西部戦線〔独仏国境線に沿って形成されたもので、両軍とも塹壕を掘って対峙する長期線になった〕のあるベルギーのイーペルへ制限なく立ち入ることができる権限を与えられた。実は、イギリス政府はその前にもグリフィスに映画を作る話を持ちかけていた。彼の映画でなんとかアメリカ国民の戦争に対する考えを変えさせ、中立から参戦へ持っていきたいという思惑があったのだ。しかし、西部戦線にやってきたグリフィスはその光景に啞然とした。のちに、あるジャーナリストに打ち明けているように、「戦争はあまりに巨大すぎて、ちっともドラマチックではない。あんなものは誰にも表現できっこない。大海原か銀河を表現するようなものだ。今どきの従軍記者は、動揺してほとんど声も出ない」し、「みんなが溝の中に隠れている。ずっと向こうの緩衝地帯に目をやると、文字どおり何もなくて、見えるものといえば、折れた木々と、破壊された有刺鉄条網と、砲弾の破裂でできた窪みだけだ。そこには心が痛くなるような寂寥《せきりょう》たる無の世界しかない」(11)。結局、一九一八年に世に出た無声映画『世界の心』は、イングランドのソールズベリー平原と、ハリウッドのラスキー・ランチ撮影所で撮影されたものだった。

フェントンの有名な写真では、丘陵を見上げるとその向こうには何もない空が広がっているだけだ。だが、第一次世界大戦では、飛行機のおかげで見晴らしのきく視点が与えられ、領域全体を見渡せるようになった。戦場の航空写真を見ると、陸の上に塹壕が網の目のように広がり、地下壕とコンクリートでできた掩蔽壕《えんぺいごう》が点在している。壕と壕を隔てているのは穴だらけの荒廃した地面で、前線の後背地には放置された農場や村や町が何キロメートルも続いている。だが、中にはイーペルのように、完全に破壊されて土に返ってしまった場所もある。

一方、戦闘機の搭乗員たちは、眼下に見える光景に衝撃を受けて、気がつけばその光景を何にたとえればいいか必死に考えていた。そんな彼らにとって、北部フランスとベルギーの破壊され尽くした風景は、「怪物のようなヒキガエルのじめじめした皮膚」を思わせた(12)。詩人ウィルフレッド・オーウェン［一八九三〜一九一八年、終戦の一週間前に戦死。『不思議な邂逅』『死すべき定めの若者のための賛歌』］には、戦場は死んだ兵士の腐敗した顔に思えた。あばただらけで、キャタピラのナメクジのようなぬるぬるした跡で切り裂かれた顔に。キャタピラとは、「淡々と弾孔《だんこう》に転がりながら突っ込んでいく」戦車の無限軌道のことで、レマルクの『西部戦線異状なし』の語り手によれば、「死者や負傷者を押しつぶす不死身の鋼鉄の野獣」だった。[13] 第一次世界大戦に従軍看護婦として参加したアメリカ人メアリー・ボーデン［一八八六〜一九六八年、一九一四年から終戦まで従軍看護婦として西部戦線の近くで働いた］は、巨大な波が陸地に打ち寄せてきて、聖書に出てくる洪水のようなその波が去ったあとに「泥だらけの地の底が剥き出しに」なった姿だと想像した。[14] 上空からは、戦場は驚天動地の準地質学的事象のように見えた。イギリス系アイルランド人の作家エリザベス・ボウエン［一八九九〜一九七三年、『日ざかり』『パリの家』］がかつて述べたように、「戦争は歴史の一ページというよりも地盤に見える（いや、感じられるというべきか）」。[15]

フランスの小説家アンリ・バルビュス［一八七三〜一九三五年、ジャーナリスト・反ファシズム・反戦家］は、西部戦線での戦争体験を基にした小説『砲火』を、「悪霊のように」大地を覆う暗い雲の隙間から垣間見える塹壕の描写から始めている。重火器でかき混ぜられて泥になった広大な平原が見えてくる。その平原の表面には、極めて小さい人間の姿が「汚い泥に目つぶしされ、押さえつけられて、まるで難破船の奇怪な漂流者のように」へばりついている。戦場の泥は怪物だ。人間を罠にかけて、ぐちゃぐちゃと音をたてる毒気のある沼地に引きずり込むと、「巨大な手のように」隠し、やせ衰えて泥がこびりついた人間の身体を「無生物」に変えてしまう。[16] 理想は「泥と洪水と血の中で」死んでしまった。「泥、泥、どこもかしこも泥だらけだった」と、イギリスの砲手ジョン・パーマーは一九一七年のパッシェンデールの戦い［西部戦線における主要な戦いの一つ。連合軍（イギリス・カナダ・オーストラリア・ニュージーランド・南アフリカ）は四五万人、ドイツ軍は二六万人の損害を出した。最終的にカナダ軍団がパッシェンデールを奪取して終結］について語っている。「砲弾穴という砲弾穴は、滲《にじ》み出してきた汚い泥水の海だった」。[17]

言うまでもなく、飛行機は同戦争の破壊行為にも関与していた。戦争のはじめ、爆撃機乗員は肉眼に頼って標的を攻撃していたが、じきに初期の爆撃照準器が使用されるようになった。ドイツのツェッペリン型飛行船がヨーロッパの都市を襲撃し始めると、イギリス国軍は敵国の空からの攻撃に対する国民の恐怖を、新兵募集キャンペーンに活用した。あるポスターには、灯火管制で真っ暗なロンドンを白い光線で照らすツェッペリン飛行船が描かれ、「本国にいて爆弾で殺されるよりも、弾丸と向き合うほうがずっとましだ」というキャッチフレーズがついていた。

ボーデンは、敵機が突然、空に浮かんだ小さな不気味な点のように姿を現したかと思うと、たちまち爆撃が始まる様子を記している――「爆撃機の下には無意識の地図が広がっていた。広い平原と、白く長い浜辺と海とが、高速で進んでいく爆撃機の目にさらされて横たわっていた」[18]。レマルクは『西部戦線異状なし』の中で、頭上に偵察機の低く唸るような恐ろしい音が聞こえたときの、ドイツ軍の塹壕にいる兵士たちの恐怖を表現した。その低く唸るような音は激しい攻撃の前触れで、雷のような音をたてる砲列と、ひゅうひゅうと飛んでくる砲弾を連れてくるのだ[19]。

恐怖が破壊的であったのは、兵士をすくませてパニックを引き起こすからだった。ひとたびパニックが起きれば軍隊中に蔓延し、さらには前線のうしろまで広がって、神経質な一般市民の士気まで下がってしまいかねない。ソンムの戦いで負傷したアーサー・グリストウッドは、「恐怖はパニックに発展するのを常に待ちかまえていた」と書いている[20]。精神科医のチャールズ・スタンフォード・リードが言うには、大隊が散り散りになったとき――

各兵士は群れに守られている感覚を失い、恐怖が戻ってくるのがわかる。すると、自己保存が一番大事になるので、逃避反応が生じる恐れがある。恐怖の徴候はとても伝染力が強いため、それが攻撃の重

要な時点で広がると、パニックが起こって大混乱のうちに退却という結果になる。(21)

軍当局はさまざまな方策を用いて伝染力の強い恐怖を防ごうとした。まず行われたのが検閲だ。マスコミに始まり、私信、電報、パンフレット、書籍に至るまで検閲を行い、都合の悪いニュースを排除して敗北主義が起きるのを防ぎ、自信を植えつけようとしたのだ。もう一つの方策は、軍法会議という脅しだった。病気や怪我を装って義務を逃れると、処罰が待っていた。詐病で任務を回避した兵士には卑怯者の烙印が押され、死刑になることもあった。ある報告にはっきりと書かれているように、「臆病は死刑が求められる恐れのある軍事犯罪」だった。(22)

軍隊では恐怖をコントロールする訓練も行われた。訓練の目的は、「恐怖による虚脱、あるいはパニックによる闇雲な逃避に見舞われる危険から」兵士を救うことと、「武力闘争の最大の恐怖と困難さえ全く意識しないほど、恐怖や困難に慣れた」精神状態を兵士に植えつけることだった。(23) 訓練と決まった手順《ルーティン》とが、恐怖やパニックの潜在的な傾向を抑える対抗策として奨励された。パニックや恐怖はルーティンや訓練によって抑制できるというメッセージは、軍隊の戦闘準備において訓練の役割を重視する戦闘マニュアルの中で強化された。ロシアの著名な軍事理論家ミハイル・ドラゴミロフ［一八三〇〜一九〇五年］は、自己保持と自己犠牲の違いを強調した。つまり、軍事訓練は、恐怖を刺激する練習を通して前者を排除し、後者を啓発する任務を負っている、というのである。(24) 軍事訓練は兵士間の恐怖を取り除くことを目指すものだったが、敵軍にパニックを起こさせる「奇襲《ショック》」作戦を開発する手段にもなった。しかし、訓練が効果を発揮できなかった場合は、思い切った処置が講じられることもあった。一九一四年にある識者が明言したように、万一前線でパニックが起きた場合には、司令官は部下を射殺することが許されていた。(25)

戦時下のマスコミは国家検閲に牙を抜かれて、恐れない心を培う後押しをした。新聞や雑誌は、移動可能な手術設備と救急列車の写真を掲載して、医療科学分野の胸躍る新技術と進歩を世に知らせ、効率の良さと未来への揺るぎない信念を示すことを狙った。そうした宣伝の目的は、一般国民の士気を高め、誇りや希望といった恐怖を打ち消す感情を前面に押し出すことだった。(26)

一九一六年に、イギリス軍の軍医ロバート・W・マッケンナ［一八七四〜一九三〇年］は、第二次ボーア戦争［一八九九〜一九〇二年］の兵役経験者と、ヨーロッパで進行中の紛争の実戦経験者とを対象に多くの面談を行って、「戦闘のさなかには死への恐怖は完全に消えてしまう」という結論に至った。兵士たちが不安を感じたのは、戦闘が始まるまでのわずかな時間と、「激しい戦闘の音が次第に静まって、大きくてはっきりしない沈黙へ変わった」あとだけだった。マッケンナの著書『死の冒険』の序文を書いた、ジョン・マレー出版社のジョン・マレーも同じ考えだった。彼自身の経験として、「突然の危険」に直面しても「恐怖を全く意識しない」ことがよくあったし、試練を受けたショックはあとになって襲ってきて、「ぞっとするような感覚を繰り返し」経験したと指摘している。これは「うしろ向きの恐怖の一種」だろうか、と疑問に思ってもいた。一九一八年に、C・S・ルイスは、爆弾の破片に当たって負傷した。その破片で隣にいた兵士は死亡したが、少しも恐怖を感じなかった。その経験を思い返して、まるで戦争は「他人事のようだ」った、と述べている。(27)

身体には目に見える外傷が一つもないのに、ショックの治療を求める兵士たちが現れ始めたとき、最初は、破裂した爆弾の近くにいたせいできっと脳震盪《のうしんとう》を起こしているのだと考えられた。一九一五年二月、フランスに駐留する英国軍の顧問心理学者だったチャールズ・マイヤーズが、記憶・視覚・嗅覚・味覚の喪失と関係する疾患「砲弾《シェル》ショック」の三つの症例を報告する論文を『ランセット』誌に発表した。その一つに、二〇歳の兵士の症例があった。彼が属していた大隊は、一九一四年一一月にドイツ軍の砲撃の標的になった。マイヤーズが注目したように、「それまで同兵士は恐れを感じておらず、『むしろ状況を楽しんでいる』くらいで意気軒昂だった。ところが、砲弾がぼんぼんと周囲で爆発しだしたとき、それは一変した」(28)。敵の砲火の真ん中で有刺鉄条網の下に潜り込んだ兵士は、パニックに陥り、必死に有刺鉄線から抜け出そうとした。爆弾が破裂して背中の雑嚢《ざつのう》が吹き飛ばされ、身体に火傷を負った。「それは頭をがつんと殴られたような感じで、殴られたあとに痛みは少しも感じなかった」と、本人は述べている。ところが、視界がぼやけ始めて、物が次第に消えていくようだった。このまま目が見えなくなるのだと思うと泣けてきたが、それでもなんとか塹壕《ざんごう》に飛び込むことができた。やっと大隊と合流し、救急車で応急手当て所に連れていかれてブランデーを与えられたあと、さらに前線の後方にある病院に運ばれた。こうした症例について、マイヤーズは「これらは、砲弾ショックの影響で生じる数ある症例の中でも、明確な部類のものと思われる」と結論している(29)。

ところが、砲撃にさらされなかった兵士も、やはり身震いから記憶障害まで多岐にわたる同様の衰弱性の症状を示していることが、じきに明らかになった。このときになってようやく、軍当局と医学界の権威たちは、自分たちが相手にしているのが恐怖によって引き起こされた一種の精神衰弱、現代なら心的外傷後ストレス障害と呼ぶものらしいと悟ったのだった。一九一六年のソンムの戦いのあと、パニックを引き起こす神経衰弱の症例が急増した。そうした症例の増加によって生じた戦争遂行上の影響に、イギリス政府は対処を余儀なくされた。一九二三年に発表された、戦時下の医療活動に関する報告書の一つに特筆されているように、「フランスで神経症が原因の深刻な兵員の減少が起こったため、その問題への対処が急務になった」のだ(30)。

砲弾ショックは、極端な形をとった場合、抑制できない震えや痙攣、身体の捻《ね》じれとなって現れた。一九一七年に、イギリスの二人の医師アーサー・ハーストとJ・L・M・シムズは、砲弾ショックの患者のチック［顔面筋などの不随意痙攣］と「ヒステリー性」歩行とを映像に収めた。そうして完成した記録映画『戦争神経症』は、「戦争神経症の最大の部類の一つであるヒステリー症状の治療経験の増加が、どれほど治療方法の段階的な簡略化と、治療の確実性と速度の上昇をもたらしたか」の証拠とすることを目的としていた(31)。

その二七分の無声映画には、各患者の名前、軍の階級、医学的状態はもちろん、症状の説明と治療期間を記した字幕がついている。「ここに示された臨床的特徴には、さまざまな失調性・ヒステリー性歩行が含まれている」という、淡々とした要約部分の字幕に続いて、人生を打ち砕く一連の疾患が次々と映し出される――「ヒステリー性麻痺・拘縮・感覚麻痺、顔面チック、顔面痙攣、膝蓋腱《しつがいけん》反射およびアキレス反射の欠如、対麻痺、『戦争による甲状腺機能亢進《こうしん》症』、記憶喪失、失読症、感覚性失語症(32)［他人が話す言葉が理解できない症状］」。

一九一六年、「これらの病室ほど、近代戦争の純然たる恐怖と残虐さが訪問者の心と意識に強烈に迫ってくる場所はない」と、『デイリー・メール』紙のある記事は切り出して、顔を吹き飛ばされた兵士たちのことを伝えた(33)。塹壕戦では、鼻と顎が特にむき出しになるため、飛んでくる爆弾や砲弾の破片で傷つきやすかったのだ。戦線で兵士が負う顔面損傷の恐ろしさは、経験を積んだ医師でさえ、目のあたりにすると心に傷を受けるほどだった。「見るも恐ろしい、それが破壊された顔を言い表す唯一の言葉だった」と書いたのは、イギリス王立陸軍医療隊（ＲＡＭＣ）の伍長だったウォード・ミューア［一八七八～一九二七年、写真家・ジャーナリスト・作家］だ。

> 眼窩《がんか》にはねじれて湿った切れ目があって、まつ毛が一、二本弱々しくくっついている。失った目がそこにあったことを示すのはそれだけだ。歪んだ口は、優れた歯科技術をもってしても、顎の一部が失われているのでどうしようもない。しかし、もっとひどいのは、いや一番ひどいのは鼻だ。鼻の負傷によって、信じられないくらい残酷な効果が生まれるが、鼻が完全になくなっている場合、その悲しいほど

の奇怪さは頂点に達する[34]。

「恐怖の部屋」とは、医師で画家のヘンリー・トンクス［一八六二〜一九三七年、イギリスで印象派の影響を受けた最初の画家として知られる］が病院の負傷者病棟を言い表した言葉だった[35]。彼は外科医になる教育を受けたが、医師を辞めて美術の道に進み、ロンドンのスレード美術学校で教えていた。第一次世界大戦が始まり、衛生兵として前線に送られると、すぐにニュージーランドの外科医ハロルド・ギリーズに声をかけられ、彼の患者の記録用に外科手術をスケッチする役を引き受けたのだった。ギリーズはフランスで見た手術に影響を受けて、皮膚移植をはじめとした再建手術の新技法を開拓し、現代の形成外科の基礎を築くのに貢献した。

顔面を失うことは、相貌の醜さの問題だけではなかった。深刻な精神的トラウマを生じさせたのだ。陸軍病院で勤務していたミューアは、相貌が醜くなってしまった患者の目を見るとき、「こちらの顔色で患者に自分の醜さを気づかせないようにするのが」いかに難しいことか思い知ったという。「患者が破壊された顔をむき出しにしたまま歩き回っていると」、なんだか気まずくて不安な気持ちになった。「患者と話をするとき、目を合わせるのが怖かった」とも書いている。ミューアがいたような病院には、原則として鏡は置かれていなかったが、めちゃめちゃに潰れた顔の兵士――「壊れたガーゴイル」は、決まって自分がどんな顔をしているのか知っていた。ミューアが言うように、「患者は、こちらが意識していることも、こちらがふとした瞬間に見せる視線で自分が傷つくかもしれないことも承知している。だから、そういう患者の顔は怖くてひるまずに見ることができない。自分のためではなく、相手の患者のために怖くてできないのだ[36]」。トンクスがスケッチした顔に傷を負った患者たちの手術前と手術後の顔を見ると、ミューアが非常に鋭く描写した自我を打ち砕かれた患者たちの激しい心の内を想像せずにはいられない。

のちの世で、戦傷者の病的なイメージから一つの美意識が生まれ、暗闇にうごめくゾンビやそのほかのモンスターを主役としたホラー映画の世界に浸透していく。けれど、トンクスのスケッチでは、患者たちは恐怖の対象ではなく、共感の対象である。現在、ギリーズの形成外科手術がいかに稚拙に見えるとしても、そこには希望と人生を復活させる可能性を与えたいという思いが感じられる。だが、ハーストとシムズの記録映画はそうではない。ひどい砲弾ショックを受けた犠牲者たちが、リハビリテーションの成果を披露するためにわざわざ人前を歩かされている。患者たちは、いわば「精神病質者が研究する水族館のようなもの」として扱われている[37]。個人のトラウマを発信者側に都合のよいように調整して一般に展示するのは、一種の二次暴力に思える。戦争が第一の暴力なら、治療が第二の暴力になっている。

　当初、ハーストとシムズは催眠術を用いていたが、それはやめてほかの治療法、主に「説得と再教育に操作を組み合わせた方法」を選択した。たとえば「弛緩性麻痺」、つまり、筋肉低下を引き起こす神経疾患の患者には、電気ショック療法が用いられた。だが、主として治療の焦点は、ハーストとシムズのいわゆる「治療に適切な雰囲気を作り出すこと」に置かれていた。治療に適切な雰囲気作りには、患者に自分は当然治癒すると確信させることが必要であったから、悪気のない嘘をつかねばならない場合も少なくなかった[38]。

　砲弾ショックの治療には、ハーストらとは大きく異なる方法も取り入れられていた。カナダ出身の精神科医ルイス・イェールランドは、強硬な治療介入を提唱する一人だった。「ヒステリー」は女性につきものの病と考えられていたので〔「ヒステリー」はギリシャ語の「子宮」を意味する語に由来し、ヒポクラテスの時代から子宮が原因の病と考えられ、女性の病気とされていた〕、「ヒステリー性」砲弾ショックに罹っている患者は、男性の長所を奪われた男性であると暗に示唆されていたのである。恐怖とパニックが、男らしい男を女のような男に変えてしまった、だから患者には強くなる道徳的義務があると信じられた。ロンドンのクイーン・スクエアにある国立麻痺・てんかん病院を本拠地にしたイェールランドは、電気療法を使用することで有名だった。それは電気生理学者エドガー・エイドリアンとともに開発した療法で、イェールランドは砲弾ショックの症状を示す兵士の治療に用いた[39]。

この砲弾ショックの治療では痛みが重要な要素だった。「懲罰の要因を加える必要がある場合には、電流をとびきり痛いものにすることができる。患者が回復しないことを望む類《たぐい》の男なら、懲罰を与えなければならない。また、どんなに深刻な機能的感覚脱失であっても、電流を感覚に対する無意識の障壁を打ち破るのに必要なだけの強さにすることができる[40]」と、エイドリアンとイェールランドは自分たちの療法を解説した一九一七年の論文に書いている。その翌年に発表した手引書『戦争のヒステリー性障害』で、イェールランドはさまざまな手法について詳述しているが、その中には患者を恥じ入らせることや、罰を与えると脅すことなど、「否定的態度という忌まわしい敵」によって堕落した患者の精神を、元どおり男らしくすることを目的としたものがあった。現在、同書を読むと、二〇世紀初期の医学が現在とはいかに違っていたかあらためて思い知らされる。だが、この新兵訓練式の厳しい方法は、一九六〇年代に入っても生き続けていたのだ。イェールランドは、ある患者の身体に「感応通電法」と呼ばれる方法で電流を流すとき、次のように声をかけたと報告している――「忘れないでくれ、君は英雄にふさわしい行動をしなくてはならないのだ。私は君がきっとそうしてくれると期待している」。そして、患者をこうたしなめたという。「多くの戦いを経験してきた男性たるもの、もっとしっかり自分を制御しなくてどうするんだ[41]」。

治療に電流を用いて患者に苦痛を与えたのは、イェールランドだけではなかった。ドイツでも、感応通電法が男性のヒステリーに苦しむ兵士の治療に広く用いられていた。最初、男性のヒステリーは、鉄道と工場で働く労働者に確認された障害だった[42]。それと同時に、電気療法が使用されたことには、砲弾ショックに罹った患者が病気を言い訳にして戦場ではたすべき義務を逃れようとしているという見方が世間一般に広まっていた事実が示されている。[43] フランスでも同じように、電流が「難治性の」神経症に苦しむ兵士の治療に用いられた。治療に用いられた方法は激痛を伴うので、兵士たちには「*torpillage*」、すなわち「魚雷攻撃」と呼ばれていた。[44]

一方、もっと人道的な治療法を用いた医師たちもいた。ウィリアム・リバーズは、医師の資格を持ち、神経学と実験心理学に医学的焦点を当てて治療法を発展させただけでなく、人類学にも興味を持ってその方面でも重要な貢献をした人物だった。ケンブリッジ大学で講師をしていたとき、第一次世界大戦が勃発した。砲弾ショックの患者の急増に応えるため、内科医の需要が高まり、いくつもの病院が治療センターとして接収された。その一つのマージーサイド［イングランド北西部の州で中心はリバプール］のマグハルにあったモス・サイド陸軍病院は、「精神異常」の治療にあたる専門機関になった。[45] 一九一五年七月に、リバーズはグラフトン・エリオット・スミスの推薦で同病院の職に就いた。数年後に、エリオット・スミスは、「ごく軽い精神疾患にさえ」依然としてつきまとっている偏見を一掃することを目指し、『砲弾ショックとその教訓』をＴ・Ｈ・ピアと共同執筆している。「恐怖にはさまざまな種類があるが、その中で最大のものは、よくわからないものへの恐怖である」と、エリオット・スミスは書いている。「この一般大衆の傷」、つまり精神疾患の治療に対する一般の偏見に満ちた態度に対処するには、依然として精神疾患を取り巻いている「無関心、迷信、どうしようもない無知、恐怖」を克服することが必要だ、と。[46] モス・サイド陸軍病院では、戦争神経症の治療に、催眠術、精神分析、夢分析をはじめとする、実験心理学的アプローチが用いられた。[47]

間もなくリバーズはＲＡＭＣの大尉に任命されて、エディンバラ近くのクレイグロックハート戦争病院に転任する。同病院は陰気なイタリア様式の建物で、もともと富裕層が水治療を受けに訪れる病院として建てられたが、砲弾ショックと診断された将校たちを治療する病院に転用されたのだ。戦争神経症は、心に傷となって残っている経験の記憶、あるいは、恐怖を含む「受け入れがたい感情」を抑圧しようとする衝動から発生する、とリバーズは確信していた。爆発のような何か暴力的な出来事が精神疾患の引き金になることはあるが、戦争のストレスにもこの種の「病的過程」に陥りやすくする作用があるのは研究から明白だった。さらに、恐れがしばしば、「特に苦痛に満ちた戦争の出来事と結びついた、大きな恐怖の感情に完全にとって代わられる」ことを指摘した。彼が記録した症例の一つに、爆発のものすごい力で飛ばされて、死んだドイツ兵の「膨れ上がった遺体」に頭から突っ込んだ若い将校がいる。死人の腐敗の進んだ内臓で口がいっぱいになってしまった彼は、それ以降、そのときの「身の毛もよだつ味と臭いの感覚」の記憶に絶えず悩まされ続けていた。[48] リバーズは、患者たちにトラウマとなった経験を話すように促すことで、彼らの抑圧を一変させたいと考えた。そして、この方法を「自己認識」を意味するギリシャ語からとって、「オートグノーシス」と呼んだ。「トーキング・キュア」、つまり、話をすることが治療になるというリバーズの考えには、明らかにフロイトの影響がみられる。ちょうどフロイトの無意識に関する理論が盛んに議論されているときに、「彼の理論が特に説明の対象としていた麻痺や拘縮、恐怖症や強迫観念といった症状が、空前の規模で」戦争によって生み出されるとは、「なんとも不思議なめぐり合わせ」だと、一九一七年に発表したフロイトに関する論文の中でリバーズは述べている。[49]

クレイグロックハート戦争病院の雰囲気は、クイーン・スクエアの病院のそれとは違っていたかもしれない。だが、それでも陰鬱な場所には違いなかった。詩人のシーグフリード・サスーン［一八八六〜一九六七年、武功十字勲章を受けるが、体験から反戦論者となった。第一次世界大戦の代表的な（反戦）詩人］は、一九一七年にクレイグロックハートで治療を受けており、自伝的小説『シャーストンの前進』に、同病院は表面上気持ちのよいところだが、消灯になると、トラウマを受けた患者たちの泣き声や叫び声が響き渡ると書いている。「夜には、一人ひとりが恐怖に襲われた前線の不運な持ち場に戻っていた。そこでは、死者たちの青ざめた顔が並ぶ中で、何やら恐ろしい体験のパニックや暴走が再現されるのだった」[50]。リバーズはそんな陰鬱な世界の中の光だった。そして、彼が発展させた戦争神経症の治療法によって、真の革新者になった。

砲弾ショックの治療に進歩的なアプローチを用いた医師はほかにもいた。その一人がスコットランド出身の精神科医ヒュー・クライトン＝ミラーで、一九一二年に「合理的精神分析」を主張していた[51]。戦争中に砲弾ショックの兵士の治療に従事した経験から、一九二〇年にタビストック・クリニックを設立し、「新しい心理学」を用いて一般市民、特に子どもの精神疾患の治療にあたった[52]。

砲弾ショックに対するアプローチの違いは、砲弾ショックの原因が判然としないことの表れだった。ウェールズ出身のロバート・アームストロング＝ジョーンズ卿［精神科医。第一次世界大戦中ＲＡＭＣの中佐に任命された］が一九一七年に認めているように、「言葉にできない、未知の恐怖が予備的条件ではあるが、なにしろ症状が多様すぎて砲弾ショックを教義化することは不可能」だった[53]。それは本当の症状なのか、それとも兵役を逃れるための詐病なのか。工業化された戦争の影響は神経学的なものか、それとも心理的なものなのか。また、砲弾ショックになりやすい人間がいるのだろうか、なりやすさは遺伝するものなのだろうか、と考える者もいた。見解は揺れ動き、食い違うことも多かった。多くの医師はアームストロング＝ジョーンズと同じく、症状は「神経症的変化」を引き起こす外的ショックによって生じ、強い情動反応と本能行動が現れると推論した。砲弾ショックの症例の大部分が、「突然の無意識な恐怖と畏怖」の結果であり、「初期に治療を受ければすっかり回復する」ことができると考えた[54]。

アメリカの心理学者ウォルター・キャノンは、生理学的過程と、恐怖を引き起こす身体面の要因とを重要視した。彼が研究で最初に重点を置いたのは、外傷性ショックと酸性血症、すなわち、血液中の過剰な酸の増加との関連と、その化学的不均衡を重炭酸ナトリウムの注入によって治療することの二点だった。キャノンは、脅威に対する動物の反応を表現するのに「闘争・逃走反応」という用語を作った人物で、人間の精神障害で生化学過程のはたす役割に注目した。そして、強い感情が身体に及ぼす影響に関する研究の中で、「恐怖の感情は逃走の本能と関連し、怒りまたは激怒の感情は闘争あるいは攻撃の本能と関連している」と結論した。(55)

一方、神経病理学者フレデリック・モットは、砲弾ショックをいろいろな種類に分類し、さまざまな環境的・社会的・神経学的要因を特定した。兵士が高性能爆弾と塹壕戦にさらされたことが、鍵となる要因であるのははっきりしていた。兵士たちは前線で経験した不自由と暴力によって心の傷を受けており、その心の傷は「迫りくる死への恐れ、つまり、地雷に吹き飛ばされて生き埋めになることへの恐れ」と表現された。(56)だが、モットは、肉体的な変化を生じさせる外部からの要因だけでなく、それ以外にも砲弾ショックを生じやすくする可能性のある要因があると主張した。たとえば、兵士が神経系の基礎疾患や、遺伝性神経障害を持っているか否かである。とはいえ、恐怖に対処することがいかなる治療においても肝要だった。「恐怖は、その心身を抑制する効果によって、ヒステリー症状あるいは神経衰弱症状が起きるうえで大変重要な役割をはたしている」と書いている。モットは自身が設立に力を尽くしたロンドンのモーズリー病院で、数多くの原因因子に対処するためにさまざまな治療を試みた。同病院の「精神衛生」の規定には、患者を温かい風呂に入れて「就寝時には温めた牛乳を飲ませること」と、必ず患者が「心が落ち着く刺激的でない気晴らし」ができるようにすることが含まれていた。ただ、「重症患者の場合、蓄音機の音や、ピアノの音、ビリヤードの玉が当たる音、楽器の音にさえ、興奮して症状が悪化した」が。(57)同病院の「治療の雰囲気」の中で、患者は休息したり、ガーデニングをはじめとするゆったりとした活動を続けたりすることで、病気を克服できた。[58]

臨床研究者たちにとっては、砲弾ショックの正体とその最善の治療法についてそれぞれ見解が異なっていても大したことではなかったかもしれないが、軍医たちにとってはこれ以上ない大問題だった。兵員損失の問題はもちろん、財政的な影響も考慮しなければならなかったからだ。砲弾ショックが戦闘に起因するものなら、国家は復員兵に補償しなければならなくなる。戦闘に起因しないなら、補償する義務はない。さらに、道徳上のジレンマがあった。負傷した兵士が前線に残れるほど健康になっているかどうか、病院に入院させるべきか、あるいは傷病兵として送還し除隊させるべきかどうか、軍医には決定する責任があった。詐病者を暴くことも当然、仕事の一つだった。

「砲弾ショックの詐病は、戦線では極めてよく起こることだ」とモットも認めていて、砲弾ショックの症状は「詐病と間違われ」やすいので、判別は難しいと述べている。[59] リバーズは、医師であると同時に士官でもあるという難しい立場に立たされて、明らかに葛藤していた。彼の仕事は負傷者を治療すればいいだけではなく、自分が治療している患者ができるだけ早く現役勤務に戻れるようにすることでもあったからだ。しかも、患者が心の中で義務と恐怖の間で葛藤していることもわかっていた。著書『葛藤と夢』の中で、自殺願望の強いカナダ人将校の症例を挙げている。その将校は、戦争はどうしても続けなければならないという認識と、戦場で待ち受けている恐怖という「もっと強い感情」の間で苦しんでいたのだった。[60] 一九二二年に陸軍省が出した砲弾ショックに関する報告書によると、陸軍にとっての難題は、兵士が「正常な情動反応と、意志コントロールの機能障害を伴う神経症とを区別する不明確な境界線を越えたか否か」を判断することだった。[61]

同報告書は、砲弾ショックという言葉は曖昧すぎて役に立たないので、使用をやめることを提唱している。

ほかにもいくつか提唱を行っているが、どれも軍隊の「士気と、団結心と、高い基準の規律」を向上させるための訓練の必要性を強調しており、その根底にはそれらを向上させることが、自制心を発揮できなくなった兵士たちの臆病さを矯正する働きをするという考えがあることがわかる。また、選別過程を通して、「精神や神経の不安定さが推測できる異常な点」を持つ新兵だけでなく、病気を口実に兵役を逃れようとする者も除外する重要性も強調している。「神経や精神の統制を失うことが戦場から逃走する名誉ある手段だと、一人の兵士にも考えさせてはいけない」と、同報告書は断言している。(62)

砲弾ショックは医療施設を負傷兵であふれさせ、彼らを急いで移動させる必要から輸送上の問題を増加させたが、一方でそれは医療スタッフや患者を効率的に管理するために官僚制度を発達させる推進力にもなった。(63) 砲弾ショックは、次第に人を疎外・非人間化する工業化された戦争の作用との関連で解釈され始め、声高に反戦を訴える文学の焦点となっていった。ガブリエル・シュヴァリエの小説『恐怖』で、主人公ジャン・ダルトモンは手榴弾の破片を浴びて病院に運ばれ、気がつくと隣のベッドにも兵士が寝ている。その兵士は、化膿した深い切り傷に何本もの排液チューブを縦横に差し込まれ、まるで一台の機械のように見えた。ダルトモンには戦争が奉仕するはずの人間を貪り食う、邪悪な生産システムに思えてくる。「突如、われわれの眼前に前線が現れ、轟音《ごうおん》とともに砲火を一斉に発射したかと思うと、巨大な坩堝《るつぼ》が人間の肉を溶かして血のような溶岩に変える、地獄の工場のように赤々と燃え上がった(64)」。

けれど、以前は工業化が必ずしも邪悪だと思われていたわけではなかった。なるほど、一九世紀の工業化がもたらした社会の変化は、人間性を奪う技術主義社会に生きることへの不安を生んだかもしれない。だが、第一次世界大戦の前には、工業化の発展を擁護する者も数多く存在した。イタリアの未来派の芸術家たちは、「機械化時代」のエネルギー、パワー、スピードを称賛した。画家・彫刻家のウンベルト・ボッチョーニの言葉を借りると、このエネルギー、パワー、スピードは、人間の能力を「刷新された意識」と言えるところまで高めていた[65]。未来派は、一九〇九年に詩人のフィリッポ・トマゾ・マリネッティが「未来派宣言」と題した文章の中で、自動車は「『サモトラケのニケ』よりも美しい」と挑発的に宣言したところから始まる。『サモトラケのニケ』とは、ルーヴル美術館に所蔵されている、ギリシャ神話の勝利の女神ニケの有名な彫像のことである。カルロ・カッラ、ジーノ・セヴェリーニ、ジャコモ・バッラなどの画家たちは、未来派の運動に賛同し、マリネッティのいわゆる「人間でない機械のような種類の拡大した人類」を賛美して、機械と同化した人間を描いた[66]。戦車、飛行機、戦艦は、新しい工業力を明示するものとして、すなわち、現状を打ち破り、もっと強力で活力に満ちた国家に生まれ変わらせる「機械王国」の大胆不敵な使者として称賛された[67]。

第一次世界大戦が勃発するとすぐに、未来派の多くが熱狂的に志願して戦場に赴いた。マリネッティはイタリア軍の兵士としてイゾンツォの戦いでオーストリア＝ハンガリー軍と戦い、「恐れを感じるという不名誉」について書き、戦争を新しい工業化精神の表れとして称え続けた。しかし、美術評論家ルチア・レイが述べているように、マリネッティが戦争を美化し続けたのは、「全く逆の、あまりにも生々しい戦争の経験を抑圧する」試みだったのかもしれない[68]。なぜなら「混乱のパニック。急いで搬送される負傷者と病人。担架。負傷者。恐怖の叫び。トラック。救急車。飛行機の音」と、日記に記録していたからだ[69]。

戦争による大量破壊のあと、人間イコール機械という高揚した考え方は廃《すた》れていった。代わって登場するのが、ドイツの画家ジョージ・グロスとオットー・ディクスによる、目に眼帯をあて、切断された手足に粗雑な人口装具をつけた、人間の姿をした巨大な機械のヴィジョンだ。それは未来派の機械への賛美に対する不気味なアンチテーゼだった。フランスの文化史家・文化理論家のポール・ヴィリリオは、第一次世界大戦の殺戮と、「冷酷な」二〇世紀の前衛美術に内在する暴力との関連まで示唆している。二〇世紀の前衛美術では、人間の形が徐々に分解されて、ついには抽象化して消えている、[70]と。

ディクスは機銃部隊の一員として第一次世界大戦に従軍し、戦時中の経験が頭から離れず苦しんだ。彼の版画『毒ガス攻撃を受けながら前進する突撃兵』は、一九二四年に出版された連作版画〔『戦争』と題された五〇枚の版画シリーズ、同版画は二一番目の作品〕の一枚で、ガスマスクをつけた兵士の一団が霧の中から姿を現している。科学技術によって暴力の規模が拡大した一方で、人間の役割は小さくなった。同版画の有刺鉄線の荒地では、兵士は犠牲者であると同時に、顔のない怪物のような自動人形でもある。

戦争という大量殺人への強い嫌悪感は、一九二〇年代から一九三〇年代にかけて、ホラー映画の全盛をもたらした。ドイツ表現主義映画の先駆者の多くは戦闘を直接経験した人間であったし、執念深い亡霊、怪物、自動人形など、今日ではすっかり陳腐になってしまったホラー映画のモチーフの多くが、第一次世界大戦まで起源をさかのぼることができる。戦争報告書や手紙や日記、回想録に残る前線の描写は、ホラー映画のレパートリーの中の物語のように思えることが多い。たとえば、一九一四年九月のマルヌの戦い〔ドイツはベルギーを突破してフランスを攻め、戦争を短期で終結しようと計画していた。だがこの戦いでフランスはマルヌ河畔でドイツを食い止めた〕のあとに、死んだ兵士たちが「塹壕で立ったまま、見たところ心身ともに全く異常がない姿で」発見されたという噂が流れていた。[71]あるいは、C・S・ルイスが書き残した「座っている死体や立っている死体」や、「身体がめちゃくちゃに破壊されても、まるでつぶされかけた甲虫のように、まだ動いている兵士たち」の話がそうだ。「われわれがどんなホラー映画を観るときも、どんなホラー小説を読むときも、どんなビデオゲームで遊ぶときも、必ず第一次世界大戦の幻影が、われわれの意識の扉のすぐ向こう側でかすかな音を立てている」と、映画史家スコット・プールは書いている。[72]

一九二〇年に公開された、先駆的なホラー無声映画『カリガリ博士』の脚本を共同で執筆した作家ハンス・ヤノヴィッツは、第一次世界大戦に従軍し、その経験から平和主義者になった。回想シーンの連続で語られ

オットー・ディクス、『毒ガス攻撃を受けながら前進する突撃兵』(エッチングとアクアチント)、カール・ニーレンドルフによって1924年にベルリンで出版された版画集『戦争シリーズ』の1枚

る物語は、夢遊病患者を操って残酷な殺人を犯させる邪悪な催眠術師を中心に進む。しかし、この物語は、一九一四年に大量殺戮へと夢遊病患者のように進んでいったヨーロッパの寓意と容易に解釈できる。

F・W・ムルナウが監督した一九二二年の傑作、『吸血鬼ノスフェラトゥ――恐怖の交響曲』もまた、登場人物たちが恐怖に襲われる映画だが、プロットは明らかにブラム・ストーカーの怪奇小説『吸血鬼ドラキュラ』の焼き直しである。けれど、同映画の恐怖には、塹壕の中の薄暗い世界と著しい類似点がある。映画でドイツに疫病をもたらすネズミの大群は、塹壕に侵入して荒らし回るネズミを彷彿とさせる――『西部戦線異状なし』で「死骸を食うネズミ」と呼ばれていた、「ぞっとするような、凶悪な、毛の生えていない顔」をした、あの気持ちが悪くなるネズミだ。もう一つは、海からどんどん吹き寄せる霧のモチーフで、これは戦線を包み込む霧と毒ガスを想起させる。死をもたらす霧の不吉なイメージは、これから恐怖がやってくることを示す典型的な兆候だ。すなわち、「冷たいのは、霧だけだ。この奇怪な霧はわれわれの目の前の死人にそっと近づいて、その隠れていた最後の命を吸い取っていく(73)」のである。

第**11**章

絶滅収容所と独裁者たち

ナチスとホロコースト

●

スターリンの粛清

二〇一八年一〇月、ボンのドイツ連邦共和国歴史館は「恐怖――ドイツ国民の精神状態？」と題する展覧会を開催した。同展覧会が開催されることになった直接のきっかけは、二〇一五年にドイツに一〇〇万人近くの移民が流入したことから生じた恐怖と、ケルンなどの都市で「アラブ系」と「北アフリカ系」の若者にドイツ女性が襲われたという噂から起こったパニックだった。移民に加えて、核戦争、森林破壊、忍び寄る監視社会の脅威という、ドイツ国民の集団的な恐怖も取り上げられていた。

展覧会が対象にした期間はおよそ六〇年だったが、学芸員たちはここで扱う「恐怖・不安」（*angst*）〔ここではドイツ語と解釈したが、この語はすでに英語にもなっている。意味はドイツ語と同じく「恐怖・不安」〕にはもっと広い歴史的背景があることを示唆し、次のような疑問を提起した――ナチスの恐怖とホロコーストの悲惨さを取り上げずに、現代の恐怖を論議することが本当に可能なのか。[1] たとえば、二〇一五年の大晦日に、モロッコ人とアルジェリア人の男性がドイツ人女性に性的暴力をふるったとされる事件は、一部のメディアでドイツの「*Wehrlosigkeit*」、すなわち「無防備さ」の一例として報じられ、インターネット上には、ドイツ人がこんなにおとなしいのは「暴力・攻撃・大虐殺・生物学的人種差別」を連想させるナチスの過去を否定したことが原因だという意見も流れていた。[2]

人目を引く展示の一つに、きれいに剃り上げた坊主頭に大きくバーコードを入れ墨した裸の男女の一団を写した、写真家ゲルハルト・フォルムヴァルトの大きな写真のインスタレーション作品があった。この作品は、もともと一九八三年に西ドイツで提案された国勢調査に抗議して製作されたものだった。その国勢調査が、ビッグ・ブラザー〔G・オーウェルの小説『一九八四年』に登場する独裁者。国民一人ひとりの一挙一動を監視・統制しようとする政府あるいは権力者の代名詞〕型の監視に対する恐怖を引き起こしたのである。だが、この写真はもっと暗い歴史も呼び起こした。それを裏づけるように、この写真には「全体的統制反対」（*Wider die Totalerfassung*）というタイトルがつけられていた。

ドイツで情報プライバシーの倫理規範に対する懸念が大きいのは、第三帝国〔一九三三～四五年、ナチス政権下のドイツの異称〕時代に強制的登録が恐ろしい使われ方をした経験に起因している。つまり、ナチスが国勢調査に記録された情報を使って、ユダヤ人とそれ以外の「好ましくない人間」を簡単に追跡・投獄し、最終的に根絶しようとしたことだ。(3) 国際的企業も、その抑圧に関与していた。たとえば、ＩＢＭが製作したホレリス・パンチカード機器が、ホロコーストの管理に使用された。第二次世界大戦後、連合国がナチスに協力したＩＢＭの罪を不問に付したのは、優れたデータ処理能力を持つ機器が戦後のドイツ占領に何かと便利だったからである。(4)

ナチスの監視がドイツ国民に恐怖を培養する手助けをする一方で、「恐怖・不安」(*angst*)はじきに一人歩きを始めた。劇作家・詩人のベルトルト・ブレヒトは、この恐怖について洞察に満ちた分析を行っている。一九三七年に書いた詩『第三帝国の恐怖』では、ドイツ旅行から帰ってきた旅人が、いまドイツを仕切っているのは誰かと問われて、一言「恐怖だ」と答える。恐怖はドイツの社会全体にはびこり、学者や教師から医者や患者や死にかけている人まで、恐怖を覚えない者はない。死にかけている人でさえ、怖くて「そうでなくても弱々しい声をもっとひそめる」(5)。なお、ブレヒトは一九三三年二月にドイツから亡命した〔国会議事堂放火事件の翌日にユダヤ人の妻と子どもとともにドイツを逃れた〕。

一九三八年にパリで初演された、ブレヒトの反ファシスト的戯曲『第三帝国の恐怖と悲惨』は、ナチス統治下の生活の二四の場面から構成され、恐怖のさまざまな面に光を当てている。恐怖を広める上層部に着目するのではなく、日常的な状況に――法廷や、病棟、町の広場、工場、農家の庭、私邸に――姿を現す恐怖を見せる。おまけに、強制収容所内の生活まで垣間見させてくれる。人々は官僚主義的なやり方にとらわれているが、最終的に運命を決めるのはほかでもない、日々のありふれた選択なのだ。

同戯曲で描かれる恐怖というのは、ホラー映画を観て感じるようなぞっとして手に汗握るような恐怖とは違う。もっと平凡でもっと小さな感情世界の恐怖で、その世界では、疑惑や不信感や裏切りから、夫と妻、親と子、隣人や同僚との間に争いが生じる。一見ささいな見当違いの恐怖が拡大し、やがて人間関係を壊し、誤解を生じさせ、それが積もり積もってより大きくてより重大な恐怖へと変貌する。相互に強め合う不安に満ちたこのせわしい日常空間から生じるものだからこそ、この恐怖は本当に扱いにくいのである。

ドイツの国家治安機関の迫害に対する恐怖は、『第三帝国の恐怖と悲惨』では一つの側面にすぎなかった。だが、それは重要な側面であった。一九二五年にヒトラーによって設立されたSS、すなわち「ナチス親衛隊」は、警察と軍隊を合わせた強力な機関に発展し、国家の敵を根絶する権限を与えられていた。ハインリヒ・ヒムラー［ナチス親衛隊のトップ。国内統制と反ナチ勢力・ユダヤ人に対する迫害を実行した］の指揮の下、強制収容所を監督し、一九四一年からはユダヤ人の組織的殺害を、つまりナチスが婉曲的に「ユダヤ人問題の最終的解決」と呼んだ大量虐殺を統括した。SD、すなわち「親衛隊保安局」と、ゲシュタポ、つまり「秘密国家警察」は、それぞれ別々の恐怖を広げる媒体であったが、一九三九年のポーランド侵攻以降、正式に新しく国家保安本部に組み入れられた。これらの機関は、制服隊員と秘密捜査員と密告者のネットワークによって機能し、いつでも一般市民を逮捕・監禁することができた。(6)

けれど、ブレヒトの『第三帝国の恐怖と悲惨』で、恐怖を感じるのは迫害される側だけではない。迫害する側もまた恐怖にとらえられている。彼の詩『第三帝国の恐怖』でもそれは同じで、暴力を行使し権力をふるう側に立っていても、ナチ党員自身はなおも――

恐怖に突き動かされ
家に押し入ってバスルームを探し回る
恐怖に突き動かされて

彼らは図書館という図書館を燃やす。つまり恐怖は支配される者に影響を与えるだけではなく支配する者にも影響を与えている。(7)

同様に、『第三帝国の恐怖と悲惨』では、オープニングの場面は一九三三年一月三〇日、ついにヒトラーが首相に任命された日に設定されているが、登場する二人の親衛隊員は困惑した顔をしてお祝い気分どころではない。まるで地位が上がったのは自分たちを突き落とすための罠だと言わんばかりに、疑いと不安でいっぱいになりながら町を巡回している。不案内な場所に迷い込んで恐怖はますます高まり、ついに一人の隊員がこれといった理由もなく発砲して、たまたま居合わせた罪のない人に弾丸が当たってしまう。この件《くだり》は、権力が根拠のない過度の不安と恐怖を生むことと、どんなに横柄に威張った態度をとっていても、ナチ党員も不安でたまらないということを示唆している。(8)

ウィンストン・チャーチルも演説の中で、ナチスの一見強そうに見える外見の内側に、ベールで隠されてはいるが爆発寸前の恐怖があることを認めて、次のように述べた。

ナチスは武装した兵士や、大砲や、飛行機や、要塞などで周囲を防御し、世界を前に鼻高々で自らを誇示しているが、心の内には口に出さない恐怖がある。ナチスは言葉や思いを恐れている。国外で発せられる言葉や、自国で頭をもたげる思いが、禁じられている分いっそう強くなっているから、恐ろしくてたまらないのだ。(9)

ブレヒトの『第三帝国の恐怖と悲惨』では、根拠のない恐怖が自己達成的予言になっている。「裏切り」と題された一景で、男が隣人を告発するのは、隣人のアパートのほうから外国語の放送が聴こえるというただそれだけの理由だ。「スパイ」という一景では、息子がチョコレートを買いに出かけたのを、両親は自分たちを密告しに行ったと誤って思い込む。家族を破壊するのは裏切り行為ではなく、恐怖なのだ。「釈放者」では、せっかく男が強制収容所から釈放されたのに、家に帰ると友人も隣人も信用してくれない。男が密告者になっているのではないかと疑っているのだ。恐怖は共同体を蝕《むしば》み、疑念につけ込んで不和の種を播《ま》く。恐怖の厄介な力は、恐怖が独自の生命を獲得し、日常の社会的交流にこっそり入り込んで、ありもしない脅威を出現させるところにある。ロシア系アメリカ人の詩人ヨシフ・ブロツキー〔一九四〇〜九六年、八七年にノーベル文学賞受賞。『大理石』『ヴェネツィア・水の迷宮』〕がかつて述べたように、「周知のごとく、悲劇は常に既成事実であるが、恐怖は常に予想と関係がある」(10)。恐怖を予想することから、全体主義の恐怖は力を得た。

では、ドイツ人の恐怖はどこから来たのだろうか。ヒトラーとその腹心たちは、第一次世界大戦直後の国民の幻滅感につけ込んだ。政治と経済の不安定な時代に安全を切望した国民は、過激な政党に頼ったのだ。法学者・政治哲学者で、ナチスの支持者でもあったカール・シュミットによると、一九二〇年代のドイツは、「進歩的自由主義と民主的同一性の避けられない矛盾」の結果生じた「議会制の危機」を経験していた。個人主義は、結局平等とは両立しないし、いずれにせよ平等はまやかしである。党派政治は、抜け目のない駆け引きと舞台裏での折衝の上に成り立っていることは明白だ。進歩的な世界主義者がいくら逆のことを主張しようと、政治は「われわれと彼ら」の間の根本的な違いにかかっている。シュミットに言わせれば、官僚的形式主義を省略し、「内部の反目」を鎮めて国民の恐怖に声を与える、強い指導者が必要とされていたのだ(11)。

パラノイア（偏執病）じみた過熱した恐怖は、ディクスやグロスやマックス・ベックマンといった第一次世界大戦後のドイツ人画家の作品にはっきり表れている。ベックマンの一九一九年の版画シリーズ『地獄』では、混沌と理不尽な暴力の光景が示される。ディクスの『プラハ通り』では、戦争で手足を失った二人の男が、ドレスデンでも指折りの商店街で物乞いをしている姿が描かれている。手袋をした手が、物乞いの差し出した手の一つにわずか五ペニッヒの切手を一枚恵んでやっているが、歩行者たちは哀れな二人の復員兵には目もくれず通りすぎていく。物乞いの一人は両脚がなく、車いす代わりの台車に乗って、一枚のチラシを持っている。その見出しに書かれている言葉は「ユダヤ人は出ていけ」だ。

こうした美術作品が描き出すのは、持てる者と持たざる者にはっきり分かれた社会、言い換えれば、あまりにも非人間的な扱いを受けて人間関係がほとんど壊れてしまった社会だ。復員兵は、塹壕の恐怖の遺物であり、いまやゴミのように見捨てられ、道徳的な方向を見失った社会の象徴となっている。恐怖はそうした社会から脱出する唯一の手段に思える。

社会崩壊の「恐怖・不安」(*angst*)が、ヒトラーが政権の座に就くことができた理由の一つである。恐怖は、第一次世界大戦におけるドイツの敗北から生まれた被害者意識と密接に結びついていた。被害者意識が生まれたのは、敗戦によりヴェルサイユ条約［一九一九年六月、パリ講和会議の結果として連合国とドイツの間で締結された第一次世界大戦の講和条約］で報復的な条項、すなわち、領土の放棄、莫大な賠償金の支払い、非武装化を課せられたうえに、敗戦直後に政治と経済の混乱が起きていたせいだ。ディクスが描いた復員兵と同じく、ドイツは政治的にも、経済的にも、領土的にも手足をもがれた状態になっていた。

ナチスはこの国家の屈辱というストーリーを利用して、自らが熱弁する領土奪還主義の政策を正当化し、ドイツの全滅する日が迫っているという国民の恐怖を煽《あお》った。歴史家のピーター・フリッチェが書いているように、第三帝国の台頭は「最大の自信と同時に、恐ろしいほどの脆《もろ》さを前提としていた。その両方の精神状態が共存して、絶えずナチスの政策を過激に変えていった」[12]。ある意味、ナチスの暴力は先制攻撃であり、ブロッキーが言う恐怖の予想と同じく、ナチスは恐怖を抹殺するための前提条件として、その恐怖を呼び集めたのだ。

ユダヤ人世界陰謀説が、パラノイアとパニックを煽るために利用された。この種の恐怖は政治的ライバルを黙らせるためだけに用いられたのではなく、大衆を従わせる手段にもなった。大衆の敵をスケープゴートにすることが、世界的な食糧不足の恐怖から生じた「生態学的パニック」と共存し、ナチスはそのパニックにつけ込んでドイツの領土拡大を正当化した[13]。強制収容所は、恐怖と差別的なパニックとが重要な役割をはたす、より大きな政治制度の一つの要素として存在していた。しかも、こうした制度が機能するのは、戦争を進め、戦争によって生み出される恐怖の内側だった。一九四六年のニュルンベルク国際軍事裁判で、ナチスのドイツ空軍最高司令官ヘルマン・ゲーリングは、たとえ国民が戦争を望んでいなくても常に指導者の「命令に従わせることができる」と、アメリカ人精神分析医グスタフ・ギルバートに語っている。「ただ国民に、おまえたちは攻撃されていると言い、平和主義者は愛国心に欠けていて国を危険にさらしていると非難するだけでいい。これはどの国でも同じように効果がある[14]」。

＊＊＊

一九二〇年代と一九三〇年代に恐怖が爆発したのは、ドイツだけではなかった。ロシアでは一九一七年に革命が二回［二月革命と十月革命］起こり、続いて君主制が廃止され［一九一七年の二月革命のあと、ニコライ二世が退位し帝政が終焉］、内戦［一九一八～二二年、十月革命で誕生したソヴィエト政権が各地に出現した反革命勢力と激しい内戦に至った］を経て、一九二二年一二月にソヴィエト社会主義共和国連邦（ＵＳＳＲ）、略して「ソ連」が誕生した。ソ連の誕生から一年も経たないうちに、初代指導者レーニンが立て続けに脳卒中の発作に襲われて死亡すると、ボリシェヴィキ党［一九一八年三月六日、ボリシェヴィキ党から正式にロシア共産党に改称し、ソ連になってからはソ連共産党となる］内で指導者の座をめぐって争いが起こり、結果的にヨシフ・スターリンが権力を掌握した。

スターリンが昇進し、ライバルを排除して権力を強化するうえで極めて重要だったのが、政治的操作と「恐怖」だった。スターリンの後任ニキータ・フルシチョフは回想録の中で、スターリンと不仲になった者は誰であろうと「人民の敵」とみなされたと書いている。「あの時代は、誰もが恐怖のうちに暮らしていた。誰もが、いつ何時、真夜中にドアをノックされるかもしれない、ドアのノックは命がないということだと思っていた」(15)。恐怖の浸透度は、ソ連の社会のほうが、ヒトラー時代のドイツよりもずっと深かった——もちろん、ドイツでも国民の敵と称される人間、つまりユダヤ人、共産主義者、同性愛者、シンティ・ロマ［ジプシーと呼ばれていたが現在ではロマ族という自称が使われている。うち一五世紀からドイツで生活していたグループがシンティである］、ポーランド人やそのほかいくつかの有害な共同体の一員の場合、話は別であるが(16)。このような時代を振り返って、ロシアの詩人エフゲニー・エフトゥシェンコ［一九三三〜二〇一七年、詩「バビ・ヤール」でユダヤ人迫害に対するソ連社会の無関心を告発した］は、「恐怖が影のごとく、あらゆる場所でずるずると這い回っていた」と述べている(17)。

フルシチョフはああ言っているが、一九三〇年代に共産党から反対意見を持つ党員を一掃した「大粛清」は、スターリン一人が行ったものではなかった。確かに、大粛清はスターリンの権力を絶対的にするための冷酷な戦略であったかもしれないが、この粛清には前段階があった(18)。一九九一年のソ連崩壊後に公開された資料から、どれほどスターリンが粛清策の立案と遂行を指導者グループのメンバーに頼っていたかが明らかになっている。だからといって、スターリンがはたした中心的役割が決して減じるわけではない。むしろ、彼の中心的役割は、容赦のない情報組織力によって強められ、カリスマ的な指導者として宣伝されていった。国家の父として、絵画やポスター、彫像、賛美の詩で称えられる存在になったのである(19)。そうした個人崇拝に支えられ、若い革命家だった頃に自ら選んだ名前にふさわしい人物になった――「スターリン」とは、ロシア語で「鋼鉄の人」という意味だ。[20] だが、実際のスターリンは、詩人オシップ・マンデリシュターム〔一八九一〜一九三八年、ポーランド出身のロシアのユダヤ系詩人・エッセイスト〕が一九三三年に風刺詩の中で書いたように、ぶっきらぼうで、顔はあばただらけ、「芋虫みたいにずんぐりした、太短い指をして」いたし（マンデリシュタームは、この風刺詩のせいでのちに命を落とすことになる）、ボリシェヴィキの革命家ニコライ・ブハーリン〔一九三八年にスターリンと対立して粛清された〕の言葉を借りれば、スターリンは「電話を持ったチンギス・ハン」だった。スターリンは過去の専制君主を手本にした指導者で、手本にした中には、ロシアで初めて正式にツァーリ（皇帝）と称した暴君イヴァン四世〔一五四七年、一六歳でツァーリに即位。「雷帝」〕もいた。[21] 処刑の烙印を押された人物のリストがいまも残っているが、まるで暴力などお役所的な雑務にすぎないと言わんばかりに、赤鉛筆でスターリンの頭文字とともに、注記やバツ印や下線が書き込まれている。そのリストこそ、ハンナ・アーレントが「恐ろしい、言葉と思考に逆らう悪の凡庸さ（陳腐さ）」と呼んで議論を呼ぶことになったものの典型である。[22]

スターリンの死後、残虐行為の原因を彼の精神病質のせいにすることで、共産党のエリート幹部は自らが関与していた暴力から都合よく距離を置いた。一九五六年に、フルシチョフがソ連の第一書記長に任命されるとスターリンの恐怖政治を激しく批判したのも、そうすることで自分が罪を問われるのを避けるためだった。[23] 反体制作家アレクサンドル・ソルジェニーツィン〔一九一八〜二〇〇八年、一九七〇年ノーベル文学賞受賞。一九七四年ソ連を追放されソ連崩壊後の一九九四年帰国〕は、一九五八年から一九六八年にかけて執筆した自身の最高傑作『収容所群島』の中で、スターリン政権下で発展した「グラーグ」（*Gulag*）と呼ばれる巨大な刑務所制度はレーニンの遺産であって、スターリンが作り出したものではないと主張している[24]（「グラーグ」は、「収容所管理総局」を意味するロシア語の頭字語だが、その無味乾燥な官庁の名称よりもはるかに多くのものを喚起させる）。確かに、一九一八年には「階級の敵」を強制収容所に監禁せよという命令が出され、一九二三年にソロヴェツキーに最初の強制労働収容所が設立されている。革命の当初から、恐怖と暴力は対を成す革命の道具だったが、グラーグは帝政ロシアの強制労働者集団［一七世紀から二〇世紀初頭にかけてシベリアで使役されていた］の先例に従ったものだった。(25)

とはいえ、スターリンの支配の中核を成していたのは「恐怖」だった。そしてその恐怖は、いつ何時、ボリシェヴィキ革命の成果が反革命的な反動が起きて覆されたり、無効にされたりするかもしれないという意識から来ていた。脅威に対する敏感さは、不信や疑念、ヒステリックな過剰反応を生むことも多かった。現実にある脅威さえも誇張され、そのパラノイアぶりはスターリンが抱えていた恐怖症にも表れていた。たとえば、飛行機に乗ることへの嫌悪感と、毒殺されることへの恐怖感がそうだ。同時に、国内の破壊活動に対する恐怖は、ドイツの国民社会主義ドイツ労働者党（ナチス）と、極東でソ連領土を脅かす拡張主義的な大日本帝国、この二つの勢力の台頭によって生じた外的脅威への不安と部分的に重なり合っていた。

一九二九年以降、スターリンは農業を変革し生産性を向上するため、強制的な集団農場化のプロセスを開始し、伝統的な農場を大規模な国有農場に変えていった。これは、工業を近代化し拡大させる組織的なキャンペーンを含む、野心的な五か年計画の一部だった。極めて野心的な生産目標が設定されたが、こうした計画が進められたのには、外国の侵略と国内の反動分子による破壊という恐怖を前にして、スターリンがヒステリーに近い状態にあったという背景があった。「資本主義による包囲が続く限り、外国の工作員によってわが国に送り込まれた、共産主義を台無しにする者、スパイ、破壊活動家、殺人者が、われわれの中に存在し続けるのは明らかではないか」と、スターリンは述べている。(26) プロパガンダのポスターはソヴィエト人民の精神力と勇敢さを称賛したが、その同じポスターがソ連の輝かしい未来を破壊しようと待ち構えている、恐ろしい者たちの住む影の世界も想起させた。そう、強欲な資本主義者、陰謀を企てる君主制主義者、不満を抱いたメンシェヴィキ［ロシア社会民主党内の少数派。大衆参加の穏健な革命を主張、大衆組織を否定するボリシェヴィキと対立。レーニンの独裁体制が成立した一九二二年に活動を停止させられた］や、それ以外の多くの堕落者が住む世界である。

土地を所有している裕福な農民、すなわち「クラーク」は、「階級の敵」とみなされた。外国に支援された勢力の操作の影響を受けやすいと考えられたせいだ。そのため、集団管理暴力を表す恐ろしい用語を使って言えば、ソ連は「クラークの絶滅」を行った[27]。労働力不足は、集産主義化と工業化がもたらした社会と経済の大変動と相まって、必然的に食糧供給を圧迫した。一九三二年から三三年までの間に、壊滅的な飢饉によって少なくとも五〇〇万人が死亡し、中でも最もひどい打撃を受けたのはウクライナなどの穀倉地帯だった。歴史家の中には、ソヴィエト当局がこの大惨事を、ウクライナの農民を滅ぼす好機とみなしていたと述べる者もいる。ウクライナ語で「ホロドモール」、すなわち「飢餓による死」が続いていた期間に、共産党の活動家たちは手に入る食糧をすべて押収して、共和国の国境を閉鎖した。そのため、農民たちは国内で食べ物を探すことを余儀なくされ、草や樹皮を煮たものや、カエル、ネズミ、ネコ、イヌを食べ、一部にはカニバリズムに走る者も出た。ウクライナだけで推計四〇〇万人が死亡している[28]。

飢饉のあと、スターリン政権は反対派を排除する取り組みを加速させた。一九三六年から一九三八年までの間に一〇〇万人の人民が殺害され、それをはるかに上回る数の人民が反逆者とみなされて「人間のくず」「ゴミ」「社会の害虫」とレッテルを貼られ、グラーグへ送られた。レニングラードのソ連共産党幹部の暗殺事件［一九三四年一二月、セルゲイ・キーロフがレオニード・ニコラエフという青年に暗殺された事件］を口実にして、共産党と赤軍《せきぐん》の高官が粛清された。このとき先頭に立って活動したのが、ゲンリフ・ヤゴーダが指揮する、人々から恐れられた秘密警察、あの悪名高いＮＫＶＤ（エヌ・カー・ヴェー・デー）、すなわち内務人民委員部だった。のちにスターリンの忠実な部下ラヴェリンチー・ベリヤがＮＫＶＤを指揮している。

『五か年計画の敵』(1929年)

まず、スターリンが「第五列部隊」とみなした者たちの逮捕が始まった。スパイや攪乱者など敵に協力する反逆者集団である「第五列部隊」が、攻撃を行うときを狙っているとされたのである。[29]見せしめ裁判が次々と開かれ、大物革命家たちが反動的な陰謀を企てた罪で有罪となり、「弾圧のお祭り騒ぎ」の中、即刻処刑された。[30]レフ・トロツキー［赤軍の創設に関わり軍事指導者として活躍。レーニンの死後、主導権をめぐってスターリンと対立］は、一九二九年にソ連から亡命していたが、欠席のまま裁判にかけられ有罪判決を受けた。それから一〇年後、追いつめられてメキシコで殺害された。しかし、粛清の標的になったのは政治エリートだけではなかった。一九三七年七月、ソ連共産党中央委員会政治局は、「ソ連の土台を弱体化させる反ソ分子」への弾圧推進の命令を承認した。一九三八年に弾圧が終了するまでに、約七六万七〇〇〇人が逮捕されて、そのうち三八万六七九八人が処刑されている。[31]

「グラーグ」というソ連全体に広がる収容所の巨大制度は、いくつかの目的を持って設計されていたが、第一の目的は恐怖を持続させることだった。一九三九年に、ベラルーシ生まれのユダヤ人作家ジュリアス・マーゴリンは、ＮＫＶＤに逮捕されて強制労働五年間の刑を申し渡された。一九四〇年に彼が送られたオネガ湖の北岸にある労働収容所では、受刑者たちが白海・バルト海運河［白海とサンクトペテルブルク近くのバルト海を結ぶ運河］の建設に労働力を提供していた。一九四五年に釈放されると、体験記を発表し、その中に「ソヴィエト政権に対する私の感じ方は完全に決まっている。恐怖だ。この国に来るまで、私は心から人に恐怖を覚えたことがなかった。ソ連は私に人を恐怖することを教えてくれた」と書いている。[32]

ポーランドの作家グスタフ・ヘルリンクは、一九四〇年にソ連占領下のポーランドで逮捕されて、二年間の重労働の刑を申し渡された。その経験から、労働収容所の囚人たちの間に蔓延する恐怖と、いつ襲ってくるかもしれない死の恐怖が、どのようにして「夜への恐怖に変わっていく」かを書いている。「死に追われる幽霊船のように、われわれのバラックは浮き上がり、船倉にガレー船を漕ぐ奴隷たちを乗せたまま、月のない暗闇の海へと出ていく[33]」、と。

　ソルジェニーツィンは、「反ソヴィエトの扇動とプロパガンダ」の罪により収容所で八年間労働する判決を受けたあと、カザフスタン北部で三年間、最初は煉瓦《れんが》職人として、そのあとは機械工場で働いた。その経験は小説『イワン・デニーソヴィチの一日』に生かされている。それはドイツのスパイという濡れ衣を着せられ、一年間の重労働の刑を宣告された男の物語である。『収容所群島』では、ソ連は恐怖のネットワークが網の目のように張りめぐらされた国として描かれている。強制収容所と中継監獄〔末端の収容所へ移動する受刑者を一時留め置く収容所〕は、密告者、スパイ、秘密警察、尋問者らの秘密活動によって機能しているシステムの中でもひときわ目立つ部分だった。グラーグでは、受刑者たちが採用されて看守になり、自分たちを抑圧している収容所側の人間になった。『収容所群島』が出版されたことでソ連の抑圧に光が当たったのは間違いない。だが、レオニード・ブレジネフが一九六四年にフルシチョフに取って代わって権力を掌握すると、ソルジェニーツィンは迫害され、ついに国外追放となった。ソヴィエト当局は「暴露されることに対して動物的な恐怖」を表した、とソルジェニーツィンはかつて述べている[34]。

　一九二九年以降、元来のグラーグ制度は拡大され、一九三四年にOGPU、すなわち合同国家政治総局と合併したNKVDが、最終的に管轄することになった。グラーグの存在を知っている人間は少なくなかったが、国家は規模については公表していなかった。情報が十分でないせいで疑念の空気が生じ、民衆は告発・逮捕される不安に常に苛《さいな》まれながら生活することになった。収容所生活がどんなに厳しいかという話が、受刑者からの便りや、あるいは幸運にも無事に帰還できた元受刑者の口から漏れ広がっていったため、恐怖は一向に消えることがなかった。

　こうした伝聞と半端な真実とを生み出す力は、密告者の暗躍する社会を作り出した。文化大革命の時期に中国で起きていたのとまさに同じことが起きていたのである。同胞を破壊工作員として告発することが奨励され、そうすれば、自分が難を逃れるには、いや少なくとも告発されるまでの時間を稼ぐには十分かもしれなかった。中には告発を利用して、「恨みを晴らしたり、同じ共同アパート《コムナルカ》［バスルーム・トイレ・キッチンを数世帯共同で使うシェアハウス］に同居する迷惑な隣人を追い払ったり、同じ仕事を得るために争っているライバルを消したりする」人民もいた[35]。作家アナトリー・ルィバコフは、著書『恐怖』でこのパラノイアの雰囲気を見事にとらえている。スターリンの粛清が始まりかけていた一九三四年から始まる同小説は、若いエンジニアのサーシャ・パンクラトフの物語だ。彼はルィバコフ自身と同様に、反革命活動を行ったという罪をでっち上げられてシベリアに流刑になった。スターリンも主人公の一人として登場し、ある場面で恐怖の本質について熟考している。エンゲルスは、恐怖《テロル》とは、恐れを抱いている人間が支持する「無益な残虐行為」の手段だと主張するが、スターリンはそれに反論し、マルクス主義者の革命家ゲオルギー・プレハーノフの言葉を賞賛して引用する。恐怖《テロル》とは「行動のシステムであり、そのシステムの目標は政敵を震え上がらせ、敵の軍隊に戦慄を広めることである」――それがフランス革命からインスピレーションを受けたプレハーノフの言葉だった[36]。とはいえ、少なくともルィバコフの小説では、恐怖は単なる国家政策ではなく精神状態でもあると考えられている。もっとも、その精神状態は国家機関によって永続化されているものだったが[37]。

ハンナ・アーレントは、一九四〇年に南西フランスの捕虜収容所から脱出した経験の持ち主で、全体主義がそれ以外の形の専制政治と異なるのは「内部から人間を支配し恐怖で圧倒すること」に重点を置いている点だと主張した。全体主義の目的は、もはや政敵を制圧することではなく、個人の知性と感情のあらゆる側面を独占することである、と。アーレントが「孤立」と呼ぶ疎外は、全体主義指導者が悪用するのに恰好な材料になる。どんどん個人の疑念を大きくし、自信を失わせることで、国家のイデオロギーに依存させてい

くのだ。(38)

ロシア系ユダヤ人作家ワシーリー・グロスマンは、スターリングラード［現在のヴォルゴグラード］が包囲された一九四一年［一九四一年六月、独ソ不可侵条約を破棄したドイツ軍がソ連に侵攻した］に時代設定した小説『人生と運命』の中で、恐怖は克服できると述べている。たとえば、「子どもは勇気を奮いおこして真っ暗な部屋に入っていくし、兵士は戦いに出ていくし、若者は命を守るためにパラシュート一つしかなくても、底なしの深みに飛び込むことができるものだ」、と。「だが、それとは別の次のような恐怖はどうだろう。何百万人もの人間が克服できないと気づいているこの恐怖は、モスクワの鉛色の空に深紅の文字で書かれたこの恐怖は、ソ連のこの恐ろしい恐怖はどうだろう」と、グロスマンは問いかける。多くの点で、『人生と運命』という小説は、こうした相反し、重複し、集中していく恐怖を探究する作品である。ある登場人物は「収容所の世界に、飢えの世界に引きずり戻されるのではないかという恐怖を感じながら生きている」し、別の人物は「常に心に隠れている」恐怖を、「国家の怒りへの恐怖、人間を押しつぶし、粉々にすりつぶすことができる国家の怒りの犠牲者になる恐怖」を感じている。語り手が言うように、この作品は「恐れながら生きることへの恐怖」をめぐる物語である。(39)

けれども、ソ連の恐怖は、よく練られた中央集権型の政策どころか、むしろ恣意的で偶然の成りゆきによって作り出されることが多かった。恐怖は一般党員だけでなく上層党員にも広まり、やがてソヴィエト社会全体に広がった。それとともに、一般人民は自分もまたその一員である抑圧的な制度機構を予期し、自分の中に吸収し始めた。歴史学者イガル・ハルフィン［一九六四年生、テルアビブ大学歴史学部上級講師］は、「共産党の恐怖《テロル》は、自己に対する終わりのない尋問の結果だった」と書いている。(40) 詩人アンナ・アフマートヴァは、夫と息子をグラーグに送られ、一九三五年から投獄された人々への挽歌として、『レクイエム』［最後のエピグラフが書かれたのは一九六一年。作成途中の原稿はすべて廃棄された］という詩を書き始めた。彼女はその詩が当局に発見されるのを恐れ、友人たちの手を借りて自分の詩を丸暗記した。それは、まるで世界が「グーテンベルク以前の時代」に戻ったようなものだった。(41) そこまで徹底的に自由を粉砕しておきながらスターリンはなぜ自由を恐れ続けたのだろうか、とグロスマンは不思議がっている。(42)

グラーグが正当化されたのは、恐怖の道具としての働きに加えて、経済的に極めて重要な役割をはたしていたからだった。つまり、多くの場合、無償の労働力を見つけるのが不可能な辺境地域に、国営事業のための労働力を供給したからである。受刑者、すなわち「*zek*」は国家が決めた厳しい生産目標の下、鉄道・工場の建設や、製造業、伐木運搬などの作業、鉱山の労働に従事した。(43) もちろん、受刑者に強制労働をさせたのはグラーグ以外の労働収容所でも同じだった。たとえば、一九三〇年代から第二次世界大戦期間中に大日本帝国軍が管理していた捕虜収容所では、捕虜は軍人も民間人も、建設プロジェクトや鉱山や農地や工場で働かされていた。その中には、日本有数の大企業が経営していた工場もあった。同じく、一九四九年以降、中国で設立された「労働改造（*laogai*）」［「老外」つまり「労働による改革」を意味する中国語の略語］制度は、国内各地にある国営農場と、炭鉱や繊維工場を含む産業活動のネットワークとに囚人労働を利用した。(44) ドイツには強制収容所だけでなく絶滅収容所も存在した。アウシュヴィッツは強制収容所から絶滅収容所へと役割が変わったが、ハインリヒ・ヒムラーが戦争遂行努力を支えるための農業と製造業の中心地にしようと構想していたため、所容所の入口の上に「労働は自由をもたらす」（*Arbeit Macht Frei*）という標語がでかでかと掲げられていた。(45)

しかしながら、ソヴィエトの収容所制度は「割り当てによる恐怖」の規模が全く桁違いであり、国営産業というスターリンの経済モデルの中核を成していた。(46) たとえば、シベリアのコリマ地方は、遠隔地にもかかわらず受刑者たちが石炭、錫《すず》、ウラン、金の採掘を行った収容所の周囲に町ができたことで、グラーグ制度を象徴する存在になっていた。ロシア人ジャーナリストでブロガーでもあるユーリー・ダッドが二〇一九年に公開したドキュメンタリー映画『コリマ――恐怖の故郷』は、気温が零下五〇度以下になることもあるロシアのこの辺境の地にあったグラーグの遺産の探訪記である。コリマ地方の「死の谷」にあったブトゥギチャク矯正労働収容所［グラーグの下位区分のベルラグの一部］では、受刑者たちが防護具なしでウラン鉱石を採掘させられていた。極秘の医療研究施設で人体実験が行われていたとも言われている。ところが、二〇一八年の調査によると、一八歳から二四歳までのロシアの若者のほぼ半数がスターリンの弾圧行為を知らないという。

現代では、「グラーグ」という言葉は、単にソヴィエトの制度を表すだけではない。オーウェルが、一九四五年に発表した風刺的な小説『動物農場』で描いたような、恐怖による支配制度を象徴する言葉になっている。『動物農場』では、理想主義的な動物たちの革命がどんどん専制政治に変わっていくからだ。オーウェル自身は「ソヴィエト神話」への批判のつもりで執筆し、彼の死後にはＣＩＡ（中央情報局）が反ソヴィエトのプロパガンダを広めるために映画化の権利を買った。けれど、同小説は、どの国であろうと全体主義の危険は存在すると警告している。(47)

「グラーグ」とは対照的に、「強制収容所」（*concentration camp*）はナチス政権の恐怖を簡略に表現する言葉になった。ただしこの言葉は、一八九〇年代にスペインがキューバに建設した拘置所［当時スペインの植民地だったキューバで独立を目指す機運が高まり、スペイン国王は多くのキューバ国民を強制収容所に送り込んで弾圧した］と、一九〇〇年にイギリスがボーア戦争の捕虜用に建設した南アフリカの収容キャンプ［第二次ボーア戦争時（一八九九～一九〇二年）に二万人のボーア人や先住民黒人が収容され、二万人が死亡］を表すのにも使用されていた。また、二〇一九年六月には、アメリカ合衆国下院議員アレクサンドリア・オカシオ＝コルテスが、自身のインスタグラムで、ドナルド・トランプ政権は「南部のメキシコとの国境で移民の強制収容所を運営している」と発言した。そして、ホロコーストの亡霊を呼び出したことで、アメリカの不法移民のための一時収容施設と、六〇〇万人のユダヤ人を殺害した国家テロの総合センターとを同等に扱うことを問題視する人々の強い反発を招いた。反発を受けてオカシオ＝コルテスは、ある記事へのリンクをツイートした。その記事は、連邦政府の拘留施設が「裁判もなく民間人を大量拘留」する制度である以上、「強制収容所」の基本的定義と合致していると示唆するものだった。(48)だが、ホロコーストの生還者ルート・クリューガー〔一九三一〜二〇二〇年、カリフォルニア大学アーバイン校のドイツ学名誉教授〕は、収容所と収容所が生み出した恐怖とを一緒にしないようにと警告した。クリューガーは絶滅収容所についてこう書いている。「『絶滅収容所』という用語が暗示する巨大な一般概念の籠に放り込んでしまえば、どんなものでも理解するのはずっと簡単になる。けれど、その過程で絶滅収容所は伝説化されるか、あるいは矮小化されてしまうのだ。恐怖や喪失でさえ一つひとつ違っているというのに(49)」。

「収容所」をどう定義すべきかという問題が表面化してきたのは、一九四〇年代後半のことだ。ナチスの強制収容所は歴史上の異常と考える者がいる一方で、収容所は全体主義の不可欠な構成要素と考える者もいた。フランスでは、ダヴィッド・ルーセが「グラーグ」の恐怖を激しく非難し、ソヴィエトの労働収容所制度はナチスの強制収容所と同等だと主張した。さらに、双方を区別するのではなく、被害者たちが置かれていた悲惨な状況は共通していることを重視して、ナチスの強制収容所も、恐怖によって機能するより大きな非人間的経済・官僚制度の一部とみなされるべきだと論じた。「正常な人々は、どんなことでも可能であるということがわからないのだ」とも書いている。(50)

ルーセが焦点を置いたのは絶滅収容所ではなく、強制収容所と囚人労働だった。彼自身が強制収容所を体験していたからだ。米国ホロコースト記念博物館の保存資料には、ルーセが縞模様の囚人服を着て、解放されたばかりの労働収容所から衰弱した囚人たちを避難させている姿や、煉瓦造りの建物内でアメリカ兵の傍らに立ち、床に置かれた裸の死体を示している姿が写っている写真がある。熱心なトロツキスト〔トロツキーやトロスキー主義の支持者〕だった彼は、フランスのレジスタンスで活動していた。一九四三年にゲシュタポに捕らえられてブーヘンヴァルト強制収容所に送られたが、その後、ヴェッベリン収容所に移された[51]。戦後、自身の経験について書いたものを『強制収容所の世界』という一冊の書物にまとめ、一九四九年には強制収容所の恐怖とソ連のグラーグ制度の恐怖が同等のものであることを自分と一緒に証言してくれるように、収容所の元囚人たちに訴えた[52]。

ルーセがグラーグは全体主義の当然の結果だと示唆したのに対して、親ソ知識人の多くは異議を唱えた。何といっても、スターリンはヒトラーを倒すのに協力してくれたではないか。ジャーナリストのピエール・ダイは、ルーセと同じく収容所の元囚人だったが、ルーセが歴史を改竄《かいざん》していると非難し、彼が反ソヴィエトのプロパガンダを広めるために働いている西側諸国の手先だと申し立てた。一九五一年に、ルーセはダイと共産主義新聞の編集長とを相手取って名誉棄損の裁判を起こし、グラーグを体験した証人たちに、彼が「ソヴィエトの非人道的罪」と呼ぶものについて証言・告発してくれるように要請した。要請された一人に、先に述べたマーゴリンがいた。マーゴリンはのちに、「ソヴィエトの強制収容所を正当化する人間は、世界に第二のヒトラーを生み出す用意をしている」と書いている[53]。ルーセは裁判に勝利した。

ルーセが勝訴したのと同じ年の一九五一年に、米国労働総同盟は、グラーグ制度を構成する二〇〇近くの労働収容所を示したソ連の地図を作製した。その「『グラーグ』——奴隷会社」地図は、すぐに冷戦の武器として使用され、伝えられるところによれば、「最も広く流通した反共産主義パンフレットの一つ」になったという[54]。

ソ連のグラーグとドイツの強制収容所が同等かどうかという議論で、賛成・反対どちらの側に立つかとは関係なく、グラーグに対しては一般にわりと無関心な傾向がある。歴史家のアン・アプルボームが、グラーグに対する態度がドイツの強制収容所に対する態度と大きく違うことに初めて気づいたのは、プラハのカレル橋の上でソ連時代の軍事装備品を売っている呼び売り商人の一団を見たときだった。西側諸国の旅行者は、ナチスの商品を買うことなど考えただけでぞっとするくせに、どうしてソ連のプロパガンダには喜んで飛びつくのだろう。どうして「一方の大量虐殺の象徴には恐怖で胸がいっぱいになるのに、もう一方の大量虐殺の象徴には笑っていられるのだろうか」、と不思議に思っている。[55]

あの出来事からの七五年を振り返ってみても、ナチスの暴力の犠牲者たちが経験した恐怖を理解するのは難しい。一九四三年一二月、二四歳のプリーモ・レーヴィは、イタリア北部でファシスト民兵［黒シャツ隊］に捕らえられて、エミリア・ロマーニャ州の捕虜収容所フォッソリ・ディ・カルピに拘置された。数週間後、ドイツの親衛隊（SS）の将校が囚人たちをアウシュヴィッツへ移動させるよう命じた。「われわれの心にはさまざまな感情が、諦めて受け入れる気持ち、やり場のない反抗心、敬虔《けいけん》な自己放棄、恐怖、絶望が渦巻いていたが、眠れぬ一夜を過ごしたあと、いまやすべて一つになって制御不能な集団パニックになっていた」と書いている。アウシュヴィッツに到着すると、列車から降りた囚人たちは、労働させる人間と、不必要とみなされた人間の二つのグループに分けられた。そこで衣服を脱がされ、髪の毛を刈られて、登録番号を入れ墨される。生き残った者はほとんどいなかった。「私の貨車にいた四五名のうち、再び故郷に戻れたのは四名しかいなかった。それでも、私の貨車は最も運がよかった」[56]。

のちに精神科医になったヴィクトール・フランクルは、移送列車に乗っていたときと、移送列車がもうすぐアウシュヴィッツに到着すると悟ったときのことを書いている。アウシュヴィッツという名前自体が「ガス室や焼却炉や大量殺戮《さつりく》を合わせた恐ろしいもの」の象徴だった。「想像力が働いて、私は絞首台と、絞首台にぶら下がっている人が見えた気がした。ぞっとして震え上がったが、それはかえって好都合だった。少しずつ、とても不快な途方もない恐怖に慣れていかねばならなかったのだから」[57]。子どもにとって、収容所の恐怖は大人とは違う意味で圧倒的だったと、クリューガーは書いている。移送列車から引きずり降ろされたあと、空気を求めてあえぎ、泣きたかったのに、涙が「その場所のあまりの不気味さに凍りついてしまった」。恐怖が反吐《へど》のように喉元まで込み上げてきたが、この場所まで連れてこられたのも「まあ当然の帰結といえなくもなかった」――なにしろ、私はすでに生きる権利を「一つひとつ」奪われてきていたのだから、と[58]。

のちに、収容所からの生還者の多くが自分たちの体験したパニックと合理的な思考の喪失とについて語っている。フランクルによると、多くの囚人が最初に「恩赦妄想」にかかり、それがただの幻想だとわかると、何かにとりつかれたように笑って収容所の恐怖に反応するか、あるいは、高圧電流が流れている鉄条網にまっすぐ走っていって自殺を企てることが多々あったという[59]。第二次世界大戦後に、二〇〇人の元収容者を対象に実施された調査から、家柄や学歴などに関係なく、強制収容された人間は慢性不安の症状を示していることがわかった。それは、恐怖に絶えずさらされ続けた結果だった。自分の反応を制御することが生き残りの鍵だった。ある強制収容所の被収容者の言葉を借りれば、「恐怖が私に力を与えてくれた」のだ[60]。

だが、ここで注目してもらいたいのは、恐れと戦慄と恐怖という三つの言葉が混同されている点だ。強制収容所やグラーグで行われた大量殺人の規模の大きさに対して、それを表現する言葉としてこの三つの言葉だけでは不十分だ。マーゴリンは、グラーグでは言葉の意味が変化するようだと述べている。「みんなが言葉を発する――人、文化、家、仕事、ラジオ、食事、カツレツ。でも、それらのどれ一つとして、自由な状態のときに普通に意味するものを、意味している言葉はない[61]」。レーヴィは著書『これが人間か』に自分の経験について書き一九四七年に出版したが、自分の経験したことを言葉ではっきり表現しきれなかったと告白している。「われわれが『飢え』と言い、『疲労』、『恐怖』、『苦痛』と言い、『冬』と言っても、それらは別物なのだ。そうした言葉は、自分の家で慰めと苦しみを味わいながら生活している自由な人間によって、創作され使用される自由な言葉だ。もしラーゲル（強制収容所）がもっと長く続いていたら、新しい辛辣な言葉が生まれていただろう」[62]。「善」と「悪」、「正義」と「不正義」といった道徳的内容を持つ言葉は、鉄条網の世界の内側で死んだ、とも別の箇所で述べている。

一九七五年に、レーヴィは自伝的な短編小説を二一篇集めて出版した。各作品には化学元素の名前がつけられていて、収容所での体験を扱ったものも何篇かある。その短編集『周期律――元素追想』は、人間を粉砕するばかりか、言葉の持つ意味の力と表現の力まで破壊する制度においてレーヴィが経験したことを整理する一つの手段だった。

フランクルは、アウシュヴィッツでの生活の体験談の最後に、解放された収容者の人生にも「収容所でのいろいろな経験が悪夢にすぎないように思えるとき」がやってくる、と述べている。「故郷に戻った元収容者にとって最高の経験は、あれだけ苦しんだのだから、あとはもう神以外何も恐れる必要はないという素晴らしい気分を味わうことだ」、と[63]。しかし、レーヴィの恐怖は決して消えなかった。『周期律――元素追想』に収められた、「ヴァナディウム」という題の短編小説に、一九六〇年代のイタリアで化学者として働いていたときの経験が書かれている。ある日彼の工場に、輸入した塗料用の樹脂が届いた。ところが、その樹脂はいつまで経っても乾燥しなかった。欠陥品のことで納入したドイツの会社に連絡をとったレーヴィは、ミュラー博士という相手側の責任者が、アウシュヴィッツで自分が働いていた実験室のドイツ人監督者の一人と同じ名前であることに気づく。ひょっとしたら同一人物だろうか。確かめるために手紙を出すと、間違いなく同一人物だと認める返事が返ってきた。短い手紙のやり取りをするうち、ミュラーが自分の過去を克服するために、レーヴィに会ってほしいと懇願してきた。だが、レーヴィは「『望ましい会合』については何も述べなかった。それが怖かったからだ。遠回しな言い方を用いて、羞恥心や嫌悪感や遠慮について語っても無駄なのだ。語るべきは恐怖だ」。その恐怖とは、語られるかもしれないことへの恐怖、蘇ってくる記憶への恐怖、そして、何といっても自分の「捕縛者」だった人間と顔を合わせることへの恐怖である。しかし、ミュラーが突然電話をかけてきて、不意をつかれたレーヴィはうっかりイタリアのリビエラ海岸西部にある保養地フィオーレ・リーグレで会うことを承知してしまう。ところが、それから八日後、ミュラーの妻から夫が急死したというメッセージが届いた。享年六〇歳だった(64)。

この物語に教訓があるとすれば、恐怖は簡単に無関心に変わってしまうものではないということだ。「ヴァナディウム」で、やりとりをする原因となり、強制収容所の記憶を呼び覚ました欠陥品の樹脂と同じく、恐怖もまたそれが影響を与えた相手の人生にいつまでもべたべたと貼りつくのである。現在、この小説を読む者は、一九八七年四月にレーヴィが六七歳でトリノの自宅の三階建てアパートから転落して死亡したこと、その死が検視の結果、自殺と断定されたことを知っている。自殺かどうかはさておき、レーヴィが亡くなったとき、ホロコーストの生還者で活動家のエリ・ヴィーゼルが書いたことは間違いなく正しかった――「プリーモ・レーヴィはアウシュヴィッツで四〇年後に亡くなった(65)」。

暴力の規模と殺害された人数の莫大さから考えて、ホロコーストの恐怖を抽象化するのはあまりにも簡単である。アーレントに言わせれば、恐怖の抽象化は「全体主義の最終段階」の一局面を示すもので、その段階にくると「(人知で理解できる動機から全体主義を推測するのは不可能になっているため)、絶対的な悪が絶対的に見える」という(66)。また、写真家ロバート・キャパは、一九四七年に発表した第二次世界大戦の回想録の中で次のように語っている。「ライン川からオーデル川まで、私は写真を一枚も撮らなかった。強制収容所には写真家が大勢群がって写真を撮っていたが、結局、その恐怖を写した写真が一枚増えるたびに、全体的な効果が弱まっていくだけだった」[67]。ここでキャパは、恐怖の大きさをどう理解するかという問題はもちろん、どう表現するかという問題も提起している。一九五一年にアドルノ［テオドール・アドルノ、一九〇三～六九年、ドイツの哲学者・社会学者・作曲家・音楽評論家。ナチスに協力した一般人の心理的傾向を研究した］が述べた言葉を借りれば、「アウシュヴィッツのあとに詩を書くのは野蛮である」ということだ[68]。

『これが人間か』では、レーヴィは収容所生活の詳細を記述することに集中して、意味の問題には触れていない。身近で集団処刑が行われている環境で生活し、次は自分が処刑される番かもしれないという状況にさらされていれば、できることといえば日々のありふれたことに目を向けることだけだ。最低限の生活の中の、些細な一見偶発的な物や出来事を通してしか、回復の意味は結局見つけられないのかもしれない。たとえば、囚人たちが盗まれないように注意しろと強制される靴。レーヴィは書いている。「誰かがほうきを持ってやってきて、靴を全部掃き集めて、扉の外に掃き出し山積みにする。正気とは思えない。九六足の靴を全部混ぜ合わせてしまった。もう左右揃った靴は履けなくなるだろう」。その少しあとではこうも書いている。「ラーゲルの生活で、靴など大して重要でないなどと考えてはいけない。死は靴から始まるのだ。大部分の囚人にとって、靴は拷問の道具になる。二、三時間も行進すれば、足の皮がむけて痛くなり、そこから化膿して死に至ることもある」[69]。

国立アウシュヴィッツ＝ビルケナウ博物館の展示物の中に、山のように積まれた囚人たちの靴がある。四〇立方メートル分の持ち主のわからない靴は、恐怖に組み込まれた人生があったことを見る者に思い起こさせる。地面の穴にひとまとめに入れられた死者の写真よりも、それらの靴を見るほうがアウシュヴィッツで命を落とした人をより身近に感じられる。展示物は、囚人からの没収品か、毒ガスとして使用された毒薬ツイクロンBのペレットが入っていた空き缶といった囚人に対して用いられた品物かのどちらかだ。博物館に

アウシュヴィッツの犠牲者たちの靴

は靴のほかにも、衣類、タリート［ユダヤ教の男子が祈禱時に用いる四隅に縁飾りのついた毛・絹などの肩掛け］、義肢、深鍋、フライパン、スーツケース、ガス室に送られた犠牲者から刈り取った髪の毛が収蔵されている。こうしたものを囚人たちから奪い取るのは、単にナチスの戦利品にするため、つまり歪んだ権力の誇示のためだけではない。こうした身の回り品の多くは、物々交換経済に使用されたのだ。[70] ポーランドの作家タデウシュ・ボロフスキ［一九二二〜五一年、アウシュヴィッツでの体験を扱った詩と小説はポーランド文学の古典と言われている］が、アウシュヴィッツでの自身の体験を基にした短編小説で示しているように、ただちに焼却場で殺されなかった者たちにとって、現金や金やダイヤモンドを没収されたあとは、収容所生活の中心は生き延びることと、パンやマーマレードや砂糖、シャツや頑丈な靴を物々交換することの二つだけだった。[71] しかし八〇年近く経った現在、アウシュヴィッツ博物館に残る品々は追想するための手段となっている。そして、博物館の靴の展示を見ていると、すごいことが起こる。靴たちが持ち上げられておとぎ話の世界に飛んでいき、ほんの一瞬、真夜中の鐘が鳴る前にまだ自由が現実のものになるかもしれないという希望の前に、恐怖の影が薄くなるのが見えたような気がするのだ。

第12章

悪夢のコンテスト

冷戦とベルリンの壁

●

毛沢東による弾圧

●

赤狩り

●

核戦争の脅威

●

AIとサイバネティクス

一九四五年に、ジョージ・オーウェルは原子爆弾の脅威について熟考し、今後は「平和ではない平和」が無期限に続く可能性があると警告した。今や東側と西側が対立し、世界は競合する地政学的勢力圏に分断されている。核による絶滅の恐怖は「大規模な戦争に終止符を打った」かもしれない。だが、おそらく新しい種類の「冷たい戦争」をもたらすだろう。その「冷たい戦争」は、「巨大な超大国」同士が世界的な勢力範囲でプロパガンダや秘密工作、政治的・経済的利害の促進を通して行う戦争である、と。[1]

「冷戦（冷たい戦争）」という言葉が一気に社会に浸透したのは、一九四七年にアメリカのジャーナリストで政治評論家のウォルター・リップマンが同名の著書で用いたことによる。『冷戦』の中で、リップマンはアメリカ合衆国のソ連に対する封じ込め政策に異議を唱え、その政策には怪しい衛星国や傀儡《かいらい》政権を支援して支持を取りつける必要が出てくるだろうと危惧を表明した。[2] 同年、投資家・政治家のバーナード・バルークが、アメリカの工業界で多発する労働争議が外国勢力を利することになっていると述べたことから、「冷戦」の定義はさらに拡大された。「だまされないようにしよう。われわれはいま冷戦の真っただ中にいるのだ。敵は国外にも国内にも見つけられる。これだけは決して忘れないようにしよう。わが国の混乱が敵の成功の中心だということを」と断言した。[3] バルークが述べた活発な労働運動に対する恐怖を和らげるため、一九四七年六月にタフト・ハートレー法（労使関係法）が成立し、それによって労働組合の活動は制限され、山猫スト［一部の組合員が組合指導部の承認を得ず独自に行うストライキ］、ボイコット、ピケを張るストが禁止された。労働組合役員が非共産党員であるという宣誓供述書にサインすることも義務づけられた。第二次世界大戦後のにわか景気でアメリカの経済は急成長したが、その一方で国内の扇動者が外国の工作員に簡単に操られて騒動を起こすのではないか、という不安から新たな恐怖が生まれた。国内の敵を粉砕するには、今までにない形の「心理戦」が必要という確信も深まっていった。

一九五〇年代になると、冷戦の恐怖はたびたびアメリカ大統領ドワイト・アイゼンハワーの演説で大々的に取り上げられるようになった。一九五三年一月の大統領就任演説では、「善の力と悪の力」が「史上稀な規模で結集し、武装し、対立している」と警告した。原子爆弾は新しい脅威を――地球上の生命を消し去る力をもたらした。戦後は平和になるという夢は今や危機に瀕している。アイゼンハワーの言葉によれば、「恐怖の影が再び世界中に暗く長く伸びてきた」のだった。(4)

アイゼンハワーの言う「恐怖」は、外国の攻撃がもたらす脅威に起因していたが、もちろん彼には国内のプロパガンダ攻撃に対応するには新しい道具が必要だという認識もあった。冷戦とはひそやかなやり方、つまり、いかに姿を表に出さずに影響を及ぼすことができるかを意味していた。だからこそ、CIA(中央情報局)の設立から四年後の一九五一年に、アメリカ心理戦略委員会が創設されたのである。『冷戦』においてわが国が目指すのは、武力による領土の獲得や征服ではない。この真実を広めるために、われわれは『心理的』と呼ばれることが多い手段を用いる」とアイゼンハワーは宣言した。(5)

アメリカ人画家ジョージ・トゥーカーが一九五〇年に発表した絵画『地下鉄』は、この心理戦の時代を見事にとらえている。その頃にはすでに戦時中の恐怖は薄れて、社会は不信感と陰湿な脅威に満ちた暗い戦後の空気に変わっていた。トゥーカーが描いたこの狭苦しい都市の環境は、牢獄に似ている。迷路のような通路、金属の柵、回転式改札口。スーツ姿の両性具有的な人物たちは、暴力的な意図にあふれた地下世界に閉じ込められているようだ。一人の男がポケットに両手を突っ込み、白いタイル壁にもたれかかって佇《たたず》んでいるが、それ以外の人物は、一九五五年にある批評家が言い表したように、「疲れ切って、恐怖や不安、あるいは絶望でいっぱい」の顔で、あたりをきょろきょろ見回している。(6) この作品の疎外感は、ハリウッドのフィルム・ノワール［悪・犯罪などをテーマにした陰鬱な映画］の複雑なシナリオを連想させる。犯罪が起ころうとしている、いや、犯罪は進行中なのかもしれない。ここに描かれているのは悪の世界でもなければ、全くなじみのある世界でもない。言うならば、審問官のごとく厳しく冷たい蛍光灯の光を浴びた中間の世界――冷戦の世界だ。

作家で哲学者のアルベール・カミュ［一九一三～六〇年、一九五六年に四三歳でノーベル文学賞受賞。代表作『異邦人』『カリギュラ』『ペスト』など］は、第二次世界大戦後に書いたエッセーの中で、二〇世紀は「恐怖の世紀」で、人々は未来への信頼をすっかり失ったように思えると断定した。[7] 同じ頃、詩人のW・H・オーデン［一九〇七～七三年、イギリス出身でアメリカに移住した詩人。二〇世紀最大の詩人の一人とみなされている］は、一九四七年に発表する『不安の時代――バロック風田園詩』という長詩に取り組んでいた。また、トゥーカーが『地下鉄』を描いたのと同じ一九五〇年、ハンナ・アーレントは、世界の矛盾を何とかとらえようとしていた。彼女には、世界が「絶望的な希望」と「絶望的な恐怖」とに、「避けられない運命」と「無謀な楽観主義」とに引き裂かれているように感じられたからだ。ヨーロッパの帝国が崩壊し、かつての植民地が独立を主張しているが、民主主義政権は新興の全体主義大国と対抗している。二度の世界大戦のあとで三度目が起こるのは時間の問題にすぎないのか。今さら、完全に打ち砕かれた旧世界の秩序に戻る可能性はない。先を見据えるアーレントの目には、「進歩と運命とは同じメダルの表と裏である」のは明白だった。人類が世界を支配しているという感覚は、すべてが崩壊していく感覚と、解き放たれた破壊的政治勢力にうまく対処できなかった無力感とに相殺《そうさい》された。二〇世紀の独裁国家の恐怖は、過去の再評価を求めている。「西洋の歴史の地下水流が、ついに地表に現れてわれわれの伝統の威信を奪った。これがわれわれの生きている現実だ」と、アーレントは書いている。[8] この「地下水流」を見事にとらえているのが、トゥーカーの『地下鉄』である。

地下鉄が、一九四〇年から一九四一年にかけてのロンドン大空襲で重要な役割をはたしたことは言うまでもない。その頃イギリスは八か月にわたってドイツ空軍の集中攻撃の的となっていた。ロンドンでは一〇〇万棟以上の建物が爆撃によって損傷あるいは破壊され、二万人を超える市民が命を落とした。ロンドンだけ

ジョージ・トゥーカー、『地下鉄』(1950年)

で、イギリス全土で「大規模空襲を受けた都市」の犠牲者数を合わせたのとほぼ同じ数の犠牲者が出ていた。当時、数千人の市民が首都の地下鉄施設内に避難し、共通の恐怖によって結ばれたコミュニティーができ上がっていた。それは報道写真家ビル・ブラントが撮影した、プラットフォームやトンネル内や階段で身を寄せ合うロンドン市民の痛切な写真に記録されている。エリザベス・ボウエンは、ロンドン中心部で空襲監視員を務めていて、一九四一年と一九四四年に自宅を爆撃されている。そして、ロンドン大空襲のときには「多くの人が奇妙で難解で強烈な夢を見た」が、それは「みんなの過熱した潜在意識があふれ出して、一つに溶け合ったものだった」と書いている(9)。

地下鉄は潜在意識の効果的なイメージであると同時に、政治の地下空間、つまり日常生活の見せかけの裏に潜む陰謀の世界の印象的なメタファーでもある。その陰謀の世界のことを、かつて歴史家エリック・ホブズボームは「悪夢のコンテスト」と呼んだ。それは冷戦を適切に表現した言葉だ(10)。

一九四五年の夏、ポツダム会談によって中央ヨーロッパは東側と西側の二つの陣営に分かれた。チャーチルが一九四六年にミズーリ州フルトンで行った演説で言った有名な言葉どおり、「鉄のカーテン」［「バルト海のシュテッティンからアドリア海のトリエステにかけてヨーロッパ大陸を遮断する鉄のカーテンがおろされた」からきている］によって分断されたのだ。同じ演説でチャーチルは聴衆に向かってこうも言っている――アメリカ合衆国は「今や、世界の覇権の頂点に立っている」。だが、不安の種はある。「戦争がどの国にも見出せる」時代には、ソ連が西側諸国にもたらす脅威だけが、その不安の種とは限らない」。「状況を考えれば、義務をやり遂げるという使命感だけではなく、達成のレベルを下回ってはいけないという不安感も感じなくてはならない(11)」。

経済的に破綻し、爆撃で大破したヨーロッパ――ロンドン、ベルリン、ウィーンが、冷戦のもう一つの舞台だった。瓦礫《がれき》となったこれら旧世界の都市で、邪悪な勢力が暗闇をうろつき、脆《もろ》い戦後の平和を揺るがせて、民主主義社会の内部へ侵入しようとうかがっていた。一九四九年の映画『第三の男』のためにグラハム・グリーンが書いた脚本には、不安と不吉な予感の雰囲気があふれている。同映画のプロットは、戦後の混乱に乗じてビジネスを行う暗黒街の闇屋組織を軸にしているが、舞台となっている都市ウィーンは、爆撃を受けて荒廃し、連合軍の統括区域とソ連が管轄する区域に分けられていた。

同じようにベルリンも、アメリカ・イギリス・フランス・ソ連の四国の管理地域に分割されていたが、一九四九年一〇月にはソ連によって建国された共産主義のドイツ民主共和国（東ドイツ）が、自由都市西ベルリン［実質的にドイツ連邦共和国（西ドイツ）の飛び地だった］を包囲する形になった。フルシチョフが持ち前の歯に衣着せぬ物言いで述べたように、ベルリンは「ソ連の喉《のど》に骨のように突き刺さった」都市だったのである。(12) 一九五〇年代後半に西側とソ連との緊張が高まる中、東ドイツ政府はたった二週間で壁を建設した。西側への市民の大量流出を止めるための電撃的な作戦だった。「ベルリンの壁」と呼ばれるその壁は、一九六一年八月に建設が始まり、もともと煉瓦《れんが》とコンクリートの平板で、のちには鉄骨鉄筋コンクリートで造られた。高さ三メートル六〇センチ、長さは一九八〇年代には一六〇キロメートルを超え、ベルリンをくねくねと通り抜けて西側管轄区域を包囲していた。

この壁はチャーチルが言った「鉄のカーテン」に具体的な形を与えただけではない。もっと広い意味で対立と恐怖の象徴になった。検問所、監視塔、鉄条網、鎖を引っぱるジャーマン・シェパード、対戦車障害物によって、ベルリンの壁は冷戦の境界線の典型に、すなわち身柄の引き渡しが行われる場、東と西で制度が転換する場、裏切りが行われる場になった。また、逃走するために克服せねばならない障害でもあった。西側へ逃亡するために、気球やトンネルを使ったり、シュプレー川を泳いで渡ったりする者や、ベルナウ通り沿いの建物が解体される前にはその建物から自由な西側へ飛び降りた者もいた。さらに、ベルリンという分断された都市は、史上最高のスパイ小説の舞台だった。その筆頭はなんといっても、一九六三年に刊行されたジョン・ル・カレの小説『寒い国から帰ってきたスパイ』だろう。同作を翻案した映画では、リチャード・バートンが英国情報部員アレック・リーマスを演じていた。また、レン・デイトンの『ベルリンの葬送』(一九六六年)の映画版では、あの比類なきハリー・パーマーをマイケル・ケインが演じた。

とはいえ、冷戦下のベルリンを最も感動的にとらえた映画作品は、間違いなくヴィム・ヴェンダーズ監督の『ベルリン・天使の詩』である。この映画は、冷戦の終わりの一九八七年に制作され、壁が壊される二年前のベルリンの姿の記録にもなっている。映画で天使たちは人間に交じって街をうろついているけれど、干渉することはできない。言ってみれば、全知の天使は、常に監視を続けている国家の投影なのだ。ベルリンは天使と怯えた人間に分断された、また、東側と西側に分断された幽霊都市だ。落書きされた壁は暴力的な分断の目印であり、日常生活に影を落とす「デス・ストリップ」［壁の東側にあった「無人地帯」のこと］である。それでも、同映画はベルリンが対立の歴史から抜け出せない場所であると示唆する一方で、統一の可能性があることも暗示している。

一九四〇年代後半から、内部からの破壊に対する恐怖が世界各地で顕著になってきた。それはアメリカ合衆国だけでなく、中華人民共和国でも同じだった。一九四九年、毛沢東に率いられた中国共産党が政権を握った。そして、一九五〇年六月からは、北朝鮮でアメリカとイギリスを相手に戦っていた。これまで見てきたように、恐怖を戦略的に使用するのは独裁的な全体主義政権にとって常に重要な手段である。だが、毛沢東は自分が政策の手本にしていたスターリンと同じく、恐怖を政治的に用いることにかけて特別な才能の持ち主だった。(13) 恐怖を非常に効果的に活用して敵を破り、党内に規律を課したのである。

朝鮮戦争中の一九五二年、毛沢東は危機に際して反西洋感情につけ込み、恐怖を利用して自らの変革的な社会課題を進めた。その前年、北朝鮮とソ連は朝鮮において細菌戦を行っているとアメリカ軍を非難していた。アメリカ軍の飛行機が細菌を持った生物を投下して、ペスト、コレラ、脳炎、炭疽《たんそ》病といった致死性の高い病気を蔓延させようとしていると主張したのだ。この主張は中国の新聞でも報道されたので、毛沢東はそれを使って国民の緊張を高め、国を細菌戦に対する戦時体制においた。そして、ハエでもノミでも、蚊、ネズミ、イヌでも構わないから、侵入してくる有毒生物を捕まえて駆除するよう愛国的な市民たちに呼びかけたのである。(14) こうして細菌戦を利用して生み出された非難と恐怖は、共産党指導部にとって集産主義化の急進的なプログラムを促進するのに都合のよい隠れ蓑《みの》になった。

毛沢東が行った地主への反対運動と「反革命主義者」に対する抑圧運動においても、恐怖は依然として革命を促進させる働きをした。また、一九五八年から始まった「大躍進」運動に大衆を確実に協力させるためにも、恐怖は培養された。この「大躍進」運動とは、中国を農業経済社会から共産主義社会に変貌させることを目的とした運動だったが、その過程で数千万人の中国人民が命を落とすことになった。しかし、中国の集団農場化が進むにつれて、恐怖はもっと組織的な暴力へと変わっていった。「暴力は管理のための日常的な道具となった。暴力は多数の人間に恐怖を浸透させるために、少数の人間に対して時折用いるものではなく、物をくすねたり盗んだりする人間はもちろん、怠けている、邪魔をする、反抗をするとみなされればどんな人間に対しても、つまり大多数の村人に対して組織的かつ習慣的に用いられた」と歴史家のフランク・ディケーターは書いている。

一方で、この「噂の飛び交う陰の世界」では、食糧不足や戦争や侵略が差し迫っているといった話が恐怖を蔓延させたが、その恐怖は実権派とみなされた共産党幹部や地方の役人、守旧派とみなされた学者や文化人への攻撃となって表れると同時に、人々の「連帯感を強める」働きもしていた(15)。自伝的小説『ワイルド・スワン』の中でユン・チアンは、理想に燃えた一〇代の若者だった彼女が一九六〇年代の文化大革命で紅衛《こうえい》兵《へい》に加わった経緯を記している。文化大革命は、毛沢東が中国社会にまだ残っている反革命分子の一掃を図ったものだった。しかし、じきにチアンの両親は逮捕されて拷問を受け、チアン自身は再教育のために地方の農村へ追いやられてしまう。後年、チアンが述べているとおり、「中国人は世界で最も心に傷を持った国民に違いない。恐怖は国の精神の一部になっている(16)」。

一九四七年、バーナード・バルークは「国内の敵」について演説を行い、アメリカに高まりつつあった国内に共産主義が芽吹きつつあるという恐怖をはっきりと言葉で表した。外国のスパイが国の安全保障を弱体化させようと活動し、アメリカ人は連中の大義に丸め込まれている、と。そういう悪い連中を捜し出すのが最重要の課題であるが、口で言うほど簡単ではなかった。なぜなら裏切り者やスパイはうまく紛れ込んでいるからだ。「赤《コミー》」［共産主義者に対する蔑称］は何にでも変身できて、ほかの人間と区別ができないからだ。それは一九三〇年代後半以降のコミックに登場する悪と戦うスーパーヒーローと全く同じだった。中でも、最も有名なスーパーマンは、普段は吊るしのスーツを着て、太めの黒縁眼鏡をかけたクラーク・ケントだが、最後に変装用の衣服を剝ぎ取って、筋骨たくましい、ロゴに彩られたもう一人の自分の姿を現すのである。

「赤の恐怖《レッド・スケアー》」が起こる状況が作り出されたのには、共産主義者の潜入の可能性だけでなく、潜入した共産主義者を見破るのに限界があることも大きく関係していた。「赤《コミー》」はそこかしこにいたかもしれないが、見つけ出すのは至難の業《わざ》だった。そのことが、一九四〇年代と一九五〇年代のハリウッド映画が監視することと監視されることにあれほど執着した理由の一つである。そして、偽装の力と見えていたもの、いや、はっきり見ることができないものの不確かさとを描いた代表作といえば、なんといってもアルフレッド・ヒッチコックの『裏窓』（一九五四年）だろう。

　第二次世界大戦中、アメリカには、ナチスのスパイや破壊工作員のネットワークが戦争努力の妨害行為を行っているという不安が広まっていた。[17] だが、一九四五年のドイツ敗北後は、今度はナチスに代わってソ連と国際的な共産主義運動が、主要な脅威と広くみなされるようになった。一九四九年に、歴史家のアーサー・シュレジンガー［一九一七～二〇〇七年、ケネディ大統領の特別補佐官も務めた。民主党リベラル派の論客］は、ソ連政府が、自分たちの大義に加わるようにアメリカ国内のアメリカ共産党党員を盛んに勧誘して「ロシア拡大主義の旧来の活動力の恐ろしい弾頭」となる「第五列」を作ろうとしていると警告した。[18] 先のドイツの破壊活動の試みは「雑で効果がなかった」けれど、ロシアの破壊活動はそれとは全く規模の異なる脅威である、と。[19]

　この「大いなる恐怖」を煽《あお》るのに一役買ったのが、上院議員ジョセフ・マッカーシーと、一九三八年に下院に設立された非米活動委員会（ＨＵＡＣ）だった。[20] 親共産主義者との関係を疑われたアメリカ人は取り調べられて、協力しなければブラックリストに載せられた。「人類史上、かつて行われたこの種のいかなる冒険的な企《くわだ》ても小さく見えるくらい、巨大で恥ずべき陰謀」を明らかにしつつあると、マッカーシーは息まいた。[21] 一九五〇年には、国内治安維持法［起草者の上院議員の名前から「マッカラン法」とも呼ばれる］が成立し、諜報活動や破壊活動に関係があると信じられる人間は誰であれ、逮捕・拘束できる非常権限が大統領に与えられた。時の大統領ハリー・トルーマンはこの法律には反対だったかもしれない。だが、彼こそ、その三年前（一九四七年）に連邦議会で演説し、共産主義「封じ込め」政策（トルーマン・ドクトリン）を打ち出した張本人だった。この「封じ込め」作戦は、ある上院議員の言葉によれば、「アメリカ国民を死ぬほどびっくりさせる」ことを意図していた。[22] トルーマンは、共産ゲリラと内戦状態にあるギリシャと、ソ連の影響が強まるトルコを危惧し、「武装した少数派や、外部の圧力による征服の試みに抵抗している自由な諸民族を援助する」ため、四億ドルの軍事・経済援助を認めるよう議会に求めた。アメリカは「自由な諸制度、代議政治、自由選挙、個人の自由の保障、言論・信教の自由、圧政からの自由によって特徴づけられる」。それに対して、共産主義は「恐怖と圧制、統制された出版と放送、仕組まれた選挙、個人の自由の抑圧」の上に成り立っている、とトルーマンは述べた[23]。その演説から四か月後に、一九四七年の国家安全保障法が成立し、それによってCIAが設立された。一九四九年一月、二度目の大統領就任式で、トルーマンは共産主義によってもたらされる危険と、「大きな希望と大きな恐怖」に引き裂かれた世界の課題とについて再び述べている。「われわれは恐怖から解放されて生きたいと願うすべての人から支持され、今なお自国の政府の下で恐怖のうちに生きている人たちからも支持されている」、と[24]。

アメリカを共産主義者に対する魔女狩り（赤狩り）に駆り立てたのは恐怖だったが、魔女狩りを実行している側に言わせれば、自由の名において共産主義を追い払っているのだった。とはいえ、共産主義に対する恐怖は決して新しいものではなかった。一九一七年のロシア革命後には、アメリカにも共産主義者の潜入に対する恐怖が広がっていた[25]。第一次世界大戦中は、その不安はそれ以外の不安と一つになっていた。いくつかある不安の中で特に大きかったのは、「アングロ・サクソン」系文化の優位に他国の侵入者がもたらす脅威だった[26]。だが、嫌悪の対象はドイツ人からすぐにソ連共産党員とその邪悪なプロパガンダへ移り、「不安感を、敵意に満ちた異質な何かが国を汚染しているという恐怖感を」もたらした[27]。

この共産主義に対する恐怖感が新しいレベルまで高まったのは、第二次世界大戦の戦中と戦後だった。「赤」という言葉を含んでいるものはどんなものでも怪しいとみなされて詮索された。野球チームのシンシナティ・

レッズでさえ、共産主義との連想でイメージが傷つくのを避けるため、一九五三年に「シンシナティ・レッドレッグス」に名前を変えている。[28] 一九五四年には、共産主義者統制法によって、アメリカ共産党にこれまで与えられてきた「権利、特権、免除」が剝奪され、実質的に党は禁止された。アメリカ共産党は真の政党ではなく、「それどころか、アメリカ政府を転覆させる陰謀の出先機関」であるというのが理由だった。アメリカ共産党と、それ以外の「『共産主義行動』組織」の会員であることは、一九五〇年の国内治安維持法（マッカラン法）の条項によって処罰される犯罪行為になった。[29]

一九四六年から一九五四年の間、どこもかしこも共産主義に国を乗っ取られるという恐怖に満ちていた。一九四七年に、ミネソタ州セント・ポールのカトリック教理ギルド教育協会によって『これが明日か――共産主義下のアメリカ』というコミックが数百万部発行された。そのコミックの表紙には、軍人や民間人が共産主義者の先発部隊と戦い、アメリカ国旗が炎に飲み込まれようとしている様子が描かれている。同コミックの目的は、「共産主義の脅威に注意を怠らないよう読者に警告することである。普通のアメリカ人は『そんなことがこの国で起こるわけがない』と言う傾向がある。ほかの国々の何百万人もの人々も同じことを言っていた。しかし現在その人たちは死んでいる、いや、共産主義の奴隷となって生きている。そんなことを、い、い、い、い、い、い、い、い、い、い、い、い、絶対にこの国で起こしてはいけない！」。

共産主義の脅威をプロットにした熱に浮かされたような物語はアメリカのメディアに広がり、しばしば同じメッセージを伝えた――破壊分子が政府を転覆させようと画策している、だから手遅れになる前に連中を止めなければならない。たとえば、一九四八年に『ライフ』誌は、共産主義者たちがソ連で政権を握ったときには侵入と容赦ない暴力を併用した事実をあらためて読者に思い出させた。連中は経済の混乱と社会の不満につけ込み、「プロパガンダのスローガンの集中砲火を容赦なく浴びせて」国民を扇動したのだ、と。[30] 同じ年、ＭＧＭが配給元になって、反共産主義の短編アニメーション映画『自由を手に入れろ』が公開された。アーカンソー州のハーディング・カレッジ（現ハーディング大学）の公開教育部によって制作された同作品は、「なぜアメリカが世界で最も暮らしやすい場所であるかについての、より深い理解」を促進することを目的としていた。映画では、紫色のスーツに黄色の蝶ネクタイをした、やけに愛想のいいセールスマンが、アメリカ人のグループを説得して、「ユートピア博士の『イズム（主義）』」という元気を回復させる強壮剤と引き換えに自由を放棄させようとする。しかし、問題の強壮剤を試しに一口飲んだアメリカ人たちは、ユートピア博士の政権下の生活がどのようなものになるのか、その一端を垣間見る。それは、一人残らず抑圧的な冷酷な国家に隷属する生活だった。セールスマンがもたらす危険に気づいたみんなは、セールスマンを町から追い出す。

共産主義と戦うにはなんとかして、ハリウッドに恐怖を利用する《フィアモンガリング》［他国の脅威などの恐怖を大袈裟に取り上げて自国の政策を有利に展開しようとすることを批判的にいう言葉］メッセージを広める活動に参加させる必要があった。そこで、映画撮影所を説得して対共産主義プロパガンダ攻撃運動の反共産主義映画の製作に協力させたのが、若い共和党下院議員のリチャード・ニクソンだった。のちにニクソンは、「人が反応するのは恐怖だ。愛ではない。日曜学校では教えないことだが、それが真実だ」と言ったと伝えられている。[31] ともかく、一九四〇年代後半から一九五〇年代にかけて、反共産主義映画が相次いで作られた。たとえば、『鉄のカーテン』（一九四八年）、『赤い脅威』（一九四九年）、『私は共産主義者と結婚した（別名『一三番埠頭の女』）』（一九四九年）、『原爆下のアメリカ』（一九五二年）などである。物語の筋が単調で退屈なことから考えて、どの作品も興行成績はぱっとしなかったのも不思議ではない。[32]

先に挙げた映画や、それらと同様の多くの映画は、恐怖を用いて観客に、世界をどう見るべきか、そしておそらくどう行動するべきかについても教え込もうとしていた。それらはいずれもただ一つの強迫観念を描くことを目的とした安っぽいB級映画で、いま観ると、当時の観客はよくこんなものを真剣に受け止めたものだと不思議な気がする。もしかしたら、反共産主義のメディア報道にさんざん共産主義の恐怖を吹き込まれて神経過敏になってしまった観客は、偏った自らの恐怖がハリウッドのつまらない映画に映っているのを見つけて、いくらか安堵したのかもしれない。

　大衆文化を再び政治的争点とする試みは、疑わしい内容に対する取り締まりとワンセットになっていた。その二つがワンセットになっていること自体、一般大衆の意識を形づくるのにメディアがいかに重要であるかが認識されていた証拠だ。メディアは共産主義の脅威に対抗する道具として利用できたが、映画や書籍は社会を不安定にする力になることもあった。なぜなら、映画や書籍は、文明化した規制の下では実行できない「攻撃」、たとえば拳や銃や拷問や殺人や流血を用いることを賞賛する場合があったからだ。[33] アメリカ人は、自らが読んだり観たりしているさまざまなガラクタの悪い影響に蝕《むしば》まれていた。映画や書籍や雑誌の制作者たちは、道徳よりも商業的利益を優先し、売り上げを伸ばす類《たぐい》の恐怖をかき立て、真似して行動するよう促し、激しい中毒を起こさせることで敵を支持する裏切り者の第五列を幇助《ほうじょ》していた。

　このような状況を背景にして、一九四〇年代後半から一九五〇年代にかけて文化戦争が起こった。文化戦争でもやはり恐怖が重要な役割をはたした。心理戦は新たな段階に入っていた。大衆文化の再利用が無理なら、禁止するか、少なくとも厳しく批判する必要があった。コミック本を取り巻く論争が良い例だ。新聞などに掲載される「続き漫画」［物語になった一続きの絵］は一九世紀末頃から存在していたが、人気を集め始めたのは一九三〇年代に入ってからで、『スーパーマン』や『バットマン』も同じ時代に誕生した。第二次世界大戦中には『キャプテン・アメリカ』や『スーパーウーマン』のような愛国的なスーパーヒーローが加わり、若者をターゲットにした市場が開拓・拡大されていった。

しかし、一九四五年にはもう、自分を正義とみなすスーパーヒーローの体現する価値観に関して懐疑的な見方が強まっていた。イエズス会神父で英文学教授でもあったウォルター・オングは、コミックのヒーローは「非常に原始的な様式に基づいて組み立てられた、粗野で恐ろしい原型である」と主張した。さらに、スーパーマンの起源は、ドイツ人哲学者ニーチェの「*Übermensch*」すなわち「超人」にあると主張した。「超人」という言葉は、ニーチェが一八八三年に未来の完璧な人間を表現するのに用いたものだったが、時代が下るとナチスの人種的イデオロギーと結びつくようになった。オングはこの人種的イデオロギーには本当はどんな悪い影響が隠されているかを力説し、抑圧的な勢力が民主主義世界を転覆させようと秘密裏に活動していることを示唆した。オングに言わせると、「大衆の反応の暗い奥底を探れば必ず、さまざまな新秩序に力を与えてきた、多くの場合無意識の衝動の強い動きに行き当たる」[34]。オングと同じく一部の人間にとって、スーパーヒーローは大衆文化の反民主主義的・根源的傾向を反映する危険な存在であった。

一方で、値段の安い低俗な雑誌は、『スーパーマン』などとは異なるジャンルのコミックを発表し始めた。より生々しい筋書きと台詞による、犯罪や恐怖や流血シーンを目玉にしたコミックである。この種の続き漫画の扇動的な内容にたちまち懸念の声が上がった。人気が高まるにつれ、なおさらその声は高まっていった。一部には、そうしたコミックに描かれた身の毛のよだつシナリオと、少年犯罪の増加との関連性を指摘する批評家も現れた。さらに、核戦争と共産主義の支配をめぐる冷戦の不安が、青少年犯罪と反社会的行動をめぐる社会不安全般とつながっていった[35]。

コミックが引き起こした道徳的なパニックは、大いに宣伝された議会の調査によってさらに煽《あお》り立てられた。だが、議会の調査が始まる前に、すでに事態は山場を迎えていた。一九四八年一〇月二六日、ウエスト・バージニア州スペンサーで、子どもたちが親と教師と聖職者に指示されて大量の好ましくないコミックを焼却したのである。すぐにアメリカ各地の町で同じことが始まった。ニューヨーク州のビンガムトンでは、カトリック教徒の学生たちが「戸別訪問」して「二〇〇〇冊のコミック本や絵入り雑誌」を集め、それらを学校の中庭で燃やした。「いわゆる犯罪やセックスを強調している出版物を、ボイコットする彼らの運動を劇的に表現」するためだった。また、信者に「リージョン・オブ・ディーセンシー」（礼節同盟）［一九三三年設立。カトリック教会内で映画を「品位（ディーセンシー）」に基づいて格づけした機関。ハリウッド映画産業に大きな影響を与えた］への参加を勧める公開書簡の中で、ローマ・カトリック教会のオールバニー教区のエドマンド・ギボンズ司教は「われわれの時代のもう一つの悪は、猥褻《わいせつ》な絵や犯罪の扇情的な詳細を描き出す絵入り雑誌やコミック本である」と断言した[36]。一方、ニュージャージー州ラムソンのボーイスカウトたちは、怖気づいて焚書《ふんしょ》をやめ、代わりに救世軍にコミック本を渡して屑紙《くず》として使用してもらうことにした[37]。

一九五四年、マッカーシーの赤狩りが最高潮に達した頃、ドイツ系アメリカ人精神科医フレデリック・ワーサムは、『無垢な者への誘惑』を出版し、コミックがアメリカの青少年を堕落させていると厳しく非難した。「コミック本の読者に共通の臨床的症候は、日中の乱暴な荒れた行動と、それと関連して夜間に恐ろしい夢を見ることである」と主張した。磔《はりつけ》、鞭打ち、強姦《ごうかん》、女性への拷問といった極端で理由のない暴力シーンが、「あらゆる種類の性への恐怖」を生じさせている。コミックのヒーローたちは「精神病質の性的異常者」だというのがワーサムの弁である。ワンダーウーマンといえば、一九四一年にDCコミックス社のコミックに初めて登場した、赤いブーツにミニスカート、革のリストバンドといういでたちの、強くて攻撃的なヒロインだが、ワーサムに言わせれば彼女は同性愛者に間違いなかった。「少年にとって、ワンダーウーマンは恐ろしいイメージであり、少女には病的な理想像である。バットマンは反女性的だが、魅力的なワンダーウーマンとその相手役は明らかに反男性的だ」とも述べている。ほかにも、スーパーマンの胸のシンボルマークはナチスの親衛隊ＳＳのマークを模写しているとか、子どもが双眼鏡に興味を持つ理由は隣家を覗《のぞ》き見することしかないといった非難を並べ立てた[38]。

一九四九年には、すでにコミック本は政治の緊急問題になっていた。コミック本は「本質的にいかがわしく」、「少年非行や犯罪行動を引き起こす」傾向があるという申し立てに応えて、「コミック出版を調査するニューヨーク州合同立法委員会」が設立された。ワーサムは、「一五歳未満の子どもたちへの、犯罪コミック本の販売および展示を一切禁止する」新しい法律を強く求めていた。一九五〇年の非公開会議で、ワーサムは、一三歳の子どもが一人の若者を撃ち、別の少年をナイフで刺し、ネコを屋根から投げ落とした事件を例に挙げた。そして、この加害者がコミック本を集めていて、集めたコミック本の多くが、特に射殺、窒息死、刺殺、撲殺、絞殺、強い酸を入れた浴槽に沈めるなどの方法による殺人を扱ったものだったことは単なる偶然ではないと主張した[39]。

エステス・キーフォーヴァー〔一九五六年のアメリカ大統領選挙で民主党の副大統領候補になった〕は、テネシー州出身の野心的な民主党上院議員で、それ以前にも上院の組織犯罪調査特別委員会〔一九五〇年設立。一般にはキーフォーヴァー委員会と呼ばれた〕の委員長を務めており、少年犯罪の問題に取り組むため新たに設立された小委員会（一九五三年）でも中心人物になった。だが、すぐにその小委員会は、少年犯罪からコミックに焦点を移した。それには、コミックと少年犯罪を結びつけるニュース報道が蔓延していたことはもちろんだが、錚々《そうそう》たる政界の大物たちがコミックを厳しく批判したこともまた大きく関係していた。たとえば、ＦＢＩ（連邦捜査局）の初代長官Ｊ・エドガー・フーヴァーは、コミックが「情緒不安定な子どもが犯罪行為に走る出発点となる」可能性があると主張していた[40]。このような強い風当たりを受けて、一九五四年に全米コミックス・マガジン協会という業界に自主規制を課す独立委員会が設立され、コミックス・コード（コミックス倫理規定）が作られる結果となったのである。

自由とは、好きなことを何でも口にできるということではない。自由とは、ソ連から注ぎ込まれるプロパガンダに反対する文化を支援し、同時に「正しい」プロパガンダの信条を守るということである——これが、一九五〇年にCIAの支援を受けて設立された文化自由会議（CCF）［三五か国にオフィスを持ち多くのスタッフを抱え全世界的に芸術関係のイベントを支持、多数の出版物を企画した］の運動メッセージだった。要は、ソ連が好まないことなら何であろうと、西側の諸機関が擁護するということだ。文化自由会議からの思いも寄らぬ大きな恩恵に浴したのは、無調音楽［中心音や調整中心を持たず伝統な西洋音楽のハーモニー・キー・モードを持たない音楽作品］と抽象表現主義［一九四〇年代後半のアメリカ、特にニューヨークを中心に隆盛した芸術様式。アメリカ初の前衛芸術］だった。この二つの芸術運動が、ソ連に正当と認められた社会的写実主義と正反対なものであったおかげだった。(41)

しかし、冷戦の最大の恐怖は間違いなく核戦争の脅威にあった。一九四五年にアメリカが広島と長崎に原子爆弾を使用し、さらに一九五〇年代に核技術が発展したことが大きな心理的影響を与えていた。B－29爆撃機エノラ・ゲイの尾部銃手ジョージ・ロバート・キャロンが撮影した、広島上空に立ちのぼるキノコ雲の白黒写真が、恐怖の新しい図像を作り出した。一九四九年にカザフスタンでソ連が初めての核実験を行うと、核兵器による全面戦争を危惧する声はますます高まっていった。一九五四年に中部太平洋のビキニ環礁で、アメリカが「キャッスル・ブラボー」とコードネームをつけた水素爆弾の実験を行い、それから七年後には、ソ連が北極圏で「ツァーリ・ボンバ」［「爆弾の皇帝」、「爆弾の帝王」という意味］という水素爆弾の実験を行ったことも、危惧をさらに高める結果になった。ジョン・F・ケネディ大統領が、一九六一年九月の国連総会の演説で述べたように、「すべての男も女も子どもも、核兵器というダモクレスの剣の下で生活しており、その剣を吊り下げている非常に細い糸は、いつ何時、偶然か、判断ミスか、あるいは狂気によって切られてしまうかもしれない」状態だった。(42)

アメリカでは、原子爆弾への恐怖は「赤の恐怖」と一つになった。プロパガンダ的映画『アトミック・シティ』（一九五二年）では、主人公のフランク・アディソンは物理学者で、ロスアラモス、つまり、世界初の核兵器を作ったニューメキシコにある核施設に勤めている。ところが、水素爆弾の製法を手に入れたい共産主義者のグループに、フランクの幼い息子が拉致・監禁されてしまう。

コミックの『核戦争！』シリーズは短期間で終了したが、一九五二年に刊行された第一巻の『奇襲』には、核兵器による破壊のシーンがいくつも登場する。表紙には核爆発でマンハッタンが破壊され、エンパイア・ステート・ビルとクライスラー・ビルが崩れ落ち、街が炎に焼き尽くされている様子が描かれている。この表紙の破壊図が、それ以後、見慣れた恐怖の光景となっていくのだった。一九五〇年、『コリアーズ』誌の表紙には、マンハッタンを覆っているキノコ雲のイラストと、「アメリカ・ヒロシマ——これに対して何かできることはないのか」という言葉が添えられていた。この数年後、再び同雑誌は絶滅の光景を呼び起こした。呼び起こした張本人は、政治家・外交官のヴァル・ピーターソンで、当時は連邦民間防衛局（ＦＣＤＡ）長官の職にあった。連邦民間防衛局は、民間人に核攻撃への準備をさせるための訓練プログラムの作成を任された新しい政府機関だった。バッファローとニューヨークが核攻撃を受けたという虚構の見出しとともに、『コリアーズ』誌に載った記事の中で、ピーターソンは都市への直接攻撃によって引き起こされるパニックをイメージしている。「たとえ核攻撃を受けた街から何とか逃げることができても、逃げ出した人たちは隣接地域に流れ込み、飢えた暴徒となって略奪を起こすだろう。そうなれば被災地救援活動が中断され、地元警察では対応しきれなくなって、パニックが波のように広がっていくだろう[43]」。

一九四六年には早くも、原子物理学者たちが、核攻撃が引き起こすパニックは核爆弾そのものと同じくらい破壊的かもしれないと警告を発していた。トルーマンがＦＣＤＡを設立したのも、そのパニックという脅

コミック『核戦争!』シリーズ第1巻の表紙（1952年11月）

威に対処するためだった。一九五一年から一九五八年までの間、ＦＣＤＡはパニック対策手段を優先課題として、アメリカ国民に核攻撃への対処の仕方を教育するための映画やパンフレットを作成した。

民間防衛の教育材料は、ただ実践的なアドバイスだけでなく、危機に際して冷静さを保つ方法にも重きを置いていた。ただ、一九五四年にアメリカの社会学者エンリコ・クアランテリ［デラウエア大学災害研究センターの創造者で、災害社会学の第一人者］が指摘したように、「パニックが起こる頻度は誇張されてきた」と思われる節があった。クアランテリは、「ほかの反応と比べて、パニックは比較的珍しい現象である」と述べている[44]。とはいえ、「感情管理」の目標は、恐怖を完全に追い払うことではなかった。なぜなら、攻撃に直面してある程度の恐怖を感じるのは避けられないし、ある程度の恐怖が生き延びる努力を持続させる原動力に変わることもあるからだ。たとえば、短編映画『われらの都市は戦わねばならない』（一九五一年）は、いわゆる「逃亡する連中」を再教育する狙いがあった。彼らが危険を前にして我先に逃げ出し、騒乱を引き起こしかねないからだ。同年に制作された『核攻撃下での生き残り』は、緊急攻撃を警告するサイレンが鳴ったらすぐに何をすべきかだけでなく、核シェルターに応急処置用品、容器に入った飲料水、缶詰食品、ラジオや懐中電灯用の予備電池を常備しておくために、どう事前の準備を行うべきかに関してもアドバイスを与えている[45]。一九五二年に制作された『ダック・アンド・カバー』は、「閃光」が見えたときには、「身をかがめて体をかばう《ダック・アンド・カバー》」ことを教えるのが狙いだった[46]。

映画やラジオ・テレビ番組や小冊子などの教育材料の配布と並行して、別のプログラムもどんどん進められた。学校に家政学講座が導入され、生徒に食糧の準備から救急手当や核シェルターの造成まで、多岐にわたる実用技術の訓練を行った。一九五一年に始まった「アラート・アメリカ」巡回キャンペーンは、トラックの一団が国内を東奔西走し、一時的な展示会を開いて生き残りに必要な製品や核戦争に関する情報を公開するものだった。そこに行けば核攻撃に対する準備方法のこつが学べるだけでなく、政府に支援を受けた映画も上映されていた[47]。また、一九五四年に始まった「アラート作戦」は、全国的な民間防衛訓練で、国民に核攻撃の予行演習を行わせた。

こうした取り組みは、二つの基本的な前提に立って行われていた。一つ目は、人間はパニックを起こすものだという前提で、二つ目は、パニックは正しい教育によって管理できるという前提である。この二つは、「イースト・リバー計画」と暗号名がつけられた研究グループが発表した、一連のレポートから導き出されたものだった。同グループは一九五一年に招集され、アメリカの都市が核攻撃を受けた場合の民間防衛と災害救助について調査研究を行った[48]。同時に、緊急作業員の訓練のために、核攻撃があった場合のシミュレーションが何度も実施された。一九五二年四月に、ニューヨーク市全域で行われた訓練では、二つの核爆弾が落とされたという仮想攻撃に応じて、五万人の作業員が出動した。敵機がニューヨークに接近していることが察知されると、ただちに警戒指令が市全域の主要機関、すなわち、警察署、消防署、学校、病院に出され、続いて警報のサイレンが鳴り響いた。「パニックや混乱が起きないように、ラジオ局とテレビ局は番組を中断して、訓練が行われていることを強調した」のは言うまでもないが[49]。

一九五三年に書かれた「パニック——最終兵器?」という記事の中で、ヴァル・ピーターソンは、パニックが「既知のいかなる爆発物よりも、ずっと大きな破壊力を持つ連鎖反応を起こす」可能性があると強調した。さらに、「おそらく戦いに勝つ最も簡単な方法、戦争に勝利する最も安上がりな方法は、原子爆弾ではなく、大衆のパニックだろう」と続けている。パニックという難問に対処するには、パニックを発生させる力である恐怖を活用する必要がある。もっと詳しく言うなら、「恐怖自体はパニックではない。パニックの原料にすぎない」ということだ。アメリカ人が「パニックにならない」ようにすること、いや、少なくとも「パニックにかなり耐えられる」ようにすることは十分に可能だとピーターソンは述べて、同記事に読者向けのパニック「自己診断」クイズをつけた。「恐怖を自分の味方にしろ」が、ピーターソンのモットーの一つだった。「怯えることを恥じることはない。攻撃があれば怯えるものだし、それはほかの人間も同じだ。重要なのは、恐れているときにどう行動するかである。使い方を知っていれば、恐怖は健全なものになりうる」[50]。

しかし一方で、核戦争の危険性は科学技術の進歩とともに高まっていた。一九五九年には、すでに大陸間弾道ミサイルによって、核攻撃はコードを打ち込むのと同じくらい簡単に行えるようになっていた。ケネディ以降、アメリカの大統領は、即時に核攻撃を仕掛けられるよう装置の入ったブリーフケース、いわゆる「核のフットボール」を携帯するようになっており、破壊までの時間枠も短くなっていた。爆撃機が目的地に到着するまで何時間も必要だったのが、ほんの数分ですむようになっていたし、一度発射ボタンを押すと、攻撃の決定は二度と取り消すことができなくなった。「核戦争の身の毛もよだつ光景が、数百万人の震える唇に、ハムレットの『生きるべきか、死ぬべきか』という台詞を上らせるほど恐怖を与えている」とマーティン・ルーサー・キングも述べている。「われわれの問題は、恐怖を完全になくしてしまうことではなく、恐怖を利用し、克服することである」[51]。

一九六二年、世界は核戦争の瀬戸際に立っているように思われた。アメリカのU2型偵察機によって、キューバにソ連のミサイル基地の建設が進行中であることが確認されたからだ。基地からフロリダまでは一四五キロメートルほどの距離しかなく、弾道ミサイルならワシントンDCを含むアメリカの諸都市を攻撃することが十分可能だった。一九六二年一〇月二二日月曜日の夜、ジョン・F・ケネディ大統領は、国民に向けて二〇分のテレビ演説を行った。「この一週間に、動かぬ証拠によって、一連の攻撃用ミサイル基地が現在キューバに準備されているという事実が確認された。それらの基地の目的は、西半球に対する核攻撃能力を提供することにほかならない」。ケネディ大統領は、ソ連は基地の建設について嘘をついていたと述べたあと、キューバから発射されたミサイルは「全面的な報復反応」にあうことになるだろうと明言した。「われわれは、性急にあるいは不必要に、世界的な核戦争という犠牲を払う危険を冒すことはない。そんな事態になれば、たとえ戦いに勝ったとしても、得られるものは口の中の灰だけだろう。けれど、危険に直面せねばならないときにはどんなときでも、その危険に尻込みすることはない[52]」。

現在でも、ケネディの演説を聞くと背筋が寒くなる。核のボタンを押す選択をすれば後戻りはできないということを、世界中が理解したのはおそらくこのときが初めてだっただろう。ケネディ自身が、これがいかに由々しき状況であるかはっきりと認識していた。なんといっても、彼自身が一九六一年一月の大統領就任演説で明言したように、「世界は今や昔とは違う。あらゆる形の人間の貧困と、あらゆる形の人間の生活を終わらせる力を、人間は手にしているからだ」。また、経済学者J・K・ガルブレイスが書いたとされる一行では、「われわれは決して恐怖から交渉しない。だが、決して交渉を恐れはしない」と宣言していた[53]。

ケネディが大統領就任演説を行った年には、すでにアメリカとソ連との間の緊張は高まっていた。一九五八年に、フルシチョフがアメリカのアイゼンハワー大統領と西側諸国に、西ベルリンの管理を放棄するよう要求したが、拒絶されていた。一九六〇年にアメリカの偵察機がソ連上空で撃墜される事件が起きて、緊張が高まっていた一九六一年には、就任直後のケネディがフルシチョフとベルリン危機を解決するための話し合いを持ったが、それも物別れに終わった。そして一九六一年八月、東ドイツ政府がベルリンを東側と西側に分断する壁の建設を開始したのだった。

このような状況が背景にあったため、ケネディは議会に、アメリカ政府が市民を核攻撃から守るために自由に使える資金は限られていると警告を発していた。一九六一年七月に行った別の演説では、国民に対して

「万一攻撃があった場合でも、核爆発や炎の直撃を免れた家族の命はまだ守ることができる。そのためには、彼らに避難するよう警告を与え、その避難シェルターが使用できるようになっていなければならない」と語っている。[54] そうして、核シェルターの造成が始まった。議会は造成を促進させるために連邦政府の補助金を割り振り、メディアは政府の動きにすぐに飛びついた。『ライフ』誌の一九六一年九月一五日号の表紙には、「民間人用カバーオール防護服」を着用した男性と、「どうすれば放射性降下物を切り抜けられるか」という特集の題名が載っている。

キューバ危機は、一九六二年一〇月二七日に極限に達した。その日がのちに「暗黒の土曜日」と呼ばれることになった、外交交渉の最後の日だった。その日の夜、大統領執務室をあとにするとき、「もう土曜日の夜を迎えることはないかもしれないと思った」と、のちに国防長官ロバート・マクナマラは打ち明けている。[55] このとき国民は核攻撃を予想して、食糧を備蓄し、核シェルターを準備したと報じられているが、パニックが広がったという証拠は示唆されるほど多くない。反対に、恐怖は人を慎重な行動へと向かわせた。少なくとも政治の分野はそうだった。[56] 機密解除されたＫＧＢ（国家保安委員会）のファイルの閲覧など、ソ連の公文書に関する最近の調査によって、当時の米ソ両国の意思決定過程に恐怖がどれほど影響していたかが明らかになった。ソ連史の研究家セルヒー・プロヒーが言及しているように、「米ソ双方が共通して持っていたあるものが、意思決定の決め手となった。それは核戦争に対する恐怖だった」[57]。世界中が固唾《かたず》を呑んで見守っていた一三日間の緊迫した決定的対決のあと、フルシチョフは引き下がった。のちに、弱腰だという非難に応えてフルシチョフは、核の時代に恐怖が持っている政治的長所を強調している。「怖がりであるせいで、あのような狂気を回避する役に立てたのなら、私は自分が怖がりでよかったと思う。今日の世界が抱える問題の一つは、核戦争の危険性を十分に怖がる人間の数が十分でないということだ」[58]。

キューバ危機は核の恐怖を再び勢いづかせ、一九七〇年代と一九八〇年代を通して国民の認識も等しく形づくっていくことになる。一九八三年に、アメリカがヨーロッパにパーシングⅡ弾道ミサイルを配備して始まった軍拡競争は、一九八二年に最高指導者レオニード・ブレジネフが死亡し政治不安が生じていたソ連にとって脅威となった。米ソの政治的緊張状態が続く中、核戦争を扱った恐ろしい映像作品が一九八〇年代半ばに相次いで制作された。一九八三年に、アメリカでテレビドラマ『ザ・デイ・アフター』が放送された。イギリスでは、一九八四年にミック・ジャクソンが監督したテレビ映画『SF核戦争後の未来・スレッズ』が放映され、その一年後には、ソ連のイギリスへの核攻撃を扱った『ザ・ウォー・ゲーム』が放送された。この物議を醸した疑似ドキュメンタリー映画『ザ・ウォー・ゲーム』は、一九六五年に制作されたものの、「テレビ放送という媒体には恐ろしすぎる」と判断されたため、国防省と内務省からの圧力でBBCが放映を取り止めていたといういわくつきの作品だった。[59] 一九八九年にベルリンの壁が崩壊し、一九九一年にソヴィエト連邦が崩壊すると、ようやく冷戦による核の恐怖は落ち着いた。しかし、消えたわけではなかった。そのことを世界に思い知らせたのは、二〇二二年二月、ウラジーミル・プーチンがウクライナへの侵略を開始し、ロシアの核戦力を「特別警戒態勢」に置くよう軍のトップたちに命じたときだった。

一方、アメリカでは、キューバ危機は恐怖の政治的価値を再認識する機会となった。一九六三年一一月にケネディが暗殺され、その事件のあとに行われた大統領選挙中、リンドン・ジョンソンはキューバ危機によって生じた恐怖を利用したようだ。彼の有名な選挙広告、一般に「ヒナギクと少女」と呼ばれているテレビ・コマーシャルがそれだ。コマーシャルは草原で三歳の女の子が、ヒナギクの花びらを一枚ずつむしりながら数を数えているところから始まる。女の子が九まで数え終えたところで、不意に男性の声が割り込み、「一〇」からミサイル発射のカウントダウンを始める。カウントダウンが終わると、画面は真っ暗になり、次の瞬間、核爆発の映像が画面いっぱいに広がって、そのあとにキノコ雲が映し出される。その間、ジョンソンの声のナレーションが入り、「投票に行かずに家に留まっているのが一番危険である」と視聴者にあらためて注意する。このコマーシャルは、ジョンソンが安全保障を支持していることをストレートに示し、それとともに共和党の大統領候補バリー・ゴールドウォーターに投じる一票は絶滅の可能性への一票だとほのめかしているのだ(60)。

水素爆弾は、科学とテクノロジーが人間の生存にもたらす予想外の危険の好例だったが、無視できない科学技術の脅威はそれ以外にもあった。プロパガンダ戦争に勝つため、マスコミは政治の極めて重要な側面になっていた。テクノロジーは、政府がますます大量のデータを収集・蓄積することを可能にするのに大きな役割をはたしたが、その使用をめぐって表現の自由とプライバシー権に関する問題も生じていた。その問題とは、ジョージ・オーウェルが一〇年以上前に小説『一九八四年』で提起していた懸念だった。小説の舞台は、カメラが公共空間に目を光らせ、テレスクリーンが家の中の行動を監視する全体主義国家である。そこは「恐怖と、憎しみと、へつらいと、熱狂的な勝利感が、支配的な雰囲気」の社会だという。監視文化が徹底しており、その結果、国民たちは不安になるくらい機械そっくりに自らを検閲するところまできている(61)。

一九六〇年代には、データ・サイエンスという急成長分野もまた、政治的な利点のために利用されていた。しかも、この分野で活躍していたのは、ＩＢＭのような大企業だけではなかった。一九六一年に、作家トーマス・モーガンが、『ハーパーズ・マガジン』誌に短編小説を発表した。その中で、大統領選挙でケネディがニクソンに辛勝できたのは、「ピープル・マシーン」とあだ名をつけられたコンピュータに、過去の投票行動の分析を基に選挙のシミュレーションをしてもらったおかげだと主張した。問題の機械はサイマルマティクス社が開発したもので、モーガンはのちに同社の広報宣伝の責任者を務めることになる。同社は、データに基づく有利なメッセージ・キャンペーンを作り出すことを目標として、一九五九年にニューヨークで設立された会社で、「サイマルマティクス」(Simulmatics)という社名は「シミュレーション(simulation)」と「オートマティック」(automatic)を合体させたものだった。(62)モーガンの短編小説は、オートメーション(自動操作)に関して一般人が抱く多くの懸念を浮き彫りにした。「自由社会で情報が力であるなら、機械によって提供されるデータの改竄《かいざん》をどう防ぐのか。人間の意見が一致する方向に進むとすれば、自由と自発性はどうなるのか。機械のためにどんどん多くのデータを求めておいて、プライバシーを尊ぶ伝統を維持することができるだろうか」とモーガンは疑問を並べている。(63)

テクノロジーに頼りすぎることにはいくつもの危険性があった。データ保管の倫理問題のほかにも、独立性の問題、自由の問題、国家権力の制限の問題があった。「ピープル・マシーン」が悪の手に落ちたら、民主主義のプロセスが傷つけられるのではないかと恐怖を覚える者も多かった。ある批評家は、そういう事態になれば、「ヒトラーやスターリンや彼らの先達《せんだつ》らが行ってきた暴虐行為が、村の暴れ者の乱暴狼藉ぐらいにしか見えなくなるだろう」と評している。(64)歴史家のジル・ルポールが示唆してきたように、サイマルマティクス社という物語は完全な失敗ではあったが、それは情報抽出と有権者および消費者予測の夢と悪夢を抱えた「データ狂でほぼ全体主義の二一世紀」の先触れである。(65)

暴走するテクノロジーへの恐怖は、冷戦の形を前もって示していたのかもしれない。だが、一九五〇年代と一九六〇年代には、新しいテクノロジーとコミュニケーション理論が――オートメーションやサイバネティクスから人工知能や遺伝学に至るまで――新しい課題を生み出した。一九五六年、数学者ジョン・マッカーシーとマービン・ミンスキーがニューハンプシャー州のダートマス大学で主催した研究会に、世界中から

ＡＩ（人工知能）研究者が集まった。この研究会は、世界初の人工知能プログラム「ロジック・セオリスト（論理理論家）」が公開されたという意味で意義深いものだっただけでなく、[66]そもそも研究会を開催するために提出された書類の中で、初めてＡＩという用語が作られたという意味でも記念すべきものだった[67]〔マッカーシーとミンスキーは会議の正式名を「人工知能に関するダートマスの夏季研究会」として提案書を作成していた。ここで「人工知能」という言葉が作られた〕この記念すべき研究会の目的は、「どうすればコンピュータが言語を使い、抽象的な考えやさまざまな概念を形成し、まだ人間にしか解けないさまざまな問題を解決して、コンピュータ自身が自らを向上させることができるか」について研究することだった。こうした人工知能の開発や実用化には称賛の声もあったが、独立した思考や自由が失われることを不安視する声もまた上がっていた。

一九六〇年には、科学者のマンフレッド・クラインズとネイサン・クラインが、「サイボーグ」という用語を作り出した。宇宙旅行は人間の生理学的機能にとって厳しい環境を生み出したが、テクノロジーが人間の生存を確実にするのに重要な役割をはたすだろうと、二人は主張した。「そう遠くない未来に、人類は宇宙において人体の生存を可能にする、機械的な制御システムを設計するだけの知識を手にすることが明らかになりつつある」と書いている。[68]

同年、マサチューセッツ工科大学（ＭＩＴ）の数学者でサイバネティクスの先駆者でもあるノーバート・ウィーナーは、人間は機械に依存することで自律性を失いつつあると主張した。彼が定義するサイバネティクスとは、「機械と生体における制御と通信の研究」だった。[69]「私が主張したいのは、機械はその設計者の限界の一部を超越することができるし、また実際に超越している、また、その過程において機械は効果的であると同時に危険でもあるということだ」と述べている。[70]もしも戦争が完全に自動化されたとしたら、どうなるだろうか、とウィーナーは考えた。勝利を目標としてプログラムされた、戦争を「プレーする機械」を想像してみよう。その機械は「いかなる代償を払っても、たとえ味方側が全滅するという代償を払ってでも自らの目標」を追求するだろう。「機械がプログラムされるとき、勝利の定義の中に味方の生存という条件が明確に組み込まれていない限り」――それがウィーナーの結論だった。[71]

戦場からオフィスに至るまで、機械は人間を圧倒しかけていた。すると、オートメーションの恩恵を賞賛する声に対して、「自動化に対する病的嫌悪」の声が次第に高まってくる。[72] 一九五〇年代半ば、「破壊的な戦争の危険」が人類を脅かしていた頃に、エーリヒ・フロムはこう主張した。人類が生み出した大量消費の画一化した社会において、理想的な市民というのは、「自由で独立」しているけれども、いまや「命令されること、求められることをこなすこと、すんなりと社会という機械に合わせることを嫌がらない、自動人形、疎外された人間」だ、と。[73] オートメーションは全面的破壊を意味した。メディアと宣伝は、人々を言いなりになる消費者に変え、新しい形の社会統制をこっそりと押しつけていた。哲学者で政治学者のヘルベルト・マルクーゼは、議論を呼んだ著書『一次元的人間』の中で、西側のいわゆる自由な民主国家も、結局、東側の全体主義政権と大差ないと述べた。[74] こうしたオートメーションに対する恐怖は、一九六〇年代以降、大衆文化に広がっていく。それがよく表れているのがＨＡＬという人工意識を持つスーパー・コンピュータが主役の『二〇〇一年宇宙の旅』（一九六八年）や、人間の愚かさが核による全滅を引き起こす『博士の異常な愛情』（一九六四年）といった映画である。

「テクノロジーや、社会組織や、通信システムによって、人間の自主性と特異性が損なわれてしまったかもしれないという不安が全面的に広がっている状態」が、パニックの定義の一つと言えるかもしれない。[75] この定義は、まるでフィリップ・Ｋ・ディックの一九六八年の小説『アンドロイドは電気羊の夢を見るか？』の要約のようだ。この作品からインスピレーションを受けて作られたのが、あのリドリー・スコット監督の映画『ブレードランナー』（一九八二年）である。映画の舞台は世界滅亡後の近未来――西暦二〇二一年、放射性降下物で地球は荒廃している。大部分の人間は火星に移住し、ロボットは地球から追放された。リック・デッカードは、映画のタイトルと同名の「ブレードランナー」、つまり警察に勤める賞金稼ぎで、火星から脱走して地球に逃げ込んだ六人のアンドロイドを見つけ出し「解任（抹殺）」する任務を与えられた。だが、アンドロイドは人間と見分けがつかないので、なかなか厄介な仕事である。アンドロイドを見分ける手段は、フォークト＝カンプフ感情移入度検査法を用いながら、外部刺激に対する被験者の反射反応を測定することだ。ところが、なんと、生物工学によって作られた人型ロボットは、喜怒哀楽を感じられるかもしれないこと、さらに人間の感情は機械によって引き出すことが可能であることがわかる。二〇二一年には、人間は人間性を失ってしまったようだ。その悲惨な状況を象徴しているのが、デッカードが美術展で目にするムンクの油絵『叫び』の、一人だけおびえている例の人物の姿である。(76)

広島と長崎のキノコ雲から、一九七二年にフィン・コン・ウトが撮ったチャンバン付近の道を裸で逃げている九歳のベトナム人少女キムフックの写真まで、二〇世紀中期には恐ろしいイメージがあふれている。「状況全体を徹底的に見直すべきときだった」と、『ラスベガスをやっつけろ』の中で、作者ハンター・S・トンプソン［一九三七〜二〇〇五年、作家・ジャーナリスト。アメリカのニュー・ジャーナリズムの旗手。彼のスタイルはゴンゾー・ジャーナリズムと呼ばれた。ゴンゾーとは「ならず者」「常軌を逸した」という意味］の分身ラウル・デュークは語っている。このならず者《ゴンゾー》小説は、ドラッグでいかれた主人公たちのアメリカン・ドリームの中心地への旅を描いたものだが、その背景にはベトナム戦争があり、一九六〇年代のカウンターカルチャー（反体制文化）の終わりがあり、メディアの政治的な利益への譲歩があった。「状況がおかしくなると、おかしな奴がプロフェッショナルになる」と、トンプソンは書いている。(77)

しかし、二〇世紀中期が恐怖と憎しみ一辺倒だったわけではない。悲観的な見出しに隠れて見えにくいときもあったけれど、冷戦の物語の裏には希望があった。冷戦真っただ中の一九六〇年代、全く新しいライフスタイルがカリフォルニアのコミューンや、ウィーンの共同アパートで、新世代の急進的な思想家たちによって想像されていたことを、建築家ダグラス・マーフィーは思い出させてくれる。[78] 恐怖と希望は絡み合っていた。ヒッピーの世界も、ロックンロールも、公民権運動も、フェミニズムも、経口避妊薬《ピル》も、二〇世紀という物語の一部だった。政府機関や政治家やビジネス界は自分たちの目標達成のために恐怖を利用したかもしれない。だが、希望はこの新しい抗議の時代に新しい声を見出した。「われわれは恐れない」と、二二歳のフォーク・シンガー、ジョーン・バエズは、一九六三年、ワシントンDCのナショナル・モールに集まった挑戦的な群衆に向かって歌った［一九六三年八月二八日、マーティン・ルーサー・キングら公民権運動家に率いられた人種差別撤廃を求めるデモ隊がナショナル・モールのワシントン記念塔に集結した。「私には夢がある」の有名な演説が行われた］。「いつの日かわれわれは必ず打ち勝つ」、と［『勝利を我らに』というプロテストソングの一節］。

第13章

分裂と崩壊

グローバル化の不安

●

都市の荒廃

●

エイズと陰謀論

一九八〇年代になると、地政学的な再編成と地球規模の相互依存によって既存の組織は――ウイルス疾患、ドラッグ、テロリスト、外国の脅威に対して国境を守ろうと苦労している国民国家から、外部からの有害な影響に弱い社会機関までが――新たな圧迫を受けた。ただ、その圧迫が例の「恐怖」だったことだけははっきりしている。そしてまた、本章で述べるように、脅威にさらされた国境を最も断固として守った国が、規制緩和を迫り、「自由」市場を妨害している障壁を壊せと声高に求める国だったのは皮肉なことだった。

アメリカ合衆国は、共産主義の北ベトナムを後押ししていたソ連、中国を相手に、南ベトナムで長らく代理戦争を続けていたが、一九七三年三月末、ついに軍隊を完全撤退させた。その二年後、共産軍が南ベトナムを掌握し、新たに社会主義共和国を打ち立てた。ソ連は一九七九年にアフガニスタンへ侵攻し、さらに衛星国にSS－20中距離弾道ミサイルの配備を進めていた。一九八一年にアメリカ大統領に就任したロナルド・レーガンは、そうしたソ連の動きに危機感を募らせ、アメリカの利益を守るには軍事力の強化が絶対に必要だと主張して、封じ込め政策を放棄し、より好戦的な外交政策に切り替えた。

いわゆる「レーガン・ドクトリン」は、共産主義の影響を撃退することを目指した。それはつまり、サンディニスタ政権を打倒するために戦っているニカラグアの反政府抵抗勢力コントラや、アフガニスタンでソ連と戦っている反乱ゲリラのムジャーヒディーンなどの反共産主義の勢力を支援するために、他国の紛争に介入することを意味していた。[1] 反共産勢力支援のため、レーガンの大統領一期目に防衛費は四〇パーセント近くも増加した。これは、「平和時の軍事費としては、おそらくアメリカ史上最大の伸び」であった。[2] また、NATO（北大西洋条約機構）の力を強化するため、中距離弾道ミサイルのパーシングⅡと巡航ミサイルがイギリスと西ドイツに配備された。一九八〇年、イギリスは一九六八年以来運用してきた原子力潜水艦発射弾道ミサイルのポラリスを、新たにアメリカ製のトライデント・ミサイルに替えていく計画だと発表した。

ドイツでもほかの国と同じく、軍事的激化は核兵器に対する懸念と相まって、歴史家フランク・ビースが言う「激しい、ほとんど絶望的な恐怖」を生み出し、若者の政治意識に大きな影響を与えた。こうした激しい恐怖を表現する言葉、たとえば「核による大量殺戮《ニュークリア・ホロコースト》」という概念を表す言葉などは第二次世界大戦の記憶を蘇らせ、「過去の大惨事と未来の世界滅亡」を結び合わせた(3)。

一九八六年四月二六日に旧ソ連ウクライナで起きたチェルノブイリ（チョルノービリ）原子力発電所の大惨事は、西側の識者の間ではソ連崩壊の前触れととらえる意見と、ソ連の崩壊を早めた出来事ととらえる意見に分かれていた(4)。これは同発電所の原子炉の一つが安全試験中に爆発して、放射性物質が大気中に放出された事故だった。国際原子力機関（ＩＡＥＡ）によると、爆発によって放出された放射能は、広島に落とされた原爆の四〇〇倍だった(5)。ミハイル・ゴルバチョフは、当時ソヴィエト連邦共産党書記長に就任してやっと一年を過ぎたばかりで、「グラスノスチ（情報公開）」、すなわち、より開かれた政府にしていくという公約はまだ緒に就いたばかりだった。チェルノブイリの大惨事に対するソ連の対応は、オープン《オープン》とはほど遠く、「ほとんどのソ連の役人たちは、ここは深刻な事態は何も起きなかった振りをするに限ると即座に判断」し、ソヴィエト共産党中央委員会政治局はパニックを防ぐためにニュースの発表を禁止した。「パニックは放射能よりもずっとたちが悪い」――これはのちにこの大惨事に対応する最初の国の委員会を指揮することを任された技術者、ボリス・シチェルビナが言った言葉だと伝えられている(6)。

チェルノブイリの事故から三年経った一九八九年、中央ヨーロッパと東ヨーロッパ各地で革命が次々と起こった。革命の波はポーランドとハンガリーを皮切りに、ベルリンの壁の崩壊と、チェコスロヴァキアのビロード革命［大衆の行動によって流血の惨事を回避しながら共産党政権の打倒と民主化を実現したためこの名で呼ばれている］で終わった。ユーゴスラヴィアは第二次世界大戦後に成立した社会主義連邦国家だったが、一九八〇年の指導者ティトー大統領の死後、解体が始まり、連邦を構成していた共和国同士が戦争を始めた。一九九二年の夏、ボスニアのムスリム人捕虜の骸骨のようにやせ細った映像が世界に衝撃を与えた。一九九五年七月には、国連が「安全地帯」に指定していたスレブレニツァで、数千人に上る半餓死状態のムスリム人（現在はボシュニャク人と言われている）が、ボスニアのセルビア人勢力の「民族浄化」計画の一部として虐殺されていたことが明らかになった。戦争後に開かれたセルビア人の戦争犯罪人ラディスラフ・クルスティッチ［旧ユーゴスラヴィア国際刑事裁判所で、二〇〇一年にジェノサイドの罪で有罪判決を受けた最初の人物。懲役四六年の判決を受け、のちに懲役三五年に減刑された］の裁判において、証人たちの証言から、恐怖が「共同犯罪事業の目的の一つだった」と結論が下された。[7]

こうした東ヨーロッパの状況を背景に、アメリカの政治学者フランシス・フクヤマは、西側陣営の自由民主主義は事実上、冷戦に勝利したと示唆した。一九八九年に発表された彼の論文の言葉を借りれば、人類は「現実の歴史の終わりに到達してしまった。すなわち、人類のイデオロギー的進化が終わりを告げ、人類の政治の最終形態として西側の自由民主主義が普遍化される時が来た」というのだ。自由民主主義の代わりになりうるものはありそうもない。それ以外の政治制度はどれも活力を失ってしまった、と。[8]だが、間もなく、この楽観的な主張の正当性は疑問視されることになる。一九九一年以後、ソ連がロシア連邦として息を吹き返し、中国が超大国としての地位を獲得し、好戦的なイスラム教徒が台頭してからはなおさらだった。

フクヤマが論文を執筆していた頃は、世界中の政府が新たな世界の現状に合わせて新自由主義政策を採用していた時期だった。中でも、レーガン大統領とイギリスのマーガレット・サッチャー首相は、小さな政府、自由放任主義経済、民営化への転換を図った代表だった。一九八一年にレーガンが宣言したように、「政府はわれわれの問題の解決法ではない。政府がその問題だ」ったのだ。[9]今では「グローバル化（グローバリゼーション）」という用語がポスト冷戦時代のチャンスと難題を具体的に示すようになっているが、それでもいまだに意味が非常に曖昧で、対立を生む用語であることは変わっていない。グローバル化は資本、情報、人の相互の自由な移動を通して、世界を健全に一体化することだという意見がある一方で、金融や、規制されていない多国籍企業、それから「カジノ資本主義」と呼ばれるプロセスの金のかかるロビー活動によって動かされる世界のことだという意見もある[10]。

グローバル化に関連する不安の多くは、一九七〇年代に生まれている[11]。設立間もないアラブ石油輸出国機構（OAPEC）の加盟国が、ヨム・キプール戦争時［第四次中東戦争。一九七三年一〇月六日、エジプトとシリアがイスラエルに攻撃を開始。その日が贖罪の日「ヨム・キプール」だったのでイスラエルはこの名前で呼ぶ］にイスラエルを支持した報復として、アメリカ、イギリスなど数か国に原油輸出禁止を行い、原油価格が高騰した［第一次石油危機（オイルショック）］。そのとき、第二次世界大戦後続いていた好景気の時代は終わりを告げた。この「黄金時代」の終焉と、終焉とともに始まった経済低迷とが、政治の右傾化を招いた。「その原動力になったのは、うまくいっていないという不安感と、自分の子どもの暮らしはもっと悪くなって、良くなることはないかもしれないという懸念だった[12]」。各国政府は、エネルギー危機と財政悪化の影響、失業率の上昇とが重なって生じた経済混迷の対応に追われた[13]。

イギリスでは、インフレが上昇して二五パーセントを超え、一九七六年にジム・キャラハン首相の労働党政府は国際通貨基金（IMF）に融資を求めざるを得なくなった。一九七八年から七九年にかけての「不満の冬」［シェイクスピアの『リチャード三世』の冒頭、グロスター公リチャードの台詞「われらを覆っていた不満の冬もようやく去り」に由来する］には、広くストライキが行われ、インフレ抑制のために導入された政府の対策に労働組合は激しく抗議した。そのため断続的に停電が起こり、長時間続くこともあった。墓堀り人とゴミ収集業者もストライキを行い、病院によってはピケラインによって封鎖され、基本的なサービスしか提供できないところもあった。こうしたストライキをめぐる状況は、高い課税と相まって、中流階級を不安にさせた。その不安は、一九七六年に出版された『中流階級の衰退と没落、そして中流階級はいかにそれを阻止すべきか』といった書籍の大仰なタイトルに表れている。同書の作者でジャーナリストのパトリック・ハットバーは、「今が国家にとって危機の時だというのは月並みな言葉だが、同様に、中流階級にとっても危機の時なのだ。なぜなら、中流階級は今、前例のない圧力と、それと同時に著しい誹謗中傷にさらされているからだ」と書いている。[14] その危機がどういうものかは、同書の表紙のイラストに要約されていた。富裕層が納税を忌避して国外に逃亡する中（ローリング・ストーンズもフランスに引っ越した）、中流階級は敵に包囲されている。一軒の郊外の家の周囲にぐるりと防護用の砂袋が積まれ、はためく英国国旗の下に武装した住人の姿が見える。

オーストラリアの作家・歴史家のロバート・モスは、一九七五年に発表した『民主主義の崩壊』で、こうしたパニックをもっと広い観点から考察した。同書では、ポルトガル、チェコスロヴァキア、チリといった民主主義が機能しなくなった国家を調べ、「平等主義的な社会主義」と「全体主義的な民主主義」とが、自由社会にもたらす危険の数々について熟考している。そのうえで、反体制的な少数派が自由主義的な民主国家を脅かし、いわゆる「礼儀正しい不寛容」を促進させていると示唆した。[15] モスが挙げた経済的・社会的恐怖は、移民問題から、世界的な市場競争によって次第に形成されつつある労働条件に至るまでのさまざまな世界的転換に対する反応だった。そうした経済的転換は、厳しい財政状態の国家を圧迫しただけではなく、社会と政治の崩壊という恐怖も呼び起こしていた。

こうした状況の中で、イギリスの社会学者スタンリー・コーエンは「モラル・パニック（道徳的パニック）」という用語を作った。コーエンは「モッズ」［きちんとして凝った服装を好んだ、一九六〇年代のティーンエージャー。ショートカットでスクーターに乗っていた。ロッカーズと敵対していた］と「ロッカーズ」［ロックンロールの演奏家のファッションを愛好した一九六〇年代のティーンエージャー］を例に挙げて、マスコミが少数派集団を犯罪者あるいは世間一般の基準から外れた人間としてスケープゴートにし、道徳的パニックをかき立てると説明した。道徳的パニックは根底にある問題から目をそらさせ、政治的な目的にも役立った。[16] 黒人の若者から白人が強盗にあっているというイギリスのマスコミのヒステリックな報道も、同じくパニックを引き起こしていたが、政治と経済の不安定さから生じるもっと深刻な不安感の表れであった。スチュアート・ホールとほかの社会学者たちが一九七八年に主張したように、「犯罪一般、中でも『強盗』」は、「社会秩序の崩壊の指標、つまり、『イギリス流の生活様式』が綻《ほころ》びつつある徴候と」みなされたのである。犯罪が多発する「インナーシティー」〔大都市の旧市街地。都市の中心に近い地域で人口が密集しスラム化していることが多い〕は、アメリカの「ゲットー（貧民街）」のイギリス版で、強盗などの脅威で知られる悪い場所となっていた。そのため白人の郊外への脱出に拍車がかかった。(17)

とはいえ、一九七〇年代に都市の衰退が引き金となってパニックが生じた都市の例を挙げるとすれば、ニューヨークをおいてほかにないだろう。一九七五年には、同市はほとんど破産状態にあり崩壊の瀬戸際に立っていると、多くの人間が感じていた。ニューヨークの空港に到着した訪問客は、表紙に髑髏《どくろ》が描かれた「恐怖の都市へようこそ」というリーフレットを渡された。それには「状況が変わるまで、できるかぎりニューヨークには近づくな」と警告が書かれていた。消防士と警察官からなる公安評議会が、「訪問者のためのサバイバル・ガイド」と銘打って作成したこのリーフレットには、ニューヨークが犯罪だらけのひどい場所として恐ろしい姿で描かれていた。犯罪率が「びっくりするほど高く」、しかも、「日ごとに悪化」しているというのだ。証拠としてデータが挙げられていた。それによると一九七五年一月から四月の間、強盗の件数は二一パーセント、加重暴行は一五パーセント、窃盗は二二パーセント、押し込み強盗は一九パーセント増加していた。ニューヨークを訪れたら、「午後六時以降は外に出ないように」、マンハッタンのミッドタウン地区から出ないように、そして、「いかなる理由があろうと絶対に」地下鉄には乗らないように、と忠告していた。(18)

ニューヨークをここまで荒廃した都市として描くのは、誇張しすぎだったかもしれない。だが、それだけ危機的状況にあると世間一般に思われていることの表れだった。ブロンクスは、たびたびマスコミに「悪い土地」として取り上げられていた。マンハッタンの公共の公園ブライアント・パークは、麻薬売買の場所になっていたし、グランド・セントラル駅はホームレスの巣窟《そうくつ》だった。ちなみに、グランド・セントラル駅は、一時は荒廃して高層ビルに建て替える計画が持ち上がったが、元ジョン・F・ケネディ夫人ジャクリーン・オナシスの土壇場の嘆願が功を奏し、一九七八年に取り壊されないことが正式に決まった。路上強盗や不法侵入が頻発し、公共物の破壊があとを絶たなかった。一九七五年、あの温厚なフォード大統領も、ニューヨーク市の経営ミスを「アメリカ中の地方自治体の中でも特異なもの」と呼び、同市を見捨てかけた。ニューヨークは債務不履行の危機にあり、すでに「清算の日」は来ているが連邦政府は緊急援助を行うのを拒否する、と述べたのである。[19] このニュースを伝えた『ニューヨーク・デイリー・ニューズ』紙には、忘れられない見出しが踊った――「フォードからニューヨーク市へ　くたばれ[20]」。

ニューヨーク市は絶え間ない暴力のループに陥っているように思えた。この街はまさに財政危機と、厳しい緊縮財政と、路上犯罪の煉獄《れんごく》だった。麻薬の静脈注射と銃撃戦、落書きだらけの建物、薄汚れた街路、焼かれた車、ギャングの抗争、マンホールの蓋から立ちのぼる蒸気で暖をとる路上生活者の街。ジェリー・シャッツバーグ監督の一九七一年の映画『哀しみの街かど』は、アッパー・ウェストサイドの陰気な地区を舞台にしていた。予告編の言葉を借りれば、そこは「麻薬中毒者たちが暮らし、盗み、売春し、なんとか一日一日を生き延びている」場所だ。そして、この野蛮でゴミの散乱した都会の退廃の風景には、常に恐怖が存在していた。原題『ニードル・パークのパニック（*The Panic in Needle Park*）』の「パニック」は、麻薬常習者にとって特別な意味を持っていた。ヘロインの供給が断たれると、つまり「パニック」になると、中毒患者たちは禁断症状という「パニック」に襲われて、互いを警察に売るようになる。あらゆる意味で、パニックは分裂と崩壊を意味していた。身体と精神の分裂と崩壊、社会関係と経済関係の分裂と崩壊、都市と秩序の分裂と崩壊を。

歴史家のキム・フィリップス＝ファインが呼ぶように、一九七〇年代のニューヨークは「恐怖の都市」であり、そこでは政治不安と経済不安が、崩壊寸前の社会基盤（インフラ）と相まって、新たな社会的断層線を生んでいた。恐怖は偏見という広い網を広げて、その中に麻薬中毒患者から路上生活者に至るまでの、たくさんの恐怖の象徴を取り込んだ。ニューヨークは、ディストピア映画のために考案された都市のようだった。たとえば、一九七四年のアクション・スリラー『狼よさらば』では、主演のチャールズ・ブロンソンが演じるのは家に侵入した強盗に妻を殺害されて自警主義者になる建築家だ。一九七六年のマーティン・スコセッシ監督の『タクシー・ドライバー』では、ロバート・デ・ニーロが錯乱したタクシー運転手兼自警主義者を演じ、一九八一年に封切られた『ニューヨーク１９９７』は、凶悪犯罪者用の巨大な刑務所と化した近未来のマンハッタンが舞台になっていた。

一部の人間には、社会の崩壊という恐怖にはそれなりの使い道があった。フィリップス＝ファインが示すように、政治家や銀行家、投機家は、市のひどい苦境に乗じて富を築いた。彼らがニューヨークの崩壊した像を作り上げたのは、社会自由主義（ソーシャル・リベラリズム）に効力がないことを証明するためだけでなく、サービスを減らし賃金を凍結する経費削減政策を進めるためでもあった。緊縮政策を都合よく利用し、制度を悪用した連中の一人に、クイーンズ［ニューヨーク市東部ロングアイランド西端にある一区］出身の若い不動産開発業者がいた。名前はドナルド・トランプ、「恐怖の都市」を作り上げた張本人だ。(21)

一九八〇年代初期に、ニューヨークは別の種類のパニックの中心地となった。ニードル・パークの麻薬使用者と密接に関連することになるパニックだった。一九七〇年代の社会と経済の問題が――ドラッグ・カルチャー、犯罪、財政危機、ニュー・ライト〔共和党勢力の中のプロテスタント原理主義者の一派〕の台頭だけでなく、一九六八年のマーティン・ルーサー・キングの暗殺と暴動の多発に続く人種間の緊張も――一つになって「目に見えない機会」を作り出し、HIV／AIDS〔HIV（ヒト免疫不全ウイルス）によるAIDS（後天性免疫不全症候群）〕によるパニックの最悪の状況を生み出した。[22] 一九八七年、生物学者スティーヴン・ジェイ・グールドは多くの人々の考えをまとめて、この新しい病気は「われわれの時代の最大の脅威として核兵器に匹敵する可能性のある問題だ」と述べている。[23]

一九六〇年代後半、感染症には楽観的な見方がかなり高まっていた。診断法の向上と、薬物治療やワクチンのおかげで、過去に致死性の高かった感染症の多くがようやく克服された。特にうまくいったのは天然痘の撲滅対策で、一九八〇年にはついに世界保健機構（WHO）が天然痘の根絶を宣言した。これは大いに誇るべき快挙だった。だが、すぐに楽観的なムードは消える。新種の感染症と再出現した感染症に直面したのだ。一九七六年、ザイールで致死的な出血性感染症が発生した。それはその後、新しい感染症と認定され、コンゴ川の支流の名前にちなんでエボラ出血熱と名づけられた。それから数年後、ニューヨーク・サンフランシスコ・ロサンゼルスで、人の免疫系に損傷を引き起こす感染症が流行し、しかも、それはゲイ（同性愛者）を標的にしているらしいという噂が広がり始めた。

ゲイ活動家で歴史家・社会学者でもある、ジェフリー・ウィークスが主張してきたように、HIV／AIDSの物語は「切れ目のない一つのまとまり」として扱われがちだが、実際はこの伝染病の蔓延にはさまざまな段階があった。[24] ウィークスから見ると、AIDS（エイズ）には「典型的なパニックの持つすべての特徴的な兆候」がそろっていた。[25] しかし、このパニックは、一時の危機ではなく、残り続けた。そのため、こんな長期にわたる集団的な恐怖由来の反応に対して、「パニック」という言葉は適当かという疑問の声も聞かれるようになった。[26] 一九八〇年代と一九九〇年代のエイズの経験が、危機やパニックに対する現在の考え方に影響を与えているのは明らかなようだ。「危機」とは正常からの突然の逸脱であるとする定義は、以前よりもはるかに柔軟なものに変わっているし、もしかしたら、ある地域に特有の永続的な状況すら「危機」とみなすことができるかもしれない。同様に、「パニック」の時間幅も広がっており、今ではパニックは、認識された脅威に対する自然発生的で非合理な反応ではなく、「歴史プロセスの産物」とみなされている。[27]

アメリカでこの感染症の最初の症例が疾病対策予防管理センター（CDC）によって正式に報告されたのは、一九八一年六月五日のことだった。ロサンゼルスの病院に入院していた五人のゲイの男性に、稀な肺炎［カリニ肺炎。免疫機能が極端に低下した人に起こる］と、それ以外にもいろいろな免疫不全を示す感染症状が見られたのだった。[28] 数日後、ニューヨークでゲイ男性二〇人が、カポジ肉腫という稀な悪性の癌《がん》と診断された。症状の一つとして、特徴的な皮膚病変が現れるこの癌を発症するのは、免疫系の機能が低下している証拠だった。この初期段階に、この感染症の恐怖を感じていたのは、最も危険にさらされている集団の人間、つまり、ゲイの男性と、ハイチ人共同体と、血友病患者に限られていた。

ベストセラーになった著書『業務平常どおり』［邦題は『そしてエイズは蔓延した』］で、サンフランシスコのジャーナリスト、ランディ・シルツはＨＩＶ／ＡＩＤＳの出現からの軌跡を追っている。ＨＩＶ／ＡＩＤＳの軌跡の背景には、レーガンの大統領選挙、モラル・マジョリティ（道徳的多数派）［保守的キリスト教徒の政治団体。妊娠中絶反対・国防力強化などを主張。一九八九年解散］の興隆があった。モラル・マジョリティは、一九七九年にテレビ伝道師ジェリー・ファルウェルが設立した保守派組織だ。[29] シルツの著書の題名は、エイズに対する初期の対応に目立っていた、無関心な「何も問題はない」という態度を見事に言い表している[30]［And the Band Played On は一八九〇年代に流行していた歌のタイトル。「業務平常どおり、（一般に）相変わらずの状態（business as usual）」の意］。ＣＤＣの副所長ウォルター・ダウドルは後年、マスコミは最初、エイズの取材にほとんど関心を示さなかったと述べている。「そのあと、やっとマスコミはエイズを取り上げたが、血とセックスと政治のネタとしてだった」[31]。発症例が増加し、エイズのニュースが広がるにつれ、恐怖とスティグマ（偏見）が病気の蔓延に大きく影響した。これまで自分たちの権利の拡大のために闘ってきたゲイ・コミュニティのメンバーたちは、今度はマスコミがつけた「ゲイの悪疫」というエイズのイメージと闘わねばならなくなった[32]。

一九八二年、この新しい感染症の名称が、GRID「ゲイ関連免疫不全」から、AIDS「後天性免疫不全症候群（エイズ）」に変わった。これは、この感染症が社会全体に対する脅威だという懸念が拡大している表れだった。ここに来て、パニックはゲイ・コミュニティだけでなく社会のより広い範囲に浸透し始めたが、それでも政府は全く動く気配を見せなかった。エイズに罹《かか》りやすい集団は道徳的脅威とみなされ、エイズは性的奔放さ、寛容な生活様式、犯罪とますます結びつけられるようになった。

レーガンは公共事業の縮小と社会福祉費の削減を訴えて大統領に当選した。メディケード（低所得者に対する医療補助制度）、フードスタンプ（政府からの食糧補助）、連邦教育プログラム、環境保護庁（EPA）に対する予算が大幅に削減された。すでに見てきたとおり、一九七〇年代終わりには、緊縮財政の諸政策が、有害な社会自由主義への対抗手段として推進されていた。社会自由主義がアメリカをだめにしていると批判する声が、少なくなかったからだ。ニューヨークとサンフランシスコは、社会自由主義による誤った統治の代表例とみなされ、その統治が犯罪、麻薬中毒、反社会的行動を促進させていると考えられた。

一九八三年五月二四日、『ニューヨーク・タイムズ』紙の第一面に、エイズに関する一つの報告が米国保健福祉省次官補エドワード・ブラントからの発表とともに掲載された。それによると、政府は今、力を合わせて、「発症すると病原菌に対する免疫系の働きを低下させる、エイズと呼ばれる謎の病気の原因特定と治療法発見に努力している」ということだった。[33] 一九八五年、俳優ロック・ハドソンがエイズで死亡し、レーガンは記者の質問に応える形で、初めて人前でエイズという言葉を口にした。エイズという難題に立ち向かうことが「最重要」課題であると、渋々述べたのだ。けれど、レーガンが初めて同感染症に関する演説を行ったのは、一九八七年、すなわち、エイズが初めて報告されてから六年後のことだった。米国エイズ研究財団が後援する慈善食事会の席で、州と連邦の検査プログラムの必要性を訴えた。「エイズはこっそりとわが国の国民の間に広がっている。だが、どの程度まで広がっているか、まだ正確にわからない」と。しかし、そのときには、アメリカの公共保健機関がエイズの発症者は三万五〇〇〇人を超え、二万一〇〇〇人近くの死亡例を記録したと『ニューヨーク・タイムズ』紙が報じていた。[34]

その前年の一九八六年に、レーガンは軍医総監チャールズ・エヴェレット・クープに、エイズに関する報告を用意する任務を委ねていた。クープは書いている。「エイズがわれらの社会に与える衝撃は、深刻であるし、これからも深刻だろう」。この感染症は当初から、「非常に感情的で理屈に合わない反応を引き起こしてきた」。それは、「非常に致死率の高い新しい病気に関して、わからないことが多すぎることへの不安」が原因で起きたパニックである。「噂や誤った情報がものすごい勢いで広がり」、感染の広がりを抑える試みをさらに妨げている。だから、全国的な性教育プログラムを開始して、広まった嘘の情報を払拭《ふっしょく》することが極めて重要なのだ。エイズ患者と同じグラスを使用したり、同じ聖餐杯《せいさんはい》のワインを飲んだり、くしゃみをかけられたり、同じ便座に座ったりするとエイズに罹るというのは、すべて誤った情報だ。全国的な性教育プログラムは、エイズと、エイズが引き起こしているパニックの両方と闘うための方策である、と。[35]

しかし、マスコミでは相変わらずエイズは「悪疫」扱いされていた。「悪疫」は感情的意味合いの強い言葉で、神の裁きを暗示する響きがある。一九九〇年に社会学者ジャネット・ホランドと研究仲間たちは、

「HIVは新しいウイルスかもしれないが、それが死やセックスや社会規範からの逸脱に関してかき立てる恐怖は、すでにわれわれの文化や社会構造に深く根ざしている」と書いている。[36] フロリダ州アルカディア市では、HIV陽性の検査結果が出た血友病の少年三人がメソジスト教会から追放される事件が起きていた。ジャーナリストのチャールズ・クラウトハマーは、その事件を現地からレポートして「エイズの集団ヒステリー」が起きたのはマスコミの取材が多すぎたせいだ、少なすぎたせいではない」と示唆した。彼の言葉によれば、「あり得ないことを前にして非理性的な行動をとってしまうのは、無知のせいではなく、マスコミが煽った国全体のパニックのせいである。エイズは、真実が人を自由にしていない一例だ。大袈裟な報道やヒステリーと一緒にされて、エイズはただ人を怖がらせているだけだ」[37]。

一九八六年と一九八七年に実施された世論調査から、アメリカ人の四四パーセント未満が、エイズを「不道徳な行為に対する神の裁き」によるものだと考え、さらに調査対象となった人の二一パーセントが「エイズ患者は社会から隔離すべきだ」という考えに賛成であることがわかった。[38] その間にも、HIV陽性反応が出た人間は差別に直面し、HIV陽性の子どもたちは学校から締め出された。作家で評論家のウィリアム・F・バックリーが、「エイズに感染した者はみんな、入れ墨をいれるべきだ」という悪名高い提案をしたことにも、同性愛嫌悪のヒステリーがはっきりと表れていた。[39]

つい忘れてしまいそうになるが、エイズは単に政治的なものだったのではない。個人的なものであった。一九八〇年代の初期と中期にエイズを発症した人間は、死刑判決を言い渡されたようなものだった。恐怖は本能的で苦痛に満ちたものだった。かつてのパートナー、フレッド・ノガレスがエイズで死ぬのを見守りながら、若い詩人ジョエル・ジジックは、「熱が上がって、とうとうきみは液化した／皮膚の内側で、まるで小さな若い惑星のように」と書いた。この詩を書いた数年後、ジジックは自殺している。ちょうど三〇歳だった。[40] イギリスのゲイの詩人トム・ガンは、当時サンフランシスコに住んでおり、多くの友人がエイズで亡くなるのを目の当たりにして、肉体が崩壊していく過程を描写した。そして、「死ぬのは、厄介な大仕事だ」と述べている。[41] エイズの苦痛と恐怖は、詩人マーク・ドティの回想録『天国の海岸』に繰り返し登場するテーマである。その回想録には、パートナーのウォーリー・ロバーツが亡くなるまでの最後の数年が記録されている。「病とは、先を見越すこと。病は、何が起こるかわからない、目のくらむような高さの枝分かれした道を、われわれのまわりに張りめぐらす」と語る。希望と怒りは、この「精神的苦悩、不確かさへの恐怖、自分の前に開けているものへの恐怖」と戦ってそれを乗り越える。けれど、肉体的苦痛は、「巨大サイズのイブプロフェン」やコデインのような鎮痛薬さえ効かないような痛みであり、常に根本的な「パニックと恐怖」に病を引き戻す、と。[42]

一九八〇年代半ばには、イギリスでは、エイズの流行が今にも爆発的に起こりそうに思われていた。エイズに関する特別報告の中で、ジャーナリストのクリスティン・ドイルは「イギリスのエイズ患者の数は、八か月ごとに二倍になっている」と述べている。思い切った措置を講じない限り、わが国も否応なくアメリカと同じ道をたどり、公衆衛生当局いわく「異性間感染の細流」がリスクグループを超えて、ヘビのようにくねくねと広がっていくだろう。[43] 感染は、狡猾なヘビ、つまり、誘惑と罪の象徴、「強力な悪魔の黴菌《ばいきん》」として表された。[44] こうした「感染の細流」は、一九六八年に保守派議員イーノック・パウエルが行った、悪名高い「血の川」演説で表現された恐怖と類似している気がする。多数の好ましからざる移民たちが、イギリスの穴だらけの国境から侵入してくるように、HIVウイルスは病人の身体の漏れ穴から滲《にじ》み出し、「血液、精子、膣の分泌物、唾液、涙――あらゆる体液で運ばれる」のだ。[45]

オーストラリアの「エイズに関する国家諮問委員会」が一九八七年に制作した「死神」広告の主なポイン

トは「全滅」だった。この広告は、ショックを与える手法の極端な例で、目玉は大鎌を手にした巨大な刈り手の形で擬人化された死である。エイズをゲーム化〔ゲームの考え方やデザイン・メカニクスなどの要素をゲーム以外の社会的活動やサービスに利用すること〕して芝居がかった演出をほどこし、死がボウリング場でエイズの犠牲者を表すピンを倒している姿で描かれている。

『エコノミスト』誌が、「徐々に、政府はエイズの脅威の大きさに気づきつつある。少なくとも、そう政府は言っている」と書いた一九八六年の末、当のイギリス政府は、広告代理店ＴＢＷＡに、「エイズ――無知で死ぬな」をキャッチフレーズにした、強力な教育キャンペーンの制作を依頼していることを発表した。[46]「イギリス国民は、『エイズ恐怖症』、あるいは漠然とした恐怖に陥った状態にあるが、それはこの病気に関する知識が足りないことが原因だ」と、アメリカの心理学者が行った調査を引用して、『デイリー・テレグラフ』紙も述べていた。[47]だから、パニックはどうしても政府主導の恐怖によって阻止されねばならなかった。マスコミと政府とＮＧＯ（非政府機関）の役割は非常に重要だった。恐怖とパニックは、確かな情報に基づいた対抗する恐怖を用いて中和されねばならないからだ。もちろん、行きすぎた場合の危険性は承知のうえだった。「バランスをとるのは本当に至難の業なのだ。つまり、どの程度パニックをかき立て、どの程度現状に安心させるかのバランス、全体の利益と個人の自由とのバランス、そして、知識を普及することと偏見を助長することとのバランスだ」と、ジャーナリストのリチャード・エヴァンズは同キャンペーンについて語っている。[48]それ以前のイギリスの公衆衛生キャンペーンの提案は、どうやらマーガレット・サッチャーの意向でトーンダウンされていたらしい。彼女が保守派の有権者の機嫌を損ねたり、奔放な性行動を助長したりするのを恐れていたためだ。

「無知で死ぬな」キャンペーンの立案者、マルコム・ギャスキンは後年、「人々を怖がらせるのは、周到な計算に基づいていた」と語っている。「悲観的なサイエンスフィクションの美学」を作り上げることを狙った、とも述べている。[49] 一九八七年一月、イギリス中の家庭にリーフレットが配布され、テレビでリーフレットに付随するコマーシャルが流れた。最も記憶に残るコマーシャルの一つは、イギリスの監督ニコラス・ローグが制作したもので、恐ろしい火山の爆発から始まり、その後、作業員たちが岩の表面にドリルで穴を開けているシーンに変わる。「われわれすべてにとって脅威となった危険があります。それは死に至る病で、治療法はありません」と、俳優のジョン・ハートのナレーションが入る。最後のショットで、一枚岩の墓石が姿を現し、刻まれた「エイズ」という墓碑銘が映る。

間もなく、ハリウッドも破滅のメッセージに目をつけてウイルスに対する恐怖を正当化し、パニックのストーリー展開に信憑性を持たせるために科学を利用し始めた。ウォルフガング・ペーターゼン監督の一九九五年のパンデミック・スリラー映画『アウトブレイク』は、冒頭にノーベル生理学・医学賞受賞者の微生物学者ジョシュア・レーダーバーグの言葉を引用している――「人類が地球上で優位であり続けることに対する、唯一にして最大の脅威はウイルスである」。のちに、スティーヴン・ソダーバーグ監督の二〇一一年の映画『コンテイジョン』では、多くの著名な科学者や臨床医、疫学者がコンサルタントを務めた。

もちろん、公衆衛生のメッセージ伝達に恐怖を用いる戦術は一九八〇年代には目新しいものではなかった。恐怖を用いる戦術は、第二次世界大戦中、性感染症に注意を呼びかけるキャンペーンで定番になっていたのだ。兵士たちに性病の危険性を警告するポスターには、見かけは性病と無縁に見える「行きずりの相手」や「売春婦」の肖像を中心に、装塡したピストル、骸骨の顔をした女性、ブービートラップ（罠）、不吉な注射器など、暴力や死を喚起させるイメージが添えられていた。冷戦中も、恐怖を手段として利用するやり方は政府のメッセージ伝達の中心だったが、恐怖を基にしたアピールの有効性が次第に疑問視され、パニックが害を及ぼす可能性も認識されるようになってきた。一九八〇年代になると、ついに恐怖は逆効果だとみなされるようになった。少なくとも、多くのエイズ活動家は逆効果だと考えた。恐怖はパラノイアを引き起こし、多くの恐怖主導の健康キャンペーンの特徴となっている道徳主義的なメッセージは、同性愛嫌悪と人種差別主義の固定概念を永続させる、と。[50]

けれど、エイズは単に昔からある恐怖を引き出しただけではなく、新しい恐怖も生み出していた。一九九〇年に、次のように書いたジャネット・ホランドと研究仲間たちは間違っていなかった。「イギリスとアメリカのエイズに関して新しい点は、大きな感染流行の真っただ中にいるという意識が、とりわけ強力な死の恐怖を、セクシャル・アイデンティティに関する混乱と不確かさに結びつけたことだ」[51]。HIV／AIDSに関する恐怖は、セックスとは何であるか、ジェンダーとは何であるか、といった論議を呼ぶテーマを表面化させ、結果的にクィア、ノンバイナリー、トランスジェンダーというセクシャル・アイデンティティが前よりも注目されるようになった。

とはいえ、依然としてエイズに対する一番の反応は、恐怖だった。HIVウイルスと、人体の免疫系が弱まったときに現れるエイズ関連の病気とが混同されたために、その恐怖にますます拍車がかかった。[52]マスコミが無頓着に、統計上でHIVウイルスの感染者と、エイズによる死者とを明確に区別しなかったことも、恐怖を増大させる一因となった。それと同時に、エイズは発症までに「何年もかかる」可能性のある病気であるのに、ウイルスの「遠隔操作効果」によって爆発する「病気の時限爆弾」のように思われてしまった。[53]HIVウイルスはどうやら、「九か月から七年の間、検知されないまま血流に隠れている」ことができるらしい、と。[54]悪意を秘めた休止状態が続き、しかも、その間は目立った症状がないため、HIVウイルスはより一層恐れられた。HIVウイルスは、潜伏して時を過ごす者として、つまり、「悪の帝国」の腐敗した指導者に洗脳されて送り込まれた死の工作員としてイメージされた。「悪の帝国」とは、ロナルド・レーガンが一九八三年にソ連につけたあだ名だ。[55]

好景気で市場志向型の一九八〇年代には、恐怖の商業化もまた、HIV／AIDS蔓延の重要な特徴の一つだった。印象的な頭字語のAIDS（Acquired Immunological Deficiency Syndrome、後天性免疫不全症候群）は、発音しやすく記憶にも残りやすいため、ブランド商品としての強みがあった。アメリカのシンガー・ソングライター、プリンスの一九八七年のヒット曲『サイン・オブ・ザ・タイムズ』の歌詞にあるように、AIDSは「小さな名前の大きな病気」だった。AIDSは援助・励まし・支援を意味する言葉を、致死の症候群に変えた。治癒になりすました病気になったのである。

単刀直入に言って、エイズが引き起こした恐怖は利益をもたらした。新聞や雑誌だけでなく、コンドームや、薬や、健全な生活様式に必要な用具が売れた。一九八九年にスーザン・ソンタグが指摘したように、単に公共の情報キャンペーンが商業化に巻き込まれたというだけではない。実は、商業的利益が、自由の名の下に娯楽としてのセックスを促進することにより、HIV／AIDSを蔓延させる一因となっていたのだ。[56]エイズは健康の問題どころか、立派な経済の問題だった。調査研究と公衆衛生キャンペーンに資金が必要な一方で、「金になる薬を見つける」競争が行われていた。[57]「エイズに関するヒステリーは、この病気のせいで一番危険にさらされている人たちの間よりも、資金運用ビジネス界にもっと速いスピードで広がったように思われる」と、『フィナンシャル・タイムズ』紙も一九八六年に述べている。[58]AZTは、癌治療用に作られた抗レトロウイルス薬だったが、一九八七年にアメリカの食品医薬品局（FDA）からエイズ治療に使用する許可を得た。一九九〇年代初期には、それ以外の薬も次々登場してくる。

一九九〇年代初期に起きた、エイズに関する意識向上のためのポスターをめぐる論争の中心にあったのは、公衆衛生と金儲け主義との境界線の曖昧さだった。そのポスターは、イタリアのアパレル会社ベネトンが、「シヨック・オブ・リアリティ」キャンペーンの一環として制作したものだった。基になったのは、アメリカ人写真家テレーズ・フレアがオハイオ大学の学生だったときに、死の床にあるゲイ活動家デヴィッド・カービーと、彼を取り囲んで悲しみに暮れる家族の姿を撮影した一枚の白黒写真だった。カービーの家族はその写真の使用に同意していたが、一九九二年にそれをカラー化したポスターが発表されると、大騒動になった。『エル』や『ヴォーグ』などのファッション雑誌はその写真の掲載を拒否し、多くの団体がベネトン社の衣類のボイコットを呼びかけた。有名なイギリスのエイズ慈善団体「テレンス・ヒギンズ・トラスト」は、問題の写真を「倫理にもとる」ものであり、「悪趣味」だと強く非難した。小説家ヘレン・フィールディング〔代表作『ブリジット・ジョーンズの日記』シリーズ〕は、『サンデー・タイムズ』紙に、「気分を害した消費者が、この尽きることのない狂気を止める唯一の方法は、財布の中身で投票することだ」と書いた[59]。

多くの評論家が嫌悪感を抱いたのは、問題の広告写真の下にベネトンのロゴが目立つように置かれていたことだった。エイズに愛する者を奪われようとしている家族の深い悲しみのイメージを、自己宣伝の道具にしているととらえたのだ。「ベネトンはエイズを食い物にして金儲けしている」とニューヨークを拠点にする非営利団体「ゲイ・メンズ・ヘルス・クライシス」のデヴィッド・エングは述べた。エイズ活動家組織ＡＣＴ ＵＰも黙ってはいなかった。カービーと家族のイメージを再び使用し、そこに「この写真を使って売っても良いセーターは一枚だけだ」というキャッチフレーズとともに、コンドームの写真と、同組織のロゴ「沈黙＝死」を入れたポスターを作った。文化理論の研究者マッケンジー・ウォークが当時述べたように、恐怖は衣類ばかりかアクティヴィズム（積極的活動）を売ることもできた[60]。

エイズと市場が明らかに連関していたのは、中国も同じだった。一九七〇年代後半から、漸進的な市場開放が起こっていたからだ。市場開放が進む状況を背景として、中国で初めてのＨＩＶ／ＡＩＤＳの流行が起こった。静注薬物常用者のほかに、エイズは半官的な血液市場とつながっていた。その市場は、規制緩和と医療サービスの部分的な民営化とともに発達してきたものだったが、商業利用のために血漿《けっしょう》を売って得られる利益につられて、血液収集センターが各地に次々と作られた。人類学者アン・アナニョストが書いているとおり、「地方政府は、バイオテクノロジーに大きな利益を手にするチャンスという幻を見た。その利益で、地方経済改革後の荒廃した現地経済を再び活性化できるかもしれないと夢見たのだ[61]」。しかしながら、血液を売る人間に病気の有無を調べる検査が行われていなかった。その結果、多くの人間がHIV／AIDSあるいは肝炎に感染した。しかし、当局はその事実を隠蔽《いんぺい》しようとした。中国の作家、閻連科《えんれんか》の小説『丁庄の夢』は、この血液経済がエイズの被害とともに社会を内部から破壊していく恐ろしい有様を描いた作品だ。恐怖とパニックが暴力的な不和を生み、家族や共同体が分裂していくのである。『丁庄の夢』は二〇〇六年に発表されたが、現在、中国国内では発禁となっている。「最も感染力の強いウイルスは恐怖だ」——これは香港生まれのアメリカの映画監督ルビー・ヤンが、アカデミー賞短編ドキュメンタリー映画賞を受賞した、暴露映画『中国——エイズ孤児の村』（二〇〇六年）のキャッチフレーズである。

一九八〇年代と一九九〇年代の、欧米のHIV／AIDSによるパニックで特筆すべき特徴は、欧米以外の地域のエイズ危機が端に追いやられていたことだった。とりわけ、アフリカでは数百万人が死にかけていたのに、全く無視されていた。アフリカが話題になるのは、常にエイズの発生地としてだった。映画『アウトブレイク』のアフリカがまさにそうである。映画の冒頭で、ザイールにあるアメリカの軍隊のキャンプが爆撃されるのは、非常に伝染力の強い謎の感染症を封じ込めるためだ。

一九九四年にエイズ関連の病気で亡くなる運命にあったランディ・シルツもまた、一九七六年に四六歳のデンマーク人医師がザイールで病床に就くところから、エイズ蔓延の物語を始めている。グレーテ・ラスク医師が罹っていた病気は、その後エイズと特定された。「不快な気候の赤道地方ほど、人間と病気との戦いが激しく行われている場所はない。なぜなら、ここでは湿気と暑気が新しい生命体の発生を促進するからだ」と、シルツは書いている。そして、疫病対策と人口抑制とを結びつけた不吉なメタファーの中で、中央アフリカは「悪夢を思わせるスピードで新しい疫病を生み出しているようだ」と述べている。[62]

ウイルスは現実的な脅威をもたらす一方、新しい危険な相互依存の便利なメタファーでもあった。そして、その相互依存に拍車をかけていたのが、グローバル化だった。全米科学アカデミー医学研究所が一九九二年に出した報告書『新たに発生した感染症――アメリカにおける微生物の健康への脅威』は、感染症がもたらす安全保障上の課題が、新しい世界的な次元に来ていることを強調していた。「感染症に関するかぎり、世界のどこにもわれわれと遠く離れた場所はなく、誰一人としてわれわれとつながっていない人間はいない」と指摘している。[63] グローバル経済を維持するルートが、危険な感染症を広めるパイプの役目をはたしている、と。[64] 一九八〇年代後半と一九九〇年代はじめの恐怖とパニックは、グローバル経済の仕組み全体を停止させずに、いかにして病原菌の脅威を封じ込めるかという難題から生じていた。

アフリカでエイズに罹るグループは、北米やヨーロッパのハイリスク群とは違っていた。アメリカではエイズ犠牲者の圧倒的多数が、「男性同性愛者と静注薬物中毒者」であるのに対して、ウガンダやザイール（一九九七年にコンゴ民主共和国になった）といったアフリカ諸国では、「男性と女性が等しく」エイズに罹っていた。未消毒の注射針の使用や、エイズ以外の性感染症の蔓延といった現地の状況が、アフリカの異性愛者群にエイズが広がった大きな要因だった。[65] 一九九九年に、『エコノミスト』誌が「世界的な大惨事」について報告しているが、それによると四七〇〇万人がエイズに感染し、その大部分がアフリカ人だった。抗レトロウイルス薬の出現により、少なくとも豊かな国では「危機感はなくなり」、エイズは死の病ではなくなっていた。[66] けれども、サハラ以南のアフリカでは状況は全く異なり、一九九九年には推定で二四五〇万人の大人と子どもがＨＩＶに感染していた。[67]

抗レトロウイルス薬が出回るようになった二〇〇〇年代初期でも、アフリカ人の多くが利用するのを怖がった。その理由を知るために、南アフリカのジャーナリスト、ジョニー・スタインバーグは、東ケープ州ルシキシキ地区でしばらく生活してみた。そこは地方にある黒人のアフリカ人が多く住むスラム街で、伝えられるところでは、二〇〇八年に妊娠している女性のほぼ三人に一人がＨＩＶ陽性者だった。皮肉にも、同地区には優れたエイズ治療プログラムが用意され、医薬品が豊富に蓄えられたクリニックも複数あって、地元の保健機関とフランスのＮＧＯ「国境なき医師団」との共同事業として運営されていた。

スタインバーグは、住民が治療を受けない大きな原因が、恐怖であることに気づいた。第一は、もし自分がＨＩＶ陽性だとわかったら、共同体のほかの住民たちにどう思われるかという恐怖。第二は、陽性者だとわかると、暮らしが成り立たなくなるかもしれないという恐怖だ。そして最後に、薬や医師は救ってくれると言うけれど、本当はその薬や医師が病気を発生させている大本ではないかという恐怖だった。ＨＩＶ／ＡＩＤＳが魔術の一種だとしたらどうするのか。エイズがセックスとつながりがあることも、こうした陰謀に対する恐怖を増大させていた。[68]

このような恐怖はアフリカに限らなかった。たとえば、アメリカでは、ＨＩＶ／ＡＩＤＳが、アフリカ系アメリカ人、同性愛者、そのほかの「好ましくない連中」を根絶するためにＣＩＡ（中央情報局）が仕組んだ計略であるという噂が広まっていた。その噂には、アメリカ公衆衛生局が一九三二年から一九七二年まで実施した、「タスキギー梅毒実験」が関係していた。これは、研究者たちが梅毒の症状の進行具合を観察するために、梅毒に罹っている約四〇〇名の貧しいアフリカ系アメリカ人男性を無治療のまま放置していた事件だ。実験に参加した者は、見返りとして無料で医療が受けられると約束されていたというのに。[69] また、ＨＩＶが天然痘根絶のプログラムと関連しているという主張や［天然痘のワクチンにはＨＩＶを抑える働きがあり、天然痘が根絶されてワクチンが使用されなくなったのでＨＩＶが広がった、と一部の医師が主張している］、ＨＩＶと一九七八年にアメリカ政府がサンフランシスコで実施したＢ型肝炎ワクチン実験とを結びつける噂もあった。その実験に、サンフランシスコの数千人のゲイとバイセクシュアルの男性が参加していたからだ。[70]

しかし、アフリカでは、エイズ否認主義は国のトップから生じていた。一九九九年から二〇〇八年まで南アフリカの大統領だったタボ・ムベキは、ＨＩＶがＡＩＤＳを引き起こすという証拠を認めず、誤りとされた説を支持した。その説を唱えたのは、カリフォルニア大学バークリー校の分子生物学者ピーター・デュースバーグで、一九八〇年代後半から、薬物乱用がエイズ蔓延の原因だと示唆していた。「ＨＩＶ／ＡＩＤＳ仮説」の反対者を自称し、エイズにつきものの免疫不全の症状は、実際は環境と生活様式の諸要因とが原因で起きたほかの病気の症状だと主張していたのだ。[71]

一方、ムベキ政権の保健大臣マント・チャバララ＝ムシマシは、陰謀論者ミルトン・ウィリアム・クーパーの物議を醸した著書『蒼ざめた馬を見よ』を同僚たちに配っていたことを二〇〇一年にすっぱ抜かれ、南アフリカのマスコミで激しく非難された。同書は、元アメリカ海軍将校を自称するクーパーが、奇妙奇天烈な説を数々並べたてたものだ。地球外生命体（宇宙人）、ローマクラブ［地球の有限性という共通の問題意識を持った知識人・財力を持った人たちで構成された民間団体。一九七二年に『成長の限界』という報告書を出し「一〇〇年以内に地球の成長は限界に達する」と警告を出して世界を驚かせた］、フリーメーソン、共産主義者、イルミナティ［一七七六年にイエズス会士アダム・ヴァイスハウプトが創設した秘密結社。一七八五年には解散、いまだに世界征服を企てていると陰謀論の文脈で語られる］だけでなく、ＷＨＯが天然痘を蔓延させていたとか、エイズは「黒人、ヒスパニック、同性愛者」を狙って製造された疫病であるという主張まである。[72] だが、こうした説を支持したのは、なにもムベキやチャバララ＝ムシマシだけではない。エイズ陰謀説を支持する有名人はほかにも大勢いた。たとえば、持続可能な開発・人権・民主主義への貢献によって二〇〇四年にノーベル平和賞を受賞した、ケニヤの環境保護活動家ワンガリ・マータイもその一人だった。

チャバララ＝ムシマシが起こした論争で目立っていた点は、クーパーの主張する陰謀論を信じた人間が非常に多かったことだ。しかも、中流階級か、貧しい黒人居住区の住人かという区別はなかった。南アフリカの成人人口の推定二〇パーセントがＨＩＶに感染し、平均余命が劇的に減少すると予想されていた時期に、抗レトロウイルス薬の配布が遅れたのは、陰謀論にかき立てられた恐怖のせいだった。(73)

医師で人類学者のディディエ・ファサンによると、「通常時」には、われわれは「同種のレンズ」を通して世界を見る傾向があるが、重大局面になると、「奇妙な筋書きと悪意を持った行為者を持つ、不穏なカウンター・ナラティブ（主流から外れた物語）が登場」し、異なる世界観を与えるという。「陰謀論は、言葉に出せないままになっていたり耳を貸してもらえないままになっていたりする、社会的な想像や政治的な不安を表現している」と示唆している。(74) 植民地時代の抑圧の記憶が、このような陰謀論が永続していることに大きく影響してきた。

パニックは分裂で生じるとみなされることが多いが、実は連続から力を得ている。つまり、危機の渦中にある人間は、過去との類似点を見つけ出して、その危機を理解しようとするということだ。歴史家のルイーズ・ホワイトが示したように、植民地時代、中央アフリカと西アフリカのアフリカ人は、白人の入植者たちが不用心な現地人を捕まえて喉《のど》を掻き切ったという恐ろしい吸血鬼の話を語り合っていた。(75) それらは根も葉もない話だったかもしれないが、植民地時代に強制的に生物医学的介入が行われた例はいくらでもある。たとえば、一八八五年の伝染病予防法の下、梅毒に罹っている黒人の南アフリカ人が強制的に監禁されたのは、梅毒が白人住民に広がるのを恐れたからだった。人種差別的な公衆衛生政策は、その後何十年にもわたって続けられた。一九〇〇年から一九〇四年までの間、腺ペストの発生がケープタウンやポート・エリザベスなど都会の中心を脅かすと、改正された一八九七年の公衆衛生法を盾にとって、「有色人種の」南アフリカ人は仮設の野営地に移住させられた。この強制移住が、アパルトヘイトの時代の黒人居住地のモデルとなるのだった。(76)

ところで、覚えているだろうか。二〇一四年に、西アフリカでエボラ出血熱が大流行したとき、アメリカで外国嫌いの反感が強まって、エボラへの暴露が全くないアフリカ人がどれほど疎外されたかを。そのようにアフリカ人を生物学的脅威として一括りにする欧米の態度は言うまでもないが、先に述べたような歴史的背景を考えれば、欧米の生物学的介入がアフリカ人に不信の目で見られても不思議はない。しかも、保健介入の予想外の副作用が、その不信を強めてしまった。公衆衛生キャンペーン中に、中央アフリカと西アフリカで、注射器を介してC型肝炎が感染拡大してしまったのだ。カナダの微生物学者ジャック・ペパンは、このC型肝炎の事例から、HIV／AIDSの世界的大流行の理由が説明できると主張している。(77)おそらく一九二〇年代のある時期に、人間とチンパンジーとが接触して、サル免疫不全ウイルス（SIV）の人間集団への感染が起き、HIVウイルスが生まれたのだろう。その後、一九三〇年代と一九四〇年代に、フランス領赤道アフリカとベルギー領コンゴで、マラリアや睡眠病［ブルーストリパノーマという原虫に感染したツェツェバエに刺されて罹る病気］などの熱帯病に対処するため、大規模な公衆衛生キャンペーンが実施された。そのときに、殺菌されていない注射針が使用されたことでHIVウイルスがさらに広範囲に広まっていった、とペパンは考えている。(78)

消毒不十分な注射針以外にも、都市化、道路や鉄道の敷設、男女の数の著しい不均衡がHIVを蔓延させる要因となった。植民地当局は、男性労働者にベルギー領コンゴの首都レオポルドビルのような都市への移住を促し、反対に女性は移住させないようにした[79]。その結果、都市地域では売春が盛んになった。男性と売春婦が性感染症の治療を受けた診療所で注射針の使い回しが行われたことによって、中央アフリカと西アフリカの各都市でＨＩＶの蔓延が起こり――最終的にＨＩＶはそれらの都市をはるかに超えて広がっていった[80]。エイズの感染流行と、エイズの起源や伝染の仕方に関するさまざまな噂は、植民地時代の差別的で管理の悪い公衆衛生政策の記憶を蘇らせた[81]。

　ナイジェリア、アフガニスタン、パキスタンで実施された、アメリカ主導のポリオ根絶キャンペーンに対する反応は、現地住民の西洋医学に対する不安がいかに根強いものかを浮き彫りにしている。住民の中には、イスラム教徒の子どもたちを不妊にしようとするアメリカの計略ではないかと心配する者や、欧米政府のスパイが潜入のために医療活動という手の込んだ隠れ蓑《みの》を使っているのではないかと疑う者もいる。こうした現地住民の不信感をさらに煽《あお》ってきたのは、欧米の陰謀説支持者たちだ。たとえば、一九九九年にジャーナリストのエドワード・フーパーは、ＨＩＶ／ＡＩＤＳは一九五〇年代に行われたチンパンジーの細胞を使用した試験的なポリオ・ワクチンが起源であると主張した[82]。また、現地住民が不信を抱いても仕方がないような事態も起きている。二〇一一年五月の米海軍特殊部隊ＳＥＡＬｓによるオサマ・ビンラディン殺害のような、アメリカの武力干渉がそうだ。ビンラディンの殺害作戦が実行される前、ＣＩＡはパキスタン人医師シャキル・アフリディをスカウトしていた。そのスカウトには、国際ＮＧＯ「セーブ・ザ・チルドレン」が協力したという噂もある。アフリディの任務は、偽のＢ型肝炎予防接種キャンペーンを指揮して、ビンラディンが暮らしている邸宅の住人について情報を集めることだった。当然のことながら、偽の公衆衛生キャンペーンを、アメリカの武力干渉のカモフラージュとして用いたことは、ポリオ予防接種に関する陰謀説を強めただけだった。その結果、予防接種に巨額の資金と莫大な労力が注がれたにもかかわらず、ポリオはまだ根絶できていない。[83]

一九八〇年代にレーガン大統領がアメリカ合衆国の力の増進を猛然と押し進めた裏には、「恐怖が――国家の衰退への恐怖、国外の敵への恐怖、国内の危険な階級への恐怖があった」[84]。こうした恐怖には、共産主義者の脅威と、核戦争への恐怖が影響していた。しかし一方で、グローバル化も新しいリスクと恐怖をもたらした。

急成長するグローバル経済には、先進工業国と、アフリカや中南米の債務に苦しむ国との格差拡大という影の側面があった。負債に苦しむアフリカや中南米の国々にとって、一九八〇年代は「失われた一〇年」とみなされることが多い。アメリカでは、経済の構造変化によって仕事の海外外注や国内都市の産業空洞化が進んだ。とりわけ、中西部から北東にかけての「ラストベルト（錆びついた工業地帯）」では深刻だった。南アメリカからの違法ドラッグ、特にコカインの密売によって、「麻薬との闘い」の規模も拡大した。クラックコカインの蔓延は、社会崩壊の根本的原因と考えられた。そして、センセーショナルなマスコミ報道が、黒人犯罪組織の暴力や、「クラックベビー」［コカイン中毒者（妊娠中にコカインを乱用した女性）から生まれた子ども］という人種的固定観念をいっそう強め、道徳的パニックを引き起こした。一九八六年に、アメリカのカレッジ・バスケットボール選手レン・バイアス［NBAチャンピオンのボストン・セルティックスと契約した翌日に死亡した］がコカインの過剰摂取で死亡した一件が、さらなる変化を促すきっかけとなって薬物乱用防止法が制定され、薬物犯罪に対して刑の下限が定められた。しかし、この法律は人種的偏見が強く、取り締まりの対象になるのはアフリカ系アメリカ人のクラックコカイン使用者が圧倒的に多かった。そのため、刑務所が黒人であふれ返る事態となった。[85]貧困、犯罪、薬物中毒が、都会の有害な結合体、つまり恐怖の連鎖を生んだ。そしてその恐怖の連鎖は、ＨＩＶ／ＡＩＤＳを蔓延させ、一九九〇年までに一〇万人を上回るアメリカ人の命を奪った。[86]

一九八九年一月、レーガンはアメリカ国民に向けて行った退任演説の中で、自分のあとに大統領になる者たちに対し、ソ連のような外国の大国と交渉するときは絶対に油断するなと言った。「事実から目をそむけるな」という有名な言葉が生まれたのもこのときだ。[87] その演説の数週間前、一九八八年一二月二一日に、フランクフルトからロンドンとニューヨークを経由してデトロイトに向かうパン・アメリカン航空一〇三便が、スコットランドのロッカビーという町の上空で爆発する事件が起きていた。カセット・プレーヤーに隠されていた爆弾が爆発し、同機の乗客・乗員全員が死亡した。ソ連の脅威が弱まる中、別の種類の恐怖が姿を現しかけていた。やがてその恐怖が世界を変えることになるのだった。

第14章

対テロ戦争

9・11の衝撃

●

国際テロリズム

●

「恐怖」の政治利用と国家権力の強化

前章で見た経済的・地政学的発展の多くは、一九九〇年代以降、新しいテロリストの脅威を核とした恐怖の形成に極めて重要な役割をはたした。中国とインドの台頭は、ソ連の崩壊と相まって、世界の力のバランスを変えた。ＥＵ（欧州連合）の影響力の高まりも同じである。そして中東は紛争の発火点になった。イスラエルへの支援によって、アラブ人とイスラム教徒がアメリカ合衆国とその同盟国に対する不信感を強める中、親米派のシャー（国王）を打倒し、アーヤトッラー・ホメイニーの指導の下で神政のイスラム共和国を打ち立てた一九七九年のイラン革命のあと、イランとアメリカは外交関係を断った。一九九〇年八月、イラクの独裁者サダム・フセインがクウェートに侵攻すると、アメリカはクウェートと同じ主要石油産出国であるサウジアラビアを守り、クウェートからイラク軍を撤退させるため、アメリカ軍を中心とする多国籍軍を率いてペルシャ湾に向かった。

ヨーロッパや北米の大きなイスラム教徒コミュニティーでは疎外感が高まり、その疎外感が今度は白人の反感をかき立てて、大衆主義の移民反対政党を勢いづかせる結果になった。それでも一九九〇年には、パン・アメリカン航空一〇三便の爆発事件や、パレスチナ解放機構（ＰＬＯ）によるテロはあったにしろ、やがてやってくる新しいテロの気配はほとんど感じられなかった。一九九〇年に、アメリカのテロ活動の専門家の一人は、よりテクノロジーに精通し統一された極右の暴力と並んで、「一九九〇年代には左翼のテロ活動が中程度増加するだろう」と予測していた。(1)

そう予測したのも無理はなかった。ニューヨークとワシントンを襲った9・11のテロ攻撃のせいでそれ以前のテロ事件はすっかり影が薄くなったきらいがあるが、一九六〇年代と一九七〇年代には、アメリカ各地でランドマークになる建物や企業、官庁に対する国内テロがいくつも起きていた。それらはベトナム反戦運動を背景に起きた、いわゆる「革命的な」脅威で、ＦＢＩ（連邦捜査局）はそうした国内テロ攻撃に対する対抗手段として「スクワッド47（四七隊）」を創設した。これはニューヨークを本拠にした過激組織の活動を停止させる任務を負った情報部隊だった。[2]

一九六九年、反体制組織ＳＤＳ（民主主義社会を求める学生）の分派ウェザーメンが、シカゴで「怒りの日々」と呼ばれる一連の暴力行為を計画した。ちなみにウェザーメンという組織名は、ボブ・ディランの曲『サブタレニアン・ホームシック・ブルース』の一節、「風向きを知るのに、天気予報士《ウェザーマン》はいらない」から来ている。その後、「ウェザー・アンダーグラウンド」と名称を変更した同過激派組織は、一九七〇年代に多数の爆破事件を起こした。標的にした中には、アメリカ国務省本部、連邦議会議事堂、国防総省、カリフォルニア州司法長官事務所、ニューヨーク市の警察署がある。[3]一九七四年に出された声明文によると、グループの使命は「帝国主義のアメリカ合衆国国内で、反帝国主義と革命」を推し進めることだった。その使命をはたすには国民の「恐怖と不満と希望」を結集する必要がある。鑑《かがみ》とすべきはパレスチナ人の「何ものも恐れない決断力」だが、差別的な教育制度が若者に教えられるのは「競争と自己嫌悪と恐怖と孤独」だけだ。アメリカは恐怖に満ちた国で、そんな国は暴力的な混乱でしか転覆させることはできない。それが彼らの主張だった。

> アメリカ国民には、恐怖が日常の基本的現実なのだ。みんなが社会を恐れている。これから何が起こるか、誰にもわからない。病気の恐怖、解雇される恐怖。外に出るのを恐れる。黒人が近所に越してくるのを恐れ、地位を失うのを恐れ、真っ当に見られないことを恐れ、弱みにつけ込まれるのを恐れ、率直に話すのを恐れ、年をとるのを恐れている。[4]

アメリカの国内テロでも特に悪名高い事件は、一九七四年にシンバイオニーズ解放軍（ＳＬＡ）［共生解放軍とも呼ばれる」によって、大新聞社社長の娘で一九歳のパティ・ハーストがバークリーの自宅アパートから誘拐された事件だ。この事件は、誘拐された本人が誘拐犯らの仲間になり一緒に銀行強盗を働くという、非常に奇妙で理解しがたい展開をみせた。ＳＬＡは、サンフランシスコのベイエリアで過激派が設立した組織で、「ゲリラ的なテロ行為の境界領域」で活動し、誘拐や処刑、銀行強盗によって組織の過激なメッセージを広めていた。[5] スローガンは「人民の命を食い物にする、ファシストの下衆《げす》どもに死を」で、シンボルは七つの頭を持つコブラだった。[6]「一九七〇年代の実話の世界では、空想はなかなか現実には近づけないものだが、シンバイオニーズ解放軍は恐ろしいくらい、いや、不思議なくらい現実味がある」と、当時『ワシントン・ポスト』紙の編集者リロイ・アーロンズは書いている。[7] 警察との銃撃戦のあと、パティ・ハーストはほかのＳＬＡのメンバーとともに地下に潜ったが、最終的に逮捕されて懲役三五年の判決を受けた。しかしその後、この判決はジミー・カーター大統領によって二二か月に減刑されている。

　ＳＬＡ以外にも、宗教的な理由からテロ組織活動を行った右派のユダヤ防衛同盟のような組織もあれば、宗教とは関係なくテロ攻撃を行っていた民族集団や国家主義集団もあった。一九六六年にカリフォルニア州オークランドで結成されたブラックパンサー党もその一つで、Ｊ・エドガー・フーヴァーはこのグループを「この国の国内安全保障に対する最大の脅威」と呼んだ。一九六八年から一九七二年までの間に、アメリカ国内便の飛行機を狙ったハイジャック事件は一〇〇件をゆうに超えていた。[8]

　アメリカがテロで揺れていた時期は、イギリスにとっても「怒りの日々」だった。イギリスでのテロは避けがたい現実、言い換えれば、公共交通機関に鞄や袋を置きっぱなしにしないよう注意する拡声器の声や、警戒を怠るなと訴えるポスターのおかげで常に頭から離れない不安であった。アイルランド共和国軍暫定派（ＩＲＡ）は、アイルランドが独立を求めて戦っていた時代の一九一九年に設立された自警団的な武装組織が進化したもので、一九六〇年代後半から活動をエスカレートさせた。特に、北アイルランドのロンドンデリーで、デモ行進中の市民がイギリス陸軍落下傘部隊に発砲されて一四名が死亡した［「血の日曜日事件」と呼ばれる］一九七二年一月三〇日以降、活動は一段と激しさを増し、ベルファストで報復の爆弾テロが起きた。「北アイルランド紛争」［英語ではthe Troubles］は、一九九八年の「聖金曜日合意」［北アイルランド和平合意のこと。合意が成立した四月一〇日が復活祭の聖金曜日に当たっていたためこう呼ばれる］が成立するまで続くことになる。

北アイルランドでは銃撃や爆破は日常の出来事だったが、IRAの暴力はイギリス本土の街中にも広がった。一九七四年一一月、バーミンガムで二軒のパブが爆破され、一九八四年一〇月には、保守党大会に出席するためブライトンにいた、時の首相マーガレット・サッチャーと閣僚を狙った暗殺未遂事件が起きた。暴力がここまでエスカレートした原因の一つに、一九八一年にベルファスト郊外のメイズ刑務所でハンガーストライキをしていた収監中のIRA七名と、アイルランド民族解放軍三名が死亡した一件がある。今振り返ってみると、死の床にあるIRAのボビー・サンズの姿は、デヴィッド・カービーのようなエイズ患者の姿を先取りしている。瘦せこけた男性の身体のイメージは恐怖だけでなく、政治的決意も呼び起こした。「彼らの主張は、彼らの肉体が腐敗するのと同じくらい猛烈な勢いで増加し繁殖していった。それはまるで肉体が言葉に食われているかのようだった」と、批評家モード・エルマンは、ハンガーストライキで命を落としたIRAのメンバーたちについて書いている。(9)

テロに関しては、欧州大陸もまた例外ではなかった。ドイツでは、一九七〇年代を通じて極左のドイツ赤軍派［バーダー・マインホフ・グルッペともいう］が数々の暗殺、誘拐、武装銀行強盗を起こした。彼らのテロ活動が頂点に達したのは、国中に広くパニックを巻き起こした一連のテロ事件、一九七七年のいわゆる「ドイツの秋」だった。著名な実業家で元ナチス党員のハンス・マルティン・シュライヤーを誘拐し、彼を人質にして獄中のメンバーを釈放させる計画だった。だが、要求は一切拒否され、シュライヤーはのちに射殺される。誘拐事件が失敗し、さらにソマリアのモガディシュでパレスチナ解放人民戦線によるルフトハンザ航空一八一便のハイジャック事件も失敗すると、獄中のドイツ赤軍派の幹部らはシュタムハイム刑務所で自殺した。[10] 一九七八年に発表された、この危機をテーマにした映画『秋のドイツ』［アレクサンダー・クルーゲ監督の呼びかけで集まった九名の監督が、それぞれ九つのエピソードにまとめ上げたオムニバス映画］は、当時のドイツ国内の雰囲気を伝えている。この映画の中で、有名な映画監督ライナー・ヴェルナー・ファスビンダーは、西ドイツ政府が国民の恐怖を、民主的な自由抑制のための口実に利用していると懸念を表明した。

一九七〇年代で最も劇的なテロ事件の一つに、イタリアの元首相アルド・モーロが、極左テロリスト集団「赤い旅団」に誘拐された事件がある。赤い旅団は、一九七〇年代と一九八〇年代初期の間に起きた数々のテロ行為に関わっていた。一九七八年、アリタリア航空の従業員の服装をした赤い旅団のメンバーらが、モーロを拉致して、五人のボディーガードを殺害した。五四日間、彼を人質にとって監禁したが、囚われている仲間を釈放しろという自分たちの要求を呑む気が政府に全くないとわかると、射殺して遺体をローマ市内のカエターニ通りに駐車したルノー4のトランクに遺棄した。発見の翌日、モーロの遺体の写真が多くの新聞の一面に載った。

一九九四年、ドイツの作家ハンス・マグヌス・エンツェンスベルガーは、欧米の評論家たちはいまだに暴力をまるでよその国の出来事のように論じる傾向があると指摘した。ロサンゼルス暴動［一九九二年四月二九日に発生し五月初頭まで続いた。黒人ロドニー・キングに暴行した警官の無罪判決が引き金となった］、湾岸戦争、ソ連の崩壊、ボスニアの大虐殺を背景にした著書の中で、彼は国外の戦争と裏庭の戦いとをつなぐ残虐さの連続体はますます見過ごせなくなってきたと述べている。[11]

確かに、二〇世紀後半にテロは多発していたかもしれない。だが、二〇〇一年九月一一日を境に、テロは新たな深刻さを呈するようになった。ニューヨークとワシントンを標的にした、アルカイダに触発されたグループによるテロ攻撃の規模と大胆さは、グローバル化の暗黒面を――平然と国境を越えて行われたテロ行為から、グローバルに情報と資金を動かすことを可能にしたモバイル技術に至るまで――驚くほど鮮明に見せつけた。そうしたモバイル技術があったからこそ、テロの黒幕オサマ・ビンラディンは、アフガニスタン東部スピン・ガル山脈のトラボラ洞窟地帯にある人里離れた隠れ家から、テロ活動のネットワークを操作できたのである。一九人のハイジャック犯が、ボストンとワシントンとニューアークから出発して、ロサンゼルスとサンフランシスコへ向かう途中の、ボーイング七五七型二機とボーイング七六七型二機、合計四機の旅客機を乗っ取った。これは、今までとは桁違いの詳細な計画作戦だった。

時の大統領ジョージ・W・ブッシュの言葉によると、アメリカ本土の「平和な朝を迎えた偉大な都市の中心に」テロ攻撃を受けた衝撃は、恐怖の雰囲気を作り出し、それはマスメディアによって拡大された――そして今もなお続いている。「あんなことが起こって、あれだけの命が奪われ、その命とともに可能性と希望もすべて死に絶えたあと、アメリカの未来は恐怖の未来ではないかと思うのは当然だ」と、事件から数日後にブッシュは国民に向けて語った。[12]「次なる目玉は、何か新しい技術革新ではなく、恐怖になりそうだ」と、当時、政策アナリストのデヴィッド・リーフも書いている。ABCニュースと『ワシントン・ポスト』紙が行った世論調査によると、二〇一五年になっても七六パーセントのアメリカ人が依然として、国内で「大きな」テロ攻撃が起きるのではないかと恐怖を感じていた。「9・11同時多発テロ事件」のあと、アメリカ人は「過剰に恐れる国民になった」と、歴史家ピーター・スターンズは書いている。9・11に対する一般の反応を真珠湾攻撃に対する反応と比較すると、アメリカ人は「(9・11後の方が)三倍以上恐怖を感じやすくなり、そのうえ恐怖を表現するときのレベルもずっと高くなっている」と主張した。[13]

9・11同時多発テロ事件で世界貿易センタービルが標的に選ばれたのは、派手な効果を狙ったからだ。それは、ちょうど一九九三年にテロリストがトラックに仕掛けた爆弾が、同ビルの北タワーの地下駐車場で爆発し六名が死亡、ほかにも多くの負傷者を出した事件のときと同じだった。[14] リーフは世界貿易センターの破壊を、「正しいか正しくないかは別として、現代性を害悪の元凶のように思っている人間の復讐」と表現した。世界貿易センターの南北二つの、いわゆるツインタワーは、ニューヨークのビル群の中で一段と高く空にそびえ立つランドマークであり、アメリカの経済力の証《あか》しであるだけでなく、自由の女神やエンパイアーステートビルと並んでアメリカの文化的アイデンティティーの証しとしての機能もはたしていた。開業当初はツインタワーを目障りに思っていたニューヨーク市民も少なくなかったが、一九九〇年代半ばにはタワーに対する見方はすっかり変わっていた。[15]

不況の真っただ中の一九七三年四月に開業した世界貿易センターは、テクノロジーに主導され交易によって動かされる進歩的な未来の象徴だった。オープニングの式典に出席したニューヨーク州知事ネルソン・ロックフェラーは、同ビルを「実用性と美の偉大なる調和」と呼んだ。[16] 厳しい経済情勢のせいで人を集めるのは容易ではなかったが、フランス人の綱渡り大道芸人フィリップ・プティのおかげで一気に注目が集まった。一九七四年にプティは二つのタワーの間にケーブルを張り、その上を長さ約九メートルのバランスポールを持って四五分かけて地上四〇〇メートルの高さで綱渡りを行った。「時折、ケーブルのまわりの空が暗くなったり、風が出てきたり、ケーブルが冷えてきたりして、観衆は気が気でなくなる。そういう瞬間には、恐怖がこちらに向かって叫んでいるのが聞こえてくる」と、プティは書いている。[17]

今では背景にツインタワーが存在するかどうかで、映画の年代を特定することができる。9・11以前の映画に姿が現れると、その存在は未来の不吉な前兆と解釈される。9・11以後、ツインタワーが持っていた象徴的な意味は覆され、今や恐怖の記念碑となってしまった。テレビでテロリストの乗った飛行機が突っ込むのを見ていると、これまでツインタワーが登場してきたすべての映画が、つまり、『タワーリング・インフェルノ』『ダイ・ハード』『Ｇｏｄｚｉｌｌａ（ゴジラ）』などのディザスター・ムービー（災害映画）が嫌でも頭に浮かんできた。視聴者は、まるでハリウッド映画のワンシーンのようなテロ事件の映像からどうしても目が離せなかった。テロ事件が起きた頃、新作映画『スパイダーマン』を宣伝する予告編が流れていて、ニューヨーク市中で武装強盗を働いた犯人たちの乗った逃走用ヘリコプターがツインタワーの間に張られた巨大なクモの巣に引っかかっているシーンがあった。『インディペンデンス・デイ』では、エンパイアーステートビルとツインタワーが異星人の侵略で攻撃を受けていた。

　多くの人が言っていたように、この同時多発テロ事件が「文明の衝突」だったとしても、こと災害の美意識に関してはテロリストも考えは同じだった[18]。「災害映画がパターンを定め、連中はその映画を模倣したのだ」と、名映画監督ロバート・アルトマンは同時多発テロ事件の数週間後に『ハリウッド・リポーター』誌に語った。「もし映画で見たことがなかったら、あんな残虐なことを誰も考えつかなかっただろう。こんな大量破壊を映画で見せるなんてことを、よくもわれわれはやり続けてきたものだ。われわれがこの状況を作り出し、大量破壊のやり方を連中に教えたとしか、私には思えない[19]」。下院国土安全保障委員会委員長のマイケル・マコールは、のちに9・11の原因は集団的「想像の欠如」にあるとした。彼に言わせれば、政治の指導者も諜報機関のメンバーも、アメリカの安全保障に対する非正統的な方法による脅威を予期できるだけの水平思考［問題解決のために既成の概念や理論にとらわれず、新しい発想を生み出すための思考法］ができていなかった[20]。ただ、ここでなんとも皮肉なのは、世界貿易センターの爆破はとうの昔に想像されていたということだ。型破りな思考など一つも必要なかった。なぜなら、ハリウッド映画の中での世界貿易センターは爆発する準備をして存在していたのだから。

テロと、テロを促進する世界的なネットワークとは、伝染病になぞらえられることが多かった。新型で変異の速いウイルス性生命体と同じく、テロには特定・管理・根絶のための新しい道具が必要だった。アメリカ国務省の政策企画本部長リチャード・ハースが二〇〇一年一〇月に外交問題評議会で語ったように、国際テロリズムは「致死率の高い恐ろしいウイルスに類似しており」、「休眠しているときもあれば、毒性が強いときもある」。さらに、「ウイルスと同じく、国際テロリズムは境界線など歯牙にもかけない。それゆえ、われわれは国内と国外で適切な予防対策を取ってテロリズムが増殖するのを防ぐとともに、われらの社会に感染したり、われわれの命を損なったりするのを阻止する必要がある」とも述べている。[21]

二〇〇二年の一般教書演説で、ブッシュ大統領は、「人里離れたジャングルや砂漠」で暮らしている「寄生虫のようなテロリスト」と、「大都会の真ん中に」潜んでいる「寄生虫のようなテロリスト」に戦争を仕掛けると述べた。[22] イギリスのトニー・ブレア首相も、二〇〇三年にアメリカ主導の有志連合がイラクに侵攻したことを受けて国会で行った演説の中で、先のブッシュの言葉と似たような主旨のことを述べている（実は、イラクへの侵攻が行われたのとちょうど同じ頃、SARS〈重症急性呼吸器症候群〉が中国から広がり始めていた）。ブレアによれば、「新しい死に至るウイルスが現れた。そのウイルスとはテロリズムで、テロリズムの持つ破壊の意思は、人間的な感情に制約されることはない」のだった。[23]

＊＊＊

9・11から数日後、今度はウイルスによるテロがアメリカ中にパニックを引き起こした。致死量の炭疽《たんそ》菌の胞子が入った手紙が、テレビ局、出版社、政治家に匿名で送りつけられ、二二名が感染し、そのうち五名が死亡したのだ。[24]最初の手紙が届いたのが9・11からわずか一週間後の九月一八日のことだったので、当初はこの炭疽菌事件――FBIによってAmerithraxと暗号名がつけられた――は、9・11同時多発テロ事件との関連が疑われ、生物兵器テロの新段階に突入したのではないかという恐怖で国中を騒然とさせた。[25]結局問題の手紙の送り主はテロリストではなく、不満を抱いた陸軍の生物兵器防衛の専門家だったことがわかる。だが、この事件の結果、マスメディアが「ウイルスとバクテリアと放射能の区別を曖昧にし、恐怖が一般化された環境を生み出して、問題の多い政府の計画を促進・正当化させてしまった」[26]。

二〇〇一年九月、連邦議会に対して行った演説の中で、ブッシュ大統領が「対テロ戦争」という用語を用いたのは誤りだった。なぜなら、「戦争」という用語は、テロリストが従来どおりの敵の軍隊であって、十分にテスト済みの方法を用いて打ち負かすことができる相手であることを意味するからだ。だが、実際は、9・11の同時多発テロ事件以降、アメリカ政府はテロリストのネットワークを手本にした対テロ活動ネットワークと新たな偵察能力を構築して、テロリストのスパイ技術を真似し始めた。この「あらゆる場所が戦場になる戦争」では、人工衛星、GPS、ドローンがますます重要な役割を担うようになった。無人航空機「プレデター」と「リーパー」が、ネバダ砂漠のトレーラーから「ジョイスティックとコンピュータ画面を使って」遠隔操作されて、イラク、アフガニスタン、パキスタンの爆撃遠征に加わった。[27]9・11後の「対テロ戦争」の構築は、「テロ」という用語がいかにして「戦争の一連の手続きなしに他者を破壊するための非対称の意欲と能力」を意味するに至ったかを明確に示している。[28]9・11直後に、副大統領ディック・チェイニーが警告したように、世界的なテロの脅威を打ち負かすには、アメリカが「暗黒面」に足を踏み入れて「闇に隠れて」ずるい手を使う必要が出てきたのだ。[29]

そうはいっても、地上部隊を派遣する従来の戦略を捨てたわけではなかった。二〇〇一年一〇月、ブッシュは、アルカイダを匿っているタリバンを倒すためにアフガニスタンで戦争を開始した。次いで二〇〇三年三月には、サダム・フセインを引きずり下ろすため、有志連合とともにイラクに侵攻する。二〇〇二年九月に発表されたアメリカの報告書「欺瞞と反抗の一〇年」によると、フセインは大量破壊兵器を保有し、生物・化学兵器を製造する能力を有するばかりか、核兵器を製造する野望を持っているとされていた。この報告書を受けて、ブッシュは国連総会で演説し、イラクのフセイン政権は「重大かつ増大する危険」だと警告した。恐怖と希望がブッシュの演説の鍵だった。「国際連合は、世界大戦を生き延びた希望から、すなわち世界が正義に向かい、紛争と恐怖という古いパターンから脱するという希望から生まれた」。だが、今日「われわれの最大の恐怖は、テロリストが無法者国家から巨大規模で殺人ができる科学技術の供給を受けて、その狂った野心の近道を見つけることである」。国連が何もしなければ、加盟国は「中東を長年にわたる流血と恐怖に追いやることになるだろう」と断言し、さらにこう訴えた。「われわれは、恐怖の世界か、進歩の世界か、どちらかを選択しなければならない[30]」。

恐怖は、侵攻を正当化し、侵攻に対する一般市民の支持を得るための手段として用いられ、それと同時に希望の否定、テロへの降伏として非難された。ブッシュがアメリカ国民に強調し続けたように、「自由と恐怖は戦争状態にある。人類の自由を促進することはわれわれの時代の偉大な業績であり、どの時代においても大きな希望であるが、それができるかどうかは今やわれわれ次第なのだ[31]」。言い換えれば、恐怖は毒であると同時に薬でもあった。二〇〇三年二月、アメリカ国務長官コリン・パウエルが国連安全保障理事会に出席して侵攻の正当性を主張したとき、傍受された電話の会話や衛星写真といった証拠を使って「事実と不穏な行動パターンの蓄積」を指摘した。指摘した事実の中にイラクの化学兵器の保持があり、それを示唆するものとして武器弾薬施設の空中写真があった[32]。そのような武器施設は一つとして発見されなかったが、スペイン生まれのアメリカ人芸術家イニゴ・マングラノ＝オヴァジェは、その武器施設から着想を得て、『ファントム・トラック（幻のトラック）』（二〇〇七年）というタイトルの、強く感覚に訴えるインスタレーションアート作品を制作した。それは、パウエルが示した断片的な証拠のほかにイラン侵攻後に写したアメリカとクルド人の軍用トレーラーの写真を用いて、あったとされるトラックを使った可動式の生物兵器施設を再現した作品だった。つまり、マングラノ＝オヴァジェは、パウエルが軍事介入を正当化するために幻の恐怖の物体を魔法のように作り上げたと主張していたのだ。(33)

イギリスでは、いわゆる「イラク文書」がパウエルと似たような申し立てをした。フセインが弾道ミサイル計画の範囲を拡大したというような申し立てが人々を怖がらせたが、中でもとりわけ世間を震撼させたのは、フセインが「命令を下してから四五分以内に、化学兵器あるいは生物兵器を配備できる」という申し立てだった。この申し立てから、フセインの命令から四五分後にイギリスは攻撃されるかもしれない、という噂があっという間に広まったのである。のちにこの申し立ては誤りだとわかった。この話の出所が、イラクとヨルダンの国境あたりのタクシー運転手が二年前に小耳に挟んだ会話でほぼ間違いないと判明したのだ。当時のような恐怖に包まれた不安定な状況では、どんなことでも厳然たる事実として通用しかねなかった。(34)

前章で見てきたように、冷戦の終結によって全世界の現状は不安定になっていた。一九四五年以来、西側諸国はソ連圏の制度や理想に反対して、自分たちの制度や理想を作り上げてきた。だから、ソ連が一九九一年に崩壊すると、国際関係学の専門家バリー・ブザンが「脅威赤字」と呼ぶ状況に直面してしまった。そんなとき、同時多発テロ事件がアメリカに願ってもない打開策を与えた。(35)

イスラムの「ジハード主義」とは、特に9・11以後、イスラム過激主義の戦闘的な一形式を表すために欧米の評論家が用いた異論の多い用語だ。そのジハード主義がアメリカにパニックを植えつけようとしたのに対して、ブッシュ政権はそのパニックを逆手にとって政治的目標を促進し、軍事介入政策を拡大して新しい安全保障法を導入した。二〇〇三年、前副大統領アル・ゴアは、ブッシュ政権がテロを口実に「恐怖を政治的道具に用いて、権力を固め、さらに権力を行使する説明責任から逃れようとしている」と非難した。[36] それから数年後、カーター政権で国家安全保障担当補佐官を務めたズビグネフ・ブレジンスキーが述べたように、「対テロ戦争」は恐怖を生み出すことを目的として考えられた、なぜならその恐怖が「理性を狂わせ、感情を煽り立て、扇動的な政治家たちが自らの遂行したい政策のために一般市民を動員しやすくする」からだった。[37]

9・11から数日後、連邦議会はある法律を通した。それによって、「二〇〇一年九月一一日に起きたテロ攻撃を計画・許可・実行・援助した、あるいはそのテロ攻撃を行った組織または人物を匿っていると大統領が断定した国家および組織、人物に対して、必要かつ適切な軍事力を使用する」無制限の権力が、大統領に与えられた。[38] この二〇〇一年の愛国者法は、連邦法執行機関の調査権限を大幅に拡大して、彼らが国内電話と国際電話を盗聴すること、利用できるすべての手段をテロ対策に結集することを許可した。「テロリズム」の定義が拡大され、テロ犯罪で告発された人間に対する罰則規定が増やされた。同時多発テロ事件の二か月後に発令された軍事命令により、テロリストの疑いがある人間を世界のどこであっても逮捕し、無期限に拘束できる権限が大統領に与えられた。

こうした情勢の中で、二〇〇二年、ブッシュはグアンタナモ収容所を設立した。うまい具合に、その収容所はキューバに位置しているためアメリカの司法権の埒外だった。テロリストの疑いのある戦闘員が、裁判もなくここに拘留され、「強化された尋問技術」を用いて尋問された。CIA（中央情報局）流の遠回しな言い方だが、早い話、拷問が用いられたのだ。たとえば「ウォーターボーディング」、つまり「水責め」は、囚人の顔に水浸しの布をかぶせて溺れ死ぬ感覚を模擬体験させる手法である。国防長官ドナルド・ラムズフェルドは、グアンタナモ収容所を「最悪中の最悪」の連中のための収容所と呼び、司法長官ジョン・アシュクロフトは「テロリストには憲法上の権利など一つもない」と言い切った[39]。

テロリストと疑われて捕らえられた人間が秘密の収容所に一時的に拘束され、それから国境を越えて移送されているという申し立てが上がってきたことから、調査がいくつか実施された。二〇〇六年六月に出たある報告書の推定によると、欧州連合加盟国の黙認の下に、CIAの手でヨーロッパから少なくとも一〇〇名が拉致されていた。欧州議会が出した別の報告書では、国際連合拷問等禁止条約第三条に違反して拷問が行われる可能性のある国々へ、CIAはジェット機で囚人を一〇〇〇回以上移送したという[40]。

コーリー・ロビンが述べているように、「いつかテロリズムに対する戦争が終わる日が来るだろう。終わらない戦争はないのだ。だが、テロリズムに対する戦争が実際に終わっても、われわれはまだ恐れながら生活していることに気づくだろう。テロリズムやイスラム過激派を恐れるのではない。恐怖が残していった自国の統治者たちを恐れているのだ」[41]。9・11のあと、ジャーナリストは以前ほど政府を批判しなくなり、知らず知らずのうちに市民の自由の侵害に気づかぬふりをするようになった。一方で、イスラム教徒やアラブ人を固定観念で見ることが進み、ヘイトクライム（憎悪犯罪）が増加した[42]。一つはっきりしているのは、同時多発テロ事件が国家の安全保障に著しい資本投下をもたらし、テロがもたらす脅威を誇張する「テロリズム産業」の台頭を招いたということだ。アメリカでテロ攻撃にあって死ぬ確率は、浴槽で溺死する確率とほぼ変わらない、と防衛政策とテロ対策の専門家ジョン・ミューラーは言っている[43]。9・11同時多発テロ事件は、「恒久的な戦争経済を拡大・持続させてきた」。「恒久的な戦争経済」とは、恐怖に依存した軍産複合体のことで、政府機関とロッキード・マーティン社やノースロップ・グラマン社などの巨大企業はもちろん、数多くの「下請け企業や、それらを支える非軍事的な会社や組織」で構成されている。これらはどれも、対テロ戦争がはてしなく続くことで利益を得る企業だ。(44)

たとえば、ブッシュの「対テロ戦争」のような、恐怖を利用するサウンド・バイトの効果を私が肌で感じたのは、9・11の事件が起こるずっと前のことだった。一九八八年に、パキスタン北部とアフガニスタンのあちこちを旅したときは、まだソ連軍の存在が目立っていた。私がペシャワールに到着する前日、『フロンティア・ポスト』紙［一九八五年に創刊された独立系英字日刊紙］のオフィスが爆破される事件が起きていて、北西辺境州には出版・報道の自由に反対する人間が多いことをあらためて思い知らされた。その事件のせいで当地の警戒は厳重だった。一九八八年のペシャワールは「恐怖の都市」だったと言っても決して大袈裟ではないだろう。パキスタン大統領ジア＝ウル＝ハク［一九七七年、クーデターによって大統領になる。戒厳令を発して軍事政権を続行。イスラム化を推し進めた］はアメリカと連携して、ソ連の占領軍に対するアフガニスタンのムジャーヒディーンの戦いを支援していた。その結果、数百万人の難民が国境を越えてパキスタンに流れ込み、ペシャワール中に武器があふれて大きな難民キャンプがいくつもできていた。一九八〇年代後半から一九九一年頃までアルカイダが本部を置いていたのも、この土地だった。

言うまでもないが、レーガン・ドクトリンは裏目に出ることになる。アメリカが軍事訓練と武器の供給に手を貸したムジャーヒディーンが、一九九〇年代になるとアメリカの強敵になった。そのうえ、恐怖を利用する高レベルの政治的な情報操作が、ペシャワールのようないくつもの場所で止まらない連鎖反応を引き起こした。アメリカの外交政策に生じた一つの地政学的な恐怖が、国と地方の政治に大きな影響をもたらしたのと同じように、この国境の街にも恐ろしい効果をもたらした。しかし、同様に、ペシャワールの町はずれの難民キャンプで起こった恐怖が、ブーメランのようにアメリカに戻っていくこともある。一九八八年八月、ジア大統領が軍のトップ数名と二名のアメリカ人外交官とともに、パンジャブ州のバハーワルプル近くで原因不明の飛行機墜落事故により死亡する事件が起こった。

ここで、この複雑に絡み合う恐怖が作動する仕組みについて考える必要がある。テロリストがニューヨークで爆発事件を起こして恐怖が生まれ、次にその恐怖を利用して対テロ戦争が始まり、今度は対テロ戦争が別の恐怖を引き起こしたという仕組みである。一つの細胞からたくさんのウイルスが出芽するように、恐怖から多くの恐怖が生まれ、どんどん増殖して——はるばるアフガニスタンとパキスタンの国境に接する連邦直轄部族地域〔パキスタン北西部の半自治部族地域〕まで到達した。そして、考えようによってはペシャワールの古い城壁都市の公園チョーク・ヤドガー近くで、警笛を鳴らすバスや、オートバイや、車や、人力車でいっぱいの通りを渡ったときに感じた私自身のパラノイア的恐怖も、この地までたどり着いた恐怖の一つだったのかもしれない。一九三〇年にイギリス軍との衝突で死んだバシャ・カーンの信奉者たち〔キッサ・クワニ・バサールの虐殺と言われる。キッサ・クワニ・バサールに集まったバシャ・カーン支持者たち、非武装の群衆にイギリス軍が機関銃を発砲、推定で二〇〇人から二五〇人が殺害された〕を追悼したドーム型の記念碑の近くを通りすぎた私は、町の人々にあまりにじっと見つめられて、思わず身の危険を感じてしまったのだった。[45]

テロリズムとは、テロを通してテロ集団の目的を遂げようとすることだ。9・11同時多発テロ事件がまさにそうだったが、そのテロによって生まれた恐怖を、今度は政治やそのほかの利益関係者たちが自分たちの目的のために最大限に活用した。ナオミ・クラインはこれを「惨事便乗型資本主義」と呼び、この「惨事便乗型資本主義」を、一九五〇年代後半に精神科医ドナルド・ユーイン・キャメロンがＣＩＡと協力して開発したショック療法になぞらえている。社会が惨事によってひどい打撃を被った場合、その社会は茫然自失状態に陥って抵抗できないことが多い。恐怖は社会を従順で搾取しやすくする。国土安全保障が一大産業であることを考えれば、テロ攻撃のニュースで株価が上がる企業があるのは驚くことではない。二〇〇七年のインタビューで、クラインは安全保障とメディアとの関連を重視し、ゼネラル・エレクトリック社［トーマス・エジソンが設立した航空エンジンメーカー］がＮＢＣ［アメリカ三大ネットワークの一つ］とカリフォルニアの企業インビジョン・テクノロジーズ社を所有していることに注目した。インビジョン・テクノロジーズ社は、空港のセキュリティー・スクリーニング装置［乗客の手荷物に含まれる爆発物を検出するための装置］を製造している企業だ。「こうした企業は、メディアを通して広がる危機感と恐怖の空気から利益を得る」とクラインは言う。「国土安全保障は、あらゆる場所での終わりのない悪に対する戦争である。それは勝てない戦争であるから、これ以上儲かるビジネス・プランは望めない。唯一そのビジネス・プランを脅かすのは、平和だけだ(46)」。

だからテロは続いていく。二〇〇四年三月、朝の通勤・通学時間に、マドリッドの鉄道網を狙った組織的な同時テロが発生し、一九三名が死亡、約二〇〇〇名が負傷した。翌年七月、今度はロンドンの地下鉄で自爆テロが起こって、乗客五二名が死亡し、七七〇名以上の負傷者が出た。二〇一五年一一月には、過激派組織「イスラム国」の戦闘員たちがパリのコンサート会場やレストランなど複数の人が集まる場所を襲撃する事件が起きた。標的となった会場の一つ、バタクラン・コンサート・ホールでは、一三〇名が死亡し、多くの負傷者が出た。これは「戦争行為」だと、時の大統領フランソワ・オランドは断じている。さらに五年後の二〇二〇年一〇月、フランスの中学教師サミュエル・パティが、パリ近郊のコンフラン＝サントリーヌの学校を出たところでチェチェン生まれの一〇代の青年に首を切り落とされた。ニースでも同月に、三名が刺殺される事件が起きている。今度はチュニジア移民の若者の犯行だった。コンフラン＝サントリーヌやニースの事件の前にも、フランスでは大きなテロ事件が起きている。二〇一五年一月七日、フランスの週刊風刺新聞『シャルリー・エブド』の本社が襲撃され一二名が殺害された。同新聞がイスラム教の預言者ムハンマドの風刺漫画を載せたことが原因だった。また、二〇一六年にも、パリ祭を祝っていた群衆にトラックが突っ込んで八六名が死亡している〔二〇一六年七月一四日にフランス南部のニースで起きた事件〕。パティの斬首事件に対して、フランス大統領エマニュエル・マクロンは「恐怖に寝返らせる」ことを誓ったが、それは簡単にはいかない。だからこそ、9・11からの二〇年間に、ブッシュの報復措置と並行して、インターネットやソーシャルメディアの発達で可能になった監視活動に大規模投資が行われたのである。(47)

9・11直後にブッシュによって始められた監視活動がどれほどの規模のものなのか明らかになったのは、二〇一三年のことだった。アメリカ国家安全保障局（ＮＳＡ）で契約企業の社員として働いていたエドワード・スノーデンが、アメリカの国際的監視網に関する機密情報を漏洩したのだ。ヨーロッパ各国政府とグーグル、マイクロソフト、ヤフーなどのテクノロジー企業が、国際的監視網に関与していることをうかがわせる資料だった。(48) スノーデンの漏洩した情報から、各国政府が大手テクノロジー企業と共謀して個人の電子メールのアカウントや、ソーシャル・ネットワーキング・プラットフォームに不正侵入し、電子メールや文字情報やダイレクトメッセージを傍受するばかりか、連絡先リストの情報まで広く集めていたことが明らかになった。言うまでもなく、それらはすべて使用者の同意なく行われていた。市民をテロ攻撃から守るために作られた国家の監視機関が、膨張した挙句、自らが恐怖の源になっていたのだった。

アメリカ当局はスノーデンを国家の脅威だと強く非難したが、彼の暴露した情報はプライバシーと自由に対する社会の不安をかき立てた。二〇二〇年九月、アメリカ政府の大規模な監視活動は違法かつ憲法違反の可能性があると、連邦裁判所が判決を下した。(49) 政府の盗聴活動がもたらす結果は広範囲に及んでいる。インターネット上で監視されているということは、間違いなく、言ったり書いたりすることはすべて、本人にとって不利な証拠にされるかもしれないという恐怖を生む。そして、政府機関や大企業によって、これほど大規模なプライバシーの侵害が行われているという事実は、民主的なプロセスへの信頼を損なうだけでなく、強力なネットワークが自らの醜い計略を遂行するために隠れて活動しているという強烈な陰謀論、つまり「ディープ・ステイト（闇の政府）」の恐怖を呼び起こすことにもなる。

第15章

エコ・パニック

エコ不安と気候変動否定論

●

終末論的な環境保護主義

パニックと気候変動は、一見、関係がないように思えるかもしれない。パニックが瞬時に起こるのに対し、気候変動は明らかになるまでに途方もなく時間がかかるため、概念化しにくいからだ。哲学者ティモシー・モートン［一九六八年〜］は、気候が「ハイパーオブジェクト」、すなわち、巨大すぎて不可知の現象に思えるのは仕方がないことだと述べている。(1) 小説家アミタヴ・ゴーシュ［一九五六年〜］も、気候変動は美術や文学で表現されることを拒む想像力の危機であって、われわれにはさっぱり理解できないと言っている。(2)

二〇〇〇年に、オランダ人化学者パウル・クルッツェンと、アメリカ人生態学者ユージン・ストーマーとによって提案された「人新世（アントロポセン）」という語は、気候変動という問題の大きさをよく示している。人類が地球の天然資源の搾取、人口増加、都市化現象、化石燃料や化学肥料、化学物質の使用、炭素放出によって環境に与える影響が甚大であるため、人類が社会を作って定住しだした約一万二〇〇〇年前に始まる後氷期、すなわち完新世に代わる新しい地質年代名が提唱されたのである。(3)

近代以前の世界では、人類にもたらされる脅威の原因は主に自然災害と伝染病であった。その後、工業化が始まり、その結果として現代社会は自らが作り出した増殖し続ける危険と戦わねばならなくなった。考えてみると、自ら作り出した危険と戦うというのは、究極のフィードバック・ループ［フィードバックを繰り返すことで結果が増幅されていくこと］だ。人類は環境を一変させる社会を作り上げて、対処せねばならない新しい危険要素を生み出し、自らに前よりもっと規制を課すようになる。また、「外的な」危険要素から、「製造された」危険要素への移行によって、恐怖の本質も変化してきた。地震や津波を恐れるのと、自分になんらかの責任がある危険と直面するのとでは全く話が別だ。(4)

とはいえ、人間が作り出した危険要素と自然災害とを区別すると、その二つに深い関わりがあることを無視してしまうことになる。われわれが直面している環境課題の原因は複合的で不確実な部分が多く、それが今日目の当たりにしている多くのエコ・パニック（環境問題のパニック）を生む原因となっている。これまで見てきたように、恐怖というものは特定の対象と結びつけることができない場合、不安に変わるものだ。気候変動の場合、不安は海氷の縮小、永久凍土の融解、氷河の融解、干ばつなどの具体的な現象から生じた恐怖と共存している。気候変動は非常に長い時間をかけて広がっていくプロセスであるため、それが起きていることは多くの徴候によってしか見ることができない。その徴候は、グラフや表や衛星写真だけでなく、山火事、洪水、嵐、海岸線侵食、浮氷塊《ふひょうかい》、小さくなった流氷の上で立ち往生したホッキョクグマ、難民といった大災害のフルカラーの映像でも示される。

現代の環境保護主義では、速いものと遅いものに重点が置かれている。つまり、猛烈な速度で進む科学技術の発達とそれに従って求められる行動と、それに対して、数千年かけて起こったプロセスの結果としての環境変化を理解する必要性とに重点が置かれているのだ(5)。この即時的なものと漸進的なものが合体している点が、新しい種類のエコ・パニックを生じる土台を作っている。環境保護主義者ビル・マッキベンはそれを次のように要約している。「気候変動との戦いは、人類が直面する初めての試練だ。早急に勝たなければ、決して勝つことはできない。切迫した戦いとは、そういうものだ(6)」。また、スウェーデンの環境活動家グレタ・トゥーンベリの言葉を借りれば、「気候変動の危機は、カウントダウンの終わりへと急速に針が近づきつつある時計だ(7)」。危急・緊急・危機――この三つは気候変動を特徴づける言葉で、近年、活動家たちによる運動によって喧伝されてきた言葉でもある。そういった運動には、トゥーンベリが設立した「未来のための金曜日」や、環境破壊に対する意識を高めるために直接行動と市民的抵抗［エリカ・チェノウエスによると「非武装の民衆がさまざまな形態を組み合わせながら行う抵抗の形態」。そこには制度外の行動も含まれる］を推し進める抗議団体の「エクスティンクション・レベリオン（絶滅への反逆）」、化石燃料の使用を終わらせることを目指して運動しているイギリスの組織「ジャスト・ストップ・オイル」などがある。

しかし、エコ・パニックの引き金になるのは、すでに起きていることだけではない。起きるかもしれないことに対する恐怖への反応の場合もある。数年前、熱心なバード・ウォッチャーの小説家ジョナサン・フランゼンが、アメリカの野鳥保護団体の全米オーデュボン協会とちょっとした諍《いさか》いを起こした。同協会が野鳥の生育地の消失といったより差し迫った問題よりも、気候変動を優先していると噛みついたのだ。(8) フランゼンに言わせれば、より早急に手を打つ必要がある問題を解決するのに金を集めるよりも、解決困難な未来の脅威のために資金を調達するほうが楽なのだというのである。だが同時に、マッキベンが述べているとおり、気候変動は「打ち勝つ」必要のある「試練」である。

環境問題への意識を高める策としてパニックを起こすのは、今に始まったことではない。一九六二年に刊行された著書『沈黙の春』の中で、自然保護活動論者レイチェル・カーソンは、農薬の無差別な使用と、近代的合成殺虫剤第一号であるＤＤＴの有害な毒性効果とを強く非難し、ＤＤＴは野生生物を殺し、人間の健康を脅かしていると主張した。彼女の著書『沈黙の春』が火つけ役となって議論が起こり、その結果、一〇年後にアメリカでＤＤＴが禁止されたことは、環境保護運動において政治とパニックが噛み合った前例となった。しかし、これから見ていくように、このやり方はその後の環境論争を特徴づける反動を引き起こした。

一九六〇年代後半にはまるで大惨事が連関しているように立て続けに起こって、世界がおかしくなってしまったように見えた。一九六九年六月、オハイオ州のカイヤホガ川が火を吹いた。通過した列車から出た火花が川に投棄された工業材料に引火して燃え上がったのだ。もうもうと立ちのぼる煙と、炎と戦っている消防のタグボートの驚くべき写真や映像が、同じ年の一月に起きたサンタ・バーバラ沖の原油流出事故の報道に続いて人々を驚かせた。ちょうどその頃、アメリカではハヤブサが絶滅に瀕し、ハクトウワシの個体数が

DDTのせいで激減しており、さらに、クジラも乱獲によって絶滅の危機に瀕していると言われていた。合わせて考えると、これらの報告はまとめて差し迫った環境破壊に対する恐怖の引き金になった。その恐怖に応えて、環境への意識を高めるために、ウィスコンシン州選出の民主党上院議員ゲイロート・ネルソンが一九七〇年四月二二日に開始したのが、アースデー（地球の日）だった。アメリカ各地の都市でデモが行われて、「『環境政治』の新時代の幕開け」となった。(9) 一九七〇年の後半には、米国海洋大気庁（ＮＯＡＡ）と、米国環境保護庁（ＥＰＡ）がともに設立され、連邦議会が大気に排出される汚染物質を規制する連邦法、すなわち、改正大気浄化法（通称、「マスキー法」）を可決した。(10)

こうして環境に関係する国の機関や法案が次々と誕生した背景には、地球の未来に対してますます悲観的な予測が立てられていた状況があった。なんと科学者たちが、そろそろパニックを起こしていい頃だと言い始めたのだ。一九七〇年一一月にロード・アイランド大学で行ったスピーチの中で、ハーバード大学の生化学者でノーベル賞受賞者〔一九六七年、ノーベル生理学・医学賞受賞〕でもあるジョージ・ワルドが、「人類が直面している諸問題に対してただちに行動を起こさないかぎり、文明は一五年から三〇年の間に終わるだろう」と述べた。(11) また、不吉を予言する人物として忘れてならないのが、スタンフォード大学の生物学者ポール・エーリックである。彼が一九六八年に刊行した『人口爆弾』は大論争を巻き起こした。「人類全体を食べさせる戦いは終わった。今頃どんなに急いで対応策に乗り出しても、一九七〇年代には、何億人もの人間が餓死するだろう」と宣言したのだ。(12) エーリックの『人口爆弾』の前にも、迫りくる食糧不足を予測する書物はいくつも出版されていた。その一つが、ウィリアム・パドックとポール・パドックの共同著書『一九七五年の飢饉！』〔一九六七年のベストセラー〕で、書名の絶叫するような響きは、その当時すでに飢饉が一般的なパニックになっていたことを示している。

『生態系の大災害！』と題した一九六九年の論文の中で、エーリックは迫りくる海の生き物の絶滅を予測し、

「生態系の不安定化と、太陽光の減少と、塩素化炭化水素の急激な増大とが合わさって」、「究極の大災害」が引き起こされると主張した。食糧不足と有毒スモッグが政治の混乱をもたらし、世界は急激に悪化するだろう。「すでにこの世に生まれている人間の大部分が人類史上最大の大異変で命を落とすことになる」と書いている。(13) 同じ年の後半、ロンドン訪問中には「世界的な伝染病、熱核戦争、極度の汚染、生態学的大災害」が起きることを予想し、「もし私がギャンブラーなら、西暦二〇〇〇年にイギリスは存在していないほうに賭けるだろう」と見解を述べている。(14) 一九七〇年のアースデーを記念して出版された『生存の危機』と題された論文集に寄稿したエーリックは、西暦二〇〇〇年から見た世界崩壊後の世界を想像している。そのときには、大規模な食糧不足によって六五〇〇万人のアメリカ人が命を落とし、世界中でほぼ四〇億人が「大いなる集団死」によって死に絶えている、と。(15) 彼が前書きを書いた一九七〇年のＳＦ短編小説選集の表紙に書かれているとおり、エーリックの想像する西暦二〇〇〇年は「悪夢の時代」だった。(16)

一九七二年一二月、アポロ一七号の宇宙飛行ミッションで、宇宙船から乗組員が一枚の地球の写真を撮った。「ブルー・マーブル（青いビー玉）」と呼ばれるこの写真には、ところどころ白い雲がかかった青く輝く惑星が写っている。暗闇に浮かんだ地球は、自律した生命維持システムのように見える。カメラの視線はアフリカから地中海、そして南極へと伸びていく。その視線は、脆《もろ》さと「地球の相互依存」とを暗示する視点そのものである。(17) ブルー・マーブルの像は、一九七九年に出版されたジェームズ・ラブロックの著書『地球生命圏　ガイアの科学』の表紙に複写された。この書物の中でラブロックは、すべての生命体はそれぞれの環境との相互作用によって複雑な自己制御システム、すなわち、バランスのとれた地球を作り上げると主張した。(18) 一九八七年の国連の報告書『われらの共通の未来』の言葉によると、宇宙から見ると小さくて脆《もろ》そうな球体は、人間の活動や制度ではなく、雲と海と緑樹と土のパターンに支配されている。その雲や海のパターンに人間が活動を合わせられないせいで、地球の生態系が根本的に変わりつつある。そうした生態系の変化の多くは、生命を脅かす危険を伴っている。この新しい現実から逃れる道はない。だから新しい現実を理解し、対処していかねばならない。(19)

ブルー・マーブルの写真が撮影されたのと同じ年、『成長の限界』という題名の報告書が、また別の相互依存に関する地球の未来像を提示した。国際的シンクタンク、ローマ・クラブに委託されて、MITスローン・スクール・オブ・マネージメント［マサチューセッツ工科大学のビジネス・スクール］のシステム・ダイナミクスの研究チームが、コンピュータ・モデルを使って、世界の成長がどのような結果をもたらすかを調査した研究成果だった。「世界人口、工業化、汚染、食糧生産、資源消耗の現在の増加傾向が変わらなければ、今後一〇〇年以内に地球の成長は限界に達するだろう」というのが、研究チームの出した結論だった。さらに、「人口と工業生産力の両方が、突然、制御不能なまでに低下する」と警鐘を鳴らした。(20)この報告書は世界中で何百万冊も売れて、空前のベストセラーになった環境書となった。

エーリックとローマ・クラブは一括りにされて、世界の破滅を声高に唱える仲間と見られることが多いが、双方の意図は大きく異なっていた。(21)エーリックは、世界の資源枯渇の原因は人口過剰にあると考え、人口統計上の時限爆弾を警告した。現在、『人口爆発』を読むと落ち着かない気分になるが、それはもっぱら地球に渦巻く人々がまるで寄生虫の大群でも見るような目で描かれているからだ。プロローグの一節で、エーリックはインドのデリーでの自身の体験を、地球の過密した未来への警告として描いている。「食べる人、洗う人、眠る人。やって来て、議論して、金切り声を上げる人。タクシーの窓から両手を差し込んで、物乞いをする人。大便をする人、小便をする人。バスにしがみつく人。動物の世話をする人。人、人、どこもかしこも人だらけ」[22]。この人種差別的な本の中では、人は統計上の数字でしかない。人間性を剝ぎ取られ、基本的な生理機能にまで落とされ、自分が世話している動物と区別がつかない存在にされている。

それに対して、一部には新マルサス主義［マルサス主義に立つが、人口増加による害悪から逃れる方法として道徳的抑制によらず、産児制限を主張する運動］と呼ぶ声もあるけれど、ローマ・クラブはエーリックよりも人口増加の多面的な次元に目を向け、とりわけ、世界的な不平等を持続させる政治と経済のシステムに関心を向けていた。人口は、欧米型成長モデルの世界覇権に向けられた、より広い批評の要素の一つにすぎなかった。欧米型成長モデルが、持続不可能なものであるにもかかわらず、しっかり定着しすぎて変更不可能になっていたことのほうが、大問題だと考えたのである[23]。

だが、当時、人々の不安をかき立てていたのは、人口増加ではなく地球の寒冷化だった。一九七〇年一月、『ワシントン・ポスト』紙は、例年よりも寒い冬が続いているのは新しい氷河期の前触れだと宣言した。一九七五年の『ニューズウィーク』誌は、「寒冷化する世界」という見出しをつけた記事を載せて「地球の気象パターンが大きく変化し始めた不気味な兆候」を挙げ、「一九四五年から一九六八年までの間に、北半球の地温は平均〇・五度低下」したと指摘した[24]。「この寒冷化で、すでに数十万人が死亡している」と、科学ジャーナリストのローウェル・ポンテは、一九七六年に著書『寒冷化』の中で主張した。「もしこのまま寒冷化が続いて、思い切った行動が取られなければ、世界的飢饉と、世界的混乱と、世界的戦争が起こるだろう。それらはすべて、西暦二〇〇〇年までに起こる可能性がある」[25]。こうした寒冷化の予測は、『気象の陰謀』などの大衆本にも現れた。一九七三年と一九七六年に、『タイム』誌は「大寒波」と「アメリカの寒冷化」に関した特集号を出し、一九七九年には「来たるべき氷河期を生き延びる方法」についてカバーストーリーを載せている。『来たるべき氷河期』と題した一九七八年のテレビのドキュメンタリー番組では、ニューヨーク州バッファローの厳しい冬の光景とともに、立ち往生している車の中で凍死した人々のことが報告されていた。バッファローを襲ったこの厳しい冬が、間もなく世界中で当たり前になるだろう。また、気象学者たちは来たるべき氷河期を予測しており、そうなれば「北極の寒気と絶え間なく降り続く雪のせいで、地球上の可住地域の大部分が極地砂漠に変わってしまう可能性もある」と、番組は述べていた。

一九七〇年代の気候変動をめぐる論争は、世界的な石油危機を背景に生じていたが、その石油危機には重大な政治的影響があった。歴史家メグ・ジェイコブズが明らかにしたように、空っぽのガソリン・タンクだけがアメリカの弱体化を示すものではなかった。クリスマス・ツリーのイルミネーションがなくなったり、電力を節約するため日光節約時間が課されたり、温度自動調節器の設定温度を下げたり、ガソリン消費量を節約するために制限速度を時速八八キロにしたりすることも、国力が下り坂にあることの証しだった。一九七三年に六か月続いた原油禁輸措置が、景気後退をもたらし、アメリカのエネルギー依存の危険性を浮き彫りにした。それから五年後、イラン革命によって生じた石油不足によって、再びその危険性を思い知らされることになった。[26]

環境保護主義はパニックとして始まったが、そのパニックは今も続いている。『タイム』誌が二〇〇六年に、地球温暖化についての報告を紹介する大見出しで宣言したように、「心配しろ。大いに心配しろ」なのだ。同じ年に発表された、アル・ゴアが主演したドキュメンタリー映画『不都合な真実』［この映画でアル・ゴアは二〇〇七年に環境問題啓発に貢献した功績によりノーベル平和賞を受賞している］などの環境問題を扱った現代のドキュメンタリー映画も、差し迫った環境災害を予想させて恐怖を視聴者の心に植えつけるのを目的としていた。[27]

二〇一一年に『ワシントン・ポスト』紙に書いた記事の中で、環境活動家マイク・ティドウェルは、自らの気候変動に対する取り組み方がいかに変化したかを語っている。一〇年前には、自宅の屋根にソーラー・

パネルを設置し、地元産の食材を食べ始め、「電球一個分に相当する電力しか消費しない、エネルギー効率の高い冷蔵庫を購入した」。しかし、今、別の変化を加えようとしている。家じゅうのドアにデッドボルトの錠を取りつけたり、ガレージに予備電力を確保するためのポータブル発電機を置いたりし始めている。「私は普段は偏執病的性格の人間ではない。けれど、異常気象がオーストラリアとロシアの小麦畑を焦がしたり水浸しにしたりして、世界中で穀物価格が四〇パーセント以上も上昇した結果、飢えた人々が抗議行動を起こし、それがメキシコからモザンビーク、セルビアまで広がったときに、気がついたのだ」。アメリカで食料生産が低迷すれば、社会不安が起こる――食料をめぐる暴動や暴力やパニックが起こる――と、ティドウエルは予測したのである。[28]

二〇〇八年に始まった、世界自然保護基金（ＷＷＦ）の「あなたが変えられてしまう前に、気候変動を食い止めよう」キャンペーンでは、その一環として、突然変異で魚の顔になった人間を描いた広告が作成された。気候変動が恐ろしい退化のプロセスを誘発すると示唆した広告だった。翌二〇〇九年、コペンハーゲンで開催された国連気候変動会議ＣＯＰ15［正式名称は気候変動枠組条約第一五回条約国会議］では、短編映画『お願い世界を助けて』が上映された。一人の少女が、ハリウッドのホラー映画じみた悪夢から目覚めるというストーリーだ。空っぽのブランコがきしむような音を立てる中、地面に巨大な裂け目が走り、少女のクマの縫いぐるみがその中に飲み込まれる。と、突然、大竜巻が起こり、続いて海面が上昇して、海水が草木のない剝き出しの陸地の向こうからものすごい勢いでこちらに迫ってくる。最後にお約束の悲鳴が響いて、少女の悪夢は終わる。気候変動は悪夢だ。しかも、今にも現実になろうとしている悪夢である。

それから一〇年後、気候変動に関するメッセージは依然として同じである。見ることとは信じること、いや、その逆だろうか。科学を信じていなければ、何が危機にさらされているのか理解できないものだ。エクステインクション・レベリオンが制作した『気候危機と、われわれがパニックになるべき理由』というタイトルのアニメーション・ビデオで、俳優のキーラ・ナイトレイは物悲しいサントラに負けない大きな声で、「各国政府は手遅れになる前に危機モードに入らなければならない」と訴えている。

パニックこそ、デヴィッド・ウォレス＝ウェルズのベストセラー、『地球に住めなくなる日――「気候崩壊」の避けられない事実』のような書籍が期待する効果だ。同書は、極暑や絶滅から地政学的紛争まで、地球温暖化の壊滅的な影響を扱っている。二〇一九年に『ニューヨーク・マガジン』誌に書いた記事の中では、「地球温暖化の影響は、あなたが考えるよりも絶対ひどいものだと思う」と書いている。「あなたの地球温暖化に対する不安の元が主として海面上昇の恐怖にあるのだとしたら、今の一〇代の若者たちが生きている間にさえどんな恐怖が起こり得るか、ほとんど理解していないと言っていい[29]」。あるいは、「パニックになるべき時」という表題の論説で述べたとおり、「地球は壊滅的な形で温暖化が進んでいる。だから、われわれを救うものは恐怖だけかもしれない[30]」。

ウォレス＝ウェルズの書き物のテーマはほぼ一貫している――われわれはパニックを起こしても当然の恐怖に直面しているのに、なかなかパニックに陥らない、ということだ。簡単に言うと、われわれは怖がっていないから、怖がるべきであり、そうすれば恐怖がわれわれを救ってくれるかもしれない、ということだ。それは二〇二一年に公開されたSF風刺映画『ドント・ルック・アップ』のメッセージである。主演の二人、ジェニファー・ローレンスとレオナルド・ディカプリオが演じる天文学者が、メディアの助けを借りて、地球に衝突する恐れのある彗星が近づきつつあることを警告しようとする。この映画が描くのは、恐怖を感じさせることで無気力を打ち破ろうとする人間と、なぜそんなに大騒ぎするのか理解できない人間とに分断された世界だ。言うまでもなく、幸せな結末にはならない。反パニック派の人間が悪役なのは、ちゃんと見えているのに少しも信じないからである。

一つの戦略として、エコ・パニックは、主にカリスマ的な活動家や、私立財団、NGO（非政府組織）、国際機関によって広められてきた。「国連気候変動に関する政府間パネル」（IPCC）は、二〇一八年に出した報告書で、各国政府と一般の人々に「緊急かつ前例のない変革」を行うように求めた。[31] 二〇一九年にスイスのダボスで開催された世界経済フォーラムで、グレタ・トゥーンベリは「私はあなたがたにパニックを起こしてもらいたい。私が毎日感じている恐怖をあなたがたにも感じてもらいたい」と発言した。地球は燃えている家のようだ、だから手遅れになる前に、みんな逃げなければいけない、とも述べている。[32] そんな状況では、パニックは選択の問題ではない。生き残れるかどうかがかかった問題だ。

気候変動は、目に見えないほどゆっくり進行する、地質学上の過程の一部であるのに、どうやってその脅威をリアルに感じさせることができるのか。一つの答えは、これまで見てきたとおり、恐怖を感じさせることによって、人々に特定の大災害が近づいているのかもしれないと考えさせることだ。ただし、この恐怖はあきらめと意気消沈に変わりやすい。なんと言っても、「災害」（disaster）という言葉は、「星」（star）を意味するラテン語の *astra* に由来し、この世の災厄は人間の力の及ぶところではないという考え方を表しているからだ。[33] このように止めようのない宇宙事象として気候変動をとらえる考え方こそ、元米国気候変動担当特使トッド・スターンが、気候変動を「地球に向かっているもう一つの隕石」と表現して喚起したものだった。[34]

エコ・パニックは、環境保護主義者を狂信者や詐欺師として否定する人たちの辛辣な反論に最初から火をつけた。メルビン・グレイソンとトーマス・シェパード・ジュニアは、共著『災害ロビー』で、環境保護主義者がアメリカのビジネスと科学技術の進歩を攻撃していると激しく批判した。だまされやすいアメリカ人は、レイチェル・カーソンが『沈黙の春』で主張したことに引っかかって、二人に言わせれば、同書を「かつて、アドルフ・ヒトラーのごみみたいな本を買い漁ったバイエルンのおっぱいのでかい主婦に劣らぬ熱心さで」買いまくったのだった。さらに、『沈黙の春』は「人を殺す本」だと激しく非難した。なぜなら貧しい国でマラリアが再び猛威をふるい始めたのは、同書のせいでDDTが禁止されたからだというのである。(35)電気工学の教授のペートル・ベックマンは、一九七三年の著書『環境ヒステリー患者と科学技術恐怖症患者』において、自身が原子力の擁護者であるにもかかわらず、ローマ・クラブの「世界破壊装置」をとりわけ悪意に満ちた口調で批判した。『成長の限界』は、「熱狂的な環境保護論者」と「環境保護カルト集団」による世界の乗っ取りに等しいと断言したのだ。科学が、「悪意に満ちたナンセンス」を説く、「暗愚な狂信者」の集団から攻撃を受けているとも述べた。(36)こうした書籍の論調の辛辣さは、自分は公明正大だという書き手の主張を台無しにしている。大文字で、しかも感嘆符つきのパニックが書き込まれたこの手の書籍は、書き手本人が言語道断と主張する大袈裟な言葉遣いが用いられている。しかし、「パニックになるな！」とわめきちらすのは、どう考えてもパニックになっている人間がやることだ。

グレイソンやベックマンのような批判は一つにまとまって、環境問題に懐疑的な人間や、気候変動を否定する人間の一大ロビーへと発展していく。そのうちの一人に、気候変動懐疑論者を自認する、小説家のマイケル・クライトンがいた。二〇〇四年に、過激な環境保護主義の問題に取り組んだスリラー小説『恐怖の存在』を発表している。(37)フィクション作品ではあるが、同小説は広範囲の調査の結果として提示されており、グラフ、図式や脚注、付録、かなりの数の参考文献が含まれている。物語の中心は、環境解放戦線（ＥＬＦ）というエコ・テロリスト集団のテロ計画を阻止するための戦いである。このＥＬＦが、過激なイギリスの環境団体「地球解放戦線」を指していることは明らかだ。同小説の中で、ＥＬＦは自分たちの邪魔をする者は誰であろうが平気で殺害する。そして、地球温暖化に社会の関心を集めるために、アメリカ西海岸を壊滅させる巨大津波を起こすことをはじめとする、自然災害にしか見えないような一連のテロ攻撃を企んでいる。

このエコ戦争では、リスクは高い――だが恐怖には形勢を逆転させる力がある。おそらく、同小説の最も不気味なところは、エコ・テロリストが、大企業やマスメディアや、「ディープ・ステート」と呼んでもいいものと共謀して活動していると暗示している点だろう。クライトンは気候変動を、彼のいわゆる「恐怖の存在」の一部、すなわち、恐怖を社会統治の一形態として用いる機関の連合の一部ととらえている。冷戦後の時代には、環境に対する恐怖が、「赤の恐怖」に取って代わったわけだ。

確かに、一九六〇年代と一九七〇年代の環境保護主義の台頭と、冷戦とには関連があった。しかも、単に「人口爆弾」などの言葉が持つ脅威と、冷戦に関する語彙の脅威に関連が見られるというだけではない。もっと具体的に言えば、冷戦で生まれた核の冬［核戦争によって大気に大量の煙と塵の層ができて、太陽光線が地上に達せず、気温が低下し、暗黒になるだろうと考えられている期間］に対する不安が、気候変動を研究する科学に影響を与え、また、核兵器実験が大気に与える効果についての研究が、パウル・クルッツェンのオゾン層破壊に関する研究に影響を与えたのである。このオゾン・ホールの研究によって、クルッツェンは一九九五年にノーベル化学賞を受賞している。けれど、この時代は科学者にとって良いことばかりだったわけではない。恐怖を生み出していると、環境保護主義者が地球の破滅を否定する批判者から非難されたのと同じく、環境科学者とその支援者もまた、知らぬ間に激しい攻撃の標的にされていることが多々あったのだ。

二〇二〇年に発表されたグレタ・トゥーンベリの家族の体験記『グレタ　たったひとりのストライキ』によると、気候変動の恐怖は、さまざまな心理的問題に対処する一家の戦いと連関していた。二〇一四年、グレタは神経衰弱になって、泣き続けたり、パニックに襲われたりする症状が表れた。摂食障害にもなって、ついに二〇一五年には抗鬱《うつ》薬の処方を受けるようになる。グレタの母でスウェーデンの有名なオペラ歌手でもあるマレーナ・エルマンは言っている。「本当は自分の気持ちについて本を書くべきではなかった。（だけど）、どうしても書かなければならなかった。家族みんなが書かなければならなかった。だって、最低の気分だったから。私も、スヴァンテ（グレタの父）も、子どもたちも、みんな最低の気分だった。地球も最低の気分だったし、犬だってそうだった」。ほかのすべての人と同じく、彼らも「燃え尽きた惑星の燃え尽きた人間」だった。(38) ある書評家が指摘したように、グレタの家族は「ヒステリーを起こすことが気候変動だけでなく現代生活に対しても、唯一理にかなった反応である」と決断を下したのだ。もしかしたら、こうした惨めな実存的恐怖がすべて、一つの社会的活動に変貌するのかもしれない。(39)

この場合「ヒステリーを起こすこと」は、家族と地球の健康の危機に対する解決策と考えられているが、実際、気候変動は精神障害の原因と認定されることが多くなっている。ここ数年、心理学者は「エコ不安（気候不安症）」を、地球の崩壊が迫っていると想像して感じる恐怖から生じる新しい疾患と認定するようになった。『オックスフォード英語大辞典』は、二〇一九年だけで、「エコ不安」という言葉の使用が四二九〇パーセント増加したと指摘している。(40)

エコ不安は、「環境危機を心配する、ますます多くの人を苦しめる精神的疾患」と定義されてきた。(41) 地球崩壊の未来図は、ニュース記事やテレビのドキュメンタリー番組からハリウッド映画まで、メディアの至る所にあふれている。交通の中心地やショッピング・センターで、エクスティンクション・レベリオンの活動家たちが実施する「ダイ・イン」［参加者が死者になりきることで行われる抗議の一形式］も、気候変動の結果として社会が崩壊するという考え方を助長する働きをしている。二〇〇五年の著書『文明崩壊——滅亡と存続の命運を分けるもの』の中で、ジャレド・ダイアモンドは、近未来に破滅的状況が訪れる可能性を主張し、その原因として、社会が自然環境の悪化がもたらす脅威、気候変動の影響、紛争、貿易戦争に取り組まないことを挙げている。もっと最近では、気候危機にわれわれが集団的に取り組むことができていないせいで、気候危機の根本的な原因に対処する能力が、致命的に損なわれていると議論されている。危機に対処するどころか、われわれは破滅のループ、つまり、「加速する環境ショックと、逆効果の防衛反応のスパイラル」に突入しているというのだ。[42]

アメリカ心理学会は二〇一七年に出した報告書の中で、気候変動が心の健康(メンタル・ヘルス)に与える影響について調査し、「エコ不安」を「環境破滅に対する慢性的な恐怖」と認定した。その報告書にあるとおり、「気候変動の取り返しのつかないように見える影響が、ゆっくりと進行するのを目の当たりにして、自分や子どもやその後の世代の未来を心配すること」は、無力感とフラストレーションを誘発する。[43] エコ不安の症状には、憂鬱、怒り、パニック発作がある。二〇一九年、精神科医たちが集まって非営利組織「クライメイト・サイカイアトリー・アライアンス(「気候精神医学同盟」)」を設立し、「気候危機が心の健康とウェルビーイングに与える深刻な影響など、気候変動の差し迫った危険について、専門家や一般の人々を教育すること」を目指している。また、アメリカでは、「グッド・グリーフ・ネットワーク」が、「人々を結びつけて、集団の悲嘆やエコ不安、地球の危機に対して湧き上がってくるそのほかの重い感情の新陳代謝を図る」ために、一〇ステップのプログラムを開発している。[44]

このエコ不安は、「エコフォビア(生態系破壊恐怖症)」に関係している。エコフォビアはどうやら一九八〇年代後半に、アメリカの環境教育者デヴィッド・ソーベルによって、「環境問題と自然世界に対する恐怖」を表すために作られた用語らしい。ここで言う「環境問題と自然世界に対する恐怖」とは、「原油流出、熱帯雨林の破壊、捕鯨、酸性雨、オゾン・ホール、ライム病に対する恐怖」のことだった。[45] 文化批評家ワイ・

チー・ディモックは、自然災害とテロリズムは合体しつつあると主張する。二〇〇一年の世界貿易センターへのテロ攻撃と、二〇〇五年のハリケーン・カトリーナがもたらした破壊とは、どちらも「アメリカは絶対的な意味で卓越している」という幻想を打ち破る働きをした。彼女が言うように、「アメリカは、われわれの目の前で文字どおり『バラバラに』なったように思える。この国の生活構造が過激派グループと、気候変動によってもたらされたもっと大規模な物理的力とによって、ずたずたに引き裂かれてしまった」[46]。

テロとエコ不安は、主流の環境思想に深く根差すようになった。陸軍退役軍人のロイ・スクラントンは、著書『人新世に死ぬことを学ぶ』で、戦争で破壊されたイラクでの自らの体験から教訓を引き出している。彼がアメリカ陸軍の二等兵として一四か月暮らした戦災国イラクは、外敵の侵攻、内紛、民族紛争、宗教的衝突によって破壊されていた。だが、その姿は間もなくわれわれの身に降りかかる暴力の前兆に思えるという。地球の破滅的な未来は、「衝撃と畏怖」のあとのバグダッドに似ているだろうと、彼は言う。「衝撃と畏怖」とは、一九九六年に生まれた造語で、敵を圧倒するために凄まじい軍事力を戦略的に使用することを表している。スクラントンは、イラクに「日常生活の構造がバラバラに引き裂かれるとどうなるか」を見た。「大きな不運が襲ってくるだろう。それは絶対間違いない。だから、社会秩序を襲う次の衝撃に、その次の衝撃に、そのまた次の衝撃に備えることを今日から始めなければならない」と、アメリカの読者に訴える[47]。ここでは、気候変動を戦争と同種の危機という枠に入れることが意欲を高める戦略として有効だということが、前提になっている。行動を促すことにかけて、恐怖は希望よりも効果があるからだ[48]。

この政治と経済を根拠にしてパニックをまき散らすやり方を批判する人間がいる。環境問題評論家マイケル・シェレンバーガーは、「気候の恐怖」で自らがはたした役割を謝罪している。「気候変動は起きている」、と認めたうえで、続けて「それは決して世界の終わりではない」と述べる[49]。彼によると、環境保護運動は、罪と破滅という不愉快な物語の中に閉じこもったままで、そうし続けると結局、逆効果でしかない。気候変動を否定はしないが、彼のいわゆる「気候警戒論」は捨てることにする。なぜなら、科学的データを歪める「気候警戒論」は、恐怖が希望を打ち消すことを意味し、賢い解決法の可能性を抑制するからだ(50)、と。同じように、デンマークの政治学者ビョルン・ロンボルグは、地球温暖化に対する「人騒がせな虚報」手法を非難している。地球温暖化の問題に何十億ドル注ぎ込んでも効果はないだろうし、かえって貧しい人々を苦しめ社会的不平等を大きくする可能性が高い。「頭に銃を突きつけられていては、賢い判断はできない」というのだ(51)。

シェレンバーガーやロンボルグとは反対に、気候変動の緩和が一種の「グリーンウォッシング」［環境配慮をしているように装い、ごまかすこと］として、実業界に促進されることを疑う者もいる。イギリスの環境活動家ポール・キングスノースもその一人だ。彼のような「極度に悲観的な運命論者《ドゥーマー》」や「常軌を逸した社会崩壊論者」は、バイオテクノロジーや合成生物学、原子力、地球工学で地球を救うことができるという考えを拒絶する。いや、それどころか、そもそも科学技術の進歩が気候変動の原因であるのに、その科学技術による救済を重視するのは、科学技術の進歩に対する誤った通念を永続させることになると主張している(52)。

しかし一方で、二〇〇三年、非営利組織「ワールドチェインジング」の設立者、アレックス・ステッフェンのように持続可能性に関心を持つ未来学者は、気候変動を二者択一的にとらえることに異議を唱えている。気候変動を覆すのでも、世界の終わりは避けられないと黙って受け入れるのでもなく、世界の不連続性を理解し、悲惨な未来に対して立ち直る力を作っていくべきだ、と。「この戦いに勝つことはできないが、絶望するべきではない。われわれにだって、永続的な危機に瀕している地球にあって、目的をやり遂げられる人間に自分を変える勇気だけはある」とステッフェンは書いている。「生物圏の構造」が綻《ほころ》んで、「その綻んだ

端っこを引っ張っている」状態にあるわれわれには、発展という衝撃に耐えられる新しいモデルが必要である、と。(53)

けれど、ステッフェンが主張するような、気候変動の問題に現実的に順応していく必要性に関する議論は、潤沢な資金を受けた反気候変動の利益団体に圧倒される恐れがある。たとえば、二〇二二年に、気候および反偽情報の組織の世界的連合、「偽情報に対する気候変動対策（CAAD）」は、特別委員会を立ち上げて、エジプトのシャルム・エル・シェイクで開催されたCOP27〔国連気候変動枠組条約第二七回締約国会議〕サミットに関連した反気候変動派の攻撃を追跡調査した。二〇二三年一月に発表された同連合の報告書では、一九七〇年代を彷彿させると示唆されるほど、気候変動否定論が広がっていることが浮き彫りになった。サミットの会期中、ツイッターでハッシュタグ「#ClimateScam」の使用が急増したこと、「気候」という言葉を検索エンジンで検索すると、「気候詐欺」がトップに表示されることも指摘されている。

CAADによると、COP27の課題が「『アンチ・ウォーク』〔「ウォーク」は英語のwokeに由来する「目覚めた」という意味。つまり人種やジェンダー、気候問題など社会で起きている問題に強い問題意識を持つ人々を指す前向きな言葉だが「アンチ・ウォーク」はそういう人たちを揶揄する言葉〕と、陰謀論者の運動に勝手に取り入れられて、気候問題が『文化戦争』の中心柱として強調されていた」。同時に、「ウォークウォッシング」〔企業や組織が実際以上に社会問題に対する意識が高いふりをすること〕が、ますます大きな問題になっていることも確認された。つまり、気候活動に反対の企業や組織が、「進歩的な美辞麗句」を使い、たとえば電気自動車は化石燃料を使う自動車よりも環境に悪いと根拠もなく言い立てたり、ロシアや中国のテレビやラジオがやっているように、気候変動は欧米帝国主義の一形態だとほのめかしたりしているのである。

また、CAADの同報告書は、フェイスブックやインスタグラム上の化石燃料関連の事業体の広告にも注意を呼びかけた。石油産業のために広報・ロビー活動を行っている団体が与える影響の大きさはもちろんだが、「グリーンウォッシング」と「ネイチャー・ライジング」という問題も大きくなっていることを強調している。石油と天然ガスに大きく依存している企業は、生態系に優しい実績を喧伝することで企業イメージをきれいにしようとするからだ。そして、気候変動緩和政策がもたらす、国民の暮らしと国家の安全保障への危険につけ込むロビー活動で、恐怖は重要な要素の一つである(54)。

気候変動をめぐって交わされるしばしば敵意に満ちた論争と、誤った情報を駆逐し虚偽の情報を防ぐ戦いとは、深刻な文化的・政治的な問題を提起する。ある共同体のパニックが、別の共同体と共有されない場合、どうなるのか。パニックになることを望んでいない人々に、無理やりパニックを感じさせることができるだろうか。これほど分断が進んだ恐怖の政治において、いったいどうやって希望を救い出せばいいというのか。

過熱した地球を火がついた家にたとえたグレタ・トゥーンベリの警告は、現状を緊急に停止させる必要性を示唆している。燃えている家の中にいるとき、まず重要なのは外に逃げ出すことで、入念に計画を立てることではない。これに対して、作家で活動家のレベッカ・ソルニットは、希望を持つことが大事だと強く主張し続けている。彼女が関係している気候変動イニシアティブ「ノット・トゥー・レイト」は、人を無力にする絶望に対抗する、危機に対しての視点を広めることを目指している。その目標に向かって、ノット・トゥー・レイトのホームページには、チェコの詩人・劇作家で、反体制派のヴァーツラフ・ハヴェルの言葉が引用されている。民主的に選挙で選ばれた最初のチェコスロヴァキアの大統領となり、一九九二年のチェコスロヴァキアの連邦制解消後、チェコ共和国の大統領を一〇年間務めた人物だ。ホームページに載っている言葉はこれだ――「希望とは、何かがこれから良くなるという信念ではなく、たとえそれがどういう結果になろうと、それが実行する価値のある何かだという確信である(55)」。

気候変動の科学や政策決定、啓蒙活動に、著名人たちが首を突っ込み始めるのと並行して、平等と気候変動に関する問題もまた表面化してきた。二〇一九年に、グーグルの共同創業者ラリー・ペイジとセルゲイ・ブリンは、毎年恒例の集まりであるグーグル・キャンプで、気候変動についてあれこれ意見を出し合うために、シチリアの高級リゾートに超有名人を招待した。パレルモ空港は一一四機の自家用ジェット機の到着に備えた。伝えられるところでは、出席したＶＩＰには、インターネット起業家でフェイスブックの創業者マーク・ザッカーバーグ、ヘンリー王子、ハリウッド俳優トム・クルーズ、ポップ歌手ケイティ・ペリーがいた。しかし、そうした環境保全活動に熱心で日頃から地球の破滅に備えている豪華な面々が、心が暗くなる大災害の未来図を呼び起こして、自然食品や、カーボン・オフセット［環境省によると、日常生活や経済活動において避けることができないCO_2等の排出について、まずできるだけ排出量を減らす努力を行い、どうしても排出される温室効果ガスについて排出量に見合った温室効果ガス削減活動に投資する等により埋め合わせるという考え方］や、エコ住宅といった脱工業化経済を提唱することに、一般社会から批判が集まった。誰もが気候変動の影響を受けるかもしれないが、誰もが気候変動について話し合うため、CO_2を大量に排出するジェット機に乗ってやってこられるわけではない。なるほど確かに、ファッション・デザイナーのダイアン・フォン・ファステンバーグや、グーグルの元ＣＥＯエリック・シュミット、映画会社ドリームワークスの創業者の一人デヴィッド・ゲフィンは、自家用の豪華クルーザーでやってきたと言われている。この気候変動の問題に取り組む超大物たちの社会では、世界の現状は脇に追いやられて窮屈そうにしている。

しかし、その世界の現状は、国益を強化する手段としても働く。中国は汚染を続けてきた過去の歴史から欧米で非難されることが多い。いまや中国は軍事的脅威であるばかりか、地球環境に対する脅威でもある。カナダの写真家エドワード・バーティンスキーが、一九八〇年代以降の中国の工業発展を撮影した写真の数々には、同国の工業化と環境破壊の恐るべき規模と速度がとらえられている。バーティンスキーが撮影したのは次のような場所だ――世界最大の土木工学プロジェクトである三峡ダム、中国の巨大鉄鋼メーカーの宝山鋼鉄、電気・電子機器廃棄物やプラスチックや金属をリサイクルするために誕生した村々。都市くらいの規模がある巨大工場、たとえば、EUPA（ユーパ）では数千人の労働者がアイロンや電気調理器やコーヒーメーカーの製造に携わっている。スポーツシューズ製造企業の Yu Yuan、中国最大の鶏肉加工業者 Deda。これらの工場が集まって、上海のような高密度の巨大都市を拡大させてきたのだ。大量消費主義と、「その結果として生じた環境悪化が、われわれを満足させて幸福にしてくれる品物の生産過程と不可分である点に、私は恐怖を覚える。もはや、私にはこの世界が国境や言語で線引きされた別々の国に分かれているとは思えない。七〇億人の人間が一つになってたった一つの限りある惑星を食い物にしているようにしか思えないのだ」と、バーティンスキーは書いている。[56]

中国の成長を促進させてきたのは欧米の経済的利益であり、外国企業が中国の人件費の安さを利用して、欧米のすさまじい大量消費を満足させてきた。そう考えると、中国の工業化による環境への影響を報道するのは、いわば地球規模の苦境に対する国家主義的な取り組みの限界を喧伝するのに欧米にとって都合のよい方法だといえる。[57]

二〇二二年のインタビューで、アル・ゴアが、「テレビのニュースは毎晩、ヨハネの黙示録の中を自然散策しているようなものだ。だが、そのおかげで意味のある行動への要求が高まっている」と語った。[58] その翌年、国連事務総長アントニオ・グテーレスは、国連安全保障理事会で、「海面上昇は『聖書の規模の集団移住』をもたらす恐れがある」と述べた。[59]

本書は、カトリック教会の恐怖の独占に待ったをかけた、中世の世界的流行病についての考察から始まったが、最後はカトリックではない別の宗教へ戻ることになる。その別の宗教とは、「エコロジズム」(ecologisim)、すなわち、気候変動と戦うために恐怖を捕らえようとする運動のことだ。フランスの哲学者パスカル・ブルュックネール〔一九四八年～〕は、エコロジズムは「中世型のメシア思想」を模した「世界滅亡の遠景画法」を再現するものだと主張してきた。彼の言葉を借りれば、エコロジズムの支持者たちは「パニックの太鼓を叩いて、手遅れになる前に罪の償いをするようわれわれに呼びかける」(60)。ごく現実的な脅威が、過去の時代の神聖な恐怖を思い出させる後悔と罪悪感の言葉で再解釈されるのだ。この種の終末論的な環境保護主義の問題点は、環境保護運動がまんまと、気候変動と戦う運動が支持者の絶対服従を要求する熱烈な宗教のようなものだと主張する連中のいいようにされていることである。

二〇〇三年にマイケル・クライトンは次のように述べた。「今日、西欧諸国で最も強力な宗教の一つが、環境保護主義だ。どうしてそれを宗教と呼ぶのかって? まあ、いいから信条を見てみろ。注意深く見れば、環境保護主義が実は、伝統的なユダヤ・キリスト教の信条と神話を、完璧に二一世紀に置き換えたものだとわかるから」(61)。保守派の非営利団体 PragerU(プラガーユー)は、一貫して気候変動の嘘を暴いてきた組織だ。二〇二〇年に短編ドキュメンタリー映画『緑の宗教』を発表し、その中で、環境保護運動は「終末論を信じているカルト」で、自分たちの計略を推し進めるために恐怖を用いていると訴えている。映画の中でインタビューされた一人が言うように、「気候変動によって世界が滅亡することはあり得ない」というのだ(62)。この世の終わりという極端なシナリオの信憑性を失わせることを狙って表面的には楽観的なメッセージが発信されているが、その裏には別の恐怖が隠されている――もし熱狂的な環境保護論者が支配権を握ったとしたらどうなるだろうか。

エピローグ——新型コロナウイルスと恐怖の支配、トランプ・リスク

一八三〇年代に『アメリカの民主主義』を書いたアレクシ・ド・トクヴィルは、自分の記述している社会が、まだ「形が定まって」いないことに気がついていた。「上昇していく世界は、落下していく世界の残骸からまだ完全に抜け出せていない」と述べている。(1)

今日でも同じことが言えるかもしれないが、二一世紀のアメリカに顕著な特徴もいくつか確認することができる。ただ、それらの特徴は多くの点で、トクヴィルが想像した世界のそれと当惑するほど似通っている。トクヴィルが想像したのは、民主主義が新しい形の「監督者の力」を生み出し、それが網の目のように張りめぐらされた「細かく、複雑で、綿密で、統一された緒規則」を介して市民の生活を管理する恐れのある世界だった。(2) 無政府状態への恐れから、安全保障が重要課題となり、一種の専制政治を生じさせ、今度はその専制政治が新しい恐怖を引き起こす。このジレンマに不気味なくらい共感を示す人々がいる。彼らは、恐怖の文化が大衆の不信とパラノイアとパニックに陥りやすい傾向を増大させていると主張し、その傾向を口実にして何層もの新しい安全保障を求めるのである。(3) 皮肉なことに、人は安全になればなるほど、ますます不安になっていくものだ。おそらく、安全を確保することに力を注げば注ぐほど、「絶対の安全保障」などないことがわかってくるからだろう。一九八八年の『悪魔の詩』出版後、殺害の脅迫を受けて身を隠さねばならなくなった作家のサルマン・ラシュディが皮肉を込めて述べたように、「あるのはただ、さまざまな程度の危険だけ」なのだ。(4)

とはいえ、すでに見てきたように、9・11同時多発テロ事件以後、安全保障は新たな形で制度化されてきた。大きな権限を持つアメリカ国土安全保障省が、「絶え間ない回復力《レジリエンス》の文化」を浸透させるために設立され、テロ対策、国境警備、防災、サイバー・セキュリティーに重点的に取り組んできた。特にサイバー・セキュリティーの脅威は、テロリズムや国家安全保障だけでなく、ハッキングやストーキングへの恐怖とも関連して表面化してきており、これまで以上に堅固な予防対策が必要とされている。

匿名性が高く追跡するのが難しい、ビットコインやそのほかの暗号通貨の出現で、ハッカーが金銭を巻き上げ、探知を避けることが以前よりも容易になった。二〇一七年、ハッカー集団がマイクロソフト社の基本ソフトWindowsを標的にしたマルウェアの「ワナクライ」を拡散し、ウクライナやアメリカ合衆国、それ以外にも世界中の多くの国々のコンピュータに感染させて、ビットコイン・アドレス［ビットコインの送付・預入の際に利用する英数字からなる文字列。銀行の「口座番号」のようなもの］に身代金の支払いを要求した。二〇二一年に、テキサス州からニュージャージー州まで精製油［主にガソリンとジェット燃料で、アメリカ東海岸の燃料供給の四五パーセントを担っている］を輸送しているコロニアル・パイプライン社が操業停止に追い込まれたのも、ランサムウェアにコンピュータ・システムが感染したためだった。同社は操業再開のため、複合ツールと引き換えに、約五〇〇万ドルを暗号通貨で支払ったと言われている。[5]

ＳＡＲＳ（重症急性呼吸器症候群）のパニックのさなかで、アメリカで中国製品のボイコットが起きていた二〇〇三年には早くも、ノーベル生理学・医学賞を受賞したウイルス学者で、カリフォルニア工科大学学長だったデヴィッド・ボルティモアが「合理的な予防接種が効かないメディア・ウイルス」の危険性を警告していた。「ＨＩＶウイルスのときのような事態を避けるのに重要な手は、強力で開かれた公衆衛生対策だ。しかし、開かれているということは、恐怖と過剰反応を生むということでもある」と述べた。[6]

メディアによる膨大な量の情報の流れが「インフォデミック」を引き起こした。インフォデミックとは、ボルティモアの発言と同じ二〇〇三年に、政治学者デヴィッド・ロスコフが『ワシントン・ポスト』紙の意見記事の中で新しく作り出した造語である。同記事の中で、彼は情報（インフォメーション）の流行病（エピデミック）、すなわち、「インフォデミック」が、SARSを「中国の一地方で対応をしくじった健康危機から、世界的な経済と社会の崩壊へと」一変させたと主張した。彼の言葉によると、「いくつかの事実が恐怖、憶測、風聞と混ざり合い、現代の情報技術によって増幅され、瞬く間に伝えられて、国家および国際社会の経済と政治、安全保障にまで、根本の事実とは全く釣り合いがとれないほど大きな影響を与えてきた」のだった。[7]

それから二〇年経って、チャットルーム、ブログ、ツイッター、フェイスブック、ティックトックによってオンラインでのニュース記事や風聞が急激に増えると、その「根本の事実」と虚構とを判別する戦いは、以前にも増して困難になっている。現在では、AI（人工知能）技術がわれわれの行動を予測して、われわれの意思決定過程を短縮させている。ソーシャルメディアがわれわれを、同じ考えを持った人たちと結びつけ、検索エンジンのアルゴリズムがわれわれの性向や先入観を裏づける。ターゲット・マーケティングが、われわれの恐怖と、われわれが抱いている恐怖を克服したいという望みを煽《あお》る。われわれは、急激に拡大するクリックベイト［ウェブ上の広告や記事などにユーザーの興味を引いて閲覧者数を増すため、煽情的なタイトルをつけること］産業の虜《とりこ》、つまり、メタバース［インターネット上の仮想空間］上の消費者になって、精神を調整し直し行動を修正するのだ。恐怖は常にオンラインでわれわれを苦しめるために戻ってくる。だから、インターネットの恐怖が映画の主要テーマになるのも不思議ではない。日本の黒沢清監督の二〇〇一年の映画『回路』では、インターネットが悪魔の双方向の門になっている。亡霊が世界を恐怖に陥れるためにやってくる入口であり、犠牲者を吸い込むブラックホールでもある。

黒沢清の描く亡霊は、本書で考察してきた恐怖の多くと同類で、それらはどれもわれわれの生活の基本でありながら、予測しがたい現象、すなわち、神、死、市場、科学技術、テロリズム、戦争、気候変動、新型ウイルスが引き金になって生まれる。そうした個々の現象は実体がとらえにくい上に、多くの場合、予測不能の危険要素を伴っているので、政府にとっては難題であると同時に恩恵でもある。これまで見てきたとおり、こうした現象から生じる恐怖とパニックは、大義を推し進めることに向けられることもあるが、同じくらい簡単にその大義をだめにすることもあるからだ。

新型コロナウイルス感染症（COVID-19）のパンデミック（世界的流行）の期間中、世界中で人々が恐怖を口にしていた。パニックもさまざまな局面で、さまざまな形をとって現れた。たとえば、国家主導のソーシャル・ディスタンス（社会的距離を置くこと）や、ロックダウン（封鎖）を守らなかったり、食糧の買いだめに走ったりすること、個人やコミュニティーを病原菌保有者呼ばわりすることがそうだ。また、二〇〇八年のリーマン・ショックによる金融破綻の悪夢の記憶を蘇らせる市場の不安もその一つだった。

慌ててウイルスの蔓延を止めようとした政府もまた、過剰反応と無縁ではなかった。二〇二〇年五月、ノルウェーの首相アーナ・ソールバルグは、ロックダウンの期間中に学校を閉鎖したのは彼女自身がパニックに陥っていたせいかもしれないと認めた。当時、イタリアで起きていた大量死の映像に影響されて［二〇二〇年三月一九日、イタリアのコロナによる死亡者数が中国を抜いて世界一になった］、「恐怖心から多くの決定を行ったかもしれない」と述べた[8]。場合によっては、極めて厳しい都市全域および国全域のロックダウンが、上から下へのパニックの表れだったこともあったのだ。とは言っても、力ずくの厳しい公衆衛生対策を考えれば——大統領ロドリゴ・ドゥテルテが、都市封鎖に従わない者は射殺するという政策を実施したフィリピンの例がそうだが——広く蔓延したパニックがなかったのは、驚くべきことだった。

ドナルド・トランプは、政治の道具として恐怖を助長してきたため、新型コロナウイルス感染症に対する一般国民の恐怖を和らげるのに、他国のトップよりはるかに苦労した。ポルノ女優ストーミー・ダニエルズは、二〇〇六年にトランプと性的関係を持ったと主張していて、その際、彼がサメを非常に恐れていたという話をしている。彼女がビバリーヒルズ・ホテルのトランプのお気に入りのプライベート・バンガローに入っていくと、トランプは恐怖を感じながらも魅入られたように、ディスカバリー・チャンネルの『シャーク・ウィーク』［ディスカバリー・チャンネルで毎年開催されるサメをテーマにした一週間の番組］を観ていたという。「それにしても、トランプの中のその恐怖とは何なのだろうか」と、ジャーナリストのマイケル・ルイスは言う。「人前では、トランプは他人の恐怖を食い物にして、自分には何の恐怖もないと公言している。ところが、ホテルの自分の部屋で一人きりになると、無限ループで恐怖を味わうことしか望んでいないとは[9]」。

　個人的な恐怖症はさておき、恐怖がトランプの大統領職で中心的な役割をはたしたことは確かである。二〇一六年に、大統領候補としてインタビューを受けたとき、「真の力とは――この言葉は使いたくないが――恐怖だ」とはっきり答えていた。この発言はまさに、フランスの歴史家パトリック・ブシュロンが述べているとおり、マキャヴェッリの『君主論』からとったものだ[10]。その言葉どおり、大統領に就任すると恐怖を利用し、麻薬の売人や犯罪者や強姦《ごうかん》魔がメキシコとの国境を越えて押し寄せてくるというデマを飛ばした。

　ところがそこで登場したのが、例のパンデミックだった。最初、トランプ政権は新型コロナウイルスの流行を重大視しない方針をとり、心配することはないと言い続けていた。調査報道の第一人者ボブ・ウッドワードと話すときも、トランプは新型コロナウイルスを軽視していた。「まだコロナを大袈裟に扱いたくない。パニックを起こしたくないからね」と述べていた[11]。その後のホワイト・ハウスの記者会見でも、トランプはパニックを避けるという決断を再び強調した。二〇二〇年六月には、副大統領マイク・ペンスが、メディアが「新型コロナウイルス感染の『第二波』について、警鐘を鳴らしていること」を非難し、「パニックが誇張されている」と言い切った。[12]

トランプと対照的だったのが、ジョー・バイデンだ。二〇二〇年の大統領選挙の民主党大統領候補で、最終的に勝利した彼は、パンデミックと戦うために恐怖を用い、その一方で「トランプはパニックに陥っている」と繰り返し主張した。[13] 二〇二〇年一〇月、トランプが新型コロナウイルス感染症の診断を受けたあとに行われた、二分割画面のタウンホール討論会〔別々のテレビネットワークで同時に放送された討論会だった〕の中では、トランプについてこう述べた。「トランプはアメリカ国民がパニックになるのを恐れて、誰にも話せなかったと言った。だが、アメリカ国民はパニックになっていない。パニックになったのは彼のほうだ」[14]。しかし、二〇二一年一月の大統領就任演説では、希望がバイデンの演説の基礎になっていた。演説の終わりに、「そして一緒に、私たちはアメリカの恐怖ではなく、アメリカの希望の物語を書いていこう」と述べている。[15]

「コロナフォビア（コロナウイルス恐怖症）」の原因と規模についての見解は、人によって異なるが、恐怖がパンデミックの間に繰り返し登場するテーマであったことは明白な事実である。二〇二三年四月現在、ＷＨＯ（世界保健機関）の報告では、世界中で七億六一〇〇万を超える感染者が確認され、約六九〇万人が死亡している。高熱、咳、呼吸困難、嗅覚の消失など、患者が経験した症状が、この感染症の重症度を痛感させた。人工呼吸器を装着して必死で戦っている患者たちの映像や、世界各地の集団埋葬の映像が、事態の深刻さを浮き彫りにしていた――ブラジル北部の都市マナウスにあるタルマン公園墓地に並ぶ、何列もの柩《ひつぎ》と、何列もの集団埋葬の穴。イタリアのベルガモで、コロナ犠牲者の遺体を運んで、夜間に街中を走り抜ける軍用車両の車列。ブルックリンで、臨時遺体安置所として使われていた冷蔵トラック。これらの映像を壁画かセピア色の写真にして展示すれば、違う世紀の出来事を――黒死病や一八九〇年代の腺ペスト、一九一八年から一九年にかけてのインフルエンザ〔日本では「スペイン風邪」と呼ばれた〕のパンデミックを――表現したものと言っても通るかもしれない。[16]

ＷＨＯが当初、新型コロナウイルス感染症の発生を「パンデミック（世界的流行）」と呼ぶのを控えた理由は、一つにはその言葉が及ぼすかもしれない影響を懸念したからだった。「恐怖やパニックに時間を割くのではなく、今は準備をするときだと伝えるべきだ」と、ＷＨＯの事務局長テドロス・アダノム・ゲブレイェソスは、二〇二〇年二月に述べている。その後、「パンデミックは、みだりに、また不用意に使うべき言葉ではない。この言葉は使い方を誤れば、不合理な恐れや、戦いは終わったという根拠のないあきらめを引き起こして、必要のない苦しみと死をもたらす可能性がある」と宣言した。[17]

新型コロナウイルス流行の初期には、パニックが広がって根を下ろす恐れがあったため、評論家の中には、パニックのほうが感染症よりも大きな脅威だと示唆する者もいた。二〇二〇年三月、ニューヨークをロックダウンする必要に迫られたアンドリュー・クオモ知事は、「恐怖、パニックのほうがコロナウイルスよりも大きな問題だ」とジャーナリストに語っている。[18] 悲観的なメディアの報道や、政府からの警戒宣言、公衆衛生指示に絶え間なくさらされ、恐怖を感じ続けることは、人々のメンタルヘルスに影響し、「行動免疫システム」が傷ついて、心理的反応が歪むと言われてきた。[19] 人間は生まれつき、感染症流行の脅威にさらされると結束するようにできていることが調査からわかっている。恐怖がわれわれを、より体制に順応的で、他者に対してより批判的にするのである。[20] また、精神科医のマーク・マクドナルドによれば、新型コロナウイルスは集団的「妄想性精神病」を引き起こし、「恐怖への依存症」になった人もいた。二〇二二年九月にバイデン大統領がパンデミックは終わったと宣言したあとも、その依存はまだ続いているという。「その依存症に罹《かか》っている人々には、（おかしなことに）恐怖が安心感の源のように思えるのだ」と、マクドナルドは述べている。[21]

パンデミックの期間中、テクノロジーとメディアは破壊的な恐怖の動力源とみなされ、オンラインに広がった誤情報がパニックを引き起こすと考えられた。多くの国で、在宅勤務政策と並んで学校や大学の閉鎖が行われ、オンライン通信への依存が進んだ。家のコンピュータの前で日々を過ごすうちに、人々が誤情報にさらされることが増加するのは当然だった。

ＷＨＯ事務局長テドロスは、「われわれが戦っているのは伝染病だけではない。インフォデミックとも戦っている」と述べた。ソーシャルメディアは「有り余る情報」を作り出し、とうとう、どれが真実でどれが作り話か、人間には見極めることができないところまできてしまったと主張した。[22] この主張が示唆するのは、パニックが情報の供給過剰から生じ、情報は有り余るほどあるけれど十分な知識がないという曖昧なところで増殖するということである。先に述べたロスコフが二〇〇三年に指摘したように、「情報が病気なら、知識は治療薬である」[23]。「今は恐怖ではなく、事実を求めるときだ。今は流言ではなく、合理的行動を求めるときだ。今はスティグマではなく、結束を求めるときだ」と、テドロスは言明している。[24]

科学が新型コロナウイルスの解明に取り組んでいた二〇二〇年、陰謀論は雪だるま式に大きくなっていた。オンラインの誤情報の問題は、前々から把握されていたことだった。二〇一三年、世界経済フォーラムは、ハイパーコネクテッドな世界〔電気通信技術の発達により、互いに密接につながった世界〕で誤情報が火つけ役になる可能性のある「デジタル山火事」について警鐘を鳴らした。そのとき例として挙げたのが、一九三八年にアメリカでＨ・Ｇ・ウエルズの小説『宇宙戦争』のラジオ版を、本物のニュース放送と勘違いしたことから起こったパニックだ。火星人がアメリカを侵略しにやってきたと信じたラジオ聴取者たちが、パニックになって警察に電話をしてきたと言われている。[25] ロンドンに事務所を構えるＮＧＯ「デジタルヘイト対策センター」は、二〇二一年三月に発表した報告書の中で、「憎悪と誤情報を手段として利用する過激派運動によって、デジタル空間は植民地化され、その独自のダイナミクスが不当に活用されている」と結論を出した[26]。

偽情報の武器化は、人間に近い知能を持った破壊的なＡＩシステムが、人間の安全保障にもたらす実存的リスクの一つとみなされるようになっている。もう一つの実存的リスクは、自律型兵器システム、すなわち「スローターボット」［「キラーロボット」とも呼ばれ、人間の介入なしに人間の標的を特定・選択・殺害する兵器システム］である[27]。今や、ＡＩは人間の声を複製し「ディープフェイク」の画像や動画を作成できるし、ChatGPT（チャット・ジーピーティー）に至っては、「歌の作曲や、脚本の作成、ユーザーの文体の学習といった、創造的かつ技術的な文章作成作業」を多岐にわたって行うことができる。ChatGPT は、アメリカのＡＩ研究機関 OpenAI が開発したチャットボットで、GPT-4 言語モデルを利用している[28]。GPT-4 の開始に応じて、二〇二三年三月に「フューチャー・オブ・ライフ・インスティテュート（生命の未来研究所）」が公開書簡を発表した。この非営利団体は、設立者の一人で現会長のＭＩＴ［マサチューセッツ工科大学］の物理学者マックス・テグマークと、学界および産業界の一流のＡＩ専門家数千から構成され、イーロン・マスクやアップル社の共同設立者スティーブ・ウォズニアックも加わっている。公開書簡の中で、同団体は「一連の共有の安全プロトコル」制定のために、強力なＡＩシステムの開発を一時的に六か月間停止することを求めた。「現代のＡＩシステムは、今や一般的なタスクで人間と競合し始めている。だから、われわれは自問しなければならない。われわれの情報チャネルを機械がプロパガンダや虚偽であふれさせるのを許すべきか」と、この書簡の署名者たちは述べている[29]。

オンラインの陰謀論は、疑念と不信を反映・拡大させるかもしれないが、それらはまだ説明のつかない出来事を理解する方法を提供して、情報の空白を恐怖で埋める働きもする。大手製薬会社が新型コロナウイルスのワクチンの製造を急いでいた頃、オンラインには反ワクチン陰謀論があふれていた。二〇二〇年一一月には、ファイザー社のワクチンが「ＤＮＡを書き換える」という噂がツイッターで世界的にトレンド入りし、ほかにも、このパンデミックは人体にマイクロ・チップを埋め込むためにビル・ゲイツが企んだ秘密工作だと主張する噂が広がった。YouGov（ユー・ガヴ）社の世論調査によると、アメリカ人の二八パーセントがゲイツの陰謀論を信じていたという。(30)

この二つの陰謀論よりも長く続いているものに、「グレート・リセット」陰謀論がある。それは、一握りの大きな力を持つ資本家と世界の指導者たちが、新型コロナウイルスのパンデミックを意図的に企て、世界経済の主導権を握り、新しい世界秩序を強要しようとしているという説だ。この陰謀論の発端は、二〇二〇年六月に、当時、皇太子だったチャールズ三世と、世界経済フォーラムの会長クラウス・シュワブが開始した経済の復興と持続可能性のイニシアチブ「グレート・リセット」である。フォーラムで、シュワブは、コロナ後の世界的な危機に対応するため、「革命的なレベルと速さの行動」を訴えた。新型コロナウイルス感染症が、「いかに国を統治し、他人と共存し、世界経済に参加するべきかという従来のやり方をがらりと変えてしまった」とも主張している。そんなとき、カナダの首相ジャスティン・トルドーが、パンデミックは「リセット」のチャンスだと主張している動画が、急速に広まった。トルドーはのちにこう語っている。「われわれは不安の時代にいて、みながわが身にふりかかっていることの理由を探しているのだと思う……多くの人が偽情報の餌食になっているのを目の当たりにしているのだ」。(31)

ワクチンへの反対意見は一九世紀から存在するが、「パニック・ウイルス」は、インターネットとソーシャルメディアの発達とともに飛躍的に広がった。(32)二〇二〇年には、一部の国で反ワクチン派が新型コロナワクチンの導入開始を邪魔するのではないか、と危ぶまれた。いわゆる「ワクチン接種へのためらい（ワクチン忌避）」が、頭の痛い課題となっている。なぜなら、ワクチン接種かウイルスへの暴露かには関係なく、とにかく人口の約七〇パーセントが免疫を持たなければ、集団免疫が達成されないからだ。(33)潤沢な資金を持つ反ワクチン団体の役割もまた頭の痛い問題である。二〇二〇年五月に、映画製作者ミッキー・ウィリスが作製した、『プランデミック――新型コロナウイルスの背後にある隠された意図』という二六分間の「ドキュメンタリーと称するもの」が公開された。「科学と政治のエリートたちが、われわれの世界的医療制度という詐欺《さぎ》を行っていること」を暴露していると主張するこの動画は、インターネットで急速に広がり、一週間に八〇〇万回の再生回数を記録した。ユーチューブ、Vimeo（ヴィメオ）、フェイスブックが、同動画が未証明の主張をして新型コロナウイルスの誤情報に関するポリシーに違反しているとして、リンクを削除したにもかかわらずだ。もっと長い続編、『プランデミック――インドクターネーション』では、新型コロナウイルスがまたもや恐怖を用いて世界を支配しようとする極悪な秘密結社の世界的陰謀の一つとして提示されている(34)。

ＷＨＯはこうした誤情報と戦うため、一般市民が虚偽や誤解を招くコンテンツをオンラインで報告できるようにした。だが、真実と偽りとの境界を規制するのは容易ではない。科学者、臨床医、公衆衛生の専門家、疫学モデル製作者［疫学では、感染症が集団を通じてどのように広がるかを理解するためにモデルが使用される。そのモデルを製作する専門家のこと］など、その道の権威の間でも、コロナウイルスに関する考え方はそれぞれ異なっており、時には相反していることすらある。その事実からも、真実と偽りの境界線の規制がいかに大規模な問題であるかがわかる。二〇二一年三月、ヨーロッパの多くの政府が、アストラゼネカ社製の新型コロナワクチンに副作用の疑いが出たことに動揺して使用停止を決めた。感染率が上昇していた時期であったし、ＷＨＯとＥＵの監督機関は安全性に対する懸念を根拠がないとして取り合わなかったにもかかわらず、副作用というワクチンに対する恐怖のほうが勝ったのである。

ワクチンに対する恐怖もさることながら、新型コロナウイルス感染症は、中国やオーストラリアで見られたように、自由の縮小と国家権力の拡大に対しても恐怖を引き起こした。中国とオーストラリアは、「ゼロ・

コロナ」政策、すなわち、ウイルスの完全な抑制を目指す政策の一環として過酷な措置をとった代表的な国だった。河北省の省都、石家荘《せっかそう》の郊外に造られたプレハブ住居が立ち並ぶ大規模な検疫キャンプや、ノーザンテリトリーの州都ダーウィン郊外のハワード・スプリングスにできた新型コロナウイルス検疫施設の写真——これらは新しい生物医学的な専制政治の象徴である。ワクチン接種の義務化、デジタル「ワクチン・パスポート」の発行、基本的な自由を制限する措置の実施は、どれも圧政的な支配の形態として批判されてきた。二〇二二年二月、「フリーダム・コンボイ」のトラック運転手たちは、カナダ政府が課したマスク着用義務、ロックダウン、ワクチン政策に抗議して、首都オタワを封鎖し、カナダとアメリカの国境を越えた往来を遮断させた。これに対して政府は緊急事態法を発動し、抗議行動の参加者に非常時の特別権力を用いたが、公民権団体から厳しく非難された。トルドー首相が抗議者を「反ワクチンの暴徒ども」と呼んだことも同じく非難を浴びた(35)。

一部の人間にとって、ワクチン接種は独裁主義の新システムともいえるものだ。中国で最初、緊急時の対応戦略として用いられたロックダウンが、公民権を弾圧する方策となったことを忘れてはならない。資本主義と社会主義を混ぜ合わせていく中で、中国は恐怖を伝える新しい方法を編み出し、それを使って権力の届く範囲を拡大している。作家ポール・キングスノースによると、現在、欧米では「反対意見が組織的に検閲され、「国家とメディアによって、恐怖と疑念の雰囲気が意図的に創造」されている。しかも、そうした行為は中国のモデルに基づいており、「世界的警察国家の創造」を正当化する働きをしている。問題は、そうした統制システムが、「ウイルスの脅威と同じように消えていくものなのか、それとも——こちらのほうが可能性は高いが——いつまでも残って、社会の将来の形に重大な影響を及ぼすのかである」と、キングスノースは考えている(36)。

「誤情報」や「偽情報」という言葉は、立証されていない情報や、意図的に歪められた情報の拡散を表すのに広く使われているが、何が真実なのか決めることができるのは誰か、という頭の痛い問題もまた提起している。現に、トランプ大統領は、自分に向けられたいかなる批判も「フェイクニュース（虚偽報道）」として厳しく非難した。トランプ政権の元首席戦略官で、ブライトバート・ニュースの元取締役会長でもあるスティーブン・バノンは、二〇一八年にこう述べている。「真の敵はメディアだ。そして、連中を相手にする方法は、大量の糞でいっぱいにしてやることだ(37)」［何が現実で、何がそうでないか、視聴者がわからなくなるほど多くの虚偽で、無意味で、まさにクソのような誤情報を意図的にメディアに流すことを指す］。「フェイクニュース」という表現は、一九世紀後半には使用されていたから、大量の糞でいっぱいにするという発想自体は新しいものではないかもしれない。しかし、今日ではそれがデジタル的に可能になっている。二〇二二年二月のロシア軍のウクライナ侵攻後、プーチン政権は反対意見を取り締まり、「虚偽の」情報を広めた者に重い罰金や実刑判決を科すようになった。同時に、欧米の政府も、ロシアの諜報機関に協力して侵攻に関する「虚偽や誤解を招く恐れのある」噂を広めようとしている放送局やウエブサイトを閉鎖した。もっと最近になると、テクノロジー企業が公の場での発言を裁定する責務を引き受けている。ツイッターは、サービスの条件に違反したとして数百万のアカウントを停止した。これは、偽情報の流れを止めるための措置だったが、言論の自由をどこまで制限するかをめぐって激しい論議を巻き起こした(38)。

「誤情報」や「偽情報」とはどういうものかという定義は、住む場所によっても変わってくる。全体主義体制の国では、当局が耳にしたくない反抗的な意見を黙らせるためにこれらの言葉が使われる。全権を握っている国家が正当と認めていない情報は、どんなものでも間違いであるか、もっとひどい場合は、違法とみなされるのだ。ロシアと中国は、ニュースが娯楽として売られている欧米のメディアのテンプレートを捻じ曲げて、事実に対するデジタル的な攻撃を先頭に立って行ってきた。あからさまな嘘をつくのではなく、混乱の種を播くことが、「ポスト・トゥルース」［日本語で「ポスト真実」、「脱真実」ともいう。世論形成において客観的な事実よりも感情的な訴えや個人の意見のほうが強い影響力を発揮する状況を指す］の時代に不可欠な手段となっている。事実を歪めて偽りに見えるようにしてしまえば、人々は不信感を抱くようになり、共通の現実として理解していたはずの事実がわからなくなってくる。疑念は不安を生み、その不安は多元的民主主義の基礎たる総意を蝕《むしば》み始める。[39] だからこそ、新型コロナウイルスのパンデミックの初期の数週間に、ＷＨＯが一党長老制度の中国を無条件に支持したのは問題だった。当時、中国は一致団結して誤情報を拡散し、それと同時に問題のウイルスに関する極めて重要な情報を隠蔽することに専心していた。誤情報の拡散と事実の隠蔽——この二つは戦略的に混乱を巻き起こす方策であり、アメリカでは陰謀論を煽《あお》り立てる役目をはたした。

二〇〇二年と二〇〇三年のＳＡＲＳのときと同じく、新型コロナウイルスのパンデミックの初期段階にも、中国当局はどんな問題が起きているのか、どれほどの規模の問題なのかを隠していた。湖北省で原因不明の肺炎の症例が出ていることを中国がようやく正式にＷＨＯに報告したのは、二〇一九年一二月三一日のことだった。その翌日、武漢市の華南海鮮卸売市場が閉鎖され、二〇二〇年一月八日には問題の肺炎が新型のコロナウイルスと関係していると正式に発表された。中国政府がこのウイルスによる最初の死亡例を報告したのは一月一一日だったが、そのずっと前から、医師たちは人から人への感染を警告していた。コロナを内部告発しようとした医療関係者は警察で取り調べを受けた。その中の一人に、ウイルスに関する情報を医学部の同級生らと共有しようとした眼科医、李文亮《りぶんりょう》がいる。彼はその後、新型コロナウイルスに感染して死亡した。ようやく二〇二〇年一月二〇日になって——その頃には、とうに新型コロナウイルスは世界中に蔓延していたが——同ウイルスが人から人へ感染することを中国当局は渋々認めた。

中国の現代美術家で活動家のアイ・ウェイウェイは、中国当局が国家監視機関を拡大するために、新型コロナウイルス感染症をめぐる恐怖を利用したと主張している。この主張を根本的主題としたのが、彼のドキュメンタリー映画『コロネイション』［Coronation「戴冠」「即位」「戴冠式」などの意味がある］で、新型コロナウイルス感染症が最初に流行した武漢に焦点を当てている。二〇二〇年一月二三日、当局は武漢市を封鎖し、それから七六日間封鎖を続けた。武漢市は世界で初めてロックダウンに入った都市となったのである。間もなく、ロックダウンは湖北省全域に拡大し、約五六〇〇万人が閉じ込められた。空港と鉄道の連絡は切断され、バス、地下鉄、フェリーの営業も停止した。住民らは自主隔離を続けるしかなかった。自主隔離に従わなければ、投獄される恐れがあったからだ。

同映画の冒頭シーンで、中国の主要な輸送ハブの一つ、巨大な武漢駅の全景をドローンから見た映像が流れる。それを見れば、武漢のロックダウンがいかに規模の大きい課題であるかだけでなく、ロックダウンがどれほど大きな反応をもたらすかが伝わってくる。新型コロナウイルスに対する人間の戦いでは、四万二〇〇〇人を超える医療従事者が中国全土から応援のために送り込まれ、隣接した省から食糧が輸送された。プレハブの病院が電光石火のスピードで組み立てられる様子や、市民が手洗いの指導を受けて、ポピュラー音楽に合わせて洗い方を真似する様子が流れる。後半には、医療従事者の中核グループが、忠実な働きの褒美として「仮党員」として共産党への入党が認められるシーンもある。そうした前向きなメッセージを伝えるシーンと並んで、人々の孤立、混乱、体制への不信感を浮き彫りにするシーンや出来事が描かれる。ある夫婦は、給油所を探して雪の降る人気のない夜の街を走り回り、ある建設作業員は故郷に戻れず、封鎖された武漢でも行くあてがなく、地下駐車場の自分の車で生活している。国家のプロパガンダで埋め尽くされたどこまでも続く廊下を歩く一人の医師。人っ子一人いない通りで紙幣を燃やして死者への手向けをする一組の男女。

新型コロナウイルス感染症に打ち勝つには、非常に大きな犠牲を伴う。亡くなった親族の遺灰を集める人たちの視界に入るぎりぎりのところで、個人用防護服に身を包んだ気味の悪い当局の役人たちがうろついている。悲しみが怒りに変わらないように見張っているのだ。アイがここで伝えたいことははっきりしている。中国がテクノロジーと制度的プロセスを活用して、恐怖や悲しみや怒りを封じ込めたり和らげたりするのは、感染予防対策には不可欠なことかもしれない。けれど、それは民主主義への熱望を弱体化させる非人間的な方策にもなるということだ。実際、病院でコロナ患者の容体を観察している医師たちさえ、監視カメラで見張られている。そのうえこのシステムは、ヒューマン・エラーや不手際な政策はもちろん、粗悪な科学技術のせいで不具合が生じやすい。正しく作動しないデジタル体温計、調子の悪いICUの機器、凍結したガソリンスタンドの給油ポンプ――そういった粗悪品一つで、たちまち駄目になってしまう。映画の中に、火葬場の職員が骨壺にうまく収まるように、遺骨の入った袋を何度も拳で叩くシーンがある。その単調な仕事の奥には、国家が強制する従順の暴力性が仄《ほの》見える。

誰も彼もが進退極まっている。ウイルスの恐怖と、国家の恐怖に挟まれて身動きがとれなくなっている。また、映画のタイトルはコロナウイルスをもじったものだが、それはまた、中国共産党総書記で中央軍事委員会主席でもある習近平を中心とした、独裁的な形の政治権力も暗示している。表向きは超近代的国家に見せていても、中国の懲戒制度は帝国的な管理方式に逆戻りしている。そうしたやり方は、一九四九年に中国共産党が解放戦争に勝利したことによって、一掃されたはずだったのだが。

このドキュメンタリー映画の中で、武漢という都市はウイルスを取り締まろうとする国家の努力にもかかわらず、緊張状態に陥っている。いや、ひょっとすると、そのせいで緊張状態にあるのかもしれない。中国の作家「ファン・ファン（方方）」も、同じ見方をしている。彼女はファン・ファンというペンネームを用いて、SNSプラットフォームやメッセージ・サービスを使い、ロックダウンされた武漢で日々生活を送る自分の体験を公開していた。ある推定によると、中国のソーシャルメディア・プラットフォーム、微博《ウェイボー》に載せた彼女の投稿は、三億八〇〇〇万の閲覧数を集め、一〇万近いディスカッションを生んだという。

ロックダウンの第一週は、ほとんどの人が「完全なパニック状態だった」とファン・ファンは書いている。少しでも熱があれば、誰彼なく病院に押し寄せたためかえって感染が広がり、医療スタッフの負担を増やした。医師や役人がテレビに出てインタビューを受け、視聴者を安心させようとしたが、恐怖を鎮めるために行った発表がすべて裏目に出た。ロックダウンが始まって四〇日後には、人々の多くが「精神的な限界点」に達し、やり場のない気持ちをオンラインで爆発させた。だが、彼女が述べたように「声を張り上げて、不満を洗いざらいぶちまければ、おまえはパニックを起こしているだの、コロナウイルスに対する戦争を妨害しているだの、『負のエネルギー』の一部になっただのと言われる」のだった。中国のインターネット検閲を終わらせることを訴えたため、案の定、ファン・ファンは間もなくオンラインの「荒らしたち」から標的とされ、話をでっち上げて恐怖を広めていると非難されるようになった。(40)

おそらく、パンデミック関連の恐怖を最も露骨に政治使用した例は香港だったろう。新型コロナウイルス感染症は、中国政府に香港の抗議運動を弾圧する口実を与えたのだ。香港は二〇一九年に事実上、市の機能を停止させるほど抗議運動が盛んだった。それはそもそも、中国大陸［中華人民共和国の領土から台湾・香港・マカオを除いた地域］へ犯罪容疑者を引き渡しできるようにする法案［正式名は「逃亡犯条例改正案」］を政府が導入しようとしたことに反対するデモ活動として始まり、すぐに大規模な民主化要求運動に変わったのだ。二〇一九年六月、政府に公然と逆らって、数十万人の香港人が街頭デモを繰り広げた。八月末には、ドキュメンタリー映画『ウインター・オン・ファイヤー』の野外上映が香港の数か所で行われた。この映画は、二〇一四年にウクライナで、親ロシア派のヴィクトル・ヤヌコーヴィチ政権を倒したマイダン〔ウクライナ語で「広場」という意味。二〇一三年一一月二一日の夜に独立広場に二〇〇〇人の抗議者が集まったのが発端だったから〕の抗議運動を扱ったものだった。

しかし、二〇二〇年六月三〇日、世界がパンデミックに気を取られていた間に、香港の議会（香港立法会）を通さずに国家安全維持法が可決・施行された。これは「一国二制度」〔一つの国（中国）で、二つの制度（資本主義と社会主義）が併存して実施されること。香港は中国の主権のもとで特別行政区になるが、五〇年間は一九九七年の返還前の経済や政治制度は変更されないことになっている〕という憲法上の原則の下で保障されてきた、香港の自主性を損なう法律だった。これを香港に導入することはすでに五月に北京の全国人民代表大会（全人代）ですんなり決まっており、これで習近平政権は反対派を抑え込む広範な権力を手に入れ、「重大」犯罪で有罪となった人間を終身刑にすることもできるようになった。

アムネスティ・インターナショナル〔一九六一年に発足した世界最大の国際人権ＮＧＯ〕は、「香港にとってこの重要な瞬間に、第一に求められるのは、問題の国家安全維持法が、人権を踏みにじるため、あるいは、香港と中国大陸との大きな違いとなっている自由を損なうために、使用されないことだ」と言明した。[41] ところが、それから一六か月後、アムネスティは香港の事務所を閉鎖することになった。発表によると、国家安全維持法のせいで「香港で人権団体が、政府から危険な報復を受ける恐れなしに、自由に活動するのは実質的に不可能になってしまった」からだった。[42]「これが意味することは明らかだ。恐怖による支配が始まろうとしているということだ」と、『エコノミスト』誌は断言した。[43]『フィナンシャル・タイムズ』紙の論説の言葉を借りれば、「中国政府による香港の乗っ取りにおいて、恐怖を作り出す手腕はまさにマスタークラスといえる」。[44]

皮肉なことに、「恐怖」は、中国政府によって新たに導入された国家安全維持法を正当化する言い訳として用いられた。香港行政長官のキャリー・ラム〔中国語で林鄭月娥〕は、このように分裂した空気の中で住民たちはびくびくしながら日常の仕事をこなしていると申し立てた。これは国の安全保障に対する脅威であり、「住民たちは怯えながら暮らしている。中には、香港という都市はまだ法の支配の下にあるのか、それとも恐怖の支配の下にあるのかと問う住民もいる」というのである。[45]こうして、香港は中国の検閲という二枚舌の世界にだんだん近づいていった。国家安全維持法を告知する、威嚇するような掲示板が街中に立てられた。中国政府の司法管轄外の機関［二〇二〇年七月八日、香港に開設された治安機関「国家安全維持公署」つまり「国家安全保護局」のこと。今や中国大陸から派遣される公安捜査員がここを拠点に初めて香港域内で活動することになった］が、「安全」を保障するための見るからに制限のない活動の自由を有するようになった。

私が勤めていた香港大学でも、キャンパスの至る所で「恐怖」はありありと感じられた。前々から、香港の大学は社会的抗議を行うリベラル派の温床になっていると、政府の役人や親中派に批判されてきた。そこへきて、その考えを裏づけるように、香港中文大学で暴力的な紛争が起き、香港理工大学でも二週間に及ぶ包囲戦が行われた。国家安全維持法によって、香港の諸大学が当局の標的になっていることは明白だった。「愛国教育」の時代に、反対意見はもはや絶対に許されないのである。[46]新しい国家安全維持法の施行を受けて、香港教育局は学校教科書を再検討し、問題になる内容をすべて削除すると申し出た。政府の役人は相変わらず学問の自由の重要性を強調したが、その一方で、中国に対する批判はいかなるものも今後は一切許されないことを明確にした。香港行政長官キャリー・ラムは、大学が行いを改めないなら、「当然、警察が突入して、問題を解決するまでだ」と警告した。[47]

国家安全維持法が適用されるのは、「国の安全保障を脅かす一部の少数派」だけだと、政府は主張していたが、じきに民主化を求める政治家、活動家、学者、要するに脅威とみなされる人間なら誰でも、同法の対象にし始めた。[48]大学の上層部からは何の通知もないまま、「政治的な」考え方を主張した者は解雇されるとか、終身在職権あるいは有期契約の延長を認められないといった噂が乱れ飛んだ。多くの同僚が、香港に残れるだろうかと首をひねり、これで自分のキャリアも終わりかもしれないと不安を漏らしていた。

教授たちは講義内容を書き直し、「要注意」とみなされかねない内容を削除し始めた。とりわけ近代中国を研究している連中は、気づかぬうちに法に触れてしまうかもしれないと案じていた。国家安全維持法の刑事条項はカバーされる範囲が極めて広く、しかも言葉遣いや意味が曖昧であるからだ。中国政府の「憎悪」を引き起こすために「共謀する」とは、具体的にどういうことを意味するのだろうか。ジャーナリストたちに質問されたとき、香港の司法長官テレサ・チェンでさえ、わかっていない様子だった。[49] それまでの研究を断念して、もっと安全な分野に研究テーマを変える同僚もいたが、恐れを抱いているのは教職員だけではなかった。学生たちは、課題提出に使用するプラットフォームにより安全なものを求め、意見を表明するためのフォーラムとしてZoomは安全かどうか心配していた。中には、私たちのクラスにすでに情報提供者が潜入していて、中国大陸の当局に報告を送っていると忠告してくれる学生もいた。

大学で教師や生徒がそうしている間にも、何千人もの香港の住民たちがハッキングされることを恐れてWhatsApp（ワッツアップ）でメッセージを送るのをやめ、エンドツーエンド暗号化［通信経路の末端で、メッセージの暗号化・複号を行うことで通信経路上の第三者からのメッセージの盗聴・改竄を防ぐ通信方式］のメッセージ・アプリに変更していた。Tik Tok（ティックトック）は香港でのサービスを停止すると発表し、グーグル、フェイスブック、ツイッター（現X《エックス》）は、香港の法執行機関へのユーザー・データ開示を停止すると発表した。しかし、香港警察は、住民のオンライン行動の監視を始めており、二〇二〇年一一月には住民が匿名で垂れ込みができるホットラインを開始した。それは事実上、文化大革命の頃を思わせる国家的密告者ネットワークだった。[50]

こうした諸々が起きた背景には、中国大陸の容赦ない逆襲があった。二〇二〇年一一月、元弁護士の市民ジャーナリスト、張展（チャン・ジャン）は「喧嘩をふっかけて騒ぎを起こした」罪で四年の禁固刑を言い渡された。武漢で新型コロナウイルスの流行が起きたとき、現地から行った彼女の報告が出来事に関する当局の正当性に疑問を投げかけるものだったからだ。判決を受ける前から彼女はハンガーストライキを行っており、強制的に栄養を与えられていた。彼女の弁護士によれば、拘留中の彼女と面会したとき、彼女は両手を縛られ、無理やり経鼻胃チューブを挿入されていたという。そういう扱いに対して、アムネスティと国連人権高等弁務官事務所は懸念の声を上げ、張展の即時釈放を求めるとともに、彼女の拘留は「新型コロナウイルス感染症と関連した、表現の自由への行きすぎた弾圧」だと非難した。[51]

一方、香港では、警備員が大学構内への人の出入りを監視していた。『ニューヨーク・タイムズ』紙の記事にあるように、香港の大学は「反対の声を表明したり、討論したりする空間さえ急激に縮まりつつある現実の強烈なシンボルとなっていた」。[52] 二〇二一年八月、香港大学の学生自治会が解散し、一二月には、一九八九年に起きた天安門事件の犠牲者を追悼する記念像「国恥の柱」が「(老朽化のため)安全性の問題が生じる可能性がある」という理由で、構内から撤去された。[53]

人々が意見を述べることを恐れるようになると、どうなるだろう。全体主義的閉鎖という恐怖は、欧米社会に影響力を拡大している恐怖と、どのように関係しているのか。よく指摘されてきたのは、一九八〇年代後半と一九九〇年代に、凶悪犯罪、子どもの虐待、悪魔崇拝カルト集団について、欧米のメディアが過度に報道を行い、そのせいで新たな恐怖が生まれたということだ。その恐怖はパニックに変わることも多かったが、冷戦のパラノイアが残した真空を埋めるようになっていったという。[54] もっとはっきり言えば、子どもへのさまざまな脅威の増加に関する懸念が、一九七〇年代半ば以降メディアを支配し始めたのだ。「麻薬、セクシュアリティ、カルト活動、そのどれを考察するにしても国内情勢における文化的変革の多くに(妥当かどうかは別にして）子どもたちに対する脅威という新しい見方が生じていた」と、アメリカの歴史家フィリップ・ジェンキンズは、この時代について述べている。(55) 一九八〇年代から二〇〇〇年代に生まれたミレニアル世代［通常一九八一〜九六年に生まれた世代］とZ世代（ジェネレーションZ）［おおむね一九九〇年代後半〜二〇〇〇年代に生まれた世代］の人たちは、非常に安全な時代に成長し、「何としてでも安全を守ろうとする社会の力を内面化していた」。だから、脅威の高まりを認識すると、無防備である感覚に襲われ、さらなる安全保障を求めたのである。(56) しかし一方で、「自己検閲が蔓延した」のは、「自らの横暴さにはわざと目をつぶりながら、意見の一致を要求する」社会の矛盾を反映している。(57)

ところで、一口に「恐怖」というが、それはどれも等しいものだろうか。はたして欧米で高まっている不安を、ロシア軍の爆弾から避難しているウクライナの人々が経験している恐怖や、機動隊に催涙ガスを浴びせられる香港の抗議者たちの恐怖と同等に扱ってよいのだろうか。いや、それだけではない。欧米で高まっている恐怖を、新疆《しんきょう》ウイグル自治区の再教育収容所に閉じ込められたウイグル人の恐怖と、イラクのモスルで過激派テロ組織「イスラム国」の戦闘員の奴隷にされ強姦されたヤジディ教徒の女性たちの恐怖と、イランの道徳警察に拘留され殴打される女性の恐怖と、本当に同等に扱ってもよいのだろうか。では、社会正義や公民権を求める運動が声高に訴える、性的虐待や人種差別に対する恐怖はどうだろう。そうした巨大な恐怖は、自覚なくマイノリティに向けられる小さな差別的な言動によって生じる恐怖よりも重要だといってよいのだろうか。

こうした問題をどう考えるかは人それぞれだが、実のところ、世界の多くの地域で、独裁政権は――といえば、まず中国が頭に思い浮かぶが――安全保障という名目で、自由を停止するために恐怖を利用している。一方、進歩的な民主主義国家では、別の種類の恐怖が働いているが、結局は似たような結末になる。思想と表現の自由が抑圧されるのである。ある国では、自由は圧政によって弱められるが、別の国では、すべての恐怖が同等であるという執拗な主張によって表現の自由が抑圧される。何を喋っても他人に恐怖を引き起こすかもしれない場合、自分の考えをどう口にすればいいというのだろうか。

アメリカのNSA（国家安全保障局）の内部通報者エドワード・スノーデンの例が、恐怖・自由・統治が絡み合う世界の複雑さを浮き彫りにしている。スノーデンは民主的な欧米でプライバシーの侵害が起きていることを暴露したために、情報に関する規制を公然と行っている二つの国家、中国（香港は違ったが）とロシアに庇護を求め、結局、二〇二二年にロシアで市民権を得ている。だが、欧米諸国の結託を暴露する自由のために、独裁主義体制を受け入れることを厭わなかったのは、スノーデンだけではない。何といっても、ウィキリークスの創設者ジュリアン・アサンジは、漏洩されたアメリカの軍事情報と外交公電を公開した罪でアメリカでの刑事責任に直面しているうえに、ロシアの国営テレビ局ロシア・トゥデイ（RT）で、『ワールド・トゥモロー』というテレビ番組の司会まで務めたのだ。RTといえば、ロシア政府の誤情報伝達機関と広くみなされているテレビ局である。だが、そんなテレビ局に出演したからといって、彼に対するアメリカ政府の執拗な追及を黙認する理由にはならない。アサンジが公表したのが戦争犯罪の証拠となる可能性のある情報だったことを考えれば、なおさらだ。しかも、彼の裁判や身柄引き渡しが検閲と表現の自由に関して巻き起こす懸念も、決して見過ごしにできない。アサンジの例は、競合する利益に歪められたメディア化された世界で、自由を擁護するにはどれだけ危険な綱渡りをする必要があるかを単に示しているだけだ。[58]

トクヴィルの悪い予感がいよいよ現実になりかけているのだろうか。自由主義は自らが作り出した非自由主義的な勢力に圧倒されつつあるのだろうか。インターネットは久しく民主化の道具と喧伝されてきたけれど、本当は、デジタル界の大物たちにとって利益の高い領域にユーザーを誘い込んで抜けられなくしているのではないか。[59] はっきりしているのは、自由と平等とは両立しがたく、そのせいで民主主義的な制度に隠れていた矛盾点が次々と顕在化し、ついにこの制度が現実的でないと思える段階まで来ているということだ。われわれは非自由主義的民主主義と権威主義的ポピュリズムの世界に突入してしまった。すなわち、それは右派も左派も等しく、かつて中道と呼ばれていたものと対立している世界である。右派の考えでは、自由主義（リベラリズム）は「伝統的」価値観を損なっている進歩的な政治と結びついている。左派にとっては、新自由主義（ネオポピュリズム）［国家による福祉公共サービスの縮小（小さな政府・民営化）と大幅な規制緩和、市場原理主義の重視を特徴とする経済思想］は、不平等をさらに深刻化させる、無制限の自由競争による市場経済を推し進める許しがたいものであり、また、右派の識者は非情な「woke mob（目覚めた暴徒）」という実体のない恐怖に基づいて、道徳的パニックをでっち上げている非難すべき存在である。

　では、「恐怖」は今後どうなるのだろう。一八三〇年代に、急速に進む工業化と、新しい民主的統治制度の出現を目の当たりにしたトクヴィルは、市民が常に注意を怠らず、積極的な関心を失わずにいるためには、「有益な恐怖」が必要だと訴えた。「柔《やわ》で怠惰な恐怖」では、独裁政治への道を開くことになるかもしれないと危惧したからだ。もしかしたら、今日のわれわれも同様の訴えを行うべきなのかもしれない。すなわち、現在に変化が生じる可能性がないか見逃さず、未来の難題に対して備えさせてくれる好意的な恐怖が——不確実の中に、絶望ではなく希望の理由を見つける恐怖が必要なのだと。

　本書の目的の一つは、恐怖の政治的な性質を浮き彫りにすることだった。恐怖の性質が政治的であるとは、恐怖が常にわれわれの政治システムに——それが拠って立つ原則から組織的メカニズムに至るまで——影響を与え、形づくってきたという意味である。そして、政治システムの進化に合わせてその内部にある恐怖も再生される。神に対する恐怖は、国家に対する恐怖へと変わる。絶対君主制への恐怖は、革命の恐怖として復活し、今度はそれが大衆支配の恐怖と、工業化を進める民主主義国家につきまとって離れない、機械に支配権を乗っ取られる恐怖に姿を変える、といった具合に。

本書のもう一つの目的は、恐怖がいかにしてわれわれを、個人として社会として結びつけるのかを、あまり見ないやり方で示すことだった。表面的には、恐怖は世界について反対の見方を作り出すことで人を分裂させる。われわれは脅威を与える他者や危険にさらす物を恐れる。悪魔しかり、敵の軍隊しかり、見たこともない科学技術や、燃えさかる火しかりだ。また、われわれは自分自身を恐れることもあるが、そういう自己恐怖は外在化することで対処する。すなわち、責任を自分以外に負わせたり、恐怖の原因を過去のトラウマに見つけたり、遺伝的な性向のせいにさえしたりするということだ。言ってみれば、たとえ自分の内にあるときでも、恐怖は常にわれわれの外にある。

さらに、自分では気づいていないかもしれないが、われわれの感じる恐怖は他者との複雑な相互依存の中に存在している。先の章でも触れた、中国の環境記録に対する欧米の激しい非難を例にとってみよう。世界銀行によると、中国は世界の二酸化炭素の四分の一以上と、世界の年間温室効果ガス排出量の三分の一を排出している。(60) 中国の工業化による大気汚染がメディアで報道され、欧米の地球崩壊への恐怖をかき立てているが、この工業化を促進してきたのは安い中国製品に対する欧米の需要であり、中国で商品を生産する欧米の企業であった。ここでは恐怖が、環境危機を進行させている世界的な種々のプロセスが共犯関係にある事実から注意をそらす手段になっている。

ほかにも例がある。ここ数十年、アボカドは欧米世界で健康的な生活と深く結びついて、世界的ブームになってきたが、そのせいで生産者は新たな重圧に苦しめられている。メキシコのアボカド生産の中心地ミチヨアカン州では、いまや小規模生産者が武装した自警団員を使って恐喝者を防がねばならなくなっているのだ。ＡＰ通信社のある報告が述べているように、「金の匂いが、ギャングや非常に暴力的なカルテルを引き寄せて、連中は橋から死体を吊るしたり、警察を脅したりしている」。アボカド生産者は、「襲撃と強請《ゆすり》に怯えながら」生活しているという。[61] 栄養素と一価不飽和脂肪酸が豊富なことで知られるこの驚異の果実も、検問所とＡＲ－15ライフルに支えられた政治経済の一部であることがわかる。

恐怖、暴力、労働力と資本の世界的な広がり、この三つの結びつきは、私がここまで語ってきた近代前期ヨーロッパにおける中央集権国家の台頭、植民地化、奴隷貿易、工業化、一九八〇年代以降の新自由主義的グローバル化の物語の中心であった。確かに、パニックの原因が、移民、汚染食品、汚染、金融ショックといった国境を越えて入ってくる脅威である場合もある。けれど、恐怖がボーダーレスで、多くの場合、抑えることはおろか、気づくことさえ難しいまま蔓延していくこともわかっている。

同時に、単一の危機、たとえば戦争やパンデミックを恐怖の原因と決めつけるのは、それ以外の要因から注意をそらし、一見全く共通点がないように見える出来事の根底にそれらをつなぐ連続性があることをわかりにくくする場合がある。これまで見てきたように、危機に対するアプローチとして、複雑さを重要視せず、関連のない何かの恐怖の要因に――たとえば、敵の軍隊や、脅迫的な社会集団や、ウイルスに――集中するやり方は、政治的指導者とその政党、企業、あるいは、恐怖を武器化し利益を得る、支配的な利益団体には好都合かもしれない。

二〇二二年二月、ドイツの首相オラフ・ショルツは、プーチンのウクライナ侵攻を *Zeitenwende*（ツァイテンヴェンデ）、すなわち「画期的な構造的転換」あるいは「時代の転換点」と呼んだ。[62] 彼の言葉は、ドイツが前よりも積極的に、より断固とした態度で外交政策に関与していくという公約の印として同盟国から称賛を持って受け入れられた。しかし、この威勢のよい言葉には、二〇二二年のロシアの攻撃に至るまでの複雑な恐怖の歴史が省略されている。それは、一九九一年のソ連の崩壊、冷戦の地政学、ナチスの占領、一九三〇年代にスターリンが計画した大飢饉、一八世紀後半以降のロシアの帝国主義、いやもっと前までさかのぼる出来事が一まとめになった歴史なのだ。同様に、新型コロナウイルス感染症のパンデミックも、きっちりした始まりと終わりがある出来事ではない。政治の流れが変わり、危機の終焉が正式に宣言されても、コロナウイルスの影響は続いていくだろう。

ロシアの侵攻やコロナウイルスのように緊急を要する難題を前にすると、歴史など意味がなく、邪魔にさえ思えるかもしれない。だが、現在われわれが経験している恐怖は、過去にも根を持っている。どんな危機に対するわれわれの反応も、必ずそれ以前に起こった危機によって形づくられている。それはちょうど、われわれが危険なホットスポットと決めてかかっている場所から遠く離れた場所で進行している出来事に、危機が影響されるのと同じである。その意味で、恐怖は常に交差している。過去と現在と未来のびっくりするような合流点で、此処と其処の集合点――それが恐怖なのだ。

謝辞

ジャララバードに旅行してから数十年、数多くの友人や同僚が恐怖とパニックの意味について考える私の手助けをしてくれた。だが、まず、ペシャワールの『フロント・ポスト』紙のワゴン車で一緒だった旅仲間たちに、それからサイード・カーン、アジズ・シディキ、ファルハトゥッラー・ババール、ティモシー・ハイマンに感謝したい。

ジャララバードへの旅行から数年後、ソヴィエト連邦が崩壊して当地の文書館が解放されたとき、私は『インデペンデント』紙と『ニュー・ステイツマン』誌に、ロシアの文学、歴史、時事問題に関する書籍の書評を書くチャンスをもらった。そのとき出会った書籍のなかに、レフ・ラズゴンの強制労働収容所での体験記『実話集』と、アナトーリー・ルィバコフの小説『恐怖』があった。短い期間ではあったが、「歴史の終焉」だと欧米が浮かれていたあの時期に、全体主義の恐怖への理解を深める経験ができた。ロバート・ウィンダーとボイド・トンキンには、書評記事を依頼してくれたことを今も感謝している。同じく、私にとって素晴らしいロシア語の先生であり友人でもある、キリル・ジノヴィエフへの感謝の気持ちも変わらない。とても楽しみだった、週に一度のチジック［ロンドン西部の地区］でのロシア語のレッスンが終わってからもずっと、彼は私の人生において重要な存在であり、過去の激動の時代との接点になっている。キリルはサンクトペテルブルクの通りで高笑いするラスプーチンを目撃したことを覚えていたし、七歳のときは、一九一七年の革命の進行を子ども部屋の窓から眺めていた人物だった。

二〇一二年の二つのワークショップ——一つはゲオルク・アウグスト大学ゲッティンゲンのリヒテンベルク・コレグ高等研究所で行われたもので、もう一つは香港大学(HKU)で行われたもの——は、アイデアを試してみる創造的な場所になった。ハラルド・フィッシャー゠ティネが主催した一つ目のワークショップは、『植民地時代の環境における不安・恐怖・パニック』(二〇一六年)という書籍となって出版された。二つ目のワークショップは、私が Louis Cha 基金(HKU)の支援を得て開催したもので、その成果は編集された選集『パニックの帝国——伝染病と植民地時代の不安』(二〇一五年)として刊行され、その後、中国語版が浙江大学出版局から出された(二〇二一年)。こうした諸々のことに関わってくれたすべての人に感謝したい。特に、デヴィッド・アーノルド、アリソン・バッシュフォード、エイミー・フェアチャイルド、ハラルド・フィッシャー゠ティネ、ニコラス・キング、アラン・レスター、クリス・マンには心から礼を述べたい。

第4章で扱ったパニックの植民地化に関する考察は、「致命的な混乱——コレラ時代のマニラ」と題して、二〇一七年にケンブリッジ大学歴史学部で行った講演の内容を下敷きにしている。私を講演に呼んでくれたティム・ハーパーの好意に感謝する。

原註で名前を挙げた多くの同僚のほかにも、以下に挙げる人たちには、本書の草稿や関連個所に関して、広い心で意見を述べてくれたことに恩義を感じている。ポール・カートレッジ、マーク・クリフォード、マルコム・ガスキル、エド・レイク、キャサリン・ペッカム、マリア・シン。それから、インスピレーションを与えてくれるジョー・ルドゥーと、彼のバンド *Amygdaloids*(「神経科学とロックンロールの出会い」)。同バンドは本書にオリジナル・サウンドトラックを提供してくれた。クリス・ベイリー、デヴィッド・クラーク、フランク・ディケッター、ディディエ・ファサン、ハイジ・ラーソン、マーク・セルツァー——帝国のネットワーク、恐怖と美術、中国、数々の世界的な健康パニック、ワクチン忌避、犯罪について、彼らとさまざまなときに交わした会話は、私の思考にとって極めて重要だった。私の祖父アレクサンダー・キングからは、今なお非常に大きな影響を受けている。祖父は友人アウレリオ・ペッチェイとともに一九六八年にローマ・クラブを共同で創設した人物だ。祖父がいなければ、エコ・パニックについて書くことはできなかっただろう。熱心な訪問客がひっきりなしに訪れるパリのグルネル通りの祖父のアパルトマンは、最も刺激的な居場所だった。

本書の大半は香港で書かれたが、本書の着想が生まれ、完成したのはニューヨークだった。キャサリン・フレミングには、ニューヨーク大学（ＮＹＵ）のレマルク研究所に席を見つけてくれたことを感謝している。おかげで、書物でいっぱいの五番街のオフィスで、研究所の創設者で所長のトニー・ジャッドの身近にいて、実りの多い一年間の有給休暇を送ることができた。最高の環境だった。二〇〇七年——トニーの病気が判明する前年で、世界的な金融危機により銀行救済、景気後退、負債、危険な幻滅感を引き起こす一年前——トニーは彼一流の洞察力でこう書いた。「欧米の民主主義国では、政治生活の有効成分として恐怖が再浮上している」。彼の仕事に接しながら働くことができたあの一年間に、何かを吸収できたと思う。恐怖の歴史と希望がいかに密接に絡み合っているか、より深く理解できるようになったのは彼のおかげだろう。

展覧会「恐怖——ドイツ国民の精神状態？」の情報が手に入ったのは、ボンの「ドイツ連邦共和国歴史館財団」(the Stiftung Haus der Geschichte) のペーター・ホフマンのおかげだ。また、ＨＫＵの司書は、禁書が進んでいた難しい時期だったにもかかわらず、常に協力的だった。

私の優秀で根気強いエージェント、クリス・ウェルビーラブは、このプロジェクトを最初から励まし支えてくれた。ヘレン・コンフォードは、この作品が本になる前から支持してくれた。また、プロファイル社の担当編集者ニック・ハンフリーは、熱心な読者で、驚くほど手際よくプロセスを導いてくれた――ありがとう。

新型コロナウイルス感染症の世界的流行が続いていた約二年間、私は香港から出られず、ニューヨークにいる妻のレベッカと二人の子どもリリー・メイとジェイムズのもとに戻ることができなかった。だが、多くの友人が親身になって助けてくれた。私はこの拡大家族に常に感謝し続けるだろう。特に、ブライアンと妻のエレン・ローズ、サミ・スハイルとバベル・スハイルには大変感謝している。

それから、もちろん、例のあまり触れたくない問題がある。香港の民主派の抗議運動に対する激しい弾圧だ。当地の私の教え子や友人たちは――名前は出さないが私が誰のことを言っているかはちゃんとわかると思う――永遠にインスピレーションの源であり続けるだろう。自由と公民権への弾圧を前にしても、彼らが高潔さ、熱意、勇気を失わなかったことを決して忘れない。

最後になったが、本書を私の兄弟アレクサンダーに捧げる。高い品質の素晴らしいリンゴ酒を作る男だった。彼が本書を読むことは決してないけれど、本人が想像もできなかったようなさまざまな形で、本書を書き上げるのを助けてくれた。

(45) Kimmy Chung, 'Hong Kong leader Carrie Lam slams Trump administration's "double standard" for city, points to force used at US protests', *South China Morning Post* (2 June 2020); Jennifer Creery, 'Not doom and gloom: Hong Kong's Carrie Lam says "mild" security law "removes fear"', *Hong Kong Free Press* (7 July 2020).

(46) Vivian Wang, 'As Hong Kong law goes after "black sheep," fear clouds universities', *New York Times* (7 November 2020).

(47) Wang, 'Hong Kong law'.

(48) Emma Graham-Harrison, 'Hong Kong police launch hotline for residents to inform on each other', *Guardian* (5 November 2020).

(49) Michael Bristow, 'Hong Kong's new security law: Why it scares people', *BBC News* (1 July 2020).

(50) Paul Mozur, 'TikTok to withdraw from Hong Kong as tech giants halt data requests', *New York Times* (6 July 2020); Christy Leung, 'Hong Kong police to launch national security hotline for public to help specialist officers enforce Beijing-imposed law', *South China Morning Post* (28 October 2020); Graham-Harrison, 'Hong Kong police'.

(51) Eric Baculinao and Yuliya Talmazan, 'Chinese citizen journalist Zhang Zhan jailed for "provoking trouble" with Wuhan reporting', *NBC News* (28 December 2020).

(52) Wang, 'Hong Kong law'.

(53) 'Pillar of shame: Hong Kong's Tiananmen Square statue removed', *BBC News* (23 December 2021).

(54) Elaine Showalter, *Hystories: Hysterical Epidemics and Modern Media* (New York: Columbia University Press, 1997).ハラスメントや虐待に対する恐怖と危険回避とに連関する、1980年代の被害者意識文化の台頭に関しては、以下を参照のこと。Furedi, *Culture of Fear*, pp. 45–106.

(55) Jenkins, *Decade of Nightmares*, pp. 14, 108–33.

(56) Robby Soave, *Panic Attack: Young Radicals in the Age of Trump* (New York: St. Martin's Press, 2019), p. 11.

(57) Chimamanda Ngozi Adichie, 'The four freedoms: Freedom of speech', The Reith Lectures, *BBC Radio 4* (30 November 2022).

(58) https://www.amnesty.org/en/petition/julian-assange-usa-justice/

(59) Evgeny Morozov, *The Net Delusion: The Dark Side of Internet Freedom* (New York: Public Affairs, 2011); 以下も参照のこと。his 'Critique of techno feudal reason', *New Left Review*, nos. 133/134 (2022), pp. 89–126.

(60) *China: Country Climate and Development Report* [CCDR] (Washington, DC: World Bank, 2022), p. 2.

(61) Mark Stevenson, 'In Mexico, "green gold" brings both riches and violence', *AP News* (23 October 2019).

(62) Olaf Scholz, 'The global *Zeitenwende*: How to avoid a new Cold War in a multipolar era', *Foreign Affairs*, vol. 102, no. 1 (January/February 2023), pp. 22–38.〔オラフ・ショルツ「変化したグローバルな潮流——多極化時代の新冷戦を回避するには」、フォーリン・アフェアーズ日本語版、2023年1月号〕

(30) Flora Carmichael and Jack Goodman, 'Vaccine rumours debunked: Microchips, "altered DNA" and more', *BBC News* (2 December 2020).

(31) https://www.weforum.org/agenda/2020/06/great-reset-launchprince-charles-guterres-orgieva-burrow/[;] Klaus Schwab, 'Now is the time for a "great reset"', *World Economic Forum* (3 June 2020); Klaus Schwab and Thierry Malleret, *Covid-19: The Great Reset* (Geneva: Forum Publishing/World Economic Forum, 2020), p. 3〔クラウス・シュワブ／ティエリ／マルレ『グレート・リセット――ダボス会議で語られるアフター・コロナの世界』藤田正美・チャールズ清水・安納令奈訳、日経ナショナルジオグラフィック社、2020年〕、以下も参照のこと。Jack Goodman and Flora Carmichael, 'The coronavirus pandemic "Great Reset" theory and a false vaccine claim debunked', *BBC News* (22 November 2020).

(32) Seth Mnookin, *The Panic Virus: A True Story of Medicine, Science, and Fear* (New York: Simon & Schuster, 2011).

(33) Christie Aschwanden, 'Five reasons why COVID herd immunity is probably impossible', *Nature*, vol. 591, no. 7851 (March 2021), pp. 520–22.

(34)『プランデミック』がニッチな陰謀論動画から主流の現象となっていった経緯については、以下を参照のこと。Sheera Frenkel, Ben Decker and Davey Alba, 'How the "Plandemic" movie and its falsehoods spread widely online', *New York Times* (20 May 2020).

(35) Ahmar Khan, 'Trudeau says he "won't back down" from anti-vaxx protesters', Global News (6 September 2021).

(36) Paul Kingsnorth, *The Vaccine Moment: Covid, Control and the Machine* (2022); また以下も参照のこと。'How fear fuels the vaccine wars', *UnHerd* (30 November 2021).

(37) Lewis, 'Has anyone seen the President?'

(38) イーロン・マスクは2022年10月にツイッターの全権を握ると、永久凍結されていたドナルド・トランプのアカウントを 同年11月に復活させた。

(39) Timothy Snyder, *The Road to Unfreedom: Russia, Europe, America* (New York: Tim Duggan Books, 2018), pp. 10–12, 162–6; Naím, Revenge of Power, pp. 158–60.〔ティモシー・スナイダー『自由なき世界――フェイクデモクラシーと新たなファシズム』（全2巻）池田年穂訳、慶應義塾大学出版会、2020年〕

(40) Fang Fang, *Wuhan Diary: Dispatches from a Quarantined City*, trans. Michael Berry (New York: HarperCollins, 2020), pp. 13, 44, 171–2, 7, 4, 177, 53, 90, 91.〔方方『武漢日記――封鎖下60日の魂の記録』飯塚容・渡辺新一訳、河出書房新社、2020年〕

(41) 'China: National security law must not become a weapon of fear', *Amnesty International* (30 June 2020).

(42) 'Amnesty to close Hong Kong offices over national security law', *BBC News* (25 October 2021).

(43) 'Dragon strike: China has launched rule by fear in Hong Kong', *Economist* (28 May 2020).

(44) Isabel Hilton, 'Beijing's Hong Kong takeover is a masterclass in creating fear', *Financial Times* (3 July 2020).

chronopolitics of COVID-19', American Literature, vol. 92, no. 4 (December 2020), pp. 767–79 (p. 770).

(16) Robert Peckham, 'The chronopolitics of COVID-19', *American Literature*, vol. 92, no. 4 (December 2020), pp. 767–79 (p. 770).

(17) https://www.who.int/director-general/speeches/detail/ who-director-general-s-opening-remarks-at-the-media-briefing-oncovid-19---11-march-2020

(18) 'De Blasio scares, Cuomo soothes', *Wall Street Journal* (19 March 2020).

(19) Damian R. Murray and Mark Schaller, 'The behavioral immune system: Implications for social cognition, social interaction, and social influence', in James M. Olson and Mark P. Zann, eds., *Advances in Experimental Social Psychology* (Cambridge, MA: Academic Press, 2016), pp. 75–129.

(20) David Robson, 'The fear of coronavirus is changing our psychology', *BBC Future* (2 April 2020).

(21) Mark McDonald, *United States of Fear: How America Fell Victim to a Mass Delusional Psychosis* (New York and Nashville: Post Hill Press, 2021); *Freedom from Fear: A 12 Step Guide to Personal and National Recovery* (New York and Nashville: Post Hill Press, 2022), p. 8. 'mass formation psychosis'（集団精神病）という用語は、Robert Malone（ロバート・マローン）が、Joe Rogan（ジョー・ローガン）のSpotifyのポッドキャスト*The Joe Rogan Experience*で使用したもの。マローンはとかく物議を醸す医師・感染症研究者で、新型コロナウイルス感染症のワクチンは効果がないと主張し、コロナウイルス対策措置に反対した。彼は新型コロナウイルス感染症に対するヒステリックな反応を、1920年代・1930年代 のドイツにたとえた。その時代のドイツは、「非常に知的で、高い教育を受けた国民が狂ったように吠えまくっていた」と述べた。以下を参照のこと。Linda Qiu, 'Fact-checking Joe Rogan's interview with Robert Malone that caused an uproar', *New York Times* (8 February 2022).

(22) https://www.who.int/dg/speeches/detail/munich-security- conference

(23) Rothkopf, 'When the buzz bites back', p. 5.

(24) Robert Peckham, 'Covid-19 infodemic: To stem the tide of panic, we need to understand people's fears, not condemn them', *South China Morning Post* (1 March 2020); '"This is a time for facts, not fear," says WHO chief as COVID-19 virus spreads', *UN News* (15 February 2020).

(25) https://reports.weforum.org/global-risks-2013/

(26) https://counterhate.com/research/the-disinformation-dozen/

(27) 以下を参照のこと。Stuart Russell, *Human Compatible: Artificial Intelligence and the Problem of Control* (New York: Viking, 2019).〔スチュアート・ラッセル『AI新生——人間互換の知能をつくる』松井信彦訳、みすず書房、2021年〕

(28) https://openai.com/product/gpt-4

(29) https://futureoflife.org/open-letter/pause-giant-ai-experiments/[.] この警告に先立って、2015年に人工知能に関する公開書簡が出された。. 'Because of the great potential of AI, it is important to research how to reap its benefits while avoiding potential pitfalls': https:// futureoflife.org/open-letter/ai-open-letter/

(61) http://www.hawaiifreepress.com/Articles-Main/ID/2818/ Crichton-Environmentalism-is-a-religion
(62) 'Fact check: Video presents climate change statements that lack key context', Reuters (16 October 2020); King, *Deny, Deceive, Delay*, p. 15; https://www.prageru.com/religion-of-green

エピローグ――新型コロナウイルスと恐怖の支配、トランプ・リスク

(1) Tocqueville, *Democracy*, p. 673.
(2) Tocqueville, *Democracy*, p. 663.
(3) これはFuredi（フレディ）の*Culture of Fear*『恐怖の文化』の中心テーマである。.
(4) Salman Rushdie, *Joseph Anton: A Memoir* (New York: Random House, 2012), p. 175.
(5) Nicole Perlroth, Mark Scott and Sheera Frenkel, 'Cyberattack hits Ukraine then spreads internationally', *New York Times* (27 June 2017); のちにわかったが、ランサムエアと思われたこのマルウェアは、実はロシアがこのあとに計画していたNotPetya（ノットペーチャ）ウイルスによる攻撃の隠れ蓑だった。NotPetyaはデータを永久に消去した。以下を参照のこと。Ellen Nakashima, 'Russian military was behind"NotPetya" cyberattack in Ukraine, CIA concludes', *Washington Post* (12 January 2018); Josephine Wolff, 'The Colonial Pipeline shutdown says we're in a scary new world', *Washington Post* (13 May 2021).
(6) David Baltimore, 'SAMS – severe acute media syndrome?', *Wall Street Journal* (28 April 2003), p. 12.
(7) David J. Rothkopf, 'When the buzz bites back', *Washington Post* (11 May 2003), Section B, pp. 1, 5.
(8) Richard Orange, 'Coronavirus: Norway wonders if it should have been more like Sweden', *Daily Telegraph* (30 May 2020).
(9) Lewis, 'Has anyone seen the President?'
(10) Patrick Boucheron, '"Real power is fear": What Machiavelli tells us about Trump in 2020', *Guardian* (8 February 2020); 以下も参照のこと。*Machiavelli: The Art of Teaching People What to Fear*, trans. Willard Wood (New York: Other Press, 2020), p. 1.
(11) Bob Woodward, *Rage* (New York: Simon & Schuster, 2020), p. xviii.〔ボブ・ウッドワード『RAGE怒り』伏見威蕃訳、日本経済新聞出版、2020年〕
(12) Mike Pence, 'There isn't a coronavirus "second wave"', *Wall Street Journal* (16 June 2020).
(13) Megan Greene, 'Fear is a more potent weapon than we know in the fight against Covid', *Financial Times* (11 November 2020).
(14) Steve Holland and Michael Martina, 'In split-screen town halls, Trump and Biden squabble over coronavirus response', *Reuters* (15 October 2020).
(15) https://www.whitehouse.gov/briefing-room/speeches-remarks/ 2021/01/20/inaugural-address-by-president-joseph-r-biden-jr/ 16 Robert Peckham, 'The

pp. 158–67.

(49) Michael Shellenberger, 'Sorry, but I cried wolf on climate change', *Australian* (2 July 2020); Graham Readfearn, 'The environmentalist's apology: How Michael Shellenberger unsettled some of his prominent supporters', *Guardian* (4 July 2020).

(50) Michael Shellenberger, *Apocalypse Never: Why Environmental Alarmism Hurts Us All* (New York: HarperCollins, 2020), pp. 21–2, 24–5, 272–3.〔マイケル・シェレンバーガー『地球温暖化で人類は滅亡しない――環境危機を警告する人たちが見過ごしていること』藤倉良・桂井太郎・安達一郎訳、化学同人、2022年〕

(51) Bjørn Lomborg, *The Skeptical Environmentalist: Measuring the Real State of the World* (Cambridge: Cambridge University Press, 2021)〔ビョルン・ロンボルグ『環境危機を煽ってはいけない――地球環境のホントの実態』山形浩生訳、文藝春秋、2003年〕; *False Alarm*; 'An evening with Bjørn Lomborg: Putting global warming into perspective', lecture at the London School of Economics (16 February 2011).

(52) Daniel Smith, 'It's the end of the world as we know it . . . and he feels fine', *New York Times Magazine* (17 April 2014).

(53) Alex Steffen, 'The transapocalyptic now: It's not the end of the world, but it is the end of the world as we've known it', *The Snap Forward* (4 November 2021): https://alexsteffen.substack.com/p/the-transapocalyptic-now[;] 'Editor's introduction', in Alex Steffen, ed., *Worldchanging: A User's Guide for the 21st Century*, intro. Bill McKibben; rev. ed. (New York: Abrams, 2011), pp. 17–26 (pp. 17, 19).

(54) Jennie King, *Deny, Deceive, Delay*, vol. 2, *Exposing New Trends in Climate Mis- and Disinformation at COP27* (London: Institute for Strategic Dialogue, 2023); ここで議論された同報告の主な結論についてはpp. 4–7を参照のこと。

(55) Rebecca Solnit and Thelma Young Lutunatabua, eds., *Not Too Late: Changing the Climate Story from Despair to Possibility* (Chicago, IL: Haymarket Books, 2023); また以下も参照のこと。https://www.nottoolateclimate.com

(56) Edward Burtynsky, *China* (Göttingen: Steidl, 2005). バーティンスキーの'manufactured landscapes'「生産された風景」と、気候変動と、アメリカの抱える'cultural anxieties about the geopolitical rise of China'「中国の地政学的台頭に対する文化的不安」とに関する分析については、以下を参照のこと。Michael Ziser and Julie Sze, 'Climate change, environmental aesthetics, and global environmental justice cultural studies', *Discourse*, vol. 29, nos. 2/3 (2007), pp. 384–410 (pp. 396–404); 以下も参照のこと。: https://www.edwardburtynsky.com/projects/photographs/china

(57) Ziser and Sze, 'Climate change', pp. 396–400.

(58) Alastair Marsh, 'Gore says climate crisis is like "hike through Book of Revelation"', *Bloomberg* (20 September 2022).

(59) Damian Carrington, 'Rising seas threaten "mass exodus on a biblical scale", UN chief warns', *Guardian* (14 February 2023).

(60) Pascal Bruckner, 'Against environmental panic', *Chronicle of Higher Education* (17 June 2013); 以下も参照のこと。*The Fanaticism of the Apocalypse: Save the Earth, Punish Human Beings, trans. Steven Rendall* (Cambridge: Polity, 2013).

Ecological Doom and Other Absurdities (Chicago, IL: Follett Publishing Company, 1973), pp. 4, 21–43.

(36) Petr Beckmann, *Eco-Hysterics and the Technophobes* (Boulder, CO: Golem Press, 1973), pp. 8, 78, 202.

(37) Michael Crichton, *State of Fear: A Novel* (New York: HarperCollins, 2004).〔マイケル・クライトン『恐怖の存在』（全2巻）酒井昭伸訳、早川書房、2007年〕

(38) Greta Thunberg, Svante Thunberg, Malena Ernman and Beata Ernman, *Our House Is on Fire: Scenes of a Family and a Planet in Crisis*, trans. Paul Norlen and Saskia Vogel (New York: Penguin, 2020), pp. 74, 67.〔マレーナ・エルンマン／スヴァンテ・トゥーンベリ／グレタ・トゥーンベリ／ベアタ・トゥーンベリ『グレタ　たったひとりのストライキ』羽根由訳、海と月社、2019年〕

(39) Emily Witt, 'How Greta Thunberg transformed existential dread into a movement', *New Yorker* (6 April 2020).

(40) https://languages.oup.com/word-of-the-year/2019/

(41) Molly S. Castelloe, 'Coming to terms with ecoanxiety', *Psychology Today* (9 January 2018).

(42) Jared Diamond, *Collapse: How Societies Choose to Fail or Succeed* (New York: Viking, [2005] 2011)〔ジャレド・ダイアモンド『文明崩壊——滅亡と存続の命運を分けるもの』（全2巻）楡井浩一訳、草思社、2005年〕; Laurie Laybourn, Henry Throp and Suzannah Sherman, *1.5 °C: Dead or Alive?* (London: Chatham House/Institute for Public Policy Research, 2023), p. 5.

(43) Susan Clayton, Christie Manning, Kirra Krygsman and Meighen Speiser, *Mental Health and Our Changing Climate: Impacts, Implications, and Guidance* (Washington, DC: American Psychological Association and ecoAmerica, 2017), p. 27.

(44) https://www.climatepsychiatry.org/[;]
https://www.goodgriefnetwork.org

(45) David Sobel, *Beyond Ecophobia: Reclaiming the Heart in Nature Education* (Great Barrington, MA: Orion Society, 1996), p. 5. 政治評論家George F. Will（ジョージ・F・ウィル）が、1988年にecophobia（エコフォビア）という語を用いて、「現在の雰囲気はエコフォビア、すなわち、地球がだんだん生存しにくくなっているという恐怖の雰囲気である」と書いている。以下を参照のこと 'Who's the real environmentalist?', *Washington Post* (18 September 1988), Section C, p. 7.

(46) Wai Chee Dimock, 'Planet and America, set and subset', in Wai Chee Dimock and Lawrence Buell, eds., *Shades of the Planet: American Literature as World Literature* (Princeton, NJ: Princeton University Press, 2007), pp. 1–16 (p. 1); また以下も参照のこと。Simon C. Estok, *The Ecophobia Hypothesis* (New York: Routledge, 2018), p. 35.

(47) Roy Scranton, *Learning to Die in the Anthropocene: Reflections on the End of a Civilization* (San Francisco, CA: City Lights, 2015); 'I've said goodbye to "normal." You should, too', *New York Times* (25 January 2021).

(48) Sabrina V. Helm et al., 'Differentiating environmental concern in the context of psychological adaption to climate change', *Global Environmental Change*, no. 48 (2018),

III, *The Limits to Growth* (New York: Universe Books, 1972), p. 23.〔ドネラ・H・メドウズ／デニス・L・メドウズ／J・ラーンダズ／ウィリアム・W・ベアランズ3世『成長の限界：ローマ・クラブ「人類の危機」レポート』大来佐武郎監訳、ダイヤモンド社、1972年〕

(21) Margaret Hunt Gram, '*Freedom*'s limits: Jonathan Franzen, the realist novel, and the problem of growth', *American Literary History*, vol. 26, no. 2 (2014), pp. 295–316 (p. 306).

(22) Ehrlich, *Population Bomb*, p. 15.

(23) Gram, '*Freedom*'s limits', p. 306.

(24) Peter Gwynne, 'The cooling world', *Newsweek* (28 April 1975), p. 64.

(25) Lowell Ponte, *The Cooling: Has the Next Ice Age Already Begun?* (New York: Prentice-Hall, 1976), p. xv.

(26) Meg Jacobs, *Panic at the Pump: The Energy Crisis and the Transformation of American Politics in the 1970s* (New York: Farrar, Straus and Giroux, 2016).

(27) Amanda Rohloff, *Climate Change, Moral Panics and Civilization* (New York: Routledge, 2020). 環境革命を形づくった 'ecological panic'（生態・環境保護に関わるパニック）についての主張は、以下を参照のこと。Rael Jean Isaac and Erich Isaac, *The Coercive Utopians: Social Deception by America's Power Players* (Chicago, IL: Regnery Gateway, 1983), pp. 45–8.

(28) Mike Tidwell, 'A climate of change: Activist prepares for the worst', *Washington Post* (25 February 2011); 以下からの引用。Alex Chambers, 'A panicky atmosphere: On the coloniality of climate change', in Micol Seigel, ed., *Panic, Transnational Cultural Studies, and the Affective Contours of Power* (New York: Routledge, 2018), pp. 87–107 (p. 87).

(29) David Wallace-Wells, 'The uninhabitable Earth: Famine, economic collapse, a sun that cooks us: What climate change could wreak – sooner than you think', *New York Magazine* (10 July 2017).〔デイビッド・ウォレス・ウェルズ『地球に住めなくなる日――「気候崩壊」の避けられない事実』藤井留美訳、NHK出版、2020年〕

(30) David Wallace-Wells, 'Time to panic', *New York Times* (16 February 2019).

(31) Intergovernmental Panel on Climate Change [IPCC], *Global Warming of 1.5° C* (Switzerland, 2018); Jonathan Watts, 'We have 12 years to limit climate change catastrophe, warns UN', *Guardian* (8 October 2018).

(32) Greta Thunberg, 'Our house is on fire', *Guardian* (25 January 2019).

(33) Marie-Hélène Huet, *The Culture of Disaster* (Chicago, IL: University of Chicago Press, 2012), p. 4.

(34) Oliver Milman, 'How the global climate fight could be lost if Trump is re-elected', *Guardian* (27 July 2020). Bjørn Lomborg（ビョルン・ロンボルグ）が主張するように、気候変動は現実であっても、「地球に向かって高速で飛んでくる巨大な隕石と同じ」ではない。*False Alarm: How Climate Change Panic Costs Us Trillions, Hurts the Poor, and Fails to Fix the Planet* (New York: Basic Books, 2020), p. 17.

(35) Melvin J. Grayson and Thomas R. Shepard, Jr, *The Disaster Lobby: Prophets of*

(6) https://www.rightlivelihoodaward.org/speech/acceptance-speech- bill-mckibben-350-org/

(7) Greta Thunberg, speech delivered on 30 October 2022 at the Climate Event, Southbank Centre, London, to launch *The Climate Book: The Facts and the Solutions* (London: Allen Lane, 2022).〔グレタ・トゥーンベリ『気候変動と環境危機――いま私たちにできること』東郷えりか訳、河出書房新社、2022年〕

(8) Jonathan Franzen, *The End of the End of the Earth* (New York: Farrar, Straus and Giroux, 2018), pp. 16–21; 以下も参照のこと。'Carbon capture: Has climate change made it harder for people to care about conservation?', *New Yorker* (6 April 2015), pp. 56–65.

(9) Gladwin Hill, 'Nation set to observe Earth Day', *New York Times* (21 April 1970), p. 36.

(10) 1973年には、抑制されない「経済成長と開発」によって絶滅に瀕している種を保護するために、the Endangered Species Act「絶滅危惧種保護法」が施行された。

(11) 'The end of civilization feared by biochemist', *New York Times* (19 November 1970), p. 24.

(12) Paul R. Ehrlich, *The Population Bomb* (New York: Ballantine Books, 1968), p. 13.〔ポール・R・エーリック『人口爆弾』宮川毅訳、河出書房新社、1974年〕

(13) Paul Ehrlich, 'Eco-catastrophe!', *Ramparts Magazine*, vol. 8, no. 3 (September 1969), pp. 24–8 (pp. 24–5, 28).

(14) Bernard Dixon, 'In praise of prophets', *New Scientist* (16 September 1971), p. 606.

(15) Paul R. Ehrlich, 'Looking back from 2000 AD', in *The Crisis of Survival,* intro. Eugene P. Odum and Benjamin DeMott (Madison, WI: The Progressive, 1970), pp. 235–45 (pp. 239, 245).

(16) Frederik Pohl, ed., *Nightmare Age* (New York: Ballantine Books, 1970).

(17) 細菌学者René Dubos（ルネ・デュボス）と経済学者Barbara Ward（バーバラ・ウォード）が1972年のストックホルム会議のために共同執筆した報告書を参照のこと。*Only One Earth: The Care and Maintenance of a Small Planet* (New York: W. W. Norton, 1972), p. xviii.〔バーバラ・ウォード／ルネ・デュボス『かけがえのない地球――人類が生き残るための戦い』曾田長宗・坂本藤良監修、人間環境ワーキング・グループ／環境科学研究所共訳、日本総合出版機構、1972年〕'spaceship earth'「宇宙船地球号」という言葉は、1969年に建築家でシステム理論家のリチャード・バックミンスター・フラーによって作られた。以下を参照のこと。Richard Buckminster Fuller, *Operating Manual for Spaceship Earth* (Carbondale, IL: Southern Illinois University Press, 1969).〔リチャード・バックミンスター・フラー『宇宙船地球号――操縦マニュアル』芹沢高志訳、筑摩書房、2000年、ほか〕

(18) Holly Henry and Amanda Taylor, 'Re-thinking Apollo: Envisioning environmentalism in space', *Sociological Review*, vol. 57, no. 1 (2009), pp. 190–203; Robert Poole, *Earthrise: How Man First Saw the Earth* (New Haven, CT: Yale University Press, 2010).

(19) http://www.un-documents.net/ocf-ov.htm

(20) Donella H. Meadows, Dennis L. Meadows, Jørgen Randers and William W. Behrens

クラインが表現したように、「政治は空白を嫌う。政治が希望で満たされていない場合、誰かが恐怖で埋めるのである」。以下を参照のこと。Naomi Klein, *No Is Not Enough: Resisting Trump's Shock Politics and Winning the World We Need* (Chicago, IL: Haymarket Books, 2017), p. 113.〔ナオミ・クライン『NOでは足りない——トランプ・ショックに対処する方法』幾島幸子・荒井雅子訳、岩波書店、2018年〕

(43) John Mueller, *Overblown: How Politicians and the Terrorism Industry Inflate National Security Threats, and Why We Believe Them* (New York: Free Press, 2006), p. 2.

(44) Thomas K. Duncan and Christopher J. Coyne, 'The origins of the permanent war economy', *Independent Review*, vol. 18, no. 2 (2013), pp. 219–40 (pp. 219, 234). 'permanent war economy'「恒久的な戦争経済」という用語は、1944年にWalter J. Oakes（ウォルター・J・オークス）によって作られた。以下を参照のこと。'Toward a permanent war economy?', *Politics* (February 1944), pp. 11–16.

(45) この記念碑は1884年に、E・C・ヘイスティングス大佐の生涯を記念して建てられたものだった。

(46) 'Katrina, 9/11 and disaster capitalism', Naomi Klein interview with Lenora Todaro, *Salon.com* (21 September 2007); Klein, *Shock Doctrine*.

(47) Charles Bremner, 'Dawn raids on Islamists in Paris as Emmanuel Macron vows to get tough', *The Times* [London] (20 October 2020).

(48) Ewen MacAskill and Dominic Rushe, 'Snowden document reveals key role of companies in NSA data collection', *Guardian* (1 November 2013).

(49) Raphael Satter, 'US court: Mass surveillance program exposed by Snowden was illegal', *Reuters* (2 September 2020).

第15章　エコ・パニック

(1) Timothy Morton, *Hyperobjects: Philosophy and Ecology after the End of the World* (Minneapolis, MN: Minnesota University Press, 2013); *The Ecological Thought* (Cambridge, MA: Harvard University Press, 2010), pp. 19, 130–31.

(2) Amitav Ghosh, *The Great Derangement: Climate Change and the Unthinkable* (Chicago, IL: University of Chicago Press, 2016).〔アミタヴ・ゴーシュ『大いなる錯乱　気候変動と＜思考しえぬもの＞』三原芳秋・井沼香保里訳、以文社、2022年〕

(3) Paul J. Crutzen and Eugene F. Stoermer, 'The Anthropocene', *International Geosphere-Biosphere Programme Newsletter*, no. 41 (2000), pp. 17–18.

(4) Anthony Giddens, 'Risk and responsibility', *Modern Law Review*, vol. 62, no. 1 (1999), pp. 1–10 (p. 4); Ulrich Beck, *Risk Society: Towards a New Modernity*, trans. Scott Lash and Brian Wynne (London: Sage, 1992)〔ウルリッヒ・ベック『危険社会——新しい近代への道』東廉・伊藤美登里訳、法政大学出版局、1998年〕恐怖、科学、災害に対する冷戦社会学に関して、'hazard'「危険」を鋭く論考したものは、以下を参照のこと。Cocn, 'The nature of fear'.

(5) John McPhee, *Basin and Range* (New York: Farrar, Straus and Giroux, 1981), p. 77.

Press), pp. 3–18 (pp. 7–9).

(26) Nick Muntean, 'Viral terrorism and terrifying viruses: The homological construction of the war on terror and the avian flu pandemic', *International Journal of Media & Cultural Politics*, vol. 5, no. 3 (October 2009), pp. 199–216 (p. 199).

(27) Derek Gregory, 'The everywhere war', *Geographical Journal*, vol. 177, no. 3 (2011), pp. 238–50; Christopher Drew, 'Drones are weapons of choice in fighting Qaeda', *New York Times* (16 March 2009), Section A, p. 1.

(28) James Der Derian, 'Imaging terror: Logos, pathos, and ethos', *Third World Quarterly*, vol. 26, no. 1 (2005), pp. 23–37 (p. 26).

(29) Jane Mayer, *The Dark Side: The Inside Story of How the War on Terror Turned into a War on American Ideals* (New York: Anchor, 2009), pp. 9–10.

(30) https://georgewbush-whitehouse.archives.gov/news/releases/2002/ 09/20020912-1.html

(31) https://georgewbush-whitehouse.archives.gov/news/releases/2001/ 09/20010920-8.html

(32) https://www.un.org/press/en/2003/sc7658.doc.htm

(33) https://www.inigomanglano-ovalle.com/

(34) 'What was the 45-minute claim?', *Guardian* (5 February 2004); Andrew Sparrow, '45-minute WMD claim "may have come from an Iraqi taxi driver"', *Guardian* (8 December 2009).

(35) Barry Buzan, 'Will the "global war on terrorism" be the new Cold War?', *International Affairs*, vol. 82, no. 6 (2006), pp. 1101–18 (p. 1101).

(36) 以下からの引用。Rick Weiss, 'Gore criticizes Bush approach to security', *Washington Post* (10 November 2003), Section A, p. 2.

(37) Zbigniew Brzezinski, 'Terrorized by "war on terror"', *Washington Post* (25 March 2007), Section B, p. 1.

(38) 'Authorization for Use of Military Force' (2001): https://www. congress.gov/bill/107th-congress/senate-joint-resolution/23/text

(39) Ken Ballen and Peter Bergen, 'The worst of the worst?', *Foreign Policy* (20 October 2008); Michael Ratner, 'Guantánamo at 10: The defeat of liberty by fear', *Guardian* (11 January 2012).

(40) Rodney C. Roberts, 'The American value of fear and the indefinite detention of terrorist suspects', *Public Affairs Quarterly*, vol. 21, no. 4 (2007), pp. 405–19.

(41) Robin, *Fear*, p. 25.

(42) Brigitte L. Nacos, Yaeli Bloch-Elkon and Robert Y. Shapiro, *Selling Fear: Counterterrorism, the Media, and Public Opinion* (Chicago, IL: University of Chicago Press, 2011); Susan Faludi, *The Terror Dream: Fear and Fantasy in Post-9/11 America* (New York: Metropolitan Books, 2007); Dawn Rothe and Stephen L. Muzzatti, 'Enemies everywhere: Terrorism, moral panic, and US civil society', *Critical Criminology*, vol. 12 (2004), pp. 327–50. 同時に、「政治勢力の進歩的な側に立つ大部分はすっかり怯えてしまい」、ポピュリスト運動組織がつけこむチャンスができた。ナオミ・

(10) 獄中のドイツ赤軍派の幹部たちは殺害されたという主張は今もある。
(11) Hans Magnus Enzensberger, *Civil Wars: From LA to Bosnia* (New York: The New Press, 1994), pp. 20, 30.
(12) https://georgewbush-whitehouse.archives.gov/news/releases/2001/ 09/20010920-8.html
(13) David Rieff, 'Fear and fragility sound a wake-up call', *Los Angeles Times* (12 September 2001); Stearns, *American Fear*, p. 36.
(14) Douglas Kellner, '9/11, spectacles of terror, and media manipulation: A critique of Jihadist and Bush media politics', *Critical Discourse Studies*, vol. 1, no. 1 (2004), pp. 41–64 (p. 43).
(15) Rieff, 'Fear'; ツインタワーの式典については、以下を参照のこと。David Lehman's poem 'The World Trade Center', *Paris Review*, no. 136 (1995), p. 74.
(16) Frank J. Prial, 'Governors dedicate Trade Center here; world role is cited', *New York Times* (5 April 1973), pp. 1, 34.
(17) Philippe Petit, 'In search of fear: Notes from a high-wire artist', *Lapham's Quarterly* (Summer 2017), pp. 214–19 (p. 214).
(18) Samuel P. Huntington, *The Clash of Civilizations and the Remaking of World Order* (New York: Simon & Schuster, 1996).〔サミュエル・P・ハンチントン『文明の衝突』(全2巻) 鈴木主税訳、集英社、2017年〕
(19) 'Altman says Hollywood "created atmosphere" for September 11', *Guardian* (18 October 2001).
(20) Michael McCaul, *Failures of Imagination: The Deadliest Threats to Our Homeland – and How to Thwart Them* (New York: Crown Forum, 2016).
(21) Richard N. Haass, 'The Bush administration's response to September 11th – and beyond. Remarks to the Council of Foreign Relations, New York' (15 October 2001): https://2001-2009.state.gov/s/p/ rem/5505.htm
(22) https://georgewbush-whitehouse.archives.gov/news/releases/2002/ 01/20020129-11.html
(23) Ronnie Lippens, 'Viral contagion and anti-terrorism: Notes on medical emergency, legality and diplomacy', *International Journal for the Semiotics of Law*, vol. 17, no. 2 (2004), pp. 125–39 (p. 126).
(24) 歴史家Philipp Sarasin (フィリップ・サラシン) が主張してきたように、9.11以後、「疫学と防疫とは一つになった。つまり、テロリズム、感染症、バイオ・テロ、水際対策」がまとまり、一つの安全保障の脅威になった。以下を参照のこと。Vapors, viruses, resistance(s): The trace of infection in the work of Michel Foucault', in S. Harris Ali and R. Keil, eds., *Networked Disease: Emerging Infections in the Global City* (Oxford: Wiley-Blackwell, 2008), pp. 267–80 (p. 268); Scott Shane, 'FBI, laying out evidence, closes anthrax case', *New York Times* (19 February 2010).
(25) Barry S. Levy and Victor W. Sidel, 'Challenges that terrorism poses to public health', in Barry S. Levy and Victor W. Sidel, eds., *Terrorism and Public Health: A Balanced Approach to Strengthening Systems and Protecting People* (Oxford: Oxford University

(77) Jacques Pépin et al., 'Risk factors for hepatitis C virus transmission in colonial Cameroon', *Clinical Infectious Diseases*, vol. 51, no. 7 (2010), pp. 768–76.
(78) Jacques Pépin, *The Origins of AIDS* (Cambridge: Cambridge University Press, [2011] 2021).〔ジャック・ペパン『エイズの起源』山本太郎訳、みすず書房、2013年〕
(79) レオポルドビルは1966年にキンシャサになった。
(80) Pépin, *Origins*, pp. 124–52.
(81) Fassin, 'Politics', p. 47.
(82) Edward Hooper, *The River: A Journey to the Source of HIV and AIDS* (Boston, MA: Little, Brown and Company, 1999).
(83) Peckham, 'Polio', pp. 198–9.「セーブ・ザ・チルドレン」はビンラディン暗殺計画への関与を一切否定している。.
(84) Doug Rossinow, 'Days of fear', in *The Reagan Era: A History of the 1980s* (New York: Columbia University Press, 2015), pp. 139–60 (p. 139).
(85) Michelle Alexander, *The New Jim Crow: Mass Incarceration in the Age of Colorblindness* (New York: The New Press, [2010] 2012).
(86) Centers for Disease Control and Prevention, 'Mortality attributable to HIV infection/AIDS - United States, 1981–1990', *Morbidity & Mortality Weekly Report*, vol. 40, no. 3 (25 January 1991), pp. 41–4.
(87) https://www.reaganlibrary.gov/archives/speech/farewell-address- nation

第14章　対テロ戦争

(1) Wayman C. Mullins, 'Terrorism in the '90s: Predictions for the United States', *Police Chief*, vol. 57, no. 9 (September 1990), pp. 44–6.
(2) Bryan Burrough, *Days of Rage: America's Radical Underground, the FBI, and the Forgotten Age of Revolutionary Violence* (New York: Penguin, 2015).
(3) https://www.fbi.gov/history/famous-cases/weather-underground- bombings
(4) *Prairie Fire: The Politics of Revolutionary Anti-Imperialism - The Political Statement of the Weather Underground* (Brooklyn, NY, and San Francisco, CA: Communications Co., 1974), pp. 11, 107, 113, 115.
(5) Leroy E. Aarons, 'Symbionese Army: Beyond fantasy', *Washington Post* (11 February 1974), Section A, pp. 1, 6 (p. 1).
(6) 以下を参照のこと。Les Payne and Tim Findley, with Carolyn Craven, *The Life and Death of the SLA: A True Story of Revolutionary Terror* (New York: Ballantine Books, 1976).
(7) Aarons, 'Symbionese Army', p. 6.
(8) Brendan I. Koerner, *The Skies Belong to Us: Love and Terror in the Golden Age of Hijacking* (New York: Broadway Books, 2013).〔ブレンダン・I・コーナー『ハイジャック犯は空の彼方に何を夢みたのか』高月園子訳、亜紀書房、2015年〕
(9) Maud Ellmann, *The Hunger Artists: Starving, Writing, and Imprisonment* (Cambridge, MA: Harvard University Press, 1993), p. 23.

Contagion and the Spread of African Culture (New York and London: Routledge, 1998), pp. 149–50.

(61) Ann S. Anagnost, 'Strange circulations: The blood economy in rural China', *Economy and Society*, vol. 35, no. 4 (2006), pp. 509–29 (p. 516).

(62) Shilts, *And the Band*, p. 4.

(63) Joshua Lederberg, Robert E. Shope and Stanley C. Oaks, eds., *Emerging Infections: Microbial Threats to Health in the United States* (Washington, DC: National Academies Press, 1992), p. v.

(64) Lederberg et al., *Emerging Infections*, pp. 1–15.

(65) 'Don't panic, yet, over AIDS', *New York Times* (7 November 1986), Section A, p. 34.

(66) 'A global disaster', *Economist* (2 January 1999), pp. 50–52 (p. 50).

(67) Elizabeth Pisani et al., *Report on the Global HIV/AIDS Epidemic* (Geneva: UNAIDS, June 2000), p. 6.

(68) Jonny Steinberg, *Sizwe's Test: A Young Man's Journey through Africa's AIDS Epidemic* (New York: Simon & Schuster, 2008); Quang Nguyen and Kearsley Stewart, 'AIDS denialism: Conspiratorial ideation and the internet', *Journal of Global Health*, vol. 5, no. 2 (2015), pp. 44–7.

(69) https://www.cdc.gov/tuskegee/timeline.htm

(70) Cristine Russell, 'Map of AIDS' deadly march evolves from hepatitis study', *Washington Post* (1 February 1987), p. 1.

(71) Seth C. Kalichman, 'Peter Duesberg and the origins of HIV/AIDS denialism', in *Denying AIDS: Conspiracy Theories, Pseudoscience, and Human Tragedy*, fwd Nicoli Nattrass (New York: Springer, 2009), pp. 25–56〔セス・C・カリッチマン『エイズを弄ぶ人々――疑似科学と陰謀説が招いた人類の悲劇』野中香方子訳、化学同人、2011年〕; Peter H. Duesberg, *Inventing the AIDS Virus*, fwd Kary Mullis (Washington, DC: Regnery Publishing, 1996), p. vii.

(72) Milton William Cooper, *Behold a Pale Horse* (Flagstaff, AZ: Light Technology Publishing, 1991), p. 214.

(73) Didier Fassin, 'The politics of conspiracy theories: On AIDS in South Africa and a few other global plots', *Brown Journal of World Affairs*, vol. 17, no. 2 (2011), pp. 39–50 (p. 40).

(74) Fassin, 'Politics', p. 41.

(75) Luise White, *Speaking with Vampires: Rumor and History in Colonial Africa* (Berkeley, CA: University of California Press, 2000).

(76) Elizabeth B. van Heyningen, 'The social evil in the Cape Colony, 1868–1902: Prostitution and the Contagious Diseases Acts', *Journal of Southern African Studies*, vol. 10, no. 2 (1984), pp. 170–97 (p. 178); Karen Jochelson, *The Colour of Disease: Syphilis and Racism in South Africa, 1880–1950* (Basingstoke: Palgrave, 2001); Maynard W. Swanson, 'The sanitation syndrome: Bubonic plague and urban native policy in the Cape Colony, 1900-1909', *Journal of African History*, vol. 18, no. 3 (1977), pp. 387–410 (p. 393).

(41) Thom Gunn, 'Lament', in *Collected Poems* (London: Faber and Faber, 1993), p. 465.
(42) Mark Doty, *Heaven's Coast: A Memoir* (New York: HarperCollins, 1997), p. 204.
(43) Christine Doyle, 'AIDS: It does affect us all', *Daily Telegraph* (16 September 1986), p. 11.
(44) Watney, 'AIDS', p. 5; Holland et al., 'AIDS', p. 505.
(45) 'AIDS: It does affect us all', p. 11, は以下で議論されている。Watney, 'AIDS', p. 5; Richard Evans, 'AIDS', *Financial Times* (22 November 1986), p. 6.
(46) 'The panic spreads', *Economist* (15 November 1986), p. 28.
(47) 'Panic stations', *Daily Telegraph* (16 September 1986), p. 11.
(48) Evans, 'AIDS'.
(49) Tim Jonze, '"It was a life-and-death situation. Wards were full of young men dying": How we made the Don't Die of Ignorance Aids campaign', *Guardian* (4 September 2017).
(50) HIV の公衆衛生キャンペーンにおける恐怖の使用、および恐怖が患者に烙印を押すという理由から恐怖の使用に反対する主張に関しては、以下を参照のこと。Amy Lauren Fairchild et al., 'The two faces of fear: A history of hard-hitting public health campaigns against tobacco and AIDS', *American Journal of Public Health*, vol. 108, no. 9 (2018), pp. 1180–86 (p. 1184).
(51) Holland et al., 'AIDS', p. 499.
(52) Holland et al., 'AIDS', pp. 500–501; Robert Peckham, 'The crisis of crisis: Rethinking epidemics from Hong Kong', *Bulletin of the History of Medicine*, vol. 94, no. 4 (2020), pp. 658–69 (p. 658).
(53) 'The time bomb', *Daily Telegraph* (16 September 1986), p. 11.
(54) Evans, 'AIDS'.
(55) Jacqueline Foertsch, *Enemies Within: The Cold War and the AIDS Crisis in Literature, Film, and Culture* (Urbana, IL: University of Illinois Press, 2001).
(56) Susan Sontag, *Illness as Metaphor and AIDS and Its Metaphors* (London: Penguin, 2013)〔スーザン・ソンタグ『隠喩としての病い／エイズとその隠喩』富山太佳夫訳、みすず書房、2012年〕; Roger Cooter and Claudia Stein, 'Coming into focus: Posters, power, and visual culture in the history of medicine', in *Writing History in the Age of Biomedicine* (New Haven, CT: Yale University Press, 2013), pp. 112–37 (pp. 120–23); and John O'Neill, 'AIDS as a globalizing panic', *Theory, Culture & Society*, vol. 7, nos. 2/3 (1990), pp. 493–508.
(57) 以下からの引用。Holland et al., 'AIDS', p. 501.
(58) 'A premium for panic', *Financial Times* (19 November 1986), p. 48.
(59) John Mullin, 'Journals ban dying AIDS victim advertisement', *Guardian* (24 January 1992), p. 22; Helen Fielding, 'Pulling the woollies over our eyes', *Sunday Times* (26 January 1992), Section 4, p. 3.
(60) Paula Span, 'Colored with controversy', *Washington Post* (13 February 1992), Section D, p. 1; McKenzie Wark, 'Still life today: The Benetton campaign', *Photofile*, no. 36 (August 1992), pp. 33–6 (p. 33); Barbara Browning, *Infectious Rhythm: Metaphors of*

『セクシュアリティ』上野千鶴子監訳、河出書房新社、1996年〕

(26) Simon Watney, 'AIDS, "moral panic" theory, and homophobia', in *Practices of Freedom: Selected Writings on HIV/AIDS* (Durham, NC: Duke University Press, 1994), pp. 3–16.

(27) Robert Peckham, 'Polio, terror and the immunological worldview', *Global Public Health*, vol. 13, no. 2 (2018), pp. 189–210 (p. 190).

(28) https://www.cdc.gov/mmwr/preview/mmwrhtml/june_5.htm

(29) Randy Shilts, *And the Band Played On: Politics, People, and the AIDS Epidemic* (New York: St. Martin's Griffin, [1987] 2007), p. 44.〔ランディ・シルツ『そしてエイズは蔓延した』(全2巻) 曾田能宗訳、草思社、1991年〕

(30) Margaret Engel, 'AIDS and prejudice: One reporter's account of the nation's response', *Washington Post* (1 December 1987), p. 10.

(31) これは以下からの引用。Quoted in David Shaw, 'Anti-gay bias? Coverage of AIDS story: A slow start', *Los Angeles Times* (20 December 1987), p. 1.

(32) Gina M. Bright, *Plague-Making and the AIDS Epidemic: A Story of Discrimination* (New York: Palgrave Macmillan, 2012).

(33) Robert Pear, 'Health chief calls AIDS battle "no. 1 priority"', *New York Times* (25 May 1983), Section A, pp. 1, 19. Brandt (ブラント) は 1983年にExecutive Task Force on AIDS (AIDS執行特別委員会) を設立した。

(34) Philip M. Boffey, 'Reagan urges wide AIDS testing but does not call for compulsion', *New York Times* (1 June 1987), Section A, pp. 1, 15 (p. 1).

(35) 'Surgeon general's report on acquired immune deficiency syndrome', *Public Health Reports*, vol. 102, no. 1 (1987), pp. 1–3. Koop (クープ) は人口中絶反対運動を支持する福音主義協会員だった。AIDSに対する道徳政策の形成に彼が果たした役割に関しては、以下を参照のこと。Anthony M. Petro, 'Governing authority: The surgeon general and the moral politics of public health', in *After the Wrath of God: AIDS, Sexuality, and American Religion* (Oxford: Oxford University Press, 2015), pp. 53–90.

(36) Janet Holland, Caroline Ramazanoglu and Sue Scott, 'AIDS: From panic stations to power relations – sociological perspectives and problems', *Sociology*, vol. 24, no. 3 (1990), pp. 499–518 (p. 499). 筆者らは、「エイズの流行は、感染の恐怖と感染者への恐怖を同時に引き起こす形で、セックスと同性愛と死とを一つにした」と'書いている。(p. 499)

(37) Charles Krauthammer, 'AIDS hysteria', *New Republic* (5 October 1987), pp. 18–20.

(38) Justin McCarthy, 'Fear and anxiety during the 1980s AIDS crisis', *Gallup Vault* (28 June 2019): https://news.gallup.com/vault/259643/gallup-vault-fear-anxiety-during-1980s-aids-crisis.aspx

(39) William J. Buckley, 'Crucial steps in combating the AIDS epidemic; identify all the carriers', *New York Times* (18 March 1986), p. 27.

(40) Joel Zizik, 'Pneumocystis', in Michael Klein and Richard McCann, eds., *Things Shaped in Passing: More 'Poets for Life' Writing from the AIDS Pandemic* (New York: Persea Books, 1997), pp. 195–206 (p. 199).

2巻）渡部昇一訳、三笠書房、1992年〕
(9) https://www.reaganlibrary.gov/archives/speech/inaugural- address-1981
(10) Susan Strange, *Casino Capitalism* (Oxford: Blackwell, 1986).〔スーザン・ストレンジ『カジノ資本主義――国際金融恐慌の政治経済学』小林襄治訳、岩波書店、1988年〕
(11) Philip Jenkins, *Decade of Nightmares: The End of the Sixties and the Making of Eighties America* (Oxford: Oxford University Press, 2006).
(12) Marc Levinson, 'End of a golden age', *Aeon* (22 February 2017); ならびに *An Extraordinary Time: The End of the Postwar Boom and the Return of the Ordinary Economy* (New York: Basic Books, 2016).〔マルク・レヴィンソン『例外時代――高度成長はいかに特殊であったのか』松本裕訳、みすず書房、2017年〕
(13) Steven Brill, *Tailspin: The People and Forces Behind America's Fifty Year Fall – and Those Fighting to Reverse It* (New York: Alfred A. Knopf, 2018).
(14) Patrick Hutber, *The Decline and Fall of the Middle Class and How It Can Fight Back* (Harmondsworth: Penguin, [1976] 1977), p. 9.
(15) Robert Moss, *The Collapse of Democracy* (London: Temple Smith, 1975), pp. 12, 38, 55, 76.
(16) Stanley Cohen, *Folk Devils and Moral Panics: The Creation of the Mods and Rockers* (New York: Routledge, [1972] 2002).
(17) Stuart Hall, Chas Critcher, Tony Jefferson, John Clarke and Brian Roberts, *Policing the Crisis: Mugging, the State and Law and Order* (London: Macmillan and Red Globe Press, [1978] 2013), pp. 2, 111, 121, 123, 323.
(18) *Welcome to Fear City: A Survival Guide for Visitors to the City of New York* (New York: NYPD, 1975); Kevin Baker, '"Welcome to fear city": The inside story of New York's civil war, 40 years on', Guardian (18 May 2015); Kim Phillips-Fein, *Fear City: New York's Fiscal Crisis and the Rise of Austerity Politics* (New York: Metropolitan Books, 2017), pp. 129–44.
(19) 'Transcript of President's talk on city crisis, questions asked and his responses', *New York Times* (30 October 1975), p. 46.
(20) Frank Van Riper, 'Ford to city: Drop dead', *New York Daily News* (30 October 1975), p. 1.
(21) Phillips-Fein, *Fear City*, p. 257.
(22) Richard Krause, 'Foreword', in Stephen S. Morse, ed., *Emerging Viruses* (Oxford: Oxford University Press, 1993), pp. xvii–xix (p. xvii).〔スティーヴン・モース編ほか『突発出現ウイルス――続々と出現している病原ウイルスの発生メカニズムと防疫対策を探る』佐藤雅彦訳、海鳴社、1999年〕
(23) Stephen Jay Gould, 'The terrifying normalcy of AIDS', *New York Times Magazine* (19 April 1987), p. 33.
(24) Jeffrey Weeks, 'AIDS: The intellectual agenda', in Peter Aggleton, Graham Hart and Peter Davies, eds., *AIDS: Social Representations, Social Practices* (Abingdon: Routledge, 1989), pp. 1–20 (p. 3).
(25) Jeffrey Weeks, *Sexuality* (London: Tavistock, 1986), p. 95.〔ジェフリー・ウィークス

(73) Erich Fromm, 'The present human condition', *American Scholar*, vol. 25, no. 1 (Winter 1955/6), pp. 29–35 (p. 31).
(74) Herbert Marcuse, *One-Dimensional Man: Studies in the Ideology of Advanced Industrial Society* (Abingdon and New York: Routledge, [1964] 2002), p. 7.〔ヘルベルト・マクルーゼ『一次元的人間――先進産業社会におけるイデオロギーの研究』生松敬三・三沢謙一訳、河出書房新社、1974年〕
(75) Timothy Melley, *Empire of Conspiracy: The Culture of Paranoia in Postwar America* (Ithaca, NY: Cornell University Press, 2000), p. 7.
(76) Philip K. Dick, *Do Androids Dream of Electric Sheep?* (New York: Del Rey, [1968] 2017), p. 121.〔フィリップ・K・ディック『アンドロイドは電気羊の夢を見るか？』浅倉久志訳、早川書房、1977年〕
(77) Hunter S. Thompson, *Fear and Loathing in Las Vegas: A Savage Journey to the Heart of the American Dream* (London: HarperCollins, [1971] 2005), pp. 38, 23; 'Fear and loathing at the Super Bowl' [1974], in *Fear and Loathing at Rolling Stone: The Essential Writing of Hunter S. Thompson*, ed. and intro. Jann S. Wenner (New York: Simon & Schuster, 2011), pp. 294–319 (p. 297).〔ハンター・S・トンプソン『ラスベガスをやっつけろ――アメリカン・ドリームを探すワイルドな旅の記録』室矢憲治訳、筑摩書房、1989年〕
(78) Douglas Murphy, *Last Futures: Nature, Technology and the End of Architecture* (London: Verso, 2016).

第13章　分裂と崩壊

(1) James M. Scott, *Deciding to Intervene: The Reagan Doctrine and American Foreign Policy* (Durham, NC: Duke University Press, 1996).
(2) Eliot A. Cohen, 'Ronald Reagan and American defense', in Jeffrey L. Chidester and Paul Kengor, eds., *Reagan's Legacy in a World Transformed* (Cambridge, MA: Harvard University Press, 2015), pp. 124–38 (p. 126).
(3) Frank Biess, *German Angst: Fear and Democracy in the Federal Republic of Germany* (Oxford: Oxford University Press, 2020), p. vii.
(4) Michael Dobbs, 'Chernobyl: Symbol of Soviet failure', *Washington Post* (26 April 1991), p. 1; Stephen Weeks, 'The Chernobyl disaster was the fatal blow to the USSR', in David Erik Nelson, ed., *Chernobyl: Perspectives on Modern World History* (Farmington Hills, MI: Greenhaven Press, 2010), pp. 113–18 (p. 116).
(5) *Ten Years after Chernobyl: What Do We Really Know?*, Proceedings of the IAEA/WHO/EC International Conference, Vienna, April 1996, p. 8.
(6) Dobbs, 'Chernobyl'.
(7) https://www.icty.org/x/cases/krstic/tjug/en/krs-tj010802e-1.htm
(8) Francis Fukuyama, 'The end of history?', *National Interest*, no. 16 (Summer 1989), pp. 3–18 (p. 4). 同論文はのちに拡大されて一冊の本になった。The End of History and the Last Man (New York: Free Press, 1992).〔フランシス・フクヤマ『歴史の終わり』(全

Triumvirate: John F. Kennedy, Pope John, Nikita Khrushchev (New York: W. W. Norton, 1972), p. 46.

(59) しかしBBCは政府との共謀の示唆を認めなかった。1965年12月に国会議員William Hamilton（ウィリアム・ハミルトン）が庶民院で『ザ・ウォー・ゲーム』について行った議会質問に対する政府の返答原稿を参照せよ。UK National Archives, Kew, CAB 21/5808:https://www.nationalarchives.gov.uk/education/resources/sixties-britain/bbc-film-censored/

(60) Robert Mann, *Daisy Petals and Mushroom Clouds: LBJ, Barry Goldwater, and the Ad That Changed American Politics* (Baton Rouge, LA: Louisiana State University Press, 2011).

(61) George Orwell, *Nineteen Eighty-Four* (New York: Harcourt, Brace and Company, 1949), p. 193.〔ジョージ・オーウェル『1984』田内志文訳、KADOKAWA、2021年、ほか〕『1984』よりも前に、ディストピア的テクノロジー未来を扱った小説の例には、ロシアの作家Yevgeny Zamyatin（エヴゲニー・ザミャーチン）が1920年から21年に書いた『われら』〔川端香男里訳、岩波文庫、1992年〕と、Aldous Huxley（オルダス・ハクスリー）が1932年に発表した*Brave New World*『すばらしい新世界』〔黒原敏行訳、光文社古典新訳文庫、2013年〕がある。

(62)「ピープル・マシーン」を「陳腐な宣伝目的の企画」として宣伝したことに関しては、以下を参照のこと。Seth Mnookin, 'The bumbling 1960s data scientists who anticipated Facebook and Google', *New York Times* (15 September 2020).

(63) Thomas Bruce Morgan, 'The people-machine', *Harper's* (January 1961), pp. 53–7 (p. 57); 以下の書籍で議論されている。Jill Lepore, *If Then: How the Simulmatics Corporation Invented the Future* (New York: Liveright, 2020), pp. 126–7.

(64) 以下からの引用。Lepore, *If Then*, p. 126.

(65) Lepore, *If Then*, p. 5.

(66) Daniel Crevier, *AI: The Tumultuous History of the Search for Artificial Intelligence* (New York: Basic Books, 1993), pp. 44–6 (p. 44).

(67) John McCarthy, Marvin L. Minsky, Nathaniel Rochester and Claude E. Shannon, *A Proposal for the Dartmouth Summer Research Project on Artificial Intelligence* (31 August 1955), reprinted in *AI Magazine*, vol. 27, no. 4 (2006), pp. 12–14 (p. 12).

(68) Manfred E. Clynes and Nathan S. Kline, 'Cyborgs and space', *Astronautics* (September 1960), pp. 26–7, 74–6.

(69) Norbert Wiener, *God & Golem, Inc.: A Comment on Certain Points Where Cybernetics Impinges on Religion* (Cambridge, MA: MIT Press, 1964), p. vii.〔ノーバート・ウィーナー『科学と神――サイバネティックスと宗教』鎮目恭夫訳、みすず書房、1965年〕

(70) Norbert Wiener, 'Some moral and technical consequences of automation', *Science*, vol. 131 (6 May 1960), pp. 1355–8 (p. 1355).

(71) Wiener, *God & Golem*, p. 60.

(72) Ida Russakoff Hoos, 'When the computer takes over the office', *Harvard Business Review*, vol. 38, no. 4 (1 July 1960), pp. 102–12 (p. 102).

Sociology, vol. 60, no. 3 (November 1954), pp. 267–75 (p. 275); また、クアランテリがもっとあとに書いた記事は 'Conventional beliefs and counterintuitive realities', *Social Research*, vol. 75, no. 3 (Fall 2008), pp. 873–904.大衆にはパニックに陥りやすい傾向があるという神話を批判する同様の主張は、今も続いている。以下を参照のこと。Ben Sheppard, G. James Rubin, Jamie K. Wardman and Simon Wessely, 'Terrorism and dispelling the myth of a panic prone public', *Journal of Public Health Policy*, vol. 27, no. 3 (2006), pp. 21–45; Lee Clarke and Caron Chess, 'Elites and panic: More to fear than fear itself', *Social Forces*, vol. 87, no. 2 (2008), pp. 993–1014.

(45) Laura McEnaney, *Civil Defense Begins at Home: Militarization Meets Everyday Life in the Fifties* (Princeton, NJ: Princeton University Press, 2000), p. 53.

(46) Melvin E. Matthews, Jr, *Duck and Cover: Civil Defense Images in Film and Television from the Cold War to 9/11* (Jefferson, NC: McFarland, 2012), p. 17. 哲学者 Guy Oakes（ガイ・オークス）によると、こうした民間防衛のプロパガンダの目的は、「核攻撃に対するアメリカ国民の恐怖をコントロールし、冷戦を戦わせるために策定された感情管理プログラム」を推進することだった。以下を参照のこと。*The Imaginary War: Civil Defense and American Cold War Culture* (Oxford: Oxford University Press, 1995), p. 8.

(47) Tracy C. Davis, *Stages of Emergency: Cold War Nuclear Civil Defense* (Durham, NC: Duke University Press, 2007), p. 24.

(48) C. McKim Norton, 'Report on Project East River', *Journal of the American Institute of Planners*, vol. 19, no. 2 (1953), pp. 87–94; 'Report on Project East River Part ii: Development of standards', *Journal of the American Institute of Planners*, vol. 19, no. 3 (1953), pp. 159–67.

(49) '2 "atomic bombs," one in harbor, keep 50,000 busy in raid drill', *New York Times* (4 April 1952), pp. 1, 12.

(50) Peterson, 'Panic', pp. 100, 105, 107, 108.

(51) '"The mastery of fear": Sermon outline', pp. 318, 320.

(52) https://www.jfklibrary.org/archives/other-resources/john-f-kennedy-speeches/cuba-radio-and-television-report-19621022

(53) https://www.jfklibrary.org/archives/other-resources/john-f-kennedy-speeches/inaugural-address-19610120

(54) *Fallout Protection: What to Know and Do About Nuclear Attack* (Arlington, VA: US Department of Defense, 1961), p. 6.

(55) Robert S. McNamara, *Out of the Cold: New Thinking for American Foreign and Defense Policy in the 21st Century* (New York: Simon & Schuster, 1989), p. 101.〔ロバート・S・マクナマラ『冷戦を超えて』仙名紀訳、早川書房、1990年〕

(56) James G. Blight, *The Shattered Crystal Ball: Fear and Learning in the Cuban Missile Crisis* (Savage, MD: Rowman & Littlefield, 1990).

(57) Serhii Plokhy, *Nuclear Folly: A History of the Cuban Missile Crisis* (New York: W. W. Norton, 2021), p. xvii.

(58) このフルシチョフの言葉は、以下からの引用。Norman Cousins, *The Improbable*

712–65 (pp. 715, 745).

(30) 'The Reds have a standard plan for taking over a new country', *Life* (7 June 1948), pp. 36–7 (p. 36).

(31) William Safire, *Before the Fall: An Inside View of the Pre-Watergate White House* (New Brunswick, NJ: Transaction Publishers, [1975] 2005), p. 8.

(32) 以下を参照のこと。David J. Hogan, ed., *Invasion USA: Essays on Anti-Communist Movies of the 1950s and 1960s* (Jefferson, NC: McFarland and Company, 2017).

(33) Gerson Legman, 'The comic books and the public', *American Journal of Psychotherapy*, vol. 2. no. 3 (July 1948), pp. 473–7 (p. 473). これは1948年3月19日にAssociation for the Advancement of Psychotherapy（心理療法振興協会）が主催した、'The Psychopathology of Comic Books'（「コミック本の精神病理学」）と題されたシンポジウムにおいてFredric Wertham（フレデリック・ワーサム）が行った講演の要約である。

(34) Walter J. Ong, 'The comics and the super state: Glimpses down the back alleys of the mind', *Arizona Quarterly*, vol. 1, no. 3 (Autumn 1945), pp. 34–48.

(35) 以下を参照のこと。David Hajdu, *The Ten-Cent Plague: The Great Comic-Book Scare and How It Changed America* (New York: Farrar, Straus and Giroux, 2008); Chris York and Rafiel York, eds., *Comic Books and the Cold War, 1946–1962: Essays on Graphic Treatment of Communism, the Code and Social Concerns* (Jefferson, NC: McFarland and Company, 2012).

(36) 'Catholic students burn up comic books', *New York Times* (11 December 1948), p. 18.

(37) 'Burning of comic books avoided', *New York Times* (16 January 1949), p. 59.

(38) Fredric Wertham, *Seduction of the Innocent* (New York: Rinehart & Company, 1954), p. 107, 185, 230, 193, 33, 217. ワーサムとコミックの恐怖に関しては、以下を参照のこと。Jeremy Dauber, *American Comics: A History* (New York: W. W. Norton, 2022), pp. 92–137.

(39) *Interim Report of the New York State Joint Legislative Committee to Study the Publication of Comics* (Albany, NY: Williams Press, 1950), p. 7; 'Psychiatrist asks crime comics ban', *New York Times* (14 December 1950), p. 50.

(40) Nona Brown, 'Reform of comic books is spurred by hearings', *New York Times* (13 June 1954), Section E, p. 7; 以下も参照のこと。'Are comics horrible?', *Newsweek* (3 May 1954), p. 60; Wolcott Gibbs, 'Keep those paws to yourself, space rat!', *New Yorker* (8 May 1954), pp. 134–41; *Report of the Select Committee on Current Pornographic Materials* (Washington, DC: Government Printing Office, 1952), p. 27.

(41) Frances Stonor Saunders, *The Cultural Cold War: The CIA and the World of Arts and Letters* (New York: The New Press, 1999).

(42) https://www.jfklibrary.org/archives/other-resources/john-f-kennedy-speeches/united-nations-19610925

(43) Val Peterson, 'Panic: The ultimate weapon?', *Collier's Weekly* (21 August 1953), pp. 99–109 (p. 101).

(44) Enrico L. Quarantelli, 'The nature and conditions of panic', *American Journal of

Peace and War. Collected Speeches, 1897–1963, ed., Robert Rhodes James (Leicester: W. H. Smith & Son, 1981), pp. 876–84 (pp. 881, 877, 882).

(12) Aleksandr Fursenko and Timothy Naftali, *Khrushchev's Cold War: The Inside Story of an American Adversary* (New York: W. W. Norton, 2006), p. 211.

(13) Hua-yu Li, *Mao and the Economic Stalinization of China, 1948–1953* (Lanham, MD: Rowman & Littlefield, 2006).

(14) Ruth Rogaski, 'Nature, annihilation, and modernity: China's Korean War germ-warfare experience reconsidered', *Journal of Asian Studies*, vol. 61, no. 2 (May 2002), pp. 381–415.

(15) Frank Dikötter, *Mao's Great Famine: The History of China's Most Devastating Catastrophe, 1958–1962* (London: Bloomsbury, 2010), pp. 292, 219, 220.〔フランク・ディケーター『毛沢東の大飢饉――史上最も悲惨で破壊的な人災1958–1962』中川治子訳、草思社、2019年〕

(16) *Nightwaves*, BBC Radio 3 (25 May 2005). これは以下からの引用である。Jonathan Mirsky, 'China: The uses of fear', *China File* (6 October 2005). 今日でさえ、報復されるかもしれないという恐怖が、中国人が文化大革命について大っぴらに話し合うことを難しくしている。それについては以下を参照のこと。Tania Branigan, *Red Memory: The Afterlives of China's Cultural Revolution* (London: Faber and Faber, 2023).

(17) Francis MacDonnell, *Insidious Foes: The Axis Fifth Column and the American Home Front* (Oxford: Oxford University Press, 1995).

(18) Schlesinger, *Vital Center*, p. 97.

(19) Thomas G. Paterson, *Meeting the Communist Threat: Truman to Reagan* (Oxford: Oxford University Press, 1988), p. 10.

(20) David Caute, *The Great Fear: The Anti-Communist Purge under Truman and Eisenhower* (New York: Simon & Schuster, 1978).

(21) 'McCarthy sees a plot; he will attack Marshall', *New York Times* (13 June 1951), p. 12.

(22) この言葉を言った人物は、上院議員Arthur Vandenberg（アーサー・ヴァンデンバーグ）で、以下からの引用である。Robert L. Ivie, 'Fire, flood, and red fever: Motivating metaphors of global emergency in the Truman doctrine speech', *Presidential Studies Quarterly*, vol. 29, no. 3 (1999), pp. 570–91; Ted Morgan, *Reds: McCarthyism in Twentieth-Century America* (New York: Random House, 2004).

(23) https://www.trumanlibrary.gov/library/public-papers/56/ special-message-congress-greece-and-turkey-truman-doctrine

(24) https://www.trumanlibrary.gov/library/public-papers/19/ inaugural-address

(25) Larry Ceplair, 'The film industry's battle against left-wing influences, from the Russian Revolution to the blacklist', *Film History*, vol. 20, no. 4 (2008), pp. 399–411.

(26) 以下を参照のこと。Zachary Smith, *Age of Fear: Othering and American Identity during World War I* (Baltimore, MD: Johns Hopkins University Press, 2019).

(27) Morgan, *Reds*, p. 61.

(28) 'Red Stockings become Redlegs in Cincinnati', *New York Times* (10 April 1953), p. 26.

(29) 'The Communist Control Act of 1954', *Yale Law Journal*, vol. 64, no. 5 (April 1955), pp.

Collected Essays, Journalism and Letters of George Orwell, vol. 4, *In Front of Your Nose, 1945–1950*, ed. Sonia Orwell and Ian Angus (New York: Harcourt Brace Jovanovich, 1968), pp. 6–10.〔ジョージ・オーウェル『あなたと原爆』秋元孝文訳、光文社、2019年〕

(2) Walter Lippmann, *The Cold War: A Study in US Foreign Policy*, intro. Ronald Steel (New York: Harper & Row, [1947] 1972), pp. 23–4. 同書は、リップマンがそれ以前に *New York Herald Tribune*（『ニューヨーク・ヘラルド・トリビューン』紙）と *Foreign Affairs*（『フォーリン・アフェアーズ』誌）で発表した記事を集めたものだった。

(3) 'Mr. Baruch's address to the South Carolina legislature', in *Congressional Record: Proceedings and Debates of the 80th Congress: First Session. Appendix. Volume 93, Part 11, April 2, 1947, to June 12, 1947* (Washington, DC: US Government Printing Office, 1947), A1761-A1762. どうやらバルークの演説は、ピューリッツァー賞を受賞したジャーナリストHerbert Bayard Swope（ハーバート・ベイヤード・スウォープ）が書いたものだったらしい。スウォープは前年にある文書で「冷たい戦争」という言葉を使用していた。以下を参照のこと。James L. Grant, *Bernard M. Baruch: The Adventures of a Wall Street Legend* (New York and Chichester: John Wiley & Sons, 1997), pp. 308–9.

(4) 'Inaugural Address' (20 January 1953); '"Atoms for Peace" Address before the General Assembly of the United Nations on Peaceful Uses of Atomic Energy' (8 December 1953); '"The Chance for Peace" delivered before the American Society of Newspaper Editors' (16 April 1953): https://www.eisenhowerlibrary.gov/eisenhowers/ speeches

(5) Blanche Wiesen Cook, *The Declassified Eisenhower: A Divided Legacy* (Garden City, NY: Doubleday, 1981), p. 121.

(6) 'George Tooker', *Arts Digest*, vol. 29, no. 3 (1955), p. 28.

(7) Albert Camus, 'Neither victims nor executioners: The century of fear' (19 November 1946), in Jacqueline Lévi-Valensi, ed., *Camus at Combat: Writing, 1944–1947*, fwd David Carroll; trans. Arthur Goldhammer (Princeton, NJ: Princeton University Press, 2002), pp. 257–60.

(8) Arendt, 'Preface to the first edition', *Origins of Totalitarianism*, pp. vii–ix.〔ハンナ・アーレント『全体主義の起原』（全3巻）大久保和郎・大島通義・大島かおり訳、みすず書房、1972-1974年〕第二次世界大戦は終わったが、多くのヨーロッパ人は「過去と未来の隙間」から脱出できず、宙ぶらりんの状態にいるように感じていた。アーレントはこのテーマを以下の書籍の中で探究している。Arendt, *Between Past and Future: Eight Exercises in Political Thought* (New York: Viking, [1954] 1968), pp. 3–15.〔ハンナ・アーレント『過去と未来の間　政治思想への8試問』引田隆也・齋藤純一訳、みすず書房、1994年〕

(9) Bowen, 'Postscript', pp. 221, 217.

(10) Eric Hobsbawm, *The Age of Extremes: A History of the World, 1914-1991* (London: Abacus, 1994), p. 83.〔エリック・ホブズボーム『20世紀の歴史――極端な時代』河合秀和訳、三省堂、1996年〕

(11) 'The sinews of peace, March 5, Missouri', in *Churchill Speaks: Winston S. Churchill in*

(57) Viktor E. Frankl, *Man's Search for Meaning*, trans. Ilse Lasch, pref. Gordon W. Allport (London: Penguin, [1959] 2004), pp. 22–3.〔ヴィクトール・E・フランクル『夜と霧――ドイツ強制収容所の体験記録』霜山徳爾訳、みすず書房、1956年〕

(58) Klüger, *Still Alive*, pp. 94–5.

(59) Frankl, *Man's Search*, pp. 23–32 (p. 23).

(60) Edgar C. Trautman, 'Fear and panic in Nazi concentration camps: A biosocial evaluation of the chronic anxiety syndrome', *International Journal of Social Psychiatry*, vol. 10, no. 2 (1964), pp. 134–41 (p. 136). オランダ系ユダヤ人の医師Elie A. Cohen（エリ・A・コーエン）は、1943年にアウシュヴィッツに送られ、強制収容所の囚人とナチス親衛隊の看守の心理について初期の記録を記し、その中で恐怖とパニックの役割について論じている。以下を参照のこと。Elie Aron Cohen, *Human Behavior in the Concentration Camp* (Westport, CT: Greenwood, [1953] 1984), pp. 115–210, 211–76.〔エリ・アーロン・コーエン『強制収容所における人間行動』清水幾太郎・高根正昭ほか訳、岩波書店、1957年〕

(61) Margolin, *Journey*, p. 352.

(62) Levi, *If This Is a Man*, pp. 117–18.

(63) Frankl, *Man's Search*, p. 100.

(64) Primo Levi, *The Periodic Table, in Complete Works of Primo Levi*, trans. Ann Goldstein, vol. 2, pp. 927–38.〔プリーモ・レーヴィ『周期律――元素追想』竹山博英訳、工作舎、1992年〕

(65) 以下からの引用。Berel Lang, *Primo Levi: The Matter of a Life* (New Haven, CT: Yale University Press, 2013), p. 4.

(66) Arendt, *Origins*, pp. viii-ix, 443.

(67) Robert Capa, *Slightly Out of Focus*, intro. Richard Whelan; fwd Cornell Capa (New York: Modern Library, [1947] 1999), p. 226.〔ロバート・キャパ『ちょっとピンぼけ』川添浩史・井上清一訳、ダヴィッド社、1956年、ほか〕

(68) Theodor W. Adorno, 'Cultural criticism and society', in *Prisms*, trans. Samuel and Shierry Weber (Cambridge, MA: MIT Press, [1981] 1983), pp. 17–34 (p. 34).〔テオドール・W・アデルノ『プリズム――文化批判と社会』竹内豊治・山村直資・板倉敏之訳、法政大学出版局、1970年、ほか〕

(69) Levi, *If This Is a Man*, pp. 19, 30.

(70) Rachel Donadio, 'Preserving the ghastly inventory of Auschwitz', *New York Times* (15 April 2015), Section A, p. 1.

(71) Tadeusz Borowski, *This Way for the Gas, Ladies and Gentlemen, intro. Jan Kott, trans. Barbara Vedder* (London: Penguin, [1967], 1976), pp. 48–9.〔タデウシュ・ボロフスキ「皆さま、ガス室へどうぞ」小原雅俊訳、『ポーランド文学の贈りもの』恒文社、1990年〕

第12章　悪夢のコンテスト

(1) George Orwell, 'You and the atom bomb', *Tribune* (19 October 1945), reprinted in *The*

な工業化計画でどのような位置を占めていたかに関して継続中の議論については、以下を参照のこと。Applebaum, *Gulag*, pp. 59–72.

(44) Sarah Kovner, *Prisoners of the Empire: Inside Japanese POW Camps* (Cambridge, MA: Harvard University Press, 2020)〔サラ・コブナー『帝国の虜囚――日本軍捕虜収容所の現実』内海愛子解説・白川貴子訳、みすず書房、2022年〕、Nicole Kempton, ed., Laogai: The Machinery of Repression in China (Brooklyn, NY: Umbrage Editions, 2009).

(45) Primo Levi, *If This Is a Man*, in *The Complete Works of Primo Levi*, ed. Ann Goldstein; trans. Stuart Woolf, 3 vols (New York: Liveright, 2015), vol. 1, p. 18.〔プリーモ・レーヴィ『改訂完全版　アウシュヴィッツは終わらない――これが人間か』竹山博英訳、朝日新聞出版、2017年〕

(46) Paul R. Gregory, *Terror by Quota: State Security from Lenin to Stalin* (New Haven, CT: Yale University Press, 2009); 以下を参照のこと。Garry PierrePierre, 'Ex-P.O.W.'s sue 5 big Japanese companies over forced labor', *New York Times* (15 September 1999), Section A, p. 7.

(47) Christopher Hitchens, 'On *Animal Farm*', in *Arguably* (London: Atlantic Books, 2011), pp. 228–36 (pp. 234–5). CIAは、オーウェルの『動物農場』の1954年の映画版に資金提供をした。以下を参照のこと。Daniel J. Leab, *Orwell Subverted: The CIA and the Filming of Animal Farm*, fwd Peter Davison (University Park, PA: Pennsylvania State University Press, 2007).

(48) 'The Alexandria Ocasio-Cortez "concentration camp" debate, explained', *Times of Israel* (19 June 2019).

(49) Ruth Klüger, *Still Alive: A Holocaust Girlhood Remembered* (New York: Feminist Press of the City University of New York, 2001), p. 71.〔ルート・クリューガー『生きつづける――ホロコーストの記憶を問う』鈴木仁子訳、みすず書房、1997年〕

(50) David Rousset, *L'univers concentrationnaire* (Paris: Éditions de Minuit, [1946] 1965), p. 253.

(51) ヴェッベリン収容所は、Neuengamme（ノイエンガンメ）強制収容所の副収容所の一つだった。

(52) David Rousset, 'Au secours des déportés dans les camps soviétiques: un appel de David Rousset aux anciens déportés des camps nazis', *Lignes*, no. 2 [1949] (2000/2), pp. 143–60; 以下も参照のこと。Emma Kuby, 'David Rousset's Cold War call to arms', in *Political Survivors: The Resistance, the Cold War, and the Fight against Concentration Camps after 1945* (Ithaca, NY: Cornell University Press, 2019), pp. 46–77; and Philip Nord, 'The concentrationary universe', in *After the Deportation: Memory Battles in Postwar France* (Cambridge: Cambridge University Press, 2020), pp. 53–87.

(53) Margolin, *Journey*, p. 507.

(54) Timothy Barney, '"Gulag" – Slavery, Inc.: The power of place and the rhetorical life of a Cold War map', *Rhetoric and Public Affairs*, vol. 16, no. 2 (2013), pp. 317–54.

(55) Applebaum, *Gulag*, pp. 5–6.

(56) Levi, *If This Is a Man*, pp. 12, 14.

(29) Paul Hagenloh, '"Socially harmful elements" and the Great Terror', in Sheila Fitzpatrick, ed., *Stalinism: New Directions* (London: Routledge, 2000), pp. 286–307; David Shearer, 'Social disorder, mass repression and the NKVD during the 1930s', in Barry McLaughlin and Kevin McDermott, eds., *Stalin's Terror: High Politics and Mass Repression in the Soviet Union* (Basingstoke: Palgrave Macmillan, 2003), pp. 85–117.

(30) Service, *History*, p. 227.

(31) Harris, *Great Fear*, p. 177.

(32) Julius Margolin, *Journey into the Land of the Zeks and Back: A Memoir of the Gulag*, fwd Timothy Snyder (Oxford: Oxford University Press, 2020), p. 246.

(33) Gustaw Herling, 'Nightfall', in *A World Apart*, trans. Andrzej Ciołkosz; pref. Bertrand Russell (London: Penguin, [1951] 1986), pp. 143–51 (pp. 147, 151).〔ギュスターヴ・ハーリング『死の収容所』花崎淳訳、創美社、1963年〕

(34) Christopher S. Wren, 'Solzhenitsyn asserts fear motivates Soviet attacks', *New York Times* (19 January 1974), p. 4.

(35) Oleg V. Khlevniuk, *Stalin: New Biography of a Dictator*, trans. Nora Seligman Favorov (New Haven, CT: Yale University Press, 2015), p. 328.〔オレーク・V・フレヴニューク『スターリン――独裁者の新たなる伝記』石井規衛訳、白水社、2021年〕

(36) Anatoli Rybakov, *Fear*, trans. Antonina W. Bouis (New York: Little, Brown and Company, 1992), pp. 164–5.

(37)「国家政策というより精神状態」は、歴史家Igal Halfin（イガル・ハルフィン）が以下の書籍の中でソビエトの恐怖を表現した言葉。Igal Halfin, *Terror in My Soul: Communist Autobiographies on Trial* (Cambridge, MA: Harvard University Press, 2003), p. 4. Georgi Plekhanov（ゲオルギー・プレハーノフ）は、レーニンと不仲になって、恐怖とフランス革命に関する考え方を変えることになった。以下を参照のこと。Jay Bergman, *The French Revolutionary Tradition in Russian and Soviet Politics, Political Thought, and Culture* (Oxford: Oxford University Press, 2019), p. 97.

(38) Arendt, *Origins*, p. 325.

(39) Vasily Grossman, *Life and Fate*, trans. and intro. Robert Chandler (London: Harvill, 1985), pp. 528, 569, 837.〔ワシーリー・グロスマン『人生と運命』新装版（全3巻）齋藤紘一訳、みすず書房、2022年〕

(40) Halfin, *Terror*, p. 4.

(41) Robert Chandler, Boris Dralyuk and Irina Mashinski, eds., *The Penguin Book of Russian Poetry* (London: Penguin, 2015), p. xiv.

(42) Vasily Grossman, *Everything Flows*, trans. Robert Chandler and Elizabeth Chandler with Anna Aslanyan (New York: New York Review of Books, 2009), p. 192.〔ワシーリー・グロスマン『万物は流転する』新装版、亀山郁夫解説・齋藤紘一訳、みすず書房、2022年〕

(43) グラーグの経済的理由づけに関しては、以下を参照のこと。the essays in Paul R. Gregory and Valery Lazarev, eds., *The Economics of Forced Labor: The Soviet Gulag* (Stanford, CA: Hoover Institution Press, 2003); 収容所がいつ始まり、スターリンの無謀

2005), p. 10.

(17) 'Fears', *Index on Censorship*, vol. 27, no. 6 (1998), pp. 44.

(18) Robert Conquest, *The Great Terror: A Reassessment* (New York and Oxford: Oxford University Press, [1968] 2007), p. 3.

(19) Jan Plamper, *The Stalin Cult: A Study in the Alchemy of Power* (New Haven, CT: Yale University Press, 2012).

(20) スターリンの本名はJoseph Dzhugashvili（ヨシフ・ジュガシヴィリ）である。

(21) *Complete Poetry of Osip Emilevich Mandelstam*, trans. Burton Raffel and Alla Burago; intro. Sidney Monas (Albany, NY: State University of New York Press, 1973), p. 228. 「電話を持ったチンギス・ハン」というスターリンを形容する言葉は、『ニューヨーク・タイムズ』紙に載ったスターリンの死亡記事で使われた。以下を参照のこと。'Stalin rose from Czarist oppression to transform Russia into a mighty socialist state' (6 March 1953), p. 9; Robert Service, *A History of Twentieth-Century Russia* (London: Allen Lane, 1997), p. 226.

(22) Hannah Arendt, *Eichmann in Jerusalem: A Report on the Banality of Evil* (London and New York: Penguin, [1963] 2006), p. 252.〔ハンナ・アーレント『エルサレムのアイヒマン――悪の陳腐さについての報告』大久保和郎訳、みすず書房、2017年〕

(23) James Harris, *The Great Fear: Stalin's Terror of the 1930s* (Oxford: Oxford University Press, 2016).

(24) *The Gulag Archipelago*『収容所群島』は、1973年、1974年、1976年に、パリのスイユ出版社から三巻として初めて出版され、以下に挙げる英語版も出版された。*The Gulag Archipelago, 1918–1956: An Experiment in Literary Investigation*, 3 vols, trans. Thomas P. Whitney and Harry Willetts (New York: Harper and Row, 1973)〔ソルジェニーツィン『収容所群島1918−1956文学的考察』（全6巻）木村浩訳、新潮社、1974−77年〕、ソ連国内では、国家の検閲を逃れるためにサミズダート（samizdat：ロシア語で「自費出版」の意味）、いわゆる地下出版として回覧されていたが、ようやく1989年に文芸誌Novy Mir（ノーヴィ・ミール）に抜粋が発表された。

(25) Anne Applebaum, *Gulag: A History* (New York: Anchor, 2004), pp. 3–4, 40–58; Service, *History*, p. 227.〔アン・アプルボーム『グラーグ――ソ連集中収容所の歴史』川上洸訳、白水社、2006年〕

(26) このスターリン言葉は、以下からの引用。Kevin McDermott, '"To the final destruction of all enemies!": Rethinking Stalin's terror', in Brett Bowden and Michael T. Davis, eds., *Terror: From Tyrannicide to Terrorism* (St Lucia: University of Queensland Press, 2008), pp. 175–89 (p. 188).

(27) Robert Conquest, *The Harvest of Sorrow: Soviet Collectivization and the Terror-Famine* (Oxford and New York: Oxford University Press, 1986), p. 117.〔ロバート・コンクエスト『悲しみの収穫　ウクライナの大飢饉――スターリンの農業集団化と飢饉テロ』白石治朗訳、恵雅堂出版、2007年〕

(28) Anne Applebaum, *Red Famine: Stalin's War on Ukraine* (New York: Doubleday, 2017).〔アン・アプルボーム『ウクライナ大飢饉――スターリンとホロドモール』三浦元博監訳・真壁広道訳、白水社、2024年〕

Eine deutsche Gefühlslage?) は、2018年10月から2019年5月19日まで、ボンのドイツ連邦共和国歴史館the German History Museum (Haus der Geschichte)で開催された。

(2) John Borneman and Parvis Ghassem-Fachandi, 'The concept of *Stimmung*: From indifference to xenophobia in Germany's refugee crisis', *Journal of Ethnographic Theory*, vol. 7, no. 3 (2017), pp. 105–35 (pp. 123–4).

(3) Götz Aly and Karl Heinz Roth, *The Nazi Census: Identification and Control in the Third Reich*, trans. Edwin Black and Assenka Oksiloff (Philadelphia, PA: Temple University Press, [2000] 2004); Matthew G. Hannah, *Dark Territory in the Information Age: Learning from the West German Census Controversies of the 1980s* (Abingdon and New York: Routledge, [2010] 2016).

(4) Edwin Black, *IBM and the Holocaust: The Strategic Alliance between Nazi Germany and America's Most Powerful Corporation* (Washington, DC: Dialog Press, [2001] 2012).〔エドウィン・ブラック『IBMとホロコースト――ナチスと手を結んだ大企業』宇京賴三監修・小川京子訳、柏書房、2001年〕

(5) *The Collected Poems of Bertolt Brecht*, trans. and ed. Tom Kuhn and David Constantine (New York: Liveright, [2015] 2019), pp. 716–19.

(6) Robert Gellately, *The Gestapo and German Society: Enforcing Racial Policy, 1933–1945* (Oxford: Clarendon Press, 1990), pp. 130–58.

(7) *Collected Poems*, p. 717.

(8) Bertolt Brecht, *Fear and Misery of the Third Reich*, in *Collected Plays: Four*, ed. Tom Kuhn and John Willett; trans John Willett with M. Steffin (London: Bloomsbury, [2001] 2003), pp. 119–206 (pp. 119–20).〔ベルトルト・ブレヒト「第三帝国の恐怖と悲惨」『ブレヒト戯曲全集4』岩淵達治訳、未來社、1998年、ほか〕

(9) Winston Churchill, 'The defence of freedom and peace: Address to the people of the United States of America, October 16, 1938', in *Into Battle: Winston Churchill's War Speeches* (London: Cassell, 1941), pp. 83–91.

(10) Joseph Brodsky, *On Grief and Reason: Essays* (New York: Farrar, Straus and Giroux, 1995), pp. 223–66.

(11) Carl Schmitt, *The Crisis of Parliamentary Democracy*, trans. Ellen Kennedy (Cambridge, MA: MIT Press, 1985), p. 17; *The Concept of the Political*, trans. George Schwab (New Brunswick, NJ: Rutgers University Press, 1976), pp. 26, 32.〔カール・シュミット『政治的なものの概念』権左武志訳、岩波書店、2022年、ほか〕

(12) Peter Fritzsche, *Life and Death in the Third Reich* (Cambridge, MA: Belknap/Harvard University Press, 2008), p. 4.

(13) Timothy Snyder, *Black Earth: The Holocaust as History and Warning* (New York: Tim Duggan Books, 2015).〔ティモシー・スナイダー『ブラックアース――ホロコーストの歴史と警告』(全2巻) 池田年穂訳、慶應義塾大学出版会、2016年〕

(14) Gustave M. Gilbert, *Nuremberg Diary* (New York: Signet, 1947), pp. 255–6 (p. 256).

(15) Sergei Khrushchev, ed., *Memoirs of Nikita Khrushchev*, vol. 2, *Reformer* (Philadelphia, PA: Pennsylvania State University Press, 2006), pp. 167–8.

(16) Laurence Rees, *Auschwitz: The Nazis and the 'Final Solution'* (London: BBC Books,

Society of Medicine, vol. 9 (1916), pp. i–xxiv.
(57) Mott, 'Mental hygiene', p. 41.
(58) Edgar Jones, '"An atmosphere of cure": Frederick Mott, shell shock and the Maudsley', *History of Psychiatry*, vol. 25, no. 4 (2014), pp. 412–21; Ben Shephard, *A War of Nerves: Soldiers and Psychiatrists, 1914–1994* (London: Jonathan Cape, 2000).
(59) Mott, 'Mental hygiene', p. 39.
(60) W. H. R. Rivers, *Conflict and Dream*, pref. G. Elliot Smith (London: Kegan Paul, Trench, Trubner & Co., 1923), p. 26; Ted Bogacz, 'War neurosis and cultural change in England, 1914–1922: The work of the War Office Committee of Enquiry into "shell-shock"', *Journal of Contemporary History*, vol. 24, no. 2 (April 1989), pp. 227–56.
(61) *Report of the War Office*, p. 139.
(62) *Report of the War Office*, pp. 192–3.
(63) Ana Carden-Coyne, 'Soldiers' bodies in the war machine: Triage, propaganda and military medical bureaucracy, 1914–1918', in M. Larner, J. Peto and N. Monem, eds., *War and Medicine* (London: Wellcome, 2008), pp. 67–83 (pp. 67, 81).
(64) Chevallier, *Fear*, pp. 28–9.
(65) Umberto Boccioni, 'Futurist painting: Technical manifesto' [11 April 1910], in Herschel B. Chipp, ed., *Theories of Modern Art: A Source Book by Artists and Critics* (Berkeley, CA: University of California Press, 1968), pp. 289–93 (p. 290).
(66) Filippo Tommaso Marinetti, *Critical Writings*, ed. Günter Berghaus; trans. Doug Thompson (New York: Farrar, Straus and Giroux, 2006), p. 87.
(67) Marinetti, *Critical Writings*, p. 97.
(68) Lucia Re, 'Maria Ginanni vs. F. T. Marinetti: Women, speed, and war in Futurist Italy', *Annali d'Italianistica*, vol. 27 (2009), pp. 103–24; この言葉は以下からの引用。Selena Daly, *Italian Futurism and the First World War* (Toronto: University of Toronto Press, 2016), pp. 104, 134.
(69) Daly, *Italian Futurism*, p. 120.
(70) Paul Virilio, *Art and Fear*, trans. Julie Rose (London: Continuum, [2003] 2006).
(71) 'The mental factors in modern war: Shell shock and nervous injuries', in *The Times History of the War*, vol. 7 (London: The Times, 1916), pp. 313–48 (p. 314); Lewis, Surprised, p. 196.
(72) W. Scott Poole, *Wasteland: The Great War and the Origins of Modern Horror* (Berkeley, CA: Counterpoint, 2018), pp. 3–4.
(73) Remarque, *All Quiet*, pp. 100, 123. *Nosferatu*『吸血鬼ノスフェラトゥ』で、吸血鬼のCount Orlok（オルロック伯爵）を演じた俳優、Max Schreck（マックス・シュレック）は塹壕を経験した元兵士だった。監督のMurnau（ムルナウ）とプロデューサーのAlbin Grau（アルビン・グラウ）もまた、第一次世界大戦に従軍していた。

第11章　絶滅収容所と独裁者たち

(1) 展覧会「恐怖――ドイツ国民の精神状態？」*Fear: A German State of Mind? (Angst –*

Lancet, vol. 189, no. 4893 (1917), pp. 867–72 (p. 869).

(41) Lewis R. Yealland, *Hysterical Disorders of Warfare* (London: Macmillan and Co., 1918), pp. 27, 9.

(42) Paul Lerner, 'Psychiatry and casualties of war in Germany, 1914–18', *Journal of Contemporary History*, vol. 35, no. 1 (2000), pp. 13–28.

(43) George L. Mosse, 'Shell-shock as a social disease', *Journal of Contemporary History*, vol. 35, no. 1 (2000), pp. 101–8.

(44) Laurent Tatu, Julien Bogousslavsky, Thierry Moulin and Jean-Luc Chopard, 'The "torpillage" neurologists of World War I: Electric therapy to send hysterics back to the front', *Neurology*, vol. 75, no. 3 (2010), pp. 279–83.

(45) Ben Shephard, '"The early treatment of mental disorders": R. G. Rows and Maghull, 1914–1918', in Hugh Freeman and G. E. Berrios, eds., *150 Years of British Psychiatry*, vol. 2, *The Aftermath* (London: Athlone, 1996), pp. 434–64.

(46) G. Elliot Smith and T. H. Pear, *Shell Shock and Its Lessons*, 2nd edn (Manchester and London: Manchester University Press and Longmans, Green & Co., 1917), p. xiv.

(47) Edgar Jones, 'Shell shock at Maghull and the Maudsley: Models of psychological medicine in the UK', *Journal of the History of Medicine and Allied Sciences*, vol. 65, no. 3 (2010), pp. 368–95; Elliot Smith and Pear, *Shell Shock*, pp. 36–43, 63, 73.

(48) Rivers, *Instinct*, pp. 2, 123, 203; W. H. R. Rivers, 'The repression of war experience', *Proceedings of the Royal Society of Medicine*, vol. 11 (1918), pp. 1–20 (pp. 2–3).

(49) W. H. R. Rivers, 'Psychiatry and the war', *Science*, vol. 49, no. 1268 (1919), pp. 367–9 (p. 367); 'Freud's psychology of the unconscious', Lancet, vol. 189, no. 4894 (16 June 1917), pp. 912–14 (p. 913). しかしながら、リバーズはフロイトの考えと彼の臨床治療の効果については懐疑的だった。

(50) Sassoon, *Sherston's Progress*, pp. 12, 70–71.

(51) Hugh Crichton Miller, *Hypnotism and Disease: A Plea for Rational Psychotherapy* (London: T. Fisher Unwin, 1912).

(52) Elliot Smith and Pear, *Shell Shock*, p. 108; H. Crichton Miller, *The New Psychology and the Parent* (London: Jarrolds, 1922).

(53) Sir Robert Armstrong-Jones, 'The psychology of fear: The effects of panic fear in wartime', *The Hospital*, vol. 61 (24 March 1917), pp. 493–4 (p. 494).

(54) Armstrong-Jones, 'Psychology', pp. 493, 494.

(55) Walter B. Cannon, *Traumatic Shock* (New York and London: D. Appleton and Company, 1923), pp. 53–62; *Bodily Changes in Pain, Hunger, Fear and Rage: An Account of Recent Researches into the Function of Emotional Excitement* (New York and London: D. Appleton and Company, [1915] 1925), p. 187.

(56) F. W. Mott, 'The Chadwick lecture on mental hygiene and shell shock during and after the war', *British Medical Journal*, vol. 2, no. 2950 (1917), pp. 39–42 (p. 40); 'The Lettsomian lectures on the effects of high explosives upon the central nervous system', *Lancet*, vol. 1, nos. 4824, 2846, 2848 (1916), pp. 331–8, 441–9, 546–53; 'Special discussion on shell shock without visible signs of injury', *Proceedings of the Royal*

of the Psycho-Neuroses (Cambridge: Cambridge University Press, 1920), p. 210.

(24) Jan Plamper, 'Fear: Soldiers and emotion in early twentieth-century Russian military psychology', *Slavic Review*, vol. 68, no. 2 (2009), pp. 259–83 (pp. 269–71).〔ヤン・プランパー「恐怖――20世紀初頭のロシア軍事心理学における兵士と感情」西山暁義訳、『思想』1132号、2018年〕

(25) 'The psychology of panic in war', *American Review of Reviews*, vol. 50 (October 1914), pp. 628–9 (p. 629); この部分は以下の書籍からの引用。Joanna Bourke, 'The experience of combat', in Antonio Monegal and Francesc Torres, eds., *At War* (Barcelona: Centre de Cultura Contemporània de Barcelona, 2004), pp. 108–18 (p. 110).

(26) Ana Carden-Coyne, *The Politics of Wounds: Military Patients and Medical Power in the First World War* (Oxford: Oxford University Press, 2014), p. 48; 恐怖に負けないための対抗策としての希望に関しては、以下を参照のこと。Roger Petersen and Evangelos Liaras, 'Countering fear in war: The strategic use of emotion', *Journal of Military Ethics*, vol. 5, no. 4 (2006), pp. 317–33.

(27) Robert W. Mackenna, *The Adventure of Death* (London: John Murray, 1916), pp. 29, xi; C. S. Lewis, *Surprised by Joy: The Shape of My Early Life* (New York: Harcourt, Brace & World, 1955), pp. 196–7.〔C・S・ルイス『喜びのおとずれ――C・S・ルイス自叙伝』早乙女忠・中村邦生訳、筑摩書房、2005年〕

(28) Charles S. Myers, 'A contribution to the study of shell shock', *Lancet*, vol. 185, no. 4772 (13 February 1915), pp. 316–20.

(29) Myers, 'Contribution'.

(30) Sir William Grant Macpherson, Sir Wilmot Parker Herringham, Thomas Renton Elliott and Andrew Balfour, eds., *History of the Great War (Based on Official Documents)*, vol. 2, *Medical Services: Diseases of the War* (London: HMSO, 1923), p. 10.

(31) A. F. Hurst and J. L. M. Symns, 'The rapid cure of hysterical symptoms in soldiers', *Lancet*, vol. 192, no. 4953 (3 August 1918), pp. 139–41 (p. 139).

(32) 以下を参照のこと。https://catalogue.wellcomelibrary.org/record=b1667864~S8

(33) 'Moulding new faces: Nose and chin making', *Daily Mail* (15 September 1916); これは以下の書籍からの引用。Reginald Pound, *Gillies, Surgeon Extraordinary: A Biography* (London: Michael Joseph, 1964), p. 39.

(34) Ward Muir, *The Happy Hospital* (London: Simpkin, Marshall, Hamilton, Kent & Co., 1918), pp. 143–4.

(35) Joseph Hone, *The Life of Henry Tonks* (London: Heinemann, 1939), p. 127.

(36) Muir, *Happy Hospital*, pp. 143–4.

(37) Siegfried Sassoon, *Sherston's Progress* (London: Faber and Faber, 1936), p. 71.

(38) Hurst and Symns, 'Rapid cure', p. 140.

(39) Stefanie C. Linden, Edgar Jones and Andrew J. Lees, 'Shell shock at Queen Square: Lewis Yealland 100 years on', *Brain*, vol. 136, no. 6 (June 2013), pp. 1976–88.　その後、Adrian（エイドリアン）自身はこの療法から離れ、1932年にニューロンの機能の研究でノーベル生理学賞を受賞している。

(40) E. D. Adrian and L. R. Yealland, 'The treatment of some common war neuroses',

(4) Gabriel Chevallier, *Fear*, trans. Malcolm Imrie; intro. John Berger (London: Serpent's Tail, 2011), p. 117.

(5) 'If you could hear, at every jolt, the blood / Come gargling from the froth-corrupted lungs': 'Dulce et Decorum Est', in *The Collected Poems of Wilfred Owen*, ed. and intro. C. Day Lewis (New York: New Directions, 1965), pp. 55–6.

(6) 'IV – the United States an undefended treasure land', *Scientific American*, vol. 112, no. 9 (27 February 1915), pp. 198–9, 204–5.

(7) John Berger, 'Introduction: The imperative need', in Chevallier, *Fear*, pp. v–viii (p. vi).

(8) Erich Maria Remarque, *All Quiet on the Western Front*, trans. A. W. Wheen (New York: Little, Brown and Company, 1929), p. 140.〔エーリッヒ・マリア・レマルク『西部戦線異状なし』秦豊吉訳、新潮社、1955年〕

(9) Stratis Myrivilis, *Life in the Tomb*, trans. Peter Bien (London and New York: Quartet Books, 1987), p. 1.

(10) Paul Nash, *Outline: An Autobiography and Other Writings* (London: Faber and Faber, 1949), p. 210.

(11) Anthony Slide, ed., *D. W. Griffith: Interviews* (Jackson, MS: University Press of Mississippi, 2012), p. 94.

(12) William Philpott, *Three Armies on the Somme: The First Battle of the Twentieth Century* (New York: Vintage, [2009] 2011), p. 92.

(13) Owen, 'The Show', *Collected Poems*, pp. 50–51; Remarque, *All Quiet*, pp. 279–80.

(14) Mary Borden, *The Forbidden Zone: A Nurse's Impressions of the First World War*, ed. Hazel Hutchison; fwd Malcolm Brown (London: Hesperus Press, [1929] 2008), pp. xv, 74–5.

(15) Elizabeth Bowen, 'Postscript by the author', in *The Demon Lover and Other Stories* (London: Jonathan Cape, 1945), pp. 216–24 (p. 217).

(16) Henri Barbusse, *Under Fire: The Story of a Squad* (London and Toronto: J. M. Dent & Sons, 1917), pp. 4, 343, 320.〔アンリ・バルビュス『砲火』(全2巻) 田辺貞之助訳、岩波書店、1956年、ほか〕

(17) C. S. Lewis, *The Pilgrim's Regress* (London: J. M. Dent & Sons, 1933), p. 58. 現在、体験を語るPalmer（パーマー）の肉声を以下のポッドキャストで聴くことができる。the Imperial War Museum's Voices of the First World War' podcast: https://www.iwm.org.uk/ history/voices-of-the-first-world-war-passchendaele

(18) Borden, *Forbidden*, pp. 11–13 (p. 11).

(19) Remarque, *All Quiet*, p. 128.

(20) A. D. Gristwood, *The Somme, including also The Coward*, pref. H. G. Wells; intro. Hugh Cecil (Columbia, SC: University of South Carolina Press, [1927] 2006), p. 19.

(21) C. Stanford Read, *Military Psychiatry in Peace and War* (London: H. K. Lewis & Co., 1920), p. 11.

(22) *Report of the War Office Committee of Enquiry into 'Shell-Shock'* (London: HMSO, 1922), p. 138.

(23) W. H. R. Rivers, *Instinct and the Unconscious: A Contribution to a Biological Theory*

History, 1878–1934 (Cambridge: Cambridge University Press, 2014), pp. 22, 28. 作家Fyodor Dostoevsky（フョードル・ドストエフスキー）は、小説*Demons*『悪霊』(1871–72)の中でこの恐怖の世界を描いている。そこでは革命家グループの誤った理想主義が、悪魔のような暴力の道具になっている。Joseph Conrad（ジョゼフ・コンラッド）の小説*The Secret Agent*『密偵』(1907)は、1886年を舞台にして、グリニッジ天文台を爆破しようとするアナーキストの計画が中心になっている。

(50) Quoted in Bennett Lowenthal, 'The jumpers of '29', *Washington Post* (25 October 1987), p. 5.

(51) 'New York banker's death', *The Times* [London] (11 November 1929), p. 14.

(52) F. Scott Fitzgerald, *The Great Gatsby* (New York: Charles Scribner's Sons, 1925), pp. 39, 91.〔スコット・フィッツジェラルド『グレート・ギャツビー』村上春樹訳、中央公論新社、2006年、ほか〕

(53) H. G. Wells, *The War in the Air* (New York: Macmillan, 1908), pp. 253–4.

(54) 'Wall-Street panic', *The Times* [London] (25 October 1929), p. 14.

(55) 'Fisher says stock slump is only temporary', *New York Times* (24 October 1929), p. 2; 'Fisher says prices of stocks are low', *New York Times* (22 October 1929), p. 24.

(56) 'Fisher sees stocks permanently high', *New York Times* (16 October 1929), p. 8.

(57) 'Fisher denies crash is due', *New York Times* (5 September 1929), p. 12.

(58) 'The break in Wall Street', *Economist*, vol. 109, no. 4497 (2 November 1929), p. 824.

(59) 'Investigating the panic of 1929', *New York Times* (6 December 1931), p. 63; 'American panic of 1929 blamed for the present world depression', *New York Times* (1 June 1931), p. 27.

(60) Archibald MacLeish, Panic: A Play in Verse (Boston, MA: Houghton Mifflin, 1935), pp. 9, 51, 3; Scott Donaldson, *Archibald MacLeish: An American Life* (Boston, MA: Houghton Mifflin, 1992), p. 239; 以下を参照のこと。`MacLeish's "Panic"', *New York Times* (16 March 1935), p. 18. ニューヨークの初演でJ. P. McGafferty（J・P・マクガファティ）の役を演じたのはOrson Welles（オーソン・ウェルズ）だった。

(61) John Kenneth Galbraith, *The Great Crash*, 1929 (Boston, MA: Houghton Mifflin, [1955] 1997), p. 146.〔ジョン・ケネス・ガルブレイス『大暴落1929』村井章子訳、日本経済新聞出版、2008年、ほか〕

(62) これは以下の書籍からの引用。Frederick Lewis Allen, *Only Yesterday: An Informal History of the Nineteen Twenties* (New York: Harper & Brothers, 1931), pp. 345–6.〔フレデリック・ルイス・アレン『オンリー・イエスタデイ——1920年代・アメリカ』藤久ミネ訳、筑摩書房、1993年〕

第10章　塹壕の中の恐怖

(1) H. G. Wells, *The War That Will End War* (London: Frank & Cecil Palmer, 1914), p. 37.

(2) Wells, *War in the Air*, p. 355.

(3) https://www.getty.edu/art/collection/object/104GXR

街――金融市場の解説』久保恵美子訳、日本経済新聞、2011年、ほか〕

(34) Daniele Besomi, 'Crises as a disease of the body politick: A metaphor in the history of nineteenth-century economics', *Journal of the History of Economic Thought*, vol. 33, no. 1 (2011), pp. 67–118.

(35) 'Danger from panic germs', *New York Times* (27 June 1907), p. 7.

(36) Nouriel Roubini and Stephen Mihm, *Crisis Economics: A Crash Course in the Future of Finance* (New York: Penguin, 2010), p. 8〔ルービニ・ヌリエル／ミーム・スティーブン『大いなる不安定――金融危機は偶然ではない、必然である』山岡洋一・北川知子訳、ダイヤモンド社、2010年〕、以下を参照のこと。Robert Peckham, 'Economies of contagion: Financial crisis and pandemic', *Economy and Society*, vol. 42. no. 2 (2013), pp. 226–48.

(37) Andrew Dawson, 'Reassessing Henry Carey (1793–1879): The problems of writing political economy in nineteenth-century America', *Journal of American Studies*, vol. 34, no. 3 (2000), pp. 465–85 (p. 465).

(38) Jessica M. Lepler, *The Many Panics of 1837: People, Politics, and the Creation of a Transatlantic Financial Crisis* (New York: Cambridge University Press, 2013).

(39) Dawson, 'Reassessing', pp. 476, 479.

(40) Henry C. Carey, *Financial Crises: Their Causes and Effects* (Philadelphia, PA: Henry Carey Baird, 1864), p. 3.

(41) Drexel, Morgan & Company（ドレクセル・モルガン・アンド・カンパニー）の銀行本部があった建物だった。Drexel, Morgan & Company は1895年にJ. P. Morgan（J・P・モルガン）になる。

(42) Karl Marx, 'The economic crisis in Europe', *New-York Daily Tribune* (9 October 1856).

(43) John Dennis Brown, *Panic Profits: How to Make Money When the Market Takes a Dive* (New York: McGraw-Hill, 1993).

(44) Naomi Klein, *The Shock Doctrine: The Rise of Disaster Capitalism* (New York: Henry Holt, 2007).〔ナオミ・クライン『ショック・ドクトリン――惨事便乗型資本主義の正体を暴く』（全2巻）幾島幸子・村上由美子訳、岩波書店、2011年〕

(45) David A. Zimmerman, *Panic!: Markets, Crises, and Crowds in American Fiction* (Chapel Hill, NC: University of North Carolina Press, 2006), p. 1.

(46) 13日の金曜日が不吉だと社会で広く思われるようになったことに、同書が大きく関与している。

(47) Upton Sinclair, *The Moneychangers* (New York: B. W. Dodge, 1908), pp. 262, 260, 311.

(48) Frank Norris, *The Pit: A Story of Chicago* (New York: Doubleday, Page & Co., 1903), pp. 79, 80.

(49) Thorstein Veblen, *The Theory of the Leisure Class* (New York: Macmillan, 1899), pp. 68–101.〔ソースタイン・ヴェブレン『有閑階級の理論』村井章子訳、筑摩書房、2016年〕、以下も参照のこと。Clare Virginia Eby, *Dreiser and Veblen, Saboteurs of the Status Quo* (Columbia, MO: University of Missouri Press, 1998).

Richard Bach Jensen, *The Battle against Anarchist Terrorism: An International*

用と考えている。以下を参照のこと。Michael Perelman, *The Invention of Capitalism: Classical Political Economy and the Secret History of Primitive Accumulation* (Durham, NC: Duke University Press, 2000), pp. 2–3.

(19) リカードはワーテルローの戦いでイギリスが勝つ方に賭けたのだった。以下を参照のこと。David Weatherall, *David Ricardo: A Biography* (The Hague: Martinus Nijhoff, 1976), pp. 70–71.

(20) David Ricardo, *On the Principles of Political Economy, and Taxation* (London: John Murray, [1817] 1821), p. 430.〔デイヴィッド・リカード『経済学および課税の原理』羽鳥卓也・吉沢芳樹訳、岩波書店、1987年、ほか〕

(21) Adam Smith, *An Inquiry into the Nature and Causes of the Wealth of Nations*, 2 vols (London: Printed for W. Strahan and T. Cadell, 1776), vol. 2, pp. 388, 42, 119.〔アダム・スミス『国富論——国の豊かさの本質と原因についての研究』(全3巻) 山岡洋一訳、日本経済新聞出版、2023年、ほか〕

(22) Smith, *Inquiry*, vol. 1, pp. 161, 133–4, 485.

(23) *The Works of Adam Smith*, 5 vols (London: T. Cadell and W. Davies, 1811), vol. 5, p. 59.

(24) Michael J. Cullen, *The Statistical Movement in Early Victorian Britain: The Foundations of Empirical Social Research* (Hassocks: Harvester Press, 1975), p. 36; これは以下の書籍からの引用。Elaine Freedgood, 'Banishing panic: Harriet Martineau and the popularization of political economy', *Victorian Studies*, vol. 39, no. 1 (1995), pp. 33–53 (p. 33).

(25) Harriet Martineau, *Autobiography*, 2 vols (Boston, MA: James R. Osgood and Company, 1877), vol. 1, p. 10; これは以下の書籍からの引用。Freedgood,'Banishing', p. 37.

(26) Freedgood, 'Banishing', pp. 36–7, 50.

(27) Arthur Crump, *The Theory of Stock Exchange Speculation* (London: Longmans, Green, Reader & Dyer, 1874), p. 1.

(28) 'New publications', *New York Times* (14 November 1874), p. 6.

(29) Crump, *Theory*, pp. 1–2, 30–31.

(30) Crump, *Theory*, pp. 2, 40–41, 47, 50.

(31) Daniele Besomi, 'The periodicity of crises: A survey of the literature before 1850', *Journal of the History of Economic Thought*, vol. 32, no. 1 (2010), pp. 85–132.

(32) Baker Library Special Collections, Harvard Business School, Harvard University. 商業と健康・病気を結びつけることは、18世紀より前から行われていた。以下を参照のこと。Jonathan Gil Harris, *Sick Economies: Drama, Mercantilism, and Disease in Shakespeare's England* (Philadelphia, PA: University of Pennsylvania Press, 2004). Jonathan Gil Harris (ジョナサン・ギル・ハリス) は、近世の経済思想で身体のメタファーが、特に感染症とグローバル貿易がもたらした伝染リスクへの不安に関連して、どのように使用されたかを調査している。

(33) Walter Bagehot, *Lombard Street: A Description of the Money Market* (New York: Scribner, Armstrong & Co., 1873), pp. 51, 56–7.〔ウォルター・バジョット『ロンバード

資の初心者たちという考えに異議を唱えている。`Dispelling the myth of the naïve investor during the British Railway Mania, 1845–1846', *Business History Review*, vol. 86, no. 1 (2012), pp. 3–41.

(7) Tamara S. Wagner, *Financial Speculation in Victorian Fiction: Plotting Money and the Novel Genre, 1815–1901* (Columbus, OH: Ohio State University Press, 2010), p. 3; Charles Dickens, *Little Dorrit* (London: Bradbury & Evans, 1857), p. 534.〔チャールズ・ディケンズ『リトル・ドリット』(全4巻) 小池滋訳、筑摩書房、1991年、ほか〕

(8) Anne Goldgar, *Tulipmania: Money, Honor, and Knowledge in the Dutch Golden Age* (Chicago, IL: University of Chicago Press, 2007), pp. 6, 3; Karl Marx, *Capital: A Critique of Political Economy*, vol. 3, intro. Ernest Mandel; trans. David Fernbach (London: Penguin/New Left Review, 1981), pp. 525–42.

(9) 正式名は「連合オランダ勅許東インド会社」(the United Dutch Chartered East India Company)、オランダ語で Vereenigde Nederlandsche Geoctroyeerde Oostindische Compagnie、略称はVOC.

(10) Joseph de la Vega, *Confusión de Confusiones*, trans. Hermann Kellenbenz (Cambridge, MA: Kress Library of Business and Economics, Harvard University, 1957), pp. vii–xx, 31, 40; 以下も参照のこと。Hervé Dumez, 'The description of the first financial market: Looking back on *Confusion of Confusions* by Joseph de la Vega', *Annales des Mines: Gérer et Comprendre,* vol. 1, no. 119 (2015), pp. 7–12.

(11) 哲学者Immanuel Kant (イマヌエル・カント) が言う、市場の「非社交的社交性」に関しては、以下を参照のこと。István Hont, *Politics in Commercial Society: Jean-Jacques Rousseau and Adam Smith*, ed. Béla Kapossy and Michael Sonenscher (Cambridge, MA: Harvard University Press, 2015), pp. xiv, 11, 13.〔イシュファント・ホント『商業社会の政治学――ルソーとスミス』田中秀夫・村井明彦訳、昭和堂、2019年〕

(12) Adam Anderson, *An Historical and Chronological Deduction of the Origin of Commerce*, 4 vols (London: Printed by J. Walter, [1764] 1787), vol. 3, p. 103.

(13) Richard Dale, *The First Crash: Lessons from the South Sea Bubble* (Princeton, NJ: Princeton University Press, 2004), p. 137.

(14) Anderson, *Historical and Chronological Deduction*, vol. 3, p. 103.

(15) [A. B. Gent] Daniel Defoe, *Curious and Diverting Journies, thro' the Whole Island of Great-Britain* (London: Printed by G. Parker, 1734); 以下も参照のこと。*Villainy of Stock Jobbers Detected; and the Causes of the Late Run upon the Bank and Bankers Discovered and Considered* (London: 1701).

(16) この言葉は以下の書籍からの引用。Jonathan Sheehan and Dror Wahrman, *Invisible Hands: Self-Organization and the Eighteenth Century* (Chicago, IL: University of Chicago Press, 2015), p. 105.

(17) Joseph Harris, *An Essay upon Money and Coins*, 3 vols (London: G. Hawkins, 1757–8), vol. 1, pp. 31, 108–9.

(18) これは経済歴史学者Michael Perelman (マイケル・ペレルマン) の主張である。彼は「大多数の小規模生産者が耕作地を取り上げられたことと、自由放任主義の構築とには密接な関係がある」と考えている。つまり、「原始的蓄積」という概念に要約される収

(64) 'Tribunaux. L'incendie du bazar de la Charité', *Journal des Débats* (20 August 1897), p. 3.

(65) T. R. P. Ollivier, *Les victimes de la Charité: discours prononcé à Notre Dame-de-Paris le 8 Mai 1897* (Paris: P. Lethielleux, 1897), p. 7; 以下を参照のこと。Casetti, 'Why fears matter', pp.151–2; 以下も参照のこと。Jacqueline Lalouette,'Parler de Dieu après une catastrophe: l'exemple de prédicateurs catholiques après l'incendie du Bazar de la Charité (4 mai 1897)', *Histoire Urbaine*, vol. 2, no. 34 (2012), pp. 93–110.

(66) Casetti, 'Why fears matter', p. 145; Leyda, *Kino*, pp. 407–9.

(67) Casetti, 'Why fears matter', pp. 146, 150; Tom Gunning, 'Flickers: On cinema's power for evil', in Murray Pomerance, ed., *Bad: Infamy, Darkness, Evil and Slime on Screen* (Albany, NY: State University of New York Press, 2004), pp. 21–38; Thierry Lefebvre, 'Une "maladie" au tournant du siècle: la "cinématophtalmie"', *Revue d'Histoire de la Pharmacie,* no. 297 (1993), pp. 225–30.

(68) William Healy, *The Individual Delinquent* (Boston, MA: Little, Brown, 1915), p. 308; この言葉は、以下からの引用である。Casetti, 'Why fears matter', p. 146.

第9章　大暴落

(1) 金融機関が経済成長と工業化にどの程度貢献したのか、あるいは、経済成長と工業化が金融機関にどの程度貢献したのかについて、いまだに議論が続いている。以下を参照のこと。Geoffrey M. Hodgson, 'Financial institutions and the British Industrial Revolution: Did financial underdevelopment hold back growth?', *Journal of Institutional Economics*, vol. 17, no. 3 (2021), pp. 429–48.

(2) Thomas W. Lawson, *Friday, the Thirteenth: A Novel* (New York: Doubleday, Page & Company, 1907), p. 193.

(3) Halford Mackinder, 'The great trade routes: Lecture V', *Journal of the Institute of Bankers*, vol. 21, no. 5 (1900), pp. 266–73 (p. 271).

(4) Charles Mackay, *Memoirs of Extraordinary Popular Delusions and the Madness of Crowds*, 3 vols (London: Richard Bentley, 1841), vol. 1, pp. v–vi, 1–3.〔チャールズ・マッケイ『狂気とバブル――なぜ人は集団になると愚行に走るのか』塩野未佳・宮口尚子訳、パンローリング、2004年〕

(5) 1845年には、アイルランドのジャガイモの不作で飢饉になる見通しがでてきたため、経済環境はさらに暗くなった。

(6) S. A. Broadbridge, 'The sources of railway share capital', in M. C. Reed, ed., *Railways in the Victorian Economy: Studies in Finance and Economic Growth* (Newton Abbot: David & Charles, 1969), pp. 184 211; William Quinn and John D. Turner, 'Democratising speculation: The great railway mania', in *Boom and Bust: A Global History of Financial Bubbles* (Cambridge: Cambridge University Press, 2020), pp. 58–76.〔ウィリアム・クイン／ジョン・D・ターナー『バブルの世界史――ブーム・アンド・バストの法則と教訓』高藤裕子訳、日本経済新聞出版、2023年〕、しかし、Gareth Campbell（ガレス・キャンベル）と John D. Turner（ジョン・D・ターナー）は、投

(51) James W. Carey, 'Technology and ideology: The case of the telegraph', in *Communication as Culture: Essays on Media and Society* (New York and London: Routledge, [1989] 2009), pp. 155–77 (p. 157).

(52) 'The ocean telegraph – relative benefits and evils', *New York Times* (19 August 1858), p. 4.

(53) 'Forecasts for 1907', *Punch, or the London Charivari* (26 December 1906), p. 451.

(54) Brian Hochman, *The Listeners: A History of Wiretapping in the United States* (Cambridge, MA: Harvard University Press, 2022); *All About the Telephone and Phonograph* (London: Ward, Lock and Co., 1878), pp. 81–6 (p. 81).

(55) 以下を参照のこと。Deep Kanta Lahiri Choudhury, *Telegraphic Imperialism: Crisis and Panic in the Indian Empire, c.1830–1920* (Basingstoke: Palgrave Macmillan, 2010); Robert Peckham, 'Panic encabled: Epidemics and the telegraphic world', in Robert Peckham, ed., *Empires of Panic: Epidemics and Colonial Anxieties* (Hong Kong: Hong Kong University Press, 2015), pp. 131–54.

(56) Gabriele Balbi, '"I will answer you, my friend, but I am afraid": Telephones and the fear of a new medium in nineteenth and early twentieth-century Italy', in Siân Nicholas and Tom O'Malley, eds., *Moral Panics, Social Fears, and the Media: Historical Perspectives* (New York: Routledge, 2013), pp. 59–75; 'Left-earedness and the telephone', *New York Times* (20 April 1904), p. 8.

(57) 'The public telephone call office as a factor in the spread of disease', *Lancet*, vol. 171, no. 4411 (14 March 1908), p. 829.

(58) Clarence Day, 'Father lets in the telephone', *New Yorker* (13 May 1933), pp. 18–20 (p. 19).

(59) Nancy Tomes, *The Gospel of Germs: Men, Women, and the Microbe in American Life* (Cambridge, MA: Harvard University Press, 1998), p. 133.

(60) 初期の映画につきものの恐怖に関しては、以下を参照のこと。Francesco Casetti, 'Why fears matter: Cinephobia in early film culture', *Screen*, vol. 59, no. 2 (2018), pp. 145–57.

(61) 1895年10月に、パリで実際に大きな脱線事故が起きた。列車がモンパルナス駅で止まらずにそのまま走って建物を突き破って、下の街路に墜落した。

(62) Jay Leyda, *Kino: A History of the Russian and Soviet Film, with a New Postscript and a Filmography Brought Up to the Present* (Princeton, NJ: Princeton University Press, 1983), pp. 407–9 (p. 408); 同映画が引き起こしたパニックに関する「伝説」と、同映画の撮影の複雑な経緯に関しては、以下を参照のこと。Martin Loiperdinger, 'Lumière's "Arrival of the Train": Cinema's founding myth', *Moving Image*, vol. 4, no. 1 (2004), pp. 89–118.

(63) パリの新聞Le Petit Journal (16 May 1897)の絵入り付録の第一面に、パニックの光景が劇的に描かれていた。ジャーナリストのJules Huret（ジュール・ユレ）が詳しくドラマチックな記事を書き、そこには何枚も写真が載せられている。以下を参照のこと。*La catastrophe du Bazar de la Charité* (4 Mai 1897) (Paris: J. Juven, 1897); 2019年のNetflixの *The Bonfire of Destiny* (Le Bazar de la Charité)シリーズは、この悲劇を題材にしている。

(34) Park Benjamin, 'The infliction of the death penalty', *Forum*, vol. 3 (July 1887), pp. 503–12 (p. 512).

(35) 'Far worse than hanging; Kemmler's death proves an awful spectacle', *New York Times* (7 August 1890), p. 1.

(36) 電気による死を表す語として議題に上がった他の言葉については、以下を参照のこと。*American Notes and Queries*, vol. 3 (25 May and 1 June 1889), pp. 45–7, 57.

(37) W. E. Steavenson and H. Lewis Jones, *Medical Electricity: A Practical Handbook for Students and Practitioners* (London: H. K. Lewis, 1892), p. 347.

(38) Antonio Perciaccante, Alessia Coralli, Luca Cambioli and Michele Augusto Riva, 'Nonconvulsive electrotherapy in psychiatry: The treatment of the mental disorders of the Norwegian painter Edvard Munch', *Bipolar Disorders*, vol. 19, no. 2 (2017), pp. 72–3. 1893年に制作された『叫び』の左上隅には、「狂人にしか描けない！」という書き込みがある。現在、この書き込みは、ムンクがおそらく1895年に書き入れたものと確認されている。

(39) John E. Finding and Kimberly D. Pelle, *Encyclopedia of World's Fairs and Expositions* (Jefferson, NC: McFarland & Co., 2008), p. 103.

(40) Pierre Vidal Senèze and Jean Noctzli, 'Sur les momies découvertes dans le haut Pérou', *Bulletins de la Société d'Anthropologie de Paris*, vol. 12 (1877), pp. 640–41; Robert Rosenblum, 'Introduction. Edvard Munch: Some changing contexts', in *Symbols and Images of Edvard Munch* (Washington, DC: National Gallery of Art, 1978), pp. 1–9 (p. 8).

(41) ムンクの『叫び』のインスピレーションとなった可能性があると特定されたものについては、以下を参照のこと。Kelly Grovier, *A New Way of Seeing: The History of Art in 57 Works* (London: Thames & Hudson, 2018), pp. 176–9.

(42) Mary W. Shelley, *Frankenstein: Or, the Modern Prometheus* (London: Henry Colburn and Richard Bentley, 1831), pp. 43, x. 〔メアリー・シェリー『フランケンシュタイン』小林章夫訳、光文社、2010年、ほか〕

(43) John [Giovanni] Aldini, *General Views on the Application of Galvanism to Medical Purposes: Principally in Cases of Suspended Animation* (London: J. Callow, 1819).

(44) Thomas Commerford Martin, 'Tesla's oscillator and other inventions', *Century Magazine*, vol. 49, no. 6 (April 1895), pp. 916–33 (pp. 916, 917).

(45) Martin, 'Tesla's oscillator', p. 933; Grovier, *New Way of Seeing*, p. 179.

(46) *The Private Journals of Edvard Munch: We Are Flames Which Pour Out of the Earth*, trans. and ed. Gill Holland; fwd Frank Høifødt (Madison, WI: University of Wisconsin Press, 2005), pp. 155–6, 151, 62; 以下も参照のこと。Grovier, *New Way of Seeing*, p. 176.

(47) Thomas Edison, 'The phonograph and its future', *North American Review*, vol. 126, no. 262 (1878), pp. 527–36 (p. 527).

(48) 'The aerophone', *New York Times* (25 March 1878), p. 4.

(49) 'The aerophone', *New York Times*, p. 4.

(50) 'The aerophone', *London Figaro* (13 April 1878), pp. 557, 559.

(15) Mark Seltzer, *Serial Killers: Death and Life in America's Wound Culture* (New York: Routledge, 1998), p. 206.

(16) 'Touched the golden key: President Cleveland sets world's fair wheels in motion', *Washington Post* (2 May 1893), p. 1.

(17) 'Modern bluebeard: H. H. Holmes' castles [sic] reveals his true character', *Chicago Tribune* (18 August 1895), p. 40.

(18) 'Holmes confesses 27 murders. The most awful story of modern times told by the fiend in human shape', *Philadelphia Inquirer* (12 April 1896), p. 1.

(19) Upton Sinclair, *The Jungle* (New York: Doubleday, Page & Company, 1906), pp. 38, 23, 5, 66, 161–2, 117.〔アプトン・シンクレア『ジャングル』大井浩二訳、巽孝之監修、松柏社、2009年、ほか〕

(20) Sinclair, *Jungle*, p. 40.

(21) 'The meat strike', *New York Times* (15 July 1904), p. 6; 'Man killed in riot at Chicago stock yards', *New York Times* (21 August 1904), p. 1.

(22) 'Wilson makes public new meat regulations', *New York Times* (28 July 1906), p. 3.

(23) Henry Ford [with Samuel Crowther], *My Life and Work* (Garden City, NY: Doubleday, Page & Company, 1922), p. 81.〔ヘンリー・フォード『ヘンリー・フォード著作集』（全2巻）豊土栄訳、創英社（三省堂書店）、2000年〕

(24) David A. Hounshell, *From the American System to Mass Production, 1800–1932: The Development of Manufacturing Technology in the United States* (Baltimore, MD: Johns Hopkins University Press, 1984), pp. 1, 228.〔デーヴィッド・A・ハウンシェル『アメリカン・システムから大量生産へ　1800–1932』和田一夫・金井光太朗・藤原道夫訳、名古屋大学出版会、1998年〕

(25) Frederick Winslow Taylor, *The Principles of Scientific Management* (New York: Harper & Brothers, [1911] 1913), p. 83.〔フレデリック・ウインスロウ・テイラー『科学的管理法の諸原理』中谷彪・中谷愛・中谷謙訳、晃洋書房、2009年〕

(26) Thomas Carlyle, 'Signs of the times', *Edinburgh Review*, vol. 49 (June 1829), pp. 439–59 (pp. 442, 444).

(27) Marx, 'Economic and philosophical manuscripts', pp. 323–4.〔カール・マルクス『経済学・哲学手稿』城塚登・田中吉六訳、岩波書店、1964年、ほか〕

(28) Marx, *Capital*, p. 554.

(29) Andrew Ure, *The Philosophy of Manufactures: Or, an Exposition of the Scientific, Moral, and Commercial Economy of the Factory System of Great Britain* (London: Charles Knight, 1835), pp. 18, 13–14.

(30) Marx, *Capital*, pp. 544–5; Ure, *Philosophy*, p. 147.

(31) Marx, *Capital*, p. 503.

(32) Samuel Butler, *Erewhon, or Over the Range* (London: Trübner & Co., 1872), pp. 191–2; この小説のタイトルは、'nowhere'（どこにもない場所）を逆さまに綴った造語。〔サミュエル・バトラー『エレホン』武藤浩史訳、新潮社、2020年〕

(33) Sir Henry Thompson, *Modern Cremation: Its History and Practice* (London: Kegan Paul, Trench, Trübner & Co., 1891), pp. 2, 8, 14.

(3) ‘technology’,「科学・工業技術」は、1770年代にドイツの経済学者Johann Beckmann（ヨハン・ベックマン）が古代ギリシャ語から復活させた言葉だが、機械・鉱山・工場・道路などをすべてあわせて表すようになっていった。ただ、この言葉がより大きな影響力を持つようになったのは20世紀になってからだった。テクノロジー・フューチャリストKevin Kelly（ケヴィン・ケリー）は、‘technology’はジェニー紡績機や機関車などの特定の技術を指すため、‘technology’と対比して、「技術の世界規模の超相互接続システム」を*technium*（テクニウム）と呼んでいる。以下を参照のこと。What Technology Wants (London: Penguin, 2010), pp. 8, 11–12 (p. 11).〔ケヴィン・ケリー『テクニウム——テクノロジーはどこへ向かうのか？』服部桂訳、みすず書房、2014年〕

(4) John Brown, *A Memoir of Robert Blincoe, an Orphan Boy* (Manchester: J. Doherty, 1832), p. 26.

(5) ‘The factory accident at Stockport’, *The Times* [London] (21 March 1851), p. 8.

(6) Mark Seltzer, *Bodies and Machines* (London and New York: Routledge, 1992), pp. 18–20.

(7) 文化史家で文化理論家でもあるPaul Virilio（ポール・ヴィリリオ）がかつて述べたように、「列車を発明することは、脱線という鉄道事故を発明することである」。以下を参照のこと。*The Original Accident*, trans. Julie Rose (Cambridge: Polity, 2007), p. 10.〔ポール・ヴィリリオ『アクシデント——事故と文明』小林正巳訳、青土社、2006年〕、あるいは、ヴィリリオが別のところで言った言葉を借りれば、「どんな技術にも独自の欠点があり、その欠点は技術の進歩と同時に発明される」。以下を参照のこと。*Politics of the Very Worst: An Interview by Philippe Petit*, trans. Michael Cavaliere; ed. Sylvère Lotringer (New York: Semiotext(e), 1999), p. 89.

(8) Amy Milne-Smith, ‘Shattered minds: Madmen on the railways, 1860–80’, *Journal of Victorian Culture*, vol. 21, no. 1 (2016), pp. 21–39.

(9) John Eric Erichsen, *On Railway and Other Injuries of the Nervous System* (Philadelphia, PA: Henry C. Lea, 1867), p. 17; 以下も参照のこと。Herbert William Page, *Injuries of the Spine and Spinal Cord without Apparent Mechanical Lesion, and Nervous Shock* (London: J. & A. Churchill, 1883).

(10) *A Week at the Fair, Illustrating the Exhibits and Wonders of the World's Columbian Exposition, with Special Descriptive Articles* (Chicago, IL: Rand, McNally & Company, 1893); William E. Cameron, ed., *The World's Fair, Being a Pictorial History of the Columbian Exposition* (Philadelphia, PA: National Publishing Company, 1893).

(11) Denton J. Snider, *World's Fair Studies* (Chicago, IL: Sigma Publishing Co., 1895), p. 16.

(12) Snider, *World's Fair*, p. 6.

(13) ‘The castle of a modern bluebeard’, *The World* (11 August 1895), p. 1.

(14) ‘elasticity determinator’（弾力性決定機）をはじめとする、ホームズが所有する建物で見つかった「謎めいた機械類」の詳細について初めて言及したのはHerbert Asbury（ハーバート・アズベリー）だった。以下を参照のこと。*Gem of the Prairie: An Informal History of the Chicago Underworld* (New York: Alfred A. Knopf, 1940), pp. 181–9 (p. 184); 以下も参照のこと。Adam Selzer, H. H. Holmes: The True History of the White City Devil (New York: Skyhorse, 2017), p. 364.

ラー『歪んだ建築空間――現代文化と不安の表象』中村敏男訳、青土社、2006年〕

(70) 'Dr Andrea Verga', *British Medical Journal*, vol. 2, no. 1824 (14 December 1895), p. 1531; Stefano Zago and Chiara Randazzo, 'Andrea Verga (1811–1895)', *Journal of Neurology*, vol. 253, no. 8 (2006), pp. 1115–16.

(71) B. Ball, 'On claustrophobia', *British Medical Journal*, vol. 2, no. 975 (6 September 1879), p. 371.

(72) Robert Jones, 'A case of agoraphobia, with remarks upon obsessions', *Lancet*, vol. 151, no. 3887 (26 February 1898), pp. 568–70. Darwin（ダーウィン）も広場恐怖症だったと言われている。以下を参照のこと。Thomas J. Barloon and Russell Noyes, Jr, 'Charles Darwin and panic disorder', *Journal of the American Medical Association*, vol. 277, no. 2 (1997), pp. 138–41.

(73) J. Headley Neale, 'Agoraphobia', *Lancet*, vol. 152, no. 3925 (19 November 1898), pp. 1322–3; Trotter, 'Invention', p. 464. おそらく、広場恐怖症が起こりそうな状況に直面したときに雨傘が発揮する治療的・お守り的な特質のせいで、雨傘が19世紀後半の美術の特徴の一つになったのだろう。

(74) Théodule Ribot, *The Psychology of the Emotions* (London: Walter Scott, 1897), pp. v–lx (p. v).〔テオデュール・リボー（リボオ）『變態心理學』山田吉彦訳、聚英閣、1925年〕

(75) ル・ボンはリボーに同書を献呈した。

(76) Ribot, *Psychology*, pp. 213–14. リボーによると、'Panphobia'（汎恐怖症）とは、「不安が一つの対象に固定されるのではなく、夢の中にいるように浮遊しているため、患者がすべてを恐れるか、何も恐れない状態」のことである (p. 214)。

(77) Max Nordau, *Degeneration* (London: William Heinemann, 1895), pp. 242–3.

(78) Evangelos Vassos, Carsten B. Pedersen, Robin M. Murray, David A. Collier and Cathryn M. Lewis, 'Meta-analysis of the association of urbanicity with schizophrenia', *Schizophrenia Bulletin*, vol. 38, no. 6 (2012), pp. 1118–23.

(79) Andreas Heinz, Lorenz Deserno and Ulrich Reininghaus,'Urbanicity, social adversity and psychosis', *World Psychiatry*, vol. 12, no. 3 (2013), pp. 187–97; Florian Lederbogen, Peter Kirsch, Leila Haddad et al., 'City living and urban upbringing affect neural social stress processing in humans', *Nature*, vol. 474, no. 7352 (2011), pp. 498–501.

(80) Elaine Tyler May, *Fortress America: How We Embraced Fear and Abandoned Democracy* (New York: Basic Books, 2017).

(81) Kyle Riismandel, *Neighborhood of Fear: The Suburban Crisis in American Culture, 1975–2001* (Baltimore, MD: Johns Hopkins University Press, 2020).

第8章　機械から出た悪魔

(1) 'The Great Exhibition', *The Times* [London] (2 May 1851), p. 6.

(2) Klaus Schwab, *The Fourth Industrial Revolution*, fwd Marc R. Benioff (London: Penguin, [2016] 2017), p. 2.〔クラウス・シュワブ『第四次産業革命――ダボス会議が予測する未来』世界経済フォーラム訳、日本経済新聞出版部、2016年〕

(60) Henry Maudsley, *The Pathology of Mind* (London: Macmillan and Co., 1879), pp. 365, 362, 392.

(61) Sigmund Freud, 'Lecture 25: Anxiety', in *Introductory Lectures on Psychoanalysis*, vol. 1, trans. James Strachey; ed. James Strachey and Angela Richards (London: Penguin, 1976), pp. 440–60 (pp. 441, 449).〔ジークムント・フロイト『精神分析入門』(全2巻) 高橋義孝・下坂幸三訳、新潮社、1977年、ほか〕; 'On the grounds for detaching a particular syndrome from neurasthenia under the description "anxiety neurosis"' [1895], in James Strachey, Anna Freud, Alex Strachey and Alan Tyson, eds., *The Standard Edition of the Complete Psychological Works of Sigmund Freud*, vol. 3, *1893–1899: Early Psycho-Analytic Publications* (London: The Hogarth Press, 1962), pp. 85–115 (p. 92); 'Draft E: How anxieties originate' [1894], in Marie Bonaparte, Anna Freud and Ernst Kris, eds., *The Origins of Psycho-Analysis: Letters to Wilhelm Fliess, Drafts and Notes: 1887–1902,* trans. Eric Mosbacher and James Strachey (New York: Basic Books, 1954), pp. 88–93 (p. 90); *Three Essays on the Theory of Sexuality*, trans. James Strachey; intro. Steven Marcus (New York: Basic Books, 1962), p. 90.〔『性欲論三篇』は、以下に収録されている。ジークムント・フロイト『新装版　フロイト著作集第5巻』懸田克躬・高橋義孝ほか訳、人文書院、2023年〕

Sigmund Freud, 'Group psychology and the analysis of the ego', in *Complete Psychological Works* (1920–1922), vol. 18 (1955), pp. 69–143. 原典のドイツ語*Massenpsychologie*は、'group'「集団」心理の分析ではなく、'mass'「大衆」心理の分析を表していることに注意せよ。

(62) Georg Simmel, 'The metropolis and mental life', in Kurt H. Wolff, trans. and ed., *The Sociology of Georg Simmel* (Glencoe, IL: Free Press, 1950), pp. 409–24 (p. 414).〔『大都市と精神生活』は以下に収録されている。ゲオルク・ジンメル『ジンメル著作集12』居安正訳、白水社、1976年〕

(63) Simmel, 'Metropolis', p. 410.

(64) David Trotter, 'The invention of agoraphobia', *Victorian Literature and Culture*, vol. 32, no. 2 (2004), pp. 463–74 (p. 463).

(65) Camillo Sitte, *City Planning According to Artistic Principles*, trans. George R. Collins and Christiane Crasemann Collins (New York: Random House, 1965), pp. 45–6.〔カミロ・ジッテ『広場の造形』大石敏雄訳、鹿島出版会、1983年〕

(66) Carl E. Schorske, 'The Ringstrasse, its critics, and the birth of urban modernism', in *Fin-de-Siècle Vienna: Politics and Culture* (New York: Alfred A. Knopf, 1980), pp. 24–115 (p. 24).〔カール・E・ショースキー『世紀末ウィーン——政治と文化』安井琢磨訳、岩波書店、1983年〕

(67) Schorske, 'Ringstrasse', pp. 63–4 (p. 64).

(68) Trotter, 'Invention', p. 464.

(69) Henri Legrand du Saulle, *Étude clinique sur la peur des espaces (agoraphobie des Allemands), névrose émotive* (Paris: V. Adrien Dalahaye 1878), pp. 5–10; Trotter, 'Invention', p. 464; Anthony Vidler, Warped Space: Art, Architecture and Anxiety in Modern Culture (Cambridge, MA: MIT Press, 2000), pp. 30–31.〔アンソニー・ヴィド

Wesleyan University Press, 2009), p. 22.〔シャルル・ボードレール『パリの憂愁』福永武彦訳、岩波書店、1966年、ほか〕

(42) Gustave Le Bon, *The Crowd: A Study of the Popular Mind* (New York: Macmillan & Co., 1896), pp. xxi–xxiv (p. xxiii).〔ギュスターヴ・ル・ボン『群衆心理』桜井成夫訳、講談社、1993年、ほか〕

(43) Le Bon, *Crowd*, pp. 128, 13, 9; 以下も参照のこと。Georges Lefebvre, 'Foules révolutionnaires', *Annales Historiques de la Révolution Française*, no. 61 (1934), pp. 1–26.

(44) Le Bon, *Crowd*, pp. 7, 10.

(45) J. M. Charcot and Pierre Marie, 'Hysteria, mainly hystero-epilepsy', in Daniel Hack Tuke, ed., *A Dictionary of Psychological Medicine*, 2 vols (Philadelphia, PA: P. Blakiston, Son & Co., 1892), vol. 1, pp. 627–41 (p. 628); 以下も参照のこと。Georges Guinon, *Les agents provocateurs de l'hystérie* (Paris: Aux Bureaux du Progrès/A. Delahaye et Lecrosnieb, 1889).

(46) Le Bon, *Crowd*, p. 21.

(47) Le Bon, *Crowd*, p. ix.

(48) Le Bon, *Crowd*, pp. x, xv.

(49) Le Bon, *Crowd*, p. xx.

(50) Gabriel Tarde, 'Les crimes des foules', *Archives de l'Anthropologie Criminelle*, vol. 7 (1892), pp. 353–86; 'Foules et sectes au point de vue criminel', *Revue des Deux Mondes*, vol. 332 (1893), pp. 349–87.

(51) Scipio Sighele, *La foule criminelle: essai de psychologie collective* (Paris: Félix Alcan, 1892), p. 2.

(52) Robert E. Park and Ernest W. Burgess, *An Introduction to the Science of Sociology* (Chicago, IL: University of Chicago Press, 1921), pp. 869, 34.

(53) E. Ray Lankester, *Degeneration: A Chapter in Darwinism* (London: Macmillan and Co., 1880), p. 32.

(54) Miles [Sir John Frederick Maurice], 'Where to get men', *Contemporary Review*, vol. 81 (January 1902), pp. 78–82 (pp. 80, 81).

(55) *Report of the Inter-Departmental Committee on Physical Deterioration* (London: HMSO, 1904), pp. 84–93 (p. 84).

(56) H. G. Wells, 'Zoological retrogression', *Gentleman's Magazine*, vol. 271 (September 1891), pp. 246–53.

(57) H. G. Wells, 'The extinction of man: Some speculative suggestions', *Pall Mall Gazette* (25 September 1894), p. 3.

(58) George M. Beard, 'Neurasthenia, or nervous exhaustion', *Boston Medical and Surgical Journal*, vol. 3, no. 13 (29 April 1869), pp. 217–21; *Cases of Hysteria, Neurasthenia, Spinal Irritation, and Allied Affections; with Remarks* (Chicago, IL: J. J. Spalding & Co., 1874).

(59) P. Pichot, 'The semantics of anxiety', *Human Psychopharmacology: Clinical and Experimental*, vol. 14, no. S1 (1999), pp. 22–8 (p. 26).

1992), pp. 475–81 (pp. 475, 476).〔エドガー・アラン・ポー『黄金虫・アッシャー家の崩壊他九編』八木敏雄訳、岩波書店、2006年、ほか〕

(25) Engels, *Condition*, p. 18.

(26) Karl Marx, 'Economic and philosophical manuscripts', in *Early Writings*, intro. Lucio Colletti; trans. Rodney Livingstone and Gregor Benton (London: Penguin/New Left Review, 1975), pp. 322–44; 用語は、マルクスがドイツの哲学者Georg Wilhelm Friedrich Hegel（ゲオルク・ヴィルヘルム・フリードリヒ・ヘーゲル）から借用したが改変している。マルクスの疎外の歴史に関しては、以下を参照のこと。Marcello Musto, 'Alienation redux: Marxian perspectives', in Marcello Musto, ed., *Karl Marx's Writings on Alienation* (Cham, Switzerland: Palgrave Macmillan, 2021), pp. 3–48.

(27) Engels, *Condition*, pp. 20, 37, 43, 18.

(28) Karl Marx and Friedrich Engels, *The Communist Manifesto*, intro. A J. P. Taylor (London: Penguin, 1967), p. 78.〔カール・マルクス／フリードリヒ・エンゲルス『共産党宣言』大内兵衛訳、岩波書店、1951年、ほか〕

(29) 'Article VIII', pp. 381, 394.

(30) *The Times* [London] (10 November 1856), p. 6; R. Sindall, 'The London garotting panics of 1856 and 1862', *Social History*, vol. 12, no. 3 (1987), pp. 351–9 (p. 351); 'garrotting'（首絞め強盗）の定義については、以下を参照のこと。Sindall, *Street Violence*, p. 10.

(31) どうやらカナダのラブラドル地方と、オーストラリアのクィーンズランド州の2つが、流刑植民地の候補だったらしい。以下を参照のこと。Sindall, *Street Violence*, p. 40.

(32) Sindall, *Street Violence*, p. 40.

(33) Sindall, *Street Violence*, pp. 142, 146.

(34) 'Occasional notes', *Pall Mall Gazette* (21 January 1885), p. 3.

(35) General Booth, *In Darkest England and the Way Out* (New York and London: Funk & Wagnalls, 1890), pp. 9, 12.〔ウィリアム・ブース『最暗黒の英国とその出路』山室武甫訳、救世軍本営・相川書房、1987年〕

(36) Stedman Jones, *Outcast London*, pp. 295–6 (また、1886年2月に起きた暴動に関しては pp. 345–6); 'The defence of Trafalgar Square', *The Times* [London] (14 November 1887), p. 8.

(37) 以下の資料からの引用。T. A. Critchley, *The Conquest of Violence: Order and Liberty in Britain* (London: Constable, 1970), p. 153.

(38) *The Times* [London] (14 November 1887), p. 9.

(39) Patrice de Moncan, *Le Paris d'Haussmann* (Paris: Éditions du Mécène, 2002), p. 10.

(40) *0 Mémoires du Baron Haussmann*, vol. 3, Grands travaux de Paris (Paris: Victor Havard, 1893), p. 54; Jeanne Gaillard, *Paris, la ville* (18521870): *l'urbanisme parisien à l'heure d'Haussmann* (Lille and Paris: Honoré Champion, 1977), pp. 29–40.

(41) Charles Baudelaire, 'A Martyr', and 'To a Woman Passing By', in *The Flowers of Evil*, trans. Keith Waldrop (Middletown, CT: Wesleyan University Press, 2006), pp. 151, 123.〔シャルル・ボードレール『悪の華』鈴木信太郎訳、岩波書店、1961年、ほか〕'The Crowd', in *Paris Spleen: Little Poems in Prose*, trans. Keith Waldrop (Middletown, CT:

アート・ミル『自由論』斉藤悦則訳、光文社、2012年、ほか〕

(10) Émile Durkheim, *Suicide: étude de sociologie* (Paris: Félix Alcan, 1897).〔エミール・デュルケーム『自殺論』宮島喬訳、中公文庫、2018年〕

(11) 'Summary of politics', *Cobbett's Weekly Political Register*, vol. 8, no. 15 (12 October 1805), p. 549. 同じ考えがコベットによって表されたのは、1790年代のことだ。以下を参照のこと。Craig Nelson, *Thomas Paine: Enlightenment, Revolution, and the Birth of Modern Nations* (New York: Viking, 2006), pp. 2–3.

(12) Edmund Burke letter to Thomas Mercer (26 February 1790), in *Correspondence of the Right Honourable Edmund Burke, between the Year 1744, and the Period of His Decease in 1797*, 4 vols (London: Francis & John Rivington, 1844), vol. 3, p. 147; A Letter from Mr Burke, p. 28.

(13)「国家のすべての国民を機能的に同等にする傾向があった」近代のプロセスに関しては、以下を参照のこと。Mary Poovey, *Making a Social Body: British Cultural Formation, 1830–1864* (Chicago, IL: Chicago University Press, 1995), p. 29.

(14) Tocqueville, *Democracy*, p. 663.

(15) Mill, 'Civilization', pp. 187, 163; および *Liberty*, pp. 12–13.

(16) 新聞は「確固たる意志を効果的に表明する」うえで重要であり、新聞のおかげで1832年の第1回選挙法改正によって獲得された選挙権を拡大することができた。Mill, 'Civilization', p. 170.

(17) Mill, *Liberty*, pp. 131–3, 129, 13.

(18) John Carey, *The Intellectuals and the Masses: Pride and Prejudice among the Literary Intelligentsia, 1880–1939* (London: Faber and Faber, 1992), p. 5.〔ジョン・ケアリ『知識人と大衆——文人インテリゲンチャにおける高慢と偏見1880−1939』東郷秀光訳、大月書店、2000年〕

(19) Hippolyte Taine, *Les origines de la France contemporaine: la Révolution*, 3 vols (Paris: Librairie Hachette, 1878), vol. 1, p. 137.〔イポリット・テーヌ『近代フランスの起源——旧制時代』(2巻) 岡田真吉訳、角川文庫、1963年/『近代フランスの起源——仏蘭西革命史論』(2巻) 岡田真吉訳、斎藤書店、1947−48年〕

(20) Carey, *Intellectuals*, pp. 4–5.

(21) Sigmund Freud, 'My contact with Josef Popper-Lynkeus (1932)', *International Journal of Psycho-Analysis*, vol. 23, part 2 (1942), pp. 85–7 (p. 86).

(22) Friedrich Engels, *The Condition of the Working Class in England in 1844* (New York: John W. Lovell Company, 1887), p. 18.〔フリードリヒ・エンゲルス『イギリスにおける労働者階級の状態——19世紀のロンドンとマンチェスター』(2巻) 一條和生・杉山忠平訳、岩波書店、1990年、ほか〕

(23) Walter Benjamin, 'On some motifs in Baudelaire', *Selected Writings*, vol. 4, *1938–1940*, trans. Edmund Jephcott et al.; ed. Howard Eiland and Michael W. Jennings (Cambridge, MA: Belknap/Harvard University Press, 2003), pp. 313–55 (p. 327).〔ヴァルター・ベンヤミン『ベンヤミン・コレクション①近代の意味』浅井健二郎・久保哲司訳、筑摩書房、1995年〕

(24) *The Collected Tales and Poems of Edgar Allan Poe* (New York: The Modern Library,

イ、河南瑠莉訳、堀之内出版、2018年〕
(75) Clair MacDougall and James Harding Giahyue, 'Liberia troops fire on protesters as West Africa's Ebola toll hits 1,350', *Reuters* (27 August 2014).
(76) そういう理由で、「自由な国」を意味するLiberia「リベリア」という国名は皮肉に感じられる。
(77) Alan Huffman, *Mississippi in Africa: The Saga of the Slaves of Prospect Hill Plantation and Their Legacy in Liberia Today* (Jackson, MS: University Press of Mississippi, 2010).
(78) Helene Cooper, *The House at Sugar Beach: In Search of a Lost African Childhood* (New York: Simon & Schuster, 2008).
(79) Leo Cendrowicz, 'Warlord convicted: Liberia's Charles Taylor found guilty of war crimes', *Time* (26 April 2012).
(80) Benjamin G. Dennis and Anita K. Dennis, *Slaves to Racism: An Unbroken Chain from America to Liberia* (New York: Algora Publishing, 2008).

第7章　群衆に埋没して

(1) イングランド、ウェールズ、スコットランドの人口の34パーセントが、人口20000人以上の都市に居住していた。*The Census of Great Britain in 1851* (London: Longman, Brown, Green and Longmans, 1854), pp. 13–14.
(2) 'Article VIII. The Moral and Physical Condition of the Working Classes in Manchester; An Address to the Higher Classes on the Present State of Public Feeling among the Working Classes', *Westminster Review*, vol. 18 (April 1833), pp. 380–404 (p. 382).
(3) John Morley, 'Young England and the political future', *Fortnightly Review*, vol. 7, no. 4 (1 April, 1867), pp. 491–6 (p. 493). 革命を起こす貧しい人々に対する恐怖に関しては、以下を参照のこと。Gareth Stedman Jones, *Outcast London: A Study in the Relationship Between Classes in Victorian Society* (London: Verso, [1971] 2013), p. 290.
(4) こうしたパニックの政治利用に関しては、以下を参照のこと。Rob Sindall, *Street Violence in the Nineteenth Century: Media Panic or Real Danger?* (Leicester: Leicester University Press, 1990).
(5) この頃には、'masses'「大衆」という言葉は、'working classes'「労働者階級」と同じ意味になっていた。Asa Briggs, 'The language of mass and masses in nineteenth century England', in *The Collected Essays of Asa Briggs*, vol. 1, *Words, Numbers, Places, People* (Urbana, IL: University of Illinois Press, 1985), pp. 34–54.
(6) 'Article VIII', p. 381.
(7) Rousseau, *Emile*, p. 59.
(8) John Stuart Mill, 'Civilization' [1836], in *Dissertations and Discussions: Political, Philosophical, and Historical*, 2 vols (London: John W. Parker and Son, 1859), vol. 1, pp. 160–205 (pp. 182–3).
(9) John Stuart Mill, *On Liberty* (London: John W. Parker, 1859), p. 118. 〔ジョン・スチュ

pp. 713–44.

(60) Thomas C. Holt, *The Problem of Freedom: Race, Labor, and Politics in Jamaica and Britain, 1832–1938* (Baltimore, MD: Johns Hopkins University Press, 1992); 以下も参照のこと。Padraic X. Scanlan, *Freedom's Debtors: British Antislavery in Sierra Leone in the Age of Revolution* (New Haven, CT: Yale University Press, 2017).

(61) これは、1986年から1992年にかけて完成された、以下に挙げる大きなプロジェクトの一部である。Workers: An Archaeology of the Industrial Age, completed between 1986 and 1992.〔セバスティアン・サルガード『セバスティアン・サルガード写真集　人間の大地　労働』岩波書店、1994年〕

(62) Parvati Nair, *A Different Light: The Photography of Sebastião Salgado* (Durham, NC: Duke University Press, 2011), pp. 71–3, 234–7, 244–6, 262–3 (p. 72).

(63) Herbert S. Klein and Francisco Vidal Luna, *Slavery in Brazil* (Cambridge: Cambridge University Press, 2009), pp. 151–2.

(64) Klein and Luna, *Slavery*, pp. 55, 120.

(65) Auguste de Saint-Hilaire, *Voyage dans le district des diamans et sur le littoral du Brésil*, 2 vols (Paris: Librairie Gide, 1833), vol. 1, pp. 11–12.

(66) 奴隷制度反対のイデオロギーがいかに英国の帝国主義の目標を形づくり、同時に年季奉公契約の奴隷並みの賃金による労働力がその目標を支えていたかについては、以下を参照のこと。Richard Huzzey, *Freedom Burning: Anti-Slavery and Empire in Victorian Britain* (Ithaca, NY: Cornell University Press, 2012).

(67) Karl Marx, *Capital: A Critique of Political Economy*, vol. 1, intro. Ernest Mandel; trans. Ben Fowkes (London: Penguin/New Left Review, [1976] 1990), p. 925. カール・マルクス『資本論』（全9冊）向坂逸郎訳、岩波文庫、1969–70年、ほか〕

(68) Eric Williams, *Capitalism and Slavery*, fwd William A. Darity, Jr; intro. Colin A. Palmer (Chapel Hill, NC: University of North Carolina Press, [1944] 1994), pp. 14, 4, 13.〔エリック・ウィリアムズ『資本主義と奴隷制』中山毅訳、ちくま学芸文庫、2020年、ほか〕

(69) Williams, *Capitalism*, p. 21.

(70) Williams, *Capitalism*, p. 169, 25.

(71) Adam Hochschild, *King Leopold's Ghost: A Story of Greed, Terror, and Heroism in Colonial Africa* (Boston, MA, and New York: Houghton Mifflin Harcourt, 1998).

(72) Robert Harms, *Land of Tears: The Exploration and Exploitation of Equatorial Africa* (New York: Basic Books, 2019).

(73) Joseph Conrad, *Heart of Darkness and Other Tales, ed. Cedric Watts* (Oxford: Oxford University Press, 2008), p. 151.〔ジョゼフ・コンラッド『闇の奥』中野好夫訳、岩波文庫、1958年、ほか〕

(74) イギリスの哲学者Mark Fisher（マーク・フィッシャー）が示唆しているように、現代は「資本主義が唯一の存続可能な政治・経済制度であるのみならず、今やそれに対する論理一貫した代替物を想像することすら不可能だという意識が広く蔓延している」。*Capitalist Realism: Is There No Alternative?* (Winchester and Washington, DC: Zero Books, 2009), p. 2.〔マイク・フィッシャー『資本主義リアリズム』セバスチャン・ブロ人口1700万人のうち、250万人弱が奴隷である。以下を参照のこと。*Compendium of the Enumeration of the Inhabitants and Statistics of the United States as Obtained at the Department of State, from the Returns of the Sixth Census* (Washington, DC: Thomas Allen, 1841), pp. 363–4.

(42) Frederick Douglass, *Narrative of the Life of Frederick Douglass, an American Slave* (Boston, MA: Published at the Anti-Slavery Office, 1845).〔フレデリック・ダグラス『数奇なる奴隷の半生——フレデリック・ダグラス自伝』岡田誠一訳、法政大学出版局、1993年、ほか〕

(43) Douglass, *Narrative*, pp. 74, 75.

(44) Savage, '"Black magic" and white terror'; Carolyn E. Fick, *The Making of Haiti: The Saint Domingue Revolution from Below* (Knoxville, TN: University of Tennessee Press, 1990), p. 66.

(45) Vincent Brown, *Tacky's Revolt: The Story of an Atlantic Slave War* (Cambridge, MA: Belknap/Harvard University Press, 2020).

(46) Harriet Jacobs, *Incidents in the Life of a Slave Girl*, ed. L. Maria Child (Boston, MA: Published for the Author, 1861), pp. 97, 98, 99.〔ハリエット・ジェイコブズ『ある奴隷少女に起こった出来事』堀越ゆき訳、新潮文庫、2017年、ほか〕

(47) Jason T. Sharples, *The World That Fear Made: Slave Revolts and Conspiracy Scares in Early America* (Philadelphia, PA: University of Pennsylvania Press, 2020), pp. 13–14.

(48) Michael Craton, *Testing the Chains: Resistance to Slavery in the British West Indies* (Ithaca, NY: Cornell University Press, 1982).

(49) Sharples, *World That Fear Made*, p. 7.

(50) Douglass, *Narrative*, pp. 33, 36.

(51) Douglass, *Narrative*, p. 46.

(52) David W. Blight, *Frederick Douglass: Prophet of Freedom* (New York: Simon & Schuster, 2018).

(53) William L. Andrews, 'Introduction', in William L. Andrews, ed., *The Oxford Frederick Douglass Reader* (New York and Oxford: Oxford University Press, 1996), pp. 1–19 (p. 12).

(54) *The Life and Times of Frederick Douglass* (Hartford, CT: Park Publishing Co., 1881), p. 269.〔フレデリック・ダグラス『わが生涯と時代』稲沢秀夫訳、真砂書房、1970年〕

(55) Jacobs, *Incidents*, pp. 154, 175, 186, 224.

(56) Douglass, *Narrative*, pp. 36, 82.

(57) Frederick Douglass, 'Letter to his old master', in *My Bondage and My Freedom*, intro. James McCune Smith (New York and Auburn: Miller, Orton & Mulligan, 1855), pp. 421–8 (p. 421); 'The color line', *North American Review*, vol. 132, no. 295 (1881), pp. 567–77 (pp. 568, 567).

(58) Douglass, 'Letter to his old master', p. 427.

(59) Bernard R. Boxill, 'Fear and shame as forms of moral suasion in the thought of Frederick Douglass', *Transactions of the Charles S. Peirce Society*, vol. 31, no. 4 (1995),

(27) Newton, *Thoughts*, p. 33. 奴隷船の過密状態に関しては、以下を参照のこと。Nicholas Radburn and David Eltis, 'Visualizing the Middle Passage: The *Brooks* and the reality of ship crowding in the transatlantic slave trade', *Journal of Interdisciplinary History*, vol. 49, no. 4 (2019), pp. 533–65.

(28) Marcus Wood, *Blind Memory: Visual Representations of Slavery in England and America, 1780–1865* (Manchester: Manchester University Press, 2000), p. 7.

(29) Ramesh Mallipeddi, *Spectacular Suffering: Witnessing Slavery in the Eighteenth-Century British Atlantic* (Charlottesville, VA: University of Virginia Press, 2016).

(30) この体験談に含まれている、顔面に施された模様(*ichi*)の詳細などの文化的な情報を基にして、カナダの歴史家Paul E. Lovejoy（ポール・E・ラヴジョイ）は、オラウダ・イクイアーノは故郷イボランドでの直接体験があったに違いないと主張している。以下を参照のこと。'Autobiography and memory: Gustavus Vassa, alias Olaudah Equiano, the African', *Slavery & Abolition*, vol. 27, no. 3 (2006), pp. 317–47.

(31) *The Interesting Narrative of the Life of Olaudah Equiano, or Gustavus Vassa, the African, Written by Himself*, 2 vols (London: Printed by T. Wilkins, 1789), vol. 1, pp. 79, 132.〔オラウダ・イクイアーノ『アフリカ人、イクイアーノの生涯の興味深い物語』久野陽一訳、研究社、2012年〕

(32) この点に関しては、以下を参照のこと。Mallipeddi, *Spectacular Suffering*.

(33) Newton, *Thoughts*, p. 8; *Interesting Narrative*, vol. 1, p. 227.

(34) Newton, *Thoughts*, p. 2.

(35) 歴史家Karen Halttunen（カレン・ハルトゥネン）が表現しているように、「突然現れた痛みのポルノグラフィーは、人道主義的改革の文学内で厄介な道徳的ジレンマになった」。彼女はまた、「痛みによって引き起こされる嫌悪と興奮の密接な関係への意識の高まり」も指摘している。以下を参照のこと。'Humanitarianism and the pornography of pain in Anglo-American culture', *American Historical Review*, vol. 100, no. 2 (April 1995), pp. 303–34 (pp. 307, 318–19).

(36) Rediker, *Slave Ship*, p. 8.

(37) Paul Gilroy, *The Black Atlantic: Modernity and Double Consciousness* (London and New York: Verso, 1993), pp. 16–17.〔ポール・ギルロイ『ブラック・アトランティック——近代性と二重意識』上野俊哉・毛利嘉孝・鈴木慎一郎訳、月曜社、2006年〕

(38) C. L. R. James, *The Black Jacobins: Toussaint L'Ouverture and the San Domingo Revolution* (New York: Vintage, [1938] 1989), p. 12.〔C・L・R・ジェームズ『ブラック・ジャコバン——トゥサン＝ルヴェルチュールとハイチ革命』青木芳夫訳、大村書店、2002年〕

(39) *The Secret Diary of William Byrd of Westover, 1709–1712*, ed. Louis B. Wright and Marion Tinling (Richmond, VA: The Dietz Press, 1941), p. 46.

(40) Trevor Burnard, *Mastery, Tyranny, and Desire: Thomas Thistlewood and His Slaves in the Anglo-Jamaican World* (Chapel Hill, NC: University of North Carolina Press, 2004), pp. 184, 31, 104, 156.

(41) *American Slavery as It Is: Testimony of a Thousand Witnesses* (New York: American Anti-Slavery Society, 1839), pp. 7, 109. 1840年のアメリカ合衆国の国勢調査によると、総

Atlantic Slave Trade (Baton Rouge, LA: Louisiana State University Press, 2006).

(12) John Newton, *Thoughts upon the Africa Trade* (London: Printed for J. Buckland and J. Johnson, 1788), p. 12.

(13) John Newton, *The Journal of a Slave Trader, 1750–1754*, ed. and intro. Bernard Martin and Mark Spurrell (London: Epworth Press, 1962), p. 56; Rediker, *Slave Ship*, pp. 163–74.

(14) 奴隷船に雇われている船員たちの労働生活に関しては、以下を参照のこと。Emma Christopher, *Slave Ship Sailors and Their Captive Cargoes, 1730–1807* (Cambridge: Cambridge University Press, 2006).

(15) Clarkson, *History*, vol. 1, pp. 338–9 (p. 339).

(16) Clarkson, *History*, vol. 2, pp. 19–20.

(17) *Report of the Lords of the Committee of Council Appointed for the Consideration of all Matters Relating to Trade and Foreign Plantations* (1789), Part i, 'Some particulars of a voyage to Guinea'; Part ii, 'Evidence with respect to carrying slaves to the West Indies'.

(18) Newton, *Thoughts*, p. 17; Robert Isaac Wilberforce and Samuel Wilberforce, *Life of Wilberforce*, 5 vols (London: John Murray, 1838), vol. 2, p. 84.

(19) 1727年にスコットランドの詩人James Thomson（ジェームズ・トムソン）は、'direful shark'「恐ろしいサメ」が奴隷船の'rank disease'「ひどい病」と死の臭いにおびき寄せられ、死にかけた奴隷やすでに死んだ奴隷が海に落とされるのを待ちかまえて襲いかかり、海を血で染める様子を描いた。以下を参照のこと。*The Seasons* (London: Printed for A. Hamilton, 1793), pp. 87–8.〔ジェームズ・トムソン『ジェームズ・トムソン詩集』林瑛二訳、慶應義塾大学出版会、2002年〕、以下も参照のこと。Marcus Rediker, 'History from below the water line: Sharks and the Atlantic slave trade', *Atlantic Studies*, vol. 5, no. 2 (2008), pp. 285–97; *Slave Ship*, pp. 37–40.

(20) さらに10人の奴隷が海に飛び込んで自殺した。

(21) Jane Webster, 'The *Zong* in the context of the eighteenth-century slave trade', *Journal of Legal History*, vol. 28, no. 3 (2007), pp. 285–98. 結局、保険会社は保険金の支払いを余儀なくされた。

(22) ターナーの絵の微妙な意味の解釈については、以下を参照のこと。Ian Baucom, *Specters of the Atlantic: Finance Capital, Slavery, and the Philosophy of History* (Durham, NC: Duke University Press, 2005), pp. 247–8, 274–5, 288–9, 291–2.

(23) Rediker, *Slave Ship*, p. 9; John Coffey, '"Tremble, Britannia!": Fear, providence and the abolition of the slave trade, 1758–1807', *English Historical Review*, vol. 127, no. 527 (2012), pp. 844–81. ムスタキームが述べているように、奴隷船もまた'mobile battlefields'「移動する戦場」だった。以下を参照のこと。*Slavery at Sea*, p. 77.

(24) Judith Jennings, *The Business of Abolishing the British Slave Trade, 1783–1807* (Abingdon and New York: Routledge, 1997), p. 8.

(25) Clarkson, *History*, vol. 2, p. 11.

(26) John R. Spears, *The American Slave-Trade: An Account of Its Origin, Growth and Suppression* (New York: Charles Scribner's Sons, 1900), p. 71.

(69) Henri [Heinrich] Heine, *Lutèce. Lettres sur la vie politique, artistique et sociale de la France* (Paris: Michel Lévy Frères, 1855), p. 272.〔ハインリヒ・ハイネ『ルテーチア――フランスの政治・芸術および国民生活についての報告』土井義信・木庭宏・宮野悦義・小林宣之訳、松籟社、1999年〕

第6章　奴隷のマトリックス

(1) Rediker（レディカー）は、小説家Barry Unsworth（バリー・アンズワース）の描く奴隷貿易の 'violence of abstraction'（抽象化の暴力）を引き合いに出している。以下を参照のこと。Marcus Rediker, *The Slave Ship: A Human History* (New York: Penguin, 2007), p. 12.〔マーカス・レディカー『奴隷船の歴史』上野直子訳、みすず書房、2016年〕、大西洋奴隷貿易に関するデータについては、以下を参照のこと。https://www.slavevoyages.org/

(2) 以下を参照のこと。Jennifer L. Morgan, *Reckoning with Slavery: Gender, Kinship, and Capitalism in the Early Black Atlantic* (Durham, NC: Duke University Press, 2021).

(3) Trevor Burnard, 'Terror, horror and the British Atlantic slave trade in the eighteenth century', in Robert Antony, Stuart Carroll and Caroline Dodds Pennock, eds., *The Cambridge World History of Violence* (Cambridge: Cambridge University Press, 2020), pp. 17–35.

(4) Thomas Clarkson, *The History of the Rise, Progress, and Accomplishment of the Abolition of the African Slave-Trade by the British Parliament*, 2 vols (London: Longman, Hurst, Rees, and Orme, 1808), vol. 1, p. 14; 以下も参照のこと。Clarkson's dissertation *An Essay on the Slavery and Commerce of the Human Species, Particularly the African* (London: Printed by J. Phillips, 1786).

(5) Alexander Falconbridge, *An Account of the Slave Trade on the Coast of Africa* (London: Printed by J. Phillips, 1788), pp. 35, 25.

(6) 制度としての奴隷制が廃止されるのはようやく、1833年にthe Slavery Abolition Act（奴隷制度廃止法）が成立したときだった。

(7) Manuel Barcia, *The Yellow Demon of Fever: Fighting Disease in the Nineteenth-Century Transatlantic Slave Trade* (New Haven, CT: Yale University Press, 2020), p. 153.

(8) *Correspondence with Spain, Portugal, Brazil, The Netherlands, Sweden, and the Argentine Federation Relative to the Slave Trade: From January 1 to December 31, 1841* [General Report of the Emigration Commissioners: Great Britain. Emigration Commission] (London: William Clowes and Sons, 1842), pp. 76–7, 80.

(9) Clarkson, *History*, vol. 1, p. 16.

(10) Sowande' M. Mustakeem, *Slavery at Sea: Terror, Sex, and Sickness in the Middle Passage* (Urbana, IL: University of Illinois Press, 2016); John Savage, '"Black magic" and white terror: Slave poisoning and colonial society in early 19th century Martinique', *Journal of Social History*, vol. 40, no. 3 (2007), pp. 635–62.

(11) Eric Robert Taylor, *If We Must Die: Shipboard Insurrections in the Era of the*

こと。Alain Chevalier, 'Le peintre David dessinant Marie-Antoinette conduit au supplice', in de Baecque, ed., *Marie-Antoinette*, pp. 112–13.

(52) これらの問題は、直接民主制と代表民主制の優劣をめぐる議論の柱になっていった。何といっても、国民議会に選出された議員は、王のように国を体現しているのではなく、有権者を代表して発言しているにすぎないと主張した。Paul Friedland, *Political Actors: Representative Bodies and Theatricality in the Age of the French Revolution* (Ithaca, NY: Cornell University Press, 2002), p. 12.

(53) Burke, *Reflections*, pp. 121, 58, 54.

(54) Burke, *Reflections*, pp. 105–6.

(55) Burke, *Reflections*, pp. 121, 143.

(56) François A. Mignet, *Histoire de la révolution française, depuis 1789 jusqu'en 1814*, 2 vols (Paris: Firmin Didot, père et fils, [1824] 1827), vol. 1, p. 350.

(57) Mark McDonald, *Goya's Graphic Imagination* (New Haven, CT, and London: Metropolitan Museum of Art/Yale University Press, 2021), p. 146.

(58) McDonald, *Goya's Graphic Imagination*, p. 27.

(59) Gilles Deleuze, *Desert Islands and Other Texts, 1953–1974,* ed. David Lapoujade; trans. Michael Taormina (Cambridge, MA: MIT Press, 2003), p. 262.

(60) Max Horkheimer and Theodor W. Adorno, *Dialectic of Enlightenment: Philosophical Fragments*, ed. Gunzelin Schmid Noerr; trans. Edmund Jephcott (Stanford, CA: Stanford University Press, 2002), p. 1.〔マックス・ホルクハイマー／テオドール・W・アドルノ『啓蒙の弁証法――哲学的断想』徳永恂訳、岩波書店、1990年〕

(61) *A Letter from Mr Burke, to a Member of the National Assembly* (Paris and London: Reprinted for J. Dodsley, 1791), p. 28; 'irrational fear'「不合理な恐怖」に関しては、以下を参照のこと。*Burke: Selected Works*, p. 9. しかし、メアリ・ウルストンクラフトは、1790年にバークの『フランス革命の省察』を痛烈に否定した文章の中で、バークが「不合理な恐怖」に反対すると主張しているくせに、感情を理性より優先させていると非難している。*A Vindication of the Rights of Men, in a Letter to the Right Honourable Edmund Burke; Occasioned by his Reflections on the Revolution in France* (London: Printed for J. Johnson, 1790), pp. 63, 4.〔メアリ・ウルストンクラフト『女性の権利の擁護――政治および道徳問題の批判をこめて』白井堯子訳、未来社、1980年〕

(62) Hannah Arendt, *On Revolution*, intro. Jonathan Schell (New York: Penguin, [1963] 2006), p. 70.〔ハンナ・アーレント『革命論』森一郎訳、みすず書房、2022年、ほか〕

(63) Arendt, *Revolution*, pp. 70–71.

(64) Arendt, *Revolution*, p. 80, および pp. 39–48.

(65) *Burke: Selected Works*, p. 7; *A Letter from the Right Honourable Edmund Burke to a Noble Lord* (London: Printed for J. Owen and F. and C. Rivington, 1796), p. 21.

(66) De Dijn, *Freedom*, p. 236.

(67) Adam Zamoyski, *Phantom Terror: Political Paranoia and the Creation of the Modern State, 1789–1848* (New York: Basic Books, 2015), pp. 10–21.

(68) *Journey for Our Time: The Journals of the Marquis de Custine*, ed. and trans. Phyllis Penn Kohler; intro. Simon Sebag Montefiore (London: Phoenix Press, 2001), p. 111.

University Press, 2014).

(40) Jean-Jacques Rousseau, *Discours sur l'origine et les fondements de l'inégalité parmi les hommes* (Amsterdam: Chez Marc Michel Rey, 1755), p. lxv.〔ジャン＝ジャック・ルソー『人間不平等起源論』中山元訳、光文社古典新訳文庫、2008年、ほか〕

(41) Rousseau, *Emile*, p. 221; ルソーは一種の自己中心の愛（*amour de soi*・アムール・ド・ソワ）と、彼が*amour-propre*（アムール・プロプル）と呼ぶ自己愛とを区別している。pp. 213–14.

(42) Sarah Maza, *The Myth of the French Bourgeoisie: An Essay on the Social Imaginary, 1750–1850* (Cambridge, MA: Harvard University Press, 2003), pp. 61–8.

(43) David A. Bell, *The Cult of the Nation in France: Inventing Nationalism, 1680–1800* (Cambridge, MA: Harvard University Press, 2001), p. 67; Tackett, Becoming, p. 102.

(44) 'good father'「良き父」の出現に関しては、以下を参照のこと。Lynn Hunt, *The Family Romance of the French Revolution* (Berkeley, CA: University of California Press, 1992), pp. 17–52.〔リン・ハント『フランス革命と家族ロマンス』西川長夫・平野千果子・天野知恵子訳、平凡社、1999年〕

(45) Thomas E. Kaiser, 'Louis *le bien-aimé* and the rhetoric of the royal body', in Sara E. Melzer and Kathryn Norberg, eds., *From the Royal to the Republican Body: Incorporating the Political in Seventeenth- and Eighteenth-Century France* (Berkeley, CA: University of California Press, 1998), pp. 131–61 (pp. 133, 136–7).

(46) Dena Goodman, 'Introduction: Not another biography of Marie Antoinette!', in Dena Goodman, ed., *Marie-Antoinette: Writings on the Body of a Queen* (New York and London: Routledge, 2003), pp. 1–15 (pp. 4–5).

(47) Joseph Baillio, Katharine Baetjer and Paul Lang, *Vigée Le Brun* (New York: Metropolitan Museum of Art, 2016), pp. 86–9 (pp. 87, 88); Mary D. Sheriff, 'The portrait of the queen', in Goodman, ed., *Marie-Antoinette*, pp. 45–72; *The Exceptional Woman: Elisabeth Vigée-Lebrun and the Cultural Politics of Art* (Chicago, IL: University of Chicago Press, 1996), pp. 165–8; また、以下も参照のこと。Antoine de Baecque, ed., Marie-Antoinette: Métamorphoses d'une image (Paris: Patrimoine, 2019).

(48) Arlette Farge and Jacques Revel, *The Vanishing Children of Paris: Rumor and Politics before the French Revolution*, trans. Claudia Miéville (Cambridge, MA: Harvard University Press, 1991).

(49) Lynn Hunt, 'The many bodies of Marie-Antoinette: Political pornography and the problem of the feminine in the French Revolution', in Goodman, ed., *Marie-Antoinette*, pp. 117–38; Simon Schama, *Citizens: A Chronicle of the French Revolution* (New York: Vintage, 1989), pp. 203–27.〔サイモン・シャーマ『フランス革命の主役たち――臣民から市民へ』（全3冊）栩木泰訳、中央公論新社、1994年〕

(50) Remo Bodei, 'The despotism of liberty', in *Geometry of the Passions: Fear, Hope, Happiness: Philosophy and Political Use*, trans. Gianpiero W. Doebler (Toronto: University of Toronto Press, 2018), p. 337.

(51) 現在、ルーブル美術館に所蔵されている問題のスケッチの作者は、画家のDominique-Vivant Denon（ドミニク＝ヴィヴァン・デノン）だと考えられている。以下を参照の可し起草した」。以下を参照のこと。*The Terror of Natural Right: Republicanism, the Cult of Nature, and the French Revolution* (Chicago, IL: University of Chicago Press, 2009), p. 4.

(28) Thomas Paine, *Rights of Man: Being an Answer to Mr Burke's Attack on the French Revolution* (London: Printed for J. S. Jordan, 1791), pp. 32–4; *Rights of Man: Part the Second* (London: Printed for J. S. Jordan, 1792), p. 2.〔トマス・ペイン『人間の権利』西川正身訳、岩波文庫、1971年、ほか〕

(29) David Hume, *A Treatise of Human Nature*, 2 vols, ed. David Fate Norton and Mary J. Norton (Oxford: Oxford University Press, 2007), vol. 1, p. 266.　しかし、Susan James（スーザン・ジェームズ）が17世紀の哲学に関する研究論文で主張しているように、情緒が「理性的な思考や行動において」果たすと考えられている役割は、軽視される傾向がある。*Passion and Action*, pp. 16–18.〔デイヴィッド・ヒューム『人間本性論』（全3巻）木曾好能訳、法政大学出版局、2019年、ほか〕

(30) もともとラテン語で刊行されたが、1772年にM. Gouvion（M.グーヴィオン）によってフランス語に翻訳された。François Boissier de Sauvages, *Nosologie méthodique, ou distribution des maladies, en genres et en espèces* (Lyon: Chez Jean Marie Bruyset, 1772), vol. 7, pp. 242–7.

(31) Jean-Jacques Rousseau, *Emile or On Education*, trans. and intro. Allan Bloom (New York: Basic Books, 1979), p. 37.〔ジャン・ジャック・ルソー『エミール』（全3巻）今野一雄訳、岩波文庫、1962–64年、ほか〕

(32) Rousseau, *Emile*, pp. 54–5.

(33) William M. Reddy, 'Sentimentalism and its erasure: The role of emotions in the era of the French Revolution', *Journal of Modern History*, vol. 72, *no. 1 (2000), pp. 109–52;* また、以下も参照のこと。Rachel Hewitt, *A Revolution of Feeling: The Decade That Forged the Modern Mind* (London: Granta, 2017).

(34) Rousseau, *Emile*, p. 40; Allan Bloom, 'Introduction', pp. 3–29 (pp. 4–5) and note 6, p. 482; 以下も参照のこと。Karl Löwith, 'The problem of bourgeois society', in *From Hegel to Nietzsche: The Revolution in Nineteenth-Century Thought,* fwd Hans-Georg Gadamer; trans. David F. Green (New York: Columbia University Press, [1964] 1991), pp. 235–62 (pp. 235–9).

(35) Burke, *Reflections*, pp. 164, 119.

(36) Dena Goodman, *The Republic of Letters: A Cultural History of the French Enlightenment* (Ithaca, NY: Cornell University Press, 1994).

(37) Antoine Lilti, *The World of the Salons: Sociability and Worldliness in Eighteenth-Century Paris,* trans. Lydia G. Cochrane (Oxford: Oxford University Press, 2015), p. 233; また以下も参照のこと。Steven Kale, *French Salons: High Society and Political Sociability from the Old Regime to the Revolution of 1848* (Baltimore, MD: Johns Hopkins University Press, 2004).

(38) David J. Denby, *Sentimental Narrative and the Social Order in France, 1760–1820* (Cambridge: Cambridge University Press, 1994).

(39) Colin Jones, *The Smile Revolution in Eighteenth Century Paris* (Oxford: Oxford

(14) Camille Desmoulins, *Le Vieux Cordelier*, no. 4 (20 December 1793), p. 62.

(15) Desmoulins, 'Le Pour et le contre, ou conversation de deux vieux cordeliers', *Le Vieux Cordelier,* no. 7 (3 February 1794), pp. 123, 124, 131–2 (p. 132).

(16) David P. Jordan, 'Rumor, fear, and paranoia in the French Revolution', in Charles B. Strozier, David M. Terman and James W. Jones, with Katharine A. Boyd, eds., *The Fundamentalist Mindset (*Oxford and New York: Oxford University Press, 2010), pp. 175–94 (p. 175).

(17) Marisa Linton, 'Fatal friendships: The politics of Jacobin friendship', French Historical Studies, vol. 31, no. 1 (Winter 2008), pp. 51–76.

(18) Maximilien Robespierre, *Rapport sur les principes de morale politique qui doivent guider la Convention nationale dans l'administration intérieure de la République, fait au nom du Comité de salut public, le 18 pluviôse, l'an 2e de la République* (Paris: Chez G. Le Roy, 1794), p. 13.

(19) 'Séance du II Germinal An II (31 Mars 1794). Contre la comparution à la barre de Danton, détenu', in Marc Bouloiseau and Albert Soboul, eds., *Oeuvres de Maximilien Robespierre*, vol. 10, *Discours, 27 juillet 1793–27 juillet 1794* (Paris: Presses Universitaires de France, 1967), pp. 412–18 (p. 414); Slavoj Zizek, 'Robespierre, or, the "divine violence" of terror', in *Robespierre: Virtue and Terror* (London and New York: Verso, 2007), pp. vii–xxxix (pp. xi–xii).〔スラヴォイ・ジジェク『ロベスピエール／毛沢東　革命とテロル』長原豊・松本潤一郎訳、河出書房新社、2008年〕

(20) Robespierre, 'Séance du 5 Novembre 1792: Réponse à l'accusation de Louvet', in Marc Bouloiseau, Georges Lefebvre, Jean Dautry and Albert Soboul, eds., *Oeuvres de Maximilien Robespierre, vol. 9, Discours, septembre 1792–27 juillet 1793* (Paris: Presses Universitaires de France, 1957), pp. 77–104 (p. 89).

(21) Robespierre, 'Séance du II Germinal An II (31 Mars 1794)', p. 414.

(22) Ruth Scurr, *Fatal Purity: Robespierre and the French Revolution* (New York: Henry Holt, 2006), p. 321.

(23) それ以外の反対意見については、以下を参照のこと。Marilyn Butler, ed., *Burke, Paine, Godwin, and the Revolution Controversy* (Cambridge: Cambridge University Press, 1984).

(24) Richard Price, *A Discourse on the Love of Our Country* (London: Printed for T. Cadell, 1789), pp. 6–7, 13.〔リチャード・プライス『祖国愛について』永井義雄訳、未来社、1966年〕

(25) *Substance of the Speech of the Right Honourable Edmund Burke, in thr* [sic] *Debate on the Army Estimates, in the House of Commons, on Tuesday, the 9th Day of February, 1790. Comprehending a Discussion of the Present Situation of Affairs in France* (London: Printed for J. Debrett, 1790), p. 12.

(26) *Burke: Selected Works: Four Letters on the Proposals for Peace with the Regicide Directory of France*, ed. E. J. Payne (Oxford: Clarendon Press, [1796] 1892), pp. 7, 315.

(27) Dan Edelstein（ダン・エデルスタイン）が主張するように、ジャコバン派の指導者たちは「natural right（自然権）を利用して、the Terror（恐怖政治）を支える法律を許

(30) Andrew Jervise, *Epitaphs and Inscriptions from Burial Grounds & Old Buildings in the North East of Scotland*, 2 vols (Edinburgh: David Douglas, 1879), vol. 2, p. 361.
(31) Dean C. Worcester, *A History of Asiatic Cholera in the Philippine Islands* (Manila: Bureau of Printing, 1908), p. 3; *Appendix to A History of Asiatic Cholera in the Philippine Islands* (Manila: Bureau of Printing, 1909), p. 47.
(32) Lafond, *Quinze ans*, vol. 2, p. 308.
(33) William Wilson Hunter, *A Brief History of the Indian People* (London: Trübner & Co., 1882), p. 204.

第５章　自由の専制

(1) Schechter, *Genealogy*, p. 42.
(2) *Memoirs of Bertrand Barère*, trans. De V. Payen-Payne, 4 vols (London: H. S. Nichols, 1896), vol. 2, p. 305; Timothy Tackett, *The Coming of the Terror in the French Revolution* (Cambridge, MA: Belknap/ Harvard University Press, 2015), pp. 299–302.
(3) 歴史学者Michel Biard（ミシェル・ビアール）とMarisa Linton（マリサ・リントン）は、The Terror'（恐怖政治）は国民議会の議員たちが過去を振り返って作った言葉で、それによって自分たちの責任逃れのために政権の行った暴力を他者のせいにしたのだと主張している。以下を参照のこと。*Terror: The French Revolution and Its Demons* (Cambridge and Medford, MA: Polity, 2021), p. 4.
(4) 'terreur' と 'tragédie' の定義は以下を参照のこと。Denis Diderot and Jean Le Rond d'Alembert, eds., *Encyclopédie, ou, dictionnaire raisonné des sciences, des arts et des métiers,* vol. 16 (Neuchâtel: Chez Samuel Faulche, 1765), pp. 184–5, 513–22.
(5) Schechter, *Genealogy,* pp. 100–123.
(6) Edmund Burke, *A Philosophical Enquiry into the Origin of Our Ideas of the Sublime and Beautiful* (London: Printed for R. and J. Dodsley, 1757), pp. 42–3 (p. 42).〔エドマンド・バーク『崇高と美の観念の起源』中野好之訳、みすず書房、1999年、ほか〕
(7) Burke, *Philosophical*, pp. 42, 14.
(8) Burke, *Philosophical*, pp. 43–4 (p. 44).
(9) Edmund Burke, *Reflections on the Revolution in France* (London: Printed for J. Dodsley, 1790), p. 121.〔エドマンド・バーク『フランス革命の省察』半沢孝麿訳、みすず書房、1997年、ほか〕
(10) Lefebvre, *Great Fear.*
(11) Timothy Tackett, *Becoming a Revolutionary: The Deputies of the French National Assembly and the Emergence of a Revolutionary Culture (1789–1790)* (Princeton, NJ: Princeton University Press, 1996), pp. 152–4; Barry M. Shapiro, *Traumatic Politics: The Deputies and the King in the Early French Revolution* (University Park, PA: Pennsylvania State University Press, 2009), pp. 11, 18.
(12) Tackett, *Coming of the Terror*, p. 7; Biard and Linton, *Terror.*
(13) Marisa Linton, *Choosing Terror: Virtue, Friendship, and Authenticity in the French Revolution* (Oxford: Oxford University Press, 2013), pp. 19–20 (p. 20).

(16) Paul de la Gironière, *Aventures d'un gentilhomme Breton aux îles Philippines* (Paris: Au Comptoir des Imprimeurs-Unis, Lacroix Comon, 1855), p. 26.
(17) Benoit, *Observaciones*, p. 55; José P. Bantug, *A Short History of Medicine in the Philippines during the Spanish Regime, 1565–1898* (Quezon City: Colegio Médico-Farmacéutico de Filipinas, 1953), p. 30.
(18) Paul de la Gironière, *Twenty Years in the Philippines* (New York: Harper & Brothers, 1854), p. 20.
(19) Gironière, *Twenty Years*, p. 27.
(20) Gironière, *Aventures*, pp. 25–44 (p. 27); 'Îles Philippines, Manille, nécrologie, Godefroy, massacre des étrangers', *Revue Encyclopédique*, vol. 11 (July 1821), pp. 405–9; 'Massacre at Manilla', in *The Annual Register,* 及び *A View of the History, Politics, and Literature of the Year 1821* (London: Baldwin, Cradock, and Joy, 1822), pp. 314–24.
(21) 'Îles Philippines', p. 407.
(22) Gironière, *Aventures*, pp. 26–9; Emma Helen Blair and James Alexander Robertson, eds., *The Philippine Islands, 1493–1898*, vol. 51, 1801–1840 (Cleveland, OH: Arthur H. Clark Company, 1907), p. 44; 'Îles Philippines', p. 407. フランス政府から Godefroy（ゴドフロア）が博物学者として受けた任務に関しては、以下を参照のこと。Richard W. Burkhardt, Jr, 'Naturalists' practices and nature's empire: Paris and the platypus, 1815–1833', *Pacific Science*, vol. 55, no. 4 (2001), pp. 327–41 (p. 334). 23 'Philippines: Massacre at Manilla', Asiatic Journal and Monthly Register, vol. 11 (May 1821), pp. 528–32.
(23) 'Philippines: Massacre at Manilla', *Asiatic Journal and Monthly Register*, vol. 11 (May 1821), pp. 528–32.
(24) Blair and Robertson, *Philippine Islands*, p. 41; 'Peter Dobell on the massacre of foreigners in Manila, 1820', *Bulletin* (New York Public Library), vol. 7, no. 6 (June 1903), pp. 198–200.
(25) Blair and Robertson, *Philippine Islands*, p. 45.
(26) *Calcutta Annual Register, for the Year 1821* (Calcutta: Government Gazette Press, 1823), pp. 256–7 (p. 257).
(27) 'History of the rise, progress, ravages, &c. of the blue cholera of India', *Lancet,* vol. 17, no. 429 (19 November 1831), pp. 241–81 (p. 245). パニック状態に陥った現地人の群衆のステレオタイプ化に関しては、以下を参照のこと。Robert Peckham, 'Critical mass: Colonial crowds and contagious panics in 1890s Hong Kong and Bombay', in Harald Fischer-Tiné, ed., *Anxieties, Fear and Panic in Colonial Settings: Empires on the Verge of a Nervous Breakdown* (Cham, Switzerland: Palgrave, 2016), pp. 369–92.
(28) Daniel Defoe, *A Journal of the Plague Year* (London: Printed for E. Nutt, J. Roberts, A. Dodd and J. Graves, 1722), p. 118.〔ダニエル・デフォー『ペスト』平井正穂訳、中央公論新社、2009年、ほか〕
(29) Gabriel Lafond, *Quinze ans de voyages autour du monde*, 2 vols (Paris and Leipzig: Société des Publications Cosmopolites/Brockhaus et Avenarius, 1840), vol. 2, p. 303.

Gray, 'Ritual human sacrifice promoted and sustained the evolution of stratified societies', *Nature*, vol. 532, no. 7598 (2016), pp. 228–31 (p. 228). 社会統制の手段としての犠牲・カニバリズム・儀式的暴力に関しては、以下を参照のこと。Christy G. Turner II and Jacqueline A. Turner, *Man Corn: Cannibalism and Violence in the Prehistoric American Southwest* (Salt Lake City, UT: University of Utah Press, 1999), p. 484.

(5) Kim MacQuarrie, *Last Days of the Incas* (New York: Simon & Schuster, 2007), pp. 40, 46.

(6) Camilla Townsend, *Fifth Sun: A New History of the Aztecs* (Oxford: Oxford University Press, 2019), pp. 3, 7.

(7) Francis Augustus MacNutt, ed., *Fernando Cortés: His Five Letters of Relation to the Emperor Charles V,* 2 vols (Cleveland, OH: Arthur H. Clark Company, 1908), vol. 1, pp. 30–31, 333.

(8) Peter Silver, *Our Savage Neighbors: How Indian War Transformed Early America* (New York: W. W. Norton, 2009).

(9) Bartolomé de las Casas, *The Devastation of the Indies: A Brief Account,* trans. Herma Briffault; intro Bill M. Donovan (Baltimore, MD: Johns Hopkins University Press, [1974] 1992), pp. 122, 85, 62–3.〔ラス・カサス『インディアスの破壊についての簡潔な報告』染田秀藤訳、岩波書店、1976年〕

(10) Sherburne F. Cook and Lesley Byrd Simpson, *The Population of Central Mexico in the Sixteenth Century* (Berkeley, CA: University of California Press, 1948); Alfred W. Crosby, *The Columbian Exchange: Biological and Cultural Consequences of 1492* (Westport, CT: Greenwood, 1972). しかし、the 'theory of virgin soil epidemics'「処女地疫病説」の重要な再評価については、以下を参照のこと。David S. Jones, 'Virgin soils revisited', *William and Mary Quarterly,* vol. 60, no. 4 (October 2003), pp. 703–42.

(11) *Motolinía's History of the Indians of New Spain,* trans. and ed. Elizabeth Andros Foster (Westport, CT: Greenwood Press, [1950] 1973), p. 38.〔モトリニーア『ヌエバ・エスパーニャ布教史』小林一宏訳、岩波書店、1993年〕

(12) Peter Gordon and Juan José Morales, *The Silver Way: China, Spanish America and the Birth of Globalisation, 1565–1815* (London: Penguin, 2017).

(13) W. E. Cheong, 'The decline of Manila as the Spanish entrepôt in the Far East, 1785–1826: Its impact on the pattern of Southeast Asian trade', *Journal of Southeast Asian Studies*, vol. 2, no. 2 (1971), pp. 142–58.

(14) Robert Peckham, 'Symptoms of empire: Cholera in Southeast Asia, 1820–1850', in Mark Jackson, ed., *The Routledge History of Disease* (London: Routlege, 2016), pp. 183–201; *Epidemics in Modern Asia* (Cambridge: Cambridge University Press, 2016), pp. 54–63.

(15) Alexandre Moreau de Jonnès, *Rapport au Conseil Supérieur de Santé sur le choléra-morbus pestilentiel* (Paris: Imprimerie de Cosson, 1831), p. 150; Carlos Luis Benoit, *Observaciones sobre el cólera-morbo espasmódico, ó mordechi de las Indias Orientales: recogidas en las Islas Filipinas, y publicadas con su método curativo* (Madrid: Imprenta de D. L. Amarita, 1832), p. 10.

IL: University of Chicago Press, 2008). 宮廷における劇場の重要性に関しては、以下を参照のこと。Philippe Beaussant with Patricia Bouchenot-Déchin, *Les plaisirs de Versailles: Théâtre et musique* (Paris: Fayard, 1996); また、以下も参照のこと。Burke, Fabrication, pp. 7–8.

(52) パンフレット作者らが、'rescripting sovereignty'「君主の地位を書き直すこと」と、'challenging the narratives that commemorated the Sun King's triumphs at home and abroad',「『国内外での太陽王の偉業を称えるナラティブ』に異議を唱えること」によって、いかにして王の権威と戦ったかに関しては、以下を参照のこと。Kathrina Ann LaPorta, *Performative Polemic: Anti-Absolutist Pamphlets and Their Readers in Late Seventeenth-Century France* (Newark, DE: University of Delaware Press, 2021), pp. 16, 85, 15. 反逆の文学と、フランス革命の政治的文化の創造に関しては、以下を参照のこと。Robert Darnton, *The Forbidden Best-Sellers of Pre-Revolutionary France* (London: HarperCollins, 1996)〔ロバート・ダーントン『禁じられたベストセラー——革命前のフランス人は何を読んでいたか？』近藤朱蔵訳、新曜社、2005年〕、また、以下も参照のこと。*The Devil in the Holy Water, or the Art of Slander from Louis XIV to Napoleon* (Philadelphia, PA: University of Pennsylvania Press, 2010).

(53) Claire Tomalin, *The Life and Death of Mary Wollstonecraft* (New York: Harcourt Brace Jovanovich, 1974), p. 167.〔クレア・トマリン『メアリ・ウルストンクラフトの生と死』（全2巻）小池和子訳、勁草書房、1989年〕、Mary Wollstonecraft, *An Historical and Moral View of the Origin and Progress of the French Revolution; and the Effect It Has Produced in Europe* (London: Printed for J. Johnson, 1794), p. 252.

(54) Wollstonecraft, Historical, pp. 24, 26–7; Tom Furniss, 'Mary Wollstonecraft's French Revolution', in Claudia L. Johnson, ed., *The Cambridge Companion to Mary Wollstonecraft* (Cambridge: Cambridge University Press, 2002), pp. 59–79. 劇場としての革命政治に関しては、以下のレビュー・論考を参照のこと。Yann Robert, '"La politique spectacle": A legacy of the French Revolution?', *French Politics, Culture & Society,* vol. 27, no. 3 (2009), pp. 104–15, 同じく、以下も参照のこと。*Dramatic Justice: Trial by Theater in the Age of the French Revolution* (Philadelphia, PA: University of Pennsylvania Press, 2018).

第4章　パニックの植民地化

(1) José Antonio Chávez, 'Las investigaciones arqueológicas de Alta Montaña en el sur del Perú', *Chungará: Revista Chilena de Antropología,* vol. 33, no. 2 (2001), pp. 283–8.

(2) Mario Vargas Llosa, 'A Maiden', in *The Language of Passion: Selected Commentary,* trans. Natasha Wimmer (New York: Farrar, Straus and Giroux, 2003), pp. 172–6 (p. 175).

(3) Andrew S. Wilson et al., 'Stable isotope and DNA evidence for ritual sequences in Inca child sacrifice', *Proceedings of the National Academy of Sciences,* vol. 104, no. 42 (2007), pp. 16456–61 (p. 16460).

(4) Joseph Watts, Oliver Sheehan, Quentin D. Atkinson, Joseph Bulbulia and Russell D.

条項は、すべてのユダヤ人は3か月以内に植民地から去ること、さもなければ、身柄も財産も没収することと記されている。

(39) Mansel, *King*, p. 173.

(40) John Evelyn, *Europe a Slave, Unless England Break Her Chains: Discovering the Grand Designs of the French-Popish Party in England for Several Years Past* (London: Printed for W. D., 1681), p. 13. Jean-Paul de Cerdan（ジャン＝ポール・ド・セルダン）著のフランス語の書物を翻訳したもの。

(41) Kirsten L. Cooper, 'Political fear during the wars of Louis XIV: The danger of becoming French', in Thomas J. Kehoe and Michael G. Pickering, eds., *Fear in the German-Speaking World, 1600–2000* (London: Bloomsbury, 2020), pp. 15–40.

(42) Gottfried Leibniz, *Mars Christianissimus Autore Germano Gallo Græco: Or, an Apology for the Most Christian King's Taking up Arms against the Christians* (London: Printed for R. Bentley and S. Magnes, 1684), p. 74.

(43) Burke, *Fabrication*, p. 136.

(44) [ピエール・ジュリュー著とも、ミシェル・ル・ヴァッサー著とも] *The Sighs of France in Slavery, Breathing after Liberty by Way of Memorial* (London: Printed for D. Newman, 1689), pp. 4–6.

(45) François Fénelon, *Directions pour la conscience d'un Roi, ou examen de conscience sur les devoirs de la Royauté* (Paris: Chez Antoine-Augustin Renouard, 1825), pp. 121–44 (pp. 132, 133). 日付はないが、この手紙は1693年か1694年の初めに書かれたと考えられている。以下を参照のこと。Ryan Patrick Hanley, *Fénelon: Moral and Political Writings* (Oxford: Oxford University Press, 2020), p. 8.

(46) 'Les aventures de Télémaque', in *Fénelon: Oeuvres*, ed. Jacques Le Brun, 2 vols (Paris: Pléiade, 1983 and 1997), vol. 2, p. 16.〔フランソワ・フェヌロン『テレマックの冒険』朝倉剛訳、現代思潮社、1969年〕

(47) Montesquieu, *De l'esprit des lois*, 2 vols (Geneva: Chez Barillot et fils, 1748), vol. 1, Livre II, Chapitre I, p. 12; Livre VI, Chapitre IX, p. 130; Livre III, Chapitre IX, p. 41; 専制政治に関しては、以下を参照のこと。Roger Boesche, *Theories of Tyranny: From Plato to Arendt* (University Park, PA: Pennsylvania State University Press, 1996), pp. 167–99 (p. 169).〔モンテスキュー『法の精神』野田良之・上原行雄・三辺博之・稲本洋之助・田中治男・横田地弘訳、岩波書店、1989年、ほか〕

(48) Mansel, *King*, p. 232.

(49) Francis Bacon's *Essays*, intro. Oliphant Smeaton (London: J. M. Dent & Sons, 1906), pp. 57–61 (p. 57).〔フランシス・ベーコン『ベーコン　随想集』渡辺義雄訳、岩波書店、1983年、ほか〕

(50) Georges Lefebvre, *The Great Fear of 1789: Rural Panic in Revolutionary France*, trans. Joan White; intro. George Rudé (Princeton, NJ: Princeton University Press, [1973] 1982).

(51) ルイ14世時代の王の権力の興行的な側面に関して、歴史家たちは幅広く研究している。ルイ14世の治世のイメージ作りの複雑さに関しては、以下を参照のこと。Georgia J. Cowart, *The Triumph of Pleasure: Louis XIV and the Politics of Spectacle* (Chicago,

(Paris: Éditions de Minuit, 1981).〔ジャン＝マリー・アポストリデス『機械としての王』水林章訳、みすず書房、1996年〕

(22) *Mémoires de Louis XIV,* vol. 2, p. 15.

(23) Machiavelli, *Prince*, p. 58.

(24) Alan Sikes, *Representation and Identity from Versailles to the Present: The Performing Subject* (Basingstoke and New York: Palgrave Macmillan, 2007), pp. 23–56; Julia Prest, 'The politics of ballet at the court of Louis XIV', in Jennifer Nevile, ed., *Dance, Spectacle, and the Body Politick, 1250–1750* (Bloomington and Indianapolis, IN: Indiana University Press, 2008), pp. 229–40.

(25) Philip Mansel, *King of the World: The Life of Louis XIV* (London: Allen Lane, 2019), pp. 119–20.

(26) Maureen Needham, 'Louis XIV and the Académie Royale de Danse, 1661: A commentary and translation', *Dance Chronicle,* vol. 20, no. 2 (1997), pp. 173–90 (p. 176).

(27) 'Declaration of the king against usurpers of nobility', in Roger Mettam, ed., *Government and Society in Louis XIV's France* (Basingstoke: Macmillan, 1977), p. 116. しかし、Saint-Simon（サン・シモン）は、ルイ14世の治世の後半に称号が「図々しく不法使用」されていることに激怒していた。以下を参照のこと。*Saint-Simon at Versailles,* p. 289.

(28) Bossuet, *Politique*, p. 237.

(29) Peter Burke, *The Fabrication of Louis XIV* (New Haven, CT: Yale University Press, 1994), pp. 58–9.〔ピーター・バーク『ルイ14世——作られる太陽王』石井三記訳、名古屋大学出版会、2004年〕

(30) Burke, *Fabrication*, pp. 91–7.

(31) Jacob Soll, *The Information Master: Jean-Baptiste Colbert's Secret State Intelligence System* (Ann Arbor, MI: University of Michigan Press 2009), p. 130.

(32) Robert Justin Goldstein, *Censorship of Political Caricature in Nineteenth-Century France* (Kent, OH: Kent State University Press, 1989), p. 90.

(33) William M. Reddy, *The Navigation of Feeling: A Framework for the History of Emotions* (Cambridge: Cambridge University Press, 2001), p. 145.

(34) Colin Jones, *The Great Nation: France from Louis XV to Napoleon* (London and New York: Penguin, 2003), p. 485.

(35) Mansel, *King*, p. 311. オックスフォード英語大辞典によると、英語でこの語が初めて使用されたのは1628年であることが確認できる。その頃、フランスのプロテスタントたちが、イングランドに移り住むことを余儀なくされた、'poore Refugees'「可哀そうな難民たち」と呼ばれていた。

(36) *Journal de Jean Migault, ou, malheurs d'une famille protestante du Poitou a l'époque de la révocation de l'Édit de Nantes* (Paris: Chez Henry Servier, 1825), p. 17.

(37) W. Gregory Monahan, *Let God Arise: The War and Rebellion of the Camisards* (Oxford: Oxford University Press, 2014).

(38) *Code noir, ou recueil d'édits, déclarations et arrêts concernant les esclaves nègres de l'Amérique* (Paris: Chez les Libraires Associez, 1743), pp. 1–29 (p. 27). この法典の第1

な基盤は痛みであるから、子供を恐怖や危険に負けないように強くする方法は、痛みに耐えることに慣れさせることだ」(p. 52).

(10) Hobbes, *Leviathan,* Part i, Chapter XIII, pp. 186, 185; Part ii, XVII, p. 227; Part ii, Chapter XXI, p. 272; Psalms 74:14; Isaiah 27:1. しかし、Hobbes（ホッブズ）は、実際には「複数人からなる議会」に主権が存在する可能性を考慮している（Part ii, Chapter XIX, p. 239）。 Robin(ロビン)が指摘するように、ホッブズが取り組んでいたのは、「政体や社会は、その構成員が基本的な道義について意見が合わず、根本的に意見が違っていることも多いというのに、果たして存続していくことができるのか」という問題だった（*Fear,* pp. 31–50〈pp. 31–2〉）。Leviathan（リヴァイアサン）の'monstrosity'（奇怪さ・巨大さ）の解釈と、リバイアサンには'theoretical and political purpose pertaining to fear'「恐怖に関連する理論的・政治的目的」があるという主張については、以下を参照のこと。Magnus Kristiansson and Johan Tralau, 'Hobbes's hidden monster: A new interpretation of the frontispiece of *Leviathan*', *European Journal of Political Theory,* vol. 13, no. 3 (2014), pp. 299–320.

(11) Jan H. Blits, 'Hobbesian fear', *Political Theory,* vol. 17, no. 3 (1989), pp. 417–31 (p. 417).

(12) Quentin Skinner, 'Thomas Hobbes and his disciples in France and England', *Comparative Studies in Society and History,* vol. 8, no. 2 (1966), pp. 153–67.

(13) Ruth Scurr, *John Aubrey: My Own Life* (New York: New York Review Books, 2015), p. 78.

(14) 天文学者Nicolaus Copernicus（ニコラウス・コペルニクス）が主張した、太陽が宇宙の中心であるという説は、その当時にはフランスで広く受け入れられており、Louis（ルイ14世）が王政の中心であるという考えをいっそう強力なものにした。以下を参照のこと。Lucía Ayala, 'Cosmology after Copernicus: Decentralisation of the sun and the plurality of worlds in French engravings', in Wolfgang Neuber, Thomas Rahn and Claus Zittel, eds., *The Making of Copernicus: Early Modern Transformations of a Scientist and his Science* (Leiden: Brill, 2015), pp. 201–26 (p. 209).

(15) Chandra Mukerji, *Territorial Ambitions and the Gardens of Versailles (*Cambridge: Cambridge University Press, 1997).

(16) Helen Jacobsen, 'Magnificent display: European ambassadorial visitors', in Daniëlle O. Kisluk-Grosheide and Bertrand Rondot, eds., *Visitors to Versailles: From Louis XIV to the French Revolution* (New York: Metropolitan Museum of Art, 2018), pp. 94–107 (pp. 100–101).

(17) *Saint-Simon at Versailles,* trans. Lucy Norton; pref. Nancy Mitford (New York: Harper & Brothers, 1958), pp. 252, 260.

(18) Volker Ullrich, *Hitler: Ascent, 1889–1939,* trans. Jefferson Chase (New York: Alfred A. Knopf, 2016), p. 607.

(19) Charles Dreyss, ed., *Mémoires de Louis XIV pour l'instruction du Dauphin,* 2 vols (Paris: Didier, 1860), vol. 2, p. 441.

(20) Robert Muchembled, *La société policée: Politique et politesse en France du XVIe au XXe siècle* (Paris: Éditions du Seuil, 1998).

(21) Jean-Marie Apostolidès, *Le roi-machine: Spectacle et politique au temps de Louis XIV*

社、2018年〕

（57） Paul M. Dover, *The Information Revolution in Early Modern Europe* (Cambridge: Cambridge University Press, 2021), pp. 262–83.

（58） Blair, *Too Much*, p. 58.

第3章　力の劇場

（1） Peter H. Wilson, *Europe's Tragedy: A History of the Thirty Years War* (London: Allen Lane, 2009), p. 787; David Lederer, 'Fear of the Thirty Years War', in Michael Laffan and Max Weiss, eds., *Facing Fear: The History of an Emotion in Global Perspective* (Princeton, NJ: Princeton University Press, 2012), pp. 10–30 (p. 10); Hans Medick, 'Historical event and contemporary experience: The capture and destruction of Magdeburg in 1631', *History Workshop Journal*, vol. 52, no. 1 (2001), pp. 23–48 (p. 37).

（2） Medick, 'Historical event', p. 30.

（3） Jean Bodin, *Les six livres de la république* (Paris: Chez Jacques du Puys, 1576), Book I, Chapter IX, p. 152; Book V, Chapter V, p. 588; Book II, Chapter III, p. 239; Book IV, Chapter I, p. 410; Book I, Chapter IV, p. 247; Book IV, Chapter VII, p. 482.「有益な恐怖」に関しては、以下を参照のこと。Ronald Schechter, *A Genealogy of Terror in Eighteenth-Century France* (Chicago, IL: University of Chicago Press, 2018), p. 17.

（4） Jacques-Bénigne Bossuet, *Politique tirée des propres paroles de l'écriture sainte* (Paris: Pierre Cot, 1709), pp. 81–2, 127, 87.

（5） *The Life of Mr. Thomas Hobbes of Malmesbury, Written by Himself in a Latine Poem and Now Translated into English* (London: Printed for A. C., 1680), p. 2.

（6） Thomas Hobbes, Leviathan, ed. and intro. C. B. Macpherson (London: Penguin, [1651] 1968), Part 1, Chapter XII, pp. 168–70 (p. 169), 177 [原文の綴り字は読者が読みやすいように現代風に変えてある]〔トマス・ホッブズ『リヴァイアサン』（Ⅰ・Ⅱ）角田安正訳、光文社古典新訳文庫、2014–18年、ほか〕、Samuel I. Mintz, *The Hunting of Leviathan: Seventeenth-Century Reactions to the Materialism and Moral Philosophy of Thomas Hobbes* (Cambridge: Cambridge University Press, 1962), p. 62; *'Brief Lives,' chiefly of Contemporaries, set down by John Aubrey, between the Years 1669 & 1696*, ed. Andrew 338 Clark [with facsimiles], 2 vols (Oxford: Clarendon Press, 1898), vol. 1, p. 339.〔ジョン・オーブリー『名士小伝』橋口稔・小池銈訳、冨山房百科文庫、1979年〕

（7） Hobbes, *Leviathan*, Part 1, Chapter XIV, p. 189; Part 1, Chapter XI, p. 167; see Coen, 'The nature of fear', p. 119.

（8） Thomas Hobbes, *On the Citizen*, ed. and trans. Richard Tuck and Michael Silverthorne (Cambridge: Cambridge University Press, 1998), p. 25.〔トマス・ホッブズ『市民論』本田裕志訳、京都大学学術出版会、2008年〕

（9） John Locke, 'Some thoughts concerning education', in *Works of John Locke*, vol. 3 (London: Printed for Awnsham Churchill, 1722), pp. 1–98 (pp. 50–51).〔ジョン・ロック『教育に関する考察』服部知文訳、岩波書店、1967年〕Locke（ロック）の1693年の論文には、恐怖に関する彼の最も有名な見解が示されている。「だが、子供の恐怖の大き

と。pp. 258–9 and 330–33.

(44) Burton, *Anatomy*, pp. 33, 673.

(45) Burton, *Anatomy*, pp. 253, 393.

(46) Burton, *Anatomy*, pp. 333, 20.

(47)「ただ恐怖を病気として劇的に表現するだけではなく、『マクベス』は観客を恐怖の危険な感染力に触れさせる。恐怖そのものを恐れる観客を予測して、『マクベス』の近代の上演は、恐怖の生理作用を劇化するとともに、ルネサンス時代の芝居好きにそうした生理作用を起こさせた」と、ホブグッドは書いている。以下を参照のこと。Allison P. Hobgood, 'Feeling fear in *Macbeth*', in Katharine A. Craik and Tanya Pollard, eds., *Shakespearean Sensations: Experiencing Literature in Early Modern England* (Cambridge: Cambridge University Press, 2013), pp. 29–46 (p. 30).

(48) Burton, *Anatomy*, p. 408.

(49) William Shakespeare, *Macbeth*, Act V, scene iii, 9–10.〔ウィリアム・シェイクスピア『マクベス』松岡和子訳、筑摩書房、1996年、ほか〕

(50) Miguel de Cervantes, *Don Quixote*, trans. Edith Grossman; intro. Harold Bloom (New York: HarperCollins, 2003), pp. 8, 142.〔ミゲル・デ・セルバンテス『ドン・キホーテ』(全6巻) 牛島信明訳、岩波書店、2001年、ほか〕

(51) Cervantes, *Quixote*, pp. 45–52.

(52) Cervantes, *Quixote*, p. 129.

(53) Bacon, *Advancement*, p. 147; Thomas Wright, *The Passions of the Minde in Generall* (London: Printed by Valentine Simmes [and Adam Islip] for Walter Burre [and Thomas Thorpe], 1604), p. 70; Burton, *Anatomy*, p. 999; J. F. Senault, *The Use of Passions*, trans. Henry, Earl of Monmouth (London: Printed for J. L. and Humphrey Moseley, 1649). 'passions'・'sentiments'・'affections'などの先行する言葉にとってかわる、近代の心理学的範疇としての'emotions'(感情)の出現に関しては、以下を参照のこと。Thomas Dixon, *From Passions to Emotions: The Creation of a Secular Psychological Category* (Cambridge: Cambridge University Press, 2003). しかし、こうした術語の曖昧さに関しては、以下を参照のこと。 Kirk Essary, 'Passions, affections, or emotions? On the ambiguity of 16th-century terminology', *Emotion Review*, vol. 9, no. 4 (2017), pp. 367–74.

(54) Benedict Anderson, *Imagined Communities: Reflections on the Origin and Spread of Nationalism* (London and New York: Verso, [1983] 2006), pp. 37–46.〔ベネディクト・アンダーソン『想像の共同体』白石隆・白石さや訳、リブロポート、1987年〕; Nina Lamal, Jamie Cumby and Helmer J. Helmers, eds., *Print and Power in Early Modern Europe (1500–1800)* (Leiden: Brill, 2021).

(55) Richard Rex (リチャード・レックス) が指摘するように、Luther (ルター) の神学は 'a profound individualism'「完全な個人主義」を暗示していた。*The Making of Martin Luther* (Princeton, NJ: Princeton University Press, 2017), p. 140.

(56) Ann Blair, *Too Much to Know: Managing Scholarly Information before the Modern Age* (New Haven, CT: Yale University Press, 2010), p. 56.〔アン・ブレア『情報爆発——初期近代ヨーロッパの情報管理術』住本規子・廣田篤彦・正岡和恵訳、中央公論新

Moral Panics, the Media and the Law in Early Modern England (Basingstoke: Palgrave Macmillan, 2009), pp. 78–96. 34 'Galileo's abjuration (22 June 1633)', in Maurice A. Finocchiaro, ed., The Trial of Galileo: Essential Documents (Indianapolis, IN: Hackett, 2014), pp. 138–9 (p. 138).

(34) 'Galileo's abjuration (22 June 1633)', in Maurice A. Finocchiaro, ed., *The Trial of Galileo: Essential Documents* (Indianapolis, IN: Hackett, 2014), pp. 138–9 (p. 138).

(35) 変化の力としての書物に関しては、以下を参照のこと。Lucien Febvre and Henri-Jean Martin, *The Coming of the Book: The Impact of Printing, 1450–1800*, trans. David Gerard; eds. Geoffrey Nowell-Smith and David Wootton (London: Verso, [1976] 2010), pp. 248–332.〔リュシアン・フェーヴル『書物の出現』（上下）関根素子・宮下志朗・長谷川輝夫・月村辰雄訳、筑摩書房、1985年〕

(36) この言葉はGary K. Waite（ゲイリー・K・ウェイト）の次の論文と書籍からの引用。'Fear and loathing in the radical Reformation: David Joris as the prophet of emotional tranquillity, 1525–1556', in Charles Zika and Giovanni Tarantino, eds., *Feeling Exclusion: Religious Conflict, Exile and Emotions in Early Modern Europe* (Abingdon: Routledge, 2019), pp. 100–125 (p. 101).

(37) Susan James, *Passion and Action: The Emotions in Seventeenth-Century Philosophy* (Oxford: Clarendon Press, 1997), pp. 2–4.

(38) Erasmus, *A Handbook on Good Manners for Children: De Civilitate Morum Puerilium Libellus*, trans. Eleanor Merchant (London: Preface Publishing, 2008), p. 3; 'A declamation on the subject of early liberal education for children: *De pueris statim ac liberaliter instituendis declamatio'*, trans. Beert C. Verstraete, in *Collected Works of Erasmus: Literary and Educational Writings*, vol. 4, ed. J. K. Sowards (Toronto: University of Toronto, 1985), pp. 291–346 (pp. 324–5, 332). 行儀作法の「洗練」と、国家権力の中央集権化については、以下を参照のこと。Norbert Elias, *The Civilizing Process: Sociogenetic and Psychogenetic Investigations*, trans. Edmund Jephcott; ed. Eric Dunning, Johan Goudsblom and Stephen Mennell (Oxford: Blackwell, [1994] 2000) [originally published in German in 1939].〔ノルベルト・エリアス『文明化の過程』（上下）赤井慧爾・中村元保・吉田正勝・波田節夫・溝辺敬一・羽田洋・藤平浩之訳、法政大学出版局、1977・1978年〕

(39) Michel de Montaigne, *The Complete Works: Essays, Travel Journal, Letters*, trans. Donald M. Frame; intro. Stuart Hampshire (New York: Alfred A. Knopf, [1948] 2003), Book I, Essay 18, pp. 62–4.〔ミシェル・ド・モンテーニュ『モンテーニュ全集』（全9巻）関根秀雄訳、白水社、1983年、ほか〕最初の2冊は1580年に、3冊目は1588年に発表された。

(40) Delumeau, *Sin and Fear*, p. 1.

(41) Montaigne, Book III, Essay 13, pp. 992–1045 (p. 1023).

(42) Seneca, *Letters from a Stoic [Epistulae Morales ad Lucilium]*, trans. Robin Campbell (London: Penguin, [1969] 2004), p. 38; Montaigne, Essays, Book I, Essay 26, p. 129; Book II, Essay 10, p. 364; Book II, Essay 32, p. 662.

(43) Burton, *Anatomy*, p. 171; 特に憂鬱症の原因としての恐怖に関しては、以下を参照のこ

Sharpe and Jeremy Noakes (Oxford: Oxford University Press, 2017).

(23) 'Article IV: Justification', in Theodore G. Tappert, ed. and trans., *The Book of Concord: The Confessions of the Evangelical Lutheran Church* (Philadelphia, PA: Fortress Press, 1959), p. 30. Fromm（フロム）は、*The Protestant Ethic and the Spirit of Capitalism* (1905)『プロテスタンティズムの倫理と資本主義の精神』の著者である、ドイツの社会学者 Max Weber（マックス・ウェーバー）の考えを広く活用し、ルターの神学は新しい経済と社会の力を前にした個人の無力さを反映したものだと主張した。以下を参照のこと。*Escape*, pp. 39–102 (pp. 80–81).

(24) Malcolm Gaskill, *Witchcraft: A Very Short Introduction* (Oxford: Oxford University Press, 2010), p. 13.

(25) P. G. Maxwell-Stuart, 'The fear of the king is death: James VI and the witches of East Lothian', in William G. Naphy and Penny Roberts, eds., *Fear in Early Modern Society* (Manchester: Manchester University Press, 1997), pp. 209–25.

(26) Malcolm Gaskill, *The Ruin of All Witches: Life and Death in the New World* (London: Penguin, 2021).

(27) Jason Philip Coy, *The Devil's Art: Divination and Discipline in Early Modern Germany* (Charlottesville, VA: University of Virginia Press, 2020).

(28) 'The bull of Innocent VIII', in *Malleus Maleficarum*, trans. and intro. Montague Summers (London: John Rodker, 1928), pp. xliii–xlv.

(29) Rosemary Ellen Guiley, *The Encyclopedia of Witches, Witchcraft and Wicca* (New York: Facts on File, [1989] 2008), p. 223.〔ローズマリ・エレン・グィリー『魔女と魔術の事典』荒木正純・小倉美加ほか訳、原書房、1996年〕 おそらく神聖ローマ帝国のカロリナ法典の方が、the *Malleus Maleficarum*（『魔女への鉄槌』）よりも、法学者や裁判官に大きな影響を与えていただろう。Gaskill（ガスキル）が指摘しているように、『魔女への鉄槌』は、「宗教革命と反宗教革命の敵対的な風潮が高まっているときには影響力があったかもしれないが、執筆当時には影響力は全くなかった」。*Witchcraft*, pp. 22–5 (p. 23).

(30) H. Trevor-Roper, 'The persecution of witches', *Horizon*, vol. 2. no. 2 (1959), pp. 57–63 (p. 59); Gary K. Waite, *Heresy, Magic, and Witchcraft in Early Modern Europe* (Basingstoke: Palgrave Macmillan, 2003), p. 134.

(31) Peter T. Leeson and Jacob W. Russ, 'Witch trials', *Economic Journal,* vol. 128, no. 613 (2018), pp. 2066–105 (p. 2075).

(32) Brian P. Levack, 'State-building and witch hunting in early modern Europe', in Jonathan Barry, Marianne Hester and Gareth Roberts, eds., *Witchcraft in Early Modern Europe: Studies in Culture and Belief* (Cambridge: Cambridge University Press, 1996), pp. 96–116; これはChristina Larner（クリスティーナ・ラーナー）の *Enemies of God:Witch-hunt in Scotland* (Baltimore, MD: Johns Hopkins University Press, 1981)でなされた主張で、魔女狩りは民衆にカルバン主義の教えを押しつけようとするエリートの試みとみなされている。

(33) 魔女狩りの「感情的側面」については、以下を参照せよ。Malcolm Gaskill, 'Fear made flesh: The English witch-panic of 1645–7', in David Lemmings and Claire Walker, eds.,

(10) Gorski, *Disciplinary Revolution*, pp. xv–xvii (p. xvi).

(11) Lisa Jardine, ed. and trans. [with Neil M. Cheshire and Michael J. Heath], *Erasmus: 'The Education of a Christian Prince' with the 'Panegyric for Archduke Philip of Austria'* (Cambridge: Cambridge University Press, 1997), p. 28. Erasmus（エラスムス）はだいたい平和主義的な考え方をしているが、特定の状況では防衛のための戦争は許されると主張している。以下も参照のこと。 John C. Olin, 'The pacifism of Erasmus', *Thought*, vol. 50, no. 4 (1975), pp. 418–31 (p. 421).

(12) Miles J. Unger, *Machiavelli: A Biography* (New York: Simon & Schuster, 2011), pp. 199–214 (pp. 204–5).

(13) Niccolò Machiavelli, *The Prince*, trans. George Bull; intro. Anthony Grafton (New York: Penguin, [1961] 2003), pp. 52–6 (p. 54)〔ニッコロ・マキアヴェッリ『君主論』河島英昭訳、岩波文庫、1998年、ほか〕. 歴史家John Pocock（ジョン・ポーコック）は、マキァヴェッリがフィレンツェ共和国の一時性を意識した瞬間（契機）を、'the Machiavellian moment（「マキァヴェッリ的瞬間」）と呼んでいる。詳しくは以下を参照せよ。*The Machiavellian Moment: Florentine Political Thought and the Atlantic Republican Tradition,* intro. Richard Whatmore (Princeton, NJ: Princeton University Press, [1975] 2016).〔ジョン・ポーコック『マキァヴェリアン・モーメント――フィレンツェの政治思想と大西洋圏の共和主義の伝統』田中英雄・奥田敬・森岡邦泰訳、名古屋大学出版会、2008年〕

(14) Machiavelli, *Prince,* pp. 56–8 (p. 57).

(15) Thomas More, *Utopia*, trans. and intro. Paul Turner (London: Penguin, [1965] 2003), pp. 62, 82, 65.〔トマス・モア『ユートピア』平井正穂訳、岩波書店、1957年、ほか〕

(16) More, *Utopia*, p. 101.

(17) Alec Ryrie, *Protestants: The Faith That Made the Modern World* (New York: Viking, 2017).

(18) *The Correspondence of Erasmus: Letters 2204–2356* (August 1529–July 1530), trans. Alexander Dalzell; annot. James M. Estes (Toronto: University of Toronto Press, 2015), pp. 47, 165.

(19) Martin Luther, *The Small Catechism, 1529,* ed. Timothy J. Wengert and Mary Jane Haemig (Minneapolis, MN: Fortress Press, 2015), p. 217; Luther（ルター）と、印刷機と、宗教改革については、以下を参照のこと。Andrew Pettegree, *Brand Luther: 1517, Printing, and the Making of the Reformation* (New York: Penguin, 2015).

(20) ルターの激しい雷雨に遭った経験と、彼の初期の恐怖に関しては、以下を参照のこと。Lyndal Roper, *Martin Luther: Renegade and Prophet* (New York: Random House, 2016), pp. 33–4, 43–4, 53–4; ルターの恐怖の曖昧さに関しては、以下を参照のこと。Pekka Antero Kärkkäinen, 'Emotions and experience in Martin Luther', in Derek R. Nelson and Paul R. Hinlicky, eds., The Oxford Encyclopedia of Martin Luther, vol. 1 (Oxford: Oxford University Press, 2017), pp. 436–48.

(21) Hans J. Hillerbrand, *The Reformation: A Narrative History Related by Contemporary Observers and Participants* (New York: Harper & Row, 1964), pp. 42–3.

(22) Thomas Kaufmann, *Luther's Jews: A Journey into Anti-Semitism*, trans. Lesley

457–85 (p. 480).

(60) Samuel K. Cohn, Jr, 'Popular insurrection and the Black Death: A comparative view', *Past & Present*, vol. 195, supplement 2 (2007), pp. 188–204 (pp. 195–204).

(61) Norman Cohn, *The Pursuit of the Millennium: Revolutionary Millenarians and Mystical Anarchists of the Middle Ages* (New York: Oxford University Press, [1957] 1970), pp. 127–47.〔ノーマン・コーン『千年王国の追求』江河徹訳、紀伊國屋書店、1978年〕

第2章　恐怖の新時代

(1) James M. Estes（ジェームズ・M・エステス）の以下の書籍に対するコメントを参照のこと。'To the Christian nobility of the German nation concerning the improvement of the Christian estate, 1520', in Timothy J. Wengert, ed., *The Annotated Luther*, vol. 1, *The Roots of Reform* (Minneapolis, MN: Fortress Press, 2015), pp. 369–466.

(2) Philip S. Gorski, *The Disciplinary Revolution: Calvinism and the Rise of the State in Early Modern Europe* (Chicago, IL: University of Chicago Press, 2003).

(3) Jarrett A. Carty, *God and Government: Martin Luther's Political Thought* (Montreal and Kingston: McGill-Queen's University Press, 2017).

(4) Martin Luther, 'Preface to Luther's German writings: The Wittenberg edition (1539)', in *The Ninety-Five Theses and Other Writings*, trans. and ed. William R. Russell (New York: Penguin, 2017), pp. 194–9 (p. 197).

(5) Catherine Fletcher, *The Beauty and the Terror: An Alternative History of the Italian Renaissance* (London: Bodley Head, 2020); Alexander Lee, T*he Ugly Renaissance: Sex, Greed, Violence and Depravity in an Age of Beauty* (New York: Anchor, [2013] 2015).

(6) Jacob Burckhardt, *The Civilization of the Renaissance in Italy,* trans. S. G. C. Middlemore; intro. Peter Burke; notes Peter Murray (London: Penguin, 1990), pp. 70, 344–52, 20.〔ヤーコプ・ブルクハルト『イタリア・ルネサンスの文化』新井精一訳、筑摩書房、2007年ほか〕、Jean Delumeau, 'Part i: Pessimism and the macabre in the Renaissance', in *Sin and Fear*, pp. 9–185; 以下も参照のこと。'Conclusion', pp. 555–7 (p. 556).

(7) この時代には「不吉な現象を記した目録が流行し」、それと同時にブロードサイドやパンフレットも普及した。宗教紛争が、「神の怒りと終末の到来とを示す前兆に対する特別な心配を生み出していた」。以下を参照のこと。Joshua P. Waterman, 'Miraculous signs from antiquity to the Renaissance: Context and source materials of the Augsburg manuscript', in Till-Holger Borchert and Joshua P. Waterman, eds., *The Book of Miracles* (Cologne: Taschen, 2017), pp. 6–46 (p. 10).

(8) Leonardo da Vinci, *Notebooks*, pref. Martin Kemp; sel. Irma A. Richter; ed. and intro. Thereza Wells (Oxford: Oxford University Press, 2008), pp. 275–7.〔レオナルド・ダ・ヴィンチ『レオナルド・ダ・ヴィンチの手記』（上下）杉浦明平訳、岩波文庫、1954・1957年〕

(9) Da Vinci, *Notebooks*, p. 262.

評論、1997年〕、前掲の*Sin and Fear*『罪と恐れ』の中で、ドリュモーは西洋文明は自らが、「数多くの敵、すなわち、イスラム教徒、偶像崇拝者、ユダヤ人、異端者、魔女などに」包囲されていると想像していたと指摘している (p. 1)。

(43) Cohn, 'Black Death', p. 707.

(44) Boccaccio, *Decameron*, pp. 8, 7, 12.

(45) 'Consultation sur l'épidémie faite par le Collège de la Faculté de Médecine de Paris', in H. Émile Rébouis, *Étude historique et critique sur la peste* (Paris: Alphonse Picard, Croville-Morant et Foucart, 1888), pp. 70–145 (pp. 77, 79, 97, 99).

(46) Boccaccio, *Decameron*, pp. 7–9 (p. 7).

(47) William M. Bowsky, 'The medieval commune and internal violence: Police, power, and public safety in Siena, 1287–1355', *American Historical Review*, vol. 73, no. 1 (1967), pp. 1–17 (pp. 15–17); and 'The impact of the Black Death upon Sienese government and society', *Speculum*, vol. 39 (1964), pp. 1–34 (pp. 27, 34).

(48) Daniel Lord Smail, 'Telling tales in Angevin courts', *French Historical Studies*, vol. 20, no. 2 (1997), pp. 183–215.

(49) Colin Platt, 'Revisionism in castle studies: A caution', *Medieval Archaeology*, vol. 51, no. 1 (2007), pp. 83–102 (p. 101).

(50) Richard J. Evans, 'Introduction: "The dangerous classes" in Germany from the Middle Ages to the twentieth century', in Richard J. Evans, ed., *The German Underworld: Deviants and Outcasts in German History* (Abingdon and New York: Routledge, [1988] 2015), pp. 1–28 (pp. 5–6, 9).

(51) Scott and Kosso, 'Introduction', in Scott and Kosso, eds., *Fear*, pp. xxi–xxii.

(52) Tzafrir Barzilay, *Poisoned Wells: Accusations, Persecution, and Minorities in Medieval Europe, 1321–1422* (Philadelphia, PA: University of Pennsylvania Press, 2022).

(53) David Nirenberg, *Communities of Violence: Persecution of Minorities in the Middle Ages* (Princeton, NJ: Princeton University Press, [1996] 2015), pp. 231–50.

(54) Aberth, *From the Brink*, pp. 158–9; Jacob R. Marcus, 'The Black Death and the Jews, 1348–1349', in *The Jew in the Medieval World: A Source Book, 315–1791*, rev. with intro. Marc Saperstein (Cincinnati, OH: Hebrew Union College Press, [1938] 1999), pp. 49–55 (pp. 51–3).

(55) Carlo Ginzburg, 'Jews, heretics, witches', in *Ecstasies: Deciphering the Witches Sabbath*, trans. Raymond Rosenthal (Chicago, IL: University of Chicago Press, [1991] 2004), pp. 63–86 (p. 68).〔カルロ・ギンズバーグ『闇の歴史――サバトの解読』竹山博英訳、せりか書房、1992年〕

(56) Samuel Cohn, Jr, 'The Black Death and the burning of Jews', *Past & Present*, vol. 196, no. 1 (2007), pp. 3–36.

(57) Cohn, 'Plague violence', p. 39.

(58) Aberth, *From the Brink*, p. 180; Horrox, Black Death, pp. 221–2.

(59) Samuel Cohn, 'After the Black Death: Labour legislation and attitudes towards labour in late medieval western Europe', *Economic History Review*, vol. 60, no. 3 (2007), pp.

(30) Monica H. Green, 'The four Black Deaths', *American Historical Review*, vol. 125, no. 5 (2020), pp. 1601–31.

(31) Rosemary Horrox, trans. and ed., *The Black Death* (Manchester: Manchester University Press, 1994), pp. 35–41.

(32) Michael Walters Dols, 'Ibn al-Wardī's *Risālah al-naba' 'an al-waba'*, a translation of a major source for the history of the Black Death in the Middle East', in Dickran K. Kouymijan, ed., *Near Eastern Numismatics, Iconography, Epigraphy, and History: Studies in Honor of George C. Miles* (Beirut: American University of Beirut, 1974), pp. 443–55. イスラム世界のペストについての後年の記述については、以下を参照のこと。Ibn Hajar al-Asqalani, *Merits of the Plague*, trans. and ed. Joel Blecher and Mairaj Syed (New York: Penguin, 2023).

(33) Francesco Petrarch, *Letters on Familiar Matters* [Rerum Familiarium Libri], trans. Aldo S. Bernardo, 3 vols (New York: Italica, [1972–1985] 2005), vol. 1, p. 356 (VII, 10), pp. 415, 417 (VIII, 7); vol. 2, p. 55 (X, 2).

(34) Giovanni Boccaccio, *The Decameron*, trans. and intro. Wayne A. Rebhorn (New York: W. W. Norton, 2003), pp. 6, 13.〔ジョヴァンニ・ボッカッチョ『デカメロン』(全3冊) 平川祐弘訳、河出文庫、ほか〕

(35) Agnolo di Tura del Grasso, 'The plague in Siena: An Italian chronicle', in William M. Bowsky, ed., The Black Death: A Turning Point in History? (New York: Holt, Rinehart and Winston, 1971), pp. 12–14.〔アニョーロ・ディ・トゥーラ『シエナ年代記』(石坂尚武編訳「イタリアの黒死病関係資料集（1）所収」)、刀水書房、2017年〕

(36) Shona Kelly Wray, 'Tracking families and flight in Bologna during the Black Death', *Medieval Prosopography*, vol. 25 (2004), pp. 145–60; and *Communities and Crisis: Bologna during the Black Death* (Leiden and Boston, MA: Brill, 2009).

(37) Samuel Cohn, Jr, 'Plague violence and abandonment from the Black Death to the early modern period', *Annales de démographie historique*, vol. 134, no. 2 (2017), pp. 39–61.

(38) Bonaiuti（ボナイウティ）はMarchionne di Coppo Stefani（マルキオンネ・ディ・コッポ・ステファニ）としても知られている。Aberth, *From the Brink*, p. 199.

(39) ノルウェーの歴史家Ole J. Benedictow（オーレ・ヨルゲン・ベネディクトウ）が、現存するデータを基に推定したところでは、8000万人の住民のうち約5000万人が死亡したかもしれないという。'Part four: Mortality in the Black Death', in *The Black Death, 1346–1353: The Complete History* (Woodbridge: Boydell Press, 2004), pp. 245–386 (pp. 380–86).

(40) M. L. Duran-Reynals and C.-E. A. Winslow, 'Texts and documents: "Regiment de preservació a epidèmia o pestilència e mortaldats"', *Bulletin of the History of Medicine*, vol. 23 (1949), pp. 57–89 (p. 57).

(41) 'D'una mortalitá la quale fu nella cittá di Firenze, dove morirono molte persone', in Roberto Palmarocchi, ed., *Cronisti del Trecento* (Milan: Rizzoli, 1935), pp. 647–52 (p. 648): 'Fu di tanta paura che niuno non sapea che si fare.'

(42) Jean Delumeau, *La peur en occident: XIVe–XVIIIe siècles* (Paris: Fayard, 1978), pp. 132–87, 38–46 (p. 39);〔ジャン・ドリュモー『恐怖心の歴史』永見文雄・西澤文昭訳、新

文社、1960−2012年、ほか〕トマス・アクィナスの「一見否定的に思える感情」としての恐怖の「復権」については、以下を参照のこと。Stephen Loughlin, 'The complexity and importance of timor in Aquinas's *Summa Theologiae'*, in Anne Scott and Cynthia Kosso, eds., *Fear and Its Representations in the Middle Ages and Renaissance* (Turnhout: Brepols, 2002), pp. 1–16; 以下も参照のこと。Bader-Saye, 'Thomas Aquinas', p. 100.

(21) Anne Scott and Cynthia Kosso, 'Introduction', in Scott and Kosso, eds., *Fear*, pp. xi–xxxvii (pp. xxii–xxiii).

(22) William of Auvergne, 'Fear', in *On Morals*, trans. and intro. Roland J. Teske (Toronto: Pontifical Institute of Medieval Studies, 2013), pp. 8–18 (pp. 11–14). この論文は、the *Magisterium Divinale et Sapientiale*.、すなわち、『知恵の様式による神についての教え』と題した膨大な著作の一部である。

(23) Innocent III, 'On the misery of man', in Bernard Murchland, trans. and ed., *Two Views of Man* (New York: Frederick Ungar, 1966), pp. 3–60 (p. 14).〔ロタリオ・デイ・セニ『人間の悲惨な境遇について』瀬谷幸男訳、南雲堂フェニックス、1999年〕ロタリオ・デイ・セニはのちのインノケンティウス3世。

(24) William Chester Jordan, 'The Great Famine, 1315–1322 revisited', in Scott G. Bruce, ed., *Ecologies and Economies in Medieval and Early Modern Europe* (Boston, MA: Brill, 2010), pp. 45–62 (p. 58).

(25) Ian Kershaw, 'The Great Famine and agrarian crisis in England, 1315–1322', *Past & Present*, vol. 59, no. 1 (1973), pp. 3–50 (p. 11).

(26) Barbara Hanawalt, *Crime and Conflict in English Communities, 1300–1348* (Cambridge, MA: Harvard University Press, 1979), pp. 243, 269; この飢饉についての示唆に富む要約については、以下を参照のこと。Henry S. Lucas, 'The Great European Famine of 1315, 1316, and 1317', *Speculum*, vol. 5, no. 4 (1930), pp. 343–77 (p. 376).

(27) Norman F. Cantor, *In the Wake of the Plague: The Black Death and the World It Made* (New York: Free Press, 2001), p. 173〔ノーマンF・カンター『黒死病——疫病の社会史』久保儀明・楢崎靖人訳、青土社、2002年〕; John Aberth, *From the Brink of the Apocalypse: Confronting Famine, War, Plague, and Death in the Later Middle Ages* (Abingdon: Routledge, [2000] 2010), pp. 1–2.

(28) Vincent J. Derbes, 'De Mussis and the Great Plague of 1348', *Journal of the American Medical Association*, vol. 196, no. 1 (1966), pp. 59–62.

(29) Samuel K. Cohn, Jr, 'The Black Death: End of a paradigm', *American Historical Review,* vol. 107, no. 3 (2002), pp. 703–38 (p. 737); Kirsten I. Bos et al., 'A draft genome of *Yersinia pestis* from victims of the Black Death', *Nature*, vol. 478, no. 7370 (2011), pp. 506–10; Ewen Callaway, 'Plague genome: The Black Death decoded', Nature, vol. 478, no. 7370 (2011), pp. 444–6. より最近の研究では、ペストは人間の外部寄生虫、すなわち、ヒトジラミとヒトノミを介して蔓延したかもしれないと示唆している。以下を参照のこと。Katharine R. Dean, Fabienne Krauer, Lars Walløe and Boris V. Schmid, 'Human ectoparasites and the spread of plague in Europe during the Second Pandemic', *Proceedings of the National Academy of Sciences*, vol. 115, no. 6 (2018), pp. 1304–9.

(London: Palgrave Macmillan, 2016), pp. 93–111 (p. 97).「死の勝利」は中世後期と近世の美術でよくあるテーマだった。有名な例は1440年代の作で現在シチリア島パレルモのPalazzo Abatellis（パラッツォ・アバテッリス）に展示されているフレスコ画である。ブリューゲルの美術の新しい工夫は、この宗教的慣習に、同時代の社会的・政治的世界に対する関心ならびに新しいリアリズムを注ぎ込んだところである。

(14) Erwin Panofsky, *Early Netherlandish Painting: Its Origins and Character*, 2 vols (Cambridge, MA: Harvard University Press, [1953] 1966), vol. 1, pp. 67–8 (p. 67).〔アーウィン・パノフスキー『初期ネーデルラント絵画』勝國興・蜷川順子訳、中央公論美術出版、2001年〕

(15) Lynn White, Jr, *Medieval Technology and Social Change* (Oxford: Oxford University Press, 1962), pp. 39–78 (pp. 43–4).〔リン・ホワイト、Jr『中世の技術と社会変動』内田星美訳、思索社、1985年〕、しかし、Whiteが引き合いに出した犂の歴史に関する著作の作者、フランスの偉大な中世史研究家Marc Bloch（マルク・ブロック）自身は、「原因の連鎖全体を、たった一つの技術革新までさかのぼること」に対して警告している。以下を参照のこと。*French Rural History: An Essay on its Basic Characteristics*, trans. Janet Sondheimer; fwd Bryce Lyon (Berkeley, CA: University of California Press, 1966), pp. 48–56 (p. 54).〔マルク・ブロック『フランス農村史の基本性格』河野健二・飯沼三郎訳、創文社、1959年〕

(16) Thomas A. Fudgé, *Medieval Religion and Its Anxieties: History and Mystery in the Other Middle Ages* (New York: Palgrave Macmillan, 2016), p. 8; Jean Delumeau, *Sin and Fear: The Emergence of a Western Guilt Culture, 13th–18th Centuries*, trans. Eric A. Nicholson (New York: St. Martin's Press, 1990).〔ジャン・ドリュモー『罪と恐れ――西欧における罪意識の歴史／13世紀から18世紀』佐野泰雄・江花輝昭・久保田勝一ほか訳、新評論、2004年〕1983年に本書は最初フランス語で刊行された。

(17) María Cruz Cardete del Olmo, 'Entre Pan y el Diablo: el proceso de demonización del dios Pan', *Dialogues d'histoire ancienne*, vol. 41, no. 1 (2015), pp. 47–72. Patricia Merivale（パトリシア・メリベール）は、近世前期以降のPan（パン）の 二重の側面、すなわち、「善意の」側面と「不吉な」または「恐ろしい」側面を重要視し、前者の側面は田舎の牧歌的な伝統と関連し、後者の側面は野生の悪い精霊と関連していると考えている。*Pan the Goat-God:His Myth in Modern Times* (Cambridge, MA: Harvard University Press, 1969), pp. 134, 154–5. を参照せよ。

(18) Dante Alighieri, *The Divine Comedy*, trans. John Ciardi (New York: New American Library, [1954] 2003), The Inferno, Canto 1, lines 1–63 (pp. 16–18).〔ダンテ・アリギエーリ『神曲　完訳版』平川祐弘訳、河出書房新社、2010年、ほか〕

(19) Norman Cohn, *Europe's Inner Demons: The Demonization of Christians in Medieval Christendom* (Chicago, IL: University of Chicago Press, [1973] 1993), pp. 27–8 (p. 27).〔ノーマン・コーン『魔女狩りの社会史――ヨーロッパの内なる悪魔』山本通訳、岩波書店、1983年〕

(20) St Thomas Aquinas, *Summa Theologiae* (London: Burns, Oates & Washbourne, 1920), Part ii [Secunda Secundæ Partis]: Q. 125, Q. 126 and Q. 19. Available at: https://www.newadvent.org/summa/[.]〔トマス・アクィナス『神学大全』全45巻　稲垣良典訳、創

structure', *Science*, vol. 366, no. 6472 (2019), pp. 1517–22; and Hazel Rose Markus and Shinobu Kitayama, 'Culture and the self: Implications for cognition, emotion, and motivation', *Psychological Review*, vol. 98, no. 2 (1991), pp. 224–53.

(4) Adam Brumm, Adhi Agus Oktaviana, Basran Burhan et al., 'Oldest cave art found in Sulawesi', *Science Advances*, vol. 7, no. 3 (2021).

(5) Jared Diamond, 'The worst mistake in the history of the human race', *Discover Magazine* (May 1987), pp. 64–6.

(6) Ian Hodder, *The Domestication of Europe: Structure and Contingency in Neolithic Societies* (Oxford: Basil Blackwell, 1990), p. 11.

(7) Karl Jaspers, *The Origin and Goal of History*, trans. Michael Bullock (New Haven, CT: Yale University Press, 1953), pp. 2, 4. Originally published in German in 1949.〔カール・ヤスパース『世界の大思想40　ヤスパース（歴史の起源と目標、理性と実存、哲学の小さな学校）』重田英世ほか訳、河出書房新社、1972年〕

(8) Robert N. Bellah and Hans Joas, eds., *The Axial Age and Its Consequences* (Cambridge, MA: Belknap/Harvard University Press, 2012); Merlin Donald, *Origins of the Modern Mind: Three Stages in the Evolution of Culture and Cognition* (Cambridge, MA: Harvard University Press, 1991).

(9) これらの恐怖を表す言葉の語源に関する論考については、以下を参照のこと。Gregory Nagy, 'The subjectivity of fear as reflected in ancient Greek wording', *Dialogues*, vol. 5 (2010), pp. 29–45; また、David Konstan, 'Fear', in *The Emotions of the Ancient Greeks: Studies in Aristotle and Classical Literature* (Toronto: University of Toronto Press, 2006), pp. 129–55.　を参照せよ。

(10) Thucydides, *History of the Peloponnesian War*, trans. Rex Warner; intro. M. I. Finley (New York: Penguin, [1954] 1972), p. 49 (Book I, 23)〔トゥーキュディデース『トゥーキュディデース　戦史』（上中下）久保正彰訳、岩波文庫、1966–67年〕、対照的に、スパルタにいたアテネの代表者らは、ペルシアの武力侵略に対する恐怖こそ、アテネが力を増強させた動機だったと主張している。p. 80 (Book I, 75)。以下も参照のこと。William Desmond, 'Lessons of fear: A reading of Thucydides', *Classical Philology*, vol. 101, no. 4 (2006), pp. 359–79.

(11) Philippe Borgeaud（フィリップ・ボルジョー）は、紀元前4世紀に書かれたAeneas Tacticus（アエネアス・タクティクス）の軍事論文Poliorketika、すなわち『包囲下で生き残る方法』の議論から始めて、Pan（パン）とpanic（パニック）の関係を分析した。Panは「騒音や訳のわからない狼狽を伴う不合理な恐怖」と関連があると書いている。以下も参照のこと。'Panic and possession', in *The Cult of Pan in Ancient Greece*, trans. Kathleen Atlass and James Redfield (Chicago, IL: University of Chicago Press, 1988), pp. 88–116 (pp. 88–9).

(12) Michael Nylan and Trenton Wilson, 'Circle of fear in early China', *Religions*, vol. 12, no. 1 (2021).

(13) Erika Kuijpers, 'Fear, indignation, grief and relief: Emotional narratives in war chronicles from the Netherlands (1568–1648)', in Jennifer Spinks and Charles Zika, eds., *Disaster, Death and the Emotions in the Shadow of the Apocalypse, 1400–1700*

and Malden, MA: Polity, 2014).〔カール・シュミット『独裁——近代主権論の起源からプロレタリア階級闘争まで』田中浩・原田武雄訳、未来社、1991年〕

(40) Annelien de Dijn, Freedom: An Unruly History (Cambridge, MA: Harvard University Press, 2020), p. 4.

(41) Fromm, *Escape,* p. 4.

(42) Isaiah Berlin, 'Two concepts of liberty', in *Four Essays on Liberty* (Oxford: Oxford University Press, 1969), pp. 118–72.〔アザイア・バーリン『自由論』生松敬三・小川晃一・小池銈・福田歓一訳、みすず書房、1971年〕

(43) Quentin Skinner, *Liberty before Liberalism* (Cambridge: Cambridge University Press, 1998).〔クェンティン・スキナー『自由主義に先立つ自由』梅津順一訳、聖学院大学出版会、2001年〕

(44) Alexis de Tocqueville, *Democracy in America*, trans. Harvey C. Mansfield and Delba Winthrop (Chicago, IL: University of Chicago Press, 2000), pp. 3, 516, 672, 673.〔アレクシ・ド・トクヴィル『アメリカのデモクラシー』松本礼二訳、岩波書店、2005–08年、ほか〕トクヴィルは1831年2月に、刑務所制度を研究するためアメリカ各地を旅していた。

(45) Benedict [Baruch] de Spinoza, *The Ethics*, trans. R. H. M. Elwes (Mineola, NY: Dover Publications, [1883] 2018), p. 115.〔バールーフ・デ・スピノザ『エチカ　倫理学』(上下) 畠中尚志訳、岩波書店1951年〕、恐怖、希望、「安全保障の倫理」に関しては、以下を参照のこと。Scott Bader-Saye, 'Thomas Aquinas and the culture of fear', *Journal of the Society of Christian Ethics*, vol. 25, no. 2 (2005), pp. 95–108.

(46) Aung San Suu Kyi, *Freedom from Fear and Other Writings*, ed. Michael Aris; fwd Václav Havel (London: Penguin, 1991), pp. 180, 184.〔アウンサン・スーチー『自由——自ら綴った祖国愛の記録』ヤンソン由美子訳、集英社、1991年〕

第1章　中世の大疫病

(1) Gordon H. Orians（ゴードン・H・オリアンズ）が指摘しているように、「最近の研究から、行動パターンは自然淘汰がそれらを促進しなくなったあとも長く続くことがあるということがわかっている」。*Snakes, Sunrises, and Shakespeare: How Evolution Shapes Our Loves and Fears* (Chicago, IL: University of Chicago Press, 2014), pp. 20–21 (p. 21), 57–8; Gardner, *Science of Fear,* pp. 15–17.

(2) Darwin, *Expression*, pp. 367, 362.

(3) Paul Ekman, *Emotions Revealed: Recognizing Faces and Feelings to Improve Communication and Emotional Life* (New York: Owl Books, [2003] 2007)〔ポール・エクマン『顔は口ほどに嘘をつく』菅靖彦訳、河出書房新社、2006年〕、エクマンの説に対する批判に関しては、以下を参照せよ。Ruth Leys, 'How did fear become a scientific object and what kind of object is it?', *Representations*, vol. 110, no. 1 (2010), pp. 66–104; また、以下も参照のこと。Lisa Feldman Barrett and James A. Russell, eds., *The Psychological Construction of Emotion* (New York: Guilford Press, 2015); Joshua Conrad Jackson et al., 'Emotion semantics show both cultural variation and universal

Looks at Our Political Crisis (New York: Simon & Schuster, 2018).

(32) Arthur M. Schlesinger, Jr, *The Vital Center: The Politics of Freedom* (New Brunswick, NJ: Transaction, [1949] 1998), p. 3〔アーサー・シュレジンガー2世『自由――アメリカ自由主義の目的と危機』吉沢清次郎訳、時事通信社、1964年〕'Communism: A clear-eyed view', *New York Times* (1 February 1948), BR Section, pp. 1, 25.

(33) Erich H. Fromm, *Escape from Freedom* (New York: Henry Holt, [1941] 1969), pp. 239–40; published in Britain as *The Fear of Freedom* (1942).〔エーリッヒ・フロム『自由からの逃亡　新版』日高六郎訳、東京創元社、1952年〕

(34) 1925年1月8日にGujarat（グジャラート州）のBhavnagar（バーヴナガル）で、Gandhi（ガンディー）が行った議長演説は以下を参照のこと。*Indian Quarterly Register,* vol. 1, nos. 1–2 (January–June 1925), pp. 410–18 (p. 417); Martha C. Nussbaum（マーサ・ヌスバウム）は愛について説得力のある主張を行っている。以下を参照のこと。*Political Emotions: Why Love Matters for Justice* (Cambridge, MA: Belknap/Harvard University Press, 2015).

(35) Michael Ignatieff, *The Warrior Honor: Ethnic War and the Modern Conscience* (New York: Henry Holt, 1997), p. 18.〔マイケル・イグナティエフ『仁義なき戦場――民族紛争と現代人の倫理』真野明裕訳、毎日新聞社、1999年〕

(36) Corey Robin, *Fear: The History of a Political Idea* (Oxford and New York: Oxford University Press, 2004), pp. 3, 251. ロビンの政治史は「私的恐怖」を除外している。「私的恐怖」を「個人の心理と経験の産物」と呼び、「その人物を超えて及ぼす影響は限られている」と考えているのだ。また、「自然災害によって、市民が特定の政治的信条を採用あるいは規定することはほとんどない」として、「環境の恐怖」も除外している (pp. 2, 4)。しかし、Deborah R. Coen（デボラ・R・コーエン）が主張しているように、地球温暖化が政治問題になっていることを考えると、「10年後には、その主張はもはや妥当であるとは思えない」。以下を参照せよ。'The nature of fear and the fear of nature from Hobbes to the hydrogen bomb', in Katrina Forrester and Sophie Smith, eds., *Nature, Action and the Future: Political Thought and the Environment* (Cambridge: Cambridge University Press, 2018), pp. 115–32 (pp. 118–19).

(37) Judith N. Shklar, 'The liberalism of fear', in Nancy L. Rosenblum, ed., *Liberalism and the Moral Life* (Cambridge, MA: Harvard University Press, 1989), pp. 21–38; Hannah Arendt, *The Origins of Totalitarianism* (New York: Harcourt, [1951] 1985).〔ハンナ・アーレント『全体主義の起源』大久保和郎・大島通義・大島かおり訳、みすず書房、2017年〕

(38) http://www.fdrlibrary.marist.edu/archives/collections/franklin/[;] Ira Katznelson, *Fear Itself: The New Deal and the Origins of Our Time* (New York: Liveright, 2013), p. 122; Ira Katznelson and Samuel Issacharoff, 'Fear and democracy: Reflections on security and freedom', *Bulletin of the American Academy of Arts & Sciences*, vol. 69, no. 3 (Spring 2016), pp. 19–24.

(39) 公共の利益のために法の支配が超越される、この例外的状況については、以下を参照せよ。Carl Schmitt, *Dictatorship*, trans. Michael Hoelzl and Graham Ward (Cambridge

(22) Ludwig Wittgenstein, *Philosophical Investigations,* trans. G. E. M. Anscombe (Oxford: Basil Blackwell, [1953] 1958), p. 32〔ルートヴィヒ・ヴィトゲンシュタイン『哲学探究』丘沢静也訳、岩波書店、2013年〕、人類学者David L. Scruton（デビッド・L・スクルートン）が指摘したように、重要な課題は感情を引き起こすものが何かに注目するよりも、感情がわれわれの生活でどのような役割を果たすかを検討することであろう。以下も参照のこと。'The anthropology of an emotion', in David L. Scruton, ed., *Sociophobics: The Anthropology of Fear* (Boulder, CO: Westview Press, 1986), pp. 7–49 (p. 27).

(23) Karl A. Menninger, *The Human Mind* (Garden City, NY: Garden City Publishing Company, 1927), p. 200.〔カール・メニンジャー『人間の心』（上下）草野栄三良訳、日本教文社、1950年〕

(24) 'Neuroscientist Joseph LeDoux on anxiety and fear', lecture delivered at the New York State Writers Institute (27 September 2016).

(25) Francis Bacon, *The Advancement of Learning,* ed. G. W. Kitchin (London and New York: Dent and Dutton, [1861] 1915), p. 172.〔フランシス・ベーコン『学問の進歩』服部栄次郎・多田英次訳、岩波文庫、1974年、ほか〕

(26) Burton, *Anatomy,* p. 999.

(27) Michael Lewis, 'Has anyone seen the President?', *Bloomberg Opinion* (9 February 2018). 独裁者が権力を手に入れるために、いかに「ポピュリズム、分極化、ポスト・トゥルース」を用いているかに関する説得力のある主張は、以下を参照のこと。Naím, *Revenge of Power,* pp. xv–xix.

(28) Søren Kierkegaard, *The Concept of Anxiety: A Simple Psychologically Orienting Deliberation on the Dogmatic Problem of Hereditary Sin,* trans. and intro. Alastair Hannay (New York: Liveright, 2014), p. 75.〔セーレン・キルケゴール『新訳　不安の概念』村上恭一訳、平凡社、2019年、ほか〕「眩暈」というメタファーは、のちにJean-Paul Sartre（ジャン＝ポール・サルトル）によって深められる(1943)。*Being and Nothingness: An Essay on Phenomenological Ontology,* trans. Sarah Richmond; fwd Richard Moran (New York: Routledge, 2018), pp. 66–7.〔ジャン＝ポール・サルトル『サルトル全集　第18–20巻　存在と無　現象学的存在論の試み』松浪信三郎訳、筑摩書房、1956–60年、ほか〕

(29) '"The mastery of fear": Sermon outline' [21 July 1957], in Clayborne Carson, Susan Carson, Susan Englander, Troy Jackson and Gerald L. Smith, eds., *The Papers of Martin Luther King, Jr., vol. 6, Advocate of the Social Gospel, September 1948–March 1963* (Berkeley, CA: University of California Press, 2007), p. 318.

(30) しかし、恐怖の洞察に満ちた文化史を知るには、以下を参照のこと。Joanna Bourke, *Fear: A Cultural History* (Emeryville, CA: Shoemaker & Hoard, [2005] 2006); また、学際的な観点を知りたければ、以下を参照のこと。Jan Plamper and Benjamin Lazier, eds., *Fear: Across the Disciplines* (Pittsburgh, PA: University of Pittsburgh Press, 2012).

(31) bell hooks, *All About Love: New Visions* (New York: William Morrow, 2000), p. 93; また、以下も参照のこと。Sara Ahmed's discussion of 'the affective politics of fear' in *The Cultural Politics of Emotion* (London and New York: Routledge, [2004] 2014), pp. 62–81; Bauman, Liquid Fear; Martha C. Nussbaum, *The Monarchy of Fear: A Philosopher*

us panic about coronavirus', *Bloomberg* (28 February 2020); Daniel Kahneman and Amos Tversky, 'Prospect theory: An analysis of decision under risk', *Econometrica,* vol. 47, no. 2 (1979), pp. 263–91. 1980年代と1990年代の恐怖の社会学的説明と「リスク意識の高まり」については、以下を参照のこと。Frank Furedi, *Culture of Fear: Risk-taking and the Morality of Low Expectation* (London: Continuum, [1997] 2006), p. 146.

(9) これは心理学者のSteven Pinkerが行った主張である。*Enlightenment Now: The Case for Reason, Science, Humanism, and Progress* (New York: Viking, 2018)〔スティーブン・ピンカー『21世紀の啓蒙――理性、科学、ヒューマニズム、進歩』(上下) 橘明美・坂田雪子訳、草思社、2019年〕; また、次も参照せよ。Daniel Gardner, *The Science of Fear: How the Culture of Fear Manipulates Your Brain* (New York: Plume, 2009), pp. 8–10.

(10) *Poverty and Shared Prosperity 2022: Correcting Course* (Washington, DC: World Bank, 2022).

(11) 現代アメリカに重点を置いた、利益のための恐怖の社会学的分析に関しては、次を参照せよ。Glassner, *Culture of Fear.*

(12) Aristotle, *Rhetoric,* trans. W. Rhys Roberts (Mineola, NY: Dover Publications, [1924] 2004), p. 69.〔アリストテレス『弁論術』戸塚七郎訳、岩波文庫、2019年〕

(13) Granville Stanley Hall, 'A study of fears', *American Journal of Psychology*, vol. 8, no. 2 (1897), pp. 147–249 (p. 242).

(14) Gavin de Becker, *The Gift of Fear: And Other Survival Signals That Protect Us from Violence* (New York: Dell Publishing, 1997).

(15) Charles Darwin, *The Expression of the Emotions in Man and Animals* (London: John Murray, 1872); また、次も参照せよ。Lisa Feldman Barrett, 'Was Darwin wrong about emotional expressions?', *Current Directions in Psychological Science,* vol. 20, no. 6 (2011), pp. 400–406.

(16) Matthew Cobb, *The Idea of the Brain: A History* (London: Profile Books, 2021), pp. 329–30; Justin S. Feinstein et al., 'Fear and panic in humans with bilateral amygdala damage', *Nature Neuroscience*, vol. 16, no. 3 (2013), pp. 270–72.

(17) William James, 'What is an emotion?', *Mind*, vol. 9, no. 34 (April 1884), pp. 188–205 (pp. 189–90).

(18) 認知と意識に関する恐怖の鋭い概観と、さらに「意識的感情の神経基盤と身体反応の合体」に由来するメンタルヘルスの影響を論じている資料としては、以下を参照のこと。Joseph E. LeDoux, 'Thoughtful feelings', *Current Biology*, vol. 30, no. 11 (June 2020), pp. R619–R623.

(19) Joseph LeDoux, *Anxious: Using the Brain to Understand and Treat Fear and Anxiety* (New York: Viking, 2015), pp. 19, x.

(20) LeDoux, *Anxious*, pp. 10–11.

(21) Vincent Taschereau-Dumouchel, Matthias Michel, Hakwan Lau, Stefan G. Hofmann and Joseph E. LeDoux, 'Putting the "mental" back in "mental disorders": A perspective from research on fear and anxiety', *Molecular Psychiatry*, vol. 27, no. 3 (2022), pp. 1322–30.

(19) https://georgewbush-whitehouse.archives.gov/news/releases/2002/01/20020129-11.html
(20) Richard M. Weintraub, 'Bombs kill 8 at funeral in Afghanistan', *Washington Post* (23 January 1988), p. 18; 'Terrorists in Jalalabad', Frontier Post (23 January 1988).
(21) W. Brian Arthur, *The Nature of Technology: What It Is and How It Evolves* (New York: Free Press, 2009), pp. 18–23 (p. 21).〔W・ブライアン・アーサー『テクノロジーとイノベーション――進化/生成の理論』有賀裕二監修・日暮雅通訳、みすず書房、2011年〕

プロローグ――恐怖とは

(1) Peter Hermann and John D. Harden, 'Thousands of bullets have been fired in this D.C. neighborhood. Fear is part of everyday life', *Washington Post* (23 July 2021).
(2) 'Hong Kong: Jimmy Lai sentenced to 14 months for pro-democracy protests', *BBC News* (16 April 2021); Ai Weiwei, 'To live your life in fear is worse than losing your freedom', *Guardian* (21 June 2012).
(3) Veronika Melkozerova, 'I'm in Kyiv, and it is terrifying', *New York Times* (25 February 2022).
(4) Alisha Arora, Amrit Kumar Jha, Priya Alat and Sitanshu Sekhar Das, 'Understanding coronaphobia', *Asian Journal of Psychiatry*, vol. 54 (2020), p. 102384; 以下も参照のこと。Gordon J. G. Asmundson and Steven Taylor, 'Coronaphobia: Fear and the 2019-nCoV outbreak', *Journal of Anxiety Disorders*, vol. 70 (2020), p. 102196.
(5) Robyn Rapoport and Christian Kline, *Methodology Report 2022: American Fears Survey* (Orange, CA: Chapman University, 2022). アメリカの恐怖の分析はthe Chapman Surveyのデータを基に行われた。以下を参照のこと。Christopher D. Bader, Joseph O. Baker, L. Edward Day and Ann Gordon, *Fear Itself: The Causes and Consequences of Fear in America* (New York: Near York University Press, 2020). パンデミックの恐怖は2021年のリストから落ちている。
(6) Brian Massumi, 'Preface', in Brian Massumi, ed., *The Politics of Everyday Fear* (Minneapolis, MN: University of Minnesota Press, 1993), pp. vii–x (p. viii).
(7) 現代アメリカの恐怖を増大させるものについては、次を参考のこと。Peter N. Stearns, *American Fear: The Causes and Consequences of High Anxiety* (New York: Routledge, 2006); Barry Glassner, *The Culture of Fear: Why Americans Are Afraid of the Wrong Things: Crime, Drugs, Minorities, Teen Moms, Killer Kids, Mutant Microbes, Plane Crashes, Road Rage, & So Much More* (New York: Basic Books [1999], 2009)〔バリー・グラスナー『アメリカは恐怖に踊る』松本薫訳、草思社、2004年〕; Bader et al., *Fear Itself.*
(8) 「確率の無視」という用語は、ハーバード大学の法学者Cass R. Sunstein（キャス・サンスティーン）が、強調された恐怖へ向かう「認知バイアス」を表すために作り出した。以下を参照のこと。Cass R. Sunstein, 'Probability neglect: Emotions, worst cases, and law', *Yale Law Journal*, vol. 112 (2002), pp. 61–107, and 'The cognitive bias that makes

中世が21世紀の暴力の鏡像になっている、バーバラ・W・タックマンの次の作品である。Barbara W. Tuchman, *A Distant Mirror: The Calamitous 14th Century* (New York: Ballantine Books, 1978)〔バーバラ・W・タックマン『遠い鏡――災厄の14世紀ヨーロッパ』徳永守儀訳、朝日出版社、2013年〕

(9) 「ガファルの埋葬時にジャララバードで2回の爆発、10名が死亡」[1988年1月23日]；私は同記事に、『フロンティア・ポスト』紙の車に乗っていた旅仲間とともに「からくも難を逃れた、ロンドンを本拠とするフリーランス・ジャーナリスト」として登場する。

(10) Robert Burton, *The Anatomy of Melancholy*, ed. Angus Gowland (London: Penguin, [1621] 2021), pp. 258–9 (p. 258); C. S. Lewis, *A Grief Observed* (New York: HarperCollins, [1961] 1996), p. 3.〔C・S・ルイス『悲しみをみつめて』西村徹訳、新教出版社、1976年〕

(11) フランスの哲学者モーリス・ブランショ（Maurice Blanchot）が記したものと同類のパニックの経験。'The most profound question', in *The Infinite Conversation*, trans. Susan Hanson (Minneapolis, MN: University of Minnesota Press, 1993), pp. 11–24 (p. 22) における彼の見解を参照のこと。また、次の論考で論じられている、エマニュエル・レヴィナス（Emmanuel Levinas）の「存在という恐怖」という考え方も参照のこと。'There is: Existence without existents', in Seán Hand, ed., *The Levinas Reader* (Oxford: Blackwell, 1989), pp. 29–36. 〔エマニュエル・レヴィナス『実存から実存者へ』西谷修訳、筑摩書房、2005年、ほか〕

(12) カネッティが広く知られるようになったのは1981年だが、その前年にフロリダ州マイアミで人種暴動が起こり、1981年には英国でも都市のスラム街で暴動が起こったため、カネッティの群衆行動に関する考え方がさらに意味を持つようになった。

(13) Elias Canetti, *Crowds and Power,* trans. Carol Stewart (New York: Seabury Press, [1962] 1978), p. 26.〔エリアス・カネッティ『群衆と権力』岩田行一訳、法政大学出版局、1971年〕

(14) *The Recollections of Alexis de Tocqueville,* trans. Alexander Teixeira de Mattos (London: H. Henry & Co., 1896), p. 116.〔アレクシス・ド・トクヴィル『フランス二月革命の日々――トクヴィル回想録』喜安朗訳、岩波書店、1988年〕

(15) Susan Sontag, 'On courage and resistance' [2003], in *At the Same Time: Essays and Speeches*, ed. Paolo Dilonardo and Anne Jump; fwd David Rieff (New York: Farrar, Straus and Giroux, 2007), pp. 180–91 (p. 181).〔スーザン・ソンタグ『同じ時のなかで』木幡和枝訳、NTT出版、2009年〕

(16) Canetti, Crowds, p. 27.

(17) William McDougall, *The Group Mind: A Sketch of the Principle of Collective Psychology with Some Attempt to Apply Them to the Interpretation of National Life and Character* (Cambridge: Cambridge University Press, 1920), p. 24.

(18) Frans de Waal, *Our Inner Ape: A Leading Primatologist Explains Why We Are Who We Are* (New York: Riverhead Books, 2005), pp. 19–21.〔フランス・ドゥ・ヴァール『あなたのなかのサル――霊長類学者が明かす「人間らしさ」の起源』藤井留美訳、早川書房、2005年〕

原註

（※）［　］で括った年月日は、原版・原書のもの。
（※）〔　〕は訳者による注釈。

序文

(1)　香港の将来について楽観的な見方があったが、不安も高まっていた。「セントラルを占拠せよ（中環占拠）」と呼ばれる占拠抗議運動が2011年から2012年にかけて行われ、2014年には「雨傘運動」と名づけられた、民主化を求めて街頭で座り込みをする集団抗議行動が行われた。

(2)　Stephen Vincent Benét, 'Freedom from fear', *Saturday Evening Post* (13 March 1943), p. 12.

(3)　『恐怖からの自由』はのちに、第二次世界大戦時の米国戦時情報局が開始したポスター・キャンペーンに複製して使われた。また、「4つの人間の基本的自由」を描いた残りの3点とともに、財務省によってアメリカの主要都市を巡回展示され、約1億3300万ドルに相当する戦争債券を売り上げたと言われている。以下を参照のこと。Norman Rockwell, *My Adventures as an Illustrator,* ed.Abigail Rockwell; fwd Steven Heller (New York: Abbeville Press, 2019), p. 384.

(4)　これらはオックスフォード英語大辞典に基づいた定義である。ジャーナリストで作家のモイセス・ナイムは、力を「ほかのグループや個人の現在および未来の行動を、指示あるいは妨害する能力」と定義している。*The End of Power: From Boardrooms to Battlefields and Churches to States, Why Being in charge Isn't What It Used to Be* (New York: Basic Books, 2013), pp. 15–16;　以下も参照のこと。*The Revenge of Power: How Autocrats Are Reinventing Politics for the 21st Century* (New York: St. Martin's Press, 2022), (p. 61).その中で、ナイムは「力の道具」という概念を発展させており、それによると「力の道具」とは、独裁者が「自己の力を誇示するために」行使する「心理・意思伝達・テクノロジー・法律・選挙・財政・組織化における特有のテクニック」のことである。

(5)　ポストモダニティを特徴づける「液状の恐怖」に関しては、以下を参照のこと。Zygmunt Bauman, *Liquid Fear* (Cambridge and Malden, MA: Polity, 2006).〔ジグムント・バウマン『液状不安』澤井敦訳、青弓社、2012年〕

(6)　グリュックがここで解説しているのは、詩人リチャード・サイケンの作品を特徴づけている「パニック」である。'*Crush* by Richard Siken', in *American Originality: Essays on Poetry* (New York: Farrar, Straus and Giroux, 2017), pp. 88–96 (p. 88).

(7)　Johan Huizinga, *The Waning of the Middle Ages: A Study of the Forms of Life, Thought and Art in France and the Netherlands in the Fourteenth and Fifteenth Centuries,* trans. F. Hopman (Harmondsworth: Penguin, [1924] 1955), p. 25.〔ヨハン・ホイジンガ『中世の秋』堀越孝一訳、中央公論社、1967年〕

(8)　J. F. C. Hecker, *The Black Death and the Dancing Mania,* trans. B. G. Babington (London: Cassell & Company, 1888), p. 50. 時代錯誤の恐怖の別の例は、戦争で荒廃した

図版クレジット

2頁 Graffiti on the bridge outside the Hong Kong Polytechnic University, 23 November 2019. © Micah McCartney.

42頁 Pieter Bruegel the Elder, *The Triumph of Death*, 1562–3. © Museo Nacional del Prado, Madrid.

134頁 Francisco José de Goya y Lucientes, *Saturn Devouring His Son*, 1820–23. © Museo Nacional del Prado, Madrid.

157頁 Sebastião Salgado, *The Gold Mine, Brazil*, from the *Serra Pelada* series, 1986. Tate Gallery, London. © Sebastião Salgado.

190頁 Train crash at the Gare Montparnasse, Paris, October 1895. Wikimedia Commons

199頁 Edvard Munch, *The Scream*, 1893. National Gallery of Norway.

255頁 Otto Dix, *Shock Troops Advance Under Gas*, etching and aquatint from *The War (Der Krieg)*, published in Berlin in 1924 by Karl Nierendorf. Museum of Modern Art, New York. © 2023 Artists Rights Society (ARS), New York/VG Bild-Kunst, Bonn.

269頁 *The Enemies of the Five-Year Plan*, 1929. Collection of Russian State Library, Moscow. © Fine Art Images/Heritage Images/Getty Images.

283頁 Shoes of victims of Auschwitz at the Auschwitz-Birkenau State Museum, Oświęcim, Poland. Photo by Kallerna (2019). Reproduced under Creative Commons Attribution 4.0 International licence.

289頁 George Tooker, *The Subway*, 1950. Whitney Museum of American Art, New York. © Estate of George Tooker. Courtesy DC Moore Gallery, New York.

305頁 Cover art of *Atomic War!* #1 (November 1952). Published by Ace Comics.

事項索引

【あ　行】

【か　行】

【さ　行】

【た　行】

【や　行】

【ら行・わ行】

【ま　行】

【な　行】

【は　行】

【さ 行】

【た 行】

人名索引

【あ　行】

【か　行】

■著者略歴

ロバート・ペッカム（Robert Peckham）

文化史家、英国王立歴史協会のフェロー。人文科学と科学とテクノロジーの統合を促進する組織Open Cube（オープン・キューブ）の創設者。

香港大学の歴史学教授、同大学の人文科学と医学のM. B. Lee客員教授を務めた。ケンブリッジ大学、オックスフォード大学、ロンドン・スクール・オブ・エコノミクス、キングス・カレッジ・ロンドンでも研究員を務めた。ニューヨーク在住。

■訳者略歴

林　久実（はやし・くみ）

翻訳者。神戸女学院大学英文学部英文学科卒業。教職を経て現在に至る。

訳書『ウーマノミクス――仕事も家庭もあきらめない新しい「働き方」のカタチ』（クレア・シップマン、キャティー・ケイ著、アルファポリス）、共訳書『史上最悪のデート』（キャロル・マーキン）、『心やすらぐ緑の宿』（ノーラ・ロバーツ、以上扶桑社）など。

FEAR
An Alternative History of the World
by
ROBERT PECKHAM
First published in Great Britain
in 2023 by Profile Books Ltd

This edition is published with the permission of Profile Books Ltd
c/o Aitken Alexander Associates Limited through Tuttle-Mori Agency, Inc., Tokyo

恐怖《きょうふ》とパニックの人類史《じんるいし》

2025年3月30日　初版印刷
2025年4月10日　初版発行

著　者　ロバート・ペッカム
訳　者　林　久実
発行者　名和成人
発行所　株式会社東京堂出版
〒101-0051　東京都千代田区神田神保町1-17
電話　03-3233-3741
https://www.tokyodoshuppan.com/

装　丁　鳴田小夜子（KOGUMA OFFICE）
組　版　有限会社一企画
印刷・製本　中央精版印刷株式会社

ISBN978-4-490-21108-5 C0022